elefante

elefante

CONSELHO EDITORIAL
Bianca Oliveira
João Peres
Tadeu Breda

EDIÇÃO
Tadeu Breda

ASSISTÊNCIA DE EDIÇÃO
Carla Fortino
Natalia Engler

PREPARAÇÃO
Fabiana Medina

REVISÃO
Eduarda Rimi

CAPA
Hannah Uesugi & Pedro Botton / Estúdio Arquivo

DIAGRAMAÇÃO
Denise Matsumoto

DIREÇÃO DE ARTE
Bianca Oliveira

maristella svampa

debates latino-americanos

indianismo, desenvolvimento, dependência e populismo

TRADUÇÃO

joana salém vasconcelos

Em memória de
Norma Giarracca

O dogma tem a utilidade de um roteiro, de uma carta geográfica: é a única garantia de não se repetir duas vezes o mesmo percurso com a ilusão de estar avançando e de não ficar preso por falta de informação em nenhum caminho sem saída. [...] O dogma não é um itinerário, mas uma bússola na viagem. Para pensar com liberdade, a primeira condição é abandonar a preocupação com a liberdade absoluta. O pensamento tem uma necessidade estrita de rumo e de objeto. Pensar corretamente é, em grande medida, uma questão de direção ou de órbita.

— José Carlos Mariátegui

Porque muitos de nossos sonhos foram reduzidos ao que existe, e o que existe muitas vezes é um pesadelo, ser utópico é a maneira mais consistente de ser realista no início do século XXI.

— Boaventura de Sousa Santos

Nos últimos anos, o sociólogo latino-americano padeceu do horror de seus próprios clássicos. É necessário voltar a eles, relê-los ou recuperá-los, sobretudo no que têm de experiência viva frente ao neocolonialismo que acompanha as novas nações desde seu nascimento e, em um sentido mais amplo, na possibilidade que os clássicos da América Latina nos dão de repetir suas façanhas, de falar em pequenos livros sobre os grandes problemas nacionais. O ridículo rigor dos problemas minúsculos faz com que, neste momento, quase todos os sociólogos que escreveram livros sobre a América Latina ou sobre países latino-americanos sejam sociólogos e cientistas políticos norte-americanos e europeus. Que breve história da América Latina nós escrevemos? Que monografia sobre a estrutura social dos nossos países? Que história do sindicalismo e da classe trabalhadora? Que história dos monopólios norte-americanos na América Latina ou em nossos países? Esses são os temas a estudar, e eles nos induzem a aproximar estreitamente sociologia e ciência política e, inclusive, a dar mais e mais ênfase aos estudos de ciência política e de história contemporânea, como está ocorrendo nos próprios Estados Unidos ante uma situação de crise.

— Pablo González Casanova

Prefácio à edição brasileira

I.

Com grande alegria celebro a publicação do livro *Debates latino-americanos* no Brasil pela editora Elefante. Trata-se de um livro de ensaios que lancei originalmente em 2016 na Argentina, na Bolívia e no Peru, fruto de vários anos de trabalho, pesquisa e docência, cujo objetivo é contribuir para a construção de um legado categorial e para o pensamento crítico latino-americano. Por isso, celebro que o livro possa finalmente ser lido e difundido neste grande país da América do Sul.

Debates latino-americanos percorre quatro debates nodais, instalados na fronteira porosa entre o campo intelectual e o político: *indianismo, desenvolvimento, dependência* e *populismo*. Ele apresenta, por sua vez, duas partes bem diferenciadas, sendo a primeira um percurso histórico de cada temática, pela sinalização de alguns de seus marcos; e a segunda, que nos insere no auge dos debates desenvolvidos entre 2000 e 2015, durante o chamado ciclo progressista. Sou consciente de que inúmeros outros debates percorrem o pensamento e a política latino-americana, como democracia, nação, revolução e ditadura. Contudo, foi precisamente a centralidade que aqueles quatro debates adquiriram durante o ciclo progressista que criou a necessidade de levar a cabo o percurso histórico aqui apresentado, e não o contrário. Ou seja, foi uma interrogação sobre o presente que me conduziu a buscar as origens, contextos e conteúdos políticos e intelectuais desses debates ao longo do último século.

O primeiro debate começa com a interrogação sobre o lugar dos povos originários e da matriz comunitária no processo de construção da nação. Iniciar com a exposição da problemática indígena não é casual, pois a colonialidade persistente na América Latina é um marco geral que nos permite compreender e integrar o resto dos debates desenvolvidos. Existem arquivos e bibliotecas infinitos sobre o tema indígena na América Latina e uma variedade de casos nacionais. Em razão disso, decidi escolher quatro países: México na Mesoamérica; Bolívia e Peru entre os países andinos; e Argentina, não só devido à minha procedência, mas também ao vínculo traumático (genocídio) do Estado argentino com os povos originários desde o fim do século XIX. Lamentavelmente, não abordei o caso brasileiro, que sem dúvida teria iluminado aspectos não tratados no livro, sobre as diferenças nacionais e coloniais do Brasil em relação aos países colonizados pela Espanha. Já na segunda parte do livro, ocupo-me do avanço das lutas indígenas e dos debates sobre *autonomia*, *plurinacionalidade* e *consulta prévia*, que tiveram grande centralidade nos países andinos, bem como uma grande ressonância no conjunto da região latino-americana.

O segundo eixo temático se refere à volta de um dos conceitos ordenadores do pensamento latino-americano, muito presente no Brasil: o *desenvolvimento*. Permitam-me fazer uma breve reflexão sobre o tema. É conhecida a vivacidade que o desenvolvimentismo teve e ainda tem no pensamento e na política brasileira. Diferentemente do caso argentino, no qual desenvolvimentismo e peronismo formaram laços controversos que configuraram seus percursos posteriores (alcances e limitações), no Brasil o desenvolvimentismo constituiu uma espécie de DNA para diferentes correntes políticas, independentemente do seu signo ideológico, desde Getúlio Vargas até o lulismo, passando por Kubitschek, a longa ditadura militar, o governo de Fernando Henrique Cardoso. O caráter consensual de tal desenvolvimentismo explica que a discussão sobre seus impactos tenha chegado mais tardiamente no Brasil em relação aos demais países latino-americanos. Assim, em que pesem os inegáveis impactos socioambientais dos projetos extrativistas e os protestos de organizações territoriais e indígenas, especialmente contra a mineração a céu aberto, a construção de megarrepresas e o avanço do desmatamento na Amazônia, o Brasil parece ser um caso à parte, mais refratário às críticas sobre o neodesenvolvimentismo extrativista do que outros países.

O termo "neodesenvolvimentismo", como explica Antunes de Oliveira (2021), nasceu em 1978 no calor da polêmica de Ruy Mauro Marini com Fernando Henrique Cardoso e José Serra. Ele se baseia na ideia de que a acumulação se sustenta no crescimento da exportação de commodities ou produtos primários. Luiz Carlos Bresser Pereira (2007) seria um dos encarregados de falar em "novo desenvolvimentismo", apontando que, "na era da globalização, o crescimento liderado pelas exportações é a única estratégia sensata disponível para os países em desenvolvimento". Esta posição, compartilhada pela Comissão Econômica para a América Latina e o Caribe (Cepal) das Nações Unidas até pouco tempo, foi a base conceitual dos governos progressistas em relação ao desenvolvimento. São enfatizadas, assim, as condições privilegiadas oferecidas pela América Latina contemporânea em termos de "capital natural" ou recursos naturais estratégicos demandados pelo mercado internacional, especialmente asiático.

Assim como o neoliberalismo, a visão neodesenvolvimentista se baseia no princípio de "sustentabilidade frágil" e na noção de responsabilidade social das empresas. Há pouco ou nenhum interesse em estabelecer um diagnóstico da crise ambiental ou em alentar uma nova institucionalidade ambiental ao calor das lutas ecoterritoriais. No entanto, apesar do neodesenvolvimentismo progressista e do neodesenvolvimentismo liberal apresentarem um marco comum sobre a concepção de desenvolvimento, mostram diferenças em relação ao papel do Estado e aos âmbitos de democratização. No entanto, ambos trabalharam para conter os debates sobre neoextrativismo, crise socioambiental e proteção dos bens comuns, criminalizando as lutas ou buscando sua invisibilização.

Um dos programas neodesenvolvimentistas mais ambiciosos em escala regional durante o ciclo progressista foi a Iniciativa para a Integração da Infraestrutura Regional Sul-Americana (IIRSA), depois chamada de Conselho Sul-Americano de Infraestrutura e Planejamento (Cosiplan), que abarca projetos de transporte (hidrovias, portos, corredores bioceânicos, entre outros), energia (grandes represas hidrelétricas) e comunicações. Tal programa foi consensuado por vários governos latino-americanos no ano 2000 e, a partir de 2007, ficou sob a órbita da União de Nações Sul-Americanas (Unasul). O programa está muito associado aos projetos extrativistas e tem como objetivo central facilitar o transporte de produtos primários aos seus portos de destino. O principal impulsionador da Unasul/Cosiplan foi Lula, que buscou fortalecer os vínculos com outros países da América do Sul por meio da intensificação do comércio regional e de investimentos do Banco Nacional de Desenvolvimento Econômico e Social (BNDES) em obras de infraestrutura. Contudo, numerosos projetos da IIRSA/Cosiplan foram posteriormente criticados e questionados pelas populações afetadas, pois, apesar do discurso integracionista em torno da necessidade de "tecer novas relações entre Estados, povos e comunidades", esta teria claros objetivos de mercado. Em 2020, após duas décadas do início da IIRSA, uma pesquisa sobre seus impactos territoriais foi publicada pelo Laboratório de Estudos de Movimentos Sociais e Territorialidades da Universidade Federal Fluminense (UFF), indicando que

> a IIRSA afeta diretamente o modo de vida de 664 comunidades indígenas, 247 comunidades camponesas, 146 comunidades afrodescendentes e 139 comunidades de populações tradicionais, além de um amplo espectro de ecossistemas de grande biodiversidade. São muitos os casos de conflitos abertos contra obras da IIRSA, como a mobilização indígena em defesa do Parque Nacional de Tipnis na Bolívia, a greve de trabalhadores da construção civil na represa de Jirau na Amazônia brasileira, ou a resistência gerada pelos sobrecustos cobrados pela Odebrecht no Equador. (Peregalli, Panez & Aguiar, 2020)

Enfim, para além da retórica de integração em chave neodesenvolvimentista, "pouco ou nada mudou nas finalidades dos corredores da IIRSA, que continuaram reproduzindo lógicas exportadoras de minérios, hidrocarbonetos e commodities agroalimentares, levando a uma dependência cada vez mais problemática das economias regionais, já não somente dos países do norte, mas também, sobretudo, da China" (Peregalli, Panez & Aguiar, 2020, n.p.).

Em terceiro lugar, este livro aborda o debate sobre a *dependência*, um dos conceitos-guia do pensamento latino-americano, forjado por intelectuais brasileiros como Ruy Mauro Marini, Fernando Henrique Cardoso, Theotônio dos Santos e Vânia Bambirra, entre os principais. É sabido que, além dos elementos comuns, a noção de dependência teve diferentes interpretações, muito especialmente quanto às possibilidades de se levar a cabo um projeto de desenvolvimento (ainda dependente/associado) ou não (ruptura e revolução). Na segunda parte, meu interesse foi demonstrar a atualidade de tal categoria, sua recriação por meio de noções como "subimperialismo" (também nascida no Brasil), bem como sua reutilização na hora de se analisar a irrupção da China na região.

Nessa linha, me proponho a indagar sobre suas implicações econômicas e políticas, sobretudo qual a resposta dos diferentes governos latino-americanos diante da emergência da China e como esta afetou o discurso integracionista latino-americano. A relação comercial entre China e América Latina — e isso conta também para a agenda de transição energética na atualidade — consolidou assimetrias e aprofundou o neoextrativismo em chave neodependente. Os fluxos de investimento estrangeiro direto (IED) provenientes da China se estabeleceram majoritariamente nas atividades extrativistas (mineração, petróleo, megarrepresas) e em energia nuclear. A propósito, os investimentos no setor terciário se orientaram ao apoio das atividades extrativistas e, se estas requerem obras de infraestrutura, disso se encarregaram as empresas chinesas com quadros gerenciais também chineses. Estes fluxos de IED não apontam para desenvolver capacidades locais, tampouco atividades intensivas em conhecimento ou encadeamentos produtivos (Svampa & Slipak, 2019).

Por outro lado, embora durante o ciclo progressista uma retórica latino-americana integracionista tenha se expandido, não houve efetiva colaboração em larga escala entre os distintos países. Na realidade, nunca existiu um imaginário similar ao New Deal ou ao Plano Marshall, isto é, de programas de reconstrução depois de uma grande crise, em grande escala ou nível regional. Ao contrário, apesar dos excessos discursivos e da existência de uma institucionalidade regional (Mercosul, Celac, Unasul, entre outros), os países latino-americanos sempre tendem a competir entre si como provedores de matérias-primas, reafirmando a inserção subordinada no esquema econômico internacional.

O último grande tema que abordo no livro, o regresso dos populismos infinitos, é talvez o mais controverso, devido à vasta reflexão existente dentro e fora da região latino-americana. Na minha perspectiva, e para além das evidentes diferenças (tratadas no livro), grande parte dos governos progressistas ilustraram configurações políticas próprias dos *populismos clássicos do século* XX (1940-1950), entre eles Hugo Chávez na Venezuela, Néstor e Cristina Kirchner na Argentina, Rafael Correa no Equador, Lula e Dilma Rousseff no Brasil, e Evo Morales na Bolívia. O modo como entendo os populismos do século XXI (assim no plural), a partir da tradição do pensamento crítico latino-americano, não é o modo sustentado pela direita e pelos meios hegemônicos. Depois de uma síntese sobre as diversas interpretações da nossa intensa tradição (e que englobam autores brasileiros como Octavio Ianni e Francisco Weffort), desenvolvo uma ótica crítico-compreensiva que entende os populismos latino-americanos como regimes políticos complexos e contraditórios, providos de uma tensão constitutiva de elementos democráticos e elementos não democráticos. Essa tensão constitutiva faz com que os populismos tragam ao debate público, mais cedo ou mais tarde, uma pergunta perturbadora — na realidade, a pergunta fundamental da política: que tipo de hegemonia está sendo construída a partir dessa perigosa e incontornável tensão entre o democrático e o não democrático, entre uma concepção plural e outra organicista da democracia, entre a inclusão de demandas e o apagamento das diferenças? Também me interessa sublinhar o modo como os populismos latino-americanos propõem um pacto social (com o grande capital) ao mesmo tempo que desenvolvem contra este uma retórica de guerra, algo que acendeu a chama da polarização, mas que repercutiu negativamente contra os próprios progressismos (e todo campo das esquerdas), à maneira de um bumerangue, terminando por beneficiar mais as direitas, tanto neoliberais como reacionárias.

II.

O livro se encerra com o esgotamento e fim do ciclo progressista em 2015, portanto hoje caberia questionar sobre as continuidades e rupturas dos debates nos últimos anos. Existem continuidades, pois assistimos a um aprofundamento dos modelos de desenvolvimento dominantes, que se expressam na reprimarização das economias, na exacerbação do neoextrativismo nos territórios e na consolidação de novas dependências. Mesmo que o agravamento da crise climática não seja nenhuma novidade, em nome deste desenvolvimento a cegueira ambiental é aprofundada e continua incendiando um planeta já em chamas.

Entretanto, do ponto de vista político, as rupturas são evidentes e o problema se apresenta como mais complexo do que há alguns anos. Até pouco tempo atrás, a América Latina dos governos progressistas era considerada a contramão do processo de radicalização do neoliberalismo e das direitas vivenciado por Europa e Estados Unidos, com consequências que passavam pelo aumento das desigualdades, da xenofobia e do "antiglobalismo". Hoje, novos ventos ideológicos percorrem a região.

Entre 2000 e 2015, os progressismos latino-americanos, mesmo com suas enormes deficiências e contradições, buscaram implementar um projeto político igualitário e heterodoxo, em contraste com a era neoliberal. No entanto, com o passar dos anos, para além dos processos de democratização, esses progressismos foram se transformando em modelos de dominação cada vez mais tradicionais. Ao calor do boom das commodities e, sobretudo, de sua crise, foi alimentada uma dinâmica de polarização cujo desenrolar instalou novos limiares sociais e esburacou o pacto social que sustentava os próprios progressismos.

Essas dinâmicas de polarizações podem ser comparadas entre si, em intensidade e interação com as campanhas políticas. O que de início aparecia apenas como mecanismos simplificadores mais ou menos frequentes da política em um determinado campo de conflito e interação (a configuração de esquemas binários), ao tornar-se mais ou menos permanente, foi se convertendo em um marco de inteligibilidade geral da política e da sociedade. A polarização não só envolveu atores sociais e grupos políticos diferentes do campo usual de conflito, como também foi adquirindo uma significação mais ontológica que política, ao gerar identidades contrapostas que se concebem como irreconciliáveis ou irredutíveis. Assim, não só os populismos foram forjando cadeias de equivalência[1] ao calor de confrontações virulentas, como também a oposição (política, econômica e midiática) foi ocupando o espaço público, elaborando repertórios de ação coletiva, mobilizando demandas variadas, constituindo e redefinindo identidades. Nessa mesma linha, o sociólogo brasileiro Breno Bringel (2018) desenvolve um enfoque processual por meio do conceito de "campos de ação", que aqui retomamos, ao qual define como "configurações sociopolíticas e culturais, que expressam ordens societais nas quais os atores interatuam entre si e outros campos", incluindo não só movimentos sociais, como partidos políticos e outros grupos em disputa. Essa conceituação propõe analisar a dinâmica de mobilização social e considerar movimentos e grupos de direita e extrema direita em um campo mais amplo.

Do lado dos progressismos, a polarização produziu uma exacerbação das hipóteses conspirativas: tudo seria culpa do "império", da direita ou dos grandes meios de comunicação. Toda crítica realizada a partir da esquerda ecológica, indígena ou classista foi vista como "funcional" à lógica dos setores mais concentrados. Diferenças à parte, esse foi o caso da Argentina, da Bolívia, do Brasil e, em boa medida, do Equador. Do lado do campo opositor (político e midiático), o usual foi e é a demonização das diferentes experiências progressistas que, no fim do ciclo, começaram a ser caracterizadas como "populismos irresponsáveis", reduzidas apenas a uma matriz de corrupção, quando não também de narcotráfico, culpados por "desperdiçar" o boom de commodities. Nos marcos dessa polarização tóxica, é escassa a possibilidade de que emerjam novas

1. Utilizo o conceito de "cadeias de equivalência" introduzido por Laclau (2005), que se refere à capacidade de um discurso (um significante vazio) em articular demandas sociais heterogêneas, sem por isso apelar ao esquema interpretativo deste autor em relação ao populismo.

opções dentro do campo da centro-esquerda ou de outras esquerdas, fato que tendeu a se agravar devido ao processo de concentração de poder nas lideranças. Também é escassa a autocrítica.

Grande parte dos governos progressistas ficaram presos na armadilha dessa dinâmica polarizadora, que abriu novas oportunidades a seus opositores, legitimando outros discursos e posicionamentos político-sociais, isto é, instalando novos parâmetros (*umbrais*) e pontos de inflexão para se perceber e se pensar a sociedade. A noção de *umbral* nos permite compreender como se instalam novas fronteiras sociais, que tendem a configurar a percepção dos fatos e estabelecer novos consensos, mais do que somente reconhecer o caráter inerentemente mutante do social. Em termos mais específicos, em um contexto de polarização e de recursividade acelerada, a dualidade e a ambivalência próprias dos populismos se tornaram politicamente insustentáveis no tempo, pois na medida em que revelaram suas limitações e déficits (ou ainda, seu esgotamento), os beneficiados acabaram sendo os setores mais conservadores e reacionários. Isso explica por que, em geral, a saída de regimes populistas costuma ser traumática, abrindo episódios revanchistas em termos sociais e políticos, e gerando novas oportunidades políticas em contexto de polarização, a partir das quais se viabilizam linguagens e demandas mais conservadoras e autoritárias.

O caso mais dramático foi o Brasil, onde a crise do sistema democrático com o escândalo da Odebrecht conduziu ao abalo da classe política e empresarial e à decomposição do sistema político tradicional. No curto período entre a destituição de Rousseff (2016) e a posterior prisão sem provas de Lula (2018), foi sendo tecida uma cadeia de equivalências sobre a qual se ergueram as demandas do campo autoritário e conservador com rápida tradução político-eleitoral, conduzindo Jair Bolsonaro ao governo.

Certamente, a vertiginosa ascensão de Bolsonaro relocalizou a América Latina no cenário político global, em consonância com outras latitudes em que partidos antissistema se expandem pela mão da extrema direita xenófoba e "antiglobalista". Nos marcos de uma reação antiprogressista generalizada que lançou mão de *fake news*, a extrema direita de corte fascistóide surgiu como uma das ofertas políticas disponíveis, cujo discurso anticorrupção visibilizou outras demandas, como a defesa da família tradicional contra o Estado, a crítica ao garantismo e à política de direitos humanos, contra os feminismos e a diversidade sexual (entendidos como "ideologia de gênero"), ou até mesmo discursos em defesa da ditadura militar e justificadores da tortura. É necessário pensar o que ocorre no Brasil como sintoma de algo mais profundo, presente em todas as sociedades latino-americanas, e também em maior sintonia com o que acontece em nível global. Em um contexto de crise global pela pandemia de covid-19 e de invasão russa na Ucrânia, marcado por novos conflitos, maior desigualdade, crescente desorganização social, uma estarrecedora crise socioecológica, discursos punitivistas, crise dos partidos políticos e emergência de novas agrupações de direita, as vias de uma polarização selvagem não só abrem a possibilidade de um giro conservador/neoliberal (como nos anos 1990), como também podem visibilizar correntes profundas que percorrem a sociedade, instalando e legitimando discursos anti-igualitários e condutas fascistizantes, que imaginávamos erradicados e que colocam os direitos e valores democráticos sobre um terreno movediço. Como já ocorreu no Brasil de modo quase vertiginoso, essas correntes profundas podem traduzir-se no cruzamento de um limite (*umbral*) que conduz a um grave retrocesso político, social e cultural.

A nota mais inesperada ocorreu na Bolívia, no contexto das eleições presidenciais de 20 de outubro de 2019. O golpe e posterior exílio de Evo Morales, a perseguição de inúmeros quadros do então oficialismo, bem como o caráter repressivo e sumamente conservador do governo *de facto* de Jeanine Añez, não deixaram dúvidas sobre o retrocesso político. Mas essa arremetida dos setores conservadores e abertamente racistas não deve impedir o reconhecimento de que o maior ponto cego de Evo Morales foi o afã pela reeleição. Já em 2016, Morales forçou as instituições democráticas (o Tribunal Nacional Eleitoral) ao ignorar o resultado do referendo,[2] que rejeitava a pos-

2. Em fevereiro de 2016, foi realizado um referendo cujo objetivo era a aprovação ou rejeição do projeto constitucional para permitir ao presidente ou vice-presidente do Estado Boliviano que se candidatassem novamente a uma eleição. A negativa se impôs com 51% dos votos.

sibilidade de que se recandidatasse à presidência, com objetivo de ser habilitado novamente como candidato. Nas eleições de outubro de 2019, a auditoria da Organização dos Estados Americanos (OEA) denunciou irregularidades e manipulações. Nesse contexto, vastos setores sociais saíram às ruas recusando o resultado das eleições. Embora tivesse origens diversas, a insurreição passou a ser comandada por uma nova liderança da extrema direita encarnada em Luis Fernando Camacho, presidente do Comitê Cívico de Santa Cruz, em aliança com a polícia. Ocorreu então o inesperado. Devido aos erros e abusos do oficialismo, cujo triunfo eleitoral no primeiro turno foi colocado sob suspeita, setores abertamente antidemocráticos e racistas se apropriaram do discurso de "defesa da democracia". A brecha insurrecional foi se configurando como um golpe de Estado e deixou a Bolívia muito polarizada. Felizmente, um ano mais tarde o país conseguiu recuperar rapidamente a via institucional com eleições que deram triunfo ao candidato do MAS, Luis Arce, o que inaugurou a etapa de um progressismo de baixa intensidade e de poder delegado, diante da onipresença do ex-presidente Evo Morales. Cabe lembrar que estudos posteriores conduzidos por uma comissão de fiscais descartaram que tenha havido fraude eleitoral nas eleições de 2019.[3]

Enquanto isso, no México de 2018 e em contexto de "fim de ciclo", Andrés Manuel López Obrador obteve uma vitória retumbante. É preciso reconhecer que seu governo, mais do que reivindicar para si uma "especificidade nacional", apresentou uma agenda ligada aos progressismos de primeira geração (populismo de alta intensidade, extrativismo, liderança personalizada etc.). Por outro lado, o retorno do peronismo na Argentina, em outubro de 2019, por meio de uma coalizão que triunfou com a chapa Alberto Fernández/Cristina Kirchner e derrotou o neoliberal Mauricio Macri (presidente de 2015 a 2019), não pode ser interpretado como um retorno do progressismo *tout court*. Trata-se de um governo frágil, de centro, sem projeto próprio, que em alguns momentos

3. "Bolivia: una investigación certificó que no hubo fraude", *Página 12*, 27 jul. 2021. Disponível em: https://www.pagina12.com.ar/357711-bolivia-una-investigacion-certifico-que-no-hubo-fraude-en-la.

flerta com um progressismo de baixa intensidade, em um contexto de vacas magras e de enorme emergência econômica, social e financeira, amarrado tanto à pressão de uma pesada dívida externa (herdada do governo Macri) como às consequências desastrosas da covid-19. Assim como na Bolívia, ou quiçá pior, a onipresença da ex-presidenta (convertida em vice) Cristina Kirchner na política argentina bloqueia a possibilidade de uma afirmação da autoridade do presidente em exercício.

A novidade na América Latina é a fragilidade do cenário político em ascensão, o que a argentina Victoria Murillo (2018) denominou "ciclo político divergente", acompanhado pela ameaça de um *backlash*, uma reação virulenta contra a expansão de direitos, capaz de entrar em ação com perigosas cadeias de equivalências. Não apenas os tempos políticos no mundo foram acelerados, como também seu caráter vertiginoso ameaça com mutações bruscas, mesmo que não irreversíveis. É possível que estejamos ingressando em um "tempo extraordinário", no qual a liberação cognitiva das multidões e a consciência das múltiplas desigualdades movam as "placas tectônicas da transição".

Contudo, como comprova o caso boliviano, não está definido que a reação autoritária tenha chegado para ficar, pois são múltiplas as forças igualitárias que percorrem o continente, pelas mãos de diferentes tradições de luta, desde aqueles que redobram a ação antineoliberal em tempos sombrios (organizações sindicais e movimentos socioterritoriais urbanos) até aqueles que encarnam a expansão de novos direitos e batalham por abrir outros horizontes civilizatórios (movimentos feministas, de diversidade sexual, lutas socioambientais e indigenistas). Em termos políticos, a vitória de Gustavo Petro e Francia Márquez na Colômbia, assim como a anterior vitória de Gabriel Boric no Chile, vem oxigenar um cenário latino-americano caracterizado por repetições e pela ausência de visões políticas renovadoras visíveis nos progressismos da velha geração que tendem a repetir receitas do passado, como na Argentina, na Bolívia e no Brasil, com a vitória de Lula nas eleições de 2022.

Enfim, enquanto os progressismos de velha geração não estão interessados em abrir a agenda socioambiental, nem discutir uma transição justa, e consequentemente reduzem de maneira significativa os horizontes da democracia e da vida digna e sustentável, os novos governos representam uma esperança no "progressismo de segunda geração" na América Latina, em que democracia e problemática socioambiental possam enfim expressar-se transversalmente, em um programa integral de governo e não apenas como compartimento estanque, apostando em um futuro igualitário e inclusivo, social e ecológico (Svampa & Viale, 2022).

Ninguém disse que será fácil, pois os desafios políticos e sociais são enormes e altamente complexos. Porém, não resta alternativa que não a de navegar por essas águas turbulentas. A pandemia nos colocou diante de novos dilemas de tipo político, ético, cultural, econômico, enquanto a invasão na Ucrânia e seus impactos globais aceleraram ainda mais a disputa civilizatória. Esse novo *umbral* exige uma transição para modelos que articulem justiça social com justiça ambiental, rumo a práticas econômicas e produtivas baseadas na reciprocidade, na complementariedade e nos cuidados; um horizonte de sobrevivência que requer um novo pacto com a natureza, e cujo lema não pode ser outro que não a sustentabilidade da vida digna.

Agradeço novamente a editora Elefante pelo esforço na tradução e publicação deste livro no Brasil, com a esperança de abrir novos diálogos latino-americanos.

Maristella Svampa
Patagônia Argentina, janeiro de 2023

Introdução

I.

Um dos grandes problemas da teoria social latino-americana é o déficit de acumulação, que não se deve somente ao apagamento ocasionado de modo cíclico por ditaduras e exílios, mas também à recorrente desvalorização e ao esquecimento daquilo que produzimos e elaboramos nestas latitudes, isto é, ao desdém pelas contribuições conceituais, debates de ideias e núcleos temáticos que percorreram a reflexão teórica e social na América Latina. Existe, assim, uma dificuldade própria na construção do legado, associada à grande debilidade na transmissão — dentro e fora da academia —, não apenas em termos regionais, mas também geracionais, acentuada pelo modo muito contundente com que tantos acadêmicos e intelectuais latino-americanos fazem tábula rasa — devido a vaivéns políticos e guinadas epistemológicas —, sepultando, em uma dialética sem síntese, debates e categorias que convocaram uma parte importante do pensamento crítico em outras épocas.

Por outro lado, o déficit de acumulação está ligado também à vocação antropofágica da cultura latino-americana, manifestada na histórica voracidade de incorporar outros léxicos, outros vocabulários filosóficos e políticos. Nada do alheio nos é estranho, o que, como o modernista brasileiro Oswald de Andrade já alertava em 1928, ilustra nossa capacidade para devorar o alheio e incorporá-lo, criando assim uma identidade complexa, nova e constantemente cambiante. No entanto, o outro lado desse semblante intelectual movediço e onívoro, dessa hibridez constitutiva, enfim, dessa capacidade de devir artística, cultural e intelectualmente cosmopolita, é também a acentuação da dependência intelectual.

Igualmente, merecem destaque os processos de expropriação epistêmica. Nesse ponto, vale a pena recordar uma anedota. No Fórum Social Mundial realizado na Tunísia em março de 2015, enquanto esperava minha vez para falar, me sentei junto a um colega brasileiro para escutar um conhecido economista francês, que naquele momento dissertava sobre a globalização e seus críticos. Em sua intervenção, o bom homem fez uma referência à teoria da dependência e, sem vacilar, afirmou que seus fundadores eram Samir Amin e André Gunder Frank. Meu colega brasileiro e eu nos entreolhamos, surpresos. Claramente, o pensador egípcio Samir Amin não é um dos criadores da teoria da dependência (ainda que tenha subscrito suas hipóteses); o alemão Gunder Frank é realmente um dos seus representantes, mas existem outros, muitos outros — todos eles brasileiros — que tiveram nessa teoria um papel central: Fernando Henrique Cardoso, Theotônio dos Santos, Ruy Mauro Marini, Vânia Bambirra etc. Fundamentalmente, o que não se pode negar, para além do caráter latino-americano da teoria da dependência, é sua importância nos debates do subcontinente durante uma época, assim como a capacidade de irradiação para outras regiões do mundo. Entretanto, o economista francês ignorava essa origem e a colocava em outro lugar, omitindo outros autores, nomeando — de passagem — somente aqueles que não eram latino-americanos. Não tenho dúvidas de que por trás dessa omissão havia um ato de expropriação epistêmica, um gesto naturalizado no *habitus* acadêmico dominante.

Antes de continuar, quero esclarecer que não pretendo aquartelar-me em uma espécie de reivindicação chauvinista em escala regional, tampouco cair na tentação essencialista, tão associada ao ensaísmo latino-americano. Simplesmente desejo destacar que, ao longo dos anos em que tenho transitado entre a academia e os espaços militantes de variadas latitudes, constatei que não são poucos os intelectuais e acadêmicos dos países centrais que incorrem nesse tipo de omissão, que estão longe de possibilitar um diálogo de saberes Norte-Sul, contribuindo assim para a expropriação epistêmica e a consolidação das assimetrias.

Por último, tanto a invisibilização da produção teórica latino-americana como o processo de expropriação epistêmica alimentam a ideia de que na América Latina não haveria teorias gerais, mas sim um "olhar específico", uma espécie de "produção local". Na realidade, os conceitos que forjariam a filosofia e as ciências sociais latino-americanas, longe de serem gerais ou possuírem certa pretensão de universalidade, ficariam encapsulados no específico, no particular, um discurso sobre e desde as margens, marcado por cor local, obsessão pela identidade e estudos de caso. As ciências sociais latino-americanas, sobretudo aquelas correntes ou perspectivas ligadas ao pensamento popular, ficariam confinadas, como afirma Alcira Argumedo (2009, p. 11), aos "subúrbios do pensamento popular, onde se processam ecletismos viscosos e intranscendentes".

Recentemente, diferentes autores buscaram indagar e reconstruir essas oscilações e problemáticas próprias do pensamento e da teoria social latino-americana. Assim, por exemplo, em sua história do pensamento latino-americano, o chileno Eduardo Devés Valdés (2003) sustenta que este encontra sua chave na alternância entre a busca da identidade e o afã da modernização, o qual deu lugar à conformação de diferentes ciclos e espirais, modas, gerações e escolas, que percorrem os últimos séculos da cultura latino-americana. A partir dessa alternância, o autor estabelece uma linha que separa Sarmiento de Martí, Rodó de Mariátegui, a Cepal [Comissão Econômica para a América Latina e o Caribe] dos dependentistas, os neoliberais dos decoloniais. Contudo, isso não quer dizer que exista, por um lado, um polo cosmopolita e, por outro, um polo particularista ou americanista. Na realidade, a segunda tese de Devés Valdés — a mais interessante — afirma que muitos dos pensadores e ensaístas que sustentam uma das dimensões não por isso negaram radicalmente a outra; ao contrário, trataram de conciliá-las — muitas vezes de maneira infrutífera. Também ocorre que os autores, em distintas etapas da vida, marcaram suas opções com diferentes ênfases. Ou seja, sem cair em contradição, o pensamento latino-americano pode ser compreendido como a história das tentativas explícitas e implícitas de harmonizar esse afã sempre desesperado pela modernização com a obsessão incontornável pela identidade.[1]

Por outro lado, em seu livro *Pensar América Latina*, o sociólogo argentino Marcos Roitman (2008) sustenta que nós, latino-americanos, nos caracterizamos por "nos definirmos pela negativa". Existiria, assim, uma vocação eurocêntrica para nos lermos no espelho de uma Europa plena e, a partir disso, concluir que o que é nosso, o mais característico, o específico da América Latina, é seu déficit, sua insuficiência, sua incompletude. A realidade latino-americana seria maldita porque formou parte do capitalismo colonial e porque, além disso, haveria em nós uma frustração por não sermos europeus, por não compartilharmos suas virtudes, suas grandezas, por ficarmos de fora da história, por sermos — nesse sentido — marginais. "Não fomos capazes de construir história." A frase condensa o núcleo duro em torno da ideia de déficit. A América Latina seria pensada, então, como uma espécie de apêndice daquele corpo central formado, basicamente, por Europa e Estados Unidos. A maldição percorreria e definiria nossa condição de subalternos, ao mesmo tempo que configuraria a modernidade latino-americana como uma modernidade sempre inconclusa.

Esse sentimento de inferioridade atravessa de modo exemplar a filosofia latino-americana. Tradicionalmente, esta se assentava sobre a consciência da insuficiência e da ruptura, consagrada à busca da singularidade local no marco da dependência epistêmica. São vários os autores que recriaram o núcleo original dessa disposição filosófica, entre eles o mexicano Leopoldo Zea e o argentino Arturo Roig. Enquanto Zea (1965), grande historiador das ideias, apresentou uma reflexão recorrente sobre a busca da singularidade, Roig (1981) preferiu insistir no papel fundador da experiência de ruptura para o pensamento latino-americano. Para ambos, o ponto de partida da filosofia latino-americana é o questionamento do concreto, do peculiar,

1. Ainda assim, a terceira tese de Devés Valdés é que "não convém definir o que é modernização e o que é identidade". Apesar de falar sobre a existência de "paradigmas", sustenta que o importante é a caracterização daquilo que os diferentes autores entendem por modernização e identidade em diferentes épocas.

do original da América, da possibilidade mesma da filosofia, revelando por esse caminho tortuoso a compreensão de que seu existir é uma consciência marginal e mestiça. A partir desse ponto de vista, o grande tema do pensamento americano é o questionamento específico – e não universal – da cultura americana (Zea, 1965, p. 48). Certamente a filosofia, em sua versão ensaística, propôs perguntas sobre nossa particularidade histórica, na qual pesa sobremaneira o olhar do outro, o modo de nomeá-lo, questão que deixou uma pegada profunda no processo de construção do pensamento latino-americano, marcado pela consciência da marginalidade, pelo desenraizamento e, portanto, pela obsessão pela reflexividade.

Diferentemente da filosofia, sobre a disciplina sociológica pesam outros pecados, vinculados ao legado normativo clássico. O peso do modelo normativo teria sido tamanho que, conceitualmente, a realidade política latino-americana se inseriria no meio do caminho, constituindo uma ilustração recorrente da figura da "anomalia". Nada mais claro que pensar nos modos em que foi definido o populismo para entender isso. Mas não são apenas a modernidade e a democracia que sempre aparecem como deficitárias e inconclusas; o mesmo ocorre com os próprios sujeitos sociais. Tanto é assim que, em geral, a sociologia latino-americana teve dificuldades para pensar a heterogênea cartografia social a partir da ideia de atores sociais plenos (associada ao "grau de classismo", ou seja, à possibilidade de ação autônoma, ou de classe). Burguesia, classe trabalhadora e as classes médias são consideradas atores apenas "pela metade" diante das condições estruturais das sociedades periféricas e da realidade da dependência, mas também ante à heterogeneidade – de origem – do universo social latino-americano, no qual abundam outras categorias reticentes a serem pensadas como atores plenos, desde indígenas e camponeses até trabalhadores na informalidade e desempregados... Em um conhecido artigo sobre as classes sociais, o sociólogo brasileiro Florestan Fernandes (1973) sustentou que essas não eram distintas na América Latina; diferente era o modo como o capital se objetivava e se irradiava historicamente como força social. Mas essa "diferença" explicava por que a América Latina não contava nem com o "burguês conquistador", nem com o "camponês inquieto", nem com o "operário rebelde".

Na verdade, poucas coisas caracterizam tanto o olhar sociológico latino-americano como essa vontade de incluir a interpretação dentro de vastos modelos sociopolíticos que, contudo, são percorridos permanentemente tanto por um excesso como por um déficit interpretativo. Um excesso: neles, e a partir deles, se esconde o que é provavelmente uma das maiores particularidades da modernidade periférica: a saber, o fato de que a análise dos princípios de funcionamento do político não coincide, senão raramente e de maneira parcial, com as vivências dos atores. Um déficit: a inscrição da ação dentro de totalidades significativas oblitera o espaço de análise próprio das vivências políticas, cujo papel é maiúsculo na hora de interpretar a natureza do vínculo que os indivíduos estabelecem com o sistema político (Martuccelli & Svampa, 1997).

II.

Nas últimas décadas, o pensamento crítico latino-americano investigou em profundidade a questão da dependência epistêmica. Quero destacar três dessas perspectivas críticas, que ocupam um campo comum em termos de afinidades eletivas. Em primeiro lugar, a perspectiva subalternista e pós-colonial[2] questionou os paradigmas nacional (ou nacionalista) e marxista, além de apresentar a necessidade de pensar o subalterno como tal, como algo irredutível, cuja voz não podemos apreender nem conhecer em sua totalidade, em um marco no qual as identidades são sempre migrantes e cambiantes.[3] Os setores populares não são apenas heterogêneos;

2. A crítica pós-colonial está vinculada a outros pensadores do Sul, entre os quais Ranajit Guha, Partha Chatterjee e Gayatri Spivak.

3. Em 1993, foi anunciado o manifesto inaugural dos estudos subalternos, idealizado por acadêmicos latino-americanos residentes nos Estados Unidos. Esse manifesto apresentou a necessidade de pensar não apenas as novas dinâmicas ou novas problemáticas ligadas à globalização, mas também

contam com uma multiplicidade de universos diferentes (*sociedades abigarradas*,[4] segundo Zavaleta), entre os quais nem sempre é possível estender pontes ou passarelas (não em termos de necessidade ontológica), seja no mundo camponês ou no indígena, seja no universo dos trabalhadores formais, dos trabalhadores informais, dos desempregados etc. Isto é, há efetivamente um sujeito popular, subalterno, migrante, cambiante, que se declina em plural e que deve ser abordado a partir da diversidade, sem por isso despojá-lo de voz própria. Sem dúvida, essa corrente ao mesmo tempo histórica e antropológica, que buscou detectar os momentos de emergência dos subalternos em distintos ciclos ou momentos históricos na América Latina, tem muito a contribuir na análise dos autodenominados governos progressistas, abordando os avatares da dialética entre a emergência do subalterno e os processos de ressubalternização. Na atualidade, os trabalhos da teórica e historiadora Silvia Rivera Cusicanqui se empenham precisamente nesses aspectos, que recolocam no centro o tema do colonialismo interno, entendido como um modo de dominação internalizado na subjetividade (Rivera Cusicanqui, 2015, p. 83). Mais ainda, lido a partir de um horizonte de longa duração, o colonialismo interno é concebido como um "marco estrutural das identidades" (León Pesantez, 2013).

A segunda corrente crítica é a perspectiva decolonial, que aparece condensada no conceito de *colonialidade do poder*, proposta

....

aos setores subalternos na América Latina, qualquer que seja a forma em que esses apareçam (*hacienda*, nação, lugar de trabalho, setor informal). Propunha encontrar o *locus* a partir do qual a subalternidade fala como sujeito político e social. Ver: *Teorías sin disciplina: Manifiesto Inaugural* [Teorias sem disciplina: manifesto inaugural], Grupo Latino-Americano de Estudos Subalternos (1993).

4. A palavra *abigarrada* possui vários sinônimos substantivos (mistura desordenada, mixórdia, maçaroca) e adjetivos (revolto, heterogêneo, mesclado). Optamos por manter o termo original para preservar a identidade do conceito. A sociedade *abigarrada* boliviana se caracteriza pela coexistência de diferentes temporalidades, culturas, modos de vida, cosmovisões, etnias e classes, no mesmo espaço social e político. Um cruzamento de modos distintos de ver e viver o mundo sobrepostos e em permanente tensão. [N.T.]

pelo sociólogo peruano Aníbal Quijano, que sublinha a dimensão econômico-política da colonialidade como um padrão de dominação geral, de caráter etnorracial, e se refere à herança colonial. Retomando essa definição, Edgardo Lander, em um livro muito difundido, publicado em 2000, cunhou o conceito de "colonialidade do saber", como uma extensão daquele outro, baseado na dimensão epistemológica: assim nossas ciências sociais naturalizaram os conceitos e as categorias das ciências sociais que se desenharam com a expansão do colonialismo. Mais ainda, essa naturalização das diferentes dimensões da modernidade tem como ponto de partida a derrota das nossas culturas tradicionais e das populares ou plebeias e o triunfo de uma nova realidade (capitalista), que organizou o tempo e os territórios de maneira diferente. Também a naturalização da ideia de progresso, por exemplo, com toda a sua hierarquia de povos, estágios, nações, experiências históricas, continentes; da ideia de natureza humana como proveniente dessa experiência liberal europeia; do processo de diferenciação social; e, por conseguinte, também da superioridade de alguns saberes sobre outros. Esse processo se acentuou com a profissionalização das ciências sociais. Civilização, desenvolvimento, modernização são conceitos distintos que vão, nesse sentido, configurando um paradigma de normalidade (Lander, 2000, p. 9-11). A proposta de Lander se inscreve na longa busca "de perspectivas do conhecer não eurocêntrico", as quais remontam às valiosas contribuições de autores como José Martí e José Carlos Mariátegui e, mais recentemente, Aníbal Quijano, Walter Mignolo, Enrique Dussel, Catherine Walsh, entre outros (Lander, 2000, p. 5). Em suma, a colonialidade tem duas caras: não é apenas um fato histórico em si; se expressa na negação de realidades distintas e do saber produzido por essas outras realidades. A essas duas dimensões, o colombiano Santiago Castro-Gómez (2012) adiciona a "colonialidade do ser", entendida não como uma dimensão a mais do processo da colonialidade, mas como três eixos, irredutíveis entre si, que aludem a uma diversidade de lógicas. Não haveria um padrão único, e sim dimensões diferentes: a econômico-política, a epistemológica e, por último, a ontológica, referida ao modo como o capitalismo se converteu em um estilo de vida para milhões de pessoas.

Por último, nessa linha é necessário destacar a contribuição de *Una epistemología del Sur*, de Boaventura de Sousa Santos, intelectual que sustenta, há décadas, um diálogo constante com a América Latina, suas lutas e seus espaços intelectuais.[5] Segundo Sousa Santos (2009) "a epistemologia do Sul aponta para a busca de conhecimento e de critérios de validade do conhecimento que outorguem visibilidade e credibilidade às práticas cognitivas das classes, dos povos e dos grupos sociais que foram historicamente vitimizados, explorados e oprimidos pelo colonialismo e pelo capitalismo". O autor propõe substituir a *razão indolente*, própria do conhecimento hegemônico, cuja concepção temporal se apoia na contração do presente e na expansão do futuro, pela *razão cosmopolita*, que expande o presente (para conhecer e valorizar a experiência social em curso) e contrai o futuro e que deve ser fundamentada em três procedimentos metassociológicos: a sociologia das ausências, a sociologia das emergências e o trabalho de tradução (Sousa Santos, 2009, p. 100-1). Os pressupostos da epistemologia do Sul seriam, assim, a ecologia dos saberes e a tradução intercultural. Enquanto a ecologia dos saberes é o "diálogo horizontal entre conhecimentos diversos, incluindo o científico, mas também o camponês, o artístico, o indígena, o popular e outros tantos que são descartados pelo enquadramento acadêmico tradicional", a tradução intercultural é o procedimento que possibilita criar entendimento recíproco entre as diversas experiências de mundo. Para Santos, aprende-se no contexto das lutas, constroem-se conceitos e teorias no calor das lutas e, em diferentes oportunidades, são os próprios movimentos sociais que elaboram também essas teorias e esses conceitos. Então, não se trataria somente de desenvolver uma ecologia de saberes diferentes, que implique iluminar ou visibilizar aqueles saberes que foram suprimidos, esses saberes vernáculos ou aqueles que provêm dos povos originários, mas, sim, uma proposta epistemológica, uma maneira de conceber a produção de conhecimento no calor das lutas sociais.

5. Uma proposta desses diálogos críticos é sua entrevista-conversa com Silvia Rivera Cusicanqui (Rivera Cusicanqui & Sousa Santos, 2015).

III.

Este livro nasceu como um desafio ao mesmo tempo político, intelectual e pedagógico há pouco mais de sete anos, quando, ao participar de uma mesa redonda nas Jornadas de Sociologia da Universidade Nacional de La Plata (em dezembro de 2008, quando eu ainda não era professora dessa instituição), escrevi um artigo sobre a atualização de certos debates latino-americanos em nosso atual cenário político. Nele, me referia a três debates nodais, que contavam com uma longa e rica história na região, instalados na fronteira porosa entre o campo intelectual e o político: o primeiro deles aludia ao avanço das lutas indígenas e, por consequência, questionava sobre o lugar dos povos originários e da matriz comunitária no processo de construção da nação; o segundo se voltava para a reatualização do populismo em diferentes regimes latino-americanos e problematizava o sentido e a interpretação dessa linha de acumulação histórica; e o terceiro fazia referência ao retorno, com força, de um conceito-limite do pensamento latino-americano, o desenvolvimento, por meio da expansão de diferentes formas de extrativismo, e questionava a atualização de certa "ilusão desenvolvimentista" (Svampa, 2010a).

Nesse sentido, afirmei no artigo em questão que a mudança de época registrada desde o ano 2000, a partir da desnaturalização do nexo entre globalização e neoliberalismo, havia configurado um cenário transicional que ia mostrando uma clara tendência de rearticulação entre tradição populista e extrativismo neodesenvolvimentista. Desse ponto de vista, me perguntava de que modo coexistiram, ou podiam coexistir, essas três tendências ou, ainda mais simples, o que ocorreria com o projeto de autonomia dos povos indígenas expressado no desafio de criar um Estado plurinacional e com a ascensão e a multiplicação das resistências coletivas, de caráter ecoterritorial.

Apresentei aquele texto preliminar em diferentes reuniões e espaços acadêmicos, entre eles um curso curto que ministrei no programa de doutorado de Estudos Latino-Americanos da Universidade Nacional Autônoma do México (Unam), em 2010, no qual me convenceram de que, se eu desejava verdadeiramente dar densidade conceitual e consistência narrativa a esses debates, deveria mergulhar na história do pensamento e das ciências sociais latino-americanas. Busquei concretizar esse propósito com a cátedra Debates Latino-Americanos, que iniciei naquele mesmo ano na Faculdade de Humanidades e Ciências Sociais da Universidade Nacional de La Plata (UNLP), dentro da graduação em sociologia, e que segue vigente na atualidade, agora sob o título Teoria Social Latino-Americana.

Cabe destacar também que, em 2009, tive a oportunidade de compartilhar com outros colegas da América Latina um encontro na Universidade da Costa Rica cujo tema era sociologia latino-americana hoje. Algumas das perguntas abordadas foram as seguintes: podemos falar em uma *sociologia latino-americana*? Existe uma especificidade, ou especificidades, da *sociologia latino-americana*? Qual é hoje o papel do sociólogo em nossa região? Sem dúvida, aquele encontro esteve também entre os propulsores desta investigação.[6]

Os anos ministrando esse curso na UNLP me convenceram de que eu devia lidar com três desafios maiores. O primeiro e fundamental é que existem arquivos e bibliotecas infinitos sobre o tema indígena na América Latina. Basta andar um pouco por países como México, Guatemala, Bolívia, Peru e Equador, para mencionar somente alguns exemplos, para tomar consciência da enormidade de contribuições em diferentes disciplinas, da multidimensionalidade incomensurável da temática, da complexidade inescapável em termos regionais e, enfim, da riqueza no que se refere à história de lutas e de gerações, visível tanto na experiência organizacional como na reflexão social, filosófica e literária, coletada em livros, declarações, manifestos e artigos, sem esquecer os importantes aportes da tradição oral latino-americana. Por isso, tive que tomar decisões sobre o trabalho de reconstrução histórica e justificar o porquê da escolha de determinados países e a ausência de outros. Em função disso, tal como explico no capítulo 1, decidi delimitar a apresentação sobre a questão indígena remetendo-me a quatro países: México, Bolívia, Peru e Argentina.

6. O organizador desse encontro foi o costa-riquenho Jorge Rovira.

Nesse ponto, quero fazer referência à minha trajetória pessoal. Ainda que venha de terras patagônicas, adentrei o mundo indígena na primeira vez que visitei o noroeste argentino, no ano 2000, para ministrar um curso sobre modernidade e teoria social na Universidade Nacional de Jujuy. Nos anos seguintes, realizei várias investigações e escrevi diversos livros sobre movimentos sociais na Argentina, sobretudo a respeito das organizações de desempregados, fato que me permitiu também compartilhar o mundo das resistências populares e das lutas plebeias, ao mesmo tempo que ia me redefinindo como intelectual anfíbia (Svampa, 2008).[7]

A partir de dezembro de 2003, depois da queda do presidente boliviano Sánchez de Lozada, iniciei um caminho sem retorno em direção à América Latina insurgente, das lutas indígenas e antineoliberais, em visitas recorrentes à Bolívia, país que me possibilitou pensar e experimentar outras racionalidades e outras relacionalidades políticas a partir de intensas mobilizações indígenas e, anos depois, de discussão de conceitos inovadores como "Estado plurinacional", "autonomias" e "Bem Viver". As visitas a outros países latino-americanos, como México, Equador e Peru, potencializaram meu interesse por leituras e debates a respeito do lugar dos povos originários na América.

Não obstante, grande parte desses debates são ignorados na Argentina, país que construiu uma narrativa sobre a identidade nacional a partir do genocídio originário (Diana Lenton) e da negação do indígena. "O medo de sermos nós mesmos", como dizia Rodolfo Kusch, se traduz no estereótipo da prova das raças, que iluminava com seus refletores os imigrantes que desciam dos barcos, deixando sob as sombras mais remotas todos aqueles que, em nome

7. A noção de intelectual anfíbio foi proposta por Svampa em defesa de uma atitude investigativa politicamente engajada, mas que preserva o distanciamento crítico necessário dos movimentos, organizações e comunidades estudados, combinando uma prática solidária com a independência de pensamento. Os anfíbios possuem a habilidade de viver em diferentes ambientes sem alterar sua natureza. O intelectual anfíbio consegue participar de mundos diferentes, cruzar realidades e tecer pontes de cooperação política sem perder a postura independente e crítica. [N.T.]

do progresso — e com uma Remington em mãos —, eram descartados e varridos pelo poder estatal. Os índios, como acrescentava David Viñas, foram "nossos primeiros desaparecidos"...

O segundo desafio com o qual tive de lidar foi aceitar o caráter necessariamente incompleto e arbitrário que essa reconstrução teria, não em termos de profundidade de cada um dos debates encarados, mas, sim, referente a outras discussões igualmente importantes, que percorrem a história regional e estão presentes no atual cenário político. Nessa linha, tomei a decisão de não incluir algumas delas, como a questão camponesa — tema que tem indubitável peso específico na história latino-americana. Sua vastidão e sua evidente complexidade me levaram a tomar tal decisão, e tenho consciência de que podemos ler algo do assunto por meio de sua conexão — em alguns trechos — com as questões indígena e do populismo. Contudo, não deixo de reconhecer essa ausência imperdoável, sobretudo tendo em conta — ou talvez por causa disso — minhas origens familiares rurais. Ainda assim, optei por incorporar outro grande debate clássico, o da dependência. Certamente, considerando a emergência de um espaço latino-americano, a existência de um "novo regionalismo desafiante" (a bela expressão é de Jaime Preciado Coronado) — ilustrado de modo exemplar pelo que aconteceu na Cúpula das Américas em Mar del Plata, em 2005, quando os países latino-americanos disseram não à Alca [Área de Livre-Comércio das Américas] —, a proliferação de blocos latino-americanos e progressistas (Alba [Aliança Bolivariana para os Povos da Nossa América], Celac [Comunidade de Estados Latino-Americanos e Caribenhos], entre outros) e, enfim, apesar do descolamento de uma grande preleção anti-imperialista e de corte emancipatório, a dependência estrutural é e, tudo parece indicar, continuará sendo parte integral de nosso horizonte futuro como nações periféricas. Em razão disso, decidi incorporar o debate sobre a dependência, categoria e enfoque que — como já foi dito — tiveram uma grande capacidade de irradiação teórica e política nos anos 1960, para perguntar-me em seguida sobre sua atualização no presente cenário latino-americano.

O terceiro desafio foi material, relativo ao acesso à bibliografia. À diferença do México, a Argentina não é um país que se destaque por cultivar uma tradição latino-americanista, o que se pode notar nas exíguas bibliotecas públicas e universitárias, assim como nas livrarias. Em razão disso, as visitas a outros países da região e a conversa com diferentes amigos/as e colegas latino-americanos foram cruciais para o acesso à bibliografia. Sobretudo devo resgatar os percursos febris pela rua Donceles, no centro histórico da Cidade do México, perto da Plaza de la Constitución, também conhecida como Zócalo, em cujos incríveis sebos pude encontrar parte dos livros citados nesta investigação. Nesse sentido, outra parte importante dos textos utilizados está disponível on-line e, por último, um pequeno número de livros, que por algum tempo pensei impossíveis de encontrar, me foram fornecidos por amigos ou consegui comprá-los pela internet.

Desse modo, este livro-investigação ficou estruturado em duas partes, em torno de quatro debates fundamentais, na seguinte ordem de exposição: questão indígena, desenvolvimento, dependência e populismo. Enquanto a primeira parte, "Debates latino-americanos e história", como o título indica, propõe ao longo de quatro capítulos um trajeto e uma reconstrução histórica de cada um dos debates, a segunda, "Cenários, debates contemporâneos e categorias em disputa", apresenta, nos quatro capítulos finais, uma interpretação pessoal sobre a atualização de cada um desses debates no presente latino-americano.

A abertura introduzida pela via da questão indígena não é casual, e a colonialidade tampouco é o marco para compreender e integrar o restante dos debates mais canônicos da América Latina. Sustento que essas questões nodais percorreram parte importante das ciências humanas e sociais latino-americanas, sobrepondo-se às diferentes tradições teóricas e metodológicas, assim como aos estilos argumentativos que estas desenvolvem. Os debates que veremos neste livro se encontram no cruzamento de diversos campos teóricos, sobretudo a teoria social, a história das ideias e o pensamento social latino-americano. Incluem, por isso, um amplo leque de disciplinas, tais como economia política e sociologia política, antropologia e história, filosofia e estudos culturais.

Por último, tal como afirmam Briceño-León e Heinz Sonntag, "a ciência social foi debatida na América Latina entre duas tendências: ou responder ao povo, à sua sociedade em suas singularidade e urgências; ou responder à sua época, ao seu tempo, aos requerimentos que o rigor científico e o saber universal demandam. A grande promessa do pensamento latino-americano, a ambição extrema, foi resumida faz um século por José Martí (1998), quando escreveu que se devia dar resposta a ambas as tendências e ser uma pessoa de seu tempo e de seu povo". Certamente, é próprio do pensamento crítico latino-americano extrair seus tópicos, seu caminho teórico e sua potência dos conflitos sociais e políticos de seu tempo, da análise da dinâmica da acumulação do capital e das formas que assumem as desigualdades sociais, raciais, territoriais e de gênero em nossas sociedades. Este livro se insere nessa tradição crítica do pensamento latino-americano, com a qual busca conciliar um olhar global e uma análise concreta, associada à ideia de intelectual público e político, comprometido com um projeto de transformação.

Em suma, historicamente, os diferentes modos que a colonialidade do saber (Quijano, Lander) ou o colonialismo interno (nos termos de Rivera Cusicanqui) assumiram se expressaram em uma tendência à invisibilização e ao apagamento da produção teórica local, de outras formas de ver e interpretar o mundo que questionam a ideia de um padrão único ou universal de modernidade. Assim, a "cegueira epistêmica" (Machado Aráoz, 2012), a dependência intelectual, o legado colonial, a dificuldade de institucionalização, as diásporas temáticas vinculadas a desenvolvimentos nacionais diversos e as rupturas políticas explicariam essa dificuldade de consolidar uma tradição de pensamento regional passível de ser transmitida através das diferentes gerações e países. Este livro é uma aposta contrária a esses apagamentos e a essas tentativas constantes de subalternização da produção teórica local e seus debates fundamentais. É um esforço para explorar determinadas linhas de acumulação histórico-conceitual que constroem uma tradição crítica latino-americana em termos de ideias e teorias, de conceitos críticos e conceitos-horizonte, atravessados por intensos debates teóricos e políticos. É, consequentemente, uma aposta na realização daquilo que Boaventura de Sousa Santos denominou como "sociologia das ausências" e "sociologia das emergências": uma contribuição que busca recuperar e trazer à luz certas linhas de acumulação do pensamento crítico que hoje voltam a nos interpelar como latino-americanos, nas fronteiras sempre porosas entre o campo intelectual e o político.

Parte I
Debates latino-americanos e história

1. O debate sobre o indígena e a *indianidade*

Como nos lembram tantos autores, na Colônia o indígena era uma categoria político-administrativa: era necessário contar a quantidade de indivíduos, pois eles pagavam tributos ou realizavam trabalhos forçados, sobretudo nas minas, como ocorria na Bolívia (Lavaud & Lestage, 2009, p. 14). No entanto, rapidamente a categoria "indígena" foi se tornando complexa, adotando uma dimensão racial (ou racialista) e cultural, definindo-se por marcadores como idioma, vestimenta e origem rural (Barragán, 1992; De la Cadena, 2004), que remetiam sempre à inferioridade, em um registro relacional ou comparativo com o não indígena.

Em termos demográficos, em 2011 se estimava que a população indígena da América Latina e do Caribe oscilava entre os quarenta e cinquenta milhões, sobre um total de 480 milhões de habitantes. Mais ainda, para organismos como o Fundo das Nações Unidas para a Infância (Unicef), segundo censos oficiais elaborados entre 2000 e 2008, a porcentagem de indígenas identificados na América Latina correspondia a 6,01% do total da população. Não obstante, a cifra de população indígena da América Latina seria 10% do total de habitantes, de acordo com o Programa das Nações Unidas para o Desenvolvimento (PNUD) (Sichra, 2009). Segundo dados mais recentes da Cepal (2014):

> México e Peru são os países com maior população indígena na região, com quase dezessete milhões e sete milhões, respectivamente. São seguidos pelo Estado Plurinacional da Bolívia e pela Guatemala, com cifras que rondam seis milhões; Chile e Colômbia superam 1,5 milhão;

Argentina, Brasil e Equador abrigam em torno de um milhão de pessoas cada um; a República Bolivariana da Venezuela, com pouco mais de setecentos mil; Honduras e Nicarágua, com mais de quinhentos mil, e Panamá com cerca de quatrocentos mil. Dos que incluem a categoria de população indígena em seus censos, os que apresentam cifras mais baixas são Costa Rica e Paraguai, com pouco mais de cem mil, e Uruguai, com quase oitenta mil.

Se analisamos o peso relativo da população indígena sobre o total nacional, segundo estimativas, sobressaem-se Bolívia (62,2%),[1] Guatemala (41%), Peru (24%) e México (15%). Já Panamá (12%), Chile (11%) e Equador (7%) constituem um segundo bloco de países com maior população relativa. E, por último, o grupo de países nos quais o peso relativo da população indígena oscila entre 0,5% (Brasil) e 3% (Argentina), sendo Uruguai 2,4% (Cepal, 2014, segundo dados de 2012).

Ainda assim, continua o relatório, os resultados correspondentes a 2010 representam, em uma década, um aumento total de 49,3% na população indígena, o que significa uma taxa de crescimento médio anual de 4,1%. "Trata-se de uma recuperação demográfica de magnitude considerável, sobretudo quando se considera que, durante o mesmo período, a população total da América Latina cresceu um total de 13,1%, a um ritmo médio anual de 1,3%. Essa recuperação não se deve unicamente à dinâmica demográfica dos povos indígenas, mas sim ao aumento da autoidentificação" (Cepal, 2014, p. 98). Efetivamente, o processo étnico de reconhecimento dos povos originários trouxe em paralelo um aumento da identificação com vários povos indígenas, o que possui um lado objetivo (atribuição das instituições) e outro subjetivo (pertencimento e autoidentificação).[2]

1. Em 2012, realizou-se um novo censo na Bolívia, que reuniu outros dados sobre a população de origem indígena, indicando que apenas 40% da população maior de quinze anos se considerava pertencente aos povos originários camponeses indígenas. Sobre o tema, ver Nicolas & Quisbert (2014). Para uma perspectiva histórica do assunto, ver Lavaud & Lestige (2007).

2. Retomamos de Dubar o conceito de "identificação" como "resultante de atos de atribuição identitária por parte de instituições ou agentes de intera-

Por outro lado, cada país contém uma grande diversidade de povos indígenas. Já nos anos 1970, em um célebre artigo, Guillermo Bonfil (1972) advertia que, como categoria colonial, o indígena é um, mas internamente se declina em múltiplas unidades locais. "A sociedade colonial é dual em sua estrutura básica e plural no setor colonizado", afirma L. Beltrán, citado em Bonfil (1972, p. 117). Assim, a Constituição do Estado Plurinacional da Bolívia reconhece a existência de 36 povos indígenas. No México, alcançam a quantidade de 78, enquanto no Peru são 85 e na Argentina, 32 povos indígenas. Ademais, como resultado dos processos de revalorização da identidade étnica e do protagonismo social e político crescente dos povos indígenas, na atualidade é possível contabilizar 826 povos na América Latina (Cepal, 2014, p. 103).[3]

Existem também marcadas diferenças regionais. Em países como Bolívia e Peru, o espaço de tensões transcende o esquema binário (índio/branco-mestiço) para ilustrar uma pluralidade interna em setores subalternos indígenas. Assim, há povos indígenas que foram e ainda continuam sendo vistos como inferiores em relação a outros. Por exemplo, alguns povos indígenas das terras baixas da Bolívia frequentemente são considerados "selvagens", "*chunchos*",[4] se comparados aos indígenas das terras altas, vistos como culturalmente superiores. O mesmo ocorre no Peru, onde à tradicional divisão entre a costa (branca-mestiça) e a serra (indígena-mestiça) se agrega

....

ção com o indivíduo, por um lado, e de atos de pertencimento que expressam uma identidade para si, por outro". Citado em Lavaud & Lestage (2007, p. 22).

3. Em 2006, "Toledo contabilizava 671 povos indígenas reconhecidos direta ou implicitamente pelos Estados nos instrumentos de política pública, 29 dos quais correspondiam a países não hispânicos do Caribe (Belize, três povos indígenas; Guiana Francesa, seis; Guiana, nove; e Suriname, onze), e os 642 restantes se localizavam em países da América Latina propriamente dita" (Toledo, 2006 *apud* Cepal, 2007). Em 2012, como dissemos, estes se elevaram a 826 povos. "O panorama regional é altamente heterogêneo: em um extremo está o Brasil, com 305 povos indígenas, e em outro se encontra El Salvador, com três povos, e Uruguai, com dois" (Cepal, 2014, p. 103).

4. *Chunchos*, para os incas, eram os povos não submetidos ao seu império, análogos aos "bárbaros" para o Império Romano. A palavra ainda carrega conotação de inferioridade. [N.T.]

a Amazônia (indígena). Nesse tom, o massacre de Bagua — que em 5 de junho de 2009 custou a vida de cerca de trinta habitantes da região amazônica, além de dez policiais e um número indeterminado de indígenas desaparecidos — permitiu não apenas ao Peru, mas também ao restante do continente, tomar conhecimento dos povos amazônicos considerados historicamente "selvagens" e "atrasados".[5]

Uma vez enunciada tal diversidade, começarei admitindo o caráter incompleto de qualquer tentativa de síntese desses processos de longa duração. Assim, uma das preocupações que percorrem o presente capítulo é como dar conta da complexidade dos debates político-culturais que caracterizam a história de certos países latino-americanos, sem cair em uma simplificação que desemboque em mera enumeração de correntes ou perspectivas sobre o tema. Tratando de me esquivar dessas dificuldades, e com a ideia de contribuir para a compreensão dos debates sobre o lugar dos povos indígenas na América Latina, o enfoque que proponho aqui contém três eixos.

O primeiro deles, que constitui o núcleo da minha proposta, remete ao que denomino "campos de tensão", os quais configuram e problematizam as diferentes categorias ligadas à chamada "questão indígena". Esses campos de tensão emergem de processos duradouros, mudam e variam ao compasso das dinâmicas políticas e sociais. Sustento que os debates e as perspectivas político-culturais sobre o indígena e a questão da indianidade aparecem atravessados por campos/espaços delimitados temporalmente, nos quais alternam e convivem, se associam e dissociam, se articulam e se opõem, segundo os períodos, diferentes categorias conceituais em torno do indígena: a raça e suas hierarquias, o camponês, o mestiço, o rural, o urbano, a classe social, a identidade étnica e a diversidade, e enfim, mais recentemente, o indigenismo e o indianismo. Esses campos de tensão são dinâmicos e não são poucas as ocasiões

5. A Amazônia, com 11% da população peruana, conta com numerosos povos, muitos dos quais não têm contato com a cultura ocidental. Historicamente, o sentimento de superioridade social e cultural com relação aos amazônicos não apenas foi compartilhado pelas elites e classe média urbanas — sobretudo de Lima —, mas também pelos povos camponeses-indígenas das zonas andinas.

em que se estruturaram sob a forma de antinomias, que cruzam distintas categorias: por exemplo, entre o indígena e o mestiço; o indígena e o camponês; a raça e a classe social; o rural e o urbano; o étnico e o social; e o multiculturalismo e a autonomia. Esses binômios atravessam diferentes perspectivas político-culturais sobre o tema indígena e costumam se articular sob a forma de oposições ou disjunções, configurando um campo magnético e multicêntrico que, por consequência, estrutura e polariza os debates.

Nesse sentido, a categoria *mestiço* se constrói pela distância e, em muitas ocasiões, em oposição à categoria *indígena*, ainda que aquela nem sempre seja lida em termos negativos. A esse respeito, a antropóloga Rossana Barragán mostra, no caso da Bolívia, de que maneira se passou da estigmatização do mestiço entre o fim do século XIX e início do XX para sua revalorização, nos anos 1940, como meio de legitimação e construção do que deveria ser a nação (Barragán, 1992, p. 21). Algo diferente sucede com a categoria *camponês*, que nasce associada à de indígena (é um de seus marcadores fundamentais, pois o indígena remete à origem rural), porém aos poucos vai se descolando desta, ainda que nunca chegue a se opor completamente. Além disso, mesmo quando se articulam em determinados períodos, a categoria de indígena contempla apenas parcialmente a de camponês (já que existem indígenas urbanos) e vice-versa (pois existem camponeses mestiços e não indígenas). Indigenismo e indianismo também se configuram como uma oposição a partir dos anos 1970, com a crise do modelo populista-integracionista. O rural e o urbano se conjugam de modo diferente em cada período: anteriormente, uma oposição marcou a distância entre o indígena e o não indígena (o indígena associado ao rural), porém, a partir dos anos 1970, com a expansão da fronteira étnica, o rural e o urbano não aparecem como uma oposição rígida, mas, sim, como uma ponte que ajuda a entender, mediante o fenômeno da urbanização contemporânea, os processos de mestiçagem e, ao mesmo tempo, de revalorização da identidade étnica (pela qual alguns poderão se entender como indígenas mestiços).

Esse ordenamento e essa conceitualização dos campos de tensão se inspiram no que as antropólogas Claudia Briones e Rita Segato denominaram "formações nacionais da alteridade", que, segundo a primeira, "não apenas produzem categorias e critérios de identificação/classificação e pertencimento, mas também que — administrando hierarquizações socioculturais — regulam condições diferenciais de existência para os outros internos que se reconhecem como parte histórica ou recente da sociedade sobre a qual um Estado-nação estende sua soberania" (Briones, 2008, p. 16). O conceito de "formações nacionais de alteridade" remete a um sistema "cujas regularidades e particularidades resultam de — e evidenciam — complexas articulações entre sistemas econômicos, estruturas sociais, instituições jurídico-políticas e aparatos ideológicos prevalecentes nos respectivos países" (Briones, 2004; 2008, p. 16). Na definição de Segato, "estas não são outra coisa que representações hegemônicas da nação, produtoras de realidades" (Segato, 2007, p. 28-9). Assim, a conceitualização que proponho em termos de campos de tensão aponta para algumas dessas formações de alteridade, nutrindo-se, portanto, do valioso trabalho de ambas as autoras.

Dada a incomensurabilidade do tema, o segundo eixo da minha exposição se refere ao recorte adotado. Para dar conta dos campos de tensão da longa memória instituída sobre o indígena, tomei como referência quatro países: Bolívia, México, Peru e Argentina. Esse recorte, no entanto, não é meramente arbitrário. Por um lado, esses quatro países têm a virtude de incluir ao menos três grandes áreas geográficas de estudo sobre o indígena: a Mesoamérica, os Andes e a Amazônia. Por outro, cabe destacar que dois dos países abordados contam com um alto percentual de população indígena (Bolívia e Peru); o terceiro possui uma população indígena com um peso relativo menor, mas muito importante em termos absolutos (México), que, além disso, também se destaca singularmente por seus aportes à história das teorizações sobre o indígena; enfim, o quarto (Argentina) conta com uma população de povos originários notoriamente menor em relação aos outros três países, ao que se acrescenta um passado genocida, a partir do qual se buscou negar de modo sistemático suas raízes indígenas. Esse trajeto nos permitirá realizar interessantes contrastes e comparações, ao mesmo tempo que nos iluminará sobre as orientações comuns quanto aos dispositivos de construção da alteridade. Isso porque, acima das notáveis diferenças demográficas, nacionais e regionais, e para além da diversidade de matrizes de alteridade concretas, os países latino-americanos ilustram certos percursos comuns, visíveis na configuração de diferentes perspectivas e debates sobre o lugar dos povos indígenas na construção nacional.

O terceiro eixo que proponho é diacrônico e responde ao título deste capítulo, pois a trajetória que percorremos distingue dois ciclos diferenciados na constituição dos ditos campos de tensão: o primeiro, marcado pelo momento indigenista; o segundo, pelo momento indianista. O indigenismo inclui diferentes perspectivas, entre elas, o positivismo racialista, o indigenismo romântico ou o discurso do autóctone, o indigenismo social e, fundamentalmente, o indigenismo integracionista-estatal. O divisor de águas entre ambos os momentos é a crise do modelo hegemônico integracionista (o indigenismo de Estado), que esteve até 1970 associado aos Estados populistas-desenvolvimentistas. Abre-se um novo ciclo histórico que altera o eixo de quem realiza a pergunta sobre indianidade, base sobre a qual se questionará a visão monocultural propiciada pelo indigenismo integracionista de Estado. Essa segunda fase se inicia no período que o historiador chileno José Bengoa caracteriza como da "emergência indígena" (2009). Dito de outro modo, a transição de um ciclo a outro marca a passagem do indígena considerado como minoria ao status de povos e nações indígenas (Briones, 2008, p. 10) e, igualmente, de sua constituição como ator político autônomo, que fala de si e por si, deixando de ser *ventriloqueado* por elites políticas e intelectuais não indígenas. Este segundo momento inclui perspectivas e paradigmas diferentes, muitas vezes concebidos como contrapostos, tais como o multiculturalismo e a autonomia. Em razão disso, abordarei algumas das interpretações culturais e políticas de maior influência que foram elaboradas sobre a questão indígena (primeiro momento) e a questão da indianidade (segundo momento) na América Latina.

Na segunda parte deste livro, retomarei esse último ciclo histórico, para dar conta da atualidade política desses debates no cenário latino-americano contemporâneo. Em outras palavras, não são debatidas hoje em dia as perguntas que atravessam o indigenismo integracionista, mas, sim, as problemáticas vinculadas à ideia do indígena como ator político pleno, de mãos dadas com categorias como "identidade étnica", "autonomia", "territorialidade", "Estado plurinacional" e "direitos coletivos", tópicos que integraram a linguagem mobilizadora das resistências e dos movimentos indígenas em diversos países da América Latina a partir dos anos 1970 e com maior ênfase nos últimos vinte anos.

Empreenderemos, então, uma longa viagem que vai nos submergir de modo diacrônico em diferentes campos de tensão e matrizes de produção da alteridade: o modo como o indígena se relaciona com o mestiço; o vínculo cada vez mais intrincado entre o indígena e o camponês, entre raça e classe social, entre o urbano e o rural; e a ampliação de fronteiras étnicas e da paulatina emergência de uma cidadania étnica de mãos dadas com o reconhecimento internacional dos direitos coletivos. Finalmente, a oposição entre indigenismo e indianismo nos guiará através dos diferentes debates sobre o indígena e a indianidade na América Latina.

Por último, esclareço que nada é linear nessa história: os campos de tensão são dinâmicos, nos confrontam com portas fechadas e às vezes trancafiadas, com o propósito de interditar toda possibilidade de contato entre categorias supostamente antagônicas. Mas, no compasso das transformações sociais, jurídicas e econômicas, ou seja, das mudanças de época, novas brechas vão se abrindo até construírem novas pontes ou passarelas entre as categorias que antes pareciam incompatíveis, instalando outras dinâmicas de abertura e de fechamento, em um processo de ressignificação e de luta. Será visto também, por meio da sucessiva configuração desses campos de tensão (que designam diferentes discursos e práticas dominantes), o modo pelo qual o indígena aparece inscrito política, cultural e socialmente na esfera da subalternidade/alteridade.

1.1. O DEBATE SOBRE O INDIGENISMO (1900-1960)

A QUESTÃO DA RAÇA, O INDÍGENA E A MESTIÇAGEM: POSITIVISMO E DISCURSO DO AUTÓCTONE

Ao menos até o fim da Segunda Guerra Mundial (1945), uma das categorias centrais que atravessa e define os campos de tensão sobre o indígena é a raça. Essa categoria é uma construção histórico-social, em grande medida produto da anexação violenta da América à ordem imposta pelos processos de conquista espanhola e portuguesa. Como sustenta o sociólogo Aníbal Quijano (2007, p. 119), "a produção da categoria da 'raça' a partir do fenótipo é relativamente recente, e sua plena incorporação à classificação das pessoas nas relações de poder tem apenas quinhentos anos: começa com a América e a mundialização do padrão de poder capitalista". Em consequência, se falamos de raça, nos referimos à história europeia, ou seja, ao modo de pensar e representar a diferença que a Europa elaborou ao vincular-se com outras culturas ou civilizações, o que inclui, particularmente, a América colonial.

Raça é também uma categoria relacional que se desenvolve no marco de uma matriz hierarquizante e classificadora. De acordo com Rita Segato (2007, p. 23), "é signo, traço de uma história no sujeito, que lhe marca uma posição e sinaliza nele a herança da despossessão". Mais ainda, raça, processo de racialização e racismo aparecem estreitamente ligados, unidos por um mesmo polo semântico. Na América Latina, em nome de um enfoque cientificista, a visão darwinista das raças desembocou na naturalização das desigualdades sociais entre brancos, indígenas, negros e mestiços, atribuída às diferenças fenotípicas, ou seja, biológicas.[6] Como afirma

6. Como sustenta Bonfil Batalla (1972), "negro" e "índio" são categorias que designam o colonizado na América, por seu estatuto inferior (de raças "inferiores"). No entanto, os negros ou afro-americanos foram invisibilizados

a antropóloga peruana Marisol de la Cadena (2007, p. 14), a categoria de raça é relativamente vazia, mas, "longe de faltar-lhe história, sua vacuidade faz com que se enraíze em genealogias específicas e adquira múltiplos passados, muitas memórias conceituais, que lhe dão textura estrutural e lhe abrem às subjetividades locais". Como consequência, não é somente seu caráter relacional ou dialógico, mas, sim, a vacuidade própria do conceito o que faz com que este apresente uma grande capacidade articuladora, um potencial camaleônico, aplicável a diferentes contextos. Por outro lado, a ideia de raça instala um campo de tensão que ilustra o modo de pensar a política e os limites da democracia. Nesse marco, a política não aparecia como um espaço que os indígenas pudessem ocupar. Para as elites e os intelectuais, "os índios organizavam desordens, simples revoltas, sempre como resultado de condições externas que exacerbavam sua paciência milenar. Suas demandas não eram consideradas manifestações de ideias políticas, ainda que sempre se alertasse sobre as consequências perigosas, por exemplo, de uma guerra de raças" (De la Cadena, 2007, p. 26).

Assim, durante muito tempo e a partir de diversos registros — acadêmico, científico, político —, os indígenas foram considerados objetos de estudo das diferentes ciências e inclusive patrimônio científico (na Bolívia, falava-se em "indiologia"); algo que os aproximava indefectivelmente à natureza e os separava de qualquer conceituação como sujeitos sociais e políticos.[7] O exemplo argen-

....

durante muito tempo na América Latina, ao que se agrega que seu lugar na estrutura de alteridade era diferente do lugar do índio. Enquanto os negros eram conhecidos, o indígena aparecia como "enigma" (Wade, 2006), muitas vezes impenetrável, como registrado nas meticulosas descrições psicologizantes do positivismo etnográfico latino-americano. Ao abandonar a comunidade, o indígena iniciava um caminho até o mestiço. A fronteira entre o ser e o não ser indígena se tornava, assim, de índole cultural, em função da divisão entre rural/urbano, tradicional/moderno. Enquanto as fronteiras entre índio e mestiço repunham essas dicotomias próprias da modernidade, o negro remetia sempre a traços fenotípicos.

7. Isso também ocorria em relação à mulher, algo que será denunciado pelo movimento feminista, pois suas demandas não se instalavam no campo da racionalidade e da política, mas, sim, da irracionalidade ou no âmbito privado.

tino, posterior ao genocídio perpetrado pelo Estado nacional contra os indígenas da Patagônia e do Norte em fins do século XIX, se instala nessa linha e ilustra, sem dúvida, um caso extremo. Nada mais terrível que recordar o acervo de restos de indígenas que foram exibidos durante décadas nas vitrines do Museu das Ciências Naturais de La Plata. "Depois das Campanhas do Deserto foram trazidos indígenas ao Museu de La Plata e os utilizaram como funcionários da faxina. Quando morreram, mandaram seus corpos aos laboratórios da Faculdade de Medicina para que lhes retirassem o cérebro, o cabelo, os ossos, e depois seus restos voltaram ao museu. Seguiam sendo considerados 'patrimônios do museu'. Eram objetos, não seres humanos!" (Rex González, 2010).

POSITIVISMO E RACIALISMO

No livro *La construcción de la aymaridad* [A construção da identidade aimará] (2009), a autora boliviana Verushka Alvizuri conta que, em 1899, aconteceu, na zona do Altiplano, o massacre de Mohoza. Ocorrido na época da guerra federal, nesse acontecimento os indígenas assassinaram cerca de 130 soldados do exército liberal, depois que estes foram atraídos à igreja onde era celebrada uma missa. A pedido do padre, os soldados chegaram desarmados, mas, quando foi levantada a hóstia, os índios aimará do exército de Pablo Zárate Willka os cercaram e, em uma clara inversão ritual, os obrigaram a vestir-se de índios e os assassinaram, cometendo inclusive atos de antropofagia. Depois disso, um longo julgamento foi realizado. A memória acerca do julgamento de Mohoza, narra Alvizuri, é reveladora da maneira como as ciências positivas legitimam um discurso moral baseado na natureza e na razão. O argumento do advogado, Bautista Saavedra,[8] que havia se formado na leitura de Lombroso, enfatizava a "condição degenerada e a estrutura psicológica e social do índio aimará" (Alvizuri, 2009, p. 61). Saavedra estava convencido de que

8. Posteriormente, Saavedra seria presidente da Bolívia entre 1921 e 1925.

a predisposição à violência e à criminalidade era um traço natural dos índios aimará que nem mesmo a escola poderia alterar, demarcando o crime como um caso típico de delito coletivo. Mas, como o crime coletivo não estava tipificado no Código Penal da época, o que Saavedra aconselhou, baseando-se em Gustave Le Bon, o célebre autor de *Psicologia das multidões*, foi combatê-lo como se fazia contra as turbulências populares (greves de trabalhadores, anarquistas, socialistas), "removendo as causas, evitando as ocasiões". Todo um povo foi julgado: durante quatro anos, cerca de 250 pessoas passaram pelo corredor judicial, e 32 delas foram condenadas à morte. O argumento do defensor se baseava na "teoria da loucura de massas", ilustrando de maneira paradigmática o olhar positivista da época, associado com a leitura criminalística que partia da barbárie e da decadência de acusados apresentados como "inválidos de civilização" e "membros de uma raça inferior que deve desaparecer" (Alvizuri, 2009, p. 61).

Como corrente intelectual, o positivismo teria um grande êxito interpretativo e político na América Latina. Tinha a virtude de sintetizar duas dimensões intrinsicamente ligadas: por um lado, postulava uma visão dentro das diretrizes do determinismo biológico da época; por outro, o dito determinismo se acoplava a uma concepção liberal e evolucionista da sociedade, que podia se erigir como um instrumento essencial contra as forças sociais conservadoras, inimigas do processo de secularização. Contudo, entre a ala racialista e a liberal, sem dúvida a que encontrou maior proeminência no campo político-intelectual foi a primeira, pois a certeza de que a humanidade se dividia entre raças inferiores e superiores formava parte do senso comum da época. Tal era a potência da leitura racialista que, é possível dizer, havia autores que apresentavam características positivistas sem sequer reivindicar-se como tais, "eram positivistas sem saber" (Piñeiro Iñíguez, 2006, p. 57).

A esse respeito, a pesquisadora francesa Marie D. Demélas destaca, no caso da Bolívia, que

> o darwinismo social, de 1880 a 1910, aproximadamente, representa o modo de pensamento comum da maior parte dos dirigentes que tratam de aplicar leis científicas à sociedade, em particular sobre as lutas pela existência e a seleção natural pela 'sobrevivência do mais

> apto' [...]. O positivismo boliviano é, então, uma maneira convencional de reagrupar sob o mesmo termo os interesses das elites *criollas* pelas ciências exatas, o liberalismo e algumas veleidades anticlericais. (Demélas, 1981, p. 56)

Nesse sentido, entre 1890 e 1920 foram publicados ensaios diversos sobre o "continente enfermo" (Stabb, 1968).[9] Pondo em dúvida a possibilidade de a América Latina entrar na modernidade à maneira da Europa e dos Estados Unidos, o positivismo era portador de um pensamento inquietante, uma espécie de pessimismo moral, por meio de uma leitura continental acerca dos "males endêmicos": o primeiro de todos era a raça, para o qual convergiam biologia e psicologia de massas; o segundo era o caudilhismo latino-americano, para o qual confluíam biologia, sociologia e política.

Ainda assim, à luz da consolidação de diferentes Estados-nação liberais, o positivismo realizaria um primeiro balanço da oposição entre civilização e barbárie. Isso se plasmou em diversas obras de corte histórico-sociológico, que tiveram por *leitmotiv* a análise dos "males latino-americanos" a partir de uma matriz biologizante.[10] As raças explicavam as características psicológicas dos povos transmitidas regular e fielmente por herança. Autores como Spencer,

9. "Em 1899, o venezuelano César Zumeta publicou um livrinho intitulado *El continente enfermo* [O continente doente]; no mesmo ano, o ensaísta argentino Agustín Álvarez escreveu *Manual de patología política* [Manual de patologia política]; poucos anos depois, em 1905, o boliviano Alcides Arguedas deu a lume seu conhecido ensaio *Pueblo enfermo* [Povo doente]. Naturalmente, esses autores não compartilhavam as mesmas ideias a respeito da realidade hispano-americana, mas a semelhança da terminologia — e, por extensão, de seu marco de referência ideológica — é notável. Todos concordavam que o continente — ou o país — sofria de graves enfermidades, e muitos estavam convencidos de que o vírus que havia produzido o mal era, em uma palavra, a raça" (Stabb, 1968, p. 182-3).

10. A imagem *sarmientina* de civilização ou barbárie, lançada por Sarmiento em *Facundo* (1845), que experimentou depois uma espécie de reprodução ampliada em *Conflictos y armonías de las razas en América* [Conflitos e harmonias das raças na América] (1884), já em chave nitidamente racialista/positivista, constitui uma das principais fontes de inspiração. Ver Svampa (1994; 1998).

Darwin, Le Bon e Taine seriam a pedra de toque desse paradigma racialista, que realizaria uma descrição das diferentes figuras da "alma nacional". É o que se torna palpável por meio de duas obras do período: a do argentino Carlos O. Bunge, *Nuestra América* [Nossa América] (1903) e do boliviano Alcides Arguedas, *Pueblo enfermo* [Povo doente] (1999 [1909]). Enquanto a primeira tem pretensões continentais, a segunda se propõe a descrever e diagnosticar os males próprios do Altiplano boliviano, mas ambas apresentam grandes coincidências ao caracterizar o indígena, assim como a figura do mestiço.[11]

Um dos recursos principais utilizados por ambos foi contrapor índios e mestiços com os europeus, isto é, não os definir pela conformidade, mas, sim, pelo contraste. Nessa linha, os historiadores Waldo Ansaldi e Patricia Funes (2006), retomando o autor francês Étienne Balibar, sustentam que "a hermenêutica das raças remete a duas operações básicas: a classificação e a hierarquização". São operações básicas de naturalização, já que a hierarquização supõe um piso (a animalidade) e um teto (a humanidade, encarnada no branco europeu). Não obstante, nessa dinâmica de classificação e hierarquização, existem diferenças de matizes. Para Bunge, a alma coletiva do índio se expressa no fatalismo oriental, na tristeza e na vingança. Com adjetivos similares, Arguedas caracteriza os indígenas do Altiplano, cujo correspondente é uma paisagem natural onde eles aparecem assimilados ou fundidos à geografia local.

O darwinismo social predisse o desaparecimento das "raças mais débeis". Bunge, que fala da perspectiva da Argentina num momento em que o país recebia enormes massas de imigrantes europeus, considera que: "O índio puro, que vive oculto em seus bosques, tende hoje a desaparecer, envergonhado, corrido, ofuscado, aniquilado pela civilização. [...] Daí que o índio puro tenha hoje escassa ou nenhuma importância na sociologia americana. Já não é assim com o mestiço do índio com o europeu" (Bunge, 1917,

11. Não são os únicos: Francisco García Calderón, no Peru, e José Ingenieros, na Argentina, compartilhavam esses diagnósticos e, em alguns casos, os amplificavam. Para esse tema, ver Ansaldi & Funes (2006), Piñeiro Iñíguez (2006) e Oscar Terán (1983), entre outros.

p. 126). Arguedas, por sua vez, nos fala de um destino sacrificial ligado à guerra: "para cada branco que ganhava a vida no Chaco, morriam cem índios... Legiões de índios" (Arguedas, 1999, p. 70).

De fato, o positivismo racialista parecia estar menos preocupado em pensar no indígena como "problema" – pois o considerava derrotado, moralmente degradado e em via de extinção – diante da acelerada ascensão e reprodução do mestiço, a figura social emergente na nova trama nacional. É nesse aspecto que a escrita dos positivistas se fazia mais ácida e desqualificatória: ao tratar do mestiço, do *cholo*, do mulato, mescla de índio, negro ou branco, a hibridez era sempre portadora de um conteúdo negativo. Desse modo, o positivismo exacerbaria a teoria darwinista da hibridação, que sustenta que a mescla produz um ser atávico e degenerado. No mestiço, estariam todos os vícios e nenhuma das virtudes das raças de origem. "Todo mestiço físico, qualquer seja seu pai ou mãe, é um mestiço moral", escreve Bunge em *Nuestra América*, livro no qual dedica apenas nove páginas para descrever os traços típicos da psicologia do índio e quatro para o "fator étnico africano", contra quase vinte páginas consagradas às diferentes figuras da mestiçagem, ilustrando o "fenômeno da semiesterilidade degenerativa do hibridismo humano" (Bunge, 1917, p. 143-4). Arguedas dedica menos páginas ao mestiço (na Bolívia, o índio implicava o perigo da "guerra de raças"), mas o diagnóstico é similar.[12] Por exemplo, o *cholo*, mestiço de índio com *criollo*, é objeto de críticas severas. "Pense errado e adivinhará, diz o ditado que, para o *cholo*, sintetiza a concepção exata, melhor e mais cabal da experiência humana sobre as relações do homem com seus semelhantes." Ausência de ideais, busca por figuração política, ostentação de títulos ou de riqueza, quando a tem: o *cholo* é puro exitismo, a saber, busca do instante de êxito (Arguedas, 1999, p. 72-3).

Em suma, o olhar positivista instala sua análise no campo de tensão entre o indígena e o mestiço perante o branco europeu,

12. A rigor, a obra de Bunge influenciou notoriamente o texto de Arguedas, que apresenta um périplo demasiado oscilante, atravessado por uma relação de ambivalência sobre o indígena. Ver Piñeiro Iñíguez (2006) e Stefanoni (2010a).

sendo este último considerado a raça indiscutivelmente superior, para além das evidentes diferenças nacionais (por exemplo, entre saxões e hispanos) ou de figuras próprias da mestiçagem (*cholo*, *zambo*, mulato e suas sucessivas mesclas). A conclusão é que, de modo crescente, o índio começa a ser desalojado pelo mestiço como elemento predominante do presente americano. A descrição detalhada dos traços psicológicos do indígena, da sua alma coletiva fundida na paisagem milenar, assimilado na geografia mineral do Altiplano (a "raça de bronze") e associado às doenças e debilidades da sua raça, tanto diante da superioridade espanhola como do chamado sacrificial da guerra, já pertence ao passado. Diante do novo emergente social, que mostra o devir presente do mestiço, os indígenas constituem uma estrutura racial residual. Não obstante, o mestiço ilustra outros níveis de complexidade psicológica e social, dadas a volubilidade, a multiplicação, a visão instrumental do mundo e, pior ainda, a vitalidade crescente e transbordante. Isso se torna visível no sistema político dominante, a saber, o caciquismo, o caudilhismo ou outras variantes da política *criolla*. Assim, para a elite oligárquica e os intelectuais da época, o "problema étnico" não remete tanto ao índio, cujo ocaso inevitável é um lugar-comum, mas sim ao mestiço, que assume os traços da nova ameaça política e social.

Costuma-se afirmar que, depois da Segunda Guerra Mundial, ao tornar-se público o genocídio nazista cometido contra populações de origem judaica em nome das diferenças e da superioridade racial, a categoria de raça caiu em descrédito e seria expulsa da comunidade acadêmico-científica e do discurso político democrático. Apesar disso, não apenas o racismo continuou vigente, como o próprio conceito de raça, para além do desprestígio que o envolve, parece ser uma dessas categorias-zumbi, que nunca morrem totalmente, que sempre retornam.

ARGENTINA: RACIALISMO E GENOCÍDIO ORIGINÁRIO

> *Estamos, como nação, empenhados em uma contenda de raças, dentro da qual o indígena carrega o anátema do desaparecimento, escrito em nome da civilização. Pois, então, destruamos moralmente essa raça, aniquilemos suas fortalezas e organização política, que desapareça sua ordem de tribos e, se necessário, que se dividam as famílias. Essa raça quebrada e dispersa acabará por abraçar a causa da civilização. As colônias centrais, a Marinha, as províncias do norte e do litoral servem como palco para realizar esse propósito.*
> — Julio Argentino Roca

O esquema interpretativo fundacional sobre a questão indígena na Argentina moderna foi a dicotomia *sarmientina* civilização ou barbárie (Tamagno, 2009; Svampa, 1994), que condenava à exclusão e ao extermínio as massas consideradas bárbaras (indígenas sublevados, *montoneros*, *gauchos*, caudilhos rebeldes).[13] A oposição entre esses polos se tornou realidade por meio das campanhas militares levadas a cabo no sul e norte argentinos, assim como mediante o desfecho violento de um longo ciclo de guerras civis, que terminaria com a derrota e a morte dos últimos caudilhos provinciais.

Entre 1810 e 1816, como nos recorda a antropóloga Liliana Tamagno, o discurso oficial reconhecia a participação significativa de indígenas na luta contra os espanhóis e os considerava "cidadãos livres"

13. Ao longo do século XIX na Argentina, foram chamados *montoneros* os membros de formações militares rurais, inorgânicas e temporárias que se levantavam contra um governo provincial, geralmente sob o comando de uma liderança local. Já os *gauchos* argentinos são trabalhadores da pecuária, descendentes de brancos e indígenas, que constituem um modo de vida tradicional e uma cultura rural própria do Pampa. [N.T.]

(2009). "Os índios, nossos compatriotas" é uma frase célebre atribuída ao herói consensual da nação argentina, José de San Martín. Por isso não surpreende que a Ata da Independência argentina, de 1816, tenha sido traduzida para o quéchua e o aimará (Martínez Sarasola, 2011). Durante boa parte do século XIX, o sul do país esteve sob controle de povos indígenas, com quem o novo Estado argentino alternaria uma política de guerra e conflito com outra de negociação e coexistência. O mesmo sucedia do lado chileno, ao sul do Rio Bío Bío, onde habitavam os diferentes povos araucanos. Seria somente entre 1861 e 1883 que o governo chileno levaria a cabo uma campanha de aculturação e ocupação, acompanhada da opção militar, conhecida pelo eufemismo de "Pacificação da Araucanía". Por sua vez, na Argentina, foi no fim da década de 1870 que a elite política decidiu como via excludente a opção militar das Campanhas do Deserto,[14] denominação que evidenciava o marco conceitual a partir do qual se lia o problema.

Em ambos os países, o território ocupado pelos indígenas foi visto como "deserto", "espaço vazio" ou, para utilizar livremente a imagem de David Viñas, como "a contradição do vazio que deve ser preenchido" (Viñas, 1981, p. 73). Na Argentina, a metáfora do deserto criava assim determinada ideia de nação, pela qual a geração de 1837 havia sido obcecada: mais que uma nação rumo ao deserto, tratava-se de construir um deserto que justificasse a expansão da nação.[15] No caso do Chile, o Estado-nação aderia à doutrina conhecida como "*terra nullius*", que sustenta que "os territórios são descobertos por Estados quando não existe outro Estado reconhecido que reclame sua soberania, não atribuindo o direito de possessão

14. A opção militar foi desencadeada pela Campanha do Deserto na Patagônia Norte, a partir de 1879, que esmagou a resistência dos índios ranquel e mapuche (La Pampa, Rio Negro e Neuquén) e a campanha do Chaco (1884), que derrotou os índios toba e mocoví do Chaco austral e oriental, assegurando o controle das margens do Rio Bermejo. A isso se somou a repressão de rebeliões indígenas em Puna e o efeito devastador que a expansão das estâncias de ovelhas proporcionou sobre os Selknam e Yámana na Terra do Fogo. Ver Gordillo & Hirsch (2010) e Tamagno (2009).

15. Sobre a relação entre o deserto e o imaginário nacional, ver Rodríguez (2011).

legítima desses territórios ao povoamento ou ocupação prévia por outros povos" (Durán Pérez *et al. apud* Impemba, 2013, p. 59).

Na Argentina, a expansão do capitalismo agrário e a consolidação do Estado nacional (mediante a estratégia de controle territorial e a afirmação da fronteira com o Chile) se dariam por meio da violência genocida contra as populações originárias em diferentes campanhas militares, na Patagônia e no norte do país, entre 1879 e 1885. Tal violência teve um efeito devastador sobre os diferentes povos indígenas. Entretanto, isso não significou seu extermínio. Segundo Guillermo David (2009), a Campanha do Deserto na Patagônia Norte foi levada a cabo em seis meses e acumulou um saldo de 1,3 mil mortos, 1,2 mil guerreiros indígenas prisioneiros e cerca de dez mil prisioneiros entre velhos, mulheres e crianças capturados e submetidos à escravidão. O historiador indígena Mariano Nagy (2013), que investigou o destino das famílias sobreviventes da Campanha do Deserto, afirma que "uma das características é a dispersão, a migração e a circulação num contexto de autoinvisibilização, proletarização e, nos melhores casos, de estabelecimento individual ou familiar em zonas marginais de novos núcleos urbanos".[16] Numerosos indígenas foram deportados para a ilha Martín García e outros campos de concentração, como Valcheta e Malargüe, nos quais muitos morreram de varíola, sem atendimento médico. Também houve quem os entregasse às "boas famílias" de Buenos Aires e La Plata. O romance de Carlos María Ocantos, *Quilito*, narra a divisão de indígenas capturados entre as famílias proeminentes da oligarquia *criolla*, no qual — como um grande mercado de escravos — se descrevem cenas desoladoras de separação entre marido e esposa, irmãos e irmãs e, "o que é mais monstruoso, mais desumano, mais selvagem, entre filho e mãe" (*apud* David, 2008).[17]

16. Mariano Nagy (entrevista), "La gente letrada fue beneficiaria de quedarse con mano de obra gratis" [Os alfabetizados se beneficiaram com a manutenção da mão de obra gratuita], *Agassaganup*, 11 out. 2013.

17. O Estado argentino, pelas mãos do Exército, implantava assim o método sinistro de "apropriação": separadas violentamente de suas famílias, mulheres e crianças eram entregues a famílias brancas, para as quais acabavam

Com os indígenas sobreviventes subjugados, encurralados em suas reservas, longe dos territórios valorizados pelo capital, leiloados no mercado ou entregues às "famílias de bem", enfim, em via de proletarização ou incorporados como mão de obra barata aos engenhos, teve início um longo e interminável périplo para os povos indígenas da Argentina, que combinou invisibilização com negação. Dessa forma, o genocídio originário como rito central da fundação do Estado-nação argentino moderno[18] foi seguido pela expulsão do indígena do imaginário nacional e pela própria negação de sua existência. Com os imigrantes ultramarinos que chegavam em grandes quantidades ao porto, a exportação em grande escala de carnes e cereais e a elite *criolla* bem instalada, a Argentina passou a ser rapidamente considerada um país branco e sem índios... O censo de 1895 estabeleceu que 80% da população do país era de raça branca e origem europeia. José Ingenieros escrevia com orgulho: "A questão das raças, tão importante nos Estados Unidos, já não existe na República Argentina".

A literatura antropológica existente[19] realizou diferentes leituras críticas sobre o lugar do indígena na nação argentina e seus avatares históricos. Não é minha intenção fazer uma síntese, mas, sim, sublinhar que todas essas interpretações coincidem na tendência à invisibilização do indígena no imaginário nacional depois de consumado o genocídio fundacional e sua posterior marginalização na nova estrutura social. Assim, Gastón Gordillo e Silvia Hirsch (2010, p. 16) afirmam que "o indígena se transformou em uma espécie de ausência que não deixou de estar presente nas subjetividades

....

trabalhando como empregadas domésticas. Embora não haja linearidade, isso nos leva a refletir sobre a atualização de certas metodologias tenebrosas de extermínio (a apropriação, na perspectiva da memória de longo prazo), aplicadas primeiro sobre os indígenas e, um século depois, sobre os filhos dos desaparecidos durante a ditadura militar na Argentina (1976-1983).

18. Diana Lenton, entrevista a Darío Aranda, "El Estado se construyó sobre un genocidio", *Página* 12, 10 out. 2011.

19. Entre os autores que utilizamos para esta parte, destacamos os textos dos antropólogos Claudia Briones, Morita Carrasco, Gastón Gordillo, Diana Lenton, Silvia Hirsch, Mónica Quijada, Rita Segato, Carlos Martínez Sarasola, Walter Delrío e Liliana Tamagno, entre outros.

nacionais em diversos níveis. [...] O legado da conquista do deserto confinou os indígenas ao pano de fundo do imaginário nacional".

O indígena aparecia associado ao passado violento (simbolizado por *malones*).[20] O certo é que a "invisibilização não os apagou por completo, mas os transformou em uma presença não visível latente e culturalmente constitutiva das formas hegemônicas de nacionalidade". Tão hegemônico foi o dispositivo fundacional de representação da Argentina como nação branca e europeia que muitos argentinos que se lamentaram da brutalidade da Campanha do Deserto também incorporaram o dispositivo invisibilizador, contribuindo para a reprodução da ideia de que o indígena já não é parte da nação (Gordillo & Hirsch, 2010, p. 20-1).

Em outra linha de argumentação, a antropóloga Mónica Quijada (2004, p. 428) considera que, ainda que a guerra tenha resultado em morte devido à violência e às doenças, não houve extermínio, mas sim uma "reclassificação social do indígena". Isso foi acompanhado pelo convencimento coletivo sobre a desaparição do índio devido ao conflito militar, que se converteu no eixo fundamental da constituição da identidade nacional. Segundo a autora, a reclassificação se expressou mediante uma "estratégia de cidadanização do indígena por diferentes vias", na qual o relevante seria a concepção territorial da nação. Nesse sentido, o índio, uma vez sujeito ao poder estatal, se convertia em cidadão por sua condição de nativo do território nacional. Evidentemente, essa estratégia está longe de constituir um final feliz: repleta de deslocamentos, sua incorporação à sociedade se deu nos níveis mais inferiores e pobres, os casos de concessão de terras não foram cumpridos, e tampouco se protegeu o indígena da apropriação territorial violenta que sucedeu à Campanha do Deserto. Nesse sentido, afiançou-se a ideia da "desaparição" e do "extermínio" enquanto, na realidade, houve uma

20. *Malón* foi uma tática militar empregada por grupos indígenas do Cone Sul que consistia em atacar surpreendentemente seus adversários em bandos montados a cavalo, saqueando e destruindo acampamentos e povoados colonizadores com o objetivo de recuperação territorial. [N.T.]

estratégia de reclassificação dos indígenas como "cidadãos argentinos", em outros níveis de subalternidade (Quijada, 2004, p. 433).

Por isso, diferentemente de outros países latino-americanos, o conceito de mestiço esteve ausente do vocabulário oficial, em uma dupla invisibilização que caracterizou a Argentina durante décadas. Claudia Briones, que investiga a conformação dos "outros internos" na base da formação nacional da alteridade na Argentina, analisa que o maior mito desta sobre o "espectro de raças" foi a ideia de uma imagem homogênea da nação, baseada em uma Argentina branca e civilizada, ligada à europeidade genérica. Nessa linha, afirma que, "diferentemente de outros países latino-americanos, na Argentina a mestiçagem tendeu a definir-se pela lógica da hipodescendência, que faz com que a categoria marcada (no caso, o indígena) tenda a absorver a mesclada e que o mestiço esteja categoricamente mais perto do indígena do que do não indígena" (Briones, 2005, p. 26). Como agrega Morita Carrasco (2002b, p. 393),

> enquanto ninguém chamaria de "mestiço" um filho de euroargentinos, quem tem pai ou mãe indígenas são os que mais claramente carregam o estereótipo do "índio", como uma marca indelével que confirma a assimetria racializada e fundante que deu origem à sociedade nacional, legitimando de forma simbólica uma relação de dominação que afeta cotidianamente a vida dos povos indígenas.

Por último, não deixa de ser perturbadora a relação que se estabeleceu no período fundacional da Argentina entre ciência, genocídio e poder, ilustrada pelo Museu de Ciências Naturais de La Plata, inaugurado naquela época. Ainda que poucos recordem a história desse museu, o certo é que os restos de indígenas assassinados durante a chamada Campanha do Deserto e daqueles que morreram enquanto trabalhavam na instituição foram exibidos até 2006.[21]

21. Como disse um dos fundadores do Colectivo Guías (2012): "O Museu de La Plata cumpriu um papel fundamental ao legitimar o genocídio dos povos originários, o autodenominado 'Processo de Organização Nacional', eufemisticamente chamado 'Campanha do Deserto'. Seu fundador, Francisco Pascasio Moreno, percorreu os territórios dos povos originários da Patagônia

Igualmente, entre o fim do século XIX e início do XX, a difusão de fotografias com retratos de indígenas sustentou o discurso hegemônico das elites *criollas*, que buscavam mostrar os povos originários como selvagens, bárbaros e refratários à civilização, ainda que tais fotografias também servissem para uma tarefa mais moralizante, a saber, como exemplo de assimilação.[22]

Em suma, o que ocorreu no Museu de Ciências Naturais de La Plata (replicado em uma escala menor em outros museus provinciais) é ilustrativo de como a geração de 1880, fundadora da Argentina moderna, lia a questão indígena em nosso país desde o positivismo racialista: os indígenas não eram considerados seres humanos, mas sim exemplares de uma raça primitiva e inferior que deviam ser estudados "cientificamente" (medicina e antropologia apareciam articuladas), fotografados como "exemplos de assi-

....

coletando informação de interesse militar para o Estado e apropriando-se de restos humanos de comunidades originárias dos lugares por onde passou. Sob sua direção, o museu platense chegou a contar com mais de dez mil restos ósseos. Muitos desses restos humanos eram enviados à instituição por conhecidos de Moreno, como Estanislao Zeballos e Ramón Lista, que os obtinham em expedições militares nos territórios da Patagônia e do Grande Chaco, o 'deserto verde'. Também o próprio museu organizava expedições científicas que, encabeçadas por 'cientistas' europeus como Spegazzini e Lehmann Nitsche, entre outros, se tornavam grandes coletas de crânios e de outros restos humanos, em numerosos casos, de pessoas a quem conheceram vivas e que, depois de serem assassinadas pelas mãos da polícia, do Exército ou dos próprios expedicionários, passavam a ser parte do acervo do museu. Em nosso trabalho com esse material das coleções, encontramos evidência da causa de morte dessas pessoas, na sua maioria vítimas da violência exercida com armas, como machados, sabres, pistolas ou fuzis [...] No Museu, os prisioneiros de guerra se transformavam em prisioneiros da ciência". A campanha de restituição dos restos de indígenas às suas comunidades de origem foi iniciada em 1998, com a devolução dos despojos do cacique Inakayal, mas o museu seguiu exibindo restos humanos até 2006, quando foi ordenado que os retirasse.

22. "Aqueles que portam a câmera têm o poder, e, quando se obtura o diafragma, está exercendo um poder sobre a outra pessoa", afirma a historiadora Mariana Giordano, autora de um livro no qual estuda as fotografias tomadas dos povos indígenas na Argentina, disseminadas em diferentes museus e casas de estudos da Argentina e da Europa.

milação" e exibidos como "relíquias", ao lado de parte de seus utensílios, numa vitrine de um museu consagrado às ciências naturais.

O DISCURSO DO AUTÓCTONE

A cultura descerá outra vez dos Andes.
— Luis Valcárcel

Tanto nos países andinos como no México, entre o fim do século XIX e o início do século XX, assistimos a um processo de revalorização do indígena a partir do qual as civilizações preexistentes à conquista passaram a ser consideradas o berço ou o alicerce da nacionalidade. Iniciou-se uma revolta antipositivista que propunha repensar o papel do indígena na nação, sobretudo no contexto de comemoração do primeiro centenário das jovens repúblicas sul-americanas. A isso é preciso acrescentar que, na Bolívia e no Peru, a reflexão nacionalista esteve marcada também pela necessidade de realizar um balanço quanto ao futuro da nação, à luz da derrota imposta a ambos pelo Chile durante a Guerra do Pacífico (1879-83), que implicou numerosas perdas de vidas humanas e um importante cerceamento territorial.[23]

Esse primeiro momento indigenista foi denominado pela historiografia latino-americana como "discurso do autóctone". Entretanto, antes do indígena de carne e osso, o discurso sobre o autóctone remete a uma visão romântica do telúrico e se nutre da exaltação das grandes culturas e impérios pré-hispânicos — astecas, maias e incas — por parte das elites políticas e culturais *criollas*. Esse processo de glorificação do passado indígena pode ser sintetizado, como propõe a historiadora peruana Cecilia Méndez (1996), pelo lema "inca, sim, índio, não". Ele supõe uma exaltação do índio ideal,

23. De fato, recordemos que a Bolívia perdeu sua saída para o mar, enquanto o Peru se verá privado do sul, uma parte da província de Arica.

aquele da história pré-hispânica, cuja outra face é a desvalorização do índio de carne e osso, material e moralmente degradado no marco das repúblicas independentes. Nesse contexto, produzem-se profundas modificações no interior do campo de tensão entre o indígena e o mestiço, pois, se uma das características comuns em todos os países seria o resgate do autóctone em uma modalidade que idealizava o indígena como "passado", também existirão claras dissidências relacionadas à valorização da mestiçagem e seu aporte no processo de construção nacional.

Em termos filosóficos, o discurso do autóctone se nutre das teorias vitalistas europeias, herdeiras da concepção romântica e historicista da cultura (*Volk*) [literalmente "povo", em alemão, mas também "nação em desenvolvimento ou formação"], que enfatizavam a "energia social" e seu papel na construção nacional.[24] Tanto na Bolívia como na Argentina se destaca a influência do conde de Keyserling, um intelectual viajante acolhido por núcleos intelectuais sul-americanos, considerado um interlocutor importante. Como destacou Pablo Stefanoni (2010; 2014), depois de visitar Buenos Aires, convidado pela revista *Sur*, criada e dirigida por Victoria Ocampo, o conde Keyserling viajou à Bolívia em 1929, onde ministrou uma série de conferências de forte conteúdo telúrico: "A Bolívia é a representação da América, e a América é o continente que mais pode se orgulhar de uma força criadora. A Bolívia é, provavelmente, a parte mais antiga da humanidade, e não há melhor promessa de futuro que um passado remotíssimo, porque não há fim no tempo" (*apud* Stefanoni, 2010a, p. 53).

Uma das perguntas centrais que pairava no período era até que ponto seria possível ou não "regenerar a raça", em especial naqueles países com forte componente indígena. A proposta comum das elites políticas e culturais era levar a cabo uma reforma educativa e cultural, com o objetivo explícito de combater o atraso da "raça" (seu estado bravio ou inculto, retomando a linguagem de então) e

24. A tese culturalista seria desenvolvida na Alemanha; contraposta à noção francesa de civilização, que era mais associada à ideia do progresso material e do processo de liberalização dos costumes (ver Elías, 1989).

contribuir com sua regeneração. Esse seria o caso da Bolívia e do Peru, ainda que também o da Argentina, onde as elites *criollas* buscavam controlar o contingente imigrante proveniente da Europa, uma vez marginalizados os indígenas.

Nessa linha, até 1900 o governo liberal boliviano enviou uma missão para a França, Alemanha e outros países garantindo que existiam critérios pedagógicos universalmente válidos que pudessem ser aplicados em todos os países. Franz Tamayo, intelectual boliviano, contestou fortemente essa política positivista, polemizando na época com Felipe Segundo Guzmán, que havia participado da missão educativa e era então secretário do ministro de Educação.[25] Foi assim que, ao longo de 1910, Tamayo escreveu uma série de editoriais no *El Diario*, de La Paz, criticando as posturas positivistas, colunas que depois foram publicadas sob o título *Creación de la pedagogía nacional* [Formação da pedagogia nacional] (1979). As críticas foram respondidas por Guzmán também por meio da imprensa escrita.

A polêmica entre o defensor do positivismo, ao lado do governo, e o defensor do autóctone revelou pontos antagônicos, vinculados à valorização do indígena, ainda que certamente não estivesse isenta de acordos básicos. Sobre os antagonismos, é importante destacar que enquanto Tamayo (bom leitor do vitalismo alemão) enxergava no índio "o verdadeiro depositário da energia nacional" e defendia a ideia de que a Bolívia não devia copiar os modelos europeus, mas sim olhar as próprias forças vitais, no outro lado Guzmán, partindo de uma posição liberal-positivista, afirmava que o indígena era um obstáculo à modernização nacional, motivo pelo qual propunha expandir a instrução, considerada como via de aprendizado rumo à civilização branca — a raça superior, à qual o indígena devia se assimilar ou, se isso não fosse possível, desaparecer

25. Retomamos a minuciosa reconstrução desse debate realizada por Françoise Martinez (2010). Ela destaca, além disso, que, depois de analisar e conhecer *in situ* os modelos alemão e francês, a missão boliviana concluiu que a educação integral era aquela proposta pela Suécia através da ginástica — esta, sim, se dispunha a importar para regenerar o índio física e mentalmente.

(Martínez, 2010, p. 261). Ainda assim, para Tamayo, não era que a Bolívia estivesse doente; estava, antes, cometendo um ato de infidelidade consigo mesma ao buscar outros modelos (Stefanoni, 2010a). Não seria graças à instrução (fatores externos), mas sim à educação (fatores internos) que poderiam ser despertadas as energias da raça; esse caráter nacional que nem o branco nem, obviamente, o mestiço possuíam. Isolado, o índio aparecia como pura vontade, resistindo tanto ao meio ambiente que habitava como aos embates da civilização (Sanjinés, 2005, p. 54).

Sobre os acordos básicos, o primeiro deles é que Tamayo e Guzmán compartilhavam a visão uniformizante do indígena. Esse era o "problema nacional" que carecia ser descoberto e descrito em toda a sua especificidade; porém, paradoxalmente, na argumentação de ambos não havia nada que remetesse à cultura, ao grupo de pertencimento, à língua, aos hábitos ou costumes. A elite política e cultural convertia o indígena em um arquétipo (reduzido ao Aimará), com qualidades ou vícios muito genéricos (Martinez, 2010, p. 58). O segundo pressuposto compartilhado era a crítica ao *cholo*, o mestiço com aspecto indígena, em sintonia com a perspectiva positivista.[26] Para Guzmán, era preciso favorecer a mistura com a raça privilegiada, isto é, do índio com a raça branca. Assim, o mestiço ideal era um mestiço ocidentalizado, enquanto o *cholo*, que carregava todos os defeitos das raças originárias e nenhuma de suas virtudes, terminava por ser expulso do imaginário nacional boliviano. Tratava-se, portanto, de um claro projeto de "desindianização", no qual a valorização da mestiçagem diferia conforme revelasse a primazia da raça índia ou branca. Em suma, como afirma

26. Tamayo qualifica o *cholo* como ocioso: "agiota, um arrivista, sobre o qual devemos nos cuidar". Chega inclusive a falar de um "parasitismo de classe". Por outro lado, o contraste entre índio e *cholo* era visível também na relação com o Estado: contrariamente ao *cholo*, sempre utilitário ou instrumental, o Aimará analfabeto fazia tudo pelo Estado sem receber nada em troca (Martinez, 2010, p. 261). O *cholo* aparece impregnado de todos os males da educação, mais que dos seus logros (Sanjinés, 2005, p. 55). Por acréscimo, enquanto o índio requeria uma pedagogia do amor e da paciência, o *cholo* exigiria uma pedagogia da disciplina.

Sanjinés (2005, p. 36), na Bolívia "o discurso sobre o autóctone gerou sentimentos raciais ambivalentes de orgulho, nostalgia e fascinação pelo indígena, ao mesmo tempo que mostrou repulsa por todo o excedente racial que a consciência mestiça do *criollo* não pudesse racionalizar e manter sob estrito controle". Este buscava fixar posições e prevenir a conversão do índio ao *cholo*, ou seja, do mestiço urbano de aspecto indígena ao mestiço *acriollado* ou ocidentalizado, em um cenário social em que ainda ressoava a revolta indígena de Chayanta (Hylton, 2003) (ver p. 75).

Na mesma época, no Peru, também se operava o resgate do indígena, ainda que em uma chave diferente da boliviana, pois ali o autóctone era pensado como parte de uma glória "nacional" longínqua, por meio da estetização da cultura incaica, ao mesmo tempo em que era utilizado como estratégia de diferenciação cultural na batalha política da região de Cusco contra o centralismo limenho. Seguindo Carlos Degregori (1995) e Marisol de la Cadena (2004), os *criollos* mestiços da região de Cusco buscaram se apropriar da herança inca imperial para poder diferenciar-se da elite *criolla* dominante, assentada em Lima. Como consequência, longe de se tratar de uma "luta de raças", o que Cusco disputava com a Lima *criolla* e hispanizante era o berço da peruanidade, por meio da reivindicação da cultura e da língua quéchua. Essa idealização marcou o nascimento de um tipo de indigenismo sem índios, no qual estes são mencionados pela e sob a ótica da elite mestiça, a partir da sua identificação com o passado e a geografia do lugar.

Tornado um "incaismo", o discurso do autóctone no Peru se expressou tanto nos monumentos da cidade como no teatro incaico, a cargo da elite cultural. Para a elite cusquenha, falar quéchua seria um signo de distinção muito valorizado, inclusive em outros países sul-americanos. Para tanto, criou-se uma companhia cultural de arte incaica que teve muito êxito na turnê por vários países do Sul, representando *Ollantay*, uma das peças mais celebradas do teatro incaico (Pacheco Medrano, 2007). Um dos paladinos dessa autorrepresentação foi o cusquenho Luis Valcárcel, citado na epígrafe, que, em 1927, escreveu um livro muito radical sobre o índio, *Tempestad en los Andes*, no qual associava indigenismo e agrarismo, tema central do indigenismo social. Mariátegui escreveu o prólogo, e o posfácio esteve a cargo de Luis Alberto Sánchez – dois intelectuais que depois protagonizaram um debate público sobre o indígena e o mestiço no Peru.[27]

Vale a pena perguntar se, em consonância com outros países da região, na Argentina houve uma reelaboração/revalorização do autóctone durante o primeiro centenário. Na realidade, o discurso do autóctone tem lugar em um processo de confrontação das elites portenhas e provinciais em relação ao fluxo imigrante. Efetivamente, à diferença de outros países da América Latina onde o peso do imigrante sobre a população total e ativa não foi tão grande, na Argentina a imigração externa foi percebida sob o perigo ou o temor de uma mudança da fisionomia nacional. Assim, o imigrante, que havia recebido seu canto de cisne de boas-vindas, logo se tornou objeto de suspeita: a deformação da língua e as aguerridas organizações sindicais portadoras de "ideologias estrangeiras" iam fazendo com que o imigrante perdesse sua condição de antigo paradigma de progresso e se transformasse em uma ameaça social. Nesse sentido, os conflitos acoplados à construção de um país moderno, baseado no modelo agroexportador e na abertura à imigração de ultramar, revelaram a insuficiência do lema fundacional "civilização ou barbárie" como dispositivo de alteridade para ler os males que sacudiam a "nova" sociedade, que vão desembocar em uma reorganização dos eixos e conceitos reivindicados. Junto à emergência da "questão social", o imigrante projetaria a imagem de uma barbárie "desnacionalizadora", à qual se opunha

27. No Peru, esse primeiro indigenismo teve certo correspondente político nas primeiras décadas do século XX, quando, devido tanto às mobilizações indígenas como ao discurso indigenista – veremos mais adiante o indigenismo social –, a ditadura de Leguía (1919-1930) sancionou uma série de medidas políticas que reconheciam o "problema indígena": considerou-se a existência de comunidades indígenas, criou-se uma série de instituições como a Seção de Assuntos Indígenas e o Patronato da Raça Indígena; estabeleceu-se inclusive o Dia do Índio, o Dia de Cusco. O próprio presidente Leguía se fez chamar Apu Capac, que significa *Apus*, como os camponeses indígenas chamam os deuses tutelares encarnados nos espíritos das montanhas nevadas (Pajuelo Teves, 2007, p. 98).

certa representação nacional que resgatava a figura do *gaucho* e, por meio dela, aclamava o núcleo *criollo* fundador.

Por isso, no primeiro centenário assistimos a uma reconfiguração do dispositivo original de alteridade, que ilustrava o desencanto das elites com o imigrante. Assim, como em outros países da região, na Argentina se operou a (re)invenção de uma tradição nacional com base no resgate do "autóctone". Essa operação foi coroada pela recuperação do *gaucho* mitológico, tarefa levada a cabo pelo poeta Leopoldo Lugones em sua obra *El payador* (1913), personagem que Ricardo Güiraldes terminou por cristalizar como lendário em *Dom Segundo Sombra* (1926). Tal como destacam Beatriz Sarlo e Carlos Altamirano (1983), em uma série de conferências lidas em 1913 no teatro Odeon de Buenos Aires, Lugones instituiu *Martín Fierro*, de José Hernández, como poema fundador da nacionalidade, consolidando definitivamente o trono mítico do *gaucho*, precisamente quando os *gauchos* reais estavam em via de extinção.[28] Da mesma maneira que o índio glorificado pela elite cusquenha da época, o *gaucho* resgatado pela elite *criolla* argentina respondia a uma visão puramente romantizada; era um *gaucho* domesticado, cuja presença simbólica supostamente formava parte da paisagem do Pampa, ao mesmo tempo que estava longe de questionar o modelo político paternalista-autoritário imposto pela elite aos setores subalternos.

Portanto, a versão argentina do discurso do autóctone utiliza um dispositivo relacional similar ao de outros países latino-americanos para ler a alteridade, mas difere no modo como se apresentam as oposições em seu interior. Não há resgate do indígena, embora haja do mestiço, na figura do *gaucho*. Por sua vez, como em outros

28. A vontade explícita de fabricar esse mito fundador — mesclado com um cinismo às vezes surpreendente em suas referências ao *gaucho* — aparece cristalizada na figura do *gaucho* "cantor". Ao contrário do indígena que "é incapaz de toda civilização", o *gaucho* é o verdadeiro herói civilizador do Pampa (Lugones, 1980, p. 36). Porém, a figura resgatada, mais que o *gaucho* tumultuoso, das *montoneras* e rebeliões é aquela que já não existe, uma espécie de cantor solitário e derrotado que se afunda e se perde anonimamente na paisagem do Pampa. Abordei o tema em Svampa (1994).

países, o discurso do autóctone cumpre duas funções: busca colocar limites à inevitável ascensão sociopolítica de certos grupos sociais (sobretudo os imigrantes, muitos dos quais identificados com as bandeiras do socialismo e do anarquismo); e abre uma brecha no interior das elites políticas (disputa de elites regionais ou provinciais, em sua reelaboração da Argentina "profunda" diante do poder central).

Em síntese, o campo de tensão entre o indígena e o mestiço sofre intervenções nacionais diferentes: enquanto na Bolívia encontramos um discurso mais ancorado na associação telúrica entre a paisagem do Altiplano e o indígena, materializada por Jaime Mendoza em 1925 na figura do "maciço andino" como síntese da Bolívia (Lorini, 2006, p. 95), ambos resistentes à mudança e por isso fonte quase inalterada de energia nacional, no Peru o indigenismo romântico expressava algo além, uma rápida (e consistente) apropriação política de uma elite mestiça cusquenha em sua batalha político-simbólica com a região litorânea, caracterizada como mestiça e pró-hispânica. Na Bolívia, o discurso do autóctone polemizava com a visão positivista do indígena em um ponto crucial: o alcance e o conteúdo da reforma educativa. Não obstante, para além das diferenças, da mesma forma que o positivismo, ambos os indigenismos expressavam um repúdio ao mestiço, ainda que também tivessem razões contrastantes. No Peru, esse primeiro ensaio de apropriação político-simbólica do indígena possibilitou a construção de uma via na qual o mestiço pôde subsumir progressivamente a identidade indígena por meio de diferentes apelos ou figuras identitárias; na Bolívia, a tensão entre o indígena e o mestiço se manteve um lugar significativo de produção política e cultural até a década de 1940.

Por outro lado, na Argentina, enquanto o *gaucho* mestiço foi reivindicado diante do imigrante rebelde que ameaçava a estabilidade da elite com sua ascensão econômica e suas crescentes demandas sociais, a figura do indígena seguiu de fora; pertencia a um "não lugar", no qual alteridade e pura exterioridade se juntam. Foi apenas nos anos 1920, com o escritor nacionalista Ricardo Rojas, que o indígena apareceu formando parte desse processo americano de mestiçagem, "no qual se fundem a consciência europeia e o indianismo". Isso é o que Ricardo Rojas denomina *Eurindia* (1924), uma doutrina estética e cultural que o autor pensa como chave da argentinidade e, ao mesmo tempo, americana: "*Eurindia* é o nome de um mito criado pela Europa e pelas Índias, mas que já não é das Índias nem da Europa, ainda que seja feito de ambas", escreve no prólogo do livro. *Eurindia* é, portanto, um neologismo instaurado por Rojas para erigir um modelo que contém e funde a Europa com o continente americano (Volmer, 2009, p. 12). No entanto, em um país no qual a elite buscava pensar-se como descendente dos barcos e, simultaneamente, se referenciava em um mítico núcleo *criollo*, o indígena continuou sendo concebido como um estigma. Não é casual, então, que a proposta de mestiçagem elaborada por Rojas, de corte mais estético, tenha encontrado pouco eco político e social, influenciando mais o mundo das artes do que o mundo das ideias.

INDIGENISMO E CLASSE SOCIAL: AS VIAS TRUNCADAS DO MARXISMO LATINO-AMERICANO

> *O problema das raças não é comum a todos os países da América Latina, nem todos os que sofrem apresentam as mesmas proporções e características. Em alguns países latino-americanos possui uma localização regional e não influi significativamente no processo social e econômico. Mas, em países como Peru e Bolívia, a maior parte da população é indígena; a reivindicação do índio é a reivindicação popular e social dominante.*
> — José Carlos Mariátegui

Na América Latina, o início do século XX se caracterizou por intensas mobilizações operárias reivindicando melhores condições de trabalho e salário. Aquelas greves, que alcançaram um grau massivo e foram consideradas uma grande ameaça pelas elites políticas governantes, terminaram afogadas em sangue: o massacre de

Iquique no Chile, em 1907; a Semana Trágica de Buenos Aires, em 1919; o massacre de operários em Guayaquil, Equador, em 1922; o massacre da região mineira de Uncía, na Bolívia, em 1923; o massacre de Magdalena, na região bananeira da Colômbia, em 1928, entre outras, constituem alguns marcos dessa trágica fase na história dos setores populares latino-americanos.

Da mesma forma, no âmbito rural eram frequentes as revoltas indígenas-camponesas, embora geralmente estivessem pouco conectadas com as lutas operárias ou contassem com apoio escasso de outros setores sociais. No Peru, por exemplo, os movimentos camponeses-indígenas foram locais e, como afirma Flores Galindo (1977), não se projetavam em escala nacional; não obstante, demonstravam a situação insustentável de exploração na qual viviam as massas camponesas-indígenas nos tempos da república oligárquico-liberal. Na Bolívia, entre as revoltas mais ressonantes, estão a de Chayanta, em 1927, uma rebelião de comunidades e colonos contra os latifundiários que jogava luz sobre o problema do avanço da *hacienda* e exigia a intervenção do então presidente Hernán Siles (Hylton, 2003). Por sua vez, os acontecimentos da Revolução Russa, em 1917, impactaram fortemente o cenário latino-americano ao mostrar como realidade "o primeiro experimento de Estado socialista: a URSS" (Mariátegui, 2010, p. 264). Nesse sentido, se as elites latino-americanas, sobretudo nos países andinos, arrastavam de longa data o imaginário associado ao temor do assédio ou cerco indígena, depois da Revolução Russa se somou a isso o fantasma do comunismo, cuja ameaça parecia percorrer tanto a cidade como o campo.

Segundo Sánchez Vázquez, o marxismo que chegou em terras latino-americanas entre o fim do século XIX e as primeiras duas décadas do século XX foi aquele promovido pela II Internacional Socialista, dominada pela social-democracia alemã, que havia empreendido uma revisão dos textos de Marx. No Cone Sul, o marxismo desembarcou de mãos dadas com os imigrantes espanhóis e italianos, que criaram os primeiros partidos socialistas. No entanto, a Revolução Russa significou uma ruptura com as posições mais reformistas e conduziu à emergência da III Internacional Comunista em 1919, modelo sobre o qual se construíram os diferentes partidos comunistas na América Latina (Sánchez Vázquez, 1999, p. 126-8), fechando os caminhos da diversidade nacional. Como consequência, mesmo que por um curto período, a III Internacional ofereceu um novo marco no qual se podia situar a revolução nacional nas sociedades ou países mais atrasados, como parte de um processo mais global ou mundial na luta anti-imperialista.

Foi nesse novo cenário que surgiu o indigenismo social na América Latina, cuja reflexão política sublinhava a importância das lutas do campesinato indígena e sua relação com a questão nacional. Fato é que o indígena continuou sendo referido numa perspectiva excludente, de exterioridade, por intelectuais e ativistas que abraçaram o ideário marxista. Contudo, as perguntas desde cedo formuladas por essa corrente registraram questões medulares, entre elas a necessidade de pensar a especificidade política das realidades nacionais na América Latina em um continente onde as classes trabalhadoras urbanas são efetivamente marginalizadas. Não se conhecia, naquele momento, nem a resposta de Marx à carta de Vera Zasulitch, nem os escritos de Marx sobre o modo de produção asiático, nem sequer o interesse do "Marx tardio" pela comuna rural russa, presente nos *Cadernos etnológicos*.

O indigenismo social latino-americano, de recorte revolucionário, teve um primeiro desenvolvimento nesse período com o peruano José Carlos Mariátegui e o boliviano Tristán Marof. Longe de propor a educação ou os planos de desenvolvimento como panaceia ou estratégia para a resolução do "problema indígena", tais autores promoveram a luta de classes, destacando a relação entre a miserável situação dos indígenas e o problema da terra nas mãos de coronéis ou latifundiários. Nessa linha, o indigenismo social rechaçou o enfoque racialista, que inferiorizava o índio e naturalizava as desigualdades sociais e culturais, tanto quanto a visão romantizada daqueles que defendiam um indigenismo estratégico e arqueológico, resgatando as grandes culturas pré-hispânicas, mas desprezando os indígenas reais. Por isso, nessa etapa, o indigenismo social de inspiração marxista desenvolveu vínculos e debates com a III Internacional antes do fechamento político-ideológico que veio a caracterizar o marxismo hegemonizado pelo comunismo soviético (stalinismo) nas décadas seguintes. Como consequência, essa perspectiva teve a virtude de deslocar a problemática indígena para outro campo de tensão, buscando pensar o indígena como ator social e político, vinculado à questão nacional.

Sem dúvida, foi o peruano Manuel González Prada, professor de várias gerações no contexto do primeiro Centenário da Independência e, depois, da derrota do Peru e da Bolívia para o Chile na Guerra do Pacífico, um dos primeiros a assumir o desafio de repensar a nação, ligado à problemática da marginalidade do índio nas sociedades liberais pós-independência. Autor de um breve e inconcluso texto, *Nuestros indios* [Nossos índios], de 1904, que atingiu ampla influência, González Prada instalou uma série de teses fundamentais sobre o tema. Uma delas rechaçava o subterfúgio da raça, insistindo na ideia de que o social deve explicar-se pelo próprio social. Prada rejeitava, assim, a visão determinista do positivismo, que considerava os indígenas como inferiores por natureza e, citando Durkheim, alertava que "não conhecemos nenhum fenômeno social que esteja posto sob a dependência da raça" (Prada, 1989, p. 204-21).

Uma pergunta fundamental que percorre seus escritos, retomada depois por Mariátegui, é a comparação da situação do índio sob a república liberal em relação aos tempos da dominação espanhola. Prada defende que, longe de avançar, o estado do índio tinha piorado. A República contribuiu para isso, seguindo as tradições do vice-reinado. Sendo assim, ficava claro que a questão do índio não seria racial, tampouco pedagógica, mas, sim, social, ligada diretamente ao regime de dominação liberal e às condições de vida às quais os indígenas eram submetidos.[29]

29. Como outros intelectuais da época, Prada critica os mestiços, os *cholos*, aqueles que renunciam à própria classe e se tornam parte da estrutura de poder. Na sua opinião, eles costumam converter-se nos mais déspotas, cruéis e selvagens com relação à própria raça. O verdadeiro tirano da massa, o que se dirige aos índios para extorqui-los, é sem casta, compreendendo-se nessa palavra tanto o *cholo* como o mestiço, o mulato, o *zambo* [cafuzo] da costa. Ou seja, não escapa à essência dessa lei. Por outro lado, também adverte para a realidade da mestiçagem quando menciona "a promiscuidade das raças e cores", a tal ponto que ninguém mereceria o qualificativo de branco puro, "ainda que tenha olhos azuis e cabelo loiro".

Por último, Prada se propõe a apresentar um olhar que ultrapasse o paternalismo, considerando que não se pode esperar a humanização dos opressores dos indígenas. Ainda que não escape do paradoxo de ser ele mesmo um enunciador *criollo*, um não indígena, Prada sustenta a tese de que a libertação do índio deve ser obra dos próprios índios:

> Ao índio não se deve recomendar humildade e resignação, mas sim orgulho e rebeldia. O que ganhou em trezentos ou quatrocentos anos de conformidade e paciência? Quanto menos autoridades intervenham, de maiores danos se liberta. Há um fato revelador: nas comarcas mais distantes dos grandes latifúndios reina maior bem-estar, nos povos menos frequentados pelas autoridades se desfruta de mais ordem e tranquilidade. Em resumo, o índio se redimirá graças ao seu próprio esforço, não pela humanização de seus opressores. (Gonzaléz Prada, 1989, p. 220-1)[30]

Na Bolívia, destaca-se o trabalho intenso de Tristán Marof, pseudônimo de Gustavo Navarro, um ativista de origem marxista que viveu vários anos na Europa como diplomata durante a juventude e, mais tarde, padeceu com perseguição, cárcere e vários exílios

30. Essa ideia do protagonismo indígena como chave de solução aparece também em outro intelectual, Luis Valcárcel, de origem cusquenha. Em seu influente texto *Tempestad en los Andes*, de 1927, Valcárcel estabelece a associação entre andinismo e agrarismo e a purificação pelo trabalho da terra. Nessa variante telúrica, "o índio é a raça forte, rejuvenescida pelo contato com a terra, que reclama seu direito de ação". O indigenismo ou incaismo de Valcárcel se inseria na batalha política regional que Cusco mantinha com a hispanizante e centralizadora cidade de Lima. Nessa linha, propunha o renascimento espiritual da raça inca, considerada uma raça de agricultores que, portanto, mais que ser reformada pela via da educação, devia ser preservada e recuperada em seu ambiente natural. Assim, à diferença de González Prada, e depois do próprio Mariátegui, Valcárcel propõe a pureza racial como ideal nacional, ao mesmo tempo que postula a necessidade de um grande líder, um messias que guiaria a ação emancipatória dos indígenas: "A ditadura indígena necessita de seu Lênin" (*apud* Osmar Gonzales, 2010, p. 445). A consciência viria de fora, do líder, concebido como um messias, um salvador.

(México, Argentina).[31] Em *La justicia del inca* [A justiça do inca], Marof lançou a fórmula célebre que sintetizou posteriormente o projeto do nacionalismo revolucionário: "Terras ao índio, minas ao Estado". A fórmula colocava no centro a questão indígena associada à terra, ao lado da questão da nacionalização dos bens subterrâneos.[32] Mais do que propor um retorno ao passado incaico, que admirava por sua organização, moral, justiça e leis agrárias garantidoras da vida de todos os habitantes da coletividade, Marof — como antes já havia feito González Prada e como Mariátegui veio a sublinhar depois — buscava desenvolver um enfoque comparativo, a fim de desnudar os limites da república, sob a qual milhões de índios viviam e morriam em condições miseráveis. Precisamente, *La tragedia del Altiplano*[33] [A tragédia do Altiplano] se refere à exploração feudal à qual estava submetido o indígena desde que nasce até a morte. A perspectiva de Marof se propunha a transcender o tema literário-culturalista para introduzir um olhar mais diretamente materialista sobre a questão indígena. Na obra, mesmo que não falasse de raças e distinguisse duas classes sociais — proletários e burgueses —, os índios, e também os *zambos* [cafuzos] e os

31. Personagem de lenda, que Mariátegui qualificaria como "Dom Quixote da política latino-americana" (Melgar Bao, 2012), Marof foi autor de múltiplas publicações e panfletos, de trocas epistolares com autores como o próprio Mariátegui, de resenhas tão diversas que incluíam desde Sandino a González Tuñón, de Deodoro Roca a Miguel Ángel Asturias. Suas obras mais destacadas sobre a questão indígena são *La justicia del inca* [A justiça do inca], publicada em 1926 na Bélgica, e *La tragedia del Altiplano* [A tragédia do Altiplano], escrita na Europa e publicada pela editora Claridad em Buenos Aires em 1936.

32. Além disso, tal como assinala Melgar Bao: "O Partido Socialista da Bolívia tomou para si uma demanda de Marof que tem clara conotação anti-imperialista. Vejamos o que propunha: 'Nosso partido tem um lema que condensa todo o seu programa em um instante: *Terras ao povo, minas ao Estado.* A força vital da nação reside nas minas. Na questão mineira, ou seja, na nacionalização, é preciso ser mais explícito. Sendo o subsolo do Estado, em virtude de uma lei constitucional, convém que o Estado explore todas as minas existentes em seu benefício'". Nota-se, porém, que a citação fala em "povo", e não em "índio" (Melgar Bao, 2012).

33. É possível acessar uma antologia de textos no site: www.ensayistas.org/antologia/XXA/marof/divisiones.htm.

mestiços, se encontram dentro de um ilimitado exército de despossuídos. Suas máculas ou defeitos não são resultado de nenhuma questão de inferioridade racial, mas sim de suas condições de vida miseráveis. Seu ideal é: "Um índio livre, tecnicamente educado, com sentimento de dignidade e de classe".

> Mas, para chegar a isso, é preciso que a sociedade feudal seja derrubada pelos mesmos índios, aliados a todos os que têm com ela contas a saldar: artesãos da cidade, estudantes e proletários das minas. É preciso que os índios reforcem suas organizações comunitárias, coordenem vínculos, estabeleçam contatos entre os do Norte e os do Sul; entre os Quéchua e os Aimará que elejam seus representantes para congressos dos trabalhadores e sigam uma linha de conduta única. (Marof, 1935, p. 60)[34]

Sua libertação depende, então, de duas coisas: de seu desejo de organizar-se para recuperar a terra; e da decomposição da classe dirigente. No entanto, uma das questões fundamentais é o surgimento de uma vanguarda indígena e que, a partir dela, sejam criadas pontes com outros setores sociais.

Foi o trabalho inovador de Mariátegui, contudo, que marcou um ponto de inflexão, sinalizando um antes e depois no que poderia ser um caminho promissor na tarefa de construir uma alternativa revolucionária a partir do marxismo latino-americano, enraizada na sociedade nacional e na problemática indígena. Em sua curta vida, Mariátegui desenvolveu uma intensa atividade cultural e política em revistas como *La escena contemporánea* e, sobretudo, *Amauta*, fundada em 1926, por meio das quais tornou visível a questão indígena.[35]

34. Ao mesmo tempo, longe das críticas moralizantes de Tamayo, ou mesmo do racialismo de Arguedas, não marginaliza os mestiços, a quem não considera classe dominante, embora possam servir de "mão de obra" ou instrumento da classe dirigente.

35. Nessas revistas, foram publicados quase todos os escritores envolvidos na literatura indigenista, não apenas peruanos, mas também equatorianos e mexicanos. Quase a metade dos escritos de Mariátegui estão vincu-

A proposta político-intelectual de Mariátegui estava longe de reduzir-se a um ecletismo tolerante, por mais vontade antropofágica que tivesse,[36] inclusive no afã desafiante de colocar Georges Sorel ao lado de Karl Marx. Na realidade, Mariátegui apostou em vincular socialismo marxista e vanguardismo indigenista,[37] em construir um indigenismo revolucionário. Retomamos aqui esse conceito proposto pelo próprio Mariátegui e desenvolvido por Fernanda Beigel (2003), entendendo-o como resultado do cruzamento entre a dimensão política, relacionada às reivindicações do índio, seus direitos, seu lugar na sociedade peruana, e a dimensão cultural, ligada ao indigenismo artístico, ao passado pré-hispânico, incaico, que outorga uma dimensão mítica ao projeto socialista.[38] Ainda que sua visão sobre a problemática indígena se encontre disseminada em numerosos artigos, é em *Sete ensaios de interpretação da realidade peruana*, de 1928, e em *El problema de las razas en América Latina* [O problema das raças na América Latina], texto

....

lados à crítica literária. Igualmente, mesmo que tenha viajado pouco pelo interior do Peru, devido a problemas de saúde, Mariátegui abriu espaço para uma grande quantidade de escritores e ensaístas das províncias que promoviam a questão indígena, independentemente de estar ou não de acordo com as posições ali expostas. A obra completa de Mariátegui foi publicada pela Amauta, em Lima.

36. Mariátegui expressava uma abertura intelectual condizente com sua visão onívora da cultura latino-americana (a antropofagia), capaz de gerar espaços de afinidade com a cultura europeia — a qual havia conhecido de perto graças à viagem pela França e, sobretudo, pela Itália — e espaços de debate, de militância e de produção pensados sob uma chave nacional e revolucionária, a partir da análise da sociedade peruana concreta. Como poderia ter dito Martí, Mariátegui foi ao mesmo tempo filho de seu povo e da sua época.

37. Como escreveu no artigo "Nacionalismo y vanguardismo en la ideología política" [Nacionalismo e vanguardismo na ideologia política], de 1925, "a reivindicação do vanguardismo é a reivindicação do índio" (Mariátegui, 2010, p. 187).

38. "Não podemos, porém, confundir isso com um simples encontro do indigenismo político com a literatura indigenista. Por um lado, porque Mariátegui produziu uma reformulação do indigenismo e, por outro, porque dessa ligação surgiu um resultado maior: o projeto estético político que se construiu a partir da [revista] *Amauta*" (Beigel, 2003, p. 77-8).

apresentado no VI Congresso da Internacional Comunista, realizado em junho de 1929 em Buenos Aires, que podemos encontrar suas ideias fundamentais sobre o tema.

Mariátegui adotaria como ponto de partida algumas das conclusões indigenistas já apresentadas por González Prada. Assim, quatro hipóteses atravessam a obra de 1928: em primeiro lugar, a importância da questão indígena, já que esta afeta um terço da população peruana; em segundo, a ideia de que não há possibilidade de redenção do índio pela via pedagógica ou pela ação de caudilhos, considerando que as condições republicanas pioraram sua situação; em terceiro, a sobrevivência da comunidade agrária e sua defesa precisavam ser feitas não por razões abstratas, mas concretas; e, por último, a hipótese de que, sem o indígena, alicerce da nacionalidade, não há peruanidade possível.

Por sua vez, como propõe em *El problema de las razas*, o núcleo da problemática indígena para Mariátegui é a exploração feudal dos nativos pelo grande latifúndio agrário. "O índio, em 90% dos casos, não é um proletário, é um servo" (Mariátegui, 2010, p. 68). Na agricultura subsiste, assim, um regime feudal ou semifeudal que, nos lugares mais isolados, submete o indígena a trabalho escravo. Existe, então, uma instintiva reivindicação indígena da terra. Todo revolucionário deve assumir a tarefa de cooperar com a propaganda política e com os movimentos sindicais, dando um caráter organizado, sistemático e definido à reivindicação pela terra (Mariátegui, 2010, p. 81, 109). A literatura indigenista apresenta assim um papel importante, já que parece cumprir a mesma função da literatura "mujiquista"[39] no período pré-revolucionário russo. "Os próprios índios começam a dar sinais de uma nova consciência" (Mariátegui, 1988, p. 48). Nesse sentido, a solução do problema indígena deve ser obra dos próprios índios. O conflito não é racial, mas social e econômico, ainda que a raça tenha em si meios para desafiá-lo, na medida em que apenas os militantes

39. O mujique, camponês russo legalmente liberto da servidão em 1861, figurou como personagem importante da literatura russa pré-revolucionária, como, por exemplo, nas obras de Dostoiévski e Tolstói. [N.T.]

egressos do meio indígena podem, por sua mentalidade e idioma, conseguir projeção eficaz entre seus companheiros (Mariátegui, 2010, p. 111). Isso nos leva a ver os congressos indígenas[40] como um fato histórico, ainda que apareçam desvirtuados, sem programa nacional ou com escassas vinculações locais.[41]

Por outro lado, uma das hipóteses mais inovadoras de Mariátegui é pensar as comunidades agrárias como fator de resistência e, ao mesmo tempo, de assombrosa persistência. É nelas que se revelam a socialização da terra e o hábito da cooperação. O índio, apesar das leis republicanas, não se tornou um individualista — não porque seja refratário ao progresso, mas porque o comunismo segue sendo sua única defesa (Mariátegui, 1988, p. 83). Para Mariátegui, a defesa da comunidade não responde a princípios abstratos, mas a questões concretas vinculadas com a ordem econômica e social, o que vai desde a *minga*[42] até as relações de cooperação e reciprocidade no acesso à terra e à água. Isso não significa identificá-los com o socialismo e o comunismo agrários, mas, sim, afirmar, como sustentou Flores Galindo (1980), que na comunidade existiam "elementos de socialismo prático".[43] Em um ensaio sobre Mariátegui, o conhecido antropólogo peruano sustentou que:

40. Mais adiante nos referiremos aos congressos indígenas no marco do indigenismo integracionista.

41. Mariátegui utilizaria em reiteradas oportunidades o conceito de raça em um sentido diferente ao dado pelos positivistas. No interessante artigo "Raza, etnia y nación en Mariátegui" [Raça, etnia e nação em Mariátegui], Aníbal Quijano sustenta que, como se sabe, Mariátegui recusou a categoria de etnia para debater o problema indígena na América Latina. Provavelmente isso tinha a ver com sua associação com o colonialismo, já que na época a palavra era utilizada para marcar desigualdades em termos de inferioridade/superioridade. Por outro lado, não fez ressalvas a utilizar o conceito de raça, que em alguns meios europeus admitia uma proximidade com a ideia mais geral de civilização. Além disso, o termo raça ainda não havia sido retomado como bandeira ideológica pelo nazismo (Quijano, 2014, p. 770-1).

42. Do quéchua, *mink'a*: mutirão, trabalho coletivo e gratuito com utilidade social. [N.T.]

43. A linha enunciada por Flores Galindo, que sublinha a existência de um socialismo prático nas comunidades agrárias, foi questionada recentemente por Mazzeo (2013).

> Essa constatação — e somente ela — permitia apresentar o socialismo como alternativa viável em um país atrasado e camponês, com uma classe trabalhadora reduzida e uma indústria apenas nascente. Os camponeses podiam assumir a ideia socialista e fundi-la com suas aspirações messiânicas porque no cotidiano souberam manter e defender esse velho coletivismo andino. Ainda que seja paradoxal, no mesmo atraso da sociedade peruana Mariátegui encontrava a exigência e a justificativa do socialismo. (Flores Galindo, 1980, p. 50)[44]

Essa perspectiva inovadora que buscava articular marxismo, indigenismo e vitalismo valeu a Mariátegui duas célebres polêmicas,[45] uma delas com o nacionalismo aprista nascente; a outra com a III Internacional Comunista. A primeira se materializou com Luis Alberto Sánchez, um dos intelectuais mais notáveis do Peru, e versou sobre o indigenismo e a mestiçagem. Ocorreu em 1927 e se desenvolveu principalmente na revista *Mundial*, de Lima. Em uma minuciosa reconstrução do debate, Chang-Rodríguez (2009) rastreia seus antecedentes para explicar a acusação de Sánchez de "um insensato desejo de demolição" por parte da "idolatria reinante", isto é, a retórica de alguns indigenistas. Entre outros, criticava Mariátegui por opor colonialismo e indigenismo. Da mesma forma, acusava-o de dar lugar a escritos de variada índole, distantes da sua ideologia, em contradição com o proposto na apresentação da revista *Amauta*. Ao longo do debate, Mariátegui buscou explicar como o autêntico indigenismo envolvia uma obra econô-

44. Outra questão importante que mostra o lado vitalista de Mariátegui é o papel que atribui ao mito no marco do processo revolucionário. O mito é a utopia, o que move o homem ao longo da história. Sem nenhum mito, a existência do homem não tem nenhum sentido histórico: "Os povos capazes de vitória foram os povos capazes de um mito multitudinário" (Mariátegui, 2010, p. 182). Retomando Sorel, a quem cita inúmeras vezes, Mariátegui (2010, p. 184) afirma que "o proletariado tem um mito: a revolução social".

45. Grande parte dos autores peruanos resgata a polêmica de Mariátegui com o aprismo através de Luis A. Sánchez e a polêmica com o Komintern. Aníbal Quijano acrescenta uma terceira — que, a rigor, desde sua perspectiva, seria a primeira: aquela com os ideólogos da ordem oligárquica imperialista (Quijano, 2014, p. 395).

mica e uma política de reivindicação – e não de restauração ou de ressureição. E, nesse sentido, a questão do índio, por ser tão econômica quanto os outros problemas do país, seria solucionada pela revolução socialista (Chang-Rodríguez, 2009, p. 107). Por sua vez, Sánchez propôs uma reivindicação dos explorados, buscando incluir o *cholo* ou mestiço. Uma reivindicação que não foi casual, já que ele abraçou posteriormente o nacionalismo popular postulado pela Aliança Popular Revolucionária Americana (APRA), defensor da tese da mestiçagem.

Para além de Mariátegui haver apoiado o APRA em seus princípios, as diferenças entre ele e o fundador do partido, Haya de La Torre, eram basilares. Ambos divergiam sobre o "comunismo incaico"[46] e sobre o lugar que a comunidade indígena teria no processo revolucionário como elemento sobrevivente dessa vertente. Enquanto Haya de La Torre formulava a solução do problema agrário no marco do desenvolvimento capitalista, por meio de um capitalismo de Estado, Mariátegui pensava o problema agrário e indígena como "parte de uma perspectiva socialista de reorganização integral da sociedade peruana" (Quijano, 2014, p. 400). Desse modo, Haya definia o problema em termos da exploração nacional que o imperialismo exercia sobre a Indo-América, ilustrado na América Central e no Caribe. Por isso, concluía pela necessidade de uma frente policlassista e nacionalista para assentar as bases de uma revolução democrática que afrontasse o imperialismo. Já Mariátegui considerava que a exploração do imperialismo era classista, uma vez que o capital estrangeiro, em associação com a grande e a pequena burguesia, dominava o campesinato e o proletariado. Daí a impossibilidade de realizar uma revolução democrática junto a tais elementos. A via que propunha Mariátegui era que as reformas democráticas deviam ser efetuadas na constru-

46. De fato, é necessário esclarecer que, além do debate, havia diálogo, pois Mariátegui participou da Universidade Popular M. González Prada e apoiou Haya de La Torre, fundador do APRA, com quem veio a romper politicamente pouco antes de morrer.

ção do socialismo, única forma de destruir, de uma só vez, a ordem feudal e capitalista.

A segunda polêmica se desenvolveu com a III Internacional Comunista, no marco da I Conferência Comunista Latino-Americana, realizada em Buenos Aires em 1929, e posteriormente à morte de Mariátegui, que culminou com a condenação e a expulsão do "mariateguismo", considerado um "desvio" e posteriormente "populismo".[47] Recordemos que, em 1928, com o trotskismo já derrotado e sob controle férreo de Stálin e Bukharin, a III Internacional "descobriu" a América Latina, de acordo com os próprios dirigentes. Até aquele momento, o interesse do Komintern pela América Latina havia sido escasso. A mudança se operou depois do VI Congresso Comunista, celebrado entre julho e setembro de 1928, quando se pensava na iminência de uma situação revolucionária como produto da crise mundial (Flores Galindo, 1980, p. 22). Foi quando se decidiu organizar a I Conferência Comunista Latino-Americana, que se realizaria em Buenos Aires em junho de 1929.

É claro que, para os dirigentes comunistas, os países latino-americanos não estavam maduros para a revolução proletária e, tal como havia estipulado Marx, deviam passar necessariamente pela etapa da revolução burguesa. No entanto, depois do fracasso na China com o Kuomintang, a III Internacional passou a considerar a burguesia colonial e semicolonial como contrarrevolucionária, ou seja, inapta para levar a cabo a requerida revolução. Dessa forma, a estratégia de frente ou aliança de classes terminou por ser abandonada em favor daquela outra denominada "classe contra classe" (burguesia contra proletariado), em um cenário de polarização social e política cada vez mais marcado (Stefanoni, 2014). Em consequência, o contexto latino-americano motivou diferentes discussões sobre o modo como deviam se posicionar os comunis-

47. A posterior acusação de populista contra Mariátegui, em 1942, fabricada nas usinas do Partido Comunista cubano, tampouco ajudou a compreender a questão do indígena e sua relação com a questão nacional. Aricó (1978) desenvolveu longamente o tema. Voltarei a isso no capítulo 4, sobre populismo.

tas para disputar esses processos em relação à pequena burguesia liberal, em defesa de uma saída obreiro-camponesa.[48]

O texto da polêmica apresentado no I Congresso levou o título *El problema de las razas* [O problema das raças] e compreende duas partes: a primeira foi escrita integralmente por Mariátegui e a segunda, por Hugo Pesce. Foi este último quem defendeu o texto em Buenos Aires, já que Mariátegui estava muito doente e não pôde viajar. A tese foi discutida na sessão de 8 de junho de 1929. Hugo Pesce, em nome do grupo sindicalista peruano e como representante pessoal de Mariátegui, abriu a sessão com as palavras: "Companheiros, é a primeira vez que um Congresso Internacional dos Partidos Comunistas dedica sua atenção de forma tão ampla e específica ao problema racial na América Latina" (*apud* Mariátegui, 2010, p. 66-7).

Enquanto para os porta-vozes da Internacional não havia por que pensar na especificidade do Partido Comunista no Peru, pois a realidade local não diferia da do México ou da Argentina, para Mariátegui o socialismo no Peru não podia prescindir das comunidades nem destruí-las, tampouco prescindir do indígena. Nesse sentido, no trabalho apresentado por Pesce, a noção de proletariado incluía as massas urbanas (operários) e rurais (indígenas-camponeses). Igualmente, havia diferenças interpretativas sobre o imperialismo e o caráter feudal das sociedades latino-americanas, que na perspectiva do Komintern se assemelhavam ao feudalismo europeu. Por outro lado, para a III Internacional a problemática do camponês-indígena devia ser entendida a partir do princípio da autodeterminação das nações, como já havia estipulado o

48. Esse é o contexto no qual se produziu a aproximação de Mariátegui com a Internacional Comunista. Segundo Flores Galindo, ainda que Mariátegui, em sua permanência na Europa, tivesse participado da fundação do Partido Comunista da Itália e estabelecido amizade com muitos intelectuais comunistas, como Barbusse e o grupo Clarté na França, nunca chegou a estabelecer vínculo com a Internacional. Por outro lado, o Peru ficou à margem do movimento de fundação dos diferentes partidos comunistas na América Latina.

comunismo soviético, incluindo o direito à separação e à conformação de nações, como Aimará e Quéchua.[49]

Dessa forma, para Mariátegui, o caso peruano mostrava o fracasso do regime capitalista (pois o regime do trabalhador livre estava longe de estar generalizado) e a coexistência de um regime misto, o feudal (ligado ao latifúndio e ao servilismo) e o comunitário (ligado à sobrevivência da comunidade). Nessa linha, a polêmica de Mariátegui com o Komintern ilustrava de modo emblemático o longo desencontro entre a chamada "questão indígena" e o marxismo, que buscava encaixar a categoria indígena na de classe social mediante uma leitura de corte economicista. Como sustenta Fernández Fernández (2009), a aproximação economicista conceitua a sociedade em torno de dois sistemas ou modos de produção que coexistiriam na América Latina: um capitalista, outro pré-capitalista ou feudal. A partir dessa perspectiva, o problema do índio se explicaria pelo atraso e por suas condições de precariedade, o que aparece ligado à estrutura produtiva feudal. Esse atraso somente poderia ser superado mediante a incorporação do indígena ao modo de produção capitalista, seguindo o modelo europeu, que acarretaria sua incorporação no universo das classes sociais, seja como proletário — nas cidades —, seja como camponês — no campo. A campesinização oferecia como consequência uma via de transição, facilitando o desenlace do índio em relação à marginalidade e ao atraso, bem como sua inserção em um sistema produtivo moderno. As questões de índole etnocultural e sua solução se subordinariam à solução dos problemas da exploração de classe.[50]

Em síntese, um dos grandes méritos de Mariátegui foi, como bem reconhece Agustín Cueva, notório intelectual equatoriano vinculado ao Partido Comunista, ligar o discurso marxista à rea-

49. Por último, não era alheia a essa polêmica a questão do "nome". Um ano antes, Mariátegui e seus amigos haviam fundado o Partido Socialista do Peru. A III Internacional comparava o substantivo "socialista" com o epíteto social-democracia, reformista, e até com "traição", e exigia a mudança de nome para Partido Comunista.

50. Voltarei ao tema no capítulo sobre populismo.

lidade latino-americana, operando assim uma espécie de "nacionalização do marxismo" (Cueva, 2007, p. 181-2). A posterior marginalização da obra de Mariátegui marcou um retrocesso importante na emergência e na consolidação de um pensamento marxista latino-americano, não apenas em relação à questão indígena, mas também à questão nacional em geral. Como sustentou Aricó em seu influente livro *Mariátegui y los orígenes del marxismo latinoamericano* [Mariátegui e as origens do marxismo latino-americano], uma das consequências dessa inflexão foi a exclusão de toda busca de originalidade no estudo social do país, pois a Revolução seria compreendida mais em termos de "modelo" a ser aplicado do que de "mudanças nacionais a percorrer" (Aricó, 1978, p. XXXIX). Capturado nas redes do comunismo stalinista, o marxismo como dogma político-ideológico seria compreendido mais como itinerário (fixo, fechado) do que como bússola. Antecipando-se a essas leituras rígidas que buscavam se impor a partir do comunismo, em um livro póstumo, *Defesa do marxismo*, Mariátegui havia escrito:

> O dogma tem a utilidade de um roteiro, de uma carta geográfica: é a única garantia de não se repetir duas vezes o mesmo percurso com a ilusão de estar avançando e de não ficar preso por falta de informação em nenhum caminho sem saída. [...] O dogma não é um itinerário, mas uma bússola na viagem. Para pensar com liberdade, a primeira condição é abandonar a preocupação com a liberdade absoluta. O pensamento tem uma necessidade estrita de rumo e de objeto. Pensar corretamente é, em grande medida, uma questão de direção ou de órbita. (Mariátegui, 1972b, p. 67)

O INDIGENISMO INTEGRACIONISTA COMO PARADIGMA DOMINANTE

> *Nosso problema indígena não está em conservar "índio" o índio, nem em indigenizar o México, mas sim em mexicanizar o índio. Respeitando seu sangue, captando sua emoção, seu carinho pela terra e sua inquebrantável tenacidade, se haverá enraizado mais o sentimento nacional e o enriquecido com virtudes morais que fortalecem o espírito pátrio, afirmando a personalidade do México.*
> — Lázaro Cárdenas[51]

> *Não despertarás espontaneamente. Será preciso que corações amigos trabalhem por sua redenção.*
> — Manuel Gamio

Durante décadas, a hegemonia do paradigma indigenista foi indiscutível na América Latina. Para defini-lo em termos de doutrina ou corrente, não poucos especialistas recorrem à H. Favre (1998, p. 7), que afirmava que "o indigenismo é uma posição dos não indígenas sobre os indígenas e que encontramos especificamente na América Latina". Essa é, assim, "uma interrogação da indianidade por parte dos não índios em função de preocupações e finalidades próprias destes últimos" (Favre, 1976 *apud* Fernández Fernández, 2009). Outra definição muito citada é a de Alejandro Marroquín (1977, p. 13), que caracteriza o indigenismo como "a política que os Estados americanos realizam para atender e resolver os problemas que confrontam as populações indígenas com o objetivo de integrá-las à nacionalidade correspondente".

51. Lázaro Cárdenas, "Discurso del Presidente de la República en el Primer Congreso Indigenista Interamericano", *Memória Política de México*, 14 abr. 1940.

Efetivamente, o indigenismo foi constituindo-se como paradigma que apontava para a solução do "problema indígena" em uma perspectiva integradora, na qual o indígena era falado e pensado por outros, não indígenas. Embora elementos anteriores tenham apontado nessa direção, foram a Revolução Mexicana e o período fundacional que a seguiu, com instituições estatais e políticas públicas, a ocasião propícia para revalorizar a mestiçagem como processo racial e cultural, assim como para repensar o "problema indígena" na chave de integração nacional e homogeneização linguística. Nessa linha, os índios foram objetos de estudo, de interpretação, da atuação dos outros, sob um enfoque que contempla sua integração à sociedade mexicana (Kourí, 2010), como parte de um projeto político nacional.

Os elementos que definem o indigenismo são a afirmação da mestiçagem como alicerce da nação e a proposta de uma solução para o "problema do índio" por meio de uma série de políticas públicas que apontam para a assimilação e a integração deste à sociedade nacional. Nesse sentido, o indigenismo considera que a existência de uma importante população indígena na América Latina, dividida em diferentes culturas e linguagens, é um obstáculo para a integração e a unidade nacional no continente, assim como para o progresso da nação (Stavenhagen & Carrasco, 1988). De modo recorrente, a mestiçagem aparece contemplada no cerne do projeto do que deve ser a nação moderna, que incorpora a promessa do progresso e, ao mesmo tempo, a "purificação" do indígena pela via da mescla racial e cultural.

A fim de abordar algumas das dimensões do indigenismo integracionista e iluminar essas tensões, proponho percorrer dois tópicos. O primeiro aborda a *tese da mestiçagem* desenvolvida pelos intelectuais mexicanos, sobretudo pelo olhar da antropologia; o segundo sublinha o papel desempenhado pelos congressos indigenistas como espaço de reelaboração da questão indígena em escala continental. Em ambos os casos, interessa-nos evidenciar a conexão com políticas públicas, em escala nacional e regional.

As figuras mais destacadas do indigenismo integracionista no México são o escritor José Vasconcelos e o antropólogo Manuel Gamio, que trabalharam para os governos pós-revolucionários, sobretudo em áreas vinculadas com a educação e a cultura.[52] Como sustentou Máiz (2008), a mestiçagem como mito fundador da América Latina se fundamenta em três princípios: primeiro, a tese do espectro de raças como eixo do projeto nacional, que propõe a hibridação entre cultura e tradição europeia e indígena. Segundo, a tese da desaparição das culturas indígenas, uma vez realizada sua contribuição ao processo (mito) da mestiçagem. Cabe acrescentar que o indigenismo coincide com o discurso do autóctone em sua reivindicação de um índio ideal (a idade do ouro, pré-colombiana, ilustrada pelas grandes culturas indígenas, já desaparecidas, mas visíveis ou rastreáveis por meio de restos arqueológicos). A aculturação aparece como um conceito-chave que aponta para a eliminação desses grandes focos de atraso que representam os grupos indígenas, constituindo um obstáculo ao progresso ou um freio ao desenvolvimento nacional. E, terceiro, a teoria da mestiçagem, que segue acompanhada pelo mito da homogeneidade cultural (a qual deve ser linguística), imposta de cima pelas elites políticas e culturais.

Quem representou de maneira veemente a celebração da mestiçagem foi José Vasconcelos, autor de *La raza cósmica* [A raça cósmica] (1925), que sustentou que não era a pureza racial mas sim a fusão das raças que conduziria à plenitude.[53] Retomando os mesmos argumentos a partir dos quais outras perspectivas — como a positivista — rechaçaram a mestiçagem, e invertendo-os, Vasconcelos afirmava que a mescla de raças era portadora de uma síntese superadora, expressão de uma missão que a América Latina deveria levar a cabo em chave arielista/espiritualista,[54] como o reverso da

52. Além de outros antropólogos e arqueólogos, como Moisés Sáenz, Gastón Aguirre Beltrán e Alfonso Caso.

53. Vasconcelos esteve a cargo de diferentes responsabilidades governamentais, sobretudo na área de educação, como a Reitoria da Unam e a Secretaria de Educação Pública entre 1921 e 1924. Vasconcelos inspirou também o famoso lema inscrito no edifício principal da universidade: "Por minha raça falará o espírito".

54. Referência ao livro do uruguaio José Enrique Rodó, *Ariel* (1900), no qual invertia a célebre metáfora shakespeariana, que havia identificado Caliban (a barbárie) com a América. Nesse sentido, criticava os Estados Unidos por

raça saxã, baseada na segregação e no materialismo. Nesse marco de oposição entre raça latina e saxã, o indígena era visto como "boa ponte para a mestiçagem", em referência tanto ao México como à América Latina. E, assim como os dias dos brancos puros ("vencedores de hoje") estavam contados, para Vasconcelos também estavam contados os dias dos índios puros, pois no presente "estão espanholizados, estão latinizados, como está latinizado o ambiente". A educação emerge como ferramenta fundamental para que o indígena saia de seu atraso. Por isso mesmo, Vasconcelos será pouco contemplativo com aquelas posições pró-indigenistas que considerava pura construção intelectual, desatenta às realidades do que foram as sociedades americanas pré-colombianas (Piñeiro Iñíguez, 2006, p. 553). Nesse sentido, ainda que Vasconcelos se refira de maneira recorrente à raça, essa é uma ideia que se nutre da oposição entre latinos e saxões. Como alerta Patricia Funes, se bem o conceito está desafetado de conotações biológicas, termina por ser demasiado amplo, com ambições totalizadoras, pois às vezes quer erraticamente dizer "povo", "civilização", "cultura", "costumes comuns", "ibero-americanismo" (Funes, 2006, p. 76).

Não obstante, o emblema do paradigma integracionista está em Manuel Gamio: formado nos Estados Unidos junto ao conhecido antropólogo Franz Boas, Gamio concluirá um importante trabalho tanto como arqueólogo quanto como antropólogo, na docência e na pesquisa, e também em sua tarefa durante duas décadas como primeiro diretor do Instituto Indigenista Interamericano. Parte da influência de Boas sobre Gamio se tornou visível na ideia de que "a investigação antropológica dos grupos humanos tinha que se alimentar das óticas etnográfica, arqueológica, linguística e histórica; o que esse antropólogo mexicano denominou como 'método de investigação integral'" (Ramírez, 2013, p. 2).

Em 1916, Gamio escreveu o livro *Forjando patria* [Formando a pátria], compêndio que resume seu projeto de nação para o México e o lugar destinado à "mescla de raças" e aos "grupos indígenas".

....

seu materialismo e identificava a América Latina com um legado ou tarefa espiritualista (e elitista) muito associado aos jovens.

Propôs a ideia de unidade da nação como um grande desafio, a saber, que não poderiam existir várias pátrias ou nacionalidades como entidades separadas, mas que essas deviam integrar-se em uma só nação. Instalando-se longe da visão positivista, o problema do índio não seria sua suposta inferioridade racial, mas sim seu atraso cultural: "Determinados antecedentes históricos e especialíssimas condições sociais, biológicas, geográficas etc. etc. do meio em que vive o fizeram até hoje inapto para receber e assimilar a cultura de origem europeia" (Gamio, 1916, p. 38). A educação e a unificação linguística aparecem como os dispositivos centrais para lograr "que assimile a cultura europeia" (Gamio, 1916, p. 38-9). Gamio entende que os indígenas, "pobre e sofrida raça", foram oprimidos pelos mais diversos fanatismos: de sua casta sacerdotal, dos cristãos, dos conquistadores. A "redenção do índio" não proviria do indígena, nem de suas rebeliões, mas se realizaria com a incorporação ou, como se dizia também na época, com a "regeneração", programa no qual a antropologia e, sobretudo, a etnologia encontram lugar de destaque.[55] Por último, importa destacar que Gamio reconhece a existência de três grupos sociais no México: o índio, os grupos mestiços e os descendentes imediatos ou longínquos de estrangeiros, "cujo sangue se mesclou pouco com a classe média e nada com a indígena". A heterogeneidade está na base do "cisma cultural" entre a civilização indígena e a ocidental, mas, em nome da construção da nação, apenas a classe média (mesclada, mestiça), para além de suas deficiências e deformações inevitáveis, emerge como a base da cultura nacional, "do futuro, que acabará por impor-se quando a população, sendo etnicamente homogênea, a sentir e compreender" (Gamio, 1916, p. 174-5).

Em suma, a leitura que Gamio faz da perspectiva revolucionária deixa pouco lugar aos indígenas em si, à divergência cultural, à diversidade linguística, inclusive para aqueles grupos indígenas

55. "Desconhecemos o índio; não sabemos como pensa." Essa realidade faz com que a antropologia seja a disciplina mais bem projetada para acessar empiricamente o conhecimento do indígena, suas verdadeiras aspirações. Despojada também dos preconceitos de raça, a antropologia poderá forjar "temporalmente — uma alma indígena" (Gamio, 1916, p. 40).

que estão distantes ou separados do Estado nacional, como é o caso, entre outros, dos *lacandones* em Chiapas. Para Gamio, é necessário conhecer esses índios, investigar suas necessidades e estabelecer as condições nas quais se poderia iniciar sua incorporação. O grande objetivo é, portanto, a tarefa de "civilizar",[56] incorporar o indígena, reconhecendo seu papel e sua contribuição para os alicerces da nacionalidade, retomando sua arte e sua cultura tradicional, mas simultaneamente indicando o atraso que o conhecimento pré-hispânico carregaria em relação à cultura ou civilização ocidental, à qual deveria integrar-se pela via da mestiçagem e da unificação linguística.[57]

Em confluência com essa visão, naquela época o indigenismo se expandiu em escala continental a partir dos congressos dedicados a essa temática, que começaram a delinear políticas específicas baseadas em orientações gerais e recomendações. De acordo com Favre (1998, capítulo 5), foi a laicização dos Estados o que obrigou os governos latino-americanos a assumirem uma posição diante do "problema indígena", que havia sido deixado deliberadamente nas mãos da Igreja católica. Em 1918, seria organizada a Primeira Convenção Internacional de Professores em Buenos Aires, que recomendou "a incorporação dos indígenas na cultura moderna". Em 1933, a VII Conferência Panamericana, reunida em Montevidéu, recomendou que se realizasse uma conferência interamericana de

56. Nessa mesma linha, Moisés Sáenz, outro representante dessa corrente, sintetiza seu pensamento por meio do lema "Civilizar é uniformizar", ao passo que Gonzalo Aguirre Beltrán explicita que "a finalidade do indigenismo mexicano não é o indígena, mas o mexicano" (*apud* Korsbaek & Sánamo Rentería, 2007, p. 13). Por outro lado, autores distintos apontam para diferentes fases ou etapas do indigenismo que não trataremos aqui. Sobre esse tema, ver Fernández Fernández (2006) e Díaz Polanco (2003).

57. Como sustentou Kourí, a ideia de unificar a língua pela "castelhanização" não apenas era contrária aos ensinamentos de Boas, um grande defensor da diversidade linguística, como também a outros autores indigenistas, que se opunham à política de unificação linguística proposta por Gamio. Ainda assim, grande parte do século XX mexicano esteve marcada pelas diretrizes consolidadas por Gamio e orientadas à integração do indígena à sociedade nacional (ou dominante), bem como à aculturação pela ação do Estado (Kourí, 2010, p. 430-1).

especialistas em assuntos indígenas. Em 1937, por fim, a Primeira Conferência Panamericana de Educação, celebrada no México, aprovou "que se organize um congresso continental para estudar o problema dos índios nos países da América Latina" (Stavenhagen & Carrasco, 1988). O divisor de águas foi o Congresso Indigenista de Pátzcuaro, realizado em 1940,[58] em Michoacán, México, no qual se assentaram as bases da política indigenista em escala continental e foi definida a criação do Instituto Indigenista Interamericano, mediante uma convenção internacional ratificada por dezessete Estados. No ato de abertura em Pátzcuaro, Lázaro Cárdenas, presidente do México, afirmou que o problema "não está em conservar 'índio' o índio, nem em indigenizar o México, mas em mexicanizar o índio", como aparece citado na epígrafe.

Inicia-se, dessa forma, uma fase institucional que se expressa nas atas e resoluções dos sucessivos congressos indigenistas; na criação de um órgão executivo da política indigenista interamericana, o Instituto Indigenista Interamericano (INI), encarregado de cumprir as resoluções dos congressos; e, por último, na fundação dos institutos indigenistas nacionais. Nesse aspecto em particular, o INI deveria ter as seguintes funções: "estabelecer laços permanentes entre os governos em relação aos programas indigenistas nacionais; realizar enquetes científicas que sirvam de base aos programas indigenistas nacionais; formar pessoal especializado em questões indígenas; promover a criação de institutos indigenistas nacionais" (Santoul, 1988, p. 33). As recomendações do Congresso de Pátzcuaro abordavam os diferentes aspectos da problemática indígena, que incluíam os campos educacional, econômico, laboral, jurídico e cultural. Para a execução desses programas, indicava-se especialmente os antropólogos, "preocupados com o bem-estar da população indígena" (Santoul, 1988, p. 24).

No México, o Instituto Nacional Indigenista foi criado em 1948, a partir do Departamento Autônomo de Assuntos Indígenas, que

58. O primeiro Congresso Indigenista Interamericano deveria ter sido realizado em La Paz, porém, em decorrência da instabilidade política da Bolívia, ocorreu em Pátzcuaro.

havia sido fundado em 1935, mas que se encontrava em franca decadência. O objetivo do INI, que tinha personalidade jurídica e patrimônio próprios, era coordenar as diferentes ações do governo nas regiões indígenas (promoção econômica, educação, infraestrutura básica). Contudo, o coração do indigenismo institucional seriam os centros coordenadores, o primeiro deles inaugurado em San Cristóbal de las Casas, em Chiapas (Korsbaek & Sámano Rentería, 2007, p. 203). Na Bolívia, por sua vez, o Instituto Indigenista nacional foi criado em 1941, enquanto no Equador foi constituído em 1942 e, no Peru, em 1946. Entretanto, fazendo um balanço do indigenismo, Marroquín (1977) destaca que, trinta anos depois de terem aderido ao Instituto Indigenista Interamericano, alguns países não tinham sequer criado seu instituto nacional. Em suma, a partir do Congresso de Pátzcuaro de 1940, as políticas estatais em relação à população indígena institucionalizaram a perspectiva *assimilacionista*, que acentuava os efeitos redentores e regeneradores como resultado da esperada e inevitável integração do indígena na sociedade nacional, isto é, nos marcos da cultura hegemônica.

Entre o indígena e o camponês: populismo, mestiçagem e reforma agrária

Um terceiro campo de tensão se configura a partir da junção do indigenismo e do populismo, que se traduz em profundas modificações na relação entre o indígena e o camponês. Com efeito, o indígena e o camponês são categorias contíguas, ainda que não idênticas, que durante muito tempo estiveram articuladas, mas que vão se dissociando com o passar dos anos, ao compasso das políticas e estratégias de assimilação/incorporação ao Estado-nação. Em consequência, neste último tópico se indagará a relação estreita entre indigenismo de Estado, camponeses e reforma agrária, proposta pelas diferentes experiências populistas, em três tempos diferentes: a mexicana, com Lázaro Cárdenas na década de 1940; a boliviana, nas mãos do Movimento Nacionalista Revolucionário (MNR) na década de 1950; e a peruana, no fim dos anos 1960, sob o governo militar de Juan Velasco Alvarado.

Consideremos que, em certos países da América Latina, a quebra da ordem oligárquica foi produto de um intenso processo revolucionário. Foi o caso do México, país que desde a primeira década do século XX atravessou um turbulento período de ruptura da ordem tradicional, seguido de longos enfrentamentos entre diferentes grupos, com caudilhos e massas camponesas disputando o poder. Décadas mais tarde, foi também o caso da Bolívia, que nos anos 1950 viveu a ruptura da ordem oligárquica em um levante armado obreiro-camponês que derrotou o Exército e estabeleceu no governo uma aliança entre sindicatos mineiros, classes médias urbanas e massas indígenas-camponesas.

Não obstante, tanto no México como na Bolívia, esses complexos processos políticos de emergência e construção revolucionária não deram lugar à via socialista, mas, sim, ao advento do populismo como regime fundador.[59] Esses governos tomaram como desafio refundar o pacto social, produzindo novos marcos político-institucionais para integrar e homogeneizar a população na sociedade nacional. Desenvolveram, assim, um programa modernizador baseado na articulação de três premissas fundamentais. Por um lado, uma estratégia de nacionalização que incluiu a estatização dos bens do subsolo (petróleo e minérios), até aquele momento em mãos de companhias estrangeiras. Por outro, a inclusão dos trabalhadores formais na regulação de direitos laborais (no caso de trabalhadores urbanos e mineiros) e dos camponeses-indígenas na cidadania pelo voto universal (Bolívia). Por último, a implementação de programas de reforma agrária orientados aos setores camponeses e indígenas. Nessa linha, e para além das ostensivas diferenças entre suas

59. Não por acaso, várias reconstruções históricas que analisam os componentes e momentos mais radicais desses processos nos falam de uma "revolução interrompida" (Adolfo Gilly [1971], em seu célebre livro sobre o tema, para referir-se à derrota dos setores zapatistas no México), de "dualidade de poder", segundo René Zavaleta, sobre a etapa de cogoverno entre a Central Obreira Boliviana (COB) e o MNR na Bolívia; ou, ainda, apelam para o conceito de "revolução inconclusa", como se intitula o conhecido livro do acadêmico norte-americano James Malloy (2003), também sobre a experiência do MNR na Bolívia.

respectivas estruturas estatais, os regimes populistas do México, com Lázaro Cárdenas (1934-1940), e da Bolívia, com a liderança de Víctor Paz Estenssoro e Hernán Siles Zuazo (1952-1964), tenderam a incorporar os setores rurais sob a categoria genérica de camponeses. Enfim, os regimes populistas promoveram uma narrativa integracionista, que acentuava a tese da homogeneização nacional por meio da mestiçagem.

A Revolução Mexicana teve um grande impacto na América Latina. Seguindo Gilly (1977 [1971]), acima de seus complexos avatares, a Revolução Mexicana foi um grande movimento de massas centrado na disputa de poder e de terras que contou com uma base camponesa e indígena significativa. Com a institucionalização da revolução e o pacto constitucional de 1917, os camponeses entraram no texto constitucional com estatuto e direitos particulares: apareciam sob a forma geral do direito à terra dos "camponeses" e das "comunidades" (Gilly, 1977 [1971]).[60] As reformas sociais e agrárias implementadas pelo Estado populista-corporativo produziam uma inflexão maior nos processos de identificação dos sujeitos coletivos no âmbito rural, nomeados e interpelados como "camponeses". Na realidade, como afirma Máiz: "Produziu-se assim um duplo processo: por um lado, os índios do México central acabaram identificados como camponeses, mais concretamente como camponeses pobres em via de proletarização; por outro, desenharam-se políticas de 'indigenismo' de Cárdenas em diante, como um procedimento de mexicanização: incorporação ao mercado, políticas sociais corporativas para camponeses, programas de assimilação linguística e cultural etc." (Máiz, 2008, p. 9).

A reforma agrária encontrou um grande impulso com Lázaro Cárdenas, pois sob sua presidência foram distribuídas mais ter-

60. Enquanto o artigo 23 dava conta dos trabalhadores assalariados e seus direitos, o artigo 27 postulava, por um lado, que o petróleo (o solo e o subsolo) eram propriedade da nação e, por outro, a terra expropriada seria restituída às comunidades. Dito de outro modo, os direitos laborais para os trabalhadores, o petróleo para a nação, as terras para os camponeses.

ras que durante a soma de seus predecessores.[61] Lançando mão de um estilo personalista, inclinado ao contato direto com as populações, Cárdenas promoveu, sobretudo, o *ejido* coletivo,[62] para justificar as expropriações (Knight, 1998, p. 206). Posteriormente, em 1946, foram institucionalizadas as diferentes seções do partido, que foi rebatizado de Partido Revolucionário Institucional (PRI): operário, camponês, popular e militar, a partir do qual o modelo mexicano adotaria uma forma claramente corporativa. As duas primeiras seções, organizadas na Confederação de Trabalhadores do México e na Confederação Nacional Camponesa, eram as estruturas mais importantes.

No caso da Bolívia, foi uma nova guerra perdida, dessa vez no Chaco (1932-1935), o que produziu o questionamento do Estado oligárquico, convocando os diferentes setores sociais que haviam participado do conflito para a tarefa de repensar a nação boliviana. Já durante o governo de Gualberto Villarroel López (1934-1946), em uma breve aliança com o MNR, foi instalada a teoria da mestiçagem, tomando a *chola* de Cochabamba como uma espécie de síntese da nacionalidade (Gotkowitz, 2011, p. 235-6). Finalmente, em abril de 1952 ocorreu a insurreição boliviana, que contou com grande protagonismo das milícias operárias, mas também camponesas.[63] A insur-

61. Apenas entre 1936 e 1937, foram repartidos quase 50% do total do período (Bravo Ahuja Ruiz & Michel Díaz, 1995, p. 310-17). Em 1930, existiam 13.444 latifundiários que concentravam 83,4% da terra, enquanto sessenta mil pequenos e médios proprietários usufruíam do restante. Ao fim do mandato presidencial, Cárdenas havia entregado 17.890.577 hectares a 814.537 camponeses (Máiz, 2008).

62. No México, o *ejido* é uma propriedade rural de uso coletivo que pressupõe a exploração cooperativa da terra.

63. No processo revolucionário boliviano, as massas camponesas provenientes do Vale de Cochabamba, região em que foram registrados importantes processos de mestiçagem, influenciaram notoriamente nos setores falantes do quéchua. "Apesar de tudo, o termo 'índio' prevaleceu nos vales até 1952 para referir-se ao estamento camponês da região" (Pearse, 2003, p. 344). Por outro lado, Gotkowitz, em um livro sugestivamente intitulado *La revolución antes de la revolución* [A revolução antes da revolução] (2011), assinala que muitos estudos históricos minimizam o papel das comunidades rurais na origem da Revolução Boliviana. No entanto, há uma longa his-

reição (a "festa da plebe", como escreveria Zavaleta) abriu assim uma primeira fase da Revolução Boliviana, a mais radical, caracterizada pelo cogoverno entre MNR e a Central Obreira Boliviana, período em que uma série de importantes reformas estruturais foram concluídas, como a nacionalização das minas, a sanção do voto universal, a reforma agrária e a reforma educativa (destinada a conquistar uma verdadeira educação de massas). Essa fase foi denominada por Silvia Rivera Cusicanqui (2003, p. 139) como de "subordinação ativa" do campesinato índio ao Estado, sob a égide do sindicalismo de Cochabamba.

Em 1964, teve início uma segunda fase da Revolução Boliviana, a qual implicou uma mudança da base social, dos setores mineiros à massa de camponeses indígenas, graças ao voto universal. Essa fase sinalizou também uma guinada ideológica: "A passagem do debate ideológico entre revolução democrática burguesa ou revolução socialista para a luta entre nacionalismo ou comunismo" (Mayorga, 2003, p. 249). Esse giro reacionário encontrou maior expressão no Pacto Militar Camponês (1964), entre as Forças Armadas lideradas por René Barrientos e os sindicatos agrários. Para outros, expressou as contradições internas do projeto estatal e o alinhamento do sindicalismo camponês com os setores da burocracia e as frações de direita do MNR (Rivera Cusicanqui, 2003, p. 139).[64]

....

tória de mobilizações camponesas à qual é preciso agregar a participação dos indígenas camponeses na precária aliança entre Villarroel e MNR. Essa participação teria tido maior força a partir de 1952. "A Bolívia é o único país latino-americano onde o partido revolucionário deteve o poder antes que triunfasse a revolução. A profunda sublevação política – rural e urbana – foi constante durante um período de várias décadas e foi alimentada ainda mais pelo breve cogoverno do MNR com Villarroel. [...] Quando a revolução urbana do MNR triunfou em 1952, outra revolução – rural – já estava em marcha. Essa revolução deixou uma marca duradoura nos alcances e significados de 1952" (Gotkowitz, 2011, p. 257).

64. Esse giro reacionário se consumou sob o comando do general René Barrientos (1965-1969). Nesse período, Che Guevara foi assassinado na Bolívia (outubro de 1967). É interessante observar que, nas anotações do revolucionário, não havia indígenas, mas apenas "camponeses".

Por outro lado, a reforma agrária teve um grande alcance, pois destruiu as bases do poder oligárquico: aboliu a servidão no campo, permitiu acabar com o regime da *hacienda*, distribuiu a terra entre quem não a possuía — sobretudo na região andina e nos vales de Cochabamba, onde se organizaram milícias camponesas e houve expropriações de latifúndios —, e os antigos colonos se converteram em proprietários.[65] Contudo, mesmo tendo varrido grande parte da estrutura latifundiária rural, a reforma agrária teve um sentido liberal e individualista pela forma como a terra foi repartida. Como destaca Esteban Ticona Alejo (2003, p. 289), não se propôs a aplicar um critério socialista ou comunitário, mas sim subdividir a terra de acordo com uma reforma agrária liberal. Foi, além disso, ambígua com os *ayllus*[66] e as comunidades originárias, que não receberam nenhum benefício dessa lei.

A centralidade da figura do camponês no modelo populista teve seu correspondente no progresso e na expansão dos sindicatos agrários, rurais ou camponeses. Nessa linha, tanto no México como na Bolívia, gerou-se uma estrutura de representação corporativa sob a figura do "sindicato agrário", cujo objetivo foi a integração dos atores rurais mobilizados sob um modelo de participação tutelado pelo Estado. No caso da Bolívia, a reforma agrária de 1953 introduziu o sindicato agrário como organização política de base das comunidades: os ex-colonos convertidos em membros comunitários se incorporaram ao sindicalismo, que foi adotado também pelas comunidades originárias. Como sinaliza García Linera *et al.* (2004), o sindicato camponês se encontrava perto da "forma comunidade" na medida em que, junto com reivindicações específicas de terra e direitos de colonos, "vai articular a lógica organizativa, a memória e os repertórios de ação próprios da trajetória indígena camponesa acumulados durante séculos". Este foi o caso da emblemática

65. Em 1950, 6% dos latifundiários do país possuíam 92% das terras cultiváveis. Por sua vez, 60% dos proprietários possuíam 0,2% das terras. De um total de 36 milhões de hectares cultiváveis, foram redistribuídos oito milhões entre 1954 e 1968 (Gotkowitz, 2011, p. 361).

66. *Ayllus* são unidades comunitárias nas quais se baseava o modo de vida econômico e cultural dos povos indígenas da cordilheira dos Andes. [N.T.]

Confederação Sindical Única dos Trabalhadores Camponeses da Bolívia (CSUTCB), um dos grandes atores da política boliviana que surgiu do sindicalismo camponês em Cochabamba, ainda que tenha se generalizado em todo o território nacional depois da Revolução Nacionalista de 1952. A partir dos anos 1970, a CSUTCB se constituiu na expressão mais acabada da articulação entre estrutura comunal, discurso indianista e ação sindical, marco no qual se elaboraram "as propostas políticas de emancipação indígena mais importantes do sindicalismo comunal boliviano" (García Linera, 2004).

A Revolução de 1952 consagrou como fonte da nacionalidade a cidade arqueológica de Tiahuanaco[67] — cujo papel estava consolidado desde 1930 — e levantou os símbolos próprios das grandes culturas pré-hispânicas. Mas, no terreno simbólico, promoveu ativamente a figura da mestiçagem como núcleo identitário da nação: assim, a forma predominante sob a qual se pensaria a nação seria a do "indomestiço". Já em 1942, o programa do MNR condenava a obra de Arguedas, que desmerecia os bolivianos indígenas e mestiços, rechaçando a ideia de que a mistura de raças fosse perigosa (Gotkowitz, 2011, p. 235). Não obstante, a chave da revalorização do mestiço não foi a ideia de "fusão" (como ocorreu no México), mas sim a questão das "lutas históricas". Entre os teóricos nacionalistas que mais influenciaram nessa construção simbólica da mestiçagem está Carlos Montenegro (2005), com seu livro *Nacionalismo y coloniaje* [Nacionalismo e colônia], publicado em 1944, que oferece uma nova matriz de leitura da nação boliviana em chave claramente populista (nação/antinação), "na qual as lutas anticoloniais juntam indígenas com mestiços" (Gotkowitz, 2011, p. 236).

Vincent Nicolas e Pablo Quisbert analisam como, durante o governo do MNR, o tema da mestiçagem atravessou a história oficial, alcançando inclusive a arte colonial, por meio da descoberta de um "barroco mestiço", que se acoplava perfeitamente às premissas da revolução nacional. A denominação "barroco mestiço" prosperou no

67. O trabalho de Nicolas & Quisbert (2014), citado na introdução, realiza uma reconstrução detalhada do tema de Tiahuanaco como fonte original da nacionalidade boliviana a partir de 1930.

lugar de "barroco índio", como também se chamou na mesma época (Nicolas & Quisbert, 2014, p. 27).[68]

O populismo truncado do Peru e o discurso de classe

Embora no Peru houvesse um discurso político-cultural sobre a mestiçagem, esse não teve um correlato claro na política estatal, tal como ocorreu em outros países latino-americanos sob a direção de governos populistas. Paradoxalmente, ainda que o APRA tenha sido o primeiro partido populista da América Latina,[69] ele não chegou a acessar o governo, e seu máximo líder, Víctor Raúl Haya de la Torre, viveu na Embaixada do México durante anos, exilado em seu próprio país. Ainda que tenha proposto o nome Indo-América, Haya de la Torre era partidário da mestiçagem e, mais que isso, na juventude foi discípulo e secretário de José Vasconcelos, com quem

68. Nessa linha, Stefanoni (2010) resgata o filme de Jorge Ruiz *Un poquito de diversificación económica* [Um pouquinho de diversidade econômica] (1955), que conta a história de uma migrante *colla* [termo usado pelos habitantes das terras baixas para designar de maneira genérica os habitantes do Altiplano] que chega a Santa Cruz de la Sierra por uma estrada recém-construída e escreve a um ex-companheiro de mina. Grande parte dos elementos da integração do país aparece em cena: a integração física, a diversificação econômica. Finalmente, a *colla* se casa com um *camba* [termo usado pelos habitantes do Altiplano para designar de maneira genérica os habitantes das terras baixas] e tem um filho *camba-colla*, que sintetiza e evidencia o processo de mestiçagem.

69. O movimento aprista nasceu nos anos 1920, impulsionado por Haya de la Torre e caracterizado por uma ideologia nacionalista, anti-imperialista e com aspiração de converter-se em uma frente única continental que unificaria os povos indo-americanos na luta contra o imperialismo norte-americano. O APRA foi o partido das classes médias provincianas, mais tarde urbanas, e de certos setores oligárquicos ameaçados pela penetração do capital estrangeiro, sendo débil sua inserção entre as classes trabalhadoras. Essa base social permite compreender as grandes linhas da matriz interpretativa da realidade peruana proposta por Haya de la Torre: uma sociedade dualista, a necessidade de uma burguesia nacional, o suposto papel do Estado, o anti-imperialismo, a mestiçagem e o relativismo histórico (Martuccelli & Svampa, 1998).

compartilharia a tese sobre a mestiçagem e, por consequência, a opção de integrar ou assimilar os indígenas na sociedade nacional. Isso o distanciou das posições de José Carlos Mariátegui, como já foi dito, que abordou a questão indígena articulada ao tema da terra.

No Peru, o populismo finalmente encontraria sua versão — truncada e castrense — em 1968, quando os militares à frente do golpe de Estado adotaram uma concepção de país segundo a qual a questão nacional estava sintetizada na demanda de um grupo dirigente capaz de sustentar um processo de integração nacional e política da sociedade peruana. O governo militar de Velasco Alvarado (1968-1975) colocou em prática várias medidas propostas pelo APRA desde os anos 1930: nacionalização de empresas estrangeiras, participação dos trabalhadores na propriedade e reforma agrária — conjunto de processos que formariam parte do consenso institucional dos militares (North, 1985), incluindo uma desconfiança em relação aos políticos civis, uma clara orientação tecnocrática, a percepção da necessidade de reformas para consolidar a segurança interna e um nacionalismo baseado fundamentalmente no patriotismo militar. Um consenso que, apesar de certas discrepâncias, uniu as Forças Armadas peruanas em torno do processo de criar, de cima, uma "democracia social com plena participação" (Martuccelli & Svampa, 1998).

O governo militar realizou a reforma agrária por meio de medidas como a expropriação das *haciendas* açucareiras e de algodão, que foram transformadas em grandes cooperativas.[70] A reforma agrária teve um conteúdo radical: não apenas terminou com o latifúndio oligárquico como também, depois de expropriar as grandes propriedades, o governo optou por manter a propriedade coletiva em grandes unidades produtivas, inaugurando uma etapa de capitalismo de Estado. No entanto, em linhas gerais, essa reforma fracassou: o campesinato rechaçou o modelo associativo, que não

70. Além da reforma agrária, o governo sinalizou na direção de reelaborar a presença do capital estrangeiro dentro da economia peruana, organizando novas condições de investimento, e concluiu a nacionalização dos bancos e, em especial, a Lei Geral de Indústrias, que implicava a progressiva participação efetiva dos trabalhadores no capital da empresa.

trouxe nem autogestão, pois era proposto de cima, nem prosperidade, porque o governo subordinou a produção do campo à finalidade de abastecer os pobres da cidade.

Em 1969, Velasco Alvarado instituiu por decreto o Dia do Camponês, substituindo também o uso da palavra "índio" por "camponês" depois da promulgação da Lei de Reforma Agrária. Repentinamente, as comunidades indígenas passaram a ser denominadas legalmente "comunidades camponesas" e "comunidades andinas". Boa parte dos pesquisadores considera que esse novo batismo tinha por objetivo superar a herança pejorativa dos termos "índio" e "indígena" (De la Cadena, 2004; Yrigoyen Fajardo, 2001). Segundo Yrigoyen Fajardo (2001), o processo de identificação como camponeses, impulsionado tanto pelo governo Velasco como pelos próprios sindicatos, foi adotado rapidamente pelas comunidades andino-camponesas e permitiu uma recriação positiva da identidade popular. Nesse marco, em 1974 foi criada a Confederação Nacional Agrária (CNA), que disputou representação e espaços políticos no campo com a Confederação Camponesa do Peru (CCP), de filiação comunista. Uma vez derrotado Velasco Alvarado, a CNA se tornou o principal instrumento coordenador das empresas associativas e organizações rurais que defendiam a reforma agrária. Por outro lado, a paralisação do processo produziu um fenômeno de migração para as cidades.

O novo governo criou um *corpus* jurídico para regular as comunidades camponesas (andinas) e as comunidades nativas (amazônicas), que protegiam o território comunal e a organização interna. A Lei de Comunidades Nativas (1974) reconhecia algumas formas de justiça comunitária local e declarava a terra comunal indígena inalienável, imprescritível e não embargável. Ela se manteve em vigor até 1993, quando o governo Alberto Fujimori, por meio da reforma constitucional, impulsionou uma série de medidas neoliberais que desmantelaram esses direitos sobre a terra.

Em suma, nas duas centrais camponesas peruanas (CNA e CCP), o discurso de classe, centrado na figura do camponês, substituiu a reivindicação étnica. Assim, como expôs Marisol de la Cadena (2004, p. 212):

durante os anos 1960, a palavra "índio" já não desempenhava um papel significativo nas campanhas políticas, entretanto era empregada quando os índios eram torturados ou como um meio de humilhar os líderes indígenas. Os antigos índios se identificavam como camponeses e se dirigiam uns aos outros com o apelativo "companheiros", uma identidade que fortalecia sua capacidade política e representava um desafio para as taxonomias dominantes que os haviam convertido em seres inferiores.[71]

A assimilação à condição de camponês pobre, sinônimo de servo e, inclusive, de analfabeto, dificultava ainda mais o processo de autoidentificação como indígena. Na mesma linha, nos anos 1970, vários autores assinalaram a dificuldade de identificar "índios" no Peru, ou seja, a reticência dos camponeses andinos de se reconhecerem como tais, devido ao conteúdo depreciativo do termo "índio" e "indígena" (Salazar Soler, 2014, p. 80).

Argentina: os pontos cegos do peronismo

O primeiro peronismo significou um divisor de águas na história argentina do século XX. Sua irrupção produziu uma polarização político-social que marcou durante décadas a cena política nacional. A representação das duas Argentinas, os esquemas dicotômicos ou binários utilizados tanto por peronistas como por antiperonistas,

71. Por sua vez, as federações camponesas que acatavam os princípios marxistas afirmavam a subordinação dos camponeses (índios) ao proletariado (mestiço) da cidade (De la Cadena, 2004, p. 209-11). Em 1946, mesmo ano em que se criava o Instituto Indígena Peruano, nascia a Confederação Camponesa do Peru, sob a égide do Partido Comunista. A demanda dos sindicatos camponeses tendeu a ultrapassar a agenda liberal e, ainda antes da reforma agrária dos anos 1960, produziu uma avalanche de ocupações de terras com resultados exitosos — ao menos na zona de Cusco, pelo que conta De la Cadena. Assim, no lugar de "projetos de desenvolvimento", o Primeiro Congresso Operário Departamental (de Cusco), realizado em 1950, demandou que os latifúndios não cultivados fossem distribuídos entre a população camponesa.

recorria a diferentes campos (social, político e cultural), constituindo-se como uma espécie de grande relato, uma leitura com pretensões explicativas totalizadoras da história e dos avatares da vida política argentina. Assim, o peronismo suscitou novos deslocamentos conflitivos no processo de formação nacional da alteridade, no que diz respeito ao "outro interno". Sob essa perspectiva, Claudia Briones (2008, p. 22) sustenta que existem três lógicas principais que percorrem a formação mestra da alteridade na Argentina: "Uma de incorporação de progresso pelo porto e de expulsão dos 'estorvos' pelas portas de serviço, uma primeira lógica que se liga à segunda, de argentinização e estrangeirização seletiva de alteridades, estando, por sua vez, ambas em coexistência com uma lógica de negação e interiorização das linhas de cor". Efetivamente, se no momento de fundação do Estado moderno se aplicou a primeira lógica (exclusão do indígena), se na Argentina do primeiro Centenário operou a seletividade, estrangeirizando os imigrantes revoltosos — na figura do exótico e com medidas concretas como a Lei de Defesa Social e a Lei de Residência (Svampa, 1994) —, durante a época peronista se consolidou uma linha divisória entre centro e periferia, mediante as imagens de invasão mestiça e plebeia, do assalto do interior profundo (os *cabecitas negras*)[72] à cidade de Buenos Aires.[73]

O que aconteceu na Argentina peronista a partir de 1945 no que se refere à questão indígena? Quais transformações políticas

72. O termo *cabecita negra* se difundiu na cidade de Buenos Aires dos anos 1940, quando uma onda de migração interna do Norte para a capital acirrou o racismo e as tensões étnico-regionais. Membros da classe média branca de Buenos Aires se referiam dessa maneira depreciativa a pessoas com tom de pele mais escuro e/ou provenientes dos meios rurais. Em geral, eram indígenas ou mestiços. [N.T.]

73. Esse processo de racialização dos setores subalternos de origem nativa já havia ocorrido sob o governo de Hipólito Irigoyen (1916-1922, 1928-1930). No entanto, foi sem dúvida com o peronismo que adquiriu uma magnitude sem precedentes. Analisei esses temas no livro *El dilema argentino: civilización o barbarie* [O dilema argentino: civilização ou barbárie], de 1994. Para uma leitura que aponta para a racialização dos setores subalternos como ponto de partida de constituição das classes médias argentinas, ver Adamovsky (2009).

e simbólicas se operaram em relação ao tema? Seria possível falar de uma política integracionista, tal como ocorria em outros países latino-americanos com regimes populistas? Na realidade, na Argentina houve uma política de conquista de cidadania da classe trabalhadora baseada na expansão dos direitos sociais e trabalhistas, mas esta passou longe de traduzir-se ou estender-se a uma política indigenista comparável à de outros países como México ou Bolívia; tampouco houve uma política de reforma agrária que distribuísse a terra entre camponeses pobres. Não obstante, o primeiro governo peronista consolidou mudanças na linha de direitos sociais, sobretudo a partir do Estatuto do Peão do Campo, que melhorava as condições laborais dos trabalhadores rurais e, por essa via, beneficiou os trabalhadores indígenas (Gordillo & Hirsch, 2010). Nesse sentido, a reforma constitucional realizada em 1949 removeu o inciso 15 do artigo 67 que estabelecia, entre as atribuições do Congresso, "prover a segurança das fronteiras, conservar o trato pacífico com os índios e a conversão destes ao catolicismo".[74]

Porém o fato que marcou o período em relação às populações originárias foi o Malón de la Paz, em 1946, durante o primeiro ano da presidência de Juan Domingo Perón, que mobilizou cerca de duzentos indígenas e camponeses Kolla de Salta e Jujuy, desde Quiaca (na fronteira com a Bolívia) até Buenos Aires, reivindicando suas terras ancestrais. Como resenham historiadores e antropólogos, o governo recém-instalado não viu com bons olhos a marcha, que ainda assim foi recebida com toda pompa por Perón e pelo Congresso da Nação. As fotos da época mostram os líderes indígenas portando quadros com retratos de Perón em uma manifestação que, conforme avançava para a capital, foi seguida passo a passo pelos grandes meios de comunicação da época. Depois que foram recebidos por Perón e alojados (de modo sugestivo) no célebre Hotel dos Imigrantes, frente à impossibilidade de responder positivamente a suas demandas, 25 dias depois da sua chegada à capital portenha e no meio da noite os participantes do Malón de

74. Depois do golpe de Estado de 1955, com a revogação posterior da Constituição peronista, o inciso foi reincluído.

la Paz foram desalojados pelas forças policiais, encarcerados em dois trens e despachados de volta sem escalas até Puna.[75] Apesar do vexatório desfecho, as agrupações indígenas tomaram o Malón de la Paz como um feito histórico, ou seja, como ponto de partida de suas lutas em nível nacional (Gordillo & Hirsch, 2010, p. 25).[76]

Costuma-se mencionar também a entrega do Documento Nacional de Identidade (DNI), que permitiu aos indígenas votar pela primeira vez, operando assim um processo efetivo de reconhecimento da cidadania indígena. Contudo, a antropóloga Morita Carrasco (2002b) sustenta que, "ainda que poucos indígenas valorizassem positivamente a medida, afirmando 'Perón nos tornou pessoas', paradoxalmente poder eleger representantes não libertou os indígenas da tutela estatal; pelo contrário, afiançou o paternalismo por meio de uma de suas práticas mais perversas: o clientelismo político".

Um ano depois do Malón de la Paz, ocorreu o maior massacre de indígenas do século XX na Argentina, em Rincón Bomba, no norte do país, onde hoje é a província de Formosa (naquele tempo, território nacional). Foram assassinados cerca de quinhentos indígenas das comunidades Toba, Pilagá e Wichi, entre 10 e 30 de outubro de 1947, por tropas da Gendarmería Nacional.[77] Ali pereceram, em uma grande repressão, homens, mulheres e crianças desarmadas, que portavam retratos de Perón e Evita.[78]

75. Para um relato detalhado do que ocorreu, ver Valko (2013).

76. Segundo o antropólogo Carlos Martínez Sarasola (2011, p. 587-8), em 1949 o peronismo iniciou uma política de entrega de terras mediante decretos de expropriação, o que beneficiou as comunidades indígenas de Jujuy e as tornou efetivas em 1952.

77. Tal massacre superou em número os mortos de 1924 em Napalpí, na província do Chaco, onde duzentos aborígenes das comunidades Qom e Mocoví foram assassinados pela polícia e por estancieiros armados.

78. Diz o historiador Marcelo Valko: "Em outubro de 1947, grupos de índios aparentados dos Kolla, que trabalhavam como mão de obra barata, para não dizer gratuita, em engenhos de Jujuy e Salta, tentaram sair da invisibilidade em busca da sonhada Justiça Social. No entanto, o desenlace histórico foi muito distinto. O suposto confronto com algumas mortes na realidade encobria um etnocídio de proporções de juízo final, conhecido como o massacre de Rincón Bomba. Desde 2005, equipes de antropologia forense trabalham na recuperação de cadáveres das fossas comuns descobertas no que apa-

Assim, para além das expectativas genuínas suscitadas entre os indígenas, o certo é que o peronismo não os reivindicou expressamente. Ao contrário, manifestou grande ambiguidade e oscilação em termos políticos, como mostra o ocorrido no Malón de la Paz ou a passividade diante do massacre de Rincón Bomba. Em sua dimensão integracionista e homogeneizante, o peronismo podia pensar as raízes mestiças do povo peronista (o *cabecita negra*, proveniente do campo) e ver que, nos interstícios dessa representação mestiça da subalternidade, se somavam rostos indígenas de outra Argentina, mas não podia representar uma Argentina indígena e plurilíngue. Em razão disso — como diante do desfile do Malón de la Paz —, o peronismo experimentava uma espécie de incômodo e desconfiança.

Esse incômodo se fez visível em um episódio pouco conhecido, relacionado à escultura de Eva Perón encomendada pelo governo nacional a um artista argentino residente em Paris, pouco antes da sua morte. Em 1950, o diretor do Museu Nacional de Arte Decorativa, Ignacio Pirovano, visitou o escultor argentino Sesostris Vitullo, que residia havia décadas na França e, ainda que se tratasse de

....

renta ser a maior matança de índios do século XX na Argentina, dessa vez pelas mãos da Gendarmería [força de segurança argentina]. É necessário pontuar que o governo nacional não propiciou o massacre: muito pelo contrário, tratou de acalmá-los, enviando três vagões com alimentos. Porém, devido à demora deliberada na entrega, que aparentemente teve a ver com o delegado provincial da Direção Nacional do Aborígene, os vagões permaneceram estacionados sob intempéries durante dez dias. Dois destes foram 'esvaziados' e apenas um chegou completo a Las Lomitas, mas com seu carregamento em mau estado. Apesar do perigo de ingestão, foi distribuído da mesma forma entre os índios. No dia seguinte, centenas de indígenas sofreram uma intoxicação massiva, e muitos agonizaram sem nenhum tipo de assistência. Várias dezenas morreram. Os ânimos se inflamaram, e a situação se agravou. Os índios foram cercados e, por motivos que a justiça deverá investigar, foram assassinados. Uma vez desatado o massacre, os sobreviventes foram perseguidos para que não houvesse testemunhas. As cifras de mortos oscilam entre quatrocentos e oitocentos homens, mulheres e crianças, pelos quais a Federação Pilagá interpôs, em junho de 2005, no Juizado Federal nº 1 de Formosa, uma denúncia por crimes de lesa-humanidade" (Valko, 2007, p. 50). Finalmente, o massacre foi reconhecido pela justiça como crime de lesa-humanidade em outubro de 2015.

um artista marginal, era reconhecido por suas obras de conteúdo arquetípico e telúrico. Em nome do governo, Pirovano lhe encomendou uma escultura de Eva Perón, que faleceria dois anos mais tarde, em 1952. Vitullo, que estava acostumado a pesquisar antes de compor uma obra, começou a inteirar-se da vida da primeira-dama, até que escreveu, em uma das cartas dirigidas a Pirovano: "Entendi tudo. Eva Perón *Arquétipo símbolo*. Libertadora das raças oprimidas da América. Eu a vejo como uma figura de proa rodeada de louros". Depois, em 1952, quando terminou a obra, escreveu com entusiasmo: "É de pedra, duas faces rodeadas de louros: um perfil é Evita, o outro, um semblante quase indígena. Não há soberba, nem complacência, nem demagogia". Assim o artista resumiu a metáfora sobre Eva que plasmou a obra *Arquétipo símbolo*, tal como intitulou a escultura.

Em dezembro do mesmo ano, poucos meses depois da morte de Eva Perón, Vitullo expôs suas obras no Museu de Arte Moderna de Paris, em cujo catálogo figurava *Arquétipo símbolo*. Antes de levá-la à sala onde seria exibida ao público, o criador quis mostrar a peça à delegação da embaixada argentina, que promovia a mostra. No entanto, as autoridades diplomáticas não se mostraram muito entusiasmadas com a obra de Vitullo. Ou pior, antes que a exposição fosse inaugurada e sem autorização do autor, a obra foi deslocada sugestivamente para o sótão da embaixada argentina em Paris, não chegando a ser exibida. Em maio de 1953, Sesostris Vitullo morreu, esquecido e pobre, sem obter nenhuma resposta da embaixada, que jamais lhe pagou pela obra *Arquétipo símbolo* nem a devolveu ao autor.[79]

79. Agradeço a Juan Carlos Torre por me ter posto a par desse incrível episódio. A Evita de Vitullo foi resgatada do sótão da embaixada argentina em Paris e adquirida por Guido di Tella nos anos 1990, quando este era funcionário do governo Carlos Menem (1989-1999). A escultura hoje está na entrada da biblioteca da Universidade Di Tella, onde os estudantes costumam tocar uma de suas partes, como superstição, antes das provas. Em 2014, a Evita de Vitullo foi exposta na mostra *La hora americana 1910-1950*, no Museu Nacional de Belas Artes, que se propunha a reivindicar "um passado artístico expressamente silenciado ou menosprezado durante demasiado tempo". Apesar disso, não houve referências ao desencontro entre peronismo e repre-

Trago esse episódio não com a intenção de depreciar o primeiro peronismo, mas para iluminar suas ambiguidades com relação ao indígena. Na realidade, a reação de incompreensão e repúdio da embaixada argentina diante da Evita americana e indígena que propôs Vitullo estava em sintonia com a época, isto é, com o marco político-simbólico a partir do qual se lia o indígena. É que o populismo peronista tinha uma inconfundível matriz operário-plebeia que aludia ao resgate do povo trabalhador, e vez ou outra esse apelo abarcava as massas rurais (o *cabecita negra* que chegava às cidades) sem que isso implicasse uma reivindicação do indígena ou incluísse o camponês.[80] Assim, por um lado, o peronismo buscava integrar de maneira periférica os indígenas em nome do Povo-Trabalhador, pela via de políticas sociais e laborais; por outro, do ponto de vista político e simbólico, tinha gran-

....

sentação indígena. De fato, como tive a oportunidade de constatar durante minha visita, os guias da exposição desconheciam a história da escultura. Indagando sobre esse episódio infeliz, encontrei alguns poucos textos, dentre eles o do jornalista O. Barone, publicado na revista *Crisis*, n. 2, jun. 1973. Posteriormente, uma atualização da história foi incluída em um breve texto da Fundação Proa, onde foi realizada uma exposição do escultor em 1997. Buscando informações, deparei também com um breve artigo assinado pela jornalista María Sucarrat ("La de Sesostris Vitullo, una Evita censurada", *Tiempo Argentino*, 26 jul. 2012), que acusava a oligarquia de ter censurado a Evita indígena: "Eram tempos difíceis. *A oligarquia estava ofendida com Eva e foi somente por esta razão que a obra foi imediatamente censurada*". Nada mais falso que isso, pois foi o próprio peronismo que censurou a obra.

80. Em paralelo ao silenciamento da questão indígena, também houve na Argentina uma invisibilização da questão camponesa. Barbetta, Domínguez & Sabatino (2014) consideram que isso se deve ao fato de que "a subordinação das economias regionais ao desenvolvimento nacional centrado na região pampiana supôs tanto a exclusão de regiões produtivas como o silenciamento e o desprezo de uma heterogeneidade de sujeitos sociais agrários (camponeses, pequenos produtores, trabalhadores rurais etc.)". O certo é que na linguagem da época existiam chacareiros e colonos, isto é, pequenos proprietários e arrendatários de terras. Será apenas no fim dos anos 1980, com a emergência dos primeiros movimentos rurais autodenominados camponeses, como o Movimento Campesino de Santiago del Estero (Mocase), que se procederá uma ressignificação positiva do termo. Até meados dos anos 1980, pouco se falava de camponeses, embora existissem "lutas agrárias".

des dificuldades para compreender o indígena nos momentos em que diferentes comunidades originárias buscavam dar visibilidade a suas demandas.

Nos anos 1960, caberia ao desenvolvimentismo argentino dar sequência a uma incipiente política integracionista orientada a converter o indígena "em sujeito ativo de sua própria integração, como efeito das políticas de aculturação", o que muitas vezes requeria o assessoramento técnico (Carrasco, 2002b). Resultado disso foi o decreto nacional nº 3998 de 1965 (DIP 1991), que dispunha a realização de um Primeiro Censo Nacional Indígena, no qual alcançaram uma estimativa de 165 mil indígenas sobre uma população total de 23 milhões,[81] uma cifra conservadora segundo Gordillo & Hirsch (2010), que incluiu marcadores como a língua, excluindo indígenas moradores de centros urbanos, precisamente em um período no qual já estava consolidada uma primeira geração de migrantes do campo nos grandes cordões industriais.

As representações da alteridade são sempre relacionais. Segundo Mallon (*apud* Máiz, 2008), em países como Peru e Bolívia, onde a presença indígena é maior, encontramos construções bipolares que opõem o branco/mestiço ao indígena. Às vezes, essas oposições têm uma tradução geográfica, como no caso do Peru (costa, serra e selva); em outros, como no México, o mestiço aparece como central, e o indígena, como periférico. Não por acaso, foi nesse país que se elaborou uma teoria da mestiçagem como sujeito social total (a "raça cósmica" de Vasconcelos).

Na Argentina, por outro lado, o centro foi ocupado pelo branco, e a periferia, pelo mestiço — numa representação binária que, às vezes, se percebe como simétrica e, outras, não, enquanto o indígena foi expulso para a periferia da periferia, figura de pura exte-

81. Para mais detalhes sobre o primeiro censo indígena, ver Martínez Sarasola (2011, p. 607-11).

rioridade, ocupando uma espécie de não lugar, distanciado até mesmo do mestiço (*cabecita negra*). Dois reconhecidos antropólogos argentinos afirmam que o indígena na realidade percorre toda a história argentina como uma "presença-ausente" (Hirsch & Gordillo, 2010). Assim, estamos diante de cenários nacionais com vários níveis de complexidade, nos quais o indígena, sua relação com o mestiço e seu lugar na nação se articulam de maneira diversa, iluminando o modo como as diferentes modalidades nacionais assumem os dispositivos de alteridade.

Por outro lado, desde meados dos anos 1940, vai se consolidando na região um paradigma hegemônico: o indigenismo integracionista, que aponta para a homogeneização nacional mediante a incorporação do indígena como camponês. Ainda que esse paradigma tenha se estendido por todo o continente, isso se deu de modo desigual e heterogêneo, com temporalidades e matizes diferentes, mostrando forte vínculo com o modelo populista-desenvolvimentista. No México, em primeiro lugar, encontramos a apoteose política e acadêmica da mestiçagem; na Bolívia, em segundo, a mestiçagem aparece como núcleo simbólico da nação e ilustra cabalmente o paradigma integracionista, com suas diferenças específicas. Não por acaso, a emergência indígena dos anos 1970 se realizará contra o paradigma integracionista (suas promessas não cumpridas, deficiências, pretensão aculturante e dissolução do indígena no camponês).

Em suma, o populismo latino-americano consolidou uma determinada matriz operário-camponesa, identificada com figuras paradigmáticas da subalternidade, em oposição à elite dominante e seus aliados nacionais e estrangeiros. O campesinato, por meio de suas confederações nacionais agrárias cada vez maiores e de sua linguagem de classe, ilustrava o polo subalterno no espaço rural, concebido à distância da desvalorizada figura do indígena.

1.2. A REINVENÇÃO DA INDIANIDADE: RUMO A NOVOS PARADIGMAS (1960-2000)

O GIRO DOS ANOS 1970 E OS NOVOS CAMPOS DE TENSÃO

> *A frustração nacional teve origem no fato de que as culturas quéchua e aimará sempre sofreram uma tentativa sistemática de destruição. [...] Não queremos perder nossas nobres virtudes ancestrais por causa de um pseudodesenvolvimento. Tememos esse falso "desenvolvimentismo" importado porque é fictício e não respeita nossos valores mais profundos. Queremos que sejam superados os paternalismos obsoletos e que não mais nos considerem cidadãos de segunda classe. Somos estrangeiros em nosso próprio país.*
> — Primeiro Manifesto de Tiahuanaco

Durante a década de 1970, tem início um novo ciclo político-social que paulatinamente coloca no centro a reinvenção da indianidade. São vários os fatos presentes na origem desse movimento inovador referente à questão indígena.[82] Em primeiro lugar, é grande o desencanto em relação aos modelos políticos reformistas em curso. Apesar das políticas de cidadanização impulsionadas pelo primeiro populismo das décadas de 1940 e 1950, é certo que

82. Ainda que José Bengoa (2009) situe a primeira emergência indígena na década de 1980 e seu momento estelar nos anos 1990, já desde os anos 1970 assistimos a um giro radical a respeito do modo como é pensado o indígena.

o balanço dos anos 1970 sinaliza a ampliação das brechas da desigualdade (social, de gênero e, evidentemente, étnica). A despeito das políticas desenvolvimentistas em vigor, os limites da integração socioeconômica e da industrialização substitutiva se tornam ostensivos, tal como ilustrado pela expansão de povoamentos nas periferias urbanas das grandes cidades latino-americanas, tema que a sociologia e a economia política do período caracterizarão sob o conceito de "marginalidade".

Em segundo lugar, agitam-se ventos revolucionários na América Latina com o triunfo da Revolução Cubana (1959) e, ainda mais, sua conversão ao marxismo-leninismo, a difusão do foquismo e as ações guerrilheiras em diferentes países da região, que criam um clima propício para levantar bandeiras radicais de mudança social. Ao mesmo tempo, o processo de descolonização iniciado na Ásia e na África fazia referência às marcas do imperialismo e ao prolongamento da dominação para o interior das sociedades, agora levada a cabo pelas elites nacionais. Tal como sustentou Frantz Fanon, as sociedades liberadas estavam fraturadas entre aquelas que receberam o legado da dominação colonial e as que receberam o legado dos autóctones (Fanon, 1963). Nesse marco, abriu-se um novo espaço para denunciar não apenas a dependência mas também o caráter colonial da situação dos indígenas. Foi assim que, em meados dos anos 1960, foi elaborada a tese sobre o colonialismo interno pelas mãos de dois mexicanos, Pablo González Casanova (1975 [1965]) e Rodolfo Stavenhagen (1965). Para González Casanova (1975 [1965], p. 104), "o problema do indígena é essencialmente um problema do colonialismo interno. As comunidades indígenas são nossas colônias internas. A comunidade indígena é uma colônia no interior dos limites nacionais. A comunidade indígena tem as características da sociedade colonizada". O colonialismo interno existe onde estão as comunidades indígenas e se reveste de diferentes formas (econômicas, políticas, culturais), que definem uma estrutura colonial, recorrentemente ligadas a fenômenos de decomposição social: predomínio da economia de subsistência, agricultura e pecuária insuficientes, técnicas atrasadas de exploração, baixos níveis de produtividade, níveis inferiores de vida em relação às regiões camponesas não indígenas, carência acentuada de serviços, incentivos à prostituição e ao alcoolismo, cultura mágico-religiosa, manipulação econômica e política (González Casanova, 1975 [1965], p. 106-7). O problema indígena – ou seja, do colonialismo interno – tem uma magnitude nacional; define o modo de ser da nação.[83]

Em terceiro lugar, é preciso destacar a importância dos aliados estratégicos não indígenas (Albó, 2002; 2008; Martí i Puig, 2004). Entre eles, as novas redes organizacionais (organizações não governamentais, associações de ecologistas) e o papel das igrejas. De certo modo, a Igreja católica assumiu uma nova postura depois do Concílio Vaticano II e da Segunda Conferência Geral do Episcopado Latino-Americano, em Medellín (1968). Nesse contexto de radicalização ideológica, surgiu a Teologia da Libertação, base sobre a qual veio a se desenvolver a Pastoral Indígena. Por exemplo, em 1974, a Diocese de San Cristóbal de las Casas, no México, organizou o Primeiro Congresso Indígena, no qual os representantes se expressaram em suas respectivas línguas sobre problemas relacionados com a terra, a saúde, o comércio e a educação. Por outro lado, durante os anos 1970, "o Conselho Mundial de Igrejas (de afiliação protestante) apoiou e financiou os deslocamentos de líderes indígenas das mais remotas comunidades da

83. Outro texto que fez história foi o de Stavenhagen, "Siete tesis equivocadas sobre América Latina" [Sete teses equivocadas sobre a América Latina], publicado em 1965. Coincidentemente, esse também foi o ano em que Pablo González Casanova publicou *La democracia en México* [A democracia no México], no qual sustentava a tese de que, no interior do país, existiam relações coloniais. Acostumados a pensar o colonialismo como um fenômeno nacional, argumentou o autor mexicano, não chegamos a pensar em nosso próprio colonialismo (1975 [1965], p 104). O obscurecimento desse fenômeno se deve também ao fato de que o colonialismo, internacional e interno, apresenta traços mais agudos longe das metrópoles, nas regiões mais marginais. Assim, enquanto a vida nas metrópoles pode parecer se desenvolver sem preconceitos colonialistas e inclusive com formas democráticas, nas colônias ocorre o contrário: tudo é preconceito, discriminação, formas ditatoriais, sujeição econômica colonial e o alinhamento de uma população dominante com uma raça e uma cultura, e de outra população dominada, com outra raça e outra cultura.

selva — especialmente no Brasil — aos lugares onde se celebravam os encontros" (Martí i Puig, 2004, p. 18-20).[84]

Em quarto lugar, assistimos a uma expansão da fronteira étnica. Sobre isso, José Bengoa (2009) nos conta que durante muito tempo se considerou que os indígenas viviam em comunidades e que, como consequência, podiam ser estudados como grupos isolados. Desse modo, a categoria deixava de fora aqueles que habitavam as cidades, uma vez que a etnicidade se limitava à associação entre comunidade e ruralidade. Não obstante, no compasso dos processos de urbanização e da migração para as cidades, as fronteiras étnicas foram se ampliando, conformando-se assim um conceito de "povos índios" que abarcava "todos os habitantes do território etnizado, desde os mestiços até os índios de comunidades, [que] se sentem pertencentes à identidade indígena" (Bengoa, 2009, p. 13). O processo de etnização apresenta, portanto, um grande desafio ao inserir sua dinâmica no coração das cidades, onde aqueles que se concebiam como mestiços também passam a assumir uma identidade indígena. É o caso paradigmático da cidade de El Alto, no Altiplano boliviano.

Nesse novo cenário, operam várias mudanças no interior do campo de tensão entre as categorias de indígena e camponês, raça e classe social. Por um lado, não só o indigenismo integracionista é questionado, como também o é o esquema de interpretação marxista ortodoxo, que tende a reduzir a problemática indígena a uma questão de classe (entendendo os indígenas como "camponeses"), despojando a dimensão cultural e limitando-a a uma questão econômica (a miséria, a exploração). A dimensão cultural vai ganhando maior centralidade no processo de construção e empoderamento político, sem que isso signifique, contudo, a retomada da categoria de raça. Ao contrário, no mesmo ritmo em que decai a noção de raça, o novo campo de tensão emerge vinculado à ideia de etnicidade.[85]

84. Nesse contexto, durante os anos 1980, a presença dessa igreja na América Latina era de cerca de 160 mil missionários ativos; desses, quase 47% eram estrangeiros e se concentravam majoritariamente em zonas indígenas (Cabra *apud* Martí i Puig, 2004, p. 20).

85. Assim, à medida que é acordada a recusa — ao menos formal — do conceito de raça, incorpora-se a categoria de etnicidade, que não possui o

Certamente, essa é também uma noção polissêmica. As interpretações sobre etnicidade, assim como o uso que os próprios movimentos indígenas farão dela, se instalam em um vaivém, uma tensão inevitável, seja quando a etnicidade se constitui no ponto de partida de uma ação política pela reivindicação de uma identidade anterior ao Estado-nação (inclusive pré-hispânica), seja quando se apoia sobre uma linguagem de direitos, amparada na vasta normatividade internacional ou nacional. Ou ainda em ambos os casos de modo simultâneo. Convém esclarecer, nesse sentido, que qualquer dos dois usos da etnicidade é motivo frequente de desqualificação por parte dos grupos hegemônicos (Estado, partidos políticos, grupos de pressão, corporações econômicas); ou os indígenas são acusados de fundamentalismo ou de essencialismo comunitário (primordialismo), ou, ao contrário, tudo remete à (auto) construção identitária, casos em que os acusam de apelar a uma (pura) ação estratégica (instrumentalista) com o fim de acessar terras e direitos.[86]

....

prontuário da sua antecessora e tem a particularidade de acentuar as práticas culturais e perspectivas que distinguem determinada comunidade de pessoas: língua, história, ascendência (real ou imaginada), religião, imaginários, formas de se vestir ou de se adornar (Giddens, 2000, p. 277-315). Enquanto as diferenças étnicas são apreendidas e transmitidas culturalmente e concebidas de maneira dinâmica, a raça enfatiza as variações físicas ou fenotípicas que as comunidades ou sociedades consideram socialmente significativas.

86. Segundo Stavenhagen (2001), é possível distinguir duas escolas principais quanto ao significado de etnicidade. Uma, dos "primordialistas", sustenta que a etnicidade é um vínculo primordial entre comunidade e cultura, anterior aos Estados-nação e aos sistemas de classe, que inclusive os transcende. Nessa linha, "a identidade étnica é uma característica permanente da vida em grupo, que pode ser reprimida às vezes e permanecer latente. O objetivo e a função dos movimentos étnicos consistem em 'despertar' uma etnia, suscitar uma consciência coletiva em torno dessa e, parafraseando Marx, transformar a 'etnia em si' em uma 'etnia para si'. Muitas etnias estariam de acordo com esse enfoque. Os bascos, os tâmeis, os curdos e muitos outros sustentariam, sem deixar dúvidas, que sua identidade étnica precede os conflitos atuais em que se veem envolvidos". Já os "instrumentalistas" tendem a considerar a etnicidade como uma arma política, que pode ser criada, consolidada, utilizada, manipulada ou descar-

O questionamento quanto à visão economicista do marxismo incitará, por sua vez, uma maior complexificação do nexo entre etnicidade e classe social, em busca de transcender a dicotomia cultura/economia. Assim, gradualmente, estas começaram a ser percebidas menos como categorias antitéticas do que como complementares, pois, se a classe social remete a condicionantes socioeconômicos e a etnicidade a questões de índole cultural, esses dois planos aparecem diferenciados, mas entrelaçados, à medida que expressam "dois gêneros de desigualdades" (Díaz Polanco, 1991, p. 146). As novas lutas étnicas dão conta de uma "matriz nacional socioculturalmente heterogênea". Ou, tal como expressaria uma das correntes do katarismo, as reivindicações racial (cultural) e socioeconômica não podem ser separadas, mas sim necessariamente se complementam para formar o instrumento de libertação e reivindicação nacional.[87] Esse processo vai acompanhado de uma mudança qualitativa importante, vinculada com a irrupção de vastos conglomerados étnicos no cenário político, articulados ou não a outras organizações sociais, exitosas ou não, que buscam realizar transformações em escala nacional (Díaz Polanco, 1991, p. 112).

Nasceram assim organizações indígenas em todo o subcontinente que interatuam com outros atores sociais — sobretudo organizações não governamentais de caráter humanitário e outras ligadas à ecologia e aos direitos humanos. As organizações criadas ao calor dessas mudanças recusavam uma identificação exclusiva como camponesas e se reivindicam indígenas. Uma série de declarações e manifestos das diferentes confederações indígenas nacionais percorreu o continente, desde o México até a Argentina.[88]

....

tada em função das conveniências. A identidade étnica seria apenas uma das muitas opções que uma coletividade dada pode utilizar em benefício próprio; uma questão de "escolha racional".

87. Fragmento do *Manifiesto del Movimiento Indio Túpac Katari: mitka* [Manifesto do Movimento Índio Túpac Katari], reproduzido integralmente em Rodríguez & Varese (1981a). [Katarismo se refere ao movimento político na Bolívia que reivindica a trajetória de Túpac Katari (liderança aimará do século XVIII), emergente nos anos 1970.]

88. Vários desses manifestos, documentos e conclusões, provenientes de diferentes congressos nacionais e continentais realizados na década de 1970,

Esse processo se estendeu aos povos amazônicos, tradicionalmente marginalizados e considerados "selvagens". Isso ocorreu no caso da Federação Shuar, do Equador, criada em 1964, ponta de lança para a criação da Confederação de Nacionalidades Indígenas da Amazônia (Confeniae), em 1980. Na selva peruana, desenvolveu-se um processo semelhante, iniciado em 1968, que uma década mais tarde deu origem à Associação Interétnica de Desenvolvimento da Selva Peruana (Aidesep) (Albó, 2002, p. 184-5). Na Bolívia, isso incluiu, além dos povos das terras altas (Quéchua e Aimará), organizados desde 1971 na já mencionada CSUTCB, também os povos das terras baixas, na Central Indígena do Oriente Boliviano (Cidob), fundada em 1981. Um momento de "grande sentido simbólico", segundo a expressão de Albó, se deu na ocasião das anticomemorações dos quinhentos anos da conquista espanhola (1992), que ocorreram dois anos antes da rebelião zapatista em Chiapas (1994), uma das regiões mais pobres e relegadas do México.

Em suma, teve início um ciclo de empoderamento gradual das organizações indígenas, que adquire uma tradução política no indianismo como perspectiva e na reivindicação de autonomia como paradigma. Ao compasso da crise do indigenismo integracionista, essa época abarca a emergência de um campo de tensão que opõe indigenismo e indianismo. A diferença entre um e outro se vincula com o modo como é falado (ou fala) o indígena; se é "*ventriloqueado* pelas elites" (retomando a expressão de Silvia Rivera Cusicanqui, 2003 [1984]), isto é, falado de cima ou de fora (pelo mestiço ou pelo branco-*criollo*) ou, ao contrário, se fala de baixo, sendo os próprios indígenas os sujeitos políticos. Essa posição dá conta do progressivo empoderamento dos povos originários por meio da palavra e da ação, de suas lutas sociais e políticas, do reconhecimento de seus direitos na esfera internacional e de seus processos simbólicos de visibilização.

....

foram coletados por Nemesio Rodríguez e Stefano Varese (1981a; 1981b) em dois volumes que incluem países como Argentina, Bolívia, Colômbia, Chile, Equador, Guatemala, Peru e Venezuela.

As vias da autocrítica: indigenismo e katarismo

> *É necessário ter presente que a libertação das populações indígenas é realizada por elas mesmas, ou não é libertação. Quando elementos alheios a elas pretendem representá-las ou tomar a direção de sua luta de libertação, cria-se uma forma de colonialismo que expropria das populações indígenas seu direito inalienável de ser protagonista da própria luta.*
> — Declaração de Barbados

Em termos acadêmicos, os anos 1970 marcaram o realinhamento das ciências sociais e humanas em uma direção crítica, particularmente no México e na Bolívia. No país asteca, surge a antropologia crítica (ou indigenismo crítico), que questiona o indigenismo dominante, propõe uma revisão epistemológica da linguagem antropológica e abre portas ao reconhecimento da diversidade étnica e da reflexão sobre a autonomia dos povos indígenas. Um dos seus antecedentes é a Conferência de Barbados (1971), convocada pelo Conselho Mundial de Igrejas, em Berna, que resultou numa declaração crítica que reuniria doze reconhecidos antropólogos, entre os quais Miguel Alberto Bartolomé, Darcy Ribeiro e Guillermo Bonfil Batalla.[89]

O pronunciamento expressava um apoio contundente aos processos de libertação indígena e sustentava que estes continuavam submetidos a uma situação de domínio colonial, responsabilizando

89. A lista completa de signatários é a seguinte: Miguel Alberto Bartolomé, Nelly Arevelo de Jiménez, Guillermo Bonfil Batalla, Esteban Emilio Mosonyi, Víctor Daniel Bonilla, Darcy Ribeiro, Gonzalo Castillo Cárdenas, Pedro Agostinho da Silva, Miguel Chase-Sardi, Scott S. Robinson, Silvio Coelho dos Santos, Stefano Varese, Carlos Moreira Neto, Georg Grünberg. Ver também os documentos da segunda reunião de Barbados, compilados no livro *Indianidad y descolonización en América Latina* [Indianidade e descolonização na América Latina], de 1979.

o Estado e suas políticas públicas, as missões religiosas e a antropologia por serem instrumentos da dominação colonial. Sobre as políticas indigenistas, o documento sustentava que haviam fracassado, "tanto por erro quanto por omissão", continuando no caminho do genocídio e do etnocídio. A declaração terminava com um anexo intitulado "El indígena como protagonista de su propio destino" [O indígena como protagonista do próprio destino], no qual se afirmava a necessidade de pensar sua incorporação à sociedade nacional, respeitando as especificidades socioculturais, para além da magnitude numérica, e de apoiar enfaticamente que os indígenas deviam ser autores de sua história.

Outro fato importante foi a reunião da Unesco sobre etnodesenvolvimento e etnocídio, realizada cinco anos depois, em 1976, que contou com a presença de organizações indígenas de vários países latino-americanos. O encontro insistiu no duplo caráter da dominação — econômico e cultural — à qual os índios estavam submetidos. No caso da dominação cultural, responsabilizavam-se as políticas indigenistas de integração e aculturação por via do sistema educativo formal e dos meios de comunicação de massa. Propunha-se, nesse sentido, a necessidade de criar uma organização política para libertação (Ordoñez Cifuentes, p. 89-90).

A antropologia crítica encontraria no mexicano Bonfil Batalla um de seus representantes mais emblemáticos, autor de um texto célebre, já citado: "El concepto del indio en América, una categoría colonial" [O conceito de índio na América: uma categoria colonial], publicado em 1972.[90] Nele, o autor afirmava que o termo "índio" poderia ser traduzido como colonizado, categoria supraétnica da ordem colonial que implica o reconhecimento de dois polos opostos: o colonizado e o colonizador. Nesse sentido, propunha distinguir entre a categoria colonial de índio e a de etnia, que é mais descritiva e dá conta da diversidade cultural. Por conseguinte, para

90. Nessa mesma linha, Bonfil, junto a Arturo e Margarita Warmas, havia publicado um ano antes, em 1970, o texto crítico *De eso que llaman antropología mexicana* [Sobre isso que chamam de antropologia mexicana], e posteriormente, em 1987, *México profundo: una civilización negada* [México profundo: uma civilização negada].

Bonfil Batalla (1972, p. 123), "a libertação do colonizado — a quebra da ordem colonial — significa a desaparição do índio, embora a desaparição do índio não implique a supressão das unidades étnicas, mas justamente o contrário: abre a possibilidade de que voltem a tomar o fio da história em suas mãos".

Na Bolívia, em 1973, o Manifesto de Tiahuanaco, assinado por um conjunto de organizações indígenas, principalmente aimará, criticava o desenvolvimentismo e suas promessas descumpridas, incluindo também um questionamento aos partidos políticos (que diziam representar os indígenas) e ao sindicalismo camponês (que se envolveu no pacto com os militares). O manifesto terminava com um chamado à construção de "um poderoso movimento autônomo camponês".[91]

Emerge, assim, o movimento katarista, uma potente corrente política, sindical e intelectual que retoma a relação entre etnicidade e classe social pela via da reivindicação étnica. Segundo Silvia Rivera Cusicanqui, os kataristas tiveram a grande ideia de resgatar a figura de Túpac Katari, que aparecia como um inocente precursor das lutas pela independência, e ressignificá-lo como um herói da causa indígena. O movimento katarista se instalou como uma corrente ideológica capaz de sintetizar temas culturais, projeções políticas e lutas reivindicativas, tanto rurais como urbanas (Rivera Cusicanqui, 1984, p. 168). Por outro lado, ainda que questionasse o imaginário mestiço e integracionista da revolução de 1952, o katarismo teve a virtude de novamente encurtar a distância entre os dois polos da tensão instalada entre indígena e camponês, adotando o conceito mais amplo de "campesinato índio". Nesse sentido, o movimento expressava uma profunda descon-

91. Roberto Choque (2010, p. 11) sustenta que o manifesto "foi assinado por um grupo de organizações culturais indígenas, fundamentalmente aimará de La Paz, como Centro de Coordenação e Promoção Camponesa Mink'a, Centro Camponês Túpac Katari, Associação de Estudantes Camponeses da Bolívia, Associação Nacional de Professores Camponeses, que, em conjunto, analisaram o impacto do processo político de 1952 na intelectualidade indígena, questionando o sistema político, econômico e educativo vigente nessa época".

fiança tanto em relação à direita quanto às esquerdas, que viam o índio como massa manipulável. Assim, questionava-se a ideia da Bolívia como "nação mestiça", mas sem abandonar a ideia de nação boliviana, retomando criticamente o legado do sindicalismo camponês (Nicolas & Quisbert, 2014, p. 40).

O boliviano Luis Tapia, filósofo e doutor em ciências políticas, destaca que o desenvolvimento do katarismo foi o principal responsável pela mudança da autoimagem do país — isto é, a passagem de uma Bolívia mestiça e mais ou menos unida culturalmente para uma Bolívia multicultural e plurilíngue, não "como mero dado etnográfico, mas sim como produto da politização dos povos, que antes haviam sido excluídos na definição do que é a Bolívia em termos políticos" (Tapia, 2006, p. 416).

A esse respeito, García Linera, em "Marxismo e indianismo: el desencuentro entre dos razones revolucionarias" [Marxismo e indianismo: o desencontro entre duas causas revolucionárias] (2007), sustenta que o katarismo se assenta sobre um discurso denunciativo e interpelatório que conduz à revisão da história em sua aproximação ao mundo camponês-indígena.[92] O movimento também ressignificou a forma "sindicato", legado da revolução de 1952, como organismo do novo poder autônomo. Segundo o mesmo autor, haveria três vertentes diferenciadas. A primeira, sindical (representada pela CSUTCB), selou a ruptura com os movimentos sindicais do Estado nacionalista e com o pacto militar camponês. A segunda, político-partidária, se expressou em duas vertentes: o Movimento Revolucionário Túpac Katari (MRTK), partidário das alianças com a esquerda, e o Movimento Índio Túpac Katari (MITKA), que defendia a autodeterminação dos povos indígenas.[93] O MRTK se incorporou à arena eleitoral nos anos 1980 e foi das

92. Nessa linha, García Linera desenvolve a categoria de "capital étnico" para analisar a articulação entre classe social e raça no marco da sociedade boliviana. Para um desenvolvimento do conceito, ver García Linera (2007). Para uma aproximação da obra sociológica do autor, ver *A potência plebeia* (2008), que compila seus livros e artigos mais importantes.

93. Segundo Poupeau (2014, p. 50), essas duas vertentes tinham uma leitura oposta sobre questões como a aliança com a esquerda, a separação

suas fileiras que saiu Víctor Hugo Cárdenas, o vice-presidente aimará que acompanhou o neoliberal Sánchez de Lozada nos anos 1990, em tempos de multiculturalismo hegemônico. Já o MITKA, em anos posteriores, criou um braço armado, do qual participaram o líder aimará Felipe Quispe e os sociólogos e matemáticos Álvaro García Linera e Raquel Gutiérrez.[94] Por último, existiria uma vertente acadêmica, historiográfica e sociológica, representada por Silvia Rivera Cusicanqui e Xavier Albó. Rivera dirigiu a Oficina de História Oral Andina (Taller de Historia Oral Andina, TOHA), a partir da qual promoveu uma historiografia alternativa, que se propunha a recuperar a memória mais antiga das lutas, conectando-a com a mais recente. Albó buscou desenvolver uma

....

entre índios e *criollos* e a aceitação do Estado nacionalista como cenário de ação política do movimento camponês.

94. Recordemos que Felipe Quispe, García Linera e Raquel Gutiérrez foram detidos e encarcerados em 1992, e assim permaneceram por sete anos. Na saída da prisão, Quispe, que já era muito conhecido, se converteu em um dos mais notórios líderes da CSUTCB, protagonizando vários levantamentos comunitários no Altiplano e competindo, mais adiante, em termos de liderança, com o então dirigente cocaleiro Evo Morales. Quispe representava, sem dúvida, o indianismo radical — em sua versão aimará, com conotações classistas, mas também separatistas —, que o tornava refratário à visão das classes médias urbanas. No entanto, mesmo eclipsado, como tivemos a oportunidade de constatar, a marca da sua liderança seguia muito presente entre os jovens de origem aimará de El Alto (Svampa, 2011). Por sua vez, García Linera e Raquel Gutiérrez, ambos matemáticos e sociólogos, formaram o grupo de intelectuais Comuna, ao lado de outros notórios pesquisadores como Luis Tapia, Raúl Prada e Oscar Vega. O grupo Comuna teve um papel relevante a partir de 2000 (ano da chamada Guerra da Água), à medida que articulou a reflexão político-sociológica com o acompanhamento das lutas sociais. Gutiérrez, que teve uma função fundamental no grupo, regressou ao México em 2002. Comuna sofreu grandes mudanças e perdeu influência depois da ascensão de Evo Morales ao governo, levando García Linera em sua chapa como vice-presidente. Ainda que sempre tenha sido um grupo heterogêneo em termos de ideias e estilos políticos, o ingresso de García Linera na política, a entrada e saída do governo de alguns de seus intelectuais mais conhecidos (como Prada) e, enfim, as divergências desatadas em torno da caracterização do governo do Movimento ao Socialismo (MAS) conduziram à sua dissolução. Para uma leitura sobre a relação entre intelectuais e política na Bolívia, ver Fornillo (2010).

história do katarismo sob a ótica "de baixo" (Nicolas & Quisbert, 2014, p. 45).[95] Em suma, esse movimento propôs uma visão alternativa, tanto a respeito do nacionalismo revolucionário quanto do marxismo, ambos horizontes políticos e interpretativos em que não haveria índios nem comunidades (García Linera, 2007). Sua potência política se expressaria sobretudo na CSUTCB, central sindical que protagonizaria as grandes lutas das últimas duas décadas, da qual saíram o já mencionado Felipe Quispe e o próprio Evo Morales (como representante das seis Federações de Cocaleiros do trópico de Cochabamba).

Ademais, não são poucos os que sublinham a influência de Fausto Reinaga sobre o discurso katarista, ainda que ele nunca tenha participado do movimento. Para além do evidente caráter panfletário de sua obra, Reinaga promoveu uma visão indianista contrária à ideia de uma Bolívia *chola* ou mestiça e de uma esquerda obreirista, a partir de textos como *La revolución india* [A revolução índia] (1970) e *Tesis india* [Tese índia] (1971). Reinaga fundou, além disso, o Partido Índio (1970) — que não conquistou incidência na política nacional — e contribuiu com a discussão sobre indianismo e descolonização, fazendo constantes referências a Frantz Fanon. Assim, enfatizou a ideia de índio não como "minoria étnica", mas como "nação oprimida".[96]

Em suma, ainda que com intensidades e registros diferentes, a antropologia crítica e o katarismo contribuíram para o processo de emergência indígena e o surgimento de novos modelos de militância indígena, críticos dos paradigmas dominantes (indigenista/nacionalista, socioeconômico ou marxista clássico, ou ainda exclu-

95. García Linera sustenta também que o katarismo atravessa diferentes momentos: a fase formativa, a de cooptação estatal e a de conversão em estratégia de poder.

96. "Os *cholos* brancos ou mestiços são um 'punhadinho', a minoria étnica e, no entanto, são os opressores da maioria. Mas essa injustiça não durará a vida inteira. O índio despertou; tem o olhar fixo no poder" (Reinaga, 1970, p. 117). Reinaga tem uma visão sobre o indígena que o aproxima do discurso do autóctone, inclusive no ódio à mestiçagem. Não à toa, retoma o peruano Luis Valcárcel em várias oportunidades. Para uma aproximação com a obra de Reinaga, ver Gustavo Cruz (2012).

sivamente campesinista), apoiando a nova trama organizacional que reivindicaria a autonomia e a valorização da indianidade como tópico central.

A ampliação da fronteira de direitos

> *O reconhecimento dos direitos coletivos dos povos indígenas constitui atualmente o fio condutor de todos os âmbitos do debate sobre seus direitos humanos.*
> — Rodolfo Stavenhagen

O "despertar indígena" não pode ser entendido se não estiver vinculado à crescente relevância da normativa internacional, no marco do processo de descolonização iniciado com o fim da Segunda Guerra Mundial. Certamente, até os anos 1960, os direitos coletivos não tinham reconhecimento expresso na Organização das Nações Unidas (ONU), pois o sujeito exclusivo do direito internacional era o Estado-nação.[97] A Declaração Universal dos Direitos Humanos de 1948 estabeleceu a igualdade de direitos e o princípio da não discriminação, questionando o paradigma colonial. Começava, assim, o processo de descolonização, sobretudo no continente africano e asiático, onde as potências europeias haviam desenvolvido uma política imperial. Nesse contexto, a ONU assumiu o desafio de contribuir com os processos de descolonização no mundo, para o qual criou uma série de instituições (comitês especiais e pactos de direitos humanos) que ratificassem seu compromisso com o direito de autodeterminação dos povos.

Contudo, o processo pelo qual os povos originários americanos passaram de "minorias étnicas" a "povos e nações indígenas"

97. Para essa reconstrução, seguimos os trabalhos de Anaya (2006), Stavenhagen (2006) e González (2010).

não foi fácil nem linear. Ainda que a doutrina de descolonização tenha instalado uma ruptura, a vasta normatividade não contemplava os povos indígenas que viviam em situação de discriminação e colonialismo interno, no interior de repúblicas que adquiriram independência a partir do século XIX, tal como era o caso dos países latino-americanos.

Assim, o processo requereu tanto a participação de organizações e líderes indígenas como de acadêmicos e ONG internacionais que, sobretudo a partir da década de 1980, realizaram uma intensa tarefa de discussão para introduzir na agenda global a questão dos direitos coletivos, a fim de que os povos indígenas da América fossem considerados "povos colonizados". A ONU, por sua vez, criou um comitê especial (Comitê dos 24) para a concessão de independência a países e povos coloniais, o qual, entre 1961 e meados da década de 1970, referendou a independência de dezenas de nações. Nesse marco, foram se instalando as demandas dos povos originários indígenas americanos em sua luta para serem considerados "povos colonizados". Em 1971, a resolução do Conselho Econômico e Social da ONU autorizou que a Subcomissão para a Prevenção de Discriminação e Proteção das Minorias produzisse um estudo sobre "o problema da discriminação contra populações indígenas". A pesquisa esteve a cargo do relator José Martínez Cobo, que compilou informações sobre os povos indígenas de todo o mundo. Apesar do fato de os indígenas terem repudiado o tratamento de "minorias" em seus próprios territórios, Martínez Cobo concluiu o relatório com uma série de recomendações que apoiavam as demandas desses povos. Finalmente, em 1989 essas recomendações resultaram na modificação da Convenção 107 sobre populações indígenas e tribais de 1957, que foi substituída pela Convenção 169 da Organização Internacional do Trabalho (OIT), configurando uma substancial inovação no campo do direito internacional e abrindo as portas de um novo paradigma ao reconhecer os direitos coletivos dos povos indígenas como tais, e não como direitos de pessoas individuais indígenas (Anaya, 2006, p. 33). Entre suas linhas fundamentais, a Convenção 169 incluía os direitos de propriedade sobre as terras tradicionais, o de serem consultados como grupos sociais por instituições representativas e o de, coletivamente, manterem suas instituições e culturas. Essa convenção foi incorporada pela maioria das Constituições políticas latino-americanas reformadas entre o fim dos anos 1980 e meados dos 1990. Além disso, instaurava a consulta prévia, livre e informada e estabelecia que "os Estados deverão celebrar consultas, inclusive quando se modifiquem disposições jurídicas sobre as terras e o território".

Esse processo de ampliação de direitos se viu coroado pela Declaração das Nações Unidas sobre os Direitos dos Povos Indígenas, em 2007, adotada pela Assembleia Geral da ONU. O texto chega até o reconhecimento da autodeterminação para todos os povos indígenas. Ao mesmo tempo, diferentemente da Convenção 169, a Declaração das Nações Unidas sobre os Direitos dos Povos Indígenas envolve o pleno princípio do consentimento livre, prévio e informado para o deslocamento de grupos indígenas de suas terras, assim como a adoção e a aplicação de medidas legislativas e administrativas que os afetem, entre outras situações. Adicionalmente, ordena aos Estados que realizem uma reparação sobre todos aqueles bens de ordem intelectual, cultural ou espiritual que os grupos indígenas tenham perdido sem seu consentimento livre, prévio e informado. Cabe esclarecer, contudo, que esses convênios são não vinculantes, mas que, ao incorporá-los como ramo institucional, os Estados nacionais se comprometem com sua aplicação, de modo que a normativa em questão se converteu em uma ferramenta de pressão por parte das organizações indígenas e das ONG de direitos humanos.

Em termos regionais, além dessa normativa internacional, ganhou importância a Corte Interamericana de Direitos Humanos (CIDH), dependente da Organização dos Estados Americanos (OEA), cujos pronunciamentos e sentenças, ao contrário das outras convenções mencionadas, possuem um caráter vinculante. Da mesma forma, foram se estabelecendo outros instrumentos internacionais no sentido do reconhecimento dos povos indígenas, como aqueles adotados pela Conferência das Nações Unidas sobre o Meio Ambiente em 1992, a Declaração do Rio e, o mais detalhado, conhecido como Agenda 21, que incluem temas relativos aos direitos ambientais e ao chamado "desenvolvimento sustentável".

Em suma, para além da evidente defasagem entre a normativa internacional e a aplicação desses direitos nos países latino-americanos, na base do novo paradigma dos direitos coletivos está a própria ideia de autonomia indígena. A apropriação dessas ferramentas jurídicas acompanhará os processos de empoderamento dos movimentos e organizações indígenas, em um contexto de recrudescimento dos conflitos étnicos e de disputa territorial com empresas transnacionais e com Estados nacionais, sobretudo a partir dos anos 2000, com o auge do extrativismo.[98]

ENTRE O PARADIGMA MULTICULTURAL E O PARADIGMA DA AUTONOMIA

Globalização e multiculturalismo

A globalização assimétrica implicou o desmantelamento dos marcos de regulação coletiva elaborados na época fordista (no contexto latino-americano, do modelo populista-desenvolvimentista), sustentados sobre uma matriz estadocêntrica, e conduziu à afirmação da primazia do mercado como mecanismo de inclusão, em função das novas exigências do capitalismo global. Isso trouxe como consequência uma modificação importante nos padrões de inclusão e exclusão social, refletida no aumento das desigualdades e no aprofundamento dos processos de dualização e fragmentação social. Ao mesmo tempo, esses processos conduziram ao declínio do Estado nacional como agente regulador das relações econômicas, assim como ao surgimento de novas fronteiras e, no limite, de novas formas de soberania para além da nacional-estatal.

Os debates existentes em torno das consequências e alcances da globalização, em relação ao Estado nacional, foram múltiplos e complexos.[99] A partir de uma perspectiva crítica, as análises sublinham

98. Foi precisamente no início do terceiro milênio que a Corte Interamericana de Direitos Humanos da OEA, pela primeira vez em vinte anos, tratou de um caso relativo à violação dos direitos coletivos de uma comunidade indígena (Hale, 2002, p. 297).

99. Ver o capítulo 3, no qual abordarei as diferentes teorias da globalização e seu diálogo com a teoria da dependência.

transformações importantes produzidas pelo processo de globalização no nível dos Estados nacionais, que perdem parte de sua soberania sobre os processos econômicos e atuam como "moderadores da competitividade nacional na concorrência global, antes que como Estados competitivos nacionais" (Hirsch, 2001) ou ainda como agentes metarreguladores (Sousa Santos, 2005). Em todo caso, importa afirmar que a globalização pode ser compreendida como um processo de superação de fronteiras políticas, sociais e econômicas, que trouxe consigo uma transformação do Estado nacional e a emergência de novas formas de soberania, assim como uma nova organização do nexo entre economia e política (Altvater, 2000).

Certamente, durante os anos 1990, as transformações conduziram a uma mudança de significado do Estado e, ao mesmo tempo, a um fenômeno de fragmentação da soberania. A formação de novas fronteiras (novos blocos econômicos e unidades políticas), que concentram a atividade das nações desenvolvidas, daria conta de novos processos de regionalização e de fragmentação da economia mundial, ao mesmo tempo que ilustraria as crescentes assimetrias entre as nações do Norte e do Sul. Nessa linha, nos países periféricos, a globalização aprofundou os processos de transnacionalização do poder econômico e, simultaneamente, resultou no desmantelamento do Estado social em sua versão "populista-desenvolvimentista". Tal processo teve como pano de fundo a "década perdida" — os anos 1980, com a crise da dívida, episódios de hiperinflação, processos de pauperização. Como consequência, a entrada em uma nova ordem socioeconômica implicou a conjunção de ambos os processos, incluindo tanto a abertura e a desregulação da economia como uma profunda reforma do aparato estatal, de mãos dadas com um discurso "modernizador". A América Latina ingressou no Consenso de Washington, que colocava no centro da agenda a valorização financeira, levando a uma política de ajustes e privatizações. O processo de ajuste do Estado foi crucial, mas, na prática, em vez de "extinguir" ou fazer do Estado um fenômeno "residual", este foi reformulado "para fora" e também "para dentro", no seu modo de intervenção sobre os setores mais vulneráveis afetados pelas políticas neoliberais.

Por conta disso, a desincorporação do modelo de regulação associado ao regime fordista (que na América Latina sempre teve relativa incidência) também trouxe como consequência uma reformulação do papel do indivíduo e das organizações intermediárias na sociedade. Não por acaso, parte da teoria social se propôs a analisar tais processos em termos de uma nova dinâmica de individualização, considerada a outra face do processo de globalização (ver Giddens, Beck, entre outros). Em outras palavras, em tempos de globalização, a sociedade exige que os indivíduos se tornem responsáveis por si mesmos e que, independentemente de seus recursos materiais e simbólicos, desenvolvam seu sustento e as competências necessárias para garantir acesso aos bens sociais. Entretanto, a contraface da desregulação é tanto a individualização quanto o impulso e o reforço dos laços comunitários e instituições intermediárias (organizações da sociedade civil), que passam a ter um novo protagonismo, inclusive nos processos de subjetivação.

Em suma, a globalização contém duas dimensões maiores: por um lado, entendida como vertical, refere-se à emergência de novas formas de dominação, surgidas tanto da transnacionalização do capital como da interdependência econômica. Por outro lado, compreendida como horizontal, possui um duplo e contraditório alcance, pois internaliza um processo de mercantilização do social, de forte individualização, e, ao mesmo tempo, desemboca na afirmação e na defesa da diversidade cultural e das identidades locais. Nessa última abordagem, a globalização foi acompanhada de um florescimento das identidades, "que tem a ver com a resistência dos grupos identitários, mas também com a própria lógica globalizadora do capital" (Díaz Polanco, 2006a). Assim, o neoliberalismo veio acompanhado por um novo paradigma, o multiculturalismo, concebido como uma ideologia da diversidade e da glorificação das diferenças, que produziria um forte impacto nos países latino-americanos com importante população indígena.

O multiculturalismo neoliberal e suas facetas

Ser diferente (por) para ser moderno.
— Christian Gros

É comum criticar o multiculturalismo por seus efeitos despolitizadores, que favorecem uma política da identidade excluindo os temas relativos às desigualdades ou à reestruturação da economia (a tensão entre igualdade e diferença). Nessa linha, foi definido como "um método de manejo da diversidade" (Bennet), "de coexistência híbrida de distintos mundos culturais" (Žižek), de mãos dadas com o capitalismo global, ou ainda uma política consagrada à "administração da diferença" (Díaz Polanco).

O paradigma multicultural, que adquiriu grande relevância nos países do Norte em função das massivas migrações registradas a partir dos anos 1960, assenta-se sobre o conceito de minorias étnicas. No fim da década de 1980, numerosos analistas refletiram sobre as novas tensões geradas ao calor da imigração e da diversidade cultural dela resultante, chamando atenção para a necessidade de compreender e aceitar a situação de pluralismo cultural, bem como de implementar políticas de reconhecimento dessa diversidade. As posições teóricas mostraram, no entanto, fortes discordâncias entre autores de influência internacional, fosse quando se evocava uma cidadania multicultural baseada nos direitos das minorias (Kymlicka, 1996), fosse quando se aludia à construção de um regime de reconhecimento entre iguais (Taylor, 1993).[100]

100. A questão do multiculturalismo reaviva o debate entre a perspectiva universalista e a particularista (ou culturalista), que durante os séculos XVIII e XIX foi representado, por um lado, pelos filósofos racionalistas franceses, defensores da perspectiva universalista da "civilização", e, por outro, pela tradição alemã representada pelo historicismo romântico (Herder, entre outros), vinculada ao enfoque particularista, que reivindica o particularismo da "cultura". Não se deve esquecer que a construção dos Estados nacionais durante o século XIX ocorreu no marco de uma concepção homo-

Pensado como "mediação identitária com o âmbito político" que procede de múltiplas transformações, o certo é que sua inscrição varia segundo os contextos políticos (Martuccelli, 2008). Fica claro que, ao se analisar a expansão do multiculturalismo na América Latina, seu ambiente político era muito diferente com relação aos países do Norte. Certamente, o novo paradigma multicultural se introduziu na América Latina em um contexto de reconfiguração neoliberal do Estado e com intensas mobilizações indígenas (Gros, 2006). O neoliberalismo, transformado em uma espécie de "pensamento único" depois da queda do Muro de Berlim (1989) e do colapso do comunismo soviético, guiava esse vertiginoso processo de ajuste estatal e de reformulação do papel do Estado, ativando novos modos de intervenção sobre os setores subalternos. Nesse marco, o multiculturalismo se converteu, parafraseando Grey Postero (2005), nos esforços dos governos neoliberais e democráticos para administrar e organizar as diferenças étnicas por meio de mudanças em suas leis e constituições — o que Van Cott chamaria de "constitucionalismo multicultural". Para além das variações regionais, na América Latina o multiculturalismo foi promovido por organismos multilaterais de crédito (Banco Mundial) e implementado pelo aparato do Estado, que patrocinou, seguindo a lógica neoliberal, uma política de descentralização, buscando criar uma espécie de "governabilidade multicultural", tanto por meio de políticas de gestão cultural como de gestão da pobreza.

As políticas multiculturais souberam criar uma armadilha e seduzir intelectuais e acadêmicos latino-americanos, sobretudo nos países andinos como Bolívia, Peru e Equador, onde o Estado foi historicamente fraco, mas o papel das organizações sociais comunitárias, assim como de ONG e agências de cooperação estrangeira, foi muito importante. Na Bolívia, por exemplo, a ênfase no étnico tornou possí-

....

geneizante (uma nação, uma língua, uma cultura). Essa concepção monocultural se viu (novamente) contestada em fins do século XX por aquelas visões particularistas sobre a diversidade sociocultural, isto é, uma visão cultural (mais do que política) sobre a nação. Sobre a oposição entre cultura e civilização, ver Elias (1989); para uma leitura em perspectiva latino-americana, Díaz Polanco (2006a).

vel a aproximação inédita de um setor do katarismo com os neoliberais. Os empréstimos e programas do Banco Mundial fluíam de modo prodigioso para projetos orientados a uma cadeia de intermediários, entre eles setores indígenas, reformulando sua relação com o Estado.

Nesse contexto, é possível identificar dois tipos de crítica ao multiculturalismo na América Latina. Por um lado, a primeira, que lê a nova teoria em termos de prática de dominação, baseada não só na importância que os atores externos adquirem, mas também no papel assumido pelo Estado, como ator que organiza, gerencia, intermedeia e visa controlar a diferença, erigindo-se como fonte de (novas) identidades dominadas. Por outro, a segunda linha de interpretação sustenta a ambivalência do multiculturalismo, ou melhor, propõe inserir as políticas multiculturais em uma dinâmica recursiva entre Estado e seus aparatos, por meio da qual pode revelar a ação potencialmente disruptiva dos movimentos sociais.

Na primeira linha de leitura, encontramos o trabalho do antropólogo mexicano Héctor Díaz Polanco, que sustenta que o multiculturalismo considera as diferenças como não conflitivas, pois seriam, mais do que políticas, culturais. A visão positiva da diferença conduz, então, ao "elogio da diversidade", à exaltação da tolerância, sob o guarda-chuva da "inclusão universal" (Díaz Polanco, 2006a). O multiculturalismo assinala uma (nova) passagem do etnocídio para a etnofagia, esta última vista como um processo caracterizado pelo "apetite da diversidade", pela "digestão ou assimilação do comunitário", pelo "engolimento do outro" à escala do Estado-nação latino-americano, em comparação com as ações brutais de outrora (genocídio/etnocídio). A etnofagia se expressaria como um conjunto de "sutis forças dissolventes" do sistema, por meio do abandono dos programas e ações encaminhados para destruir a cultura dos grupos étnicos. Nesse sentido, com o multiculturalismo ocorreria algo similar ao que já aconteceu com o indigenismo como narrativa dominante. "A experiência demonstrou que não é possível um indigenismo 'bom', que seja resgatável para os fins da emancipação dos povos" (Díaz Polanco, 2006a, p. 51). O multiculturalismo operaria como uma espécie de "quinta coluna", tal como sucedeu com o indigenismo em relação aos próprios indígenas (Díaz Polanco, 2006a, p. 29). Nós nos encontraríamos diante de uma nova astúcia da razão, outra forma de etnofagia, nesse caso afinada ao projeto cultural neoliberal operado de cima para baixo.

Igualmente, a antropóloga argentino-brasileira Rita Segato distingue entre o que parece estar associado às novas políticas de identidade (regimes de classificação de costumes, de cultura, sob o conceito de "etnias") e a política desenvolvida de baixo, identificada com o retorno do índio. Retomando o ensaísta hindu Partha Chatterjee, Segato contrapõe "o tempo homogêneo da nação" ao "tempo heterogêneo" manifesto na multiplicidade de sujeitos coletivos que lutam para produzir, retomar ou dar continuidade às narrativas históricas próprias, tramadas coletivamente, originando "tempos" históricos diferentes (Segato, 2007, p. 21).[101]

Por último, se tomamos a leitura do antropólogo francês Guillaume Boccara, as políticas multiculturais entendidas como programas de "etnodesenvolvimento" gerariam um efeito triplo: simultaneamente, a territorialização, a estandardização das culturas e a profissionalização dos seus portadores, introduzindo lógicas heterônomas onde antes existiam dinâmicas relativamente autônomas. "Os índios são incitados a converterem-se em etnógrafos de sua própria comunidade, e os novos dispositivos de gestão da diferença e da pobreza contribuem para englobá-los no seio de um novo campo de posições geralmente dominadas" (Boccara, 2011, p. 196).

Em suma, essas três perspectivas críticas aqui resenhadas colocam como antípodas do multiculturalismo heterônomo aqueles processos ligados a uma dinâmica autônoma que provém de baixo, própria de movimentos e organizações sociais orientadas à reinvenção da indianidade. Dito de outro modo, a partir dessa pers-

101. "A cumplicidade, por um lado, entre etnicidades congeladas por uma política de identidades globalizada e afins ao neoliberalismo e, por outro, o universalismo inerente ao Estado moderno impedem que as tramas históricas particulares urdam criativamente o 'tempo heterogêneo' e rico da nação" (Segato, 2007, p. 21). A esse respeito, Martuccelli (2008, p. 56) sustenta que "na raiz desse processo se encontram, pois, o trânsito entre o valor-homogeneidade e o valor-diferença. Uma equação alternativa àquela mais clássica, que opunha a versão do povo-contrato (universalista) ao povo-gênio (o *Volk* e o diferencialismo)".

pectiva, não existe espaço para pensar um multiculturalismo crítico ou contra-hegemônico.

Existe um segundo tipo de posicionamento que também nos propõe diagnósticos críticos e acentuam o caráter ambivalente do multiculturalismo na América Latina, vinculado às dialéticas sociais ou às dinâmicas recursivas que esses processos desencadeiam de baixo, ao mesmo tempo que destacam, em perspectiva comparativa, a especificidade dos processos latino-americanos. Assim, por exemplo, para o francês Christian Gros, não se deve esquecer que o multiculturalismo, entendido como uma nova definição de nação, vem acompanhado do reconhecimento de novos direitos e surge depois de vinte anos de mobilização indígena, algo que não pode ser considerado apenas fruto da manipulação do Estado maquiavélico ou produto de ONG indianistas (Gros, 2006, p. 267). Em sua perspectiva, o processo de mobilização indígena se traduz em uma politização das identidades culturais, que foi se constituindo em oposição à recusa do pertencimento à nação; a nação multicultural ou multiétnica buscaria superar esse horizonte, por meio do "prolongamento por mutação". A emergência de uma cidadania étnica acompanharia a exigência de "etnicizar a nação", o que diferencia os casos latino-americanos das tendências segregacionistas e comunitaristas de outras latitudes, como mostra o lema zapatista: "Nunca mais um México sem nós" (Gros, 2006, p. 266-7), ou o indígena no Equador: "Nada só para os índios".

Em uma linha interpretativa ainda mais sugestiva, encontramos a proposta do antropólogo norte-americano Charles Hale (2002), estudioso das comunidades indígenas centro-americanas, que sustentou a necessidade de avaliar se as políticas multiculturais na América Latina significaram uma redistribuição dos recursos aos indígenas via movimentos sociais, ou se reforçaram as expressões essencialistas dos grupos. Esse autor distingue dois tipos de multiculturalismo: um "gerencial" de características liberais convencionais (também denominado multiculturalismo "corporativo" ou "de diferenças"), que celebra o pluralismo cultural, mas efetua poucas mudanças duradouras para os integrantes do grupo culturalmente oprimido; e um "transformador", centralmente preocupado com a "redistribuição do poder ou dos recursos". Em função disso, seria necessário distinguir entre um multiculturalismo "de cima" e outro "de baixo", respectivamente. Um segundo eixo a se levar em conta é que o projeto cultural do neoliberalismo implica a revalorização e a fortificação da sociedade civil e de seus "grupos intermediários", o que significa, em contraste direto com seu predecessor clássico, que "a doutrina neoliberal se articula não sobre a destruição da comunidade indígena — com o objetivo de converter o índio em cidadão —, mas sobre a reativação da comunidade como agente eficaz da reconstituição do sujeito-cidadão indígena" (Hale, 2002, p. 496).

É certo que o Estado não se limita unicamente a "reconhecer" a comunidade, sociedade civil, cultura indígena e similares, mas sim as reconstitui ativamente à sua própria imagem, desviando-as de seus "excessos radicais", incitando-as a realizar o trabalho de formação dos sujeitos (sobretudo via ONG), o que de outro modo teria de ser realizado pelo próprio Estado. Não obstante, na América Latina o projeto neoliberal enfrentou uma complexa rede de organizações sociais heterogêneas, que buscavam abrir brechas ou margens de manobra para a criação de contra-hegemonias. Assim, sem superestimar as lutas que podem ocorrer "por dentro", o certo é que "a análise geral do multiculturalismo neoliberal também indica os meios mais eficazes para enfrentar sua ameaça: os movimentos sociais que simultaneamente questionam as relações de representação e a distribuição de recursos sobre os quais repousa o sistema neoliberal" (Hale, 2002, p. 498). É preciso acrescentar, no entanto, que, se isolados uns dos outros, esses desafios tendem a perder seu potencial transformador.

Em suma, a questão da dinâmica estabelecida entre as políticas de identidade e as organizações/movimentos sociais permanece aberta e não isenta de complexidades. Certamente, a partir das agências multilaterais e dos organismos oficiais, a invocação dessas formas de participação baseadas no reconhecimento da diferença apontava para o desenvolvimento de uma cidadania étnica de "baixa intensidade", cuja funcionalidade para o novo sistema de dominação neoliberal não pode ser eludida. A despeito disso, podemos encontrar matizes no caráter absolutamente funcional que o reconhecimento de direitos culturais assume. Nesse sentido, é bom recordar que a realidade nunca transcorre linearmente, pois a demanda de auto-organização identitária/comunitária é, por um lado, um imperativo impulsionado "de cima", com claros objetivos de controle social e de gestão da identidade/alteridade, mas também é fato que floresceu, em determinados casos, no contexto das lutas encampadas "de baixo", em uma nova estrutura de oportunidades políticas.[102]

A Bolívia é o caso mais emblemático que dá conta da duplicidade do multiculturalismo. Durante os anos 1990, sob os governos neoliberais, os direitos dos indígenas foram incorporados na Constituição e a reforma educativa foi impulsionada, introduzindo a educação bilíngue. Gonzalo Sánchez de Lozada, presidente que consolidaria a guinada neoliberal, trazia como vice o indígena Víctor Hugo Cárdenas, uma destacada referência da ala moderada do movimento katarista. Segundo Nancy Grey Postero (2005, p. 277), foram sancionadas três leis diretamente ligadas ao multiculturalismo: a Lei de Participação Popular (LPP), que executou a descentralização pela municipalização do território nacional; a reforma agrária, que criou a figura das Terras Comunitárias de Origem (TOC), definidas como espaços geográficos que constituem o habitat dos povos indígenas; e a criação de instituições especificas, como a subsecretaria de Assuntos Étnicos. Tratava-se, esclarece Postero, "de uma integração simbólica", que não promoveu mudanças materiais correspondentes. Por exemplo, os impactos tanto da reforma agrária como das ações da mencionada subsecretaria foram limitados. No entanto, esse não foi o caso da Lei de Participação Popular, que abriu efetivamente novos espaços de participação local. Xavier Albó, proeminente defensor da lei, afirmava que "com ela foi posto em marcha um instrumento-chave para construir poder popular local" (Albó, 2008, p. 50). Certamente, nem tudo foi acusado de folclorização das identidades nos espaços institucionais ou de domesticação dos ato-

102. Em uma linha semelhante, refletíamos sobre a relação complexa entre as políticas sociais dos anos 1990, vistas como dispositivos de governamentalidade (compensação e controle) promovidos pelas receitas do Banco Mundial e do FMI, e os movimentos sociais na Argentina, que buscavam se apoderar desses recursos, em uma lógica de empoderamento que recusava o sistema dominante (Svampa, 2005; 2006).

res sociais, pois a Lei de Participação Popular, por meio da criação de municípios e distritos indígenas, ambos autônomos, abriu novas oportunidades políticas para que sindicatos rurais dessem passos no sentido da política institucional (Stefanoni, 2010b, p. 118). A história do Movimento ao Socialismo – Instrumento Político pela Soberania dos Povos (MAS-IPSP), que chegou ao governo, e a vertiginosa ascensão de Evo Morales à política nacional são prova da existência de uma nova estrutura de oportunidades políticas abertas pela LPP, às quais se somou a instituição das candidaturas distritais.[103] Foi nesse marco que surgiu a tese de um "instrumento político" das organizações camponesas-indígenas.[104] Oficialmente, em 1999 nascia o MAS-IPSP, que alcançaria uma série de êxitos eleitorais em escala local, conquistando várias prefeituras. Em meio a um contexto repressivo, o MAS-IPSP experimentou um crescimento muito acelerado, sobretudo nos distritos rurais. Em 2002, Evo Morales esteve a menos de dois pontos percentuais de distância de Gonzalo Sánchez de Lozada nas eleições presidenciais.

Em suma, a despeito da nova tentativa de integração, na Bolívia a transição do "índio permitido" para o "índio insurgente" foi rápida, vertiginosa e de horizonte imprevisível para a elite política e econômica.[105] A partir do ano 2000, os movimentos e as organizações sociais rurais e urbanas ocuparam novamente o espaço público e as ruas, com demandas coletivas que exigiam o controle nacional dos recursos naturais e a desprivatização dos serviços básicos, o que desembocou em uma reconfiguração do espaço da política. Até 2005, uma das grandes conquistas das organizações sociais bolivianas, rurais e urbanas foi a convergência em um programa comum (a "agenda de outubro") que inseriu as lutas coletivas em um horizonte político mais amplo e possibilitou a ascensão do binômio Evo Morales/Álvaro García Linera ao governo.

103. Com efeito, Evo Morales chegou ao Parlamento em 1997 graças a essa figura, eleito na circunscrição de Chapare, de maioria cocaleira.

104. Para se aprofundar no surgimento e na evolução do MAS, ver Hervé do Alto (2007) e Do Alto & Stefanoni (2009).

105. Retomamos de Xavier Albó (2008) esses dois estereótipos construídos pela elite.

A autonomia como novo paradigma

> *Sem governo índio e sem controle dos territórios, não há autonomia.*
> — Lema da Conaie

Para muitos, o multiculturalismo dominante desencadearia políticas orientadas ao reconhecimento da diversidade cultural e folclorização do local em âmbito global, cujo objetivo era o congelamento de demandas pela via da integração e da desmobilização das organizações indígenas.[106] Entretanto, os resultados foram muito diferentes, de acordo com os casos e contextos, pois em linhas gerais as demandas de autonomia e as resistências ao modelo foram potencializadas ao calor das lutas contra o ajuste neoliberal. Nesse contexto, a noção de autonomia emergiria como a grande utopia mobilizadora das organizações indígenas e do pensamento indianista.

Em termos gerais, a autonomia se refere ao direito dos povos índios de controlar seus territórios, ao aproveitamento sustentável de seus recursos naturais e à constituição de um autogoverno (Bengoa, 2009). Como novo paradigma em disputa, possui uma dupla origem que se instala no cruzamento entre o local, o regional e o global, pois remete às lutas e ideias indianistas desenvolvidas entre os anos 1970 e 1990 nos países latino-americanos e ao reconhecimento dos direitos coletivos, a partir dos debates — e conquistas — realizados em arena internacional, no contexto do novo paradigma dos direitos humanos. Recordemos que as discussões no seio da ONU derivariam primeiro, em 1989, na Convenção 169 da OIT e, posteriormente, em 2007, na Declaração das Nações Unidas sobre os Direitos dos Povos Indígenas, na qual seriam saldadas as discussões internas sobre autodeterminação como elemento-chave no processo de reconhecimento dos diretos coletivos.

106. Para Araceli Burguete Cal y Mayor (2010), o paradigma multiculturalista nasce precisamente para enfrentar a ação do paradigma autonomista.

No plano regional, é necessário destacar que o caráter pioneiro da resolução do conflito entre indígenas Miskito e o governo nicaraguense, em plena revolução sandinista, derivou no estabelecimento de um "estatuto de autonomia", criado em 1987, que contempla cerca de 50% do território nacional, onde vivem 12% da população do país (González, 2010, p. 51). A experiência nicaraguense foi um divisor de águas para certos antropólogos latino-americanos,[107] pois permitiu pensar a autonomia a partir de uma nova perspectiva teórico-política. Nesse sentido, como esclarece o próprio Díaz Polanco, a abertura do debate sobre a autonomia está vinculada ao processo de nacionalização das lutas, que alcança, para além

107. Em seu trabalho "Los miskitos y la autonomía regional" [Os Miskito e a autonomia regional], Jenkins, que foi membro do governo sandinista, sublinhava a contribuição de alguns intelectuais latino-americanos na nova percepção acerca da dimensão étnico-nacional, como os mexicanos Díaz Polanco, López y Rivas e o argentino Carlos Vilas, bem como os nicaraguenses Ortega, Guardián, Núñez, entre outros, "que proporcionaram uma discussão organizada e metodologicamente correta do problema, junto com o apoio oferecido pelo Centro de Investigações e Documentação da Costa Atlântica (CIDCA) e do Centro de Investigações da Reforma Agrária (Ciera) para o esforço de transcendental importância na vida nacional" (Jenkins, 1989, p. 125). Jenkins acrescentava: "A nova percepção sobre a dimensão étnico-nacional nos livrou de muitas dúvidas, ao explicar a origem dos desarranjos e a falta de uma estratégia e política coerentes para responder à evolução violenta e desenfreada dos acontecimentos. Foi implicitamente reconhecida a justiça do direito de ser e seguir sendo indígena, ao serem recriadas as condições que possibilitaram a manutenção e o desenvolvimento da própria identidade; foi desmistificada a imagem idílica de uma sociedade indígena sem contradições, antagonismos e luta de classe no seio da sociedade global; compreendeu-se a existência de rivalidades interétnicas e suas especificidades diferenciais; e, por fim, foi esclarecida a importância do modo de articulação de cada grupo à sociedade nacional, por um lado, e no caso dos Miskito, aos valores da sociedade norte-americana e da Igreja Morava, pelo outro. Tudo isso motivou um frutífero diálogo em torno dos aspectos teóricos relacionados com vários modelos analíticos para compreender os grupos étnicos, étnico-nacionais e camponeses, ao passo que se clarificou o papel sociopolítico das etnias como parte da vida nacional na qual estão inseridas (e de que formam parte indissolúvel), assim como sua vinculação com a luta geral de classes de toda sociedade (da qual não estão isentos)" (Jenkins, 1989, p. 125).

da Nicarágua, países como a Colômbia, o Equador e o Chile, nos quais as organizações lutam pelo reconhecimento da autonomia regional (Díaz Polanco, 1991, p. 118-9).

Nessa linha, assistimos a uma mudança qualitativa da questão indígena em relação às épocas anteriores: a partir dos anos 1980, os indígenas irrompem no cenário político e vão se convertendo em forças políticas com escala nacional. Esse processo de "nacionalização" favoreceu a ampliação da perspectiva política, que em numerosos casos ampliou a plataforma discursiva e o horizonte programático. "É nesse contexto que o regime de autonomia, como proposta de solução dos conflitos étnicos nacionais e marco jurídico-político no qual se podem encontrar respostas às reivindicações socioculturais, se converteu em tema de debate e análise dos últimos anos, como nunca antes" (Díaz Polanco, 1991, p. 118).

Nesse caminho rumo à autonomia, como mito e horizonte, uma reflexão simbólica foi proporcionada pelas anticomemorações do quinto centenário do "descobrimento" da América, para o qual foram realizados vários encontros preparatórios e reflexões que uniram as organizações dos Andes e da Amazônia com o restante do continente. Ainda antes disso, porém, ocorreu uma série de ritos históricos que ilustram claramente uma mudança na direção do protagonismo indígena. Nesse sentido, o ano de 1990 parece marcar uma inflexão de corte organizativo, pois se levou a cabo o Primeiro Encontro de Povos Índios em Quito, no qual se chegou à conclusão de que, "sem governo índio e sem controle dos territórios, não há autonomia". Em 1990, a Confederação de Nacionalidades Indígenas do Equador (Conaie) realizou uma série de bloqueios em todo o país, obrigando o então presidente Rodrigo Borja a negociar. Nunca antes os indígenas haviam aparecido como "atores influentes da política equatoriana" (Pajuelo, 2007, p. 133). Ainda em 1990, a Confederação de Povos Indígenas da Bolívia (Cidob),[108] uma das organizações mais importantes

108. Cidob, por sua denominação original: Confederação Indígena do Oriente Boliviano. Nasceu em 1982, com apoio de organizações não governamentais e de vários antropólogos, com objetivo de defender suas terras.

das terras baixas bolivianas, que até então possuía escassa visibilidade, realizou uma marcha de 34 dias até La Paz denominada Marcha pelo Território e pela Dignidade, sinalizando a ênfase nas demandas das organizações indígenas bolivianas. Os manifestantes, então, se reuniram com organizações indígenas do Altiplano e foram recebidos pelo presidente da época, Jaime Paz Zamora, obtendo como resultado das negociações a criação por decreto presidencial de cinco territórios indígenas ou interétnicos. Daí em diante, não seria mais detida a ascensão meteórica do conceito de território, sendo este também recuperado pelas organizações das terras altas.

Quem diz autonomia diz também território, que se refere a um conjunto de dimensões (espacial, econômica, simbólica e cultural). Apesar de até pouco tempo o conceito de território parecer portar um caráter exclusivamente técnico, reservado à discussão entre geógrafos, urbanistas e arquitetos, nas últimas décadas ele se converteu em uma espécie de noção-fetiche e um conceito em disputa, tanto para as organizações indígenas-camponesas como para outros movimentos (urbanos e rurais). Como afirmou Bernardo Mançano Fernandes (2009, p. 197), "convivemos com diferentes tipos de territórios produtores e produzidos por relações sociais distintas, que são disputados cotidianamente". Por outro lado, a territorialidade está relacionada com os usos e a apropriação do território. Realiza-se em um espaço relacional e complexo, no qual se entrecruzam lógicas de ação e racionalidades portadoras de valorações diferentes, que podem desembocar em uma "tensão de territorialidades" (Porto-Gonçalves, 2011).[109]

A noção de território se tornou emblemática dos tempos atuais, uma espécie de "conceito social total", chave para ler o posicionamento dos diferentes atores em luta e, mais ainda, o funcionamento da sociedade em geral na atual fase de acumulação do capital. Assim, para as comunidades indígenas, o território compreende um conjunto de dimensões que se referem ao controle do espaço e dos

109. Ver os trabalhos da geografia crítica brasileira, entre eles os já citados Bernardo Mançano Fernandes, Milton Santos e Carlos Porto-Gonçalves.

recursos naturais, à afirmação de uma determinada cultura e historicidade, a uma determinada relação com a natureza. Pensando a partir de uma perspectiva multidimensional, o território está na origem — ou na configuração — de uma determinada identidade e vai instituindo uma "questão territorial-identitária", com particularidades de acordo com as regiões e os países, que "envolve marcos de confrontação, estratégias de dominação e resistência, de soberania e emancipação" (Rojas Piérola, 2009, p. 157).

Para finalizar esta seção, quero mencionar alguns dos desafios e mudanças que a noção de autonomia veio a apresentar em termos de lutas étnicas e de movimentos teórico-políticos. Nesse sentido, um dos grandes desafios foi pensar as transformações do Estado no contexto da incorporação/aceitação da autonomia, fosse como regime político, fosse incorporada sob outras modalidades que implicavam reconhecimentos secundários (regimes autonômicos).[110] No compasso das lutas, a reivindicação de um regime de autonomia desembocou no estabelecimento, reconhecido pelo Estado, de determinados regimes de autonomia territorial. Assim, existem ao menos seis países latino-americanos nos quais as Constituições nacionais reconhecem algum regime de autonomia indígena ou multiétnica: Panamá (1972), Nicarágua (1987),

110. Como sustenta o equatoriano Pablo Dávalos: "Emerge com muita força, nesse sentido, um debate sobre a presença do indígena, dentro da mesma matriz da modernidade: o que significa a presença do indígena, ou dos índios, no campo do direito? Dessa pergunta vai nascer uma rica discussão sobre a pluralidade jurídica, o direito consuetudinário, o direito indígena, os direitos coletivos como parte dos direitos da terceira geração etc. Contudo, essa mesma pergunta levada às últimas consequências indica uma reformulação do mesmo Estado: quais conteúdos o Estado deve assumir diante da demanda de soberania dos povos e das nações indígenas? Como processar a noção de autonomia e livre determinação dentro do esquema do Estado-nação burguês? A simples formulação de que o Estado-nação fracassou em seu intento de constituir sociedades homogêneas indica um debate cujas consequências são profundas e no qual os movimentos indígenas têm uma voz prioritária. Transformar um Estado excludente, autoritário e violento em Estado pluralista, tolerante, participativo, democrático em seus procedimentos e em suas instituições é uma das tarefas históricas que o movimento indígena incorporou em sua agenda" (Dávalos, 2005, p. 29).

Colômbia (1991), Venezuela (1999), Equador (1998) e Bolívia (2009). A esses, se acrescentam as autonomias de fato que vão se produzindo no território mexicano (González, 2010, p. 36).[111]

As comunidades constituem, sem dúvida, o instrumento ou ponto de partida para construção das autonomias. No entanto, é necessário distinguir, tal como fazem López Bárcenas (2011, p. 87-91) e Díaz Polanco (2008, p. 251), entre autonomia comunitária e regional. As primeiras surgiram como expressão concreta da resistência dos povos índios ao colonialismo. Na dinâmica de luta, as comunidades buscavam ser reconhecidas em seus direitos, converter/convalidar por meio do direito aquilo que já existia de fato (reconhecimento da terra e do território, direitos de escolher suas autoridades, exercício de justiça comunitária, polícia comunitária, entre outros). Para isso, há toda uma legislação internacional que reconhece tais direitos; contudo, ao serem reconhecidas como "comunidades", e não como "povos", estas eram subordinadas, enfim, ao governo local, com o qual tais direitos tinham pouca viabilidade. Já as autonomias regionais surgiram como uma resposta para superar os espaços comunitários (López Bárcenas, 2011, p. 89), e as autonomias regionais nicaraguenses e o regime de autonomia espanhol foram seu modelo. Segundo López Bárcenas, apesar de alguns terem buscado contrapor autonomia comunitária a autonomia regional, a ação dos próprios movimentos sociais deu conta de viabilizar sua articulação (como exemplifica o zapatismo, que será visto adiante). Igualmente, junto a essas tendências comunitárias e regionais, "estão aqueles que reclamam a fundação dos Estados nacionais com base nas culturas indígenas" (López Bárcenas, 2011,

111. A esse respeito, Van Cott (*apud* González, 2010), em estudo de 2001, sustentou o argumento de que os grupos indígenas obtiveram maior êxito no reconhecimento da autonomia conforme esta foi objeto de uma negociação mais ampla no regime de um país (negociações de paz, no caso da Nicarágua, durante a primeira etapa da Revolução Sandinista, assim como no caso da Guatemala, no contexto de uma guerra civil) e ao calor dos debates sobre as reformas das Constituições políticas. Esses processos abriram novas oportunidades políticas, que estabeleceram condições necessárias, ainda que insuficientes, tal como mostram os casos frustrados ou não exitosos do México e do Peru.

p. 90). Esse processo de refundação do Estado adotou finalmente o nome de "Estado plurinacional", conceito que surgiu inicialmente no Equador no fim dos anos 1980 e se constituiu como um dos objetivos centrais da Assembleia Constituinte no contexto do novo governo boliviano, com a ascensão de Evo Morales.

Para Díaz Polanco (1991 e 2008), a autonomia em seu sentido pleno implica não apenas o reconhecimento dos direitos culturais mas também o autogoverno dos povos indígenas, ou seja, um regime político-jurídico que reconhece os direitos dos povos indígenas de eleger suas autoridades (autogoverno), controlar seus territórios e recursos naturais, exercer justiça (justiça indígena), legislar sua vida interna e administrar os próprios assuntos. Como um novo paradigma político, coloca novos desafios referentes à transformação do Estado, pois deve romper com a lógica centralista, evitando o risco da descentralização (uma variável funcional ao neoliberalismo dos anos 1990),[112] sem subscrever à linguagem do comunitarismo (que implicaria secessão, segregação, ensimesmamento) nem à do nacionalismo (que alimentaria a velha embriaguez do centralismo estatal). Demanda pensar um novo conceito-desafio, abrir as portas da imaginação política rumo a uma "transformação pluralista do Estado" (Luis Tapia, 2007).[113]

Finalmente, entre os inumeráveis estudos existentes sobre o tema, é interessante retomar a distinção que propõe Araceli Burguete

112. Díaz Polanco sustenta que a autonomia requer descentralização, mas nem toda descentralização conduz à autonomia. Para uma aproximação comparativa da questão da autonomia, ver Máiz (2008).

113. Por sua vez, sem querer estabelecer uma tipologia fechada, a antropóloga mexicana Consuelo Sánchez (2008) propõe distinguir três tipos de autonomia: a autonomia de fato, ou *de facto*, quando os coletivos indígenas se lançam na construção de novas formas de articulação sociopolítica em diferentes escalas (macrocomunitárias, regionais, municipais); a heterônoma, que o Estado infiltra para prolongar suas estruturas de controle e dominação; e a autonomia-projeto, construída pelos atores indígenas para redefinir seu papel na sociedade nacional. Essa tipologia parece corresponder a três casos exemplares: o mexicano (autonomias *de facto*); a estratégia geral do multiculturalismo (autonomia heterônoma); e a proposta política boliviana, com a criação do Estado plurinacional (autonomia-projeto).

(2010), que sustenta que, nas lutas indígenas, a autonomia tem sido tomada, grosso modo, de duas maneiras. Por um lado, a autonomia *como fim*, que tem várias expressões (regionais, como no caso da Nicarágua); ou como parte constitutiva na organização de um Estado plurinacional (o desafio boliviano). E, por outro lado, a autonomia *como processo*, que remete a uma nova gramática política das lutas indígenas, a partir da qual os povos e as organizações lançam estratégias, propondo espaços de liberdade, de controle dos territórios, de autogoverno. "Ambas as estratégias dão conta da progressiva construção de um campo teórico-político, conceitual e programático, que fez do direito à autodeterminação dos povos seu eixo inspirador" (Burguete, 2010, p. 65).

Em suma, a autonomia se converteu em um dos conceitos mais evocados e debatidos atualmente para dar conta dos processos de mobilização indígena na região latino-americana, mas também faz referência a um projeto político indígena que propõe uma reforma crucial do Estado nacional. Em razão disso, voltaremos a abordar diretamente o tema ao apresentar alguns dos debates hoje existentes. Não obstante, antes disso é preciso reconhecer que os exemplos mencionados até aqui não incluem o Peru, o que coloca a necessidade de nos determos um instante mais para indagar as especificidades desse caso.

Os dilemas da especificidade peruana

Não são poucos os autores que escreveram sobre a excepcionalidade do caso peruano no atual contexto de emergência e reivindicação da indianidade, perguntando-se por que não existe no Peru um movimento índio, tal como encontramos na Bolívia e no Equador. Tendo em conta que os últimos dados da Cepal (2014) estimam uma população indígena de 24% naquele país, a ausência de uma confederação indígena nacional nitidamente representativa parece aludir não só a uma excepcionalidade, mas também a "um fracasso".

Certamente, concordando com Xavier Albó (2008, p. 171), é paradoxal que o Peru tenha sido pioneiro em elaborar um olhar sobre a potencialidade política dos indígenas e, ao mesmo tempo, se ausentado no processo ascendente das lutas e elaborações intelectuais da indianidade característico do cenário latino-americano desde 1970. Basta lembrar da obra de um precursor como Manuel González Prada, bem como dos debates levados a cabo na época de Mariátegui, para dimensionar a importância dessa tradição política.

Os fatores que explicam esse processo de "desindianização" são numerosos.[114] Por um lado, depois da morte de Mariátegui, as posições indigenistas foram condenadas pela III Internacional e pelo Partido Comunista, que buscavam uma estratégia mais uniformemente classista. Nos anos posteriores, o apelo à identidade camponesa, a proeminência de uma linguagem classista nas duas centrais agrárias, a persistência de conteúdos discriminatórios associados ao termo "índio", a associação do índio com o rural e o analfabeto e, enfim, a ausência de um (verdadeiro) indigenismo de Estado contra o qual se opor e questionar, para além ainda do populismo tardio e militar de Velasco Alvarado, confirmariam o processo de desindianização por meio da lenta absorção do indígena pelo camponês. Não esqueçamos tampouco que, como analisado por Degregori (1995) e De la Cadena (2004), o incaico foi reapropriado precocemente pela elite de Cusco, em uma estratégia de se diferenciar da elite hispanizante do litoral, dificultando que este fosse (re)apropriado pelos camponeses dos Andes.

Da mesma forma, o processo de "desindianização" está ligado à complexificação das categorias étnicas, visíveis na emergência de novos grupos sociais entre os setores subalternos (o *cholo*, o *serrano*, a plebe urbana).[115] Alguns autores sustentam que tampouco houve

114. Para o tema, revisamos as posições de Carlos Degregori (1995), Marisol de la Cadena (2004), Ramón Pajuelo (2007), Xavier Albó (2008), Lucero & Sarah (2006), Rodrigo Montoya Rojas (2006) e Carmen Salazar-Soler (2014).

115. Assim, no começo dos anos 1960, Aníbal Quijano escreveu *La emergencia del grupo cholo y sus implicancias en la sociedad peruana* [A emergência do grupo *cholo* e suas implicações na sociedade peruana] (Quijano, 1964; Pajuelo, 2002), que propunha uma análise sob a ótica cultural, ligada ao processo de migração e modernização da sociedade peruana. Em um livro posterior, *El laberinto de la choledad* [O labirinto da choledão] (1992), Guillermo Nugent indagou sobre as diferentes dimensões em relação à discriminação e ao lugar que a elite outorgava ao *cholo* (e suas derivações). Foram tempos

um grupo de intelectuais indígenas que falassem suas línguas e elaborassem uma visão crítica da realidade, como ocorreu com os kataristas na Bolívia (Montoya, 2006, p. 238). De la Cadena chega ainda mais longe e afirma que "a maioria dos intelectuais [peruanos] pensava que os índios eram incapazes de criar sua própria liderança. Líderes camponeses eram somente aqueles que tinham superado o estado cultural de indianidade e haviam se convertido em *cholos*" (De la Cadena, 2004, p. 329).[116]

O declínio dessa corrente indigenista também está ligado ao "efeito Sendero", que jogou por terra qualquer retomada da utopia andina.[117] Certamente, todos os autores sublinham os efeitos desas-

....

em que se registrou uma ampliação da brecha entre o rural e o urbano, em razão do fenômeno de migração para Lima, diferente de outros países andinos. Nos anos 1980, o sociólogo Matos Mar, no bem-sucedido livro *El desborde popular* [O transbordamento popular], falava do novo rosto social do Peru, remetendo a novas categorias, como o plebeu ou a plebe urbana. Essa rápida enumeração tenta explicar a variedade de vias no Peru que mostram a abertura a outras categorias étnicas — intersticiais, segundo Rossana Barragán (1992) —, isto é, que exploram o rosto de setores subalternos, alheia a uma inovação étnica que se refira explicitamente ao índio.

116. Uma das raras exceções seria o dirigente camponês Hugo Blanco, que se reivindica como "índio", e não apenas camponês, como destacou em um livro publicado em 2009 intitulado *Nosotros los indios* [Nós, os índios].

117. Apesar disso, o indigenismo político e cultural continuou sendo muito importante no Peru. Nos anos 1960, o grande escritor José María Arguedas publicou *Todas las sangres* [Todos os sangues], um romance político-antropológico que apontava para uma "imagem total do Peru", em uma trama atravessada por conflitos e enfrentamentos sociais que conduziam ao despertar da consciência índia, desembocando em um levante. No romance, R. Willka é um índio, membro de uma comunidade livre, que encarna a consciência exemplar e lidera um levante, embora termine sendo fuzilado. O romance deu origem a um interessante debate entre críticos literários e cientistas sociais, que ocorreu em 23 de junho de 1965, quando foi realizada uma mesa-redonda com antropólogos e sociólogos, entre os quais estavam Matos Mar, H. Favre, Salazar Bondy e Aníbal Quijano. Eles discutiram a obra na presença do autor. Enquanto os cientistas sociais desdenhavam de que o romance fosse um documento sociológico ou uma visão antropológica válida do Peru, José María Arguedas e Alberto Escobar, crítico literário, sustentavam que o romance mostrava uma "imagem real" ou uma "imagem total do Peru". Ainda assim, do ponto de vista socioló-

trosos que a guerra civil gerou entre os anos 1980 e 1990, particularmente a estratégia efetivada pelo Sendero Luminoso em relação aos camponeses, principais vítimas da guerra suja, que custou a vida de mais de setenta mil pessoas: três quartos do total, segundo Montoya (2006, p. 239), de origem quéchua e aimará. Como consequência disso, e diferentemente da Bolívia e do Equador, o Peru não foi exatamente um contexto hospitaleiro para as ONG, missões e até sindicatos, dados os níveis de repressão e perseguição, tanto por parte do exército peruano quanto do Sendero Luminoso (Lucero & Sarah, 2006).

Nesse sentido, ainda que o multiculturalismo não tenha a mesma presença estatal que na Bolívia, este soube encontrar uma representação parcial sob a gestão do presidente Alejandro Toledo (2001-2006), um *cholo* que reivindicava a simbologia incaica e que, no começo de sua gestão, buscou desenvolver vínculos entre o aparato do Estado e as confederações indígenas (a COPPIP, Conferência Permanente de Povos Indígenas do Peru),[118] ainda que rapidamente as tenha excluído e praticado uma política anti-indígena.

Em uma segunda linha de interpretação, que complementa e ao mesmo tempo matiza a tese da desindianização, a antropóloga Marisol De la Cadena (2004, p. 332-3) analisa a força cultural da mestiçagem, mas sobretudo apresenta como hipótese central a emergência de uma cultura indígena que extrapola a indianidade e inclui definições subordinadas do mestiço. Ou seja, mais que encobrimento do índio, o que teria ocorrido é uma definição diferente da "cultura

....

gico, A. Flores Galindo, um dos grandes intelectuais da esquerda peruana, publicou em 1986 seu livro mais famoso, *Buscando un inca: identidad y utopía en los Andes* [Em busca do inca: identidade e utopia nos Andes], que recupera a ideia da "utopia andina" em termos culturais, como visão de mundo, "como sustentação de propostas políticas e movimentos sociais" (Rénique, 1988, p. 131). Galindo realiza uma biografia, desde o século XVI, das concepções milenaristas que constituem o pano de fundo dos movimentos rurais andinos da época.

118. Ver análise de Pajuelo Teves (2007, p. 108-25). Pajuelo sustenta que dois presidentes, *el chino* (Alberto Fujimori) e *el cholo* (Alejandro Toledo), evocaram o fator étnico, mas fizeram governos anti-indígenas (Pajuelo Teves, 2007, p. 110). Hoje agregaríamos a essa lista Ollanta Humala.

indígena", que inclui ou se autodefine como mestiça, livre daqueles elementos negativos ou estigmatizantes da indianidade que aludem à pobreza, ao analfabetismo, à ruralidade. Não por acaso, o livro de De la Cadena se chama *Indígenas mestizos: raza y cultura en el Cusco* [Indígenas mestiços: raça e cultura em Cusco].[119]

Finalmente, existe uma terceira linha de leitura que se opõe ao "discurso teleológico" de alguns observadores que buscam incorporar o Peru ao movimento geral de resgate do índio (Lucero & Sarah, 2006). Além de considerar que, em termos históricos, as organizações amazônicas têm uma tradição mais longa no Peru do que em muitos lugares do Equador ou da Bolívia, concluem que no Peru contemporâneo, tal como em outros países, a variedade de identidades e movimentos indígenas é grande.[120] Tampouco é possível ignorar que nas últimas décadas surgiram novas organizações, por fora inclusive das duas grandes confederações camponesas, entre elas a Confederação Nacional de Comunidades Afetadas pela Mineração (Conacami), que conseguiu colocar na agenda nacional a discussão sobre a megamineração e, ao mesmo tempo, se voltou para a linguagem ambientalista e criticou o modelo de desenvolvimento, reafirmando uma identidade indígena por meio da defesa de direitos culturais e territoriais. Nessa linha de radicalização, em 2006 foi criada a Coordenação Andina de Organizações Indígenas (Caoi), que aglutina grupos de Peru, Bolívia, Colômbia,

119. Sem descartar a ideia de "excepcionalidade", Marisol de la Cadena questiona também o olhar daqueles pesquisadores que, seguindo uma abordagem mais "acadêmica", tendem a universalizar o valor das políticas étnicas tal como existem em determinados países, como a Bolívia ou outras regiões andinas (De la Cadena, 2004, p. 343). Tornando o dilema ainda mais complexo, é legítimo perguntar se seria correto pensar em termos de "ausências", como se houvesse um modelo normativo de indianidade na América Latina.

120. "Apesar do relato sobre o 'fracasso' e a 'ausência' dos movimentos indígenas [no Peru], não há dúvida de que os Quéchua, Aimará, Ashaninka, Amuesha, Anqara e outros povos indígenas estiveram politicamente ativos há muito tempo. [...] Que estas lutas, junto com outras ainda mais antigas na Amazônia, não tenham chegado a unificar-se de maneira coesa não significa que os movimentos nacionais possam ser simplesmente etiquetados como casos de fracassos" (Lucero & Sarah, 2006, n.p.).

Chile e Argentina. No entanto, é preciso reconhecer que esse processo de "indianização" da Conacami é mais discursivo que prático: está mais associado aos dirigentes do que às bases e se encontra ligado ao "efeito boliviano", em função do contato com diferentes organizações indígenas bolivianas, que foram potencializadas com a ascensão de Evo Morales à presidência.

Por outro lado, é preciso incluir ao mapa organizacional peruano a Associação Interétnica de Desenvolvimento da Selva Peruana (Aidesep), a principal organização aglutinadora das populações amazônicas e que reivindica a identidade indígena, complexificando com isso não apenas a tradicional divisão binária instalada no Peru entre Serra e Costa, mas também a tese da ausência de elaboração da "indianidade". Em ambos os casos, tanto da Conacami como da Aidesep, importa ressaltar que o protagonismo dessas organizações nos últimos anos está ligado às lutas e aos conflitos entabulados com empresas transnacionais e com o Estado, diante da expansão da fronteira extrativa (megamineração, petróleo, megarrepresas, agronegócios). Ainda que a Aidesep tenha uma escala regional, sua presença na atual cartografia indígena de lutas põe em xeque a "ausência" ou a ideia de "fracasso" do "retorno ao índio" no Peru; ou ao menos indica que essa afirmação deve ser relativizada.

Em suma, no Peru o campo de tensão que foi se instalando e se desdobrando entre o indígena, o camponês e o mestiço, entre o rural e o urbano, tomou caminhos e ramificações próprias, que foram se distanciando do tipo de reivindicação indianista hoje dominante, tal como encontramos no atual cenário latino-americano, mas sem que isso signifique que haja uma ausência de movimentos e organizações sociais que reivindicam uma identidade indígena. Trata-se de povos que batalham pela aplicação dos direitos coletivos, sobretudo a Convenção 169 da OIT, que estabelece o direito à consulta prévia.

Rumo ao paradigma multicultural na Argentina

> *Às professoras, eu diria que, quando encontrarem num manual de quinto ano que os índios "viviam", corrijam o tempo verbal, porque os índios "vivemos" em Formosa, no Chaco, em Salta, na Patagônia. Existem milhares de aborígenes na Argentina. Mas é muito pouco o que se conhece sobre suas culturas.*
>
> — Aimé Paine

Por essas questões paradoxais, a Argentina fez seu ingresso no paradigma da multiculturalidade quase sem haver passado pelo paradigma do indigenismo integracionista. Assim, graças à contribuição de organizações indígenas, das organizações não governamentais e dos especialistas no tema, a reforma da Constituição de 1994 varreu definitivamente o art. 67, inciso 15, substituindo-o pelo art. 75, inciso 17, que diz:

> Reconhecer a preexistência étnica e cultural dos povos indígenas argentinos. Garantir o respeito à identidade e o direito a uma educação bilíngue e intercultural; reconhecer a personalidade jurídica das comunidades e a posse e propriedade comunitárias das terras que tradicionalmente ocupam; e regular a entrega de outras aptas e suficientes para o desenvolvimento humano; nenhuma delas será alienável, transmissível nem suscetível a onerações e embargos. Assegurar sua participação na gestão de seus recursos naturais e dos demais interesses que lhe afetem. As províncias podem exercer concorrentemente essas atribuições.

Assim, a Argentina conta com uma legislação conformada aos novos tempos, que retoma a normativa internacional mais avançada sobre o tema. Por exemplo, a Convenção 169 da OIT — uma das ferramentas fundamentais na defesa da terra e do território, que institui a consulta prévia, livre e informada —, considerando o conjunto das constituições latino-americanas, foi incorporada em 1994, ainda que tenha entrado em vigor apenas em 2001. No mesmo sentido, a Argentina aceitou a Declaração das Nações Unidas sobre os Direitos dos Povos Indígenas.

Longe de ser exclusivo daqueles países nos quais existe uma forte matriz comunitária, o processo de empoderamento político e, ao mesmo tempo, de renovado encurralamento das comunidades indígenas abarca nações como a Argentina, onde nos anos 1970, passando pelos anos 1990 até a atualidade, de maneira persistente assistimos a um importante processo de reconstrução identitária.[121] Esse processo foi se acentuando ao calor das lutas contra distintas formas de extrativismo, lutas estas que diferentes comunidades e organizações indígenas vêm sustentando. Sobretudo contra a expansão da fronteira da soja e da mineração, a espoliação de

121. Como em outras latitudes, no contexto de um processo de radicalização política e de reinvenção da indianidade a partir dos primeiros anos da década de 1970, vimos na Argentina a emergência de novas lideranças indígenas. Em 1972, um grupo de dirigentes reunidos no Primeiro Parlamento Indígena Nacional, realizado em Neuquén, se pronunciava sobre uma série de demandas comuns (Carrasco, 2002a). Mas esse incipiente ativismo indígena ficou atravancado em razão da política repressiva empreendida pela ditadura militar. Por outro lado, em 1978, a Junta Militar tratou de reivindicar sobretudo a Campanha do Deserto, ao se completarem seus cem anos: com a "subversão" já aniquilada, os indígenas são entendidos como "elementos alheios ao ser nacional" (Gordillo & Hirsch, 2010). Foi com o retorno da democracia, em 1983, que teve início o reconhecimento dos indígenas. Foi sancionada a Lei 23.032 sobre Política Indígena e Apoio a Comunidades, que entrou em vigência em 1989. Em nível provincial, também foram sancionadas leis importantes, segundo as quais os indígenas são destinatários de políticas de ação social "mais ou menos respeitosas de sua diferença cultural, ainda que mantendo, em linhas gerais, a ideologia integracionista da Convenção 107 da OIT" (Carrasco, 2002a, p. 5). Foi criado o Instituto Nacional de Assuntos Indígenas (Inai), uma entidade descentralizada, que estabelece também a participação de representantes indígenas; da sua parte, as províncias criaram organismos semelhantes. Desse modo, as demandas das organizações indígenas passaram a se concentrar em dois temas: a entrega e a regularização de terras; e a efetiva participação na tomada de decisões dos indígenas em assuntos de seu interesse.

terras e a especulação imobiliária — em empreendimentos turísticos e residenciais — e contra a exploração de hidrocarbonetos convencionais e não convencionais. Além disso, em 2006, como demandas das organizações em um contexto de crescente conflito, foi sancionada a Lei 26.160, que proíbe a espoliação das comunidades indígenas e ordena a realização de um mapeamento territorial. Por último, em nível provincial existem legislações importantes a respeito dos povos originários que recorrem à normativa nacional e internacional. Algumas delas, como a nova Constituição provincial de Neuquén, reformada em 2006, declaram "a preexistência étnica e cultural dos povos indígenas, como 'parte inseparável da identidade e idiossincrasia provincial'".

No entanto, esse ordenamento jurídico que se desdobra em diferentes níveis (provincial e nacional, seguindo uma normativa internacional) contrasta com a realidade. Para se ter uma ideia disso, nada melhor que recorrer ao documento final do relator sobre povos indígenas da ONU, James Anaya, que visitou a Argentina em 2011 para coletar depoimentos e denúncias das comunidades. O relatório apresenta um quadro muito preocupante em que se destacam o impacto ambiental e cultural, a fragmentação do tecido social, a falta de consulta prévia (Convenção 169 da OIT), a espoliação violenta, as situações de criminalização e repressão, entre outros. Esse relatório demonstra que não apenas a legislação vigente não é aplicada, como também, a despeito da existência de uma normativa "de urgência" como a já mencionada Lei 26.160, são muito poucas as províncias que iniciaram o mapeamento de terras, ao mesmo tempo que as espoliações violentas continuam ocorrendo (em Formosa, Neuquén, Salta, Jujuy, entre outras localidades). Tampouco se pode esquecer que a grande crise de 2001 produziu uma inflexão importante na relação Estado-indígenas na medida em que voltou a encapsular a questão indígena em programas assistenciais para pobreza (Lenton & Lorenzetti, 2005). Essa definição dos indígenas como "sujeitos vulneráveis", ou como pobres, tende a naturalizar o problema e desfocar as demandas dos povos indígenas como sujeitos políticos.

Por outro lado, foram anos em que ocorreu a emergência de reivindicações identitárias provenientes de coletivos que eram dados como extintos, como a comunidade Selknam (Ona) na Terra do Fogo, os Huarpe em San Juan e Mendoza e os Rankulche (Gordillo & Hirsch, 2010, p. 31), assim como coletivos indígenas em âmbito exclusivamente urbano (Tamagno, 2009). A emergência dessas reivindicações gerou debates sobre a questão da "autenticidade", ressaltando a importância de marcadores como a língua ou até mesmo a "ruralidade", que se sustenta em uma visão essencialista, em vez de construtivista ou dinâmica, da etnicidade. A esse debate sobre "autenticidade" se soma outro, com relação à origem "chilena" dos povos Mapuche; uma acusação recorrente por parte das elites econômicas e dos setores políticos conservadores contra um dos povos mais ativos e mobilizados do país, sobretudo na província de Neuquén (Impemba, 2013).

Além disso, no começo deste capítulo, fizemos referência ao Museu de Ciências Naturais de La Plata, inextrincavelmente ligado à chamada Conquista do Deserto e ao positivismo racialista, onde durante mais de um século foram exibidos restos de indígenas. Em 1991, os descendentes iniciaram os pedidos de recuperação dos despojos do cacique Inacayal, para que fossem transportados do museu à comunidade de origem, em Teca, província de Chubut. Finalmente, essa primeira restituição se concretizou em 1994, depois de sancionada a respectiva lei (1991).[122] Com isso, como conta Liliana Tamagno, professora de antropologia na Universidade Nacional de La Plata,[123] iniciou-se um caminho sem retorno. Em 2001, a restituição do cacique Rankulche Panquitruz Guor — também conhecido como Mariano Rosas — contou com grande mobilização institucional e presença de público (Tamagno, 2009, p. 108). Naquele mesmo ano, foi sancionada a Lei Nacional 25.517, que define e regula uma política de restituição de despojos. Em um dos seus artigos, a norma estabelece que "os restos mortais de aborígenes que constituem acervo de museus e/ou coleções públicas e privadas, quais-

122. Os restos foram restituídos em 1994, mas em 2006 pesquisadores da Universidade Nacional de La Plata determinaram que ainda havia vestígios do cacique no museu. Finalmente, a ossada completa do cacique Inacayal descansa em seu povo Teca desde dezembro de 2014.

123. Uma reflexão sobre esse processo se encontra em Tamagno (2009, p. 105-13).

quer que sejam suas características étnicas, deverão ser postos à disposição dos povos indígenas e/ou comunidades de pertencimento que assim o demandem". A norma foi regulamentada em 2010 e estabeleceu que o Inai seria encarregado de coordenar e cumprir as restituições.

A esse respeito, é importante sublinhar o enorme trabalho do Coletivo Guías, Grupo Universitário de Investigação em Antropologia Social, formado em 2006 com o objetivo de "atender as demandas dos povos originários enviadas à Faculdade de Ciências Naturais e ao Museu da Universidade Nacional de La Plata a respeito da não exibição e restituição para suas comunidades de todas as coleções humanas que formam parte deste museu". Esse coletivo impulsionou, de 2006 em diante, quatro restituições (entrevista com F. Miguel Pepe, 2014).

Ainda que haja evocações ao Estado plurinacional e à autonomia, o paradigma dominante na Argentina é o multiculturalismo, no contexto de um governo nacional que interpelou as comunidades e organizações indígenas a partir da matriz nacional-popular. Em outros textos, analisamos o modo como o kirchnerismo atualiza a narrativa populista e quais são suas diferentes fases (Svampa, 2011). A análise de Briones segue uma linha similar, abordando de modo específico como a interpelação nacional-popular operou sobre as organizações indígenas: "Como síntese dessa releitura, explica o presidente do Inai, Daniel Fernández, com as administrações Kirchner o país retomou o 'rumo nacional e latino-americano' perdido, o que implica reconhecer que somos 'uma nação coesa por sua raiz mestiça e pluricultural, junto a um povo multiétnico, sujeito histórico da soberania'" (Briones, 2015, p. 27).

Em consequência, como ocorreu em outros âmbitos (organizações de direitos humanos e de desempregados, setores culturais e sindicatos), a narrativa populista reconfigurou o espaço político, proporcionando uma forte fragmentação no campo militante entre aqueles que apoiavam o governo e aqueles que não apoiavam. Se bem existe um conjunto de elementos que estão na base da reativação de uma histórica adesão indígena ao peronismo, vários dirigentes reconhecem que os governos kirchneristas "abriram espaços de diálogo sem precedentes entre o Estado e os indígenas"

(Briones, 2015, p. 28),[124] ainda que, certamente, existam numerosas organizações que mantêm uma posição independente e crítica.[125] Apesar disso, essa articulação entre matriz populista e matriz indígena-comunitária é sintoma mais de uma debilidade do que de uma fortaleza, porque ficou longe de traduzir-se em uma política indigenista integral, que contemple tanto o direito sobre as terras e territórios diante do avanço da fronteira extrativista quanto uma política de reparação diante do genocídio originário.

Como sustenta Delrio *et al.* (2010, p. 13-4):

> O atual governo argentino [Kirchner], que avançou na visibilização e na reivindicação da memória das vítimas da última ditadura, não produziu um reconhecimento similar para o genocídio e os crimes de lesa-humanidade contra os povos indígenas. No caso concreto do processo iniciado pelo ocorrido em Napalpí, em 1924, o Estado nega o reconhecimento dos Qom ou Toba como grupo étnico específico e sustenta a possibilidade de que, nesse caso, o crime de lesa-humanidade prescreva. Ao mesmo tempo, e paralelamente, promove planos educativos cujo objetivo explícito é fomentar a interculturalidade, a educação bilíngue e a tolerância. Em situação similar se encontra o caso de Rincón Bomba, ocorrido em Formosa, em 1947.

Por último, ainda em um contexto dramático e de escassa visibilidade, os povos originários contribuíram para a emergência da questão do território e da problemática territorial e socioambien-

124. Continua Briones: "Em linhas gerais, enfatiza-se a necessidade de transformar o Estado na direção oposta ao neoliberalismo e convoca-se os indígenas para trabalhar dentro do Estado para ajudar a concretizar essa meta. Não obstante, e como marca de um tempo, a proposta atual de pertencimento cidadão contempla de modo peculiar a ideia de uma diversidade interior, que já não se lê unicamente em termos de classes sociais, mas também de diferenças culturais" (Briones, 2015, p. 27-8).

125. A incorporação e a cooptação se instalam em uma estreita linha fronteiriça que, com o correr dos anos (doze anos de governo consecutivo entre as presidências de Néstor Kirchner e Cristina Kirchner), tende a consolidar-se em favor da cooptação e de uma total falta de independência na política governamental.

tal na agenda pública. Entre o longo conflito na bacia petrolífera de Loma de la Lata (Neuquén) — que estourou em meados dos anos 1990 — e os confrontos desencadeados nos últimos anos devido à exploração dos hidrocarbonetos convencionais e não convencionais, passando pela persistente perseguição dos Qom da Comunidade Primavera (Formosa), foram vários os fios condutores e os elementos comuns desses embates ecoterritoriais: discriminação étnica, racismo ambiental, não reconhecimento dos direitos indígenas sobre o território, ausência de consulta prévia segundo estabelece a Convenção 169 da OIT, espoliações violentas, criminalização sustentada com base em figuras penais como "usurpação" e, enfim, assassinatos e mortes suspeitas em zonas de fronteiras agropecuárias (Chaco, Tucumán, Formosa, Salta, Santiago del Estero).

Em suma, o peso do genocídio originário, as graves dívidas que o Estado argentino acumula com os indígenas e, sobretudo, a expansão da fronteira extrativista no atual modelo de acumulação redimensionam a questão sobre qual seria o lugar dos povos indígenas na nação argentina. É certamente uma pergunta inquietante, que coincide com o retorno da memória longa, já que novamente os povos originários aparecem instalados em territórios valorizados pelo capital: em se tratando de megamineração, agronegócios, hidrocarbonetos convencionais ou não convencionais, represas ou megaempreendimentos turísticos e residenciais, os indígenas são convertidos em uma espécie de pedra no caminho do "desenvolvimento".

Nas últimas décadas, assistimos à ascensão dos povos indígenas e à abertura de oportunidades políticas, visíveis, entre outros fatores, no cruzamento da agenda internacional (a discussão da ONU, no contexto do processo de descolonização e dos direitos coletivos dos povos originários, que derivaram na Convenção 169 da OIT e posteriormente na Declaração das Nações Unidas sobre os Direitos dos Povos Indígenas) com as agendas regionais e nacionais (as crises do Estado modernizador desenvolvimentista, o fracasso da integração em uma identidade mestiço-camponesa, a presença cada vez mais massiva de indígenas nas cidades) e questões de índole político-ideológica (a crise do marxismo e a revalorização de uma construção identitária ancorada na cultura).

Em um campo de tensão entre o multiculturalismo e a autonomia, dois paradigmas em confronto, vai se consolidando aquilo que alguns denominaram "cidadania étnica", primeiro ancorada na demanda dos direitos culturais e, em seguida (ou de maneira sobreposta, a depender do caso), na demanda de autodeterminação e autogoverno nos territórios indígenas. Como em outras latitudes, o próprio processo de mobilização evoca diferentes modos de entender a identidade: do primordialismo, que afirma a existência de uma identidade prévia à conquista espanhola e à constituição do Estado nacional, até aqueles que entendem a identidade como um constructo cultural, uma reatualização identitária positiva que ressignifica o passado colonial — não apenas em contextos rurais, mas também urbanos. Em ambos os casos, o apelo à etnicidade advém de uma síntese de forças históricas e, portanto, seria tanto estrutural como cultural (Comaroff & Comaroff *apud* Bartolomé, 2006).[126] Igualmente, do apelo a uma cidadania étnica advém uma ferramenta política inevitável na dinâmica do empoderamento dos povos índios, sobretudo na defesa da terra e do território, em um contexto de expansão da fronteira extrativista.

126. Da minha perspectiva, falar em "essencialismo estratégico", tal como fazem vários autores, supõe inserir a discussão em um terreno que pode assimilar o estratégico ao instrumental, o que pode resultar em um processo de manipulação de identidades. "Um enfoque que procura conjugar o histórico com o situacional e ao qual se acrescenta a ambígua qualificação de neomarxista é a proposta de J. e J. Comaroff (1992, p. 50), que comparam a etnicidade com o totemismo, uma vez que constituiria basicamente um sistema classificatório (Comaroff & Comaroff, p. 53), e assim a veem como uma síntese de forças históricas e, portanto, seria tanto estrutural como cultural; ainda que se originem 'pela incorporação assimétrica de grupos estruturalmente diferenciados no contexto de um mesmo sistema econômico' (Comaroff & Comaroff, p. 54). De maneira similar, T. Eriksen (1996) conclui sua análise do conceito, propondo que a etnicidade pode ser vista — ou entendida — tanto como fenômeno universal como constructo cultural da modernidade" (Bartolomé, 2006, p. 30).

Por meio da reapropriação positiva de determinações e conceitos, em um contexto de luta, os povos indígenas invertem o sentido comum e hegemônico (a estigmatização do índio), ao embaralhar ou modificar os marcos da dominação colonial (o Estado monocultural), para reformular uma nova linguagem, sob a qual o índio seja considerado sujeito e ator político, a partir do exercício dos direitos coletivos e da demanda de autonomia. Como afirma H. Díaz Polanco (2008), quem recorre à autonomia para falar dos processos de luta indígena alude tanto ao reconhecimento dos direitos coletivos (culturais e territoriais) como à autodeterminação, conceito cujo conteúdo é decididamente político. Por outro lado, ao calor das lutas por reconhecimento e controle dos territórios, a demanda de autonomia foi posta em contato com outros sujeitos coletivos insurgentes, urbanos e rurais, culturais e sociais, jovens e mulheres, e foram surgindo novos referenciais de ação coletiva; uma nova narrativa contestadora que na América Latina é constituída no cruzamento do discurso indígena e da linguagem ambientalista, na qual confluem diferentes conceitos-horizonte: "direitos da natureza", "bens comuns", "justiça ambiental", "soberania alimentar", "Bem Viver" ou "Viver Bem".

Em suma, os desafios são tão grandes quanto os paradoxos. Por um lado, a expansão da fronteira dos direitos coletivos é simultânea à das fronteiras do capital – em sua nova fase de acumulação, ligada ao extrativismo e à despossessão. Por outro, uma vez questionado o Consenso de Washington e reconhecidos os limites e as distorções da retórica multicultural, ainda no âmbito de novos governos considerados progressistas ou de esquerda, a narrativa indianista entra em forte tensão e colisão com a narrativa nacional-estatal, vinculada à tradição populista latino-americana.

2. Entre a obsessão e a crítica ao desenvolvimento

Durante os séculos XVIII e XIX e ao calor das diferentes revoluções políticas e econômicas, as noções de "progresso" e "civilização" se converteram em poderosas ideias-força, que moldaram determinada cosmovisão ou grande relato sobre a modernidade. Tais ideias-força receberam grande aderência no pensamento social e na política dos diferentes países latino-americanos durante o século XIX, quando a obsessão por aderir ao "progresso" e à modernidade aparecia associada inextricavelmente à exigência de erradicar a "barbárie" americana e seus "males endêmicos", relacionados à população autóctone e ao legado católico-hispanizante.

Ao longo do século XX, depois do fim da Segunda Guerra Mundial, as noções de "progresso" e "civilização" foram substituídas pela categoria "desenvolvimento", que, de maneira similar às antecessoras, tornou-se uma das ideias-força do discurso hegemônico moderno.[1] No entanto, ao definir o que é desenvolvimento, os

1. Para Koldo Unceta e José Manuel Naredo, "a pré-história do desenvolvimento" está ligada às ideias de progresso e modernidade. No entanto, Naredo (2006) considera que a noção de desenvolvimento tem uma história própria, que começou aplicada à biologia para designar evolução e crescimento das plantas e dos animais até alcançar sua plenitude, para depois ser transferida ao contexto social no século XVIII, quando se pensou o desenvolvimento histórico como continuação do desenvolvimento natural. Mas é no século XIX que a metáfora biológica se move plenamente para o campo social. Marx ligaria a concepção hegeliana da história ao conceito darwinista de evolução, outorgando às forças produtivas (em termos de progresso econômico e técnico) o papel de motor da mudança histórica, em sentido positivo.

discursos e as narrativas revelam percursos diversos, seguindo fatores e ideias aos quais pode ser associado. Esses avatares configuraram diferentes campos de problemas, entre os quais se destacam os referentes à relação entre desenvolvimento e progresso, desenvolvimento e natureza, desenvolvimento e liberdade (Unceta, 2009). Nessa linha, o campo do desenvolvimento e suas diversas problemáticas se constituíram como uma trama complexa, atravessada por uma multiplicidade de instituições e atores econômicos, políticos e sociais que deve ser entendida a partir de diferentes escalas e agendas (nacional, regional, global). Como consequência, encontramos agentes variados: governos, empresas multinacionais, organismos nacionais e internacionais, organizações e movimentos sociais, organizações não governamentais, técnicos, acadêmicos, intelectuais, entre outros.

Neste capítulo, seguirei as pegadas de dois campos de problemas: a relação entre desenvolvimento e progresso e entre desenvolvimento e natureza. Por um lado, o primeiro campo promove o nascimento do paradigma produtivista, cujos eixos são o economicismo e a ideia de crescimento indefinido ou ilimitado. Esse paradigma estende sua hegemonia com escassos questionamentos até 1970. Apesar das variadas críticas filosóficas, econômicas e ecológicas que seus fundamentos e sua legitimidade acumularam, ainda hoje apresenta grande capacidade de adaptação e vampirização de novas linguagens, ocupando um lugar preponderante no discurso dominante. Por outro lado, o segundo campo de problemas destaca a tensa relação entre desenvolvimento e natureza, baseada historicamente em uma ontologia dualista e uma visão hierárquica (de subordinação da natureza ao ideal de desenvolvimento). Esse problema aparece crescentemente vinculado à questão ambiental, que se instala na agenda internacional a partir dos anos 1970 pelas mãos dos novos movimentos sociais, assim como pela reflexão de pensadores e intelectuais preocupados com a degradação do ambiente e com o futuro civilizatório. A emergência do conceito de "desenvolvimento sustentável", seus avatares e posterior fracasso ilustram o desafio político e intelectual de reduzir a distância cada vez mais visível entre desenvolvimento e proteção ambiental.

Em função disso, me dedicarei a apresentar algumas das linhas do paradigma produtivista e do paradigma ambiental em suas formulações latino-americanas. Em primeiro lugar, farei uma apresentação da Cepal, por meio de seus temas e de alguns autores, que introduzem o fundamento "centro/periferia" para explicar as assimetrias e os obstáculos ao desenvolvimento. Em segundo lugar, proponho um percurso sobre a noção de "desenvolvimento sustentável" e as visões alternativas que surgiram na América Latina, tanto a respeito do paradigma produtivista como do paradigma da sustentabilidade. Nesse ponto, abordarei o segundo campo de problemas com uma breve passagem sobre a trajetória da representação da natureza na América Latina, dando atenção à emergência de novas disciplinas e movimentos sociais que problematizam a questão ambiental.

2.1. O PARADIGMA DO DESENVOLVIMENTO

O legado do pensamento clássico consolidou uma concepção produtivista do progresso, baseada nas conquistas materiais e na ascensão econômica como "ciência paradigmática" para explicar esses processos. Como analisa Naredo (2006), foi imposta a ideia de um sistema econômico, com seu carrossel de produção, consumo e crescimento e com a metamorfose do último em desenvolvimento. Consequentemente, ao ressaltar e registrar em termos monetários somente a face positiva do processo econômico (eclipsando a deterioração que tal processo inflige em seu entorno físico e social), a produção deixou de ser considerada um meio e se tornou um fim em si mesmo. Nesse sentido, o crescimento do produto ou renda nacional foi percebido como algo desejável e generalizável, sem que fossem analisados seu conteúdo, suas externalidades e suas consequências inconvenientes. Igualmente, esse tipo de postura considerava o crescimento econômico mais importante que a distribuição, convertendo-o em uma meta em si mesma, de modo que o grau de desenvolvimento de um país seria medido por sua capacidade de produção, ou seja, pelo conjunto de bens e serviços produzidos por um país (PIB). Surgiria "a mitologia do crescimento econômico", e uma de suas consequências seria o reducionismo economicista.

A mitologia do crescimento econômico recebeu um novo e decisivo impulso no final da Segunda Guerra Mundial, com o reconhecimento da hegemonia estadunidense e o início do processo de descolonização da África e da Ásia. A partir de 1944, então, foram criadas múltiplas instituições econômicas e organismos internacionais dedicados ao tema do desenvolvimento, entre os quais se destacam a Organização das Nações Unidas (antes Liga das Nações), a Organização das Nações Unidas para Alimentação e Agricultura (FAO) e as comissões econômicas para distintas regiões: Comissão Econômica para a Ásia e o Extremo Oriente (CEAEO), em 1947; a Comissão Econômica para a América Latina e o Caribe (Cepal), em 1948; o Banco Internacional para Reconstrução e Desenvolvimento (Bird), em 1944, entre outros. Além disso, em

1944 também foi criado o Fundo Monetário Internacional (FMI). Em seu discurso de posse, em 1949, o presidente estadunidense Harry Truman anunciou que "o velho imperialismo (a exploração para benefício estrangeiro) já não tem lugar em nossos planos. O que pensamos é um programa de desenvolvimento baseado nos conceitos de tratamento justo e democrático [...] que contribua para a melhoria e o crescimento das áreas subdesenvolvidas" (*apud* Naredo, 2006, p. 178). O discurso de Truman coroava, assim, a nascente institucionalidade internacional em torno da questão do desenvolvimento e, ao mesmo tempo, introduzia a noção de "subdesenvolvimento" para referir-se aos países "atrasados", termo relativamente novo na linguagem econômica e política. Costuma-se afirmar que esse discurso constituiu um divisor de águas político e simbólico, pois, dali em diante, as distâncias econômicas, sociais e políticas entre os diferentes países se expressariam na contraposição entre desenvolvimento e subdesenvolvimento. Enquanto o subdesenvolvimento — no qual viviam bilhões de pessoas — se tornou uma condição indigna da qual era preciso escapar, o desenvolvimento se tornou um valor universal, homogêneo, grande objeto de desejo e nova mitologia do Ocidente (Esteva, 1996).

Foi nesse contexto que nasceu a economia do desenvolvimento — uma subdisciplina importante da economia —, que aborda os obstáculos ao crescimento econômico sustentado, típicos de determinados contextos (fundamentalmente nos países que conquistaram a independência depois da Segunda Guerra Mundial), bem como as medidas para superá-los. A economia do desenvolvimento se articulava com as ideias keynesianas dominantes na época. Seus representantes mais conhecidos foram Ragnar Nurkse, Paul Rosenstein-Rodan, Walt Whitman Rostow, William Arthur Lewis, Gunnar Myrdal, entre outros, que chegaram a ser mencionados como "pioneiros do desenvolvimento" (Unceta, 2009, p. 7).

Nessa linha, no início dos anos 1960, a ONU proclamou o "Decênio do Desenvolvimento", com a ideia de que tudo seria resolvido com a efetiva transferência de tecnologia dos países ricos aos países pobres. O crescimento econômico deveria seguir uma série de etapas, apresentadas por Rostow (1961) em *Etapas do desenvolvi-*

mento econômico.[2] O autor argumentava que o atraso dos países menos desenvolvidos era transitório e uma etapa necessária do processo histórico das sociedades. Desse ponto de vista evolutivo, o desenvolvimento era uma questão de tempo e, portanto, os países retardatários deviam se inspirar e repetir o exemplo das economias mais avançadas. Caso seguissem as diretrizes e trabalhassem criteriosamente, poderiam entrar na fase de *take off* (decolagem) e se lançar no rumo do crescimento, encurtando as distâncias com os países ricos e desenvolvidos.

Na América Latina, a crescente preocupação com a problemática do subdesenvolvimento gerou um novo enfoque econômico-social, que questionava o olhar evolutivo e normativo do discurso hegemônico. Da periferia nascia, assim, uma nova teoria do desenvolvimento, original e de recorte heterodoxo, que não só oferecia uma explicação diferente, mas também propunha políticas públicas para superar os obstáculos do desenvolvimento presentes nos países subdesenvolvidos. No âmbito da elaboração dessa teoria do desenvolvimento, estiveram a Cepal e seus principais intelectuais, como Raúl Prebisch, Celso Furtado, Aníbal Pinto e Juan F. Noyola, entre outros. A seguir, apresentarei os eixos principais da visão cepalina sobre desenvolvimento.

2. *The Stages of Economic Growth: A Non-Communist Manifesto* foi publicado originalmente em inglês em 1960. Uma das primeiras críticas diretas do livro de Rostow no Brasil foi a tese de livre-docência de Caio Prado Júnior, defendida em 1968, *História e desenvolvimento: contribuição da historiografia para a teoria e prática do desenvolvimento brasileiro.* [N.T.]

A TEORIA DE DESENVOLVIMENTO DA CEPAL

> *A Cepal... Nossa única instituição cultural prestigiada internacionalmente e com justa razão. Só tendo em conta os efeitos de escala e o tipo de recrutamento é possível explicar esse aparente milagre operado pela Cepal: uma organização financiada pela* ONU *(portanto, indiretamente, pelos Estados Unidos) se converte em um foco de identificação latino-americana e de pensamento autônomo, criativo, novo. Precisamos de dez ou doze "cepais" na América Latina. Entendam bem: dez ou doze, não quatrocentas.*
>
> — Torcuato di Tella

Foi em 1948 que o economista argentino Raúl Prebisch divulgou o trabalho intitulado "El desarrollo de la América Latina y algunos de sus principales problemas" [O desenvolvimento da América Latina e alguns de seus principais problemas] (2013), uma espécie de manifesto teórico-político que lançava as bases de um novo paradigma, chamado estruturalista, convocando adesões e adeptos não só no continente mas também em outras regiões do planeta. Em sua apresentação, Prebisch demonstrava as diferenças entre as economias do centro e da periferia por meio de uma análise comparativa, tendo como eixo a evolução comercial da América Latina. Esse foi o passo decisivo para a construção de uma teoria da economia internacional baseada na diferenciação de dois polos: o centro e a periferia, cujo núcleo fundamental era a deterioração dos termos de troca para a América Latina.

O primeiro grande argumento de Prebisch era que o problema do desenvolvimento latino-americano, longe de ser uma questão de tempo, ilustrava um obstáculo de estrutura econômica, diretamente vinculado à divisão internacional do trabalho.[3] Isso marcou a origem da nossa condição periférica. A tese central era que, enquanto o centro possuía uma estrutura diversificada, que gerava progresso técnico e aumento da produtividade, a periferia possuía uma estrutura simples e se beneficiava dos avanços tecnológicos somente quando o centro assim o permitisse. Categorias como "centro", "periferia" e "heterogeneidade estrutural" seriam fundamentais para compreender o subdesenvolvimento como forma cultural historicamente determinada, cuja consequência era que grande parte dos efeitos da acumulação de capital e de incorporação da tecnologia era revertida aos países desenvolvidos, e não ao interior dos países periféricos.

Nesse mesmo sentido, a escassa produtividade da periferia gerava um grande excedente de mão de obra e provocava uma tendência à baixa dos salários, o que não contribuía com o mercado interno. Um dos principais problemas era, então, a deterioração dos termos de troca, isto é, o fato de que os preços das matérias-primas crescem mais lentamente que os preços dos produtos manufaturados. Por isso, uma economia baseada na especialização em produtos primários pode crescer apenas conjunturalmente (ao compasso de um ciclo econômico em ascensão). Isso havia ocorrido, por exemplo, com o modelo agroexportador na Argentina, mas a mudança das condições internacionais (queda dos preços das matérias-primas) evidenciava uma estrutura econômica muito débil e vulnerável.

A proposta da Cepal, sob a liderança de Prebisch, tinha consequências heterodoxas, pois no contexto latino-americano era preciso recusar as fórmulas associadas à economia clássica que condenavam o subcontinente à especialização econômica por países (as "vantagens comparativas" da produção primário-exportadora) para, ao contrário, forjar um caminho próprio. Por outro

3. Para abordar de modo geral o tema do cepalismo, podem ser consultados Furtado (1985); Gutiérrez Garza (1994); Mallorquín (1994); Sztulwark (2003); Nahon *et al.* (2006); Brieva *et al.* (2002); Pécaut (1989); Mathias & Salama (1983); e Gutiérrez Garza & González Gaudiano (2010). Sobre o tema dos antecedentes, ver Devés Valdés (2000, p. 303, tomo 1).

lado, não havia países em desenvolvimento uniforme. O desenvolvimento tardio das nações periféricas apresentava uma dinâmica diferente daquelas que haviam experimentado o desenvolvimento anterior, como na Europa e nos Estados Unidos. Em termos propositivos, para superar a condição periférica na divisão internacional do trabalho eram indicados dois caminhos prioritários: primeiro, uma série de reformas estruturais e institucionais em busca da industrialização, para a qual se apresentava a substituição do modelo de "crescimento para fora", centrado na produção e na exportação de matérias-primas, por um modelo de "crescimento para dentro", que tinha como motor a industrialização por substituição de importações (ISI). E, em segundo, a Cepal propunha o Estado como ideia-força.[4] Em decorrência das falhas estruturais e da debilidade dos atores econômicos, um conceito-chave era a planificação ou programação estatal, que implicava afirmar o Estado como condutor do processo de desenvolvimento. Como consequência, o desenvolvimento foi concebido como um processo de mudança estrutural global, que acarretava profundas reformas no plano das políticas públicas. A intervenção do Estado conduzia, entre outras coisas, à planificação do desenvolvimento, ao desenho de um sistema de contas nacionais, ao investimento público, ao protecionismo em áreas estratégicas e à criação de empresas de propriedade estatal, sobretudo em setores industriais (Nahon, Rodríguez & Schorr, 2006). Com esse objetivo, em 1962 foi criado o Instituto Latino-Americano de Planificação Econômica e Social (Ilpes), também com sede no Chile, para formação de quadros técnicos e formulação de projetos e recomendações de políticas públicas.

Em suma, a industrialização, no contexto latino-americano, deveria se articular em três eixos: "o equilíbrio da balança de pagamentos como objetivo macroeconômico; o reconhecimento de que o setor primário da economia latino-americana era produzido e fabricado pelos países do centro, em particular pelos Estados Unidos; e a formação de capital como resultado da pou-

4. A expressão é de Octavio Rodríguez, retomada por Estela Gutiérrez Garza (1994, p. 126).

pança interna" (Gutiérrez Garza, 1994, p. 122-3). Esse modelo de industrialização por substituição de importações era, contudo, uma estratégia de longo prazo, pois no curto prazo as economias latino-americanas deveriam enfrentar desequilíbrios na balança de pagamentos. Existiam, porém, outros obstáculos internos ao desenvolvimento, entre eles a estrutura de propriedade agrária (a excessiva concentração de terra) e os baixos níveis de produtividade agrícola. Portanto, a industrialização deveria ser acompanhada por uma reforma agrária que distribuísse a terra de modo mais equitativo. Ao mesmo tempo, a tecnologia empregada no setor industrial estava na origem da debilidade da criação de empregos, o que agravava a tendência ao desemprego estrutural (população flutuante). Ambos os elementos – propriedade agrária e tecnologia incorporada à indústria – contribuíam para maior concentração de renda (Mathias & Salama, 1983, p. 140).

Por último, importa destacar que, em termos analíticos, um dos núcleos da Cepal era o enfoque histórico-estrutural, atribuído a Prebisch. Para Sunkel e Paz, diferentemente do método clássico (abstrato e histórico, ao mesmo tempo dedutivo e indutivo, que desconhece qualquer elaboração de dados e exige hipótese prévia), o método histórico-estrutural propõe uma hipótese prévia totalizante.[5] Como consequência, uma parte nunca pode ser explicada isoladamente, mas em sua relação com o todo. "Por exemplo, não se pode explicar a especialização da economia latino-americana sem considerar um centro que, ao industrializar-se, condiciona o modo de ser da periferia" (Sunkel & Paz, 1970, p. 94). Trata-se de estabelecer as relações entre estrutura, sistema e processo.[6]

5. Segundo Bielschowsky (1998), a Cepal propunha quatro elementos analíticos: o enfoque histórico-estrutural; a análise da inserção internacional; a consideração dos condicionantes estruturais do crescimento, do progresso técnico e da distribuição; e a possibilidade de ação estatal.

6. No site da ONU sobre Raúl Prebisch, o método histórico-estrutural é assim definido: "A noção de que os países menos desenvolvidos e os desenvolvidos enfrentam problemas qualitativamente distintos e de que a construção de políticas e do fortalecimento das capacidades do Estado é condição determinante para que os países menos avançados possam se transformar e alcançar maiores níveis de desenvolvimento" (ONU, 2000).

Sob o comando de Prebisch e o acompanhamento inicial de Celso Furtado, a Cepal exerceu grande influência política e intelectual entre a década de 1950 e meados dos anos 1970, para depois iniciar um período de forte mutação político-intelectual. Durante essa fase, conseguiu desenvolver grande autonomia teórica, constituindo-se como uma usina de pensamento e de propostas de políticas públicas, apesar da oposição dos Estados Unidos, que em 1951 intencionaram até mesmo fechar seus escritórios. O apoio de Getúlio Vargas, então presidente do Brasil, foi fundamental para o triunfo dessa batalha inicial por autonomia de ideias (Furtado, 1985). De mãos dadas com economistas, sociólogos, técnicos e políticos, o cepalismo advogou por um programa integral de políticas públicas que contribuíram para afirmar o papel planificador do Estado. Essa política que apontava para a industrialização na periferia capitalista foi conhecida como "desenvolvimentismo". Contudo, embora a Cepal esteja naturalmente vinculada ao desenvolvimentismo como ideologia econômica, é importante esclarecer que essa associação não significa nada mais do que uma identificação. Em outras palavras, a proposta cepalina é um componente importante do modelo desenvolvimentista, mas não o esgota, à medida que este adquiriu muitas versões ou variantes na realidade concreta. Com efeito, o desenvolvimentismo como ideologia econômica acompanhou a ação de diferentes regimes políticos na América Latina, desde os populistas (Perón na Argentina, Vargas no Brasil), que impulsionavam a demanda e o consumo por meio da expansão do mercado interno, até aqueles especificamente denominados "desenvolvimentistas" (Kubitschek no Brasil, Frondizi na Argentina), que destacaram o papel do investimento e outorgaram maior importância ao capital estrangeiro. Modelos desenvolvimentistas também foram identificados em países como Venezuela (1958), Peru (1962) e Chile (1964). A pesquisadora norte-americana Kathryn Sikkinnk (2009), com quem concordo neste ponto, explora as diferenças entre projetos desenvolvimentistas no Brasil e na Argentina, explicando o êxito deste no Brasil, pelo consenso encontrado no interior das elites, enquanto na Argentina a dicotomia peronismo/antiperonismo se tornou um obstáculo para qualquer unidade, impedindo a consolidação de um modelo desenvolvimentista.[7] Posteriormente, o exitoso vínculo com governos autoritários, analisado por O'Donnell em termos de modernização autoritária, deixava nítida a ampla funcionalidade do desenvolvimentismo, reduzido a um programa de industrialização.

Outro dos economistas fundamentais desse processo foi o já mencionado Celso Furtado, brasileiro que integrou a Cepal desde os primeiros anos (1949-1957) e exerceu papel importante na construção de uma rede latino-americana de difusão, debate e recru-

7. Em um livro autobiográfico de 1985, *A fantasia organizada*, Furtado narra os caminhos regionais da Cepal nos anos 1950, a origem de sua estrutura e alguns debates sobre subdesenvolvimento suscitados naquele tempo. Furtado explica que os vínculos entre a Cepal e o peronismo foram muito tênues. Em suas memórias da primeira década na Comissão, afirmava que o governo peronista estava desprovido de uma política de industrialização (Furtado, 1985, p. 91). Conta também que Prebisch lamentava que Perón não tivesse as mesmas virtudes de Vargas. "Em certa ocasião me disse que, se tivesse podido influenciar Perón no começo, lhe incutindo uma visão clara dos verdadeiros problemas econômicos vividos pela Argentina, a história do seu país podia ter tomado outro rumo. Tentou esse contato com Perón, mas certas pessoas tinham confundido a coisa, sem dúvida pelo temor de perder influência" (Furtado, 1985, p. 105). Por outro lado, Sikkinnk afirma que os peronistas estavam a par do pensamento desenvolvimentista surgido na Cepal. Em suas conferências de 1951, o ministro da Economia de Perón utilizou conceitos e termos que indicavam que conhecia a obra de Prebisch. "Nenhum peronista atribuiu a Prebisch ter influenciado na política econômica do governo de então; alguns chegaram a sugerir que a Cepal havia tomado ideias do peronismo, e não o contrário. Por exemplo, em 1953, Perón declarou: 'a Cepal disse que a única solução para os países semidesenvolvidos é a industrialização. [...] Nós dissemos a mesma coisa há dez anos e, durante os últimos dez anos, colocamos isso em prática na República Argentina'. Prebisch refutou essa afirmação, mas ao mesmo tempo reconheceu as similitudes entre as ideias cepalinas e a postura de Perón sobre a industrialização" (Sikkinnk, 2009, p. 40, nota de rodapé). Por outro lado, apesar do prestígio internacional de Prebisch (que havia criado o Banco Central da Argentina), no período do primeiro peronismo ele foi visto como um "homem da oligarquia", não tanto por sua participação em governos militares anteriores, mas por sua convicção decididamente antiperonista. Não se deve esquecer que, em 1956, depois da queda de Perón por um golpe militar de Estado, Prebisch assumiu o cargo de ministro da Economia (ainda conservando seu cargo diplomático como funcionário da ONU).

tamento. Mesmo sendo bastante jovem, Furtado foi nomeado por Prebisch diretor da divisão de Desenvolvimento Econômico da nova instituição. Lá, ele traduziu textos de Prebisch para o português e publicou numerosos artigos na *Revista Brasileira de Economia*, debatendo as posturas da Cepal com outros colegas. Durante esses primeiros anos de consolidação, Furtado mantinha importantes diálogos com representantes do pensamento econômico ortodoxo, além de ter sido encarregado de estabelecer vínculos e conexões entre a Cepal e outras instituições (como o Banco Nacional de Desenvolvimento Econômico) e atores corporativos da vida brasileira (empresários e militares). Isso explica a ampla difusão do pensamento cepalino no Brasil, onde o desenvolvimentismo se enraizou muito mais do que em outras terras e onde os debates sobre industrialização eram frequentemente promovidos pelo governo de Getúlio Vargas.[8]

Furtado deixou a Cepal em 1958, e até 1964 ocupou diversos cargos na estrutura política do Estado brasileiro: a direção do Banco Nacional de Desenvolvimento Econômico e, posteriormente, a chefia da Superintendência do Desenvolvimento do Nordeste (Sudene). Enquanto isso, distanciava-se da ideia convencional de economia, incorporando elementos de ordem sociológica ao descrever a especificidade do desenvolvimento do Brasil (Mallorquín, 1994, p. 68). Com enfoque socioeconômico estruturalista, estabelecia a distinção entre modernização e desenvolvimento (Furtado, 1981) e, nessa linha, considerava que o problema do Brasil havia sido a substituição de importações que esteve a serviço da modernização. A heterogeneidade da economia brasileira decorria, assim, do fato de que primeiro existiu uma modernização e só depois a economia se preparou para atender às exi-

8. Fruto da polêmica com o economista Ragnar Nurkse sobre desenvolvimento, Furtado escreveu um artigo de repercussão internacional, publicado na *International Economic Papers*, no qual divergia de Nurkse sobre a ideia de que o obstáculo ao desenvolvimento seria o "tamanho do mercado" dos países subdesenvolvidos. Diferentemente, sustentava que "um mercado só é pequeno em relação a algo", e isso tinha relação com "o tipo de equipamento utilizado nos países adiantados" (Mallorquín, 1994, p. 48-9).

gências impostas por esse processo. Os setores que não apresentavam essa demanda ficaram relegados e condicionados a uma economia atrasada (Furtado, 1981, p. 4).[9]

Em 1964, em razão do golpe militar ocorrido no Brasil, Celso Furtado foi exilado e, como tantos outros intelectuais brasileiros, ancorou no Chile, onde ministrou uma série de conferências no Ilpes, cujas ideias passariam a formar parte do livro *Subdesenvolvimento e estagnação na América Latina* (1966). Ali expressou com clareza que o ensaio de industrialização substitutiva havia sido uma alternativa durante certo tempo, mas a tecnologia que a América Latina teve de assimilar na metade do século XX era altamente escassa de mão de obra e extremamente exigente com relação às dimensões do mercado. Nessas condições, a regra tendia ao monopólio ou oligopólio e à concentração de renda, o que condicionava a composição da demanda e orientava os investimentos para certas indústrias. "A experiência tem demonstrado, na América Latina, que esse tipo de industrialização substitutiva tende a perder impulso quando se esgota a fase das substituições 'fáceis', e eventualmente provoca estagnação" (Furtado, 1966, p. 39). Por isso, o desenvolvimento não pode ser resultado de uma atuação livre dos mercados. Como as classes dirigentes não compreendiam o problema e se obstinavam na manutenção do *status quo*, "aqueles que, na América Latina, lutam efetivamente pelo desenvolvimento desempenham, conscientemente ou não, um papel 'revolucionário'" (Furtado, 1966 p. 48-9).[10]

9. "A história é o que ela é. Não posso imaginá-la como fruto de um determinismo, nem de uma necessidade lógica. Naquele momento, quando se abriram várias possibilidades para o Brasil, prevaleceram as forças que promoviam a modernização, não o desenvolvimento. E isso vai marcar o Brasil, no século XX, como nação subdesenvolvida" (Furtado, 1981, p. 6). Vários textos de Furtado anteciparam uma maneira distinta de compreender o desenvolvimento, considerando a heterogeneidade social e a assimetria das relações sociais. Como assinalou Mallorquín (2012), essa mudança de visão parece estar ligada ao regresso de Furtado ao Nordeste brasileiro, com sua geografia de desigualdades persistentes.

10. Nesse trecho, segundo Mallorquín (1994, p. 71), é possível encontrar elementos conceituais que depois serão retomados pelo dependentismo, sobretudo o livro *Dependência e desenvolvimento na América Latina*, de

Nesse sentido, Furtado sustentava que a industrialização substitutiva agravava o dualismo do mercado de trabalho, ampliando o hiato entre setor moderno e economia pré-capitalista, sem que fosse possível vislumbrar uma perspectiva de redução desta última. Além disso, agravava-se o fenômeno da marginalidade no âmbito urbano (Furtado, 1966, p. 98). Enfim, seu argumento depois seria denominado "teoria do bloqueio estrutural", ligada ao esgotamento do modelo de substituição de importações, apontando não apenas para os limites da experiência desenvolvimentista, mas também da própria Cepal.

A partir da Cepal, a ala sociológica-modernizadora esteve representada por José Medina Echavarría — sociólogo espanhol, tradutor de Max Weber, incorporado com o objetivo de superar o economicismo, e que seria encarregado de introduzir uma perspectiva sociológica à problemática do desenvolvimento. Medina Echavarría trabalhou 25 anos na Cepal, entre 1952 e 1977; foi diretor da divisão de Assuntos Sociais do Ilpes, primeiro diretor da Escola de Sociologia da Flacso, funcionário da Unesco, entre outros cargos. Publicou várias obras que condensavam sua visão sobre desenvolvimento, como *El desarrollo social en América Latina en la posguerra* [O desenvolvimento social na América Latina durante o pós-guerra] (1963).[11] Medina Echavarría não compartilhava dos diagnósticos germânicos em voga sobre a dualidade estrutural e buscou substituí-los a partir do conceito sociológico de "porosidade estrutural", que afirmava a coexistência de aspectos tradicionais e modernos nas sociedades latino-americanas, o que em longo prazo supunha um obstáculo ao desenvolvimento (Morales Martín, 2013).

Por último, a Cepal se propôs a unificar aspectos econômicos e sociais por meio da criação de um projeto interdisciplinar, cujo resultado foi a construção de um novo conceito em 1971: os *estilos de desenvolvimento* (Gutiérrez Garza, 1994). A *Revista de la Cepal*

....

Fernando Henrique Cardoso e Enzo Faletto (2003 [1969]), que estavam no Chile e participaram dessas discussões.

11. Para um retrato intelectual de José Medina Echavarría, ver Juan Jesús Morales Martín (2013). Retomando a tese weberiana dos tipos ideais, Medina Echavarría se incumbiu do estudo da *hacienda* e, a partir dela, refletiu sobre o *ethos* dos latifundiários e a existência senhorial na América Latina.

dedicou um número especial a essa discussão, no qual foram contrapostas as contribuições de Aníbal Pinto, que ressaltava o aspecto econômico, e as de Jorge Graciarena, que enfatizava a necessidade de incluir a dimensão do poder do Estado.[12] Pinto recorre a distintas tipologias de estilos de desenvolvimento, definindo o conceito como o modo como "se organizam e se atribuem os recursos humanos e materiais dentro de um determinado sistema, com o objetivo de resolver as questões sobre o quê, para quem e como produzir bens e serviços". Caracterizou o estilo de desenvolvimento dominante como concentrador e excludente, em decorrência da distribuição desigual de renda e da alarmante presença da pobreza em níveis críticos (Pinto, 2008 [1976]). Por sua vez, Graciarena propunha uma visão mais heterodoxa, criticando a imprecisão do conceito de "estilo de desenvolvimento", pelo nível de generalidade com o qual se apresentava — sistema ou estratégia de desenvolvimento. Com isso, propunha superar enfoques fragmentários, ao mesmo tempo que se perguntava sobre que tipo de síntese produzir.[13] Para além das dificuldades de pactuar com uma definição única, seria decisiva a necessidade de transitar para uma estratégia de

12. *Revista de la Cepal*, 1º semestre de 1976. Inclui também artigos de Marshall Wolfe e Prebisch, entre outros.

13. "Como conceber globalmente o desenvolvimento e como superar os enfoques fragmentários e ao mesmo tempo conflitivos das disciplinas? Que tipo de síntese é um estilo? Qual é seu conteúdo essencial? A oposição entre desenvolvimento econômico e social não foi uma consequência exclusiva da separação disciplinar entre economia e sociologia. Também é decorrência de um leque ideológico bastante amplo, que compreendia, em um extremo, a posição economicista de quem pensava que o crescimento da economia produziria necessariamente sua modernização e, por mera presença, a transformação e o desenvolvimento da sociedade, até aqueles que, no extremo oposto, acreditavam que ambos, o crescimento econômico e o desenvolvimento social, constituíam etapas ou fases sucessivas e que o último não podia ser conquistado senão depois e à custa dos avanços do primeiro. Uma posição distinta se encontra na vertente politicista ou sociologicista de quem acredita que o desenvolvimento político (ou a revolução política) é necessariamente anterior a qualquer transformação econômica e social, ou nos partidários de um reformismo social progressivo, mas pausado, quando não de um conservadorismo modernizante" (Graciarena, 1976, p. 1.094).

desenvolvimento que incorporasse elementos sociais — educação, saúde, moradia, seguridade social, entre outros — e uma leitura com elementos de caráter sociológico e político (Graciarena, 1976).[14]

Em suma, em meados dos anos 1960 se produziu o que Ansaldi chamou de "um giro do pensamento cepalino para as estruturas sociais (sem abandonar a análise das estruturas econômicas)" (Ansaldi, 1991, p. 33). Surgem limites para a industrialização substitutiva e então emerge o questionamento sobre onde estariam as "falhas". Ainda que o enfoque cepalino continuasse sendo estruturalista, "aparece a pergunta sobre os atores sociais" (Ansaldi, 1991, p. 33). Nessa linha se inserem diferentes críticas, entre elas as de Maria da Conceição Tavares, que desde cedo, em 1964, assinalava que o modo de industrialização por substituição de importações apresentava limites claros e havia chegado à etapa final, por não poder ser estendido a outros setores, em particular o agropecuário, nem assentar as bases para um desenvolvimento autônomo das economias latino-americanas, o que se evidenciava no fenômeno de estrangulamento externo e dos problemas resultantes do desequilíbrio na balança de pagamentos (Gutiérrez Garza & González Gaudiano, 2010, p. 45; Pécaut, 1989, p. 205). Essa tese antecipava a teoria do *bloqueio estrutural*, que seria desenvolvida por

14. A proposta de Graciarena constituía um avanço na medida em que propunha não apenas uma problematização teórica (ir além das estratégias e políticas de desenvolvimento) mas também orientações para identificar um estilo concreto de desenvolvimento, que incorporasse as diferentes dimensões em uma dinâmica relacional (ou dialética), as diversas escalas, os variados condicionantes e o sentido do movimento principal de um estilo. Nessa linha, é interessante a análise de Estela Gutiérrez Garza, que considera tanto a tarefa de Graciarena como a de Pinto contribuições relevantes para uma rica conceitualização operacional de alcance intermediário, com base na noção de estilos de desenvolvimento. No entanto, essa tarefa ficou truncada. Por exemplo, Pinto propunha a noção de "círculos de causalidade acumulativa" para articular a esfera da produção com a esfera da circulação. Segundo essa perspectiva, se o conceito houvesse sido desenvolvido, seria possível evitar a estagnação do pensamento econômico latino-americano iniciada no fim dos anos 1970. Foi a teoria da regulação, de origem francesa, que nos anos 1990 contribuiu para uma definição mais nítida e precisa de "modos de desenvolvimento".

Celso Furtado e retomada depois pelos dependentistas. Com efeito, o autor brasileiro sublinhava as limitações internas do modelo, a debilidade do setor agropecuário, assim como evocava o espectro da estagnação econômica, ao qual atribuía características estruturais. Outro elemento analítico que se agregaria aos obstáculos do desenvolvimento estaria vinculado ao desequilíbrio estrutural das economias latino-americanas, dentro das quais existiriam dois setores com distinta produtividade e preço: o setor primário, que opera com custos e preços menores que os internacionais e, por conseguinte, pode ser exportado; e o setor secundário, que, ao contrário, tem custos e preços superiores aos internacionais, pois utiliza um alto componente de insumos importados e consequentemente não pode ser exportado. Ao não ser corrigido nem reconhecido, esse desequilíbrio estrutural ocasiona crises recorrentes por insuficiência de divisas, gerando uma dinâmica específica — ciclos de *stop and go* — que requer uma política cambial especial, diferente dos países desenvolvidos (Brieva *et al.*, 2002).[15]

Como consequência, diante de tais obstáculos e limitações, até meados dos anos 1960 assistimos ao declínio da ilusão do desenvolvimento e ao vertiginoso início de uma nova época do pensamento e das ciências sociais latino-americanas, cujo eixo reorganizador já não seria o desenvolvimento, mas sim a dependência.[16] Com o tempo,

15. Sunkel & Paz (1970, p. 379), por sua vez, assinalavam problemas estruturais no setor externo, agropecuário e público. Sunkel enfatizava o desligamento entre diferentes fatores, mostrando a persistência de uma distribuição desigual da renda, da escassez de emprego e do caráter vasto e explosivo da marginalidade social nas cidades (tema aprofundado depois em perspectiva dependentista), e, por fim, o fenômeno das pressões e tendências inflacionárias, além das crescentes vulnerabilidades e dependência das economias latino-americanas. Para uma síntese das diferentes críticas à teoria cepalina de desenvolvimento, que contempla as insuficiências econômicas e sociais, ver Sztulwark (2003, p. 34-8). Para este autor, a evolução do pensamento estruturalista latino-americano apresenta traços similares aos da evolução da estrutura econômica da região — ou seja, está marcado pela integração mundial sob um lugar periférico.

16. Para o mexicano Arturo Guillén, coordenador do Centro Internacional Celso Furtado de Políticas para o Desenvolvimento, o "modelo de substituição de importações não se 'esgotou', como se se tratasse de um recurso

a Cepal foi perdendo aquilo que havia sido sua mais forte característica, qual seja, "a tendência às análises globalizadoras (interdisciplinares) com forte conteúdo histórico" (Ansaldi, 1991, p. 37). Sua posterior evolução e a crescente aproximação dos temas propostos pela agenda global ou internacional, ao calor das ditaduras latino-americanas e, posteriormente, com a entrada do neoliberalismo pelas mãos do Consenso de Washington, marcariam seu crescente distanciamento do pensamento crítico, algo que a havia caracaterizado durante a primeira etapa de sua existência (1950-1970).

....

natural sobre-explorado. As contradições do modelo poderiam ter sido confrontadas, caso fossem aplicadas reformas estruturais que redistribuíssem a renda, políticas adequadas para impulsionar o 'efeito rebote' da industrialização e da articulação do sistema produtivo, assim como a revisão seletiva do esquema de proteção. Existiam opções. O que faltava era vontade política para levar adiante as reformas. Ou, para dizer de outra forma, os obstáculos eram fundamentalmente políticos" (Guillén, 2005, p. 20). Precisamente, a análise desses obstáculos políticos, assim como das novas modalidades de inserção do capitalismo na periferia, seria realizada pelos dependentistas.

2.2. NATUREZA, ILUSÃO DESENVOLVIMENTISTA E RENTISMO

> *Humboldt e Bonpland se deslumbraram com a América e com a América tropical em particular, com todo o esplendor da sua luxuriante vegetação, da geografia que coloca em xeque a escala humana mediterrânea, dos animais que nunca deixaram de ser "novos" para os expedicionários do Velho Mundo, que os conheciam pela primeira vez. Humboldt e Bonpland sentiram um encantamento visual por essa América, recodificado e transmitido em categorias de pensamento europeu.*
> — Miguel de Asúa & Pablo Penchaszadeh

Diferentes autores sublinharam o caráter antropocêntrico da visão dominante sobre a natureza, apoiado na ideia ocidental de que esta seria uma "cesta de recursos" e, ao mesmo tempo, um "capital natural" (Gudynas, 2004). Na América Latina, sem dúvida, tal ideia foi potencializada pela crença de que o continente é, por excelência, o *locus* de opulentos recursos naturais. Em outras palavras, historicamente, a "vantagem comparativa" da região está vinculada à capacidade de exportar natureza.

Desde seu povoamento, a América aparece marcada por "limitações territoriais" e "paisagens perigosas", como pura geografia: a magnitude das superfícies, as imensas distâncias, a falta de acessibilidade e os obstáculos naturais condicionavam o avanço do povoamento ao mesmo tempo que favoreceriam o isolamento interior (Cunill Grau, 1999, p. 13). Após o vazio dos mares que os separavam da Europa, sucederam os megaespaços americanos, caracterizados por uma grande imponência e heterogeneidade: selvas, bosques, savanas, planícies, deltas, pântanos, montanhas, altiplanos e desertos (Cunill Grau, 1999, p. 43). Como afirma Rosenblat (*apud* Cunill Grau, p. 79), "a primeira visão da América demonstra as transformações da natureza na retina e na língua dos conquistadores europeus". Tais metamorfoses seriam constantes: a América encarnaria tanto a utopia paradisíaca, o Éden terreno, o mito do El Dorado, que obcecou os conquistadores europeus (e ainda hoje perdura com outros nomes), quanto o novo bestiário, uma cartografia povoada de velhos e novos monstros, híbridos, infra-humanos, sub-humanos, e outras fabulações.

Na realidade, os olhares sobre a natureza americana vinculados ao imaginário da conquista espanhola oscilam entre duas grandes ideias: uma do deslumbramento; a outra, da inferioridade. A primeira remete ao mito fundacional e se apoia sobre a materialidade da lenda do El Dorado (o Cerro Rico de Potosí). Uma variação do mito do deslumbramento é a visão da América como continente extraordinário, marcado por paisagens exuberantes e imponentes (geografia/ciências naturais), cujo correspondente real eram os metais preciosos. A América nascia como produtora e exportadora de matérias-primas, sobretudo minerais. Nesse cenário, Potosí marcou o início da exploração mineira-industrial de larga escala e sintetizou o princípio da acumulação como certidão de nascimento da América. Isso ocorreu bem cedo no Peru, na Bolívia, no Brasil e no Chile — e, da mesma forma, aconteceu na América do Norte, na Califórnia e no Canadá, na segunda metade do século XIX.

> Esses tesouros expressam em comum um velho sonho da humanidade, aquele de poder mudar, a um só golpe, um destino que parecia traçado na pobreza, uma espécie de "inversão do mundo", lembrando as aspirações profundas que revelam, sob outras formas e no período de poucos dias, as festas carnavalescas. (Lavallé, 2011, p. 8)

A contraface material do El Dorado é o saque e o despojo das riquezas naturais, no compasso dos distintos ciclos econômicos. Dialética perversa que, como afirma Horacio Machado Aráoz (2014), nos confronta com a paisagem bifronte típica do colonialismo: de um lado, fantasmas desenvolvimentistas enfeitados pelo luxo do progresso, da ostentação, do investimento, do cálculo custo-benefício; e, do outro, os fantasmas do horror, visíveis na pobreza inédita, a fome como castigo e privação, o sacrifício de milhões de vidas. Nesse contexto, paisagens primárias, cenários barrocos, enfim, extensões infinitas que tanto obcecaram os viajantes e cientistas adquiriram um novo significado ao calor das diferentes conjunturas econômicas. Essa rotação pode ser exemplificada pela história da economia peruana, que saltou do ciclo da prata e passou sucessivamente pelo boom da borracha, do guano, do salitre e, novamente, na atualidade, pelo boom minerador.

A segunda ideia se assenta sobre a suposta inferioridade da América, como continente jovem e imaturo, e afirmava apoiar-se sobre argumentos científicos (zoologia/geografia). Assim, durante o século XVIII, os viajantes e naturalistas percorreram a América com o objetivo de cartografar o novo mundo e estabelecer um sistema de classificação. Linnaeus foi quem estabeleceu a categoria de *Homo sapiens*, colocando no vértice superior o homem europeu (Pratt, 2010, p. 73).[17] Da mesma forma, na segunda metade do século XVIII, a ideia do continente imaturo foi profusamente defendida por Buffon, cientista francês que realizou um meticuloso estudo cartográfico, nomeando, ordenando e catalogando a geografia americana. Partindo da hipótese da diversidade das espécies americanas e europeias, Buffon chegou a uma conclusão sobre a inferioridade americana. Para ele,

> o Novo Mundo era um outro diferente, mas em outra escala. A partir da descrição do leão americano, "descobre" que aquele não é um leão, mas sim um animal particular que carece de juba e é muito menor, mais fraco e mais tímido que o leão verdadeiro. O certo é que, na América, Buffon somente encontrou animais pequenos. Não havia rinocerontes, nem hipopótamos; tampouco havia camelos, girafa ou elefantes.

17. Em *Os olhos do Império: relatos de viagem e transculturação* (2010 [1992]), a ensaísta canadense Mary Louise Pratt realizou uma análise minuciosa das imagens produzidas pelos europeus sobre a América, sobretudo sobre a natureza e as paisagens do continente latino-americano, amparando-se em naturalistas como Linnaeus, Buffon e Humboldt. Mas foi principalmente a obra monumental de Antonello Gerbi, *O Novo Mundo: história de uma polêmica* (1982), que traçou a história contínua das teses da inferioridade da América, desde Buffon, passando por De Paw, até o ápice em Hegel.

A anta brasileira, ainda que tivesse estatura capaz de rivalizar com as espécies da África, "é do tamanho de um bezerro de seis meses ou de uma mula pequenina". A lhama, "espécie de camelo americano", era menor que a anta (Gerbi, 1982, p. 4). Em contraposição, há na América uma superpopulação de répteis e aves de rapina, o clima é tórrido e úmido, as exalações são nocivas, os insetos, perigosos, os animais são degenerados, e o homem nativo é pequeno e fraco.[18] Buffon era, além disso, partidário de uma visão monogenista (ou seja, contrária à teoria da evolução, que na época já era discutida e se apoiava em Darwin como autor paradigmático), tal como aparece ilustrado em seu conceito de variação (mestiçagem), entendido como degeneração.

No entanto, quem mais influenciou a visão da América como continente imaturo e inferior, definido como pura natureza, foi Hegel. O filósofo alemão retomou e hiperbolizou a tese de Buffon, levando-a do reino animal para toda a realidade americana. Para Hegel, a América era um fato natural, pura geografia, incluída por isso em um capítulo de seu livro sobre filosofia da natureza. Isso se sustentava em três razões: primeiro, em razão da imaturidade do continente, pois a principal divisão seria entre Novo e Velho Mundo. "Tudo na América é novo, e como novo [Hegel] entende imaturo e débil. A fauna era frágil, mas em compensação a vegetação aparecia como monstruosa" (Gerbi, 1982, p. 392-3). Símbolo de sua debilidade era também que os povos indígenas teriam sido presa fácil para os europeus e estiveram em via de extinção. A segunda razão era a imobilidade: a oposição entre América e Europa encontra um exemplo maior na dicotomia de "povos sem história" e "povos com história". Nesse registro, a América não era história, mas natureza pura, o que significava que os processos cíclicos lhe eram próprios, reproduzindo-se interminavelmente. Os povos sem história eram, para Hegel,

18. Como analisa Gerbi (1982, p. 7), sintetizando essa visão: "Neste mundo, fisicamente jovem, úmido e pantanoso, proliferam os insetos monstruosos e são escassos os quadrúpedes, todos *plus petits* que os europeus. Ademais, o clima destas terras extensas, hostis por sua grandeza, fazem com que tudo o que é europeu (animal, planta, homem) se adapte mal e se degrade".

imóveis ou imutáveis, conviviam com a superstição, a incultura e a barbárie. Em contraste, o espírito universal se manifestava dialeticamente em diferentes povos, que tomavam consciência de si mesmos por meio da história, mediante a construção de instituições, da memória, da cultura, do Estado, da escritura: todos elementos fundamentais para o desenvolvimento ou porvir do espírito como consciência. A terceira causa, enfim, era a impotência. Ou seja, a América era um continente sem potência, "privada de desenvolvimento e dialética interna. [...] Nenhuma de suas partes, nenhum momento é preferível a outro. A riqueza e a variedade não são outra coisa que arbitrariedade e desordem" (Gerbi, 1982, p. 389-90).[19]

Quem escapa da linha dominante do pensamento zoológico é o destacado naturalista alemão Alexander von Humboldt. Diferentemente de Hegel, Humboldt conhecia a América, onde esteve por longas temporadas entre 1799 e 1830, ou seja, precisamente entre o fim do império espanhol e as guerras de independência, interagindo inclusive com as elites políticas e intelectuais da época. Sua obra exercia grande influência e despertava um grande interesse não apenas entre os europeus — como Darwin — mas também entre muitos americanos, que veriam a natureza americana através do olhar de Humboldt. Acompanhado pelo francês Aimé Bonpland, Humboldt ofereceu um segundo olhar marcado pelo deslumbramento com a natureza desmedida e extraordinária da América. Como analisa Pratt (2010, p. 229), Humboldt "reinventou a América do Sul, sobretudo como natureza. [...] Não a natureza reconhecível, coletável e categorizável, mas sim uma natureza impressionante, extraordinária, um espetáculo capaz de sobressaltar a com-

19. É preciso acrescentar que nessa visão tão influente, atravessada por uma doutrina zoológico-racialista, existem dois elementos estranhos que surpreendem, quase fora de época. Em primeiro lugar, em tempos nos quais já se questionava as teses monogenistas, Hegel defende o antievolucionismo radical, tal como já havia feito Buffon. Em segundo lugar, Hegel desconhece os processos independentistas vividos pelos países latino-americanos, contexto no qual é difícil pensar em uma América imóvel ou impotente, ou na figura de "povos sem história".

preensão e o conhecimento humano, fusão da especificidade da ciência com a estética do sublime". Em Humboldt, o primordial, a abundância e a inocência constituem uma espécie de tríade conceitual, ilustrada pelas selvas tropicais, as altas cúpulas das cordilheiras e as vastas planícies, que constroem essa imagem da natureza desmedida, "que fala ao homem, à ciência, mas que também omite o homem em seu relato de uma natureza que não necessita do ser humano para existir" (Pratt, 2010, p. 229). Em suma, cientificismo e romantismo convergem em uma leitura que valoriza a natureza americana e suas paisagens primárias, colocando-a sob uma nova luz.

Não obstante, o fim do domínio colonial na América abriu outros horizontes, que se reconectariam com a ideia original da conquista espanhola, o que Pratt denomina de "a vanguarda capitalista", que via na América o privilegiado continente-reservatório de grandes recursos naturais. Por trás disso, permanecia a fascinação humboldtiana pelo mundo novo e virginal: a natureza reduzida cada vez mais a matéria-prima; o efeito do deslumbramento substituído pela retórica da conquista, impulsionada por uma visão pragmática e economicista.

Assim, é importante destacar que a ideia de uma natureza abundante e extraordinária gerou, na visão e na linguagem da Europa, diferentes abordagens e narrativas: por um lado, o mito do El Dorado, materializado em uma paisagem bifronte, de grandes riquezas, mas também de grandes perigos; de luxo e saque, mas também de pobreza, fome e horror. Por outro lado, a ideia de inferioridade, ligada à tese zoológica e geográfica, apoiada na representação do continente jovem e frágil, que além disso exemplificava convenientemente a contraposição entre natureza e cultura (América-Calibã, como pura geografia; povos sem história). Por último, a segunda visão do deslumbramento instalou a ideia de uma América como natureza desmedida, fonte de energia inesgotável, impulsionada pela onipresença de cenários barrocos naturais, paisagens primárias e extensões infinitas. De fato, essa representação influenciou muito a revalorização, pelos próprios americanos, do caráter extraordinário de sua realidade natural, ao mesmo tempo que contribuiu para potencializar o mito do El Dorado em sua versão secular, ou seja, ligada aos ciclos econômicos e à divisão internacional do trabalho.

INFLEXÕES NACIONAIS DA MALDIÇÃO DA ABUNDÂNCIA

> *Uma natureza reconceitualizada nos permite incluir em nossos relatos históricos não apenas um conjunto mais diversificado de atores, mas também uma dinâmica mais complexa. Possibilita-nos substituir o que Lefebvre chama de dialética "ossificada" do capital e do trabalho por uma dialética do capital, do trabalho e da terra (seguindo Marx, Lefebvre chamava de terra não só os poderes da natureza, mas os agentes associados a ela, incluindo o Estado que exerce a soberania sobre um território nacional). A dialética desses três elementos nos ajuda a ver o Estado latifundiário como um agente econômico independente, e não como um mero ator político estruturalmente dependente do capital; e a conceitualizar o capitalismo como um processo global que forma centros e periferias em íntima relação, e não como um sistema autogerado que se expande a partir das regiões modernas e ativas e engole as sociedades tradicionais e passivas.*
>
> — Fernando Coronil

A heterogeneidade e o gigantismo configuraram uma imagem ambivalente da natureza americana. Assim, em *Facundo, ou civilização e barbárie*, de Domingo Faustino Sarmiento (1845), se expressa a dupla face: por um lado, alude-se à natureza como ser monstruoso, enorme e ameaçador, assimilada à inferioridade e ao atraso, ou seja, à barbárie; por outro, aparece elogiada pela abundância e potencialidade. Nesse sentido, uma vez vencidas as forças sociais e políticas da barbárie, estaríamos em condições de domesticar a natureza, com objetivo de trazer o requerido progresso para nossas terras. O duplo rosto de Janus,[20] figura recorrente, é evocado em um conhecido ensaio do escritor mexicano Carlos Fuentes (1969) sobre o romance hispano-americano, que afirmava quatro grandes temas recorrentes na nossa narrativa: o ditador, as massas exploradas, o escritor (que invariavelmente tomava partido da civilização contra a barbárie) e, por último, mas não menos importante, a natureza. Ainda que o maior conflito ocorresse entre a civilização e a barbárie, para Fuentes, na realidade, o grande personagem literário era sem dúvida a natureza, imensa e pouco dominável, que se erigia como grande desafio para o homem americano.

Essa ideia de natureza transbordante e da América Latina como lugar por excelência dos grandes recursos naturais estimulou uma visão *eldoradista*, de forte aderência no imaginário social e político latino-americano. O tema foi desenvolvido por diferentes autores, sobretudo historiadores e economistas, a partir da ideia da maldição ou do paradoxo da abundância. Em linhas gerais, a tese se apoia sobre três eixos: a consolidação do modelo primário-exportador, baseado nas matérias-primas; a captação de renda extraordinária e sua derivação, o rentismo; e as oligarquias parasitárias. A tese parece simples em seu encadeamento: o caráter pródigo da natureza latino-americana, isto é, a abundante riqueza de recursos naturais e os vastos benefícios da exportação no marco da divisão internacional do trabalho gerariam uma mentalidade rentista e parasitária nas classes sociais dominantes, que se traduz em uma estrutura produtiva distorcida. Esta, por sua vez, explica em grande parte as desigualdades sociais, tanto quanto o empobrecimento das sociedades. Em sua formulação mínima, essa tese condensa uma forte crítica ao modelo primário-exportador, que se expandiu de forma desigual por todo o subcontinente da colônia em diante, ao ritmo dos diferentes ciclos econômicos e alta das matérias-primas.

20. Na mitologia romana, Janus é o deus das mudanças e das transições, representado por uma figura com rosto duplo: um que olha para a frente, outro, para trás. [N.T.]

Na América Latina, são incontáveis as evocações e formulações que podemos encontrar dessa tese, impossíveis de sistematizar ou resumir. Em razão disso, apresentarei quatro leituras referidas a três países: René Zavaleta Mercado, pela Bolívia; Milcíades Peña, pela Argentina; e por último Rodolfo Quinteros e Fernando Coronil, pela Venezuela. Interessa também destacar que os processos analisados em cada país, apesar de remeterem à memória antiga do saque colonial, analisam diferentes períodos históricos, que envolvem processos ligados à memória de médio prazo. Zavaleta é quem mais claramente nos introduz na memória de longo prazo através da história do "excedente infecundo", para depois ligá-lo à Guerra do Pacífico e aos mais recentes ciclos de exploração de metais e minerais; Milcíades Peña se incumbe de demolir o mito da grande riqueza argentina do fim do século, do modelo agroexportador baseado na renda extraordinária da terra; e, por último, os autores venezuelanos descrevem os diferentes aspectos da cultura do petróleo, de 1930 em diante.

O ensaísta boliviano René Zavaleta Mercado lança mão de uma análise em duas direções. Por um lado, considera que a disputa pelo excedente teria sido o pano de fundo da Guerra do Pacífico (1879-1883), que colocou em confronto Peru e Bolívia contra o Chile. Esse conflito se relaciona com o *mito do excedente*, ligado à fantasia da abundância. É certo que esse tema conforma uma alegoria mundial, não apenas ligada ao capitalismo, mas na América Latina se revelou como "um dos mais fundantes e originários" (Zavaleta Mercado, 2008 [1986], p. 34) mitos. A partir da briga pelo excedente, o autor boliviano se refere também ao mito *eldoradista* que "todo latino-americano espera no fundo de sua alma", relacionado à súbita descoberta material (de um recurso ou bem natural), que sem dúvida gera excedente, mas um excedente percebido como "mágico", "que na maior parte dos casos não foi utilizado de maneira equilibrada". Isso daria origem a uma concepção elitista, vertical, conservadora, que associa a ideia de que a riqueza cria poder, contraposta à ideia de que o povo cria poder com um gesto revolucionário. "Nesse sentido, a América é um continente conservador, porque acredita mais na transformação pela via do excedente do que pela via da reforma intelectual" (Zavaleta Mercado, 2008 [1986],

p. 36). Por outro lado, a história latino-americana estaria repleta de exemplos muito concretos da "infecundidade do excedente": "Potosí expressa aos gritos que não importa o excedente, mas sim quem o capta e para quê" (Zavaleta Mercado, 2008 [1986], p. 38). Dito de forma simples, o grande problema é que o excedente e sua disponibilidade (a existência de uma renda extraordinária) não serviram para construir a nação. Assim, a obsessão mencionada por Zavaleta está vinculada à questão do controle do excedente (sua conversão em "matéria estatal"; sua acumulação, em contraposição à perda), com o objetivo de não repetir a história do saque e do despojo, típica dos países andinos desde os tempos da conquista.

Já Milcíades Peña, historiador marxista argentino, caracterizou-se por ser um demolidor de mitos, ou seja, daquelas teses interpretativas dominantes sobre a história argentina. Em seu grande livro *Historia del pueblo argentino* [História do povo argentino], escrito entre 1955 e 1957, referiu-se ao que intitulou explicitamente de "a maldição da abundância fácil" (Peña, 2012, p. 77),[21] relacionada com a rentabilidade extraordinária produzida pelo Pampa argentino, eixo do modelo agroexportador (baseado em carnes e cereais). Peña se diferenciava dos círculos de esquerda da época, que sustentavam que o

21. Alguns de seus textos foram editados em vida, mas foi logo depois de sua morte (Peña se suicidou em 1965, aos 32 anos) que muitos foram publicados pela Editorial Fichas, em pequenos volumes, ainda não de maneira unificada, nem com o título que o próprio Peña havia colocado. Só em 2012 foi publicada uma edição definitiva de *Historia del pueblo argentino* [História do povo argentino], a cargo de Horacio Tarcus, oferecendo assim a oportunidade de nos reencontrarmos com um intelectual crítico que assumiu a tarefa de desmascarar mitos e lugares-comuns, tanto da historiografia liberal como da revisionista e marxista. Nada escaparia da escrita implacável de Peña: o mito do passado feudal no período colonial; o mito da balcanização da América Latina; o mito do espírito democrático de Maio [referente à revolução de maio de 1810 em Buenos Aires]; o mito do nacionalismo rosista [referente à doutrina de Juan Manuel de Rosas, militar que governou a província de Buenos Aires entre 1829 e 1832 e entre 1835 e 1852]; o mito do nacionalismo revolucionário dos caudilhos; o mito do caráter antinacional de pensadores como Sarmiento e Alberdi; o mito do peronismo como governo revolucionário, entre tantos outros, são objeto de uma análise lúcida e, em alguns momentos, demolidora.

tipo de organização econômica e social da América Latina na época colonial havia sido feudal. Retomando o economista e historiador Sergio Bagú, afirmava que a América Latina, desde a conquista ibérica, havia se inserido no sistema capitalista mundial assumindo um padrão de organização capitalista, mas adotando um estilo singular, o capitalismo colonial. Nessa mesma linha, arremetia contra o mito da superioridade da colonização inglesa em relação à espanhola, que na sua ótica conduzia às teses racialistas do positivismo do século XIX. Peña enfatizava fatores como a estrutura social, e não raça ou herança social; isto é, elementos objetivos que explicassem a conduta social. Tais elementos eram a terra, a disponibilidade de mão de obra e a natureza da produção, que serviam para explicar as bases reais de dois diferentes destinos. É nesse ponto que recorria à tese da "maldição da abundância fácil", que em sua opinião era a chave para explicar a diferença decisiva entre o norte dos Estados Unidos e o Rio da Prata. Dizia assim:

> No Rio da Prata estava o Pampa, esse enorme oceano de ervas que a teologia dos bois, se existisse, certamente elegeria como paraíso. No princípio os colonizadores tiveram de se esforçar para subsistir, mas isso foi só no princípio. Depois, Pampa e vacas produziram seu espaço. Para que arar a terra? Para que sair e afrontar o rio e o mar, se o Pampa ofertava o couro e a carne que o mercado mundial demandava com tanta avidez, como o metal de Potosí ou o tabaco da Virginia? (Peña, 2012, p. 79)

Como os agricultores do sul dos Estados Unidos, as oligarquias pampianas viviam da exportação, e seu enriquecimento não exigia a iniciativa do burguês nem o trabalho pessoal do granjeiro. "A oligarquia de estância ou comercial se apropriou das riquezas do Pampa e com isso edificou uma civilização do couro e da carne, baseada muito menos no trabalho produtivo do homem do que na prodigalidade da natureza" (Peña, 2012, p. 79).

Assim, o que está por trás dessa caracterização é a oposição entre o capitalismo produtivo, que conduziria a um desenvolvimento industrial autônomo, e o colonial, no qual as classes dominantes são parasitárias e *capitalizadoras do atraso*, exportadoras de riquezas naturais pouco trabalhadas pelo homem (Peña, 2012, p. 80). Essa seria a razão das diferenças com os Estados Unidos, onde a fortuna dos colonizadores do Norte estaria vinculada àqueles que não encontraram meios de vida abundantes; onde não havia mão de obra indígena disponível nem produtos convenientes para explorar com escravizados importados, mas também onde, em contrapartida, abundava a riqueza em termos de meios de trabalho, algo que os colonizadores souberam usufruir por meio do labor produtivo.

Por último, as análises introduzidas pelos venezuelanos estão mais ligadas às diferentes consequências socioeconômicas da economia do petróleo, que vão desde a dependência externa até a emergência de determinada configuração cultural local/nacional. O tema foi introduzido originalmente pelo grande escritor Arturo Uslar Pietri, que, em 14 de junho de 1936, publicou no jornal *Ahora*, de Caracas, um artigo nomeado "Sembrar petróleo" [Semear petróleo], no qual expressava "a necessidade de redirecionar os recursos provenientes da renda petroleira para o impulso do setor não petroleiro da economia nacional, com vistas ao desenvolvimento integral do país".[22] A mesma preocupação aparece em outras análises, concentradas na crítica ao rentismo petroleiro e na necessidade de aproveitar a riqueza para diversificar a economia. Outra reflexão que buscou destrinchar a cultura do petróleo foi feita por Rodolfo Quinteros em *Antropología del petróleo* [Antropologia do petróleo], publicado em 1972, que a definiu como um padrão de vida com estrutura e recursos de defesa próprios, de modalidades e efeitos sociais e psicológicos que deterioram as culturas *criollas*, configurando traços marcados de vínculo com o capi-

22. Uslar Pietri (2005 [1936], p. 232-3) escreveu: "Urge aproveitar a riqueza transitória da atual economia destrutiva para criar as bases saudáveis, amplas e coordenadas dessa futura economia progressiva, que será nossa verdadeira certidão de independência. É mister aproveitar a maior renda das minas para investir totalmente em ajudas, facilidades e estímulos para a agricultura, a pecuária e as indústrias nacionais. Em vez de ser uma maldição, que nos converte em um povo parasita e inútil, que o petróleo seja uma afortunada conjuntura, que permita com sua elevada riqueza acelerarmos e fortificarmos a evolução produtiva do povo venezuelano em condições excepcionais".

tal monopolista. Nessa linha, a cultura do petróleo é entendida em termos de "cultura da conquista", porque cria uma filosofia de vida para adequar a população à condição de fonte produtora de matérias-primas (Quinteros, 2014 [1972], p. 45). Nesse mesmo sentido, Orlando Araujo, em seu livro-indagação *Venezuela violenta* (1968), analisa, entre outros assuntos, a emergência de uma burguesia estéril ou parasitária, cuja situação melhorava à sombra do negócio petroleiro (Araujo, 2013 [1968], p. 129). O petróleo é "como Deus, está simultaneamente em todas as partes, mesmo quando às vezes não possa ser visto ou adquira, como Proteu,[23] mil formas diferentes para desconectar e aniquilar os que ousem atravessar seu caminho" (Araujo, 2013 [1968], p. 100).

No entanto, quem foi mais longe na reflexão foi Fernando Coronil. Em *El Estado mágico: naturaleza, modernidad y dinero en Venezuela* [O Estado mágico: natureza, modernidade e dinheiro na Venezuela] (2002), refere-se à relação entre petróleo e a ideia de um "Estado mágico". O petróleo aparece como o elemento fantástico e sustenta ficções fabulosas, que substituem a realidade. Sua capacidade para despertar fantasias "permite que líderes estatais façam da vida política uma faísca espetacular do progresso nacional". Coronil sustenta a tese de que a deificação de um Estado historicamente frágil está diretamente relacionada à transformação da Venezuela em nação petroleira; isto é, no petroestado. Tudo entra no domínio do deslumbramento, da fantasia coletiva, com suas imagens de progresso e desenvolvimento. O Estado é erigido como ator magnânimo, que transforma os sujeitos em receptores de seus truques de prestidigitação.

Em suma, as leituras de Peña e Zavaleta coincidem em assinalar a preocupação com o desenvolvimento nacional (um capitalismo nacional autônomo), ao analisar o papel da renda extraordinária, produzida pela exportação massiva de produtos primários. No entanto, enquanto Peña considera que a abundância de

23. Proteu é um deus marinho da mitologia grega que tem habilidade de se metamorfosear em diferentes monstros para assustar os humanos que se aproximam. [N.T.]

terra e de meios serve para consolidar uma oligarquia parasitária e rentista (Argentina), Zavaleta argumenta que o problema não é o excedente em si, mas o fato de que ele seja captado por outros países, pela vida do mercado internacional. Em ambos os casos, Argentina e Bolívia enfrentavam o fracasso da acumulação, fosse pela via de um capitalismo falido ou dependente (Peña), fosse pela consolidação de um Estado aparente ou falido (Zavaleta). Os autores venezuelanos também insistem em apontar essa dupla figura (oligarquia parasitária/Estado falido). Estes últimos ilustram a crítica ao caráter rentista da economia e da sociedade venezuelanas. Nessa linha, Coronil, que é um tributário do *giro decolonial*,[24] acrescenta mais uma crítica ao olhar eurocêntrico, ao reconhecer o significado histórico da natureza, ao repensar as narrativas dominantes do desenvolvimento ocidental e ao questionar a ideia de que a modernidade seria filha da autopropulsão do Ocidente.

24. Com *giro decolonial*, a autora se refere a autores como Aníbal Quijano, Enrique Dussel, Walter Mignolo, Eduardo Gudynas, Ramón Grosfoguel, Catherine Walsh, Arturo Escobar, Edgardo Lander, entre outros, que produziram uma crítica estrutural de enfoque antropológico e epistemológico a respeito da dominação colonial, do capitalismo latino-americano e do eurocentrismo hegemônico nas ciências sociais, opondo-se a abordagens economicistas e recolocando a centralidade da história da cultura e das subjetividades. [N.T.]

2.3. A EMERGÊNCIA DA QUESTÃO AMBIENTAL

Foram enormes as mudanças registradas nas últimas cinco décadas. De maneira geral, assistimos à crise da ideia de modernização e à emergência da questão ambiental. A crítica ao desenvolvimento e ao mito do crescimento econômico como grande relato homogeneizador foi abrindo caminho, criando um novo espaço no qual se manifestam diferentes perspectivas políticas e filosóficas sobre a relação entre a natureza humana e a não humana. Por um lado, as sucessivas conferências internacionais marcam a emergência do paradigma do desenvolvimento sustentável. O nascente pensamento ecológico está associado à crítica e à revisão do paradigma do progresso e da modernização ao questionar a visão antropocêntrica da relação homem/natureza. Por outro lado, na América Latina vivemos a crise e o fracasso do projeto desenvolvimentista e o posterior ingresso em uma fase monetarista, marcada pelo Consenso de Washington e pela globalização assimétrica. As críticas abarcam, em primeiro lugar, o projeto desenvolvimentista e suas expressões concretas; a constatação de suas limitações e déficits sociais a partir do alargamento das brechas entre o centro e a periferia, às quais se somam as lacunas raciais e de gênero. Enfim, aquilo que Unceta denominou de "giro social" abriu um campo crítico diante do aumento da pobreza e das desigualdades (Unceta, 2009).

Nesta parte, proponho abordar perspectivas alternativas [do e ao desenvolvimento], em uma sucessão de propostas provenientes da agenda global: em primeiro lugar, os avatares e as discussões que conduziram à elaboração do conceito de desenvolvimento sustentável; e, em segundo, as respostas elaboradas no Sul.

Desde René Descartes e Francis Bacon, o dualismo ontológico está na base da ciência ocidental moderna, que enfatiza o controle e o domínio do homem sobre a natureza. Tal antropocentrismo rege diversos âmbitos. Uma das consequências desse paradigma é a desvalorização daquilo que é diferente: a mulher em relação ao homem, o natural diante do humano.

Os numerosos desastres ambientais que se acumularam durante a primeira metade do século XX evidenciaram a associação entre a indústria e seu entorno, gerando uma incipiente consciência ambiental. Surgiram, assim, as primeiras denúncias, como o livro de Rachel Carson, *Primavera silenciosa* (1962), que desmascara os efeitos dos agroquímicos sobre as aves [e insetos]. Em 1966, cientistas como Barry Commoner destacavam os perigos do complexo tecnoindustrial, e o economista Kenneth Boulding propunha substituir a atual "economia do caubói" por uma economia de sistema fechado, adequada à "nave espacial Terra", que afinal dispunha de recursos limitados e de espaços finitos para a contaminação e o despejo de resíduos (Pierri, 2005).[25] A ecologia como enfoque crítico e os primeiros movimentos ambientalistas foram surgindo ao calor de diferentes denúncias contra a crescente deterioração do ambiente, do advento da consciência sobre a finitude dos recursos naturais em face da expansão industrial e da consideração do crescimento econômico como mito.

Em nível global, a primeira contribuição importante sobre temas ambientais foi o Relatório Meadows, *Limites do crescimento* (1972), produzido pelo Clube de Roma, no qual se denunciavam os limi-

25. A "economia do caubói" foi uma metáfora de Kenneth Boulding para criticar um sistema econômico aberto, cujo principal comportamento é a expansão desenfreada para novos territórios, sem preocupação ou cuidado dirigidos para a capacidade de reprodução dos recursos já existentes, assumindo erroneamente que fossem ilimitados. Seu contraponto seria a metáfora da "economia da nave espacial", que precisa reutilizar e recuperar ciclicamente os mesmos recursos ao longo das gerações, dentro de um sistema econômico/planetário fechado. [N.T.]

tes da exploração da natureza e sua incompatibilidade com um sistema econômico fundado no crescimento indefinido. O livro alertava sobre os graves perigos da contaminação e da indisponibilidade futura de matérias-primas, que afetariam todo o planeta caso prosseguissem com o mesmo estilo e ritmo de crescimento econômico. Como consequência, abriu-se um novo questionamento da visão industrialista, centrada no crescimento indefinido, ao mesmo tempo que eram enviados sinais claros aos países do Sul, ao evidenciar que o modelo de desenvolvimento industrial próprio dos países do Norte estava longe de ser universalizável. Esse relatório encontrou, como veremos adiante, diferentes respostas do Sul.

Da mesma forma, em 1972 ocorreu a Primeira Conferência das Nações Unidas sobre Meio Ambiente, em Estocolmo, que deu origem a uma declaração adotada pelos Estados nacionais na qual se começava a vislumbrar uma relação mais direta entre os impactos do desenvolvimento econômico e o "meio humano". Persistia a ideia de "progresso" como crescimento ilimitado, mas se denunciava que o atual poder transformador do homem sobre a natureza poderia gerar danos ao "meio humano".[26] Ainda que a declaração não refletisse todos os traços do paradigma do "desenvolvimento sustentável", já começavam a aparecer seus elementos principais. Assim, no princípio 1, expressa-se que o homem tem "a solene obrigação de proteger e melhorar o meio ambiente para as gerações presentes e futuras". Nesse marco, foi criado o Programa das Nações Unidas para o Meio Ambiente (PNUMA) com sede em Nairóbi, e o dia 5 de junho foi declarado Dia Mundial do Meio Ambiente.

A reflexão ecológica, por sua vez, atravessaria uma nova inflexão na década de 1980 em razão do grave acidente da central nuclear de Chernobyl, em 1986, na Ucrânia, assim como dos vazamentos de

26. "O homem deve fazer constante avaliação de sua experiência e continuar descobrindo, inventando, criando e progredindo. Hoje, a capacidade humana de transformar o que o cerca, utilizada com discernimento, pode levar a todos os povos os benefícios do desenvolvimento e oferecer-lhes a oportunidade de enobrecer sua existência. Aplicado errônea e imprudentemente, o mesmo poder pode causar danos incalculáveis ao ser humano e a seu meio" (afirmação 3 da Declaração de Estocolmo).

barcos petroleiros, ou "marés negras", como no caso do navio *Exxon Valdez*, no Alasca, em 1989. Esses fatos tiveram grande repercussão internacional e instalaram a questão ambiental na consciência cidadã (Marcellesi, 2008). Em 1987, a Comissão das Nações Unidas sobre Meio Ambiente e Desenvolvimento apresentou o estudo "Nosso futuro comum" (também conhecido como Relatório Brundtland), a partir do qual foi popularizada a ideia de "desenvolvimento sustentável". Cinco anos depois, em 1992, realizou-se no Brasil, na cidade do Rio de Janeiro, a Conferência das Nações Unidas sobre Meio Ambiente e Desenvolvimento. Esses eventos internacionais serviram para unificar as distintas visões em debate, diante do crescente interesse a respeito da questão ambiental. Para além da evidente complexidade, devido à disputa político-ideológica desencadeada em torno de sua definição e seus alcances, era claro que o conceito de desenvolvimento sustentável diferia conforme os variados entendimentos sobre a relação entre homem e natureza, entre crescimento e meio ambiente. Nessa linha, existem duas visões polarizadas: por um lado, aquela que defende um enfoque ecocêntrico ou biocêntrico da relação homem/natureza, destacando a deterioração do meio ambiente e a finitude dos recursos naturais; por outro, aqueles que, a despeito das reformulações realizadas e das críticas ao mito do crescimento, continuam defendendo uma visão antropocêntrica e priorizam o desenvolvimento sobre o meio ambiente.

Os avatares do paradigma do desenvolvimento sustentável marcaram o triunfo de uma concepção antropocêntrica ao estabelecer a coexistência entre crescimento, desenvolvimento e ambiente. Assim, o Relatório Brundtland partiu da ideia central de que estes dois últimos não poderiam ser separados, mas terminou por inverter a formulação clássica do problema, distanciando-se do ecocentrismo, que via o desenvolvimento como causa da deterioração ambiental, para adotar uma ótica antropocentrista, afirmando que é preciso se preocupar para evitar que a deterioração do ambiente limite o desenvolvimento (Pierri, 2005).[27]

27. Essa visão foi referendada posteriormente pela Declaração do Rio, em 1992, cujo princípio 3 sustentava que "o direito ao desenvolvimento deve

O paradigma do "desenvolvimento sustentável" demandou, por sua vez, a criação de uma nova engenharia jurídica. Embora a prioridade estivesse dada pela ordem das palavras que nomeavam o modelo (isto é, primeiro o crescimento econômico que, só depois de assegurado, deveria atender à questão ambiental e aos direitos das gerações futuras), seria inevitável a necessidade de elaborar princípios e ferramentas jurídicas que respondessem à nova realidade, não contemplada nos códigos napoleônicos (Svampa & Viale, 2014). A forma jurídica foi assegurada na Declaração do Rio, em cujos princípios 15 e 17 aparecem importantes pilares jurídico-ambientais: o princípio da precaução e o da prevenção.[28] É por essa razão que se costuma distinguir entre uma sustentabilidade frágil e outra forte. Nesse ponto, permito-me citar longamente Gudynas:

> Quando se incorpora a dimensão ambiental, reconhece-se um primeiro conjunto de posturas que denominamos "desenvolvimento sustentável frágil". Aceita-se a crise ambiental atual e propõe-se que é preciso promover um desenvolvimento sustentável que não destrua a base ecológica. Mas essa postura considera que o desenvolvimento responde diretamente ao crescimento econômico e que as mudanças se processam sobretudo nos marcos do mercado, aceitando distintas formas de mercantilização da natureza e aplicando inovações científico-técnicas. É uma postura que se sente confortável com

....

ser exercido de modo a permitir que sejam atendidas equitativamente as necessidades ambientais e de desenvolvimento das gerações presentes e futuras", mas, no princípio 4, expressa que, "para alcançar o desenvolvimento sustentável, a proteção ambiental deve constituir parte integrante do processo de desenvolvimento e não pode ser considerada isoladamente deste" (*apud* Svampa & Viale, 2014 [Conferência das Nações Unidas..., 1992]).

28. "De modo a proteger o meio ambiente, o princípio da precaução deve ser amplamente observado pelos Estados, de acordo com as suas capacidades. Quando houver ameaça de danos sérios ou irreversíveis, a ausência de absoluta certeza científica não deve ser utilizada como razão para postergar medidas eficazes e economicamente viáveis para prevenir a degradação ambiental" (Svampa & Viale, 2014, p. 49 [Conferência das Nações Unidas..., 1992, p. 157]).

o Relatório Brundtland, já que aceita o crescimento econômico como motor principal do desenvolvimento (o problema passa a ser *como* crescer). Um segundo conjunto, que chamaremos de "desenvolvimento sustentável forte", considera que a inclusão da natureza no mercado não é suficiente e propõe uma crítica maior às posturas ortodoxas do progresso. É uma postura que aprofunda um pouco mais a crítica ao desenvolvimento convencional e, embora aceite considerar a natureza como uma forma de capital, defende a necessidade de assegurar os componentes críticos dos ecossistemas. A distinção entre uma postura frágil e outra forte foi anteriormente indicada por Daly e Cobb (1989), entre outros. (Gudynas, 2011b, p. 80)

Assim, surge a noção de "desenvolvimento humano", vinculada ao Programa de Desenvolvimento das Nações Unidas (PNUD) e inspirada em leituras de ordem filosófica, como de Amartya Sen, associada às ideias de equidade, liberdade e competências. Sem constituir uma proposta alternativa à visão economicista sustentada pelo neoliberalismo, a noção de desenvolvimento humano serviu para complexificar a categoria ao incorporar outros indicadores, além dos econômicos, referentes a educação, saúde, gênero, entre outros.

Enfim, o Relatório Brundtland assegurou o triunfo de uma visão frágil da sustentabilidade. Ficaram para trás outras propostas mais radicais, em sintonia com a ecologia profunda, que apontava para uma sustentabilidade forte, como as ideias do norueguês Arne Naess.[29] No entanto, como veremos a seguir, ficaram de fora outras propostas críticas elaboradas nos países do Sul e também dos diálogos entre estes e os países do Norte.

29. A ecologia profunda abarca diferentes correntes. Entre aquelas com índole mais filosófica, encontramos a visão biocêntrica, representada por Arne Naess (2007), que influenciou notavelmente a ideia de direitos da natureza. Da mesma forma, a ecologia profunda influiu em correntes conservacionistas, que fazem um "culto à vida silvestre" e criticam o crescimento populacional, buscando respaldo científico na biologia da conservação, como analisado por Martínez-Alier (2004).

CONCEITOS E VISÕES ALTERNATIVAS DO SUL

No Sul, enfoques alternativos surgiram desde o começo da discussão sobre o desenvolvimento e seus limites, assim como diversas respostas ao Relatório Meadows (1972). Gostaria de deter-me em algumas contribuições elaboradas entre 1970 e 1980, pois, independentemente das inclinações que apresentavam, essas reflexões de intelectuais latino-americanos ganharam destaque. Fundamentalmente, eram posicionamentos críticos, muitos dos quais esquecidos, que divergiam da visão emergente dos países desenvolvidos a respeito das responsabilidades e tarefas pendentes com relação ao processo de deterioração e contaminação ambiental. Como consequência, tais respostas se chocaram contra uma episteme hegemônica, ou seja, contra a vontade deliberada de representantes dos países mais poderosos de obstruir, neutralizar ou ignorar tais formulações, que se diferenciavam ou refutavam abertamente as noções e paradigmas esboçados pelo Norte a respeito do problema ambiental.

O primeiro desses aportes se refere ao conceito de *ecodesenvolvimento*, produto de um diálogo entre Norte e Sul e que (como assinalam especialistas) chegou a alcançar êxito fugaz. Foi elaborado ao longo de várias reuniões, entre elas em Founex (na Suíça, 1971); a Conferência de Cocoyoc (em Morelos, México, 1974) e o seminário organizado pela Fundação Dag Hammarskjöld, em Estocolmo, Suécia, em 1975. Na reunião do México, foi emitida uma declaração na qual apareceu o conceito de *ecodesenvolvimento*. Essa declaração destacava o caráter estrutural dos problemas ambientais e da crise global, argumentava que as desigualdades socioeconômicas e a deterioração ambiental eram consequência dos modelos de desenvolvimento e dos estilos de vida vigentes e, enfim, apontava a necessidade de fomentar alternativas rumo a uma nova ordem internacional (Martins, 1995, p. 46 *apud* Pierri, 2005).

A Declaração de Cocoyoc marcou um rito ao estabelecer que o problema não era a população, mas sim a distribuição desigual da riqueza, e que as desigualdades não são produto de certas condições geográficas, mas de formas de exploração neocoloniais. Sob a influência da teoria da dependência, defendia-se que os países desenvolvidos, com alto consumo, eram os responsáveis pelo subdesenvolvimento dos países periféricos e que, portanto, deviam reduzir sua participação na contaminação. Depois da Conferência de Estocolmo, o conceito de ecodesenvolvimento foi retomado por Ignacy Sachs, consultor da ONU para meio ambiente, que o definiu como "desenvolvimento socialmente desejável, economicamente viável e ecologicamente prudente" (Sachs, 1981). Para o autor, o ecodesenvolvimento oferece, em termos de planejamento, um critério de racionalidade diferente do econômico ou do crematístico,[30] apoiado em postulados éticos complementares: a solidariedade intrageracional (entre as gerações presentes) e intergeracional (entre as gerações presentes e futuras). Além disso, sugere alguns conceitos da antropologia cultural e da ecologia ao valorizar os aportes culturais das populações envolvidas na relação com os meios naturais. Em suma, o ecodesenvolvimento era concebido como endógeno e participativo, deveria partir do local e responder às necessidades locais, promover a simbiose entre sociedade humana e natureza, além de estar aberto à mudança institucional (Sachs, 1981). O próprio então presidente mexicano, Luis Echeverría, que participou do último dia das deliberações da Conferência de Cocoyoc, aprovou as resoluções (Gutiérrez Garza & González Gaudiano, 2010, p. 83). No entanto, o termo ecodesenvolvimento teve vida curta e foi abandonado inclusive por seus promotores. Foi Henry Kissinger, chefe da diplomacia estadunidense, quem se encarregou das medidas necessárias para vetar o uso do termo em fóruns internacionais (Sachs, 1994), com o objetivo de promover a adoção do paradigma do "desenvolvimento sustentável".

Por outro lado, é necessário levar em conta que, talvez mais do que em outras latitudes, na América Latina as esquerdas (em matriz anticapitalista ou populista) se mostraram extremamente refratárias às correntes ambientalistas forjadas à luz das críticas ao para-

30. "Crematístico" se refere ao conceito aristotélico de *khréma*, que significa a busca incessante e acumulativa da produção e do estoque de recursos por prazer, bem como a maximização da rentabilidade financeira em detrimento do ser humano e da natureza. [N.T.]

digma produtivista. Na realidade, tais críticas não apenas lançavam suspeitas sobre alguns dos pilares do pensamento de Marx, herdeiro da modernidade, como também, para grande parte das esquerdas latino-americanas (com raras exceções), a incipiente questão ecológica era considerada uma preocupação importada da agenda dos países ricos que reafirmava as desigualdades entre países industrializados e aqueles em via de (ou aspirantes ao) desenvolvimento industrial. Esse tópico iria ressurgir nos anos 2000, a partir da retórica dos governos progressistas latino-americanos.

Nessa linha, como já adiantamos, o Relatório Meadows, ou *Limites do crescimento*, publicado em 1972, suscitou numerosas reações dos intelectuais latino-americanos. Celso Furtado elaborou uma resposta em seu livro *O mito do desenvolvimento econômico* (1974), no qual questionava se haveria suficiente conhecimento sobre a estrutura do sistema econômico mundial para projetar tendências de tão longo prazo, considerando que as afirmações do relatório, elaborado por técnicos do Massachusetts Institute of Technology (MIT), desconheciam a especificidade do fenômeno do subdesenvolvimento. Este, longe de constituir uma fase do desenvolvimento *à la* Rostow, era uma deformação provocada pela relação entre países dominantes e países dependentes, reforçada a partir da Revolução Industrial (Furtado, 1974, p. 23). Sendo assim, enquanto a industrialização do centro capitalista havia sido baseada na criação de mercados massivos, na periferia apenas as minorias dominantes reproduziam esse estilo de vida, permanecendo as grandes maiorias excluídas do consumo. Portanto, a hipótese do colapso apenas teria fundamento se o sistema tendesse a generalizar o modo de vida atual. Na realidade, para Furtado, uma das conclusões indiretas do relatório era que o estilo de vida promovido pelo capitalismo atual somente podia ser preservado para uma minoria (os países industrializados e, entre os subdesenvolvidos, as minorias dominantes), pois toda tentativa de generalizá-lo provocaria um colapso do sistema. Essa conclusão era importante para os países do Terceiro Mundo, pois evidenciava que o desenvolvimento econômico proposto como modelo pelos próprios organismos internacionais e países desenvolvidos era um mito: "Sabemos agora que os países do Terceiro Mundo não poderão se desenvolver jamais" (Furtado, 1974, p. 28).

Outra conclusão era que a saída desse dilema (que Furtado considerava não tanto um dilema, mas uma "fantasia digna de um cérebro eletrônico", pois levava em conta somente a realidade dos países ricos) só se concretizaria pela via de transformações estruturais que orientassem o uso dos recursos escassos pela primazia do interesse social, em busca de sociedades mais igualitárias. Portanto, do ponto de vista do Terceiro Mundo, repensar o limite dos recursos naturais implicava repensar o consumo em função do interesse comum e da criação de sociedades mais igualitárias, com outros padrões de consumo, associados a um sistema produtivo mais longevo. Isso não garantia a ausência de pressão sobre os recursos naturais, mas ao menos seria inferior à que existiria com a expansão dos estilos de vida prevalecentes no sistema dominante (Furtado, 1974, p. 32).

Na mesma linha de Furtado, destacou-se o Modelo Mundial Latino-Americano, que surgiu de um grupo de intelectuais, sobretudo argentinos, que questionaram o Relatório Meadows ao considerarem que, subjacente a este, haveria uma lógica neomalthusiana, própria do discurso hegemônico, que liga a deterioração do meio ambiente e a escassez futura de recursos naturais ao aumento da população. De fato, a proposta de Meadows recomendava, de um lado, o crescimento zero dos países ricos e, de outro, o controle populacional nos países pobres. Em razão disso, em 1975, um grupo interdisciplinar de especialistas elaborou um modelo alternativo chamado "¿Catástrofe o nueva sociedad? Modelo Mundial Latinoamericano (MML)" [Catástrofe ou nova sociedade? Modelo Mundial Latino-Americano (MML)].[31] Sob o guarda-chuva institucional da Fundación Bariloche e a coordenação do geólogo Amílcar Herrera, que já havia escrito sobre a relação entre ciência e política, o relatório afirmava explicitamente o caráter normativo do

31. Entre eles, destacam-se Amílcar O. Herrera, Hugo D. Scolnik, Graciela Chichilnisky, Gilberto C. Gallopín, Jorge E. Hardoy, Diana Mosovich, Enrique Oteiza, Gilda L. de Romero Brest, Carlos E. Suárez e Luis Talavera. O relatório foi publicado em 1976 na revista *Nueva Sociedad*. Trinta anos mais tarde, vários autores publicaram um novo livro, reeditando muitos dos artigos daquela época.

chamado Modelo Mundial Latino-Americano (ou seja, não se propunha a estudar as tendências atuais, mas sim assinalar as metas desejáveis de um mundo livre do atraso e da miséria), ainda que na apresentação houvesse claras linhas prospectivas (Fundación Bariloche, 1976). Considerava-se que o uso devastador de recursos naturais e a destruição do meio ambiente não estavam ligados ao aumento da população, mas ao alto consumo dos países mais ricos, que impunham, havia tempos, uma divisão entre países desenvolvidos e subdesenvolvidos. Os setores privilegiados do planeta deviam, portanto, reduzir o consumo excessivo e diminuir a taxa de crescimento para aliviar a pressão sobre os recursos naturais e o meio ambiente. Segundo Enrique Oteiza (2004, p. 10):

> Depois de um período de intensa pesquisa e debate interno, decidiu-se construir esse modelo empregando os métodos mais avançados da teoria dos sistemas então disponíveis, estabelecendo uma função dinâmica orientada pela satisfação de um conjunto de necessidades básicas fundamentais, a respeito das quais, em 1970, existia um consenso importante entre aqueles que trabalhavam com problemas dessa índole. [...] É oportuno sublinhar que, a partir do trabalho da Fundación Bariloche, diversos enfoques teórico-metodológicos incorporaram a noção de *necessidades básicas* desenvolvidas no Modelo Mundial Latino-Americano.[32]

32. Segundo Oteiza, "no trabalho *Social Indicators for Human Development* [Indicadores sociais para o desenvolvimento humano], Ian Miles diz: 'O enfoque centrado na satisfação das necessidades básicas recebeu seu ímpeto inicial com o trabalho do grupo de Bariloche; na tarefa de construir um modelo global alternativo, propuseram-se a investigar as condições sob as quais um conjunto de necessidades básicas poderia ser satisfeito para toda a população mundial. Diferentemente de outros modelos globais computadorizados, o de Bariloche não se orientou pela predição das consequências das tendências atuais, mas sim por demonstrar a viabilidade material de um futuro desejável [...]. A demonstração da possibilidade de satisfazer necessidades básicas em um marco de restrições na relação com o meio ambiente constituiu uma crítica importante à predição do fim do mundo, como o modelo dos 'limites do crescimento'. Também mostrou a utilidade da noção de 'necessidades básicas' como uma maneira de avaliar estratégias de desenvolvimento de longo prazo'" (Oteiza, 2004, p. 10). E continua Oteiza (2004, p. 11): "Já em mea-

Ao mesmo tempo, o Modelo Mundial Latino-Americano considerava que as barreiras não eram físicas, mas sim políticas, e, portanto, a preservação ambiental tinha mais a ver com o tipo de sociedade a ser construída do que com limites físicos insuperáveis. Empenharam-se em uma forte crítica à sociedade de consumo.[33] Sendo assim, a proposta do MML era anticonsumista, ou seja, a produção seria determinada pelas necessidades sociais, e não pelo lucro. Apesar disso, o modelo proposto confiava na tecnologia e considerava que não existiam razões científicas para supor

....

dos da década de 1970, o Programa Mundial de Emprego lançado pela OIT utilizou em sua perspectiva teórica a noção de necessidades básicas e, inclusive, recorreu à assessoria do dr. Hugo Scolnik, subdiretor do Grupo do Modelo da Fundación Bariloche, para levar adiante tal programa. No mesmo sentido, a Unesco adotou as versões publicadas no Canadá (espanhol e inglês) e na França (francês) do Modelo Mundial Latino-Americano em seu programa de treinamento da equipe de planejamento com membros provenientes de diversos países (também o dr. Hugo Scolnik instalou ali uma versão interativa do modelo, mais adequada ao ensino)". Segundo Scolnik (2004, p. 29): "O primeiro passo foi definir as 'necessidades básicas' em termos de expectativa de vida ao nascer, consumo de proteínas e calorias, moradia, educação etc. A burocracia internacional rapidamente incorporou esses conceitos como se fosse elaboração própria". A isso agregaria: "O Modelo Bariloche contribuiu para modificar a forma de pensar o desenvolvimento socioeconômico. A introdução das necessidades básicas se propagou como conceito, e as agências internacionais e os governos estão atualmente usando esse tipo de indicador" (Scolnik, 2004, p. 31).

33. A base do modelo de sociedade "ideal" era a mudança radical na organização social e internacional em todo o mundo, a fim de libertar a humanidade do subdesenvolvimento e da opressão. Segundo Gallopín, os elementos básicos para qualquer sociedade desejável seriam: (a) equidade em todas as escalas, a partir da satisfação de suas necessidades básicas — alimentação, moradia, saúde, educação —, essenciais para a incorporação completa e ativa à cultura; (b) o não consumismo, ou seja, a produção está determinada pelas necessidades sociais, e não pelo lucro, e a estrutura e o crescimento da economia devem ser compatíveis com o meio ambiente; (c) o reconhecimento de que as necessidades sociais — para além das mais básicas — podem ser definidas de diferentes maneiras e momentos, por variadas culturas e formas de organização societal. Por último, assinalava-se a prioridade da participação social nas decisões, tanto como um fim em si mesmo quanto como um mecanismo principal para estabelecer a legitimidade das necessidades na nova sociedade (Gallopín, 2004).

uma catástrofe ecológica ou escassez de recursos naturais em um futuro previsível. Era, portanto, uma aposta na mudança política e social a partir de uma perspectiva alternativa ao discurso hegemônico, questionado por não prever a construção de um modelo baseado na transformação das estruturas de poder (Oteiza, 2004).

Em suma, a aposta da Fundación Bariloche, assim como a de Celso Furtado, ia na linha de um pensamento autônomo e contra-hegemônico, elaborado a partir da periferia; um pensamento que, para além dos limites desenvolvimentistas, questionava a colonialidade do saber[34] e apontava reformas estruturais, que incluíam não apenas pensar uma sociedade mais igualitária, mas também outros padrões de consumo, adequados às necessidades coletivas. Ao mesmo tempo, ambas as contribuições assentavam sua confiança no progresso e na tecnologia. Certamente, ao colocar ênfase no político, como contrapartida, desconstruíam as dimensões ambientais que adquiriam cada vez maior relevância na cena pública e na agenda global.[35] Por último, cabe destacar que, apesar

34. A "colonialidade do saber" se refere às teses de Aníbal Quijano e Edgardo Lander sobre a dimensão epistemológica da dominação capitalista, que tende a homogeneizar os modos de vida e subjugar povos e culturas cujas formas de ser, pensar e sentir pressupõem outras concepções de mundo. Ou seja, as hierarquias entre conhecimentos válidos e inválidos seriam intrínsecas às estruturas da desigualdade social, econômica e cultural e diretamente implicadas nas forças propulsoras da violência da modernidade. [N.T.]

35. Segundo a leitura de Gudynas (2011a), alguns intelectuais da esquerda latino-americana se sentiram questionados por *Limites do crescimento*, pois o relatório atacava aspectos que consideravam positivos, como a modernização, o aproveitamento das riquezas ecológicas latino-americanas e a própria ideia de crescimento. Nessa linha, Gudynas sublinha avanços e retrocessos, pois se de um lado ocorre a busca de um modelo alternativo, distanciando-se da proposta dos países ricos, por outro há a aposta na energia nuclear e no uso intensivo das terras pela agricultura. Ele sustentou, nesse sentido, que vários dos elementos desenvolvidos pela Fundación Bariloche se encontram no discurso dos governos progressistas latino-americanos do começo do século XXI (Gudynas, 2011a). Ainda que concordemos com a primeira das críticas, acreditamos que não seja possível omitir o aspecto contra-hegemônico da proposta elaborada pela Fundación Bariloche, na linha do que hoje se denomina como a crítica da colonialidade do saber.

de o MML ter sido traduzido para o inglês e o francês, a perspectiva elaborada pela Fundación Bariloche não teve a ressonância internacional esperada. Sem dúvida, a partir de 1976, com a irrupção da pior ditadura civil-militar de toda a história argentina, é certo que fatores internos conspiraram contra a continuidade e a evolução dessa perspectiva crítica.[36]

No fim da década de 1960 e começo da de 1970, diversas proposições coincidiram em colocar sobre a mesa o debate relativo à natureza dos processos e programas de desenvolvimento, bem como sua capacidade de satisfazer diversos imperativos do bem-estar humano. Nessa linha, Unceta (2009) detectou um primeiro campo de críticas ou anomalias relativas à pobreza e à desigualdade, dentro do que se denominou "giro social". Certamente, apesar dos resultados obtidos em termos de incremento do PIB por habitante, era difícil assumir que o grau de desenvolvimento aumentava quando, na realidade, a pobreza, o desemprego, o subemprego e a desigualdade em nada haviam diminuído. O segundo campo de anomalias, nesse momento ainda incipiente, se referia à progressiva degradação do ambiente e dos recursos naturais. E um terceiro tinha a ver com a falta de equidade de gênero. Por último, existia um campo vinculado à discrepância entre o crescimento econômico e o respeito pela liberdade e pelos direitos humanos. Nesse contexto, nasce a noção de "mau-desenvolvimento", com o objetivo de explicar o fracasso global e sistemático dos programas

36. A ditadura militar se encarregou de realizar o esvaziamento institucional da Fundación Bariloche, por meio dos cortes de financiamento e da abrupta redução de pessoal, o que produziu um êxodo de intelectuais e cientistas. Segundo Abaleron Vélez (2011, p. 107): "A Fundación Bariloche passou, em um ano, de empregar aproximadamente 270 pessoas para dez, diante da recusa de expulsar da instituição os membros que tinham influenciado no Modelo Mundial Latino-Americano, medida que havia sido 'sugerida' pelas autoridades militares instaladas no poder a partir do golpe de 24 de março de 1976. O resultado foi a retirada abrupta dos fundos governamentais que aportavam 90% do orçamento total, dando início a um grande êxodo, cujo impacto nas instituições do exterior, receptoras do consequente 'esvaziamento' institucional, foi positivo".

de desenvolvimento, tanto nos países chamados "subdesenvolvidos" quanto nos "desenvolvidos", no conjunto do sistema mundial.

O termo "mau-desenvolvimento" foi utilizado por diversos autores. Entre eles, Celso Furtado, que em seu distanciamento crítico da linha oficial da Cepal foi traçando cada vez mais uma clara diferença entre industrialização e modernização, entre crescimento e desenvolvimento, a ponto de sustentar que a industrialização por substituição de importações havia sido uma industrialização sem desenvolvimento.[37] Para Furtado, subdesenvolvimento e mau-desenvolvimento são o mesmo lado da moeda e aparecem quase como sinônimos. Mas, sem dúvida, também se refere à ideia de deslocamento (heterogeneidade regional e estrutural) e de aprofundamento das desigualdades (não apenas sociais, mas também entre os países do Norte e do Sul), o que efetivamente — ainda que sem retomar o termo — será aprofundado pelos dependentistas.[38] O termo "mau-desenvolvimento" foi recuperado por René Dumont e Marie-France Mottin (1982) em um livro dedicado ao estudo de três países latino-americanos — Brasil, México e Peru —, no qual se referem a um paradoxo: um subcontinente com crescimento considerável em termos de forças produtivas e de riquezas produzidas; uma indústria importante; cidades gigantescas (e até delirantes), com maior contaminação e engarrafamentos que nos países desenvolvidos; enfim, um desperdício de recursos naturais e de força de trabalho. Assim, a desigualdade, o desperdício e o saque configuravam dimensões do "mau-desenvolvimento", sem que isso significasse uma oposição ou contrapartida de um suposto "bom-desenvolvimento" correspondente ao da Europa e dos Estados Unidos.

37. Para José María Tortosa (2011), a expressão "mau-desenvolvimento" é também uma metáfora. "Os seres vivos sofrem mau desenvolvimento quando seus órgãos não seguem um código, desequilibram-se entre si, gerando má-formação. Seu uso nas ciências sociais parece ter começado com o artigo de Sugata Dasgupta (*Peacelessness and Maldevelopment* [Impacificação e mau-desenvolvimento]) de 1968" (Tortosa, 2011, p. 40).

38. Ver próximo capítulo, dedicado ao campo da dependência.

Em outros lugares do capitalismo periférico, a noção de "mau-desenvolvimento" foi adquirindo maior densidade conceitual. Esse foi o título de um livro de Samir Amin, *Maldevelopment: Anatomy of a Global Failure* [Mau-desenvolvimento: anatomia de um fracasso global], de 1990. Do ponto de vista do Sul, foi a física e ambientalista indiana Vandana Shiva que retomou o conceito de mau-desenvolvimento em uma leitura geopolítica e de gênero. O desenvolvimento que deveria ter sido um projeto pós-colonial, de mãos dadas com o progresso e o bem-estar material para todos, supôs uma ocidentalização das categorias econômicas. Para ser viável, sua marcha requeria que as potências ocupassem as colônias e destruíssem a economia natural local. O desenvolvimento, a geração de excedentes comerciais, converteu-se, assim, em fonte de pobreza para as colônias e conduziu à criação de colônias internas, de maneira que

> o desenvolvimento se reduziu a uma continuação do processo de colonização, um modelo baseado na exploração e na exclusão da mulher (ocidental ou não ocidental), na exploração e na degradação da natureza e na exploração e na destruição gradual de outras culturas. [...] O crescimento econômico foi um novo colonialismo que subtraiu recursos de quem mais necessitava. Mas, em vez das potências coloniais, os exploradores eram as novas elites nacionais [...]. [Como projeto culturalmente tendencioso, o desenvolvimento] destrói os estilos de vida saudáveis e sustentáveis, criando verdadeira pobreza material, ou miséria, ao descuidar das próprias necessidades de subsistência, desviando recursos para produzir mercadorias. (Shiva, 1995, p. 30-1, 41)

Assim, a pobreza gerada pelo desenvolvimento já não é cultural e relativa: "É absoluta e ameaça a própria sobrevivência de milhões de seres neste planeta" (Shiva, 1995, p. 42). "O mau-desenvolvimento é a violação da integridade de sistemas orgânicos interconectados e interdependentes, que põe em movimento um processo de exploração, desigualdade, injustiça e violência" (Shiva, 1995, p. 34). Enfim, ainda que a contribuição de Vandana Shiva seja bastante posterior (início dos anos 1990), cabe destacar a associação estreita que condensa o mau-desenvolvimento como crítica antineocolonial não apenas contra o desenvolvimento, mas também contra o modelo patriarcal, que dará origem a um dos ramos mais prolíficos do ecofeminismo.[39]

Do desenvolvimento em escala humana ao pós-desenvolvimento

Em âmbito internacional, os anos 1980 implicaram o fim de um ciclo, marcado pela crise das linguagens emancipatórias, o colapso dos "socialismos reais" e o início de um novo ciclo de consenso neoliberal, cujo triplo eixo seria o proclamado fim das ideologias, a demonização da ação do Estado e a liberação das forças "benéficas" do mercado. Na América Latina, a chamada "década perdida" esteve marcada por transições democráticas (o fim das ditaduras militares), aumento da pobreza (apenas em seus últimos quatro anos, o número de pobres no subcontinente registrou crescimento de 25%), e, em toda a sua extensão, episódios de hiperinflação (Venezuela, Argentina, Bolívia, Nicarágua [e Brasil]). Tal contexto de decomposição econômica e social conduziu ao questionamento do papel do Estado e facilitou a instalação de um discurso favorável à abertura econômica, de mãos dadas com o que depois se denominou Consenso de Washington. Em diferentes países latino-americanos, com matizes e particularidades, o novo regime de acumulação desmantelaria as bases já desgastadas do modelo nacional-desenvolvimentista, colocando em marcha outro modelo, assentado na reforma estrutural do Estado, isto é, no ajuste do gasto estatal, na política acelerada de privatizações, na importação de bens e capitais e na abertura financeira.

Nessa conjuntura, o desenvolvimento, na qualidade de grande relato homogeneizante, desapareceu da agenda política e acadê-

39. A autora agrega o olhar ecofeminista: "O mau-desenvolvimento é mau-desenvolvimento no pensamento e na ação. Na prática, essa perspectiva fragmentada, reducionista e dualista viola a integridade e a harmonia do homem com a natureza, e a harmonia entre homem e mulher" (Shiva, 1995, p. 19-75).

mica não apenas na América Latina, mas também em outras regiões. Esse declínio não foi alheio ao fato de que, em um contexto de crise das esquerdas, as ciências sociais latino-americanas, sobretudo a economia e a sociologia políticas, que haviam liderado o pensamento crítico durante décadas, realizaram uma profunda inflexão política e epistemológica. Enquanto, por um lado, a economia em sua versão neoclássica e ortodoxa se centrou na preocupação com a produtividade e a recuperação dos indicadores macroeconômicos nos âmbitos de diversos modelos de ajuste e estabilização, por outro, a sociologia foi se orientando rumo a uma visão mais modesta do saber social, no compasso da expansão da antropologia e de outras perspectivas epistemológicas de caráter mais etnográfico, e, ao mesmo tempo, tendeu a desenvolver um forte traço institucionalista, que priorizava o estudo das transformações da democracia pós-ditatorial, mantendo distância do *ethos* radical-revolucionário próprio dos anos 1960 e 1970.

Nessa linha, não poucos autores latino-americanos, críticos da visão macrossocial, planificadora e centralizada do desenvolvimento, propuseram a necessidade de uma concepção inclusiva e participativa desse tema, definido em uma escala diferente, respeitando as culturas camponesas e originárias, fortalecendo economias locais e regionais. No fim da década de 1980 nasceu, então, o enfoque do "desenvolvimento em escala humana", cujo principal autor é o economista chileno Manfred Max-Neef, ao lado de Antonio Elizalde e Martín Hopenhayn. Esse enfoque propunha uma leitura ou redefinição do sistema econômico, que parte da perspectiva da atenção às necessidades humanas básicas dentro do marco social e ecológico.[40] A teoria do desenvolvimento em escala humana questiona o enfoque economicista centrado na ideia de que o bem-estar das pessoas depende da riqueza global das nações medida pelo PIB (isto é, pelo conjunto de bens e serviços produzidos pelos países, ao

40. O projeto foi realizado de maneira conjunta pelo Centro de Alternativas de Desarrollo (Cepaur) do Chile e pela Fundação Dag Hammarskjöld da Suécia. Segundo Max-Neef, nasceu da necessidade de situar, em contexto latino-americano, a proposta contida no relatório de 1975 "Que fazer: outro desenvolvimento", produzido pela fundação sueca.

qual depois foi acrescida a relação com a dimensão populacional, PIB *per capita*). Ainda que questione a ambos, distingue, por exemplo, desenvolvimentismo e neoliberalismo. O fracasso do desenvolvimentismo não poderia ser atribuído à sua pobreza ou falta de criatividade; seus erros teriam mais a ver com os desequilíbrios econômicos e financeiros, com a forte concentração da estrutura econômica e também com o enfoque predominantemente econômico, que deixou de lado os processos sociais e políticos emergentes, sobretudo após a Revolução Cubana. Comparativamente, se o "desenvolvimentismo foi gerador de pensamento, o monetarismo é um fabricante de receitas" (Max-Neef *et al.*, 1986, p. 11). Tais receitas mostraram um rápido fracasso na América Latina, deixando um vazio desconcertante em seu lugar, aumentando ainda mais os custos sociais.

Em contraste com tais visões, o desenvolvimento em escala humana propõe construir um indicador de crescimento qualitativo das pessoas. Para isso, tem como ponto de partida a ideia de que tradicionalmente se considerou que as necessidades humanas tendem a ser infinitas e mudam constantemente, de um período a outro, de uma cultura a outra. No entanto, as necessidades humanas fundamentais são as mesmas em todas as culturas e em todos os períodos históricos; o que muda ao longo do tempo e entre as culturas é a maneira ou os meios utilizados para satisfazê-las (Max-Neef *et al.*, 1986). Cada sistema econômico, social e político adota diferentes estilos para tal demanda. Um dos aspectos definidores de uma cultura é a seleção de fatores de satisfação, que são culturalmente construídos. Os bens são os meios pelos quais um sujeito potencializa os fatores de satisfação de suas necessidades. Quando esses bens se constituem como um fim em si mesmo, a vida se coloca a serviço das coisas, e não ao contrário. Como consequência, diante da atual crise civilizatória, "a construção de uma economia humanista exige repensar a dialética entre necessidades, fatores de satisfação e bens" (Max-Neef *et al.*, 1986, p. 22). Portanto, o desenvolvimento em escala humana

> se concentra e se sustenta na satisfação das necessidades humanas fundamentais, na geração de níveis crescentes de autossuficiência e

> na articulação orgânica dos seres humanos com a natureza e a tecnologia, dos processos globais com os comportamentos locais, do pessoal com o social, da planificação com a autonomia e da sociedade civil com o Estado. (Max-Neef *et al.*, 1986, p. 28)

Em suma, tal perspectiva oferece um enfoque crítico-humanista: a partir da crítica a uma visão produtivista, questiona a consolidação de uma sociedade consumista, que superestima os bens e subestima as necessidades e suas satisfações, gerando assim insustentabilidade. No mesmo sentido, a pobreza é entendida a partir de múltiplos registros, a começar pela ideia de que qualquer necessidade humana insatisfeita gera pobreza. Nesse sentido, a magnitude do desemprego, sua persistência e longa duração e, na América Latina, a hiperinflação geram patologias não apenas individuais, mas também coletivas, que conspiram contra a própria solução dos problemas. Contudo, a alternativa a essa situação não seria criar uma sociedade ascética (que superestime as necessidades e fatores de satisfação, anulando o desejo), mas, sim, uma sociedade ecológica, sustentável, na qual se persiga a satisfação das necessidades em termos qualitativos, diversificando as formas de alcançá-las e reivindicando a subjetividade.

A crítica mais radical contra a visão hegemônica do desenvolvimento, porém, veio do pós-estruturalismo. Em 1992, Ignacy Sachs coordenou o *Dicionário do desenvolvimento* (1996 [1992]). O capítulo sobre "desenvolvimento" esteve a cargo do mexicano Gustavo Esteva, que formulou uma crítica demolidora, argumentando que a invenção do desenvolvimento e sua contrapartida, o subdesenvolvimento, foi obra dos Estados Unidos e demais potências ocidentais ao término da Segunda Guerra Mundial e que tal dicotomia, enfim, adquiriu uma virulência colonizadora. A crítica mostrava o caráter monocultural da metáfora do desenvolvimento à medida que privava os povos de culturas não ocidentais da oportunidade de definir as formas de sua vida social (Esteva, 1996 [1992], p. 56). Sendo assim, analisava as diferentes adjetivações do desenvolvimento (endógeno, sustentável, humano) como atenuantes de um mesmo modelo colonizador.

A essa leitura, somou-se a contribuição do antropólogo colombiano Arturo Escobar, que, sintonizado com os questionamentos próprios das correntes indigenistas, trabalhou para desmontar o conceito moderno de desenvolvimento como um discurso de poder, a fim de revelar seus principais mecanismos de dominação (a divisão entre desenvolvimento e subdesenvolvimento; a profissionalização do problema – a ascensão dos especialistas – e sua institucionalização em uma rede de organizações nacionais, regionais e internacionais), bem como o ocultamento e/ou subestimação de outras experiências/conhecimentos locais e práticas vernáculas (a figura do "epistemicídio", como mais tarde diria Boaventura de Sousa Santos).

É importante destacar que o eixo da crítica pós-estruturalista não foi propor outra visão do desenvolvimento, mas sim questionar os modos como os países do Terceiro Mundo foram definidos como subdesenvolvidos e, por conseguinte, carentes de desenvolvimento. Como o autor colombiano adverte de modo explícito, a pergunta que se fazia não era "como podemos melhorar o processo de desenvolvimento?", mas "por que, por meio de qual processo histórico e com quais consequências, Ásia, África e América Latina foram concebidas como 'Terceiro Mundo' pelos discursos e práticas do desenvolvimento?" (Escobar, 2005, p. 18).[41] Um dos eixos da ideia de pós-desenvolvimento é a crítica e a desconstrução do desenvolvimento, propondo um marco no qual este já não seria o princípio organizador da vida social. Outros eixos são a revalorização das culturas vernáculas, a necessidades de depender cada vez menos do conhecimento especializado e o objetivo de criar um mundo social, cultural e ecologicamente sustentável.

41. Segundo Escobar, entre os anos 1960 e 1970, algumas tendências apresentavam uma posição crítica ao desenvolvimento, ainda que fossem insuficientes para articular uma refutação do discurso sobre o qual este se fundamentava. Entre elas, menciona a pedagogia do oprimido (Paulo Freire), a teologia da libertação e as críticas ao colonialismo intelectual (Orlando Fals Borda), assim como a abordagem dependentista. Nesse caso, assinalava que a crítica mais aguda ao desenvolvimento proveio de Ivan Illich, o criador da noção de convivialidade, que tanta influência teve na América Latina, sobretudo no México (Escobar, 2005, p. 22).

A ideia de pós-desenvolvimento foi criticada tanto pelo campo neoliberal como pelo marxismo, avesso ao enfoque discursivo, que se distanciaria dos verdadeiros problemas do desenvolvimento: a pobreza e o capitalismo.[42] Além disso, acusavam-no de apresentar uma visão demasiado generalista e essencialista de desenvolvimento, assim como lançar mão de um olhar muito romantizado sobre as tradições locais e os movimentos sociais, esquecendo-se de que o local também se encontra configurado por relações de poder. Escobar aceitou a validade de certas críticas (Unceta, 2009), mas enfatizou que, diferentemente dos enfoques dominantes, que entendem o conhecimento como representação da realidade, defendendo a existência de uma verdadeira ontologia, o pós-estruturalismo parte de uma posição epistemológica construtivista, cujo fundamento é sempre histórico.

Por fim, os escritos de Arturo Escobar foram, sem dúvida, muito influentes no pensamento ambiental e na ecologia política da América Latina, na busca de uma proposta alternativa, pela via de um tipo de racionalidade e relacionalidade diferentes do pensamento dominante, assentadas na construção coletiva, no princípio da reciprocidade e dos saberes locais, cujos protagonistas ou portadores são, por excelência, os movimentos sociais, entre os quais estão os povos originários e afrodescendentes. Não por acaso, sua leitura aponta para o modo como as epistemes vernáculas desordenam o conhecimento moderno, propondo outras cosmovisões relacionais, que rompem ou questionam o dualismo ocidental. Esse olhar radical, que propõe pensar os vínculos entre a natureza humana e a não humana a partir de uma cosmovisão relacional, se soma ao conjunto de posicionamentos que Gudynas (2012) denominou de "alternativas ao desenvolvimento", em contraposição às "alternativas de desenvolvimento", entre as quais o autor uruguaio inclui, também, a sustentabilidade superforte, o biocentrismo e a ecologia profunda.

42. As críticas foram retomadas na versão de seu artigo sobre pós-desenvolvimento publicado por Escobar em 2005. Este é o texto que adotamos como fonte.

Movimentos sociais, ambientalismo e ecologia política

Durante muito tempo, no Ocidente, as histórias de lutas e formas de resistência coletiva estiveram associadas às estruturas organizativas da classe trabalhadora, considerada o ator privilegiado da mudança histórica. A ação organizada da classe trabalhadora era conceitualizada em termos de "movimento social", uma vez que aparecia como agente central e, potencialmente, como a expressão privilegiada de uma nova alternativa societal, diferente do modelo capitalista em vigor. No entanto, a partir dos anos 1960, a multiplicação das esferas de conflito e as mudanças nas classes populares tornaram evidente a necessidade de ampliar as definições e categorias analíticas. Para dar conta disso, instituiu-se a categoria (empírica e teórica) de "novos movimentos sociais", com o objetivo de caracterizar a ação de diferentes movimentos que expressavam uma nova politização da sociedade e traziam à esfera pública temas e conflitos que tradicionalmente foram considerados próprios do âmbito privado ou apareciam naturalizados, associados ao desenvolvimento industrial.

Nesse marco devem ser compreendidos os movimentos ecologistas ou ambientais, que ao lado dos movimentos feministas, pacifistas e estudantis ilustravam a emergência de novas coordenadas culturais e políticas.[43] Certamente, tanto a ecologia como os movimentos dedicados a ela são herdeiros dos acontecimentos de 1968, ano em que se sentiu uma inflexão político-cultural, marcada pelas revoltas estudantis de caráter libertário, tanto em países do Norte como do Sul, de Paris e dos campi universitários americanos até Praga e a capital mexicana, onde foram for-

43. Esses movimentos apareciam como portadores de novas práticas, orientadas ao desenvolvimento de formas organizativas mais flexíveis e democráticas, que questionavam os estilos de construção política da social-democracia (e seus poderosos sindicatos), bem como daqueles provenientes do modelo leninista (o centralismo democrático), associados aos partidos de esquerda. Por outro lado, à diferença do movimento operário tradicional, as formas de ação emergentes tinham uma base social policlassista, com importante presença de novas classes médias.

temente reprimidos. O nascente movimento ecologista apontava críticas contra o produtivismo, alcançando tanto o capitalismo como o socialismo soviético, além de estar unificado no debate contrário à energia nuclear.[44] Os anos 1970 evidenciaram, como já dissemos, o advento da questão ambiental na agenda global. Surgiram, assim, instituições internacionais e novas plataformas de intervenção (como o PNUD), diferentes organizações de recorte ecologista, os primeiros Partidos Verdes (tendo o alemão como modelo) e numerosas ONG,[45] com tendências e origens ideológicas muito contrastantes, desde as mais conservadoras até as mais radicais.[46] Na América Latina, organizações preservacionistas existiam em diversos países desde os anos 1950, embora tivessem escassa repercussão. Em trabalhos publicados durante os anos 1990, Enrique Leff e Eduardo Gudynas, duas referências no tema, assinalaram a heterogeneidade do incipiente movimento ambiental e seu caráter policlassista, marcado pela presença das classes médias (Gudynas, 1992), e enfatizaram também sua frágil identidade, coesão e continuidade (Leff, 1992). Essa fragilidade, sem dúvida, estava ligada à ideia central que percorria as elites políticas latino-americanas, direitas e esquerdas reunidas, de que a preocupação com o ambiente era uma agenda dos países industrializados, já que o principal problema da América Latina relacionado à contaminação era a pobreza. Por outro lado, havia um incipiente pensamento ambiental, promovido pelos pioneiros no campo do ambientalismo, a saber, aqueles que participaram dos debates em diferentes conferências internacionais sobre o desenvolvimento sustentável, ao mesmo tempo que começaram a gerar

44. Para uma análise do ambientalismo europeu em suas origens, ver Offe (1996 [1988]) e Melucci (1990 [1977]).

45. A ONG Amigos da Terra nasceu em 1969, e o Greenpeace, em 1971.

46. De fato, alguns estabeleciam a diferença (hoje em desuso) entre ecologistas e ambientalistas. Enquanto os grupos ecologistas, ligados aos partidos verdes, eram considerados uma ala radical e libertária, apontando para a constituição de um movimento pela mudança histórica, o ambientalismo era identificado como a ala conservadora-institucional, caracterizada como grupo de pressão e que outorgava maior relevância às ONG (Viola, 1992).

um saber especializado independente das grandes transnacionais preservacionistas. Cada país tem seu próprio panteão de pioneiros do ambientalismo. Por exemplo, na Argentina, um dos mais destacados foi Miguel Grinberg, criador da mítica revista *Mutantia*, que introduziu numerosos temas ligados à ecologia, ao mesmo tempo que sempre foi muito crítico da apropriação do discurso "verde" pelo poder transnacional.[47]

Entre os anos 1970 e 1980, houve um crescimento do número de grupos ambientalistas, mas também uma forte tendência à institucionalização. No Brasil, o primeiro movimento ambientalista de caráter contestatório foi, sem dúvida, o dos seringueiros do Acre, que conseguiu afirmar uma forma específica de territorialidade, inserindo-se na disputa pelo significado de "desenvolvimento sustentável". Essa conquista atribuía à própria população o status de "unidade de conservação ambiental", ao mesmo tempo que abria um interessante diálogo entre tradição e modernidade (Porto-Gonçalves, 2001, p. 83). O movimento dos seringueiros se tornou muito conhecido internacionalmente depois do assassinato de Chico Mendes, em 1988. Na época, como afirma Eduardo Viola (1992) para o caso do Brasil, antes dos movimentos ecologistas propriamente ditos, surgiram movimentos sociais com forte dimensão socioambiental, resultantes da interação com grupos ambientalistas. Nessa linha, sem pretender esgotar o assunto, Viola menciona os seguintes exemplos: os atingidos por barragens; os seringueiros, cuja interação com ambientalistas lhes permitiu elaborar o programa das reservas extrativistas; os movimentos indígenas, cuja relação com ambientalistas, sobretudo internacionais, ajudou a explicitar o conteúdo de proteção ambiental dentro da luta pelas terras e demarcação das reservas; alguns setores dos movimentos de trabalhadores rurais sem terra, particularmente no Sul, atribuíram uma dimensão ambientalista à luta pela reforma agrária; os setores do movimento de mulheres, que mostraram disposição para articular suas questões com as ambientalistas, ainda que na época não existisse nenhum grupo ecofeminista equivalente aos

47. Para um olhar diacrônico desse processo, ver Grinberg (2012).

do Primeiro Mundo; setores dos movimentos de bairro (em razão da ostensiva agressão ao ambiente pelas indústrias); movimentos de defesa do consumidor, em que parte significativa dos integrantes possuem experiência prévia no ambientalismo; movimentos pela saúde ocupacional, que reuniram ativistas sindicais e médicos sanitaristas; e, enfim, um setor reduzido do movimento estudantil, entre outros (Viola, 1992, p. 138-55).

Perspectivas críticas: da economia ecológica à ecologia política

> *O ambientalismo se inscreve, assim, na transição de uma modernidade marcada por homogeneização cultural, unidade da ciência, eficientismo tecnológico e lógica do mercado, rumo a um novo projeto de civilização, orientado para estilos alternativos de desenvolvimento, fundados nas condições de sustentabilidade dos diversos ecossistemas do planeta e da heterogeneidade cultural da raça humana. O ambientalismo se situa, assim, em uma modernidade alternativa, que busca desconstruir a lógica do capital e desconcentrar o poder para construir outra racionalidade social.*
>
> — Enrique Leff

A emergência da questão ambiental deu lugar à consolidação de novos ramos ou áreas do saber, entre elas a ecologia política, a economia ecológica e a história ambiental, que passaram por grande expansão nas últimas décadas, tanto nos países do Norte como na América Latina, entre os quais se destacam autores como Enrique Leff, Eduardo Gudynas, Arturo Escobar e Guillermo Castro Herrera, entre outros já citados. Ao compasso dessas discussões, vão sendo desenvolvidas diferentes disciplinas, como a economia ambiental, que se propõe a superar a definição crematística própria da economia convencional, definindo-se como "a ciência da gestão da sustentabilidade" (Pengue, 2009, p. 56).[48]

O grupo de estudos de Ecologia Política do Conselho Latino-Americano de Ciências Sociais (Clacso), coordenado pelo sociólogo Héctor Alimonda, no qual se reuniram vários dos representantes mais conhecidos do amplo campo da ecologia do continente, teve sem dúvida um papel pioneiro na problematização dessas questões. Além dos já mencionados, participaram do grupo autores como Henri Acselrad, Roberto Guimarães, Marcos Gandásegui, Walter Pengue, Roberto Moreira e Pedro Jacobi.[49] Também é importante mencionar outras contribuições, como de Sejenovich, para a economia ecológica, e Germán Palacio, para a história ambiental.

A partir da ecologia política e da filosofia ambiental, uma das abordagens mais ricas e complexas é a do mexicano Enrique Leff, criador de diferentes conceitos-horizonte: "racionalidade ambiental"; "saber ambiental"; "complexidade ambiental"; "epistemologia ambiental"; "hermenêutica ambiental"; "diálogos de saberes". Leff costuma alertar para o esquecimento da natureza e a cegueira epistêmica das ciências sociais. A partir da sua perspectiva, para tais ciências o ambiental se tornou sinônimo de impensável. Retomando a noção de racionalidade do legado da sociologia weberiana, Leff dedicou-se à tarefa de definir o conceito de racionalidade ambien-

48. Entre os autores que mais contribuíram para a emergência da economia ecológica como ciência transdisciplinar está Nicholas Georgescu-Roegen, autor de *La ley de entropía y el proceso económico* [A lei da entropia e o processo econômico]. Para além das diferentes correntes, a economia ecológica construiu conceitos e indicadores para determinar a sustentabilidade, entre eles, a pegada ecológica (que mede o impacto da humanidade sobre a terra em termos de necessidades de solo, alimentação, vestimenta, moradia e disposição dos resíduos em hectares/habitante) (Pengue, 2009, p. 116).

49. Alimonda compilou dois livros importantes sobre o tema: *Ecología política: naturaleza, sociedad y utopía* [Ecologia política: natureza, sociedade e utopia] (2002) e *Los tormentos de la materia: aportes para una ecología política latinoamericana* [Os tormentos da matéria: elementos para uma ecologia política latino-americana] (2006). Mais recente, e já vinculado aos debates sobre extrativismo, é o livro *La naturaleza colonizada: ecología política y minería en América Latina* [A natureza colonizada: ecologia política e mineração na América Latina] (2011).

tal a partir da ótica crítico-compreensiva. A tese, de índole epistemológica, identifica diferentes modos de conhecer, formas de conceber o mundo, de transformá-lo, de dominá-lo. Assim, não se trataria somente da passagem da era do progresso para a do risco, mas sim de uma crise civilizatória que implica uma crise do conhecimento. A questão ambiental não se reduz a um impasse de sensibilidade ecológica, ligada à mudança cultural; trata-se de uma reflexão do pensamento sobre os modos de pensar que tornaram o mundo insustentável.

Nessa linha, em artigo publicado em 2006, Leff propõe repensar a ecologia política como "campo em construção", a partir da articulação entre pensamento crítico e ação política. Dessa perspectiva, a ecologia política abre uma pergunta sobre as transformações mais recentes da condição existencial do homem, não apenas referentes aos conflitos da distribuição ecológica, mas também sobre as relações entre a vida das pessoas e o mundo globalizado. No paradigma da ecologia política, convergem diferentes disciplinas críticas — entre elas, a economia ecológica, a história ambiental, o direito ambiental, a sociologia política, a antropologia das relações cultura/natureza e a ética política. Nesse sentido, Leff sustenta que o aporte fundamental da ecologia é político, não apenas epistemológico, à medida que indica, por um lado, a desnaturalização da natureza, das condições "naturais" de existência e dos desastres "naturais", e, por outro, a ecologização das relações sociais (Leff, 2006). Em suma, a ecologia política é um território em disputa no qual estão sendo construídas novas identidades em torno da defesa da natureza, culturalmente ressignificada pelas lutas de resistência vigentes — lutas que, como veremos na segunda parte deste livro, se definem contra diferentes formas de extrativismo difundidas no continente e em defesa de outras linguagens de valoração do território. Por último, a ecologia política promove também uma nova epistemologia política, cuja vontade de integração e complementaridade de conhecimentos transborda o projeto interdisciplinar, reconhecendo as estratégias do campo do poder e reconduzindo ao diálogo e ao encontro de saberes.

Em outra abordagem, são numerosos os especialistas que vêm estudando esses novos conflitos marcados por uma redistribuição desigual dos riscos, entre eles os já citados Joan Martínez-Alier (2004) e Henri Acselrad (2004a; 2004b; Acselrad, Mello & Bezerra, 2009). Tais autores consideram que os movimentos de justiça ambiental tornaram visíveis o caráter desigual das condições de acesso à proteção do meio ambiente. Martínez-Alier foi quem batizou esses movimentos, próprios dos países do Sul ou da periferia, de "ecologia popular" ou "ecologia dos pobres". O economista catalão se referia a uma corrente que enfatizava os conflitos ambientais em diversos níveis (local, nacional, global), causados pela reprodução globalizada do capital, pela nova divisão internacional e territorial do trabalho e pela desigualdade social. Essa perspectiva crítica destaca também o deslocamento geográfico das fontes de recursos e do despejo de rejeitos. Tais movimentos, ainda que não se reconheçam como ambientais em sua origem, iniciam um percurso de defesa e proteção do ambiente e vão adquirindo importância cada vez maior nos últimos anos. Isso se deve à demanda cada vez maior dos países desenvolvidos em termos de matérias-primas e bens de consumo, que ameaça, no médio prazo, a sustentabilidade social e ecológica dos territórios e dos ecossistemas.[50]

50. Em *O ecologismo dos pobres* (2004), Joan Martínez-Alier propõe distinguir entre três correntes do ecologismo: o culto da vida silvestre, o credo ecoeficienticista e o movimento de justiça ambiental. A primeira corrente se preocupa com a preservação da natureza silvestre, é indiferente ou oposta ao crescimento econômico, avalia negativamente o crescimento populacional e busca respaldo científico na biologia da conservação. É por isso que sua ação se encaminha para a criação de reservas e parques naturais nos lugares onde existem espécies ameaçadas ou sítios caracterizados pela biodiversidade. Grandes organizações conservacionistas, muitas vezes pouco respeitosas com as populações nativas, também se instalam nesse registro biocêntrico. A segunda corrente, o ecoeficientismo, propõe o uso eficiente dos recursos naturais e o controle da contaminação. Seus conceitos-chave são "modernização ecológica" e "desenvolvimento sustentável". Na base dessa visão subjaz a ideia da "modernização ecológica", que caminha sobre duas pernas: uma econômica, com ecoimpostos e mercados de licenças de emissões; a outra, tecnológica, apoiando medidas voltadas para a economia de energia e de matérias-primas. Cientificamente, essa corrente repousa na economia ambiental ("conquistar preços corretos" por intermédio da "internalização das externalidades") e na nova disciplina da Ecologia Industrial. Assim, a ecologia se converte em uma ciên-

A acumulação de danos ambientais evidencia, de modo inevitável, o problema da dívida ecológica e da responsabilidade social e política do Estado: apatia, cumplicidade ou abandono, exclusão, racismo, fenômenos aos quais submete as populações com menor poder econômico e político, urbanas ou rurais.

Por último, para Acselrad, a distribuição dos custos ambientais costuma problematizar os padrões históricos de injustiça ambiental, que refletem profundas desigualdades, não só entre países do Norte e do Sul, mas também no interior das nossas sociedades, do ponto de vista social, etário, étnico e de gênero. Desse modo, a noção de justiça ambiental "implica, pois, o direito a um meio ambiente seguro, sadio e produtivo para todos, onde o 'meio ambiente' é considerado em sua totalidade, incluindo suas dimensões ecológicas, físicas construídas, sociais, políticas, estéticas e econômicas. Refere-se, assim, às condições em que tal direito pode ser livremente exercido, preservando, respeitando e realizando plenamente as identidades individuais e de grupo, a dignidade e a autonomia das comunidades" (Acselrad, Mello & Bezerra, 2009, p. 16). Esse enfoque, que enfatiza a desigualdade dos custos ambientais, a falta de participação e de democracia, o racismo ambiental contra os povos originários desapropriados de seus territórios em nome de projetos insustentáveis, enfim, a injustiça de gênero e a dívida ecológica, está na origem de diversas redes de justiça ambiental, que desde os anos 1990 se fortalecem na América Latina, em países como Chile (Observatório Latino-Americano de Conflitos Ambientais [Olca]) e Brasil (Rede de Justiça Ambiental).

....

cia gerencial para limpar ou remediar a degradação causada pela industrialização (Martínez-Alier, 2004, p. 21 [2007, p. 28]). Nesse sentido, partem da ideia de que os males produzidos pela tecnologia podem ser resolvidos a partir da aplicação de mais tecnologia. A terceira posição, por fim, é representada por movimentos de justiça ambiental, ou o que Martínez-Alier batizou como "ecologia popular" e, posteriormente, Vandana Shiva chamou de "movimentos de sobrevivência".

Diferentemente de épocas anteriores, nas quais o ambiental se configurava como apenas uma entre muitas dimensões de lutas e raras vezes era assumido explicitamente, na atualidade estamos diante de uma ressignificação dessa questão em perspectiva territorial e política. Vivemos aquilo que Enrique Leff (2006) chamou de "ambientalização das lutas indígenas e camponesas e a emergência de um pensamento ambiental latino-americano". Por um lado, essa dinâmica de ambientalização se traduz na emergência de diferentes *movimentos socioterritoriais* (não exclusivamente indígenas), que, na mesma luta, tendem a ampliar e radicalizar sua plataforma representativa e discursiva, incorporando outros temas, tais como o questionamento dos modelos de desenvolvimento percebidos como monocultores e crescentemente destrutivos. Por outro lado, assistimos também ao surgimento de um pensamento ambiental latino-americano, visível na criação de conceitos críticos e conceitos-horizonte, que apontam para uma nova racionalidade ambiental.

3. A dependência como eixo organizador

> *A teoria da dependência é uma conquista do pensamento social latino-americano. É um grande avanço para o conhecimento em geral, mas teve como ponto de partida as especificidades da América Latina.*
> — Theotônio dos Santos

Em um balanço da teoria da dependência realizado em 2002, o autor brasileiro Theotônio dos Santos, um de seus expoentes, enumerava uma lista de nomes e correntes proeminentes das ciências sociais latino-americanas que incluíam Gilberto Freyre, Josué de Castro, Raúl Prebisch, Caio Prado Júnior, José Medina Echavarría, Gino Germani e Florestan Fernandes, para concluir que

> a acumulação destas e outras propostas metodológicas na região refletia a crescente densidade do pensamento social, que superava a simples aplicação de ideias, metodologias ou propostas científicas importadas dos países centrais para abrir um campo teórico próprio, com metodologia própria, identidade temática e caminho para uma práxis mais realista. A teoria da dependência tentou ser uma síntese desse movimento intelectual e histórico. (Dos Santos, 2002, p. 7)

Contudo, a teoria da dependência foi muito questionada. Não são poucos os que consideram que essa abordagem adotou um enfoque simplista e reducionista, pouco apto para abarcar uma análise socioeconômica e política rigorosa e complexa. Isso inclui desde aqueles que sustentam que se trata de uma noção de senso comum, autoevidente, que pouco contribui com a análise, até os que a veem como um conceito "mágico", que antecipa muitas das conclusões, antes mesmo da execução de qualquer estudo. Há também aqueles que a descartam por considerá-la puramente ideologizada, datada, como um "mal de época" ou uma espécie de "pecado de juventude" do pensamento latino-americano.

Na minha perspectiva, seria ruim se olhássemos a teoria da dependência com as lentes tradicionais, mas tampouco faríamos bem se usássemos as lentes pós-modernas. É necessário, antes de mais nada, realizar uma análise histórico-compreensiva de sua formulação, para assim captar tanto a riqueza contextual de seus debates como suas fraquezas teóricas. Desse modo, evitamos cair na tentação apologética ou na rápida desqualificação, a qual nos acostumamos devido ao clima ideológico do período posterior à queda do Muro de Berlim (1989).

Na realidade, nos longos e intensos anos que se estenderam entre 1950 e 1970, um dos mais ricos e férteis períodos da produção teórica e dos debates político-ideológicos na América Latina, testemunhamos a criação de novas categorias descritivas e analíticas, tais como "dependência", "assincronia", "heterogeneidade estrutural", "marginalidade", "colonialismo interno", "desarticulação", "variegação", entre outras. Mesmo que todas elas ilustrem uma grande criatividade do pensamento latino-americano daqueles tempos, a categoria que brilha por sua capacidade de irradiação e reordenamento do campo crítico é a *dependência*. Essa noção banha todas as análises econômicas, sociais, políticas e inclusive culturais. É a categoria que tem a virtude de iluminar, com sua coloração, quase todos os debates da época, inserindo-os em um ambiente comum de discussão, gerando uma perspectiva compartilhada no interior do campo intelectual e um contorno cognitivo próprio.

Em suma, para além dos usos e abusos ligados à enorme ressonância que teve a categoria de dependência e a sua superpolitização como matriz geral de leitura, sem dúvida ela contribuiu para instalar um campo teórico amplo de problemas comuns, integrando e potencializando outras categorias analíticas do pensamento crítico latino-americano, ao mesmo tempo que inspirou uma grande quantidade de pesquisas sobre a história e a dinâmica conflitiva das diferentes sociedades nacionais daquela época. Em razão disso, os propósitos deste capítulo são, primeiro, expor as principais contribuições dos teóricos da dependência e seus debates e, em segundo lugar, mostrar o modo como tal teoria-conceito formou uma espécie de *marco interpretativo comum* para grande parte da intelectualidade crítica latino-americana de então.[1] De maneira geral, os marcos organizam a experiência e guiam a ação, tanto individual como coletiva. Servem para construir determinada interpretação de realidade. Nessa linha, proponho que, entre 1965 e 1979, a teoria da dependência se constituiu como uma espécie de *estrutura* ou *marco-mestre* no campo intelectual e acadêmico latino-americano. Isso explica a capacidade de conectar-se com outras categorias do campo intelectual, para ampliar os temas de análise e os debates, estendendo o campo teórico da dependência e transformando ou sobredeterminando outros problemas e marcos de leitura. Algumas condições societárias, uma estrutura de oportunidades políticas e a atualização de uma tradição crítica das ciências sociais conduziram ao alinhamento dos marcos,[2] por meio da conexão, da ampliação temática e da extensão do campo em torno da teoria da dependência. Em outras palavras, ao evidenciar a depen-

1. Erving Goffman (1991, p. 30-1) definiu os marcos (*frame*) como "esquemas de interpretação que capacitam os indivíduos e grupos a localizar, perceber, identificar os fatos de seu próprio mundo e do mundo em geral". Em uma perspectiva construtivista e interacionista, existem diferentes enfoques sobre os "processos de marcação", aplicados tanto à psicologia cognitiva como à teoria da ação coletiva. Sobre o tema, ver Meyer & Gamson (1999), Rivas (1998) e Snow (2001). Prefiro utilizar a noção de "marco-mestre", que remete a uma definição mais dinâmica e inacabada, em comparação com "paradigma", que é mais amplo, assumindo um sentido de conjunto de proposições ou enunciados metateóricos, ao menos no pensamento de Kuhn, relacionado também com a noção de "revolução científica". Para uma aproximação do conceito de "paradigma", ver o interessante trabalho de Alfredo Falero (2006).

2. Utilizo livremente a teoria do alinhamento dos marcos, em seus quatro tipos ou momentos, enunciados por Snow: conexão, amplificação, extensão e transformação. Ver Snow (1991) e Rivas (1998).

dência como marco-mestre, favoreceu a articulação de um espaço de debates latino-americanos, de circulação de ideias originais, que assentou a possibilidade de falar sobre a América Latina como uma unidade histórico-política, para além das evidentes diferenças regionais. Esse momento de grande fecundidade teórica tem início durante o pós-Segunda Guerra Mundial, época da substituição de importações, que se expande no ritmo da crise e do esgotamento dos populismos desenvolvimentistas, sobretudo depois do golpe militar de Estado no Brasil (1964), e começa a se fechar com a guinada dramática para as ditaduras do Cone Sul (Bolívia, 1971; Uruguai, 1973; Chile, 1973; Argentina, 1976).

Tal como afirma Domingos Ouriques (1994, p. 180), são três os eixos geográficos da teoria da dependência: Brasil, Chile e México. Brasil, em primeiro lugar, de onde saem seus principais formuladores, ou seja, Fernando Henrique Cardoso, Theotônio dos Santos, Ruy Mauro Marini e Vânia Bambirra, vários dos quais se exilaram no Chile depois do golpe de 1964. Também o economista alemão André Gunder Frank percorreu os circuitos universitários do Brasil antes de mergulhar nesse fenomenal laboratório político em que se converteu o Chile naquela época. Vários fatos ligados ao ambiente histórico contribuíram para a emergência dessa perspectiva, entre eles, os seminários de discussão sobre *O capital*, de Marx, apresentados na Universidade de São Paulo com a fundação da Organização Revolucionária Marxista Política Operária (Polop), que agrupava vários intelectuais posteriormente elaboradores do dependentismo, e, por último, o exílio forçado em razão da ditadura civil-militar e o caráter inovador que os próprios intelectuais brasileiros outorgarão à ditadura.[3]

3. Existiram dois seminários d'*O capital* na USP nesse período. O primeiro foi fundado em 1958, por Arthur Giannotti, Fernando Henrique Cardoso, Fernando Novais, Paul Singer, Roberto Schwarz, entre outros, tendo objetivos essencialmente acadêmicos. A maioria deles se tornou professor catedrático com teses importantes. Já o segundo grupo foi criado em 1961, com pessoas mais jovens e mais disponíveis para a militância, dando origem à revista *Teoria e Prática*, sendo alguns de seus participantes envolvidos com a Polop. Esse segundo grupo se articulou como núcleo militante e alguns

O segundo eixo geográfico foi o Chile, ou a experiência-farol da "via chilena ao socialismo" (posteriormente frustrada). Lá, a teoria da dependência teve seu *locus* fundacional específico no Centro de Estudos Socioeconômicos (Ceso) da Faculdade de Economia da Universidade do Chile, que reuniu numerosos intelectuais da região, em um clima de grandes discussões teóricas e políticas.[4] E o terceiro eixo geográfico foi o México, país-refúgio, onde se exilaram muitos intelectuais brasileiros, chilenos, argentinos, uruguaios, entre outros, perseguidos ou expulsos pelas diferentes ditaduras militares do Cone Sul. É no México que ocorre o desfecho do ciclo de radicalização política, dando espaço a um novo momento de reflexão, marcado por derrota política, refluxo ideológico e abertura de novas temáticas, que por vezes renunciavam ao ideário revolucionário e pendiam à valorização do sistema institucional democrático.

O espírito daquela época levou à ascensão de duas disciplinas, a sociologia política e a economia política, cujos conceitos e categorias foram elaborados no cruzamento e na articulação do pensamento social crítico com as diferentes variantes do marxismo, em um clima político-social influenciado pela Revolução Cubana, o maoísmo e as correntes da descolonização. Nesse processo, a teoria da dependência abriu novos veios do pensamento crítico, instalando um marco comum de compreensão e explicação, cujo ponto de partida era o afã por pensar a especificidade das sociedades latino-americanas em uma época de grandes mudanças políticas e econômicas (com o avanço do capital monopolista). Em boa medida, rompia-se com os esquemas ou moldes normativos provenientes das matrizes epistemológicas e políticas dominantes. Ao mesmo tempo, como matriz geral de leitura, a teoria da dependência ampliou o campo de problemas, reverberando em catego-

....

integrantes se tornaram guerrilheiros, se dispersando em 1970. Havia também outro grupo de estudos de Marx na Universidade de Brasília, este formado por Marini, Dos Santos e Bambirra, também ligados à Polop. [N.T.]

4. Entre os intelectuais brasileiros que se associaram ao Ceso estavam Bambirra, Marini, Dos Santos, Orlando Caputo e Roberto Pizarro. FHC, por sua vez, trabalhava na Cepal e no Ilpes. [N.T.]

rias como "marginalidade" e "colonialismo interno", que alcançaram maior visibilidade devido ao encontro com o marco-mestre da dependência.

Dada a complexidade do tema, este capítulo possui duas partes. Na primeira, farei uma apresentação das linhas fundamentais da teoria da dependência, enfocando a contribuição de seus "fundadores", que incluem Fernando Henrique Cardoso, André Gunder Frank, Theotônio dos Santos, Vânia Bambirra e Ruy Mauro Marini. Proponho um percurso que chamei de *campo ampliado da dependência*. Nele, eu me deterei na análise da "marginalidade", categoria que, embora tenha peso e trajetória próprios, não pode ser pensada *em suas origens* fora das discussões sobre a teoria da dependência. Na segunda parte, apresentarei os eixos de algumas polêmicas que sacudiram o campo dependentista: a primeira em torno do *modo de produção* na América Latina (feudalismo ou capitalismo); a segunda sobre o papel da *burguesia nacional* e a nova reflexão sobre a *função do Estado*. Por último, já chegando ao fim do ciclo, indagarei sobre as desavenças no interior do campo dependentista.

3.1. AS CATEGORIAS EM JOGO

A DEPENDÊNCIA COMO CATEGORIA-FAROL

> *Não é por acaso que, nesse momento, o especialista em ciências sociais, seja ele economista, sociólogo ou cientista político, se converta na figura do intelectual por excelência, substituindo o ideólogo, o arquiteto da nação e inclusive o intelectual do partido. A transmissão de prestígio se realiza na medida em que se impõe a teorização sobre a estagnação e a dependência. É o especialista, pois, que agora detém o poder ligado à interpretação do conjunto da "realidade".*
> — Daniel Pécaut

São vários os autores que argumentam que não existiu uma única teoria da dependência, mas várias teorias, no plural, ou inclusive uma "corrente de ideias" (Dos Santos), sustentada por uma série de elementos comuns. Outros afirmam que, na realidade, não se trataria de uma teoria, mas, sim, de um "enfoque", uma "perspectiva" ou, ainda, de "inúmeros aportes" (Beigel, 2006; Sotelo Valencia, 2005; Roitman, 2008), que não chegam a constituir um paradigma teórico. Certamente, a dependência, como categoria crítica, teve uma entrada fulgurante na história das ciências sociais latino-americanas, êxito que depois se estendeu para outros campos e instituições, como os partidos políticos, os movimentos sociais, o jornalismo e até as revistas culturais (Beigel, 2006). Sua produtividade foi tanto analítica como política; isto é, não só apresentou a virtude de descrever e explicar a situação nacional e regional em perspectiva histórico-estrutural, comum ao conjunto dos países latino-americanos na qualidade de países periféricos conectados aos processos globais, como também desenvolveu uma grande capacidade de interpelação política.

Mas se o impacto latino-americano e global da teoria da dependência foi enorme, também foi rapidamente vítima de seu próprio sucesso, à medida que sua vertiginosa divulgação pelo campo acadêmico e extra-acadêmico gerou numerosos mal-entendidos e simplificações, apropriações caricaturais e ferozes críticas provenientes de todo o espectro político-ideológico. Em um texto de 1974 sobre a sociologia daquele período, Pablo González Casanova sustentava que "a chamada teoria da dependência, vista em perspectiva, foi a versão acadêmica de uma nova linha política de forças da esquerda latino-americana; mas, precisamente por sua ambiguidade, o termo chegou a ser verbalmente dominado até mesmo pelos porta-vozes das ditaduras antipopulistas" (González Casanova, 1979, p. 201). Tal banalização exigiria um ir e vir por parte de seus representantes mais emblemáticos para responder às críticas, ao mesmo tempo que se multiplicaram as disputas internas.

Na minha perspectiva, a dependência constituiu uma teoria com ambição totalizante do social; ou, de modo mais preciso, uma matriz geral de leitura que propunha a articulação estrutural entre o econômico e o político (Pécaut, 1989, p. 212).[5] A partir desse postulado geral, a teoria da dependência constrói suas margens e seus limites sobre outras teorias (o funcionalismo, o desenvolvimentismo cepalino, o marxismo ortodoxo), permitindo diferentes variações e transformações em torno de um *corpus* e uma linguagem comum (centro/periferia, desenvolvimento/subdesenvolvimento, circulação/produção, imperialismo/nação, entre outros). É preciso somar a isso a enorme produtividade teórica e investigativa com a irrupção da dependência. Acertadamente, em um texto muito difundido, Fernando Henrique Cardoso escreveu:

5. Ainda que eu não compartilhe outros aspectos da análise de Pécaut sobre os dependentistas e a sociologia brasileira, concordo com a caracterização geral que faz da dependência uma teoria (Pécaut, 1989, p. 202).

> Um balanço da bibliografia sobre a América Latina nos últimos cinco anos demonstra claramente que existe um corte entre a temática anterior e a atual. Esse corte colocou em primeiro plano os organismos internacionais e as universidades e instituições geralmente preocupadas com a matéria do reordenamento da relação entre países imperialistas e dominados. Para além disso, chama atenção que se multiplicaram as análises sobre o Estado, as burguesias locais, os sindicatos, os operários e os movimentos sociais, as ideologias (para não falar dos estudos sobre a marginalidade e a urbanização), que, de um modo ou de outro, se inspiram no quadro de referência dos estudos sobre a dependência. (Cardoso, 1975, p. 109)[6]

Ou seja, era uma época prolífica, na qual se multiplicaram as pesquisas sobre a evolução social e econômica de diferentes países, traçando novos nexos entre as relações de classes sociais, por si mesmas complexas, e a dinâmica de acumulação do capital, em escalas nacional e global.

Em termos gerais, a categoria da dependência emergiu como algo mais que um diagnóstico comum. Tratava-se, para alguns dos seus formuladores, de um conceito crítico sobre a impossibilidade do desenvolvimento autônomo na periferia capitalista, algo que contradizia as proposições dos economistas e estrategistas da Cepal. Na realidade, para alguns dos autores mais representativos, a noção de dependência abarcava um diagnóstico crítico das sociedades latino-americanas no contexto global, necessariamente vinculado a um compromisso de mudança política e ao horizonte revolucionário. A tese fundamental dos dependentistas é que o subdesenvolvimento não é uma fase (a mais) do desenvolvimento capitalista, mas, sim, um produto da expansão do capitalismo do centro. Em outro ponto, a dependência era também um diagnóstico das novas formas de penetração e concentração do

6. Cardoso cita ao menos vinte trabalhos, que não se limitam a temas teóricos, mas realizam análises de problemas concretos ligados a sindicatos, partidos políticos, marginalidade, empresários, papel do Estado, entre outras questões, pela ótica da dependência.

capital internacional nas economias periféricas, situação que colocava fim às experiências populistas-desenvolvimentistas e conduzia a um reposicionamento da burguesia local, em sua vinculação aos capitais monopólicos.

Para muitos, a dependência foi um complemento obrigatório da teoria do imperialismo, expressão da nova fase de internacionalização do capital. O conceito de dependência implicava o reconhecimento de relações de dominação entre países centrais e periféricos, e, no interior desses, entre as classes sociais; de modo tal que a dependência estrutural não apenas remetia à ideia de exterioridade (dependência externa), mas também às relações entre o externo e o interno e suas formas de articulação (política, social, econômica). Assim, tal como afirmava Theotônio dos Santos, a dominação externa "é impraticável" se não há articulação entre os interesses dominantes dos centros hegemônicos e os das sociedades dependentes. Não por acaso, buscou-se estabelecer tipologias e dar conta de novas formas de dependência, por meio de sua tradução em diferentes cenários nacionais.

Desse modo, a ruptura epistemológica do campo da dependência é dupla, pois abarca a crítica ao cepalismo e ao funcionalismo estrutural, por um lado, e, por outro, em termos políticos, se opõe à estratégia marxista ortodoxa do Partido Comunista, com uma visão diferente da libertação nacional e social. Efetivamente, em primeiro lugar, a categoria "dependência" se construiu a partir da crítica da teoria cepalina do desenvolvimento, ainda que também dela se embebesse ao retomar o eixo ordenador da divisão centro/periferia, de grande potência descritiva e cuja duração transcendeu os mais variados modelos teóricos. Costuma-se reconhecer a influência de Paul Baran, com seus trabalhos sobre o problema do subdesenvolvimento publicados nos anos 1950, e também de Celso Furtado, cuja obra supunha uma ruptura em relação às proposições da própria Cepal ao sugerir, em 1966, a tese da estagnação estrutural.[7]

7. Em razão disso, não incluímos Furtado entre os autores dependentistas (optamos por analisá-lo no capítulo anterior sobre a Cepal), pois seu enfoque

A partir da dependência, a relação entre centro e periferia deveria ser lida em termos hierárquicos, pois as relações de poder e dominação não apenas se colocavam como obstáculo ou impediam o desenvolvimento da periferia, como também produziam o subdesenvolvimento, consolidando (em um extremo) o "desenvolvimento do subdesenvolvimento" da periferia (Gunder Frank).[8] Dessa perspectiva, sem abandonar um esquema binário, os dependentistas ressignificaram o binômio desenvolvimento/subdesenvolvimento ao questionar a viabilidade do desenvolvimento autônomo em nações periféricas.

Em segundo lugar, a categoria "dependência" se expandiu por toda a América Latina até ser incorporada como marco-mestre da chamada sociologia crítica (Franco, 1979; Beigel, 2006), que nasceu em contraposição à "sociologia científica", encarnada por dois dos pais fundadores da disciplina na América Latina, José Medina Echavarría, no México, e Gino Germani, na Argentina.[9] Em ter-

....

estruturalista, mais que inscrito na teoria da dependência, organiza a teoria do subdesenvolvimento. Sobre este tema, ver Mallorquín (1998). Sobre a questão das fontes de dependência, ver Osório (1994, v. II) e Domingos Ouriques (1994, v. II). Ver também Bambirra (1978).

8. Para estabelecer comparações, Devés Valdés (2003, p. 139) sustenta que, enquanto o dependentismo é de corte mais teoricista e se incumbe da construção acadêmica-universitária, sobretudo para a análise da evolução socioeconômica das sociedades periféricas, o cepalismo é de ordem mais prática, conectada com a possibilidade de propor políticas públicas e realizar recomendações para uma política de desenvolvimento. Assim, conclui Devés Valdés, enquanto a Cepal se constituiu como uma teoria do desenvolvimento (ou ao menos aspirava converter-se nisso), os dependentistas, sim, teriam construído uma teoria do subdesenvolvimento.

9. Desde os anos 1950, esses autores se dedicaram a um profundo processo de renovação da sociologia latino-americana, que durante muito tempo se reduziu a uma "sociologia de cátedra" ou esteve submissa ao ensaísmo. Substituíram-na por uma perspectiva metodológica que destacava a formação do profissional, o papel da pesquisa empírica, as metodologias e técnicas de investigação rigorosas como ferramentas imprescindíveis para conhecer e estudar a realidade de seus respectivos países. Para uma história das ciências sociais no Cone Sul, ver Trindade (2007). Para o tema específico da sociologia crítica, ver Franco (1979) e Sotelo (1972). E, para uma visão crítica em termos de "sociologia comprometida", ver Fals Borda (1970).

mos epistemológicos, a chamada sociologia científica se apoiava no paradigma estrutural funcionalista, que tinha Talcott Parsons como seu máximo referente acadêmico. A expansão daquela corrente significou enorme avanço da sociologia em todo o continente, visível no volume e na qualidade de publicações, na consolidação do campo profissional e nas vinculações com centros de produção internacionais. Em meados dos anos 1960, contudo, todas as munições críticas foram apontadas contra ela, por ser considerada uma orientação teórica que carecia de condições necessárias para interpretar corretamente a realidade latino-americana. Ou seja, na hora de explicar a persistência do subdesenvolvimento na América Latina, o funcionalismo fazia referência aos "obstáculos internos" e "desvios", reduzindo os problemas de transição a valores tradicionais e questões atitudinais dos atores sociais (Sotelo, 1972, p. 139). Por outro lado, o funcionalismo pouco explicava a Revolução Cubana (1959) e o novo *ethos* militante que se instalou a partir de então, influenciando de maneira importante a mudança de posições (políticas e epistemológicas) de parte significativa da *intelligentsia* latino-americana.

No Brasil, a sociologia crítica ganhou prestígio na emergência de um novo marxismo universitário, que representou uma forte guinada teórica e geracional. Tal como destacaram diferentes especialistas em sociologia brasileira (Martins, 1998; Pécaut, 1989), assim como seus protagonistas (Dos Santos, Cardoso, Marini, Bambirra), os seminários sobre Marx organizados a partir de 1958 na Universidade de São Paulo, sob a égide de Fernando Henrique Cardoso e Arthur Giannotti, desempenharam um papel relevante, com impactos sobre toda uma geração de universitários brasileiros, entre eles os representantes mais emblemáticos da dependência. O objetivo desses seminários era teórico, pois se tratava de ler *O capital* com olhar epistemológico, na busca de outro fundamento para as ciências sociais e outra metodologia para pesquisa (Pécaut, 1989, p. 201). O primeiro resultado foi uma série de trabalhos de investigação publicados em 1962, realizados por Cardoso e Octavio Ianni, sobre as populações negras no Brasil, nos quais ambos se referiam ao método dialético. Cabe acrescentar, como recorda Dos Santos, que esses seminários de estudos sobre *O capi-*

tal se replicaram também em Santiago do Chile, nos marcos do Ceso (Dos Santos *apud* Vidal Molina, 2013, p. 191).[10]

Em suma, sintonizados com a nova sociologia crítica, os dependentistas questionavam a visão funcionalista, que operava sob o paradigma evolucionista e normativo, para enfatizar outras abordagens da realidade latino-americana. Essa nova visão se destacava pela proposta de uma análise mais integrada (e não parcial ou especializada, tal como propunha a "sociologia científica"); pelo abandono do método neopositivista e sua substituição por outra perspectiva metodológica, de índole histórico-estrutural; pela consideração da historicidade do objeto, o que conduzia, portanto, a uma análise dialética, fundada em uma periodização, com ciclos históricos definidos;[11] e, enfim, pela necessidade de enfatizar os fenômenos complexos da natureza internacional, ligados à nova dinâmica de expansão do capital. O resultado disso foi um renascimento do marxismo na região como matriz epistemológica e política, com uma tendência a desenvolver uma visão totalizante dos processos políticos, econômicos e sociais latino-americanos (Franco, 1979, p. 275).

Como consequência, a categoria "dependência" se instalou no campo teórico do novo marxismo latino-americano. Em razão disso, recebeu numerosos embates e críticas, sobretudo do marxismo ortodoxo representado pelo Partido Comunista, que sustentava a imaturidade das condições objetivas do capitalismo na América Latina e apontava, por isso, para a via de revolução democráti-

10. Dos Santos fala sobre o tema em uma entrevista realizada em 2013, quarenta anos depois da ascensão de Allende no Chile. Lembremos, por outro lado, de que essa é a época em que se publica *Para ler O capital* (1964), a obra coletiva da qual participam Althusser, Balibar e Rancière e que foi fruto dos seminários sobre Marx desenvolvidos na Escola Normal Superior de Paris, onde lecionava Althusser. Entretanto, não é a leitura althusseriana que influencia mais os jovens marxistas brasileiros, mas sim o jovem Marx, Sartre e Lukács.

11. Cardoso sustenta que, "em termos de dialética marxista, a teoria social deve estar sempre embasada numa periodização e deve ser capaz de gerar a explicação dos momentos que definem histórico-estruturalmente esta periodização" (Cardoso, 1975, p. 105 [1973, p. 48-9]).

co-burguesa. Em contrapartida, os dependentistas (e, em geral, o novo marxismo latino-americano) rejeitavam a visão etapista, pois consideravam que as novas formas de penetração do capital internacional concentrado nas economias da periferia implicavam a derrocada das experiências populistas e um reposicionamento da burguesia local que, longe de ser aliada, agora aparecia associada aos capitais monopólicos. Ao mesmo tempo, o fracasso das experiências populistas-desenvolvimentistas como horizonte de mudança diante da nova dependência abriria as portas para explorar outros caminhos e formas de compromisso revolucionário, sinalizadas em nível internacional pelos movimentos nacionalistas e descolonizadores e, em nível continental, pela Revolução Cubana, a via chilena ao socialismo e as diferentes guerrilhas em outros países da região.

Para além das evidentes diferenças entre seus representantes mais emblemáticos, são vários os elementos comuns que atravessam a teoria da dependência. O primeiro seria que os obstáculos ao desenvolvimento não provinham do atraso (fosse lido em perspectiva cepalina ou funcionalista), mas sim do modo como as economias dos países periféricos se articulavam com/no sistema internacional. Isso que se denominou "dependência" deveria ser lido em um duplo pano de fundo: tanto relacionado aos fatores externos como à estrutura interna e aos fatores nacionais, no interior das sociedades periféricas. Nessa linha, como afirmava Vânia Bambirra (1978, p. 13), "o aspecto comum mais relevante da teoria da dependência é, sem dúvida, o questionamento da possibilidade de desenvolvimento nacional *autônomo* (prestem atenção: *autônomo*)". Alguns falaram de "situações de dependência" (Cardoso & Faletto); outros de "condicionamento" (Dos Santos) ou "condicionante concreto" (Bambirra).[12] Um segundo elemento comum é a afirmação de que a dependência deve ser entendida no marco geral da teoria do imperialismo (Cardoso, Marini, Dos Santos), o que apa-

12. Nesse sentido, grande parte dos autores associados entendem essa dimensão relacional entre centro e periferia por meio do conceito de "interdependência", mas associado ao de "hierarquização" (Sotelo, 1972, p. 140-1).

rece estreitamente ligado à ideia da *unidade do sistema capitalista*, tema sobre o qual explanarão diversos autores, entre eles Gunder Frank e Dos Santos. O terceiro é a caracterização da *fase contemporânea* (fim da década de 1960) como uma etapa diferente das anteriores, vinculada à presença cada vez maior do capital monopólico nas sociedades dependentes. Esta será lida como uma "nova forma de dependência" (Dos Santos). Mas a leitura sobre as consequências econômicas, políticas e sociais da hegemonia do capital monopólico desencadeia divisões no interior do campo dependentista, especialmente sobre o papel do Estado e das burguesias nacionais. Para além disso, esse diagnóstico estará na base de posicionamentos políticos diferentes: desde aqueles que propõem a coexistência entre *dependência e desenvolvimento* (Cardoso & Faletto) aos que apontam os dilemas do *desenvolvimento do subdesenvolvimento ou revolução* (Frank) ou ainda a disjuntiva *socialismo ou fascismo* (Dos Santos), entre outros. Nesse sentido, haverá quem aponte para uma tipologia social e diferentes formas da dependência, em especial Cardoso e Falleto, Dos Santos e, também, Bambirra.[13]

Por último, é preciso acrescentar a preocupação dos dependentistas com a questão metodológica, algo que Cardoso e Faletto tiveram o mérito de colocar na agenda: o apelo ao método histórico-estrutural ou dialético, que não só aborda em termos processuais e dinâmicos a relação entre estrutura e ação, articuladamente, em nível internacional e nacional, como também insere as análises em uma perspectiva histórica mais global ou de maior alcance. Essa exigência se vinculava à convicção de que muitos dos erros de interpretação do desenvolvimento latino-americano não eram

13. Segundo Heinz Sonntag, no curso da década de 1970, o pensamento dependentista se bifurcou em duas correntes: o *enfoque* (Cardoso & Faletto) e a *teoria*, na qual, ao lado de Dos Santos e Bambirra, Marini elaborou a tentativa mais acabada de estruturação das bases objetivas e científicas da teoria da dependência. A diferença entre ambas as formas (o *enfoque* e a *teoria*), segundo Sonntag, é que, enquanto "o primeiro é um método de aproximação da realidade, a segunda elabora hipóteses e leis precisas para explicar a natureza do capitalismo dependente em sua especificidade, como se a segunda não tivesse também um método de aproximação da realidade" (*apud* Sotelo Valencia, 2005, p. 163).

um problema de dados, mas de deficiências na concepção metodológica, pois o objetivo das teorias se encaminhou para *justificar* um tipo de desenvolvimento antes de *explicá-lo* (Bambirra, 1978, p. 7).[14]

O corpus fundacional da dependência

Como é conhecido, o texto clássico e fundador foi *Dependência e desenvolvimento na América Latina*, escrito em coautoria por Fernando Henrique Cardoso e Enzo Faletto, publicado em 1969, depois de circular como esboço ou texto preliminar durante 1967 no Ilpes, no Chile. Entretanto, a partir de 1965, um amplo e heterogêneo grupo de autores começou a publicar em uma linha teórica diferente, que incluía, além dos já citados, André Gunder Frank, Theotônio dos Santos, Ruy Mauro Marini, Edelberto Torres Rivas, Orlando Caputo, Vânia Bambirra, Aníbal Quijano e Franz Hinkelammert, entre muitos outros.[15] Pablo González Casanova (1979, p. 196) também esclarece como data-chave o ano de 1965, quando Octavio Ianni publicou *Sociologia da sociologia latino-americana*, e Rodolfo Stavenhagen deixou sua marca com o célebre e brilhante ensaio "Siete tesis equivocadas sobre América Latina" [Sete teses equivocadas sobre a América Latina], no qual atacava as premissas fundamentais do funcionalismo (sobre as sociedades duais, o difusionismo),[16] do

14. Nesse sentido, como assinalou Ignacio Sotelo, fosse qual fosse o valor dessa categoria, a noção de dependência implicou "uma recuperação da perspectiva histórica, que o formalismo sociológico anterior havia perdido por completo" (Sotelo, 1979, p. 228).

15. Concordamos com a proposta de Fernanda Beigel, que estabelece a abertura do ciclo com a primeira edição de *Dependência e desenvolvimento na América Latina*, e o fechamento, em 1979, com o debate Cueva-Bambirra e a publicação de "Post Scríptum a dependencia y desarrollo en América Latina" [Pós-escrito a dependência e desenvolvimento na América Latina]. No entanto, vários textos que consideramos parte do campo da dependência foram publicados em 1965, e entre eles se destacam os textos pioneiros de Gunder Frank, que deram origem ao debate sobre modos de produção na América Latina.

16. O difusionismo é uma abordagem da difusão tecnológica entre as sociedades humanas que afirma que as inovações técnicas são transmitidas con-

marxismo (sobre a aliança operário-camponesa) e as teses dos ideólogos do imperialismo e da burguesia nacional.[17] Foi também em 1965 que se iniciou a polêmica entre André Gunder Frank e Rodolfo Puiggrós sobre os modos de produção na América Latina.

O multicitado e multipublicado livro de Cardoso e Faletto, *Dependência e desenvolvimento na América Latina*,[18] ensejou uma notável mudança de perspectiva teórica e metodológica, aplicada ao estudo da realidade latino-americana. Distante de qualquer mecanicismo, a obra enfatizava o método histórico-estrutural ou dialético e a necessidade de desenvolver uma perspectiva integral para explicar as transformações dos países latino-americanos da crise de 1930 em diante. Por um lado, sinalizava a "situação de dependência"[19] que se expressava no domínio estrutural e conduzia a

....

forme obtêm êxito, irradiando de um único ponto de partida específico onde foram forjadas e alcançando posteriormente outras sociedades. [N.T.]

17. As posições desenvolvidas em "Siete tesis equivocadas sobre América Latina" constituíam uma crítica contundente a uma série de lugares-comuns do pensamento sociológico e econômico da época, associados à teoria da modernização, mas também à esquerda crítica e intelectual. Por outro lado, o ensaio se destaca pelo conceito de colonialismo interno, isto é, a afirmação de que a sociedade colonial é a própria sociedade nacional, e que essa não faz mais que reproduzir, para o interior da sociedade, a lógica de dominação centro-periferia. Este constitui o verdadeiro obstáculo ao desenvolvimento; ou, em outras palavras, a chave da consolidação do desenvolvimento do subdesenvolvimento.

18. Para além do juízo que se possa fazer da trajetória política de Fernando Henrique Cardoso, mas também para além de sua inegável estatura intelectual, o impacto dessa obra à época não pode ser comparado ao de nenhum outro livro de sociologia e economia política produzido na América Latina. Tanto pelo acerto na formulação metodológica como pelo aspecto inovador das propostas analíticas, este emergiu como um desses raros livros que sobreviveram inclusive ao anticlímax ideológico próprio dos anos 1980 e 1990, convertendo-se, assim, em um dos poucos clássicos latino-americanos reconhecidos e celebrados, no âmbito de um pensamento e de uma tradição tão predisposta à apatia, ao apagamento, ao esquecimento deliberado e, enfim, à dificuldade de formação de um legado regional latino-americano.

19. O livro propõe um enfoque histórico-compreensivo não sobre a dependência em geral, mas sobre as "situações de dependência". No momento de precisar o que se entende por "situações de dependência", Cardoso afirma que não se trata de vestígios empiristas ou estigmas neopositivistas, mas

uma vinculação com o exterior; por outro, a dependência não era vista apenas como uma variável estrutural externa, mas, sim, a partir da configuração de relações de classe, no interior da sociedade dependente. Como consequência, a América Latina não apresentava "desvios" que deveriam ser corrigidos, seguindo o padrão europeu/norte-americano, mas um quadro distinto, devido à situação periférica. Nessa linha, a situação de dependência colonial que se vivia na época dava conta de uma dupla vinculação ou ambiguidade, visível na dependência externa e, ao mesmo tempo, na ação de forças sociais que tentavam ganhar certa autonomia e sobrepor-se a ela. Este era, para Cardoso e Faletto (2003 [1969], p. 541), "o núcleo do problema sociológico do processo nacional de desenvolvimento da América Latina".

Outra hipótese fundamental do livro era o tipo de vinculação das sociedades periféricas com o mercado internacional, na fase de crescimento para fora, que aparecia resumido em duas situações polarizadas: uma, de controle nacional do sistema produtivo exportador; outra, de consolidação de uma economia de enclave (mineração, plantation). Cada uma dessas formas de vinculação encontrava subtipos e matizes, mas essa diferença adquiria grande importância ao se analisar o período de transição (a saber, a abertura para a participação política e econômica de outros setores sociais, entre eles as classes médias), pois tanto os padrões de integração social como os movimentos sociais, por meio dos quais se define a vida política e o perfil das sociedades latino-americanas, assumiriam diferentes conotações quando se tratasse de países que conseguiram manter um controle nacional do sistema exportador ou daqueles em que prevalecia a economia de enclave, própria da fase de desenvolvimento para fora.

Nessa linha de análise, para Cardoso e Faletto "a transição" desembocaria em uma nova situação social, caracterizada pelo desenvolvimento de políticas propensas a consolidar o mercado

....

que, seguindo Marx, se trata de insistir sobre a natureza concreta das análises da dependência, vendo nela uma síntese de determinações, a "unidade do diverso".

interno e a industrialização, isto é, a industrialização substitutiva (ISI). Como consequência, entre 1950 e 1960, o desenvolvimento para dentro associado à ISI dava conta de duas tendências ou sentidos: primeiro, a satisfação do mercado interno e a participação, com sua dose de distributivismo social e econômico; e, segundo, a expansão de novos setores dominantes na economia, ligados ao mercado interno, que buscavam continuar tal sistema de dominação para dentro. O "populismo desenvolvimentista" não foi outra coisa senão um sistema de dominação no qual se expressavam e articulavam interesses e objetivos contraditórios.

Não obstante, a partir dos anos 1960, anunciava-se uma crise do sistema de dominação anterior, com a emergência de uma nova situação de dependência, que obrigou os países (sobretudo Brasil, Argentina e México) à abertura dos mercados internos ao controle externo (investimentos estrangeiros diretos nas economias industriais periféricas). Essa mudança importante ressignificou a dependência, reformulando-a e estabelecendo um novo marco — uma nova "situação", na qual convergiam transformações da estrutura produtiva em níveis crescentes de complexidade e situações econômicas e sociais de exclusão das massas populares. Cardoso e Faletto explicavam, assim, a passagem de regimes democráticos representativos (populismo desenvolvimentista) para regimes autoritários corporativos, que expressavam uma reorganização do Exército e da burocracia pública mais do que das burguesias nacionais internacionalizadas.

Em suas conclusões, os autores buscavam situar-se para além da oposição entre desenvolvimento e dependência, sublinhando a viabilidade e a coexistência entre um desenvolvimento incremental e uma reformulação (mais dura) dos laços de dependência, ao calor da nova fase do capitalismo global. Assim, em contraposição à visão otimista das teorias desenvolvimentistas e do pessimismo proposto por aqueles que negavam a possibilidade do desenvolvimento, o livro sugeria o desenvolvimento com dependência, ou melhor, a possibilidade do *desenvolvimento dependente associado*. Nessa mesma linha, no pós-escrito de 1979 [1976], publicado depois do fracasso da via chilena ao socialismo e em um contexto latino-americano marcado por regimes militares, mais uma vez Cardoso e Faletto (2003 [1969], p. 176-7) destacavam sua oposição às leituras da dependência que colocavam as multinacionais como demiurgos da história, superestimando os fatores externos e diminuindo a importância dos fatores políticos, em nível global e nacional. Indo mais longe, afirmavam que dez anos de crescimento econômico (1969-1979)[20] haviam mostrado a capacidade de vários Estados latino-americanos "para atuar", e, nesse sentido, "haveria menos dependência" (Cardoso & Faletto, 2003 [1969], p. 193). Na realidade, no marco do capitalismo associado dependente, ou, de modo mais genérico, da "industrialização dependente", "o Estado aparece como elemento estratégico que funciona como uma forma de válvula para que se abram as portas por onde passará a história do capitalismo nas economias periféricas que se industrializam" (Cardoso & Faletto, 2003 [1969], p. 195). Como consequência, seriam as lutas políticas em torno do Estado que redefiniriam as novas formas de dependência.

Cardoso voltou a analisar outras vezes as possibilidades da "industrialização dependente", ou seja, a afirmação de que existiria "uma possibilidade de dinamismo nas economias capitalistas dependentes", cuja industrialização acontecia sob o controle do capital monopólico internacional. Isso exigiria compreender, primeiramente, que essa forma de industrialização não envolvia a ação de uma burguesia "à europeia", tampouco um modelo de desenvolvimento próprio, à *narodnik*,[21] o que, segundo Cardoso, estaria por trás dos pressupostos da Cepal e de outros populismos. A fórmula implicava afirmar a expansão do capitalismo e, simultaneamente, o agravamento de (novas) contradições (Cardoso, 1977, p. 402-3).

20. São os anos que separam a primeira edição de *Dependência e desenvolvimento* do pós-escrito, preparado especialmente para a publicação em inglês e incluído posteriormente nas sucessivas edições do livro.

21. Os *narodniks*, populistas russos do século XIX e início do século XX, são bastante anteriores ao uso do termo "populismo" em contexto latino-americano. Na realidade, o termo definia um partido ou movimento político que valorizava as formas comunitárias de transição ao socialismo e a articulação de bases populares. [N.T.]

Outro fundador da teoria da dependência foi André Gunder Frank.[22] Um de seus ensaios mais conhecidos é "El desarrollo del subdesarrollo" [O desenvolvimento do subdesenvolvimento], publicado em espanhol em 1967.[23] Para Frank, a chave de interpretação residia na análise da forma como a América Latina estava subordinada ou sujeita aos países centrais. Sua proposta enfatizava as relações socioeconômicas e questionava tanto as teses do difusionismo como das sociedades duais, tão adotadas na região para explicar a heterogeneidade social e econômica ou o abismo entre a sociedade tradicional e a moderna. Nessa linha, afirmava que "o subdesenvolvimento da América Latina é resultado de sua participação secular no processo do desenvolvimento capitalista mundial" (Gunder Frank, 1967, p. 163). O subdesenvolvimento não decorria de uma sobrevivência de instituições arcaicas ou da falta de capital em regiões que se mantiveram isoladas da história mundial. Ao contrário, o subdesenvolvimento foi e continuava a ser gerado pelo desenvolvimento do próprio capitalismo.

Segundo Gunder Frank, "a estrutura de classes latino-americana foi formada pelo desenvolvimento da estrutura colonial do capitalismo, do mercantilismo ao imperialismo" (Gunder Frank, 1968, p. 3). Essa relação de dominação se dava através de círculos con-

22. Entusiasta da Revolução Cubana e da nova esquerda marxista da época, o economista de origem alemã André Gunder Frank realizou um percurso quase completo dos eixos geográficos da dependência. Em 1963, chegou ao Brasil, onde compartilhou espaços acadêmicos com outros dos representantes emblemáticos da dependência (Dos Santos, Marini, Bambirra). Em 1967, partiu para o Chile e formou parte do Ceso, na Faculdade de Economia, dirigido pelo próprio Theotônio dos Santos. Seguiu o processo chileno com grande expectativa. Formado pela Universidade de Chicago e casado com uma mulher de origem chilena, Frank dedicou dois estudos importantes à evolução econômica e social do Chile e do Brasil, e foram precisamente esses trabalhos que constituíram a base de suas teses mais gerais sobre as relações entre capitalismo, metrópole e periferia. Depois do golpe de Estado contra Allende, Frank não seguiu a rota de exílio para o México, como tantos outros. Viajou à Europa, onde viveu em diferentes países (como Holanda, Alemanha).

23. O ensaio de Frank foi publicado originalmente em inglês, em 1966, na revista *Monthly Review*, v. 18, n. 4. [N.T.]

cêntricos: as sucessivas metrópoles (Espanha, Inglaterra, Estados Unidos) submeteram a estrutura colonial à exploração econômica e política. A própria estrutura colonial se reproduzia no interior da América Latina, onde as metrópoles nacionais submetiam seus centros provinciais, e estes os locais, via colonialismo interno. Uma de suas conclusões era de que a luta de classes e a luta anti-imperialista se interpenetravam e se fundiam. O inimigo imediato era a burguesia nacional e local, enquanto o inimigo principal era o imperialismo. Mas a luta anti-imperialista deveria desdobrar-se através da luta de classes, contra o inimigo imediato (nacional, local), gerando um confronto com o inimigo imperialista. O modelo dessa articulação era a guerra de guerrilhas, ilustrada pela revolução em Cuba e representada pelas ideias de Che Guevara.

Outro grande representante da teoria da dependência foi o brasileiro Theotônio dos Santos,[24] que ao longo da carreira acadêmica realizou valiosos aportes orientados a inserir a dependência no marco global da teoria do imperialismo. Em sua vasta obra, destaca-se *Socialismo ou fascismo: o novo caráter da dependência e o dilema latino-americano*, de 1972,[25] ainda que seu texto mais conhecido seja *Imperialismo e dependência*, de 1978 [2011]. Junto a Vânia Bambirra, Theotônio dos Santos talvez tenha sido quem mais refle-

24. Depois do golpe de 1964, Theotônio dos Santos foi destituído do cargo na Universidade de Brasília e permaneceu na clandestinidade até 1966, quando decidiu, enfim, partir para o Chile. Nesse tempo, foi dirigente do grupo de esquerda marxista Política Operária (Polop), com certa base em setores operários e camponeses, e que buscava se diferenciar da política ortodoxa do Partido Comunista Brasileiro. No Chile, foi acolhido pelo Ceso, centro do qual seria diretor entre 1968 e 1973, quando o golpe de Estado de Pinochet o obrigou novamente ao exílio, junto a tantos outros intelectuais, dessa vez no México. Lá permaneceu como pesquisador do Instituto de Investigações Econômicas da Unam até 1979, quando regressou ao Brasil [onde viveu até sua morte, em 2018]. Para uma biografia intelectual de Theotônio dos Santos, ver Martins (1998), assim como a longa reportagem de Paula Vidal Molina (2013), em memória dos quarenta anos da ascensão da Unidade Popular no Chile.

25. Lançado no Chile em 1972, quando o Brasil estava sob ditadura, não deixa de ser emblemático que o livro só tenha ganhado uma edição brasileira em 2018, ou seja, 46 anos depois da publicação original. [N.T.]

tiu sobre o próprio balanço da teoria da dependência (Dos Santos, 1998; 2002), trabalhando por uma síntese integradora *a posteriori*.

Do seu ponto de vista, nem Lênin nem outros teóricos do marxismo enfocaram a tese do imperialismo da perspectiva dos países dependentes, pois, se a especificidade do desenvolvimento do capitalismo no centro deu origem à teoria do colonialismo e do imperialismo, na periferia permitiu o surgimento da teoria da dependência. Em razão disso, a dependência deve ser situada no marco global da teoria do imperialismo, desde que possa dar conta de sua especificidade, sem automatismos, conceituando-a, compreendendo-a e estudando seus mecanismos próprios e sua legalidade histórica. Theotônio dos Santos parte da ideia de que é difícil esclarecer o que se entende por dependência, devido à quantidade e à diversidade de trabalhos que colocam o desenvolvimento no centro das discussões.[26] Contudo, vale esclarecer, antes de mais nada, que para ele a dependência não é um fator externo, mas uma "condição".[27] Nesse sentido, retoma a caracterização de Cardoso e Faletto em termos de "situações de dependência" para se referir a "um certo grupo de países cuja economia está condicionada pelo desenvolvimento e pela expansão de outra economia, à qual ela mesma está submetida" (Dos Santos, 2011 [1978], p. 361). Interdependência, divisão desigual do trabalho, alta concentração de capital e domínio do mercado mundial, monopólio da possibilidade de poupança e investimento por um grupo minoritário de países centrais, todos esses são elementos que condicionam e limitam a possibilidade de desenvolvimento dos países periféricos.

26. No capítulo "A questão da teoria da dependência", Dos Santos apresenta uma nota de rodapé de uma página inteira com uma centena de autores e trabalhos relacionados ao campo da dependência.

27. "Enfocar a dependência como uma condição que configura certo tipo de estrutura interna significa considerar o desenvolvimento de um fenômeno histórico mundial, resultado da formação, expansão e consolidação do sistema capitalista. Tal entendimento implica a necessidade de integrar, em uma só história, a perspectiva da expansão capitalista nos países hoje em desenvolvimento e seus resultados nos países por ele afetados. Mas não se trata de tomar tais resultados como simples 'efeitos' do desenvolvimento capitalista, mas, sim, sua parte integrante e determinante" (Dos Santos, 2011 [1978], p. 356).

Nessa linha, o autor brasileiro distingue, por um lado, entre as *formas básicas da dependência* nos marcos do desenvolvimento capitalista, sua relação com o centro hegemônico e suas vinculações com o sistema internacional, e, por outro, as economias nacionais dependentes, que devem ser investigadas em sua estrutura interna e em função do sistema mundial, isto é, o papel que aquele ocupa em seu desenvolvimento (Dos Santos, 2011 [1978], p. 364). Por causa disso, o autor estabelece a existência de três formas básicas de dependência: a *dependência colonial*, de tipo comercial-exportadora; a *dependência financeiro-industrial*, consolidada no fim do século XIX e caracterizada pelo domínio do grande capital nos centros hegemônicos e pela expansão ao exterior para investir na produção de matérias-primas e produtos agrícolas consumidos pelos centros hegemônicos; e, por último, a *dependência tecnológico-industrial*, consolidada no pós-guerra, caracterizada basicamente pelo domínio desses dois pilares. Enquanto a primeira e a segunda configuram economias de exportação, a terceira dá lugar ao que Dos Santos denomina "nova dependência".

Nessa nova modalidade, a produção industrial está condicionada de várias maneiras pelas exigências do mercado de bens de capital. O sistema produtivo que se consolida nos países dependentes se torna muito restrito: a conservação das estruturas agrárias e mineradoras gera uma combinação entre setores econômicos mais adiantados, que extraem mais-valia dos setores mais atrasados, de centros "metropolitanos" e "coloniais" externos e internos dependentes. Reproduz-se internamente o caráter desigual e combinado do desenvolvimento capitalista em nível internacional. Outro fator condicionante é a necessidade de montar uma estrutura industrial e tecnológica, induzida mais pelos interesses das empresas multinacionais que pelas necessidades internas do desenvolvimento (Dos Santos, 2011 [1978], p. 377). Finalmente, outra limitação é a transferência tecnológica dos centros hegemônicos para sociedades muito distintas, o que as impacta de modo desigual, agravando problemas sociais e tecnológicos.

Duas conclusões gerais podem ser extraídas de tudo isso: a primeira, que os obstáculos ao desenvolvimento não provêm do atraso, mas da maneira como tais economias se articulam com/no sistema internacional; a segunda é que, coincidindo com Frank e ao contrário de Cardoso, no marco da nova dependência não existe possibilidade de desenvolvimento nacional autônomo. O populismo desenvolvimentista mostrou os limites do desenvolvimento autônomo e gerou por isso uma grande frustração em diferentes setores sociais. Diante dessa realidade, só existem duas possibilidades: escolher entre as alternativas existentes ou realizar uma mudança qualitativa; as alternativas eram *socialismo ou fascismo*.[28] Em sintonia com a primeira alternativa, Dos Santos acredita ver oportunidades políticas com o aprofundamento da luta social. As novas formas de dependência implicam grande protagonismo dos capitais monopólicos e forte presença de mecanismos de acumulação da dependência (dívida, ajuda internacional, entre outros), exigindo uma redefinição das relações, tanto em nível internacional como nacional. Nesse marco dinâmico, o sistema se mostra incapaz de resolver as contradições geradas no interior das economias dependentes, tanto nos setores avançados como na eliminação dos mais atrasados. Em função da própria necessidade do sistema de aumentar a dependência regional, com a aparição do subimperialismo ou de subcentros dominantes, o quadro conflitivo se agudizaria em âmbito continental, abrindo a porta para a alternativa socialista.

Vânia Bambirra,[29] também brasileira, foi a única mulher citada na lista extraordinária de autores da dependência. Sua leitura com-

28. As respostas paliativas do sistema para a crise, a formação de um movimento popular, independente da liderança burguesa; a incapacidade dos setores dominantes de retomar a liderança; a ausência de uma alternativa; e, enfim, a necessidade de apelar para as forças repressoras, tudo isso abre caminho para a radicalização das mobilizações populares, a legitimidade do uso da força perante a situação de crescente repressão institucional.

29. Bambirra também foi da Polop no Brasil, assim como do Ceso no Chile, onde produziu várias obras importantes, entre elas *O capitalismo dependente latino-americano*, que teve muitas edições. O livro foi escrito em 1970, publicado no Chile em 1972 e no México em 1974. [No Brasil, o livro chegou 43 anos depois, em 2013.] Também se destaca o breve ensaio *Teoría de la dependencia: una anticrítica* [Teoria da dependência: uma anticrítica] (1978), no qual desenvolve uma polêmica com Agustín Cueva. Por último,

partilha posicionamentos gerais com Theotônio dos Santos e Ruy Mauro Marini ao defender uma perspectiva de análise radical e marxista. Sua contribuição à teoria da dependência compreende dois eixos fundamentais: por um lado, foi quem realizou o estado da arte interno, a partir da crítica (ou anticrítica) tanto às vertentes desenvolvimentistas da teoria da dependência (como Osvaldo Sunkel, Aníbal Pinto e outros), à perspectiva marxista ortodoxa (encarnada de maneira paradigmática por Agustín Cueva), como também à via ultraesquerdista-foquista, que ela considerava inviável. Além disso, desenvolveu uma tipologia da dependência, cujo objetivo era gerar categorias de análise intermediárias que articulassem os marcos gerais com a análise empírica. Nessa linha, Bambirra defendeu o status da dependência como teoria, à medida que os autores tivessem em comum um enfoque que afirmava a impossibilidade do desenvolvimento nacional autônomo — a exceção seria Cardoso. Parte dessa negação estava vinculada à análise que fazia do papel da burguesia no marco da nova dependência:

> O que se propõe, com fundamento na descrição da situação real da América Latina, baseada em dados evidentes e em uma vasta compro-

....

outro livro importante foi *La revolución cubana, un ensayo de reinterpretación* [A Revolução Cubana, um ensaio de reinterpretação], de 1981. Depois do golpe de Estado no Chile, Bambirra se instalou no México, na Unam, voltou ao Brasil nos anos 1980, onde participou da fundação do PDT (Partido Democrático Trabalhista, de onde também provém a ex-presidenta Dilma Rousseff), e, em seguida, convergiu ao PT, do qual se retirou em 2000. Bambirra era socióloga de formação e depois se doutorou em economia, o que é visível na ênfase analítica. Por último, como diz um dos poucos trabalhos dedicados a sua obra: "No caso da Vânia Bambirra, além do boicote e do exílio, somou-se ainda o silêncio sobre sua obra. Talvez a palavra que melhor descreva seu percurso intelectual no Brasil seja o *ninguneo*, expressão em espanhol derivada do verbo *ningunear*, que seria fazer com que alguém se torne ninguém, ignorando sua existência. Por certo, vários intelectuais críticos são *ninguneados* pelos bem-pensantes da academia, e a Vânia está entre eles, mesmo com sua densa obra e seu exemplo de intelectual militante" (Correa Prado, 2011, p. 154). Em outro artigo, o mesmo autor nos conta que *Teoría de la dependencia*... nunca foi traduzido para o português (Correa Prado, 2013, p. 100).

vação empírica realizada em muitíssimos trabalhos de investigação, é que, à medida que as burguesias de nosso continente se associaram como classe ao capital estrangeiro, tiveram de abdicar de seus projetos próprios de *desenvolvimento nacional autônomo*. Nesse sentido, e somente nesse, não podem ter projeto nacional, não podem defender os interesses da nação independentemente dos interesses do capital estrangeiro, pois elas estão associadas a este na qualidade de sócias menores. (Bambirra, 1978, p. 65)

Para Bambirra, os estudos da dependência não se referem a um modo de produção capitalista dependente (que não existiria como tal), mas ao estudo *das formações econômico-sociais capitalistas dependentes*, dando conta da coexistência e da combinação de diferentes modos de produção sob a hegemonia do capitalismo (Bambirra, 1978, p. 8). A obra na qual desenvolveu esses temas é *O capitalismo dependente latino-americano*, em que estabelece uma tipologia da dependência. Nesse livro, retomava o marco teórico desenvolvido por Dos Santos, definindo a dependência como uma "situação condicionante". Por outro lado, Bambirra considerava insuficiente a análise dos processos posteriores a 1945. Por isso orientou seu trabalho sobre as tipologias, para estabelecer categorias de análise intermediárias, esclarecendo que tomava como ponto de partida o pós-Segunda Guerra — ou seja, as novas condições objetivas que o avanço do capitalismo monopólico impõe na periferia dependente.[30] Dessa forma, propôs um interessante conjunto de

30. Para isso, Bambirra revisa outras tipologias, abordando em profundidade duas delas apresentadas por Cardoso e Faletto: uma, das economias com controle nacional da produção; outra, das economias de enclave. A autora objeta a ausência de um estudo econômico, pois considera que a economia foi tomada pelos autores como marco geral a partir do qual se analisa o comportamento dos atores, sob uma ótica sociológica. A falta de análise econômica não permite, assim, dar conta de uma complexa trama de grupos e atores que atuam em função de interesses econômicos objetivos, cuja imposição exige a luta política por hegemonia (Bambirra, 1999 [1974], p. 17). Também critica a origem dos tipos e suas incongruências com os fatos históricos, pois, à medida que Cardoso e Faletto explicam a origem de tais tipologias pela situação colonial, ou seja, pela maneira como tais eco-

tipologias:[31] a primeira incluía países com início de industrialização antiga, isto é, anterior ao pós-guerra (Argentina, Brasil, Chile, México, Uruguai e Colômbia); a segunda referia-se aos que começaram a industrialização durante o pós-guerra, alguns dos quais o fizeram com capital estrangeiro (Peru, Venezuela, Equador, Costa Rica, Guatemala, Bolívia, El Salvador, Panamá, Nicarágua, Honduras, República Dominicana e Cuba); e, por último, aquela que reunia países que ainda não haviam começado a industrialização (Haiti e Paraguai). Enfim, Bambirra buscou colocar em diálogo diferentes vertentes críticas de fora do campo, sobretudo em *Teoría de la dependência: una anticrítica*, escrito no exílio mexicano.

Para concluir, é preciso fazer referência a um dos teóricos mais importantes e ambiciosos do *corpus* fundacional do dependentismo: Ruy Mauro Marini.[32] Efetivamente, a aposta de Marini foi consolidar

....

nomias se relacionavam com Espanha e Portugal, essa afirmação obstrui a possibilidade de realizar uma discussão mais ampla sobre as mudanças estruturais. Bambirra, portanto, criticava a classificação dos países; por exemplo, que o México seja considerado como economia de enclave, pois o setor agrícola nacional controlava a produção, e mesmo o Chile, onde se desenvolveu, desde o começo do século XIX, uma pequena indústria nacional. Ademais, os enclaves não tinham efeitos paralisadores em todos os países, como teria ocorrido na América Central.

31. Muitos destacaram o caráter weberiano das tipologias, contudo, em 2013, Bambirra sustentou em entrevista que não tinham nada a ver com Max Weber. Sua análise era marxista, e a tipologia, "um recurso". Ver "Vânia Bambirra: intelectual e militante" [vídeo], 2013. Disponível em: https://youtu.be/9fsZ6AIRtS8.

32. Como outros intelectuais brasileiros, Ruy Mauro Marini viveu em vários exílios: o primeiro deles, logo depois do golpe de Estado de 1964, quando participava da Polop, foi no México, e depois, em 1969, no Chile, onde se aproximou do Movimiento de Izquierda Revolucionaria (MIR), do qual chegou a ser dirigente. Também trabalhou no Ceso até o golpe de Pinochet, quando teve de partir para o exílio, primeiro para o Panamá, depois, como narra Martins (2007), foi alternando temporadas entre Alemanha e México, até que se instalou definitivamente no México. Lá trabalhou na Faculdade de Ciências Políticas e Sociais da Unam. Entre suas obras mais importantes estão *Subdesenvolvimento e revolução* (1974 [1969]) e, sobretudo, *Dialética da dependência* (1973), que é com razão considerada sua obra mais ambiciosa. Em seu trabalho, encontramos a aplicação das categorias gerais do marxismo dependentista à análise histórica (ou, de modo mais preciso, ao caso do

as bases marxistas da teoria da dependência, cujo ponto de partida era o reconhecimento da insuficiência das categorias intelectuais existentes para dar conta da situação das sociedades/economias periféricas. Em sua perspectiva, por exemplo, para o caso latino-americano, deveríamos falar de um *capitalismo sui generis* (Marini, 2007 [1973], p. 100). Foi somente a partir de meados do século XIX, quando os países latino-americanos se consolidaram como repúblicas independentes, que um conjunto de países começou a gravitar em torno da Inglaterra. Ignorando uns aos outros, foram se articulando com o centro imperial como países provedores de matérias-primas e importadores de produtos manufaturados. Essa divisão internacional do trabalho desigual determinaria o desenvolvimento posterior da região. A partir de então, teria se configurado um esquema de dependência, cujo fruto — em termos de dinâmica recursiva — não pode gerar nada além de mais e mais dependência. Nesse sentido, Marini considerava "impecável" a fórmula de Gunder Frank, que falava do "desenvolvimento do subdesenvolvimento", embora seu erro residisse, ponderava, na suposição de que a dependência colonial e a atual situação de dependência seriam homogêneas. Dito de forma simples, a continuidade não implicava homogeneidade.

Como outros dependentistas, Marini afirmava que o caráter da acumulação capitalista e de sua penetração e troca com os países dependentes encontrou novas inflexões, que reforçaram o caráter desigual e combinado. Seu aporte, nessa linha, são dois conceitos altamente polêmicos: o primeiro é a superexploração da força de trabalho no marco das sociedades dependentes; e o segundo é a introdução do conceito de subimperialismo, aplicado especialmente ao caso do Brasil.

Ao desenvolver a tese da superexploração da força de trabalho, Marini explica que isso ocorre porque na América Latina a circu-

....

Brasil). Depois de permanecer poucos anos no Brasil pós-ditadura, Marini regressou ao México para dirigir o Centro de Estudos Latino-Americanos da Unam. Ali, orientou sua investigação ao pensamento social latino-americano e publicou em 1994, ao lado de Márgara Millan, a obra coletiva de quatro volumes *Teoría social latinoamericana* [Teoria social latino-americana] e três tomos de antologia de pensamento. Faleceu em 1997, no México.

lação se separa da produção, situando-se basicamente no mercado externo, de modo que o consumo individual do trabalhador não interfere na realização do produto, ainda que determine a taxa de mais-valia. Como consequência, a tendência é a exploração máxima da força de trabalho, sem contemplar as condições para que esta se recupere, sempre e quando possa ser substituído por novos braços. A descartabilidade do proletariado é, portanto, muito mais radical que nos países do capitalismo avançado, onde a mais-valia, na fase atual de desenvolvimento, encontra-se mais ligada ao incremento da capacidade produtiva (mais-valia relativa) que à intensificação da exploração da mão de obra (mais-valia absoluta). Essa tendência a apoiar-se na mais-valia absoluta seria, além disso, congruente com o escasso desenvolvimento das forças produtivas na economia latino-americana, assim como com o tipo de atividade que se desempenha, mais extrativas e agrárias que industriais. Por tudo isso, recorre-se à importação de capital e tecnologias, ajustadas aos padrões de consumo das classes superiores, o que mantém a tendência à compressão do consumo popular (Marini, 1974 [1969], p. XVII). A absorção de técnicas e tecnologias por economias de produção baseadas na superexploração do trabalho aumenta o desemprego e o subemprego, tal como era percebido pela literatura da marginalidade. Por sua vez, seguindo esse processo dialético, a dinâmica de acumulação em condições de superexploração agudiza a concentração e a centralização de capital (monopolização), beneficiando os ramos industriais que se separam do consumo popular. Dessa forma, a realização do capital tende a reduzir o mercado interno. Em suma, a dependência não apenas se manifesta no plano da circulação de mercadorias entre centro e periferia, mas também no plano da produção.

Quanto ao segundo conceito, o de subimperialismo, cabe começar afirmando que, como outros autores, Marini partia da teoria do imperialismo. Nessa linha, sustentava que o mercado mundial havia se reorganizado sob a hegemonia dos Estados Unidos e que a superabundância de recursos em mãos de companhias internacionais requeria novos mercados. O intenso desenvolvimento dos bens de capital, acompanhado pelo acelerado progresso tecnológico, levava à exportação de máquinas e equipamentos obsoletos dos países centrais para os países dependentes. Cada avanço da indústria latino-americana renovava a dependência econômica e tecnológica em relação aos centros imperiais. Como consequência, estabeleciam-se níveis ou hierarquias entre os países segundo ramos da produção que se desenvolveram (ou podiam ser desenvolvidos) e se negava o acesso a esse tipo de produção a outros países, convertendo-os em meros mercados consumidores. Esse processo de racionalização da divisão internacional do trabalho desembocava em um *subimperialismo*, associado à metrópole, orientado para explorar países vizinhos. Não era outra coisa a política do governo militar de Castello Branco, que a Argentina por sua vez tratou de imitar (Marini, 1974 [1969], p. 19). Sob o modelo da "cooperação antagônica" (Marini, 1974 [1969], p. 60) com os Estados Unidos, o Brasil se propunha a converter-se "em um centro de irradiação da expansão imperialista na América Latina, criando inclusive as condições para um poder militar próprio" (Marini, 1974 [1969], p. 75).[33] Por último, o subimperialismo não seria um fenômeno estritamente brasileiro, mas sim uma forma particular que assume a economia industrial, que se desenvolve no marco do capitalismo dependente (Marini, 2007 [1973], p. 136).

Em suma, a contribuição de Marini foi muito importante não apenas pela originalidade, ao incorporar ao campo da dependência a problemática da produção capitalista via superexploração da força de trabalho, mas também pelo caráter antecipatório em relação à categoria de subimperialismo, cuja potencialidade se mostrou maior do que o esperado e à qual voltarei na segunda parte do livro, dedicada aos debates contemporâneos.

33. Isso ocorria, também, sem que o Brasil houvesse chegado à etapa imperialista, sem ter conseguido uma mudança na economia nacional e na situação de dependência perante o imperialismo internacional. Dito de outro modo, esse impulso da economia brasileira ao exterior, para conquistar mercados internos já consolidados, tinha como contrapartida a incapacidade de ampliar o próprio mercado interno (Marini, 2007 [1966], p. 94).

A DEPENDÊNCIA COMO CAMPO AMPLIADO: ENFOQUES SOBRE A MARGINALIDADE

> *Não há lugar para apresentar a questão do sentido da marginalidade em termos funcionalistas. A marginalização hoje, como o exército industrial de reserva ontem, é o resultado do sistema. Sua função comum é permitir a captação da taxa de mais-valia. A desarmonia social é necessária para o funcionamento do sistema.*
>
> — Samir Amin

Com vocação para a totalidade, marcado caráter antipositivista e paixão pelo concreto (entendido em chave marxista, ou seja, como o "conjunto de múltiplas determinações"), a nova sociologia ou sociologia crítica latino-americana definiu sua missão com base na aspiração de mudança, na projeção rumo a um horizonte utópico. Nesse marco, entre as diferentes categorias críticas que atravessam o campo intelectual, destacam-se a marginalidade e o colonialismo interno. Ambas inscrevem sua reflexão dentro do campo ampliado da dependência, uma vez que seus pressupostos questionam fortemente as teses dualistas e buscam explicar a situação de subdesenvolvimento de uma perspectiva relacional. Nesta seção, me concentrarei exclusivamente em apresentar as bases e os debates sobre a noção de marginalidade.

O conceito de "população marginal" começou a ser empregado na América Latina depois da Segunda Guerra Mundial para designar os *pobladores* ou "favelados" que se assentaram nas periferias das grandes cidades, em condições de miséria. O termo tem origem sociológica no artigo de Robert Park, da Escola de Chicago, com título "Human Migration and the Marginal Man" [Migração humana e o homem marginal], publicado em 1928. Sua difusão na América Latina se deve ao jesuíta francês Roger Vekemans, que dirigia o Desenvolvimento Econômico e Social da América Latina (Desal), organismo internacional com sede em Santiago do Chile.

Ali foram produzidos os primeiros desdobramentos teóricos sobre o tema dos grupos marginais, definidos como "não incorporados", em referência ao sistema social integrado. A falta de participação se explicava, então, pela desintegração cultural e a atomização social.

No marco do Desal, três sociólogos argentinos – Miguel Murmis, Juan Carlos Marín e José Nun – retomariam e ressignificariam o conceito em um relatório preliminar intitulado *La marginalidad en América Latina* [A marginalidade na América Latina],[34] publicado em 1968 pelo Instituto Torcuato Di Tella. Um ano mais tarde, Nun e Murmis publicaram seus artigos em um número especial da *Revista Latinoamericana de Sociología* dedicado ao tema, nos quais ampliavam, respectivamente, conceitos como "massa marginal" e "tipos de marginalidade". Por sua parte, embora em 1966 houvesse escrito para a Cepal *Notas sobre la marginalidad social* [Notas sobre a marginalidade social], foi apenas em fevereiro de 1970 que Aníbal Quijano publicou um artigo sobre o conceito de "polo marginal".[35] Teve início, assim, uma rica e longa reflexão cole-

34. A pesquisa que deu origem ao relatório sobre marginalidade na América Latina foi realizada no marco do Desal e contou com financiamento alemão, mas também de agências estadunidenses e europeias, entre elas a Fundação Ford e a Unicef, com um total de 250 mil dólares. Foi iniciada em janeiro de 1967 e encerrada em junho de 1973. A pesquisa gerou uma intensa polêmica no campo acadêmico argentino, pois foi denunciada como um caso de espionagem do imperialismo norte-americano, que, sob a fachada de um organismo filantrópico de financiamento, se propunha à cooptação de intelectuais (colocando os acadêmicos selecionados em uma situação de mediadores privilegiados na relação com instituições acadêmicas estadunidenses de prestígio) e ao aproveitamento da investigação para fins contrainsurgentes (em tempo de Guerra Fria e radicalização política na América Latina). Para reconstrução do Projeto Marginalidade, que analisa tanto seu fracasso sob a perspectiva da Fundação Ford como os efeitos da internalização das ciências sociais, ver excelente artigo de Petra (2008).

35. Sem entrar em detalhes sobre questões de autoria, Oliven (2014, p. 50) destaca que o relatório da Cepal foi redigido por Aníbal Quijano em 1966, embora não oficialmente. Em recente edição da Clacso, a lista completa de publicações de Quijano (2014) inclui dois relatórios realizados em 1966 para a Cepal; um é *Notas sobre el concepto de marginalidad social* (ao qual fizemos referência em nota anterior); e o outro, *El proceso de urbanización en América Latina* [O processo de urbanização na América Latina]. Em 1968, Quijano

tiva sobre a marginalidade, que nitidamente se alimentava do marxismo latino-americano, utilizando conceitos próprios da teoria da dependência, e remetia também à teoria do desenvolvimento desigual e combinado[36] e à teoria do imperialismo.

Antes de abordar as ideias centrais e seus autores mais representativos, cabe destacar que a marginalidade possui uma dupla dimensão, relacional e territorial, ao mesmo tempo que se refere a diferentes vertentes e matrizes epistemológicas. Assim, em primeiro lugar, a noção de marginalidade na América Latina contemplava duas dimensões: "uma marca territorial e uma perspectiva relacional" (Delfino, 2012, p. 20).[37] A primeira aparece associada a um novo tipo de marginalidade urbana, surgida nos anos 1930 como reflexo da expansão dos assentamentos precários (*villas miseria*, favelas, *cantegriles*, *barriadas*),[38] que vão se multiplicando na periferia das grandes cidades entre os anos 1950 e 1960, ao compasso do processo de urbanização ou migração do campo para a cidade. A segunda característica, associada à dimensão territorial do conceito, indicava que o marginal, o periférico, definia-se sempre em termos polarizados com relação a um centro urbano, caracterizava-se por certas condições habitacionais e de vida, base sobre a qual eram julgadas as carências ou o nível de negatividade. Migração, urbanização, territorialidade e marginalidade aparecem, então, como conceitos estreitamente vinculados.

....

também publicou *Dependencia, cambio social y urbanización en América Latina* [Dependência, mudança social e urbanização na América Latina].

36. A teoria do desenvolvimento desigual e combinado remete a Leon Trótski. Seu objetivo é entender a evolução capitalista dos países coloniais e semicoloniais.

37. Há uma grande quantidade de trabalhos que resenharam a genealogia da marginalidade e dos debates que, nos anos 1960, ocorreram a respeito. Além dos artigos de Germani, Nun, Murmis, Cardoso e A. Quijano, foram consultados os estudos de Carlos Belvedere (1997), Agustín Salvia (2005), Mario Bassols (1990), Andrea Delfino (2012), Jaime Campos (1971), Nélida Perona (2001), Ruben George Oliven (2014) e María Soledad Schulze (2013).

38. Termos usados, respectivamente, na Argentina, no Brasil, no Uruguai e, o último, no Peru, no Panamá, na Espanha e outros. [N.T.]

Em segundo lugar, existem ao menos quatro vertentes da marginalidade. A primeira se refere à marginalidade econômica (como "massa marginal" ou "polo marginal"). Nesse âmbito, a marginalidade é pensada como relação social, vinculada ao mercado de trabalho e das relações de produção, tal como propuseram Nun, Murmis e Quijano. A segunda vertente remete à teoria da modernização e conecta as causas da marginalidade (sobretudo a urbana) com os problemas da transição de uma sociedade tradicional a uma sociedade moderna. Essa linha de interpretação foi desenvolvida por Gino Germani. A terceira vertente analisa a marginalidade em chave socioespacial, a partir da expansão dos assentamentos em zonas periféricas mal equipadas. Entre os autores mais importantes dos estudos urbanos, destaca-se o brasileiro Lúcio Kowarick, que no fim dos anos 1970 introduziu o conceito de "espoliação urbana", ainda que vários trabalhos prévios de Quijano sobre urbanização, dependência e imperialismo também se insiram nessa linha. Uma quarta vertente, muito difundida e criticada na época, alude à dimensão cultural da marginalidade, ilustrada pela obra do antropólogo Oscar Lewis (*Antropología de la pobreza* [Antropologia da pobreza] e *Los hijos de Sánchez* [Os filhos de Sánchez]), que propôs uma noção de cultura da pobreza para pensar a marginalidade como lugar de condutas específicas, segregadas ou dissociadas do restante do sistema socioeconômico.

Retomando majoritariamente as duas primeiras vertentes, o conceito de marginalidade sugere uma disputa entre duas matrizes epistemológicas: por um lado, a estrutural-funcionalista, encabeçada por Gino Germani; e, por outro, a marxista, conceitualizada em chave latino-americana entre 1968 e 1969, desenvolvida especialmente por José Nun, Aníbal Quijano e Miguel Murmis. Se a partir da teoria da modernização a marginalidade destacava a dualidade estrutural ligada à divisão entre o setor tradicional e o setor moderno, para aqueles que subscreviam sua versão marxista a marginalidade era um produto da relação de interdependência, ligada à dinâmica excludente do capital, intensificada no marco da nova dependência. A isso é preciso agregar que no interior do campo contestatório também existiam diferenças interpretativas, tal como se refletiu no debate entabulado entre José Nun e Fernando Henrique Cardoso ou na leitura crítica de Aníbal Quijano.

A seguir, darei conta das linhas gerais do debate sobre a marginalidade no campo dependentista para posteriormente resumir as ideias associadas a Germani e concluir com uma breve apresentação de alguns dos dilemas vinculados a essa problemática.

Entre a massa marginal e o polo marginal

O artigo publicado por José Nun em 1969, na edição da *Revista Latinoamericana de Sociología* dedicada ao tema, levava o título de "Superpoblación relativa, ejército industrial de reserva y masa marginal" [Superpopulação relativa, exército industrial de reserva e massa marginal]. Nun também fez a apresentação do dossiê, que anunciava o tema da marginalidade como repleto de bons sentimentos e más conceitualizações. "Gera a tentação de utilizá-lo por sua simplicidade aparente, quando, a rigor, seu significado resulta sempre complexo, pois remete a outro que lhe dá sentido: ocorre que só se pode ser *marginal* em relação a algo" (Nun, 2001 [1969], p. 19).

Com o objetivo de elaborar uma série de precisões teóricas, Nun[39] se propôs a indagar o célebre capítulo XXIII do volume I de *O capital*, de Marx, que trata dos conceitos de "superpopulação relativa" e "exército industrial de reserva". Em sua perspectiva, esses conceitos estavam situados em diferentes níveis de generalidade (Nun, 2001, p. 40). O conceito de "marginalidade" aparecerá como o pivô dessas diferenciações. Segundo Marx, a superpopulação relativa é a parte da população que não consegue se vincular nem com os meios de reprodução nem com seus produtos. Mas essa população excedente é relativa não aos meios de subsistência, mas ao modo de produção vigente. Não obstante, os efeitos que produz no sistema são de diferente índole, já que podem ser funcionais, não funcionais ou afuncionais. Nessa linha, o exército industrial de reserva — isto é, a força de trabalho desempregada — é concebido dentro dos efeitos funcionais (pois permite aumentar a taxa de lucro do capitalista, diminuindo os custos da

39. Utilizamos a reedição de 2001.

força de trabalho). Diferentemente, o que denomina de "massa marginal" se refere a um baixo nível de integração com o sistema, cuja causa é o desenvolvimento capitalista desigual e dependente, combinado com diversos processos de acumulação no contexto de estagnação crônica, produzindo uma superpopulação não funcional em relação às formas de produção hegemônica.

É preciso esclarecer, inicialmente, que o objetivo de Nun era analisar a massa marginal concebida como uma relação, e não um atributo. Portanto, não buscava *per se* contemplar uma reflexão sobre sujeitos sociais ou atividades determinadas (qualificadas como marginais). O resultado era um conceito de grande amplitude, que incluía uma gama de situações descritivas diferentes. Nessa linha, sustentava que, dentro da tradição marxista, existia a tendência a identificar "superpopulação relativa" com "exército industrial de reserva", fundindo dois níveis analíticos diferentes e, assim, deixando sob as sombras a análise de outras modalidades ou efeitos não funcionais. Tal obstáculo analítico se depreendia da própria obra de Marx, percebida em uma fase anterior do desenvolvimento capitalista (o capitalismo competitivo), identificada com o desenvolvimento capitalista na Inglaterra. Já na etapa do capitalismo monopolista, o aumento da racionalidade da empresa tinha como reverso um incremento da própria irracionalidade crescente do sistema, fazendo com que uma parte da superpopulação relativa se convertesse em massa marginal. A falta de funcionalidade da massa marginal era um efeito não desejado de comportamento dos atores econômicos, que resultava de contradições objetivas: atraso agrário, mão de obra fortemente condicionada pelas disponibilidades do capital, restrições tecnológicas, dependência neocolonial — ou seja, tudo aquilo que tornava mais agudo o problema da absorção da mão de obra que poderia ser conceitualizada como exército industrial em outros contextos, na América Latina se convertia em "massa marginal". Assim, diferentemente do exército industrial de reserva, a massa marginal era menos uma forma transicional e muito mais um traço constitutivo das economias capitalistas dependentes, no marco da consolidação do capitalismo internacional concentrado. Nesse contexto, Nun aderia à tese da estagnação e da crise, em um cenário que previa o aprofundamento do capital monopolista transnacional.

O artigo de Nun recebeu uma resposta virulenta do sociólogo brasileiro Fernando Henrique Cardoso. Em um texto carregado de referências eruditas a *O capital*, rotulou como "inespecífica", "supérflua" e pouco operativa a noção proposta pelo argentino, a partir da distinção entre superpopulação flutuante e exército industrial de reserva. Para além das precisões metodológicas, Cardoso considerava que o conceito não era operacional, pois nem descrevia uma situação de privação nem a previsão de uma forma de comportamento (com maior ou menor integração social e política), já que tanto empregados quanto desempregados seriam ambos marginais do ponto de vista do setor monopolista (Cardoso, 1971, p. 181). Também reprovava Nun pela tese da estagnação do emprego industrial, já que, sob sua perspectiva, não correspondia com os fatos, mas com uma nostalgia do "desenvolvimentismo perdido", que se traduzia em uma visão catastrofista da realidade.

Nun respondeu a Cardoso explicando novamente que "marginalidade" era um desses significantes de senso comum, que poderia representar quase tudo que se quisesse, mas que sua análise não se propunha à elaboração de um conceito empírico, tampouco à construção de uma hipótese, mas, sim, de um *conceito teórico* que refletia, do ponto de vista marxista, sobre questões como desemprego, subemprego, desagregação social (Nun, 2001, p. 187). Sustentava que o tratamento da temática da marginalidade no plano das relações produtivas justificava a introdução de um novo conceito, não suficientemente especificado nos estudos sobre capitalismo, nem por Marx. Ao mesmo tempo, entendia que o conceito era incapaz de fundar um horizonte autônomo, isto é, uma "teoria da marginalidade". Contudo, o que Cardoso interpretava como falta de rigor ou precisão, a saber, a amplitude do conceito de "massa marginal", na realidade para Nun era absolutamente necessário, para dar conta da heterogeneidade de categorias socioprofissionais (de desempregados a empregados) incluídas no conceito. O posterior aprofundamento dos processos de precarização laboral nos anos 1980, bem como o avanço do desemprego nos anos 1990, terminaram por dar razão a Nun, que, em 2001, publicou um novo livro sobre o tema, reeditando esses artigos (que incluíam a polêmica com Cardoso) e revisitando a noção de "massa marginal" (Nun, 2001). A obra também buscava construir pontes, assim como distinções firmes em relação à sociologia da questão social proposta por vários autores franceses (Robert Castel, Pierre Rosanvallon, Jacques Donzelot, entre outros).[40]

Por sua vez, Miguel Murmis verteu suas ideias no artigo "Tipos de marginalidad y posición en el proceso productivo" [Tipos de marginalidade e posição no processo produtivo], também de 1969. Ao falar sobre Belvedere (Murmis, 1997, p. 9), Murmis foi quem deu mais atenção à "carnalidade da marginalidade", por meio da elaboração de uma tipologia de relações de inserção marginal no mercado de trabalho. Murmis analisava as formas marginais de inserção da mão de obra ligadas à superexploração, nas quais "não se estabelece a típica exploração capitalista, própria de um estágio de desenvolvimento dependente capitalista" (Murmis, 1969). Com base em sua pesquisa, estabeleceu uma tipologia diferenciada: por um lado, estariam formas de marginalidade que supõem uma fixação, isto é, a persistência de certas formas que limitam a condição do trabalhador livre, como a utilização semisservil de indígenas ou a utilização de mão de obra semisservil em fábricas e plantações, assim como a subsistência de atividades do produtor direto, mas que inviabilizam a acumulação. Por outro lado, estão situações em que a mão de obra se converteu em "livre", mas não encontra as condições que permitam estabelecer uma relação estável de emprego, seja porque não conseguem vender sua força de trabalho por jornadas completas, seja porque não têm estabilidade no emprego.[41]

40. Nesse texto, Nun sustentava que a tese da massa marginal havia apontado também para o hiperfuncionalismo de esquerda, "que se empenhava em afirmar que até o último dos camponeses sem terra ou vendedores ambulantes das nossas cidades eram não apenas funcionais, mas também decisivos para a acumulação capitalista" (Nun, 2001, p. 25). Voltarei ao tema na segunda parte do livro.

41. Como sustenta Delfino, essa tipologia não apenas atendia à heterogeneidade, mas também contemplava a dimensão histórica da marginalidade, permitindo construir uma tipologia a partir da trajetória de trabalho e interpretar a situação atual no marco de um "importante processo

Por fim, em uma linha mais conectada com a proposta de Nun, situam-se as análises de Aníbal Quijano a partir da noção de "polo marginal". Segundo o autor, existiriam dois sistemas interdependentes: por um lado, um núcleo central ou hegemônico; por outro, um polo marginal. Este último estava constituído por um conjunto de atividades e relações econômicas que prolongavam, fragmentariamente, aquelas que caracterizavam os grupos dominados do "núcleo hegemônico". Nessa perspectiva, dois fenômenos decisivos impactavam a transformação das economias latino-americanas: primeiro, a generalização da produção industrial de bens e serviços no setor hegemônico; e, segundo, a aparição da modalidade monopolista. Inseridos na América Latina, esses elementos produziam alterações abruptas no interior das economias latino-americanas, pois nem modificavam nem substituíam os setores anteriores por erradicação, mas, ao contrário, combinavam-se com estes, para dar lugar a uma nova articulação da economia. À medida que ocupavam uma posição hegemônica, acabavam modificando a ordem relativa dos elementos precedentes, suas funções, suas características concretas, convertendo-os em produto dessas mudanças, e não em mero resíduo de condições anteriores ou reminiscentes do passado. Portanto, passavam a ocupar um nível mais baixo, pela perda de recursos, de produtos e de mercados, ou pela incapacidade de acessar novos meios de produção que pressupunham o desenvolvimento tecnológico. Constituía-se assim um nível desvalorizado da economia, que compreendia um conjunto de atividades características das relações de trabalho, que utilizavam recursos residuais de produção, estruturando-se de maneira precária e instável, com rendas reduzidas, gerando uma economia de subsistência para consumo próprio, sem geração de excedente (Quijano, 2014 [1970], p. 136). O polo marginal aparecia ligado à ausência estável de recursos fundamentais da produção, que servem aos níveis dominantes da economia.

....

de marginalização", que inclui não só os que nunca tiveram inserção estável, mas também aqueles que já a tiveram no passado (Delfino, 2012, p. 26-7).

Tal como havia feito Nun, Quijano também transitou pelo capítulo XXIII do volume I de *O capital* para afirmar que o desenvolvimento dos setores de ponta torna essa população flutuante ou excluída uma tendência permanente, não secular ou transitória (Quijano, 2014, p. 158). Tal situação se agravava nos países subdesenvolvidos devido ao fenômeno da dependência econômica, que produzia além disso uma hipertrofia das grandes cidades, em detrimento do campo. Desse modo, a emergência de um polo marginal tão deprimido gerava uma estrutura econômica dependente e mais heterogênea, mais desigual e mais contraditória, que precisava vincular-se a uma hegemonia monopolista. Sobre a mão de obra marginal, isso conduzia a um processo de diferenciação social no seio da classe trabalhadora, uma espécie de subclasse, que acrescentava uma (nova) carga ao proletariado ativo (Quijano, 2014, p. 163).

Em suma, a despeito das diferenças, as teses sobre a marginalidade tiveram o mérito de antecipar vários problemas estruturais das sociedades latino-americanas, entre eles, por exemplo, a gestão estatal da população excedente. Segundo Nun, o fenômeno da marginalidade desvendava um grande problema estrutural com o qual, cedo ou tarde, o Estado teria de lidar, diante do risco de que a população afuncional se convertesse em disfuncional ao não ser incorporada às formas de produção hegemônica (Quijano, 2001, p. 28). Nesse sentido, Quijano advertia em outros artigos, escritos entre 1968 e 1970, em sintonia com outros autores do campo dependentista, sobre as novas tendências do Estado perante esses grupos, visíveis na alternância entre a repressão e a implementação de políticas assistenciais paternalistas. Por outro lado, de modo inovador, Quijano agregava que, apesar da precariedade e da insuficiência da provisão de bens e serviços, estava sendo gerada uma rede de relações de prestação e recepção de ajuda, a qual ele denominava de modo provisório de "estrutura de sobrevivência" (Quijano, 1971, p. 94), admitindo a importância crescente das redes familiares.

Marginalidade e matriz funcionalista

No campo funcionalista, a contribuição fundamental veio das mãos do sociólogo Gino Germani, que encabeçava o Desal com Roger Vekemans. Germani propunha distinguir entre o plano descritivo e o causal: assim, o reconhecimento da existência de múltiplas dimensões e até de diferentes intensidades dentro da mesma forma de marginalidade permitiria sair do dilema conceitual. Um elemento importante era o caráter relativo da marginalidade, já que o pressuposto comum era a falta de participação nas esferas que deveriam estar incluídas no raio de ação ou de acesso do indivíduo ou grupo. Em outras palavras, o juízo sobre a marginalidade se baseava na comparação entre uma situação de fato e um dever ser.

Para além da pretensão exaustiva da abordagem (descrição e causas, análise detalhada de diferentes fatores, tipologias e perfis), Germani propunha a relação entre marginalidade e uma concepção liberal dos direitos humanos. Assim, sinalizava que a percepção do fenômeno de privação ou carência e sua desnaturalização estavam ligadas à expansão de princípios de igualdade e liberdade, com a conscientização crescente sobre as violações de tais princípios.[42] Nessa linha evolutiva, "a noção de marginalidade não é mais que a última ou mais recente expressão do processo iniciado pelo Iluminismo no mundo moderno [...] rumo à conquista dos direitos do homem e à extensão progressiva desses a todos os setores da sociedade" (Germani, 1971, p. 35-6).

Tal processo evolutivo explicava sua desnaturalização, mas não sua persistência, em um contexto de crescente modernização. Por isso, Germani se viu obrigado a (re)introduzir conceitos associados à matriz estrutural-funcionalista. Portanto, a análise da marginalidade acabava sendo vinculada de maneira estreita ao processo de modernização concebido em sentido amplo — suas promessas e frustrações, seus desajustes e desvios, atribuídos a carac-

42. Essa proposta estava em sintonia com aportes teóricos como o de Marshall, mediante seu esquema de extensão da cidadania, e de Manheim, pela ideia de democratização fundamental.

terísticas pessoais e coletivas. São basicamente as assincronias ou desajustes do processo de transição de uma sociedade tradicional para uma sociedade moderna que gerariam instituições, valores, atitudes, modelos de comportamentos, estruturas parciais, categorias sociais, regiões no interior do país, que no mesmo lapso alcançam diferentes graus de modernização e desenvolvimento (Germani, 1969, p. 42).

Por outro lado, na hora de avaliar as hipóteses de Nun sobre o caráter estrutural da "massa marginal", Germani propunha uma leitura diferente da funcionalidade na sociedade da época. Em sua perspectiva, se os marginais conseguem viver e se reproduzir, é graças ao fato de produzirem bens e serviços em setores de baixa produtividade (como havia insistido Quijano), cujo mercado está constituído por setores trabalhadores empregados, mas de menor renda, por exemplo, das indústrias médias não pertencentes ao setor monopolista. Desse modo, longe de ser "afuncional", o setor marginal permitia a sobrevivência, em condições e níveis de vida tradicionais, de um setor excluído do mercado moderno, assegurando indiretamente a sobrevivência do sistema (Germani, 1969, p. 49).

Outro ponto destacado era a peculiaridade da marginalidade na América Latina. Certo é que Germani advertia para os problemas (ou bolsões) de marginalidade que persistiam nos países avançados, assim como a marginalidade referida ao período pré-capitalista, caracterizado por uma insegurança geral. No entanto, destacava três fatores que davam conta da peculiaridade latino-americana. Em primeiro lugar, a enorme proporção alcançada pelo setor marginal na região, que excedia em muito a que se podia ver durante a Revolução Industrial do século XIX. Em segundo lugar, a imigração europeia, pois, entre o fim do século XIX e 1930, sessenta milhões de europeus se deslocaram para a América, de modo que a marginalidade potencial foi deslocada aos países "novos" que, em parte, conseguiram absorvê-la. A América Latina funcionou, assim, como uma "válvula de escape", e agora tal imigração era substituída pela migração interna rural-urbana. Em terceiro lugar, o tipo de tecnologia industrial predominante, ao ser importada dos países mais avançados, era incapaz de absorver a mão de obra, mas, ao contrário, poupava esse fator de produção. Portanto "a situação de desenvolvimento dependente poderia operar seja em forma direta, seja pelo atraso do desenvolvimento como efeito da dependência" (Germani, 1969, p. 49).

Por último, no afã de integrar as visões associadas a outros paradigmas, Germani afirmava que a marginalidade também fazia referência às configurações ou constelações compostas simultaneamente por várias e distintas formas. Existiriam marginalidades parciais (em relação às oportunidades educacionais, de mobilidade social, de participação política, de prestígio), assim como uma marginalidade generalizada (caracterizada pela não participação). Mas esse setor não estaria localizado fora da sociedade – Germani não entrava no debate sobre tratar-se ou não de uma classe social, mas alertava que, uma vez parte dela, ou eventualmente explorado por algum dos setores participantes, estaria excluído do gozo dos direitos.

A marginalidade e as duas caras de Janus

> *O lúmpen-ploretariat constituído e pesando com todas as suas forças sobre a "segurança" da cidade significa o apodrecimento irreversível, a gangrena instalada no coração do domínio colonial. Então os caftens, os cafajestes, os desempregados, uma vez invocados os direitos comuns, atiram-se na luta de libertação como robustos trabalhadores. Os ociosos, os desclassificados vão, através do canal da ação militante e decisiva, reencontrar o caminho da nação.*
>
> — Frantz Fanon

Em uma compilação publicada no México em 1975, da qual participaram Fernando Henrique Cardoso, Theotônio dos Santos, Sergio Bagú e Héctor Silva Michelena, entre outros, o venezuelano Armando Córdova advertia para alguns dos problemas ligados ao "emprego, desemprego e marginalidade". Córdova se interrogava sobre as cifras da população marginal na América Latina, que, segundo dados da Cepal de 1969, era estimada em 30% da força de trabalho, a saber, cerca de 85 milhões de habitantes, incluindo as pessoas dependentes dos desempregados (Córdova, 1975, p. 59). Não obstante, o autor reconhecia que, na realidade, a estimativa poderia ser pequena, pois, segundo o Desal, citado no relatório de Murmis, Nun e Marín, "na América Latina, mesmo nos países mais incorporados, a marginalidade afeta 50% da população, alcançando em alguns países 70% ou 80% dos habitantes" (Córdova, 1975, p. 59).

Considerando as crescentes dimensões do fenômeno da marginalidade na América Latina, instalava-se no campo dependentista uma pergunta inquietante sobre a potencialidade política dos marginais, os quais eram considerados por muitos uma "subclasse" (Quijano), enquanto outros os englobavam simplesmente na categoria de "lumpemproletariado" (Gunder Frank). Marx, autor abundantemente citado sobre o tema, havia sido bastante claro, sobretudo em *O 18 de brumário de Luís Bonaparte*, sobre a consideração do lumpemproletariado como sem classe, os "resíduos da sociedade", instrumento político das classes dominantes. Entretanto, muitas coisas mudaram desde a época de Marx, sobretudo nas ex-colônias ou países periféricos. Frantz Fanon, em seu livro-símbolo sobre descolonização, *Os condenados da terra* (1963 [1968]), destacava a potencialidade política dos setores marginais ou desclassificados, ainda que também alertasse, sem preocupação, para a ambiguidade das condutas espontâneas, suscetíveis de manipulação dos setores dominantes. Em um capítulo sugestivamente intitulado "Grandeza e fraquezas da espontaneidade", depois de criticar a tendência conservadora das massas camponesas nos países industrializados, Fanon falava do "proletariado embrionário", ao se referir aos camponeses sem terra, lumpemproletários que chegavam à cidade e se amontoavam nos bairros miseráveis da periferia. O lumpemproletariado era caracterizado como sem classe [ou desclassificado], que encontraria, na "ação militante", o "caminho da nação". Páginas adiante, Fanon advertia para a necessidade de prestar atenção às massas marginais, pois a revolução não podia ser feita sem elas (Fanon, 1963, p. 125 [1968, p. 112]):

> O colonialismo vai encontrar igualmente no lumpemproletariado uma massa de manobra considerável. Por isso, todo movimento de libertação nacional deve prestar a máxima atenção a esse lumpemproletariado. Este responde sempre ao chamado da insurreição, mas se a insurreição acredita poder ir para a frente, ignorando-o, o lumpemproletariado, essa massa de famintos e desclassificados, atirar-se-á à luta armada, participará do conflito, ao lado, desta vez, do opressor.

Embora sua narrativa da descolonização e do novo nacionalismo revolucionário tenha influenciado consideravelmente a esquerda radical da época, não foram todos os olhares dependentistas que convergiram para a leitura de Fanon. Mesmo em um cenário como o latino-americano, no qual a opção parecia se estabelecer entre a estagnação econômica ou a saída revolucionária, a questão sobre o sujeito da mudança se tornava ainda mais crucial. Por trás das profusas explicações sobre o novo fenômeno da marginalidade, subjazia também uma profunda desconfiança na potencialidade política dos marginalizados. Não apenas não estava claro que os marginais fossem uma espécie de "proletariado embrionário", como também se acrescentava a questão (já referida) da gestão política e social da população excedente, pela via das políticas assistenciais que começavam a ganhar relevância. Por outro lado, se os setores marginais eram assimilados ao lumpemproletariado, não tinham lugar na estrutura social ou, se tinham, como subempregados, assumiam uma condição transitória ou incompleta, que poderia apenas se constituir como uma espécie de "subclasse".

A isso se agregava outra questão, pois, diferentemente das abordagens ortodoxas (associadas ao Partido Comunista), a esquerda radical descartava a possibilidade de uma frente de classes com a burguesia nacional, que exigia explorar novas articulações no heterogêneo mundo das classes populares. Certamente os setores marginais podiam se organizar (os movimentos sociais urbanos emergentes dariam conta disso), mas também podiam constituir-se como massa de manobra dos setores dominantes. Assim, Gunder Frank (1969, p. 20) se perguntava:

> A população "flutuante" ou "marginal" que pode representar a metade da população urbana latino-americana seria um lumpemproletariado? Seriam essas pessoas, na realidade, ideologicamente intocáveis e politicamente não organizáveis? O imperialismo e a burguesia não acreditam nisso e até agora obtiveram tremendo sucesso em utilizá-las para seus fins políticos.

Em uma linha também pessimista, Nun sustentava que a noção de massa marginal alertava para os problemas de integração ao sistema, que impunham pautas específicas de inclusão social. Nesse sentido, bem valia a pena insistir na diferença entre "exército industrial de reserva" e "massa marginal", pois, enquanto o primeiro implicava uma constante absorção/expulsão pelo mercado e poderia estabelecer algum grau de experiência comum com os trabalhadores ativos (de fato, o corte entre o exército ativo e o exército de reserva era aleatório), não ocorria o mesmo com aqueles que se consolidavam como massa marginal, produto do desenvolvimento desigual, combinado e dependente, já que não existiria uma base comum, homogênea, a partir da qual se pudesse sustentar a solidariedade política ou um "plano de cooperação" eficaz. Para Nun, isso implicava simultaneamente "uma esperança e um risco": esperança que derivava da natureza das contradições potenciais; risco porque, na mediação entre conflitos e contradições, podiam surgir outras formas de lutas desviadas, desesperadas e representadas pelo populismo ou outras formas de manipulação. Cabe destacar que Nun não avaliava a possibilidade de que houvesse outras redes de solidariedades (como sugeriam outros autores), geradas por fora do âmbito laboral, em que pudessem emergir solidariedades e consciências coletivas.

Por sua vez, Dos Santos considerava que a categoria revolucionária por excelência era a exploração (trabalhadores urbanos e rurais), e não a miséria (marginais). Os setores marginais, como a pequena burguesia, eram mais um terreno fértil para os esquerdismos anarquizantes. Não obstante, Dos Santos acreditava que não se deveria desprezar o grande potencial revolucionário aninhado no subproletariado, composto pelos setores marginais, ainda que estes não pudessem se converter em uma vanguarda revolucionária (Dos Santos, 1972, p. 212).

Por último, um dos olhares mais próximos ao de Fanon, isto é, com maior afinidade com a tese do "proletariado embrionário", partiu de Ruy Mauro Marini, que, ao refletir sobre o fracasso das esquerdas no contexto do golpe de Estado no Brasil em 1964, e, mais especificamente, referindo-se à experiência da Polop, sustentou que subestimar a população subempregada e desempregada havia sido um erro imperdoável. Isso consistiu em aceitar o modo como a ideologia burguesa representava essa "massa marginal", que supostamente estaria próxima das cidades e em busca da "integração" ao sistema. Para Marini, a constatação empírica mostrava:

> Que uma porção significativa destas massas está constituída por trabalhadores não qualificados, que trabalham na construção e em pequenas empresas — ou formam um exército de reserva para estes setores —, e que outra parte importante se destina à prestação de serviços mal remunerados, principalmente de caráter doméstico. É certo que o grau de miséria material e moral que prevalece nesta camada a torna mais propensa que qualquer outra a passar ao lumpemproletariado; mas não é menos certo que o que aparece como delinquência ou vício é a manifestação da violência e do desespero, o que a situa, por isso mesmo, na antessala da revolução. (Marini, 1974, p. 160-1 [2013, p. 223])

Em suma, em função do diagnóstico político (estagnação, impossibilidade de aliança de classes), tornava-se crucial a pergunta sobre a potencialidade política do mundo *abigarrado* das classes subalternas. Contudo, a tentação de adotar um olhar "*à la* Fanon" pareceu bem minoritária, circunscrita a poucos autores. Em todo caso, o diagnóstico era ambivalente: por um lado, questionava-se as teses dos desvios e do difusionismo, destacando a peculiaridade da periferia (a dependência estrutural) e o agravamento da situação (novas formas de dependência; consolidação e expansão da marginalidade). Por outro, ancorada em um olhar trabalhista, a esquerda da época, salvo raras exceções, dificilmente concebia outros lugares de criação de laços de solidariedade e organização que não fossem a fábrica ou os marcos do trabalho assalariado.

3.2. DEBATES NO CAMPO DA DEPENDÊNCIA

Os maiores debates do campo dependentista daquela época estavam vinculados à questão da singularidade das sociedades latino-americanas. Portanto, nesta parte, abordarei, em primeiro lugar, o debate sobre o modo de produção das sociedades latino-americanas no período colonial. Longe de ser bizantina, a questão sobre o caráter feudal ou capitalista da América Latina estava diretamente conectada com uma série de definições e estratégias políticas sobre as possibilidades de mudança político-social na região. Em segundo lugar, tratarei do papel da burguesia nacional no contexto da nova dependência. Este segundo debate se volta para um tema recorrente do pensamento e das ciências sociais latino-americanas: a suspeita sobre o caráter sempre inacabado ou incompleto dos sujeitos sociais como atores coletivos.

O DEBATE SOBRE O MODO DE PRODUÇÃO E SEUS DIFERENTES MOMENTOS

> *Que índole de economia é essa que espanhóis e portugueses organizam aqui no meio de enormes multidões nativas da América e da África? É o feudalismo, decadente no velho continente? É o capitalismo, cujo brilho e impulso estão documentados pelo apogeu italiano ou pelos navegantes ibéricos? Ou é algo distinto de ambos, ainda que de ambos extraia algumas características básicas?*
>
> — Sergio Bagú

O debate sobre os modos de produção presentes na história da América Latina passou por diferentes fases e momentos e se iniciou antes mesmo da difusão da teoria da dependência. Para alguns, foi uma espécie de reedição da questão sobre a transição do feudalismo ao capitalismo, protagonizada na Europa pelos economistas Maurice Dobb e Paul Sweezy, no interior do pensamento marxista, que contrapunha duas visões sobre a origem do capitalismo (Rodríguez, 2007). Enquanto Dobb defendia a ideia de que o capitalismo só poderia ser entendido com o estudo das transformações que se operavam na esfera da produção (tese produtivista), Sweezy, inspirando-se em historiadores como o francês Henri Pirenne, destacava que era necessário levar em conta o auge do capitalismo mercantil na Europa moderna, a partir da acumulação de capital comercial nas cidades medievais, o que derivou na generalização da circulação capitalista em grande escala (tese circulacionista).

Entre outros autores que precocemente questionaram a tese do feudalismo e da sociedade dual está o historiador e economista argentino Sergio Bagú, cujas obras pioneiras *Economía de la sociedad colonial: ensayo de historia comparada de América Latina* [Economia da sociedade colonial: ensaio de história comparada da América Latina], de 1949, e *Estructura social de la colonia: ensayo de historia comparada de América Latina* [Estrutura social da colônia: ensaio de história comparada da América Latina], de 1952, já abordavam o assunto.[43] Bagú se propôs a refletir sobre as modalidades do capitalismo latino-americano a partir da etapa colonial. Em sua perspectiva, desde a Conquista a América Latina havia sido inserida no sistema capitalista colonial, assumindo o padrão de organização social capitalista, mas adotando um estilo singular, que o autor denominava "capitalismo colonial".[44]

43. É curioso como a obra de Bagú é desconhecida na Argentina. Tal fato se explica parcialmente porque ele teve de deixar o país em 1966, quando a ditadura militar de Onganía interveio nas universidades públicas e provocou o exílio de inúmeros professores. Entre eles estava Bagú, que na época trabalhava na Faculdade de Economia da Universidade de Buenos Aires (UBA). Desde então, desenvolveu sua vida intelectual no México, na Unam, onde compartilhou espaços de trabalho com Pablo González Casanova. Sobre o tema, ver Turner e Acevedo (2005).

44. "A economia que as metrópoles ibéricas organizaram na América Latina foi de inquestionável índole colonial, em função do mercado centro-ocidental europeu. O propósito que animou os produtores luso-hispâ-

Entre os elementos de organização capitalista da colônia latino--americana, destacaram-se a demanda de capital, a existência de capitalismo financeiro, a organização da produção para o mercado internacional, a configuração de um mercado comercial, a existência do salário; enfim, a diferenciação entre campo e cidade. No entanto, o predomínio do padrão de relações capitalistas não impediu a existência de outras formas de relações sociais e organização produtiva, de tipo feudal e escravista, entre as quais o autor revelava a existência do latifúndio ou da grande propriedade territorial, a vigência de formas de servidão (*encomienda*), a configuração de unidades econômicas fechadas e a existência de classes sociais improdutivas vinculadas a distintos níveis de poder imperial e eclesiástico. Por último, quanto à escravidão americana, essa foi o mais extraordinário motor da acumulação do capital comercial europeu. Ainda segundo Bagú, a escravidão do índio e do negro, que nada tem de feudal e tudo de capitalista, mostrou-se indispensável para que, mediante um processo de acumulação, a Europa pudesse ter indústrias modernas e os Estados Unidos alcançassem um grande desenvolvimento econômico durante o século XIX.

Em uma espécie de dependentismo *avant la lettre*, essa perspectiva foi assumida também pelo historiador marxista Milcíades Peña (2012) em *Historia del pueblo argentino* [História do povo argentino], obra já citada (escrita nos anos 1950). O livro abordava a história argentina desde a época da Colônia até o (primeiro) peronismo. Longe do marxismo vulgar, Peña aplicava uma dialética que privilegiava as estruturas, os condicionamentos sociais e as relações de força entre diferentes classes sociais. Nesse marco, arremetia contra o mito da superioridade da Colônia inglesa, comparando-a com a colonização espanhola na América, e enfatizava a natureza

....

nicos no novo continente teve igual caráter. Não foi feudalismo o que apareceu na América nesse período que estudamos, mas, sim, um capitalismo colonial. Não houve servidão em larga escala, mas escravidão com múltiplos matizes, oculta sob complexas e enganosas formulações jurídicas. A Ibero-América nasceu para integrar o ciclo de capitalismo nascente, não para prolongar o ciclo feudal agonizante" (Bagú *apud* Moreno, 1996, p. 110).

da produção para explicar as bases reais de dois destinos diferentes. Assim, sublinhava a relação entre geografia e estrutura social, referindo-se à "maldição da abundância fácil", para explicar o parasitismo das classes dominantes no Rio da Prata, bem como a consolidação de um "capitalismo colonial". Desse modo, questionando a hipótese sobre o caráter feudal da colonização espanhola, Peña sustentava que o conteúdo, os movimentos e os objetivos da descolonização espanhola foram decisivamente capitalistas. Nessa perspectiva, a teoria do caráter feudal havia servido aos "moscovitas *criollos*"[45] para promover a ideia da necessidade de uma revolução antifeudal, que abriria caminho para a etapa capitalista. Contrário a estes, Peña retomava a tese de Bagú, afirmando que o sistema de produção que os espanhóis estruturaram na América era oposto à estrutura básica do feudalismo. Nessa linha, sustentava (Bagú, 2012, p. 67):

> Bem entendido, não se tratava de capitalismo industrial. É um capitalismo de feitoria, ou "capitalismo colonial", que, ao contrário do feudalismo, não produz em pequena escala e prioritariamente para o consumo local, mas sim em grande escala, utilizando grandes massas de trabalhadores e com olhar em um mercado local estruturado ao redor dos estabelecimentos que produzem para exportação. Essas são características capitalistas, ainda que não do desenvolvimento industrial caracterizado pelo salário livre.

A segunda fase da polêmica ocorreu em 1965 e teve como protagonistas, de um lado, o alemão André Gunder Frank e, de outro, o argentino Rodolfo Puiggrós, então exilado no México.[46] Tal como assinalei anteriormente, longe de ser teoricista, o debate tinha implicações políticas, pois, se a origem e a natureza atual das sociedades latino-americanas fossem feudais, requeria-se o avanço no sentido de uma revolução democrático-burguesa e anti-imperialista. Ao con-

45. O termo se refere à elite do Partido Comunista na América Latina. [N.T.]
46. Originalmente, a troca de artigos foi publicada no suplemento cultural do jornal mexicano *El Día*.

trário, se a América Latina fosse capitalista desde a Conquista, seu atraso seria consequência do caráter dependente de sua incorporação. Sendo plenamente capitalista, o que seguia em seu futuro era a luta para abrir caminho para a revolução socialista.

A tese principal de Frank era que a Conquista havia colocado a América Latina em uma posição de crescente subordinação e de dependência colonial e neocolonial com relação ao sistema mundial único do capitalismo em expansão. A relação colonial com a metrópole capitalista formou e transformou a estrutura de classes e, igualmente, a cultura das sociedades latino-americanas, condicionando assim as mudanças do presente (Gunder Frank, 1973, p. 23). Nessa perspectiva, não haveria lugar para a tese da sociedade dual: a partir da conquista, tanto as regiões mais dinâmicas e modernas quanto as mais atrasadas e tradicionais estariam ligadas ao mercado mundial e seriam exploradas nos marcos do sistema capitalista. Como consequência, promover uma aliança com a burguesia nacional ou anti-imperialista, como propunha Puiggrós, não apenas era vão, como também um erro interpretativo, que podia conduzir a graves custos políticos, dado que a industrialização e o capital estrangeiro eram duas caras da mesma moeda. Ou ainda, em outras palavras, o desenvolvimento e o subdesenvolvimento formavam a mesma dinâmica capitalista.

Em sua resposta a Frank, o historiador Rodolfo Puiggrós sustentou que a América salvou da morte o feudalismo na Espanha, país que derramou os elementos de seu regime feudal em decomposição nos territórios transatlânticos. Para além das formas singulares, o modo de produção da Colônia não possuía as características próprias do modo de produção capitalista: acumulação e reinvestimento de capital, produção mercantil desenvolvida, existência de capitalistas e trabalhadores, renda da terra e mercantilização da propriedade agrária, ampla circulação de mercadorias em mercados internos, manufatura independente da economia agrária, ao lado de instituições, ideologia e Estado que representassem a burguesia nascente. O erro mais reproduzido, concluía Puiggrós, "era confundir economia mercantil com capitalismo". Mas, além disso, para Puiggrós, nem o comércio nem os investimentos de mineração, tecelagem e empresas colonizadoras (todos elementos do capitalismo comercial, destacados por Frank) alteravam o peculiar modo de produção da Colônia, que teria adotado formas singulares de feudalismo.[47]

A resposta de Frank enfatizava que suas afirmações e estudos se baseavam em "fatos", não em "argumentos", recusando uma vez mais a hipótese da ausência de elementos capitalistas nas economias latino-americanas da Colônia, tais como a acumulação e o investimento de capital, a exploração de larga escala ou a importância da exportação de metais preciosos. O "raquitismo capitalista" e o subdesenvolvimento atual não se explicavam pela sobrevivência feudal que continuava esperando a superação capitalista, mas era um produto histórico e derivado do mesmo desenvolvimento capitalista de um sistema mundial único. A via, portanto, não era o capitalismo nacional, tampouco exumar a velha tipologia marxista do modo de produção asiático.[48]

Nos anos 1970, o debate entrou em uma segunda etapa, mais ligada ao campo acadêmico, como sustentou Rodríguez (2007).[49]

47. Um debate com tonalidade similar ocorria no Brasil na mesma época, quando Caio Prado Júnior questionou a tese do predomínio feudal defendida entre intelectuais orgânicos do Partido Comunista (como Alberto Passos Guimarães e Nelson Werneck Sodré). Embora filiado ao PCB, Caio Prado contestava a linha oficialista e propunha uma interpretação alternativa do capitalismo brasileiro em sua obra *A revolução brasileira*, de 1966, em sintonia com as preocupações de Sergio Bagú. [N.T.]

48. Dando prosseguimento ao que ele mesmo chamou de "diálogo de surdos", Puiggrós voltou a insistir na diferença entre capitalismo mercantil e modo de produção, replicando também que o núcleo central de sua tese era a contradição entre o descobrimento da América pela burguesia comercial mediterrânea e a conquista colonizadora da América pelo decadente feudalismo espanhol. Da sua parte, em sua "modesta resposta", Frank seguiu reforçando seu enfoque na formação e na determinação dos modos de produção. A polêmica contou com um último texto de Puiggrós, no qual basicamente se repetiam os argumentos já mencionados, cujo título era "*Errando, corrigitur error*" [do latim, algo como "corrigir os erros errando", jogando com o duplo sentido da palavra "errar"].

49. Na excelente revisão que nos oferece desse assunto, Rodríguez sustentou que, "para além dos argumentos de Frank e contra-argumentos de Puiggrós, a discussão não escapou aos determinantes políticos do momento. Não obstante, em uma segunda etapa, a polêmica incluiu outros protago-

De um lado, Ernesto Laclau somou argumentos na linha desenvolvida por Puiggrós, para sublinhar as debilidades teóricas e analíticas do esquema apresentado por Gunder Frank. Do outro, o historiador brasileiro Ciro Cardoso caracterizou as originalidades do modo de produção colonial. Em termos gerais, Laclau compartilhava as teses de Dobb, pois considerava que era necessário ir da análise da circulação do capital para o modo de produção. Nesse sentido, Laclau considerava que Frank propunha uma definição tão ampla de capitalismo que era impossível extrair conclusões concretas, tais como a caducidade da etapa democrático-burguesa na América Latina. Ou seja, Laclau se propôs também a especificar o que entendia por modo de produção feudal, assinalando que Frank confundia níveis analíticos diferentes entre modo de produção e formação social. Isso explicava sua visão de feudalismo como um sistema fechado, não penetrado pelas forças de mercado. Para Laclau (1973, p. 35-6):

> O caráter pré-capitalista das relações de produção dominantes na América Latina não só não foi incompatível com a produção para o mercado mundial, como, pelo contrário, a intensificou. O regime feudal das *haciendas* tendeu a incrementar as extorsões servis sobre o campesinato, à medida que as demandas crescentes do mercado mundial impulsionavam para maximizar o excedente. Desse modo, o mercado externo, longe de constituir uma força desintegradora do feudalismo, tendeu a acentuá-lo e consolidá-lo.

Tampouco se poderia afirmar, segundo Laclau, que havia uma única forma de vinculação com as metrópoles, o que era empiricamente evidente, considerando as realidades de países como Peru, México, Bolívia ou Guatemala, as quais tornavam indefensável a tese do capitalismo. No século XIX, tal processo havia sido agra-

....

nistas e, a partir dali, tendeu a 'profissionalizar-se', percorrendo os corredores das universidades. Ao tornar-se mais acadêmico, o debate não se fez menos político, mas os argumentos postos sobre a mesa tinham outro caráter, que poderíamos denominar mais 'erudito'" (Rodríguez, 2007, p. 71).

vado, e, por isso, nos confrontamos com um campesinato subjugado a obrigações servis, que vivia uma espécie de "segunda servidão" com diversas variações no continente, e não com o assalariado agrícola. Por último, afirmar o caráter feudal das relações de produção no setor agrário, segundo o autor, não implicaria manter a tese dualista, que contrapunha um setor dinâmico e moderno a outro, atrasado e estancado.

Em outro polo, o brasileiro Ciro Cardoso interveio no debate ampliando a caracterização em termos de modos de produção. Em sua perspectiva, havia salários, sujeição pessoal ou escravos em todas as épocas e nos marcos de diferentes modos de produção. Nessa linha, não se poderia assimilar servidão com feudalismo, tampouco salário com capitalismo. O inovador de sua proposta foi desenvolver as particularidades de um modo de produção americano.[50] Por causa disso, propôs outra categoria, a de *modo de produção dependente* ou colonial, que incluía vários tipos: distinguia o modo de produção baseado na exploração de indígenas, estabelecido na zona de grandes culturas pré-colombianas; o escravista colonial, instaurado pelos europeus em regiões pouco densas da população indígena e com condições propícias para atividades exportadoras; e, por último, aquele baseado na economia diversificada e autônoma de pequenos proprietários na América do Norte (Cardoso, 1974, p. 153-4). Todas essas contribuições foram compiladas, posteriormente, em um livro coletivo com o título *Modos de producción en América Latina* [Modos de produção na América Latina], publicado pela primeira vez em 1974 na coleção Cuadernos

50. Cardoso sustentou, seguindo Marx, que era possível distinguir três sentidos diferentes na teoria dos modos de produção: primeiro, um sentido descritivo e etimológico (modo de produção: maneira de produzir); segundo, uma série de modos de produção que se tornaram dominantes e definem épocas históricas; e, terceiro, outros modos de produção considerados secundários, pois jamais chegaram a ser dominantes (modo de produção pequeno-burguês, modo de produção camponês) (Cardoso, 1974, p. 137).

de Pasado y Presente [Cadernos de passado e presente], que em seis anos trouxe sete edições.[51]

Finalmente, o equatoriano Agustín Cueva também interveio nesse longo debate sobre o caráter feudal ou capitalista da América Latina, sinalizando de modo agudo algumas das contradições ou paradoxos. Uma delas se referia aos já mencionados "efeitos políticos" da tese sobre a associação entre a hipótese circulacionista/capitalista/visão revolucionária *versus* a hipótese produtivista/feudalista/reformismo ou frente de classes. Cueva enfatizava o paradoxo de que os grupos armados que lutavam pela implantação do socialismo na América Latina naquele período (anos 1970) o faziam convencidos da existência de um setor feudal no subcontinente. Portanto, a revisão teórica levada a cabo por certos intelectuais pouco tinha a ver com a prática revolucionária que se estava efetuando (Cueva, 1974, p. 236). Outro paradoxo era que a tese que aparecia como mais revolucionária e autenticamente marxista (Gunder Frank) se sustentava sobre bases teóricas proporcionadas "pela ciência social burguesa, que define capitalismo como uma economia aberta ou pela simples existência da moeda e do comércio; ou seja, contradizendo em um só gesto toda a obra de Marx e outros clássicos do marxismo" (Cueva, 1974, p. 237).[52] Por último, Cueva realizava um balanço crítico dessa discussão que ia além, porque atacava sobretudo a intelectualidade "neomarxista" (dependentista), que acusava de estar desvinculada do movimento operário e marcada por uma forte tradição nacionalista e populista — enfim, intelectuais que tinham uma formação de base pouco marxista e leninista e que, na perspectiva de Cueva, liam Marx com lentes weberianas, estrutural-funcionalistas ou cepa-

51. Outros historiadores argentinos participaram desse debate, tais como José Carlos Chiaramonte, Juan Carlos Garavaglia e Carlos Sempat (Rodríguez, 2007, p. 75). Aparecem em um livro organizado por Juan Carlos Garavaglia.

52. Nesse sentido, Cueva reprovava a interpretação linear de Mariátegui (como impulsionador de uma leitura dualista, como sugeriu Gunder Frank), quando, na realidade, o marxista peruano havia sido um dos primeiros analistas que sinalizaram a complexa articulação entre diversos modos de produção na América colonial e semicolonial.

linas (Cueva, 1974, p. 240). Também não se privou de questionar a "originalidade irredutível" da América Latina, que emanava das teses de Ciro Cardoso.

Embora fossem poucos os que defendessem a tese da América Latina capitalista, sustentada por André Gunder Frank, cada vez mais criticado, o verdadeiro "desfecho" desse debate veio pelas mãos do reconhecido historiador e sociólogo Immanuel Wallerstein, que em 1974 publicou o primeiro volume de *O sistema mundial moderno: agricultura capitalista e as origens da economia mundial europeia no século* XVI, no qual confirmava em grande parte as teses de Frank. O livro de Wallerstein desenvolveu um marco teórico para entender as mudanças históricas implicadas no surgimento do mundo moderno.[53] Seu estudo sobre dois casos-chave, a produção e a comercialização da prata na América espanhola e do açúcar na zona portuguesa nos séculos XVI e XVII, reforçava as teses de Frank e limitava a tese do feudalismo latino-americano (Rodríguez, 2007). Assim, paradoxalmente, foram as contribuições provenientes do centro que convalidaram a vitória do dependentismo e, além disso, colocaram em relevo as pontes entre a teoria da dependência e a teoria do sistema-mundo, como o próprio Wallerstein e outros autores reconheceram.

53. Como sustentou Dos Santos em seu balanço sobre a teoria da dependência publicado em 2002: "Era, porém, evidente que Frank estava certo na essência de sua crítica. A América Latina surgiu como uma economia mercantil, voltada para o comércio mundial, e não pode ser, de forma alguma, identificada como um modo de produção feudal. As relações servis e escravistas desenvolvidas na região foram parte, portanto, de um projeto colonial de acumulação — que Marx considera primária ou primitiva — essencial para explicar a origem do moderno modo de produção capitalista" (Dos Santos, 2002, p. 8).

O PAPEL DA BURGUESIA NACIONAL NO MARCO DA DEPENDÊNCIA

> *Uma maldição paira sobre o pensamento social latino-americano: haver chegado tarde na história. Estados sem nação, povos sem história, Estados sem legitimidade, cidadãos sem direitos, classes sociais sem projeto ou modernização sem modernidade. Esses são alguns dos paradoxos que se configuraram ao redor do fazer sociológico em nossa região. Dessa maneira, o debate teórico esteve dedicado a decifrar as características que fizeram de nossas realidades, realidades inacabadas.*
>
> — Marcos Roitman

O campo da dependência enfatizou a capacidade de colocar em prática as mudanças operadas pela burguesia nacional nos marcos do capitalismo dependente em sua fase monopólica. Essas mudanças revelavam uma importante inflexão da burguesia, que deixava de ser burguesia "nacional" em um contexto de aliança de classes (característico da fase populista) e passava para outra situação, caracterizada pela rápida subordinação ao capital internacional, na qualidade de sócio menor ou local, acompanhado de reposicionamentos políticos conservadores ou reacionários.

No contexto da nova dependência, os debates sobre as classes dominantes se articularam sobre três eixos. O primeiro se referia à ênfase na composição interna do ator. Interessava analisar a relação entre diferentes frações da burguesia (unidade ou fragmentação), e dessas com o restante dos atores sociais (vínculos de cooperação, alianças e conflitos, oposição, contradição). O segundo eixo se referia à necessidade de analisar os níveis de dependência ou subordinação da burguesia local ao capital internacional, dadas as condições de inserção econômica da América Latina. Por último, outro eixo, diretamente conectado com o anterior, questionava a existência ou não de uma classe dirigente, o que na época refletia a necessidade de distinguir entre burguesia nacional e local.[54]

Sobre o primeiro eixo, o livro de Cardoso e Faletto estabelecia diferenças de etapas e países, por meio da análise histórico-estrutural. A abordagem dos processos nacionais acentuava o papel da burguesia e da sua unidade ou fragmentação como classe. Nesse sentido, destacavam que, no caso latino-americano, a burguesia era compreendida em termos de "produtores ou empresários capitalistas", em oposição à oligarquia latifundiária ou "senhores agrários", com um significado distinto da burguesia europeia. O livro propunha uma tipologia de casos nacionais. Por exemplo, para as sociedades organizadas sobre a base de um controle nacional do sistema produtivo exportador (Argentina, Brasil), os autores reconheciam a existência de um setor burguês importante; mas a crise e a transição rumo a uma nova fase do capitalismo haviam conduzido ao menos a duas situações concretas em termos de processos de dominação, devido à afirmação ou não de uma "unidade de classe"[55] no interior das classes dominantes. Um primeiro caso era o do setor dominante do sistema exportador que se constituía como burguesia hegemônica e impunha ao restante das frações de classe uma ordem peculiar, deixando evidente uma "unidade de classe", situação representada pela burguesia portenha na Argentina. Um segundo caso refletia uma situação de maior instabilidade, na qual se lograva a "unidade de classe" expressada por uma "confederação de oligarquias", em que os distintos setores agroexportadores realizavam um pacto tácito (caso do Brasil anterior a 1930).[56]

54. Como sustentou O'Donnell (1978), era notável a influência de Poulantzas, que preferia falar em alguns casos de "burguesia doméstica". Para uma revisão dos enfoques das burguesias, ver Acuña (1994).

55. Fala-se em unidade de classe quando um setor (agrário, industrial ou financeiro, exportadores ou mercado-internistas) impõe seu predomínio sobre outros, mantendo vivas suas contradições (sem eliminá-las), e, por sua vez, impõe a forma de uma "dominação social" sobre o conjunto da sociedade.

56. Havia casos-limite ou especiais, expressados pela presença de um monopólio de classe no sistema de dominação e pela debilidade dos setores integrados a uma aliança de domínio. Um exemplo era o das economias mais frágeis da América Central, onde não havia burguesia vigorosa e o setor

Por outro lado, o grau de diversificação do sistema produtivo nacional também condicionava as formas de transição em termos de esquemas de dominação burguesa. Assim, as economias exportadoras diversificadas facilitaram a formação de setores produtivos orientados ao mercado interno, em função dos quais se constituíam os primeiros núcleos industriais, formando uma burguesia urbana e setores trabalhistas-populares. Para o caso das economias de enclave, a debilidade dos grupos econômicos nacionais os obrigava a manter uma forma de dominação mais excludente, já que sua vinculação com o setor de enclave dependia da capacidade de assegurar uma ordem interna, que garantisse a mão de obra economicamente disponível.

Ainda assim, embora contemplasse tipologias diferenciadas, esse esquema geral foi bastante criticado, pois condicionava definitivamente a etapa de transição (ao capitalismo competitivo), desde sua origem, ao modo como a economia nacional havia sido incorporada ao processo de divisão internacional do trabalho, no momento da formação-consolidação do Estado-nação. Haveria, portanto, uma espécie de "destino" difícil de modificar, vinculado ao momento fundacional (como assinalava Bambirra), mesmo que as análises ou a tipologia se detivessem no estudo das orientações valorativas contraditórias no interior dos setores dominantes (a relação entre os setores agroexportadores e os setores tradicionais e as ambiguidades próprias da situação de subdesenvolvimento).

O segundo e o terceiro eixo de discussão apareciam mais articulados, pois, devido às mudanças produzidas no marco da nova dependência, o interesse estava em caracterizar o tipo de vínculo da burguesia para fora e, portanto, as modalidades da dominação para dentro. Nessa linha, uma primeira resposta veio de Gunder Frank, em um livro cujo título era bastante eloquente: *Lumpenburguesía:*

....

agroexportador era controlado por setores oligárquico-latifundiários. Foi também o caso das economias de enclave, que abriam escassas possibilidades de política própria para os setores nacionais. Outro caso, ainda, era o dos países com enfrentamento pela hegemonia entre setores da classe dominante, conduzindo a uma "situação de equilíbrio", na qual se pactuavam explicitamente áreas de influência, como na Colômbia e no Uruguai.

lumpendesarrollo [Lumpemburguesia: lumpendesenvolvimento) (1973). Por lumpemburguesia, Gunder Frank entendia aquela classe utilizada como sócio menor pelo capital internacional.[57]

Nesse contexto, não havia possibilidade de aliança anti-imperialista com a burguesia, como defendia o Partido Comunista, porque a mesma "pressão imperialista" ou "usurpação neoimperialista" forçava a burguesia latino-americana a explorar ainda mais os seus supostos aliados trabalhadores e camponeses, obrigando-os, assim, a privar-se de seu apoio político. A via do capitalismo nacional ou estatal estava selada pelo neoimperialismo (Gunder Frank, 1968, p. 27). Theotônio dos Santos refletia em tom similar. Em sua perspectiva, a burguesia dos países atrasados era essencialmente "capitulacionista" e estava disposta a sacrificar o desenvolvimento nacional e sua liberação econômica e política em troca de apoio econômico e segurança interna, ambas promessas do imperialismo (Dos Santos, 1972b, p. 122).[58]

57. Para Gunder Frank, este *status* não era, porém, novo, já que também caracterizou o processo colonial desde suas origens, produto da implantação de uma economia de exportação ultraexploradora e dependente da metrópole. Mas nem tudo é impulso da metrópole: a lumpemburguesia latino-americana, tal como em épocas anteriores e futuras, acelerou essa penetração e aprofundou o subdesenvolvimento na América Latina (Gunder Frank, 1973, p. 81).

58. Cabe destacar que tanto Fidel Castro como Che Guevara compartilhavam essa tese. Citando Castro, Gunder Frank recordava que o líder cubano afirmou: "Jamais os latino-americanos irão à revolução se seguirem a principal tese política derivada dessa pseudociência marxista, a famosa tese sobre as burguesias nacionais" (Gunder Frank, 1969, p. 39). O cientista político Atilio Borón, ao citar Che Guevara, lembrou "a extensa conferência que Che pronunciou na representação do governo cubano na reunião do Conselho Interamericano Econômico e Social (CIES) da Organização dos Estados Americanas (OEA) em Punta del Este, em agosto de 1961, onde fez uma análise sobre a burguesia na América Latina. Propunha ali (e em outros textos) que nossa região não tem nada equivalente a uma burguesia nacional (ou seja, uma classe empresarial orientada para a construção de um mercado interno, o desenvolvimento da nação, a integração nacional). O que tivemos, dizia Che, é uma burguesia autóctone, mas totalmente dependente do capital estrangeiro e associada com este, cujo projeto de desenvolvimento é o do capital estrangeiro" (Borón, 2008, p. 36).

Por sua vez, em *Subdesenvolvimento e revolução* (1974 [1969]), Ruy Mauro Marini sustentou que a burguesia industrial latino-americana evoluiu da ideia do desenvolvimento autônomo (que caminhava de mãos dadas com uma política bonapartista: o populismo) para uma integração efetiva com o capital imperialista, que daria lugar a um novo tipo de dependência, mais extrema. Na realidade, foi o desenvolvimentismo que pavimentou o mito da burguesia nacional oposta ao imperialismo, mas tal afirmação se havia forjado em um contexto histórico diferente. Em contraste, o cenário da época ilustrava o processo de desnacionalização da burguesia local. Uma nova forma de dependência consolidava, assim, o divórcio entre burguesia e massas populares, intensificando a exploração e negando direitos laborais.

Na quarta das famosas "Siete tesis equivocadas sobre América Latina" [Sete teses equivocadas sobre a América Latina] (1981), Stavenhagen arremetia contra a afirmação de que "a burguesia nacional tem interesse em romper com o poder e o domínio da oligarquia latifundiária" (Stavenhagen, 1981, p. 25). A partir de sua perspectiva, não é que existissem interesses contraditórios entre a nova elite (industriais e empresários modernos) e a classe alta tradicional (latifundiários). Na realidade, havia vínculos entre capital agrário e capital industrial, e desses, por sua vez, com capitais estrangeiros. Burguesia e oligarquia se complementavam, pois o objetivo era continuar mantendo o regime de dominação sobre a base do colonialismo interno, que beneficiava ambas as classes. Assim, na mesma linha que Gunder Frank, Stavenhagen somava ao questionamento da tese da aliança de classes proposta pelo Partido Comunista um balanço crítico do fracasso das reformas agrárias durante o período populista.[59]

Entre aqueles que mais tarde se opuseram a essa leitura, que propunha uma visão delimitada das burguesias locais como "tigres de papel", esteve Fernando Henrique Cardoso. No pós-escrito de

59. Mais tarde, ainda que sem pretender generalizar, já que em épocas diversas ocorreram tentativas de industrialização nacional em vários países latino-americanos, Stavenhagen falaria de "burguesias consulares".

Dependência e desenvolvimento na América Latina (1979), o autor deixava claro que existiam possibilidades de um *desenvolvimento dependente associado*, o que implicava afirmar que a burguesia tinha um papel ativo. Em 1973, em uma intervenção intitulada "Eppur si muove" [No entanto ela se move] (1977), Cardoso insistiu no caráter bifronte da burguesia: já na época colonial, ela não era pré-capitalista, tampouco feudal, e não constituía *strictu sensu* uma burguesia agrária. Era uma burguesia com elementos próprios do capitalismo mercantil e outros derivados do caráter escravista ou *encomendero* das relações sociais de produção. Sobre o presente, Cardoso afirmava que a quebra do nacional-populismo, o castrismo e a prática econômica expressada pela penetração do capital estrangeiro tinham posto fim ao conceito de "burguesia nacional" (Cardoso & Faletto, 1979 [1976], p. 216-30). Para Cardoso, isso resultava contraditório, pois, nos países onde havia um forte desenvolvimento capitalista que não era de enclave — como o Brasil —, não se poderia sustentar que a burguesia desaparecia por encanto ou que se encontrava puramente determinada por fatores estrangeiros. O processo era, sem dúvida, mais complexo, pois "as burguesias locais se redefinem". Não era possível falar de atributos estáveis à burguesia; as relações de classe são dinâmicas e recursivas, e, nesse marco, é preciso ver como a burguesia se relaciona com outras classes. Por exemplo, enquanto a burguesia mexicana se associava ao capital monopolista, mas controlava o Estado civilmente, a brasileira não havia podido fazer o mesmo (golpe de Estado); e ambas diferiam da burguesia argentina, que teve de enfrentar a classe trabalhadora peronista, para a qual o fim do populismo era uma abstração pouco razoável (Cardoso & Faletto, 1979 [1976], p. 230).

A rigor, para Cardoso, o que havia terminado era o modelo nacional-desenvolvimentista, isto é, uma determinada ideologia da burguesia, mas isso não deveria ser confundido com o fim da burguesia nacional. Por isso, em várias de suas críticas aos outros dependentistas, ou inclusive aos teóricos da marginalidade, Cardoso reprova essa "confusão". A crise deveria ser referida ao modelo desenvolvimentista e à ilusão (de aliança, desenvolvimento, redistribuição) que este trazia consigo. O problema de outros dependentistas era que os limites de um determinado modelo se confundiram com os limites de um sistema em constante transformação.

O debate sobre o caráter da burguesia entraria em uma nova fase a partir da intervenção de Guillermo O'Donnell, que em 1978 iluminou o tema com uma ótica inovadora, em seu artigo "Notas sobre el estudio de la burguesía local, con especial referencia a sus vinculaciones con el capital transnacional y el Estado" [Notas sobre o estudo da burguesia local, com especial referência aos vínculos com o capital transnacional e o Estado]. O aporte de O'Donnell foi duplo: por um lado, desenvolve certos critérios teóricos e metodológicos para o estudo da burguesia local industrial; por outro, analisa o papel do Estado, com relação ao capital transnacional como das burguesias locais, algo que, anteriormente, havia apresentado no texto *Apuntes para una teoría del Estado* [Apontamentos para uma teoria do Estado] (O'Donnell, 1977).

O'Donnell esclarecia que preferia falar de maneira mais delimitada sobre burguesia local, e não de burguesia nacional, já que em sua perspectiva a questão de a burguesia ser chamada de "nacional" deveria ser um corolário, e não a premissa da análise. Nesse sentido, manifestava surpresa perante alguns estudos. Tomando como ponto de partida a análise do setor urbano e industrial da burguesia local (deixando de lado outras frações, como a burguesia rural, financeira ou comercial), O'Donnell se incumbiu de explicar o papel da burguesia local industrial em um contexto de transnacionalização do capital. Em sintonia com as análises de Cardoso, considerava que a dependência se havia convertido em um terreno fértil para numerosos simplismos, e que um deles era conceber o capital internacional e o imperialismo como demiurgos todo-poderosos que implicavam, entre outras coisas, a carência de autonomia da burguesia local. Do seu ponto de vista, isso não acarretava negar o importante grau de subordinação da burguesia local às empresas transnacionais, mas tampouco afirmar que, nos fenômenos de subordinação analisados, a burguesia local não tinha autonomia suficiente para constituir-se como sujeito social com sentido próprio nem para, inclusive, sustentar atritos com o capital transnacional.

Seu argumento central era que o tema da burguesia local deveria ser tratado a partir de uma perspectiva mais ampla, que considerasse a dinâmica da transnacionalização do capital. Para tanto, enfatizava a noção de "estilo de desenvolvimento", o qual é determinado a partir do centro por padrões de crescimento e oferta de bens de suas unidades mais dinâmicas. A condição de sucesso para a empresa nacional era se enquadrar nesse padrão de crescimento, incorporando-se da maneira mais plena e mimética possível, por exemplo, como provedor de equipamentos de produção para empresas transnacionais, por meio das quais, logicamente, se expandiria o processo de transnacionalização do capital. Assim, nós nos encontramos com um padrão de crescimento que, por um lado, conduz à industrialização (cujo componente mais dinâmico é o conjunto de bens destinados a setores de altas rendas) e, de outro, "consolida uma estrutura produtiva acéfala, carente de pulsões autônomas provenientes do setor de bens de produção e de sua concomitante geração de tecnologia criativa de novos produtos" (O'Donnell, 1978, p. 19). Referia-se ao "desenvolvimento dependente associado", tal como denominavam Cardoso e Faletto, como exemplo da ambiguidade estrutural da burguesia local: por um lado, as camadas participantes da burguesia local representam o elemento mais dinâmico e privilegiado; e, por outro, essa mesma participação ajudava a reproduzir um padrão de crescimento e um processo de transnacionalização do capital que restabeleciam essas camadas em uma condição de debilidade orgânica e subordinação do capital transnacional, por meio do qual se reproduzia como vanguarda dinâmica de um processo de escala mundial. Como consequência, industrialização enviesada e acefalia da estrutura produtiva seriam resultado desse estilo de desenvolvimento específico.

Uma reflexão similar sobre o Estado era proposta por O'Donnell: por um lado, o aparato estatal tende à construção de uma sociedade nacional; mas, por outro, este se constituía como agente coimpulsionador do capital transnacional. Isto seria o "Estado capitalista dependente". A burguesia local tinha, além disso, que se reproduzir como classe nacional e, para tanto, requeria um Estado nacional que a tutelasse. A necessidade de entrar no aparato do Estado era particularmente aguda para uma burguesia consciente da própria fragilidade, e este seria um dos principais motores de sua organização corporativa: "Isso implica que é necessário considerar-se [...] como classe nacional, embora a mesma reprodução de um padrão transnacionalizante de crescimento a subordine ao capital transnacional e ratifique ao conjunto da sociedade a estrutura produtiva acéfala e, portanto, economicamente dependente" (O'Donnell, 1978, p. 31).

Em suma, a leitura de O'Donnell encerra um ciclo de discussões sobre o papel da burguesia local, ao mesmo tempo que abre o estudo para novas preocupações. Sua meticulosa argumentação e a espessura analítica de sua proposta tinham a capacidade de restituir complexidade à análise de classe (em especial, a respeito da burguesia local), sem que estas se perdessem ou se esvaíssem por trás das estruturas sociais. O Estado, por sua vez, também era portador dessa dupla dimensão contraditória.

DEPENDÊNCIA: QUERELAS INTERNAS E DISCURSOS HEGEMÔNICOS

> *A partir dessa constatação, tudo se torna coerente: é abrangente o predomínio da categoria de dependência sobre a de exploração, de nação sobre a de classe e ainda o êxito fulgurante da teoria da dependência em todos os setores médios intelectuais. Até mesmo a ilusão de que com isso se haviam superado as "estreitezas e limitações" do marxismo clássico. E como seria possível essa "superação" teórica se, na prática política, as vanguardas de origem intelectual acreditavam poder substituir o proletariado em suas tarefas revolucionárias?*
>
> — Agustín Cueva

Entre 8 e 12 de julho de 1974, ocorreu o IX Congresso Latino-Americano de Sociologia em San José, na Costa Rica, dedicado a refletir sobre a sociologia latino-americana dos últimos 25 anos. Os debates mais importantes se centraram na teoria da dependência. Os trabalhos foram publicados cinco anos depois em dois volumes, intitulados *Debates sobre la teoría de la dependencia y la sociología latinoamericana* [Debates sobre a teoria da dependência e a sociologia latino-americana], o que para muitos foi uma espécie de "primeiro processo rumo à teoria da dependência", considerando também vozes críticas incorporadas ao texto: pela esquerda, Agustín Cueva e outros intelectuais marxistas, que questionavam as ambiguidades e falências da teoria sob essa ótica; e, pela direita, o sociólogo argentino José Luis de Imaz, autor do artigo chamado "Adiós a la teoría de la dependencia" [Adeus à teoria da dependência]. O livro incluía também o pós-escrito de Cardoso e Faletto (1979 [1976]), respondendo a questionamentos que, de dentro do campo dependentista, destacavam a inviabilidade do desenvolvimento dependente associado.[60] Tratava-se do começo do declínio da teoria da dependência, vinculada não apenas à inevitável banalização do conceito e à crescente caricaturização de algumas de suas contribuições, sobre as quais choveram uma multiplicidade de críticas e desqualificações, mas também às novas condições políticas da América Latina, no marco das ditaduras militares. Enquanto começava a se expandir a crítica de que a dependência não possuía um status de "teoria", o que se repetiu muitas vezes com escassa fundamentação, simultaneamente ocorria uma espécie de homogeneização dos questionamentos.

Nessa linha, o crítico mais agudo foi o equatoriano Agustín Cueva, que questionava a matriz eclética da teoria da dependência, considerada por ele uma espécie de "neomarxismo às margens de Marx" (Cueva, 1979, p. 66). Objetava também que os dependentistas continuavam movendo-se dentro do campo de problemas imposto pelo desenvolvimentismo e, inclusive, caíram na armadilha de uma visão economicista, que explicitava uma "nostalgia do capitalismo nacio-

60. O primeiro volume também trazia artigos de Pablo González Casanova e Rolando Franco, que fazem referência à teoria da dependência no marco de um balanço mais amplo da sociologia latino-americana. Igualmente, destaca-se um trabalho de Ignacio Sotelo sobre a história do pensamento latino-americano. O segundo volume se dedica exclusivamente à análise de casos nacionais.

nal perdido" (Cueva, 1979, p. 73). Colocava dúvida sobre o caráter curinga da noção de dependência, "cujos limites de pertinência teórica jamais foram definidos e cuja insuficiência é notória na hora de elaborar vastos esquemas de interpretação do desenvolvimento histórico da América Latina" (Cueva, 1979, p. 73). Por último, ao lado de Weffort,[61] considerava que a teoria da dependência tendia a substituir a análise de classes por um enfoque nacional, que em termos políticos conduzia à adesão — ou ao "desvio" — às diferentes formas do "nacionalismo revolucionário". Isso não significava que as contradições entre países independentes imperialistas e países dependentes não existissem; era evidente que a dupla império/nação derivava de uma dicotomia maior, a saber, as contradições de classe. Enfim, para Cueva, "a análise de classe e sua luta constituíam o calcanhar de Aquiles da teoria da dependência" (Cueva, 1979, p. 75).[62]

Anteriormente, vários autores vinculados ao campo dependentista — entre eles, Aníbal Quijano — haviam reprovado o termo dependência, que se teria convertido em um instrumento mágico e onisciente (Quijano, 2014, p. 127). Do mesmo modo, em 1975, em um texto muito citado e difundido, "Notas sobre el estado actual

61. Weffort (1970) havia questionado a oscilação entre o enfoque de classes e o nacional. Como sustenta Beigel, "é que Weffort não aceitava a existência histórico-real de uma contradição entre a nação (como unidade autônoma com necessária referência às relações de poder e de classe) e a dependência (como vínculo externo com os países centrais)" (Beigel, 2006, p. 298-9). A crítica encontrará ecos posteriores em Mathias e Salama (1986).

62. Em suas longas controvérsias com os autores dependentistas, Cueva foi discutindo com aqueles que constituíram seu *corpus* fundamental: Cardoso e Faletto, Gunder Frank, Dos Santos e Marini (com Bambirra, seu debate seria posterior, em 1979). Acusava o célebre livro de Cardoso e Faletto de remeter constantemente a um duplo código, o marxismo e o desenvolvimentismo. Reprovava Marini, o único autor que considerava realmente dedicado à análise marxista, por carregar as tintas ao estabelecer uma diferença qualitativa entre o capitalismo chamado clássico e o capitalismo dependente, para tornar seu modelo operativo. Criticava, em Gunder Frank, o esquematismo ou, ainda, ideias simplistas como a de que a industrialização da América Latina era explicável pelas sucessivas crises do centro e não constituíam nada além de um mito, o que se poderia rebater com a análise das taxas de crescimento industrial dos países latino-americanos entre 1939 e 1965.

de los estudios sobre dependencia" [Notas sobre o estado atual dos estudos sobre a dependência], Fernando Henrique Cardoso revisitou o conceito, para revisar seu status teórico e definir o campo de problemas. Falou ali sobre suas origens impuras, negando que houvesse uma separação entre conceito e história, entre teoria e política (Cardoso, 1975, p. 93). Sobre seu status teórico, perguntava:

> Noção, conceito, "teoria", caracterização "concreta" ou o que mais? [...] À medida que a "dependência" passa a ser o "amálgama confuso" de relações e articulações indeterminadas (como se tornou em alguns textos) e à medida que se pretende fazer uma teoria a partir da "opacidade" de um conceito nebuloso, minha reação imediata é recusar o foro de ciência a esse tipo de ideologia. (Cardoso, 1975, p. 107)

Mais adiante, afirmava que a "dependência" não tinha o mesmo status teórico que outras categorias da teoria do capitalismo, como "mais-valia", "exploração", "expropriação", "acumulação", porque na realidade "se define no campo teórico da teoria marxista do capitalismo" (Cardoso, 1975, p. 107). Como consequência, uma vez realizada tal delimitação, para Cardoso não havia por que negar a existência de um campo teórico próprio, ainda que inscrito no marco da teoria marxista do capitalismo, e, mais ainda, como complemento da teoria do imperialismo.

Em outro texto importante, já citado, sob o eloquente título "Eppur si muove", Cardoso insistia na ideia de que, internamente, essa nova forma de relação de dependência permite certo dinamismo social e, de maneira provocativa, falava das "tentativas de abertura social" (Cardoso, 1977, p. 233), o que, em se tratando de uma época de ditaduras militares, lhe custou muitas críticas. Acima de tudo, sua posição sobre a coexistência entre desenvolvimento e dependência, no capitalismo associado dependente, encontra-se muito distante dos prognósticos de Gunder Frank e Ruy Mauro Marini, com quem polemizou sobre o assunto.[63]

63. No texto mencionado, Cardoso já direcionava críticas muito duras a Gunder Frank, ao mesmo tempo que se referia de maneira respeitosa a

Antes disso, Gunder Frank foi considerado por muitos uma espécie de caricatura das posições dependentistas e se viu forçado a responder às numerosas críticas geradas por suas propostas. Assim o fez no livro *Lumpenburguesía: lumpendesarrollo. Dependencia, clase y política en Latinoamérica* [Lumpemburguesia: lumpendesenvolvimento. Dependência, classe e política na América Latina], escrito em 1969. Na introdução, cujo título é "Mea culpa", cita uma resenha[64] de seu livro *Capitalismo y subdesarrollo en América Latina*, em que afirmava: "É uma apresentação impressionante e convincente da maneira decisiva como, a partir da Conquista, o destino dos latino-americanos sempre foi afetado por acontecimentos externos ao seu continente e fora de seu controle". Frank se encarregou de esclarecer que essa não era sua tese; que sob sua perspectiva a dependência não era algo meramente externo e independente da estrutura de classes; algo imposto aos latino-americanos de fora e contra sua vontade. Trata-se, na realidade, da "impregnação da economia nacional de satélite com a mesma estrutura capitalista e suas contradições fundamentais [...], que organiza e domina a vida nacional dos povos, no econômico, no político e no social" (Frank, 1973, p. 13). Outra crítica, de índole metodológica, retomada por Frank foi feita por Dos Santos, que sustentou que aquela não conseguiu superar uma posição estrutural-funcionalista. Daí o caráter estático de seu sistema, que reafirmava a "continuidade da mudança". Em consequência, as mudanças que ocorreram aparecem como "irracionais" ou como produto de fatores aleatórios. Diante de tal crítica, Frank realizou vários atos de acrobacia retórica, remetendo sobretudo a textos precedentes, nos

....

Marini, apesar de deixar claro que sua tese sobre a reprodução da mais-valia necessitava de "algumas delimitações" sobre como operava o processo de acumulação nas economias dependentes. Na opinião de Cardoso, a questão da industrialização na periferia deveria ser enfocada via perspectiva do capital e do investimento, em vez de na ideia de que o capitalismo avançado requer a superexploração da mão de obra na periferia (Cardoso, 1975, p. 116).

64. Trata-se de uma resenha publicada na *New York Review of Books*, em 1967 (p. 157).

quais aprofunda a dinâmica histórica. Em "Mea culpa", também se dedica a criticar a palavra "dependência", que já considera um modismo utilizado por burgueses reformistas, assim como por marxistas revolucionários (Frank, 1973, p. 18). Contudo, no posfácio, escrito em 1972, Frank vai mais longe. Com o título provocador "La dependencia ha muerto. Viva la dependencia y la lucha de clases" [A dependência morreu. Viva a dependência e a luta de classes], oferece sua versão sobre as origens das tensões da teoria da dependência, ligadas, segundo sua opinião, a uma "estratégia revolucionária criticamente alternativa, inspirada pela Revolução Cubana e o debate sino-soviético" (Frank, 1973, p. 166).

A dependência, então, havia morrido? Em sua opinião, acumulavam-se evidências de que a dependência — tanto a velha (desenvolvimentista) como a nova (dependência em termos de teoria revolucionária) — estava em via de completar seu ciclo de vida natural.[65] Frank considera que "o disparo inicial dessa nova abertura" havia sido dado por seu livro *Capitalismo y subdesarrollo en América Latina*, escrito entre 1963 e 1965, e alguns de seus outros textos, enquanto *Lumpenburguesía: lumpendesarrollo*, escrito em 1969, seria o canto do cisne desse concerto, independentemente de que outras estrelas cantassem novas variações da melodia (Frank, 1973, p. 166-7). Uma vida intensa para um breve ciclo que, além de autorreferente, havia terminado com revoltas no capitalismo central em 1968 e 1969, mas também com a reapropriação, pelas forças

65. Respondendo a esse texto de Gunder Frank, Cueva afirmou que a teoria da dependência estava longe de morrer, "uma vez que é uma das dimensões mais expressivas da nossa realidade", dado que existem e seguirão existindo estudos concretos sobre ela, que, além disso, é um canteiro inesgotável de preocupações e sugestões: "Mas o que talvez tenha se revelado repentinamente sem remédios é essa caixa de Pandora que, em certo momento, chegou a esfacelar todos os significados e ilusões e que recebeu o nome de teoria da dependência. Caixa de Pandora que, desde o início, não era um 'lugar sem limites', mas, sim, um marco de representação de contornos definidos pela ideia de que toda nossa história é dedutível com a oposição 'centro/periferia', 'metrópole/satélite' ou 'capitalismo clássico/capitalismo dependente', eixo teórico abrangente sobre o qual podiam mover-se desde os autores cepalinos até os neomarxistas" (Cueva, 1979, p. 93).

do *establishment*, de noções como "teoria da dependência", "desenvolvimento do subdesenvolvimento" e até "subimperialismo".

Em suma, a banalização da teoria da dependência conduziu a uma caricaturização de seus argumentos. Nisso, Frank ultrapassou em muito outros representantes. Não é por acaso que as críticas tenham vindo também de dentro de seu próprio campo, de autores como Marini, Weffort, Cardoso e Dos Santos. Sua visão política ultrarradical e extremadamente esquemática fornecia um elo frágil, que exacerbava as críticas de fora e irritava seus companheiros de rota. Por exemplo, no artigo citado sobre o estado dos estudos da dependência à época, Fernando Henrique Cardoso, em uma única e límpida nota de rodapé, minimiza a influência de Gunder Frank nos estudos da dependência e limita seu papel à crítica do funcionalismo e à sociologia do desenvolvimento, insistindo que sua caracterização do processo histórico-estrutural da evolução do capitalismo era "ortodoxa".[66] Por sua vez, ainda que tenha compartilhado vários pressupostos ligados ao avanço da internacionalização do capital e de sua extensão global, Theotônio dos Santos criticou sua concepção adialética implícita na ideia de "continuidade na mudança", que extrai a partir da exitosa fórmula do "desenvolvimento do subdesenvolvimento". Em 1978, ao fazer uma genealogia da teoria da dependência, Dos Santos escreveu: "Grande parte da crítica feita ao conceito de dependência nos últimos tempos tomou como objeto principal as afirmações de Gunder Frank, tão combatidas por muitos dos que desenvolveram o conceito. Posteriormente, uma autocrítica do próprio Gunder Frank confundiu a todos os que trabalharam com esse conceito em um mesmo campo teórico. Torna-se necessário, pois, aprofundar o tema" (Dos Santos, 2011 [1978], p. 423).[67]

66. Cardoso concluía de maneira lapidar: "Não é desse estilo a análise da qual deriva a vitalidade que, por ventura, exista no pensamento social latino-americano" (Cardoso, 1975, p. 98).

67. Dois anos antes de sua morte, longe dos debates e desacordos, em uma homenagem a Celso Furtado, Frank refletiu: "Até hoje me pergunto, e talvez a Celso e Theotônio, e até ao Fernando Henrique, que pensam agora da dependência, os acertos e erros que cometemos. O primeiro entre os

O verdadeiro anúncio do fim de ciclo, contudo, foi a virulenta polêmica em 1978 entre Cardoso e Marini – iniciada por Fernando Henrique Cardoso e José Serra, que escreveram um artigo de cinquenta páginas, "As desventuras da dialética da dependência"[68] (título que evocava um famoso livro de Merleau-Ponty contra Sartre), no qual arremetiam de modo copiosamente adjetivado e destrutivo contra a tese de Marini desenvolvida em *Dialética da dependência*.[69] Marini respondeu com a mesma quantidade de páginas e certezas no artigo "Las razones del neodesarrollismo" [As razão do neodesenvolvimentismo]. Ambos foram publicados em um número extra da *Revista Mexicana de Sociología*, de 1978.

....

erros, diria eu, é que pensávamos que nossas concepções da dependência diferiam muito mais do que *a posteriori* pudemos ver. Afortunadamente, nossas discussões – e críticas por escrito, de Theotônio para mim, minhas ao Theotônio, ao Fernando Henrique e ao José Serra, a todos nós, sempre incluindo Ruy Mauro Marini – serviram menos para nos afastar que para nos obrigar a tornar nossos argumentos mais sólidos e mais próximos uns dos outros" (Gunder Frank, 2004, n.p.). Por último, na hora de evocar a Gunder Frank, longe daqueles tempos polêmicos e apaixonados, de ásperas discussões sobre a dependência, Dos Santos (2005, n.p.) se perguntaria, comovido: "Quem é o economista mais citado e discutido no mundo? Não perca tempo buscando entre os prêmios Nobel e outros muitos promovidos pela imprensa. André Gunder Frank é de longe o mais citado e o mais discutido do mundo, como revelam vários estudos sobre o tema e as mais de 30 mil entradas que tem na internet. Sua morte no sábado, 23 de abril passado [2005], produz um vazio no pensamento social contemporâneo, difícil de ser substituído. Mas André era bem mais que isso. Era um tipo de intelectual completamente consequente com suas ideias. Um lutador permanente pela verdade e pela transformação do mundo. Mesmo quando se equivocou bastante, como todo ser humano, era fértil e motivador, até mesmo em seus erros. Essa é uma qualidade que só os gênios podem ter". E concluía: "Me dói pensar em como toda uma geração de economistas foi levada a desconhecer sua obra colossal por influência decisiva do chamado pensamento único, que se impôs em várias universidades de todo mundo".

68. O artigo foi publicado em três idiomas: em espanhol, em 1978, na *Revista Mexicana de Sociologia*, n. 40; em português em 1979, no *Caderno Estudos Cebrap*, n. 23; e, em francês, em 1980, na revista *Amérique Latine*, CETRAL, n. 1. [N.T.]

69. Original em espanhol de 1973; primeira edição brasileira de 2000. [N.T.]

Não é minha intenção abordar em detalhe o debate,[70] mas, considerando sua importância, enunciar suas linhas fundamentais. Em termos gerais, Cardoso e Serra realizaram um duro acerto de contas com grande parte do campo dependentista, que pertencia à esquerda rupturista. Destacavam que os críticos que sustentaram que a única alternativa nacional ao desenvolvimentismo dentro do capitalismo era o estancamento econômico estavam equivocados, pois confundiam a inviabilidade do projeto populista com a frustração do desenvolvimento capitalista. Isso, somado ao "efeito demonstração" da Revolução Cubana, assim como a uma análise deficiente da consciência e da situação das classes trabalhadoras e camponesas, fez com que muitos acreditassem que, uma vez "queimada" a etapa democrático-burguesa (por sua inexistência), a alternativa seria que o proletariado urbano e camponês assumisse a promoção do desenvolvimento, removendo todos os obstáculos e abrindo o caminho para o socialismo (Cardoso & Serra, 1978, p. 14). Além disso, acrescentavam que esse tipo de análise, de autores como Frank, Dos Santos e Marini, no fim dos anos 1960 e princípio dos 1970, ajudou a racionalizar um argumento que justificava a luta armada.

Em termos mais específicos, Cardoso e Serra se lançaram à tarefa de desmontar as duas teses principais de Marini, a da superexploração da força de trabalho nas economias dependentes e a do subimperialismo. Um dos núcleos centrais da crítica buscava demonstrar que Marini havia realizado uma espécie de deslocamento teórico de Prebisch com relação à deterioração dos termos de troca entre países centrais e periféricos, convertendo-a em uma teoria da troca desigual,[71] ponto de partida para situar as desigualdades

70. Ver Palacios (2005), que realiza uma reconstrução minuciosa do debate. [No Brasil, ver também a tese de doutorado de João Paulo T. C. Hadler, *Dependência e superexploração: os limites das reflexões de Fernando Henrique Cardoso e Ruy Mauro Marini*, sobre a problemática do desenvolvimento dependente — N.T.]

71. Depois de um longo raciocínio, estabelecem: "Esse último conceito [troca desigual], como vimos, se refere às relações entre produtividade e preços, assim como à evolução dessas relações. Já o conceito de deterio-

no terreno da troca e no campo da produção. Nessa linha, acusavam Marini não apenas de cometer um erro de teoria econômica, como também de cair em um reducionismo economicista, esquivando-se de uma leitura pautada pela luta de classes. Em contraste, para Cardoso e Serra apenas o jogo político movia os parâmetros da luta de classes, em uma direção ou outra. Portanto, o reducionismo economicista poderia "matar o nervo da análise política", assim como basear-se em uma espécie de "catastrofismo que não se realiza" (Cardoso & Serra, 1978, p. 27).

O subimperialismo de que falava Marini não seria mais que outra expressão "reducionista", uma "teoria" construída de "dedução em dedução", que exemplificava erros tanto no campo da teoria como dos dados (por exemplo, sobre o incremento do gasto militar no Brasil). Finalmente, os autores reconheciam que o empenho em realizar uma crítica demolidora contra Marini se relacionava com o fato de que "talvez ninguém tenha sido, na linha de pensamento de Marini, mais intelectualmente ambicioso do que ele. Sendo assim, mostrou melhor que ninguém que sua análise de aparência dialética, na realidade, praticava um ímpio reducionismo econômico que, ao projetar uma sombra sobre as alternativas históricas e oposições políticas em cada conjuntura, instaura a primazia do economicismo e do voluntarismo" (Cardoso & Serra, 1978, p. 51). E concluíam que, em sua "análise gulosa", o erro de Marini foi querer criar "leis da dependência", sem ver que suas teses iam imperceptivelmente "do economicismo equivocado ao voluntarismo político suicida" (Cardoso & Serra, 1978, p. 52).

Marini respondeu a essa crítica com menos golpes baixos, mas com igual ênfase e beligerância, deixando claro que a intenção de ambos os autores era influenciar fundamentalmente a jovem geração de brasileiros, que conhecia pouco seus escritos devido às proibições da ditadura.[72] Em sua resposta, defendeu suas duas teses,

....

ração dos índices dos termos de troca se refere somente às variações das relações de preços, sem considerar diretamente a produtividade" (Cardoso & Serra, 1978, p. 27).

72. Cabe acrescentar mais um elemento a esse debate, vinculado ao caráter certamente assimétrico. Enquanto as contribuições de Ruy Mauro

apresentando dados e referenciando a teoria marxista, além de devolver as acusações de seus críticos: para ele, Cardoso e Serra não faziam mais do que confirmar uma visão idílica e apologética do capitalismo (Marini, 1978, p. 168). Sustentou também que o ataque contra o suposto "reducionismo econômico" de sua obra *Dialética da dependência* beirava a caricatura e que isso se devia à concepção sociologista ou politicista dos outros autores sobre a luta de classes, que concebiam a economia apenas como marco geral sobre o qual se desenrolava a luta política.[73] Marini voltava aos textos de Marx para reafirmar sua recusa da pretensão de autonomia da política reivindicada por Cardoso e Serra e, por último, arremetia contra o "neodesenvolvimentismo" dos "desventurados críticos", que assimilavam os processos capitalistas, tanto nas sociedades avançadas como nas sociedades dependentes, em vez de analisar suas particularidades. Nessa linha – e de modo antecipatório – considerava que o texto da dupla anunciava uma espécie de regresso ao cerco da Cepal e das ilusões desenvolvimentistas sobre o papel da burguesia industrial nos marcos do capitalismo nacional, depois da Segunda Guerra Mundial. Acertadamente, Marini os acusava de professar um neodesenvolvimentismo tímido, envergonhado, mas que não tardaria a perder suas inibições...[74]

....

Marini, Theotônio dos Santos e Vânia Bambirra, que permaneciam exilados no México, não eram difundidas nem publicadas no Brasil, a obra de Cardoso, que havia regressado e trabalhava no Centro Brasileiro de Análise e Planejamento (Cebrap), seria fortemente difundida entre a juventude universitária. Paradoxalmente, no Brasil, país-chave para entender o debate sobre a dependência – porque seus autores eram brasileiros e porque todos eles se referiam constantemente à sociedade brasileira –, não houve um debate sobre a dependência, mas, sim, como sustenta Correa Prado (2013, p. 100), a instalação de uma voz única sobre o assunto: a de Fernando Henrique Cardoso, primeiro como intelectual-farol e, mais tarde, como figura destacadíssima na vida política brasileira.

73. Como já foi dito, essa é uma crítica que Bambirra também realizaria contra a obra de Cardoso e Faletto. Ambos os textos datam de 1978, mas supomos que o livro de Bambirra tenha sido escrito antes da resposta de Marini, pois não há nenhuma alusão ao texto de Cardoso e Serra.

74. O périplo político-ideológico posterior de Cardoso é uma confirmação desse diagnóstico, cada vez mais distante de uma visão pessimista sobre as

Visto à distância, esse debate de fim de ciclo ilustrava de maneira contundente as diferentes posições sobre o modo como se pensava a articulação entre economia e política. Por um lado, as análises de Marini – assim como de Bambirra – enfatizavam o aspecto econômico, fato que ambos defendiam a partir de uma ótica marxista. Diferentemente, as análises de Cardoso e Faletto mostravam um viés mais sociológico. Posteriormente, Cardoso acentuava a autonomia do político, em sintonia com seus posicionamentos ideológicos. Mas, sobretudo, o debate antecipava uma mudança de época, orientado ao questionamento do *ethos* revolucionário e à revalorização da democracia, em sua dimensão formal e institucionalista.

O fim desse período marca, também, uma guinada temática a partir da entrada em um período de ditaduras militares fortemente repressivas. A caracterização de tais ditaduras originou uma reflexão maior sobre as mudanças no papel do Estado no contexto da nova dependência. Já em 1972, em seu livro *Modernización y autoritarismo* [Modernização e autoritarismo], O'Donnell propôs a categoria de "autoritarismo burocrático" – substituída depois por "Estado burocrático autoritário" – com a qual questionava as visões que associavam desenvolvimento e democracia, bem como as caracterizações dos regimes militares como "fascistas", reformulando a relação entre os polos "desenvolvimento econômico" e "pluralismo político", a fim de demonstrar que o autoritarismo político – e não a democracia – era o acompanhante mais provável de níveis mais altos de modernização no contexto sul-americano da época (O'Donnell, 1972, p. 22). Os traços distintivos dos regimes autoritários burocráticos eram exemplificados com o caso da

....

possibilidades de industrialização substitutiva e, portanto, cada vez mais distante da alternativa revolucionária. A continuação dessa linha de pensamento o levou para fora do campo da dependência e do marxismo, fato que encontrou uma clara tradução em termos políticos na década seguinte, quando Cardoso foi um dos fundadores do Partido da Social-Democracia Brasileira (PSDB), em 1988, posteriormente eleito senador entre 1983 e 1992. Em uma ascensão meteórica, tornou-se ministro das Relações Exteriores (1992) e ministro da Fazenda (1993-1994), para finalmente ser eleito duas vezes presidente da República (1995-1999; 1999-2002), tudo isso em um período de grandes mutações paradigmáticas, sob as premissas do Consenso de Washington.

Argentina e do Brasil. Por outro lado, o trabalho de O'Donnell analisava o modo como o Estado burocrático-autoritário podia ser funcional ao modelo de desenvolvimento, sem que isso conduzisse à estagnação econômica, tal como a maioria dos dependentistas sustentou. Já Cardoso e Faletto formularam no pós-escrito a necessidade de repensar a natureza do Estado e seu lugar crucial na história contemporânea nos marcos do desenvolvimento dependente associado. Retomando as análises de O'Donnell, que inferiam a mútua indispensabilidade entre Estados burocrático-autoritários e capital internacional (O'Donnell, 1972, p. 197), Cardoso e Faletto falavam em "afinidades eletivas", em aliança entre capitalismo oligopólico internacional, empresariado estatal e burguesia local.[75]

Para caracterizar os regimes militares, tanto o boliviano René Zavaleta como o equatoriano Agustín Cueva reintroduziram a categoria de *fascismo* do ponto de vista marxista, mas sem dúvida foram as sucessivas análises de Theotônio dos Santos que relançaram o tema. Nessa linha, Dos Santos caracterizou como fascista o governo militar brasileiro de 1964, devido à emergência de novas formas de dominação política, fortemente repressivas. No entanto, diferentemente do fascismo europeu, não contava com a adesão dos movimentos de massa e se apoiava no Estado, devido ao desaparecimento da pequena burguesia.[76] Abria-se, assim, um intenso debate acerca do novo caráter das ditaduras na América Latina, no qual variadas categorias vieram a rondar as análises: "neofascismo", "fascismo dependente", "fascismo subdesenvolvido", "Estado policial", "bonapartismo". Entre 1975 e 1977, apareceram vários artigos sobre o tema na *Revista Mexicana de Sociología* e a compilação "El fascismo

75. A reflexão posterior de O'Donnell, em *Modernización y democracia* [Modernização e democracia], publicado em 1972, seguiu essa linha. Não por acaso, o pós-escrito de Cardoso e Faletto, de 1979, cita no final a conceitualização de O'Donnell sobre o Estado burocrático-autoritário (Cardoso & Faletto, 1979, p. 197), assinalando as afinidades com o último capítulo de *Dependência e desenvolvimento.*

76. Como diz também Trindade (1982), o conceito de fascismo estava muito influenciado pela caracterização de Poulantzas (1967) sobre a ditadura dos coronéis gregos como "neofascistas".

en América" [O fascismo na América], publicada pela *Revista Nueva Política*, do México (Martuccelli & Svampa, 1993). Finalmente, os argumentos de Theotônio dos Santos foram questionados e refutados por Hugo Zemelman e Atilio Borón, que colocaram em contexto histórico e comparativo o uso da categoria (Trindade, 1982).

Nas últimas décadas, não foram poucos os que invocaram outros paradigmas ou matrizes epistemológicas e, em outros contextos políticos, buscaram "fazer lenha da árvore caída", acusando de simplista ou reducionista a teoria da dependência quando esta atribuiu os males do subdesenvolvimento latino-americano à transnacionalização do capital e ao declínio das burguesias nacionais. Não obstante, como vimos, os representantes mais destacados do dependentismo não apenas buscaram dar conteúdos conceituais a uma noção ampla e, em alguns momentos, superabrangente, debatendo o sentido e o alcance da situação ou condição de dependência, mas também recorreram à análise histórico-estrutural e trouxeram importantes contribuições à compreensão das diferentes sociedades latino-americanas e seus ciclos históricos.

Ao mesmo tempo, a teoria da dependência se caracterizou por um afã totalizador, que conduziu à instalação rápida e efetiva de um marco interpretativo geral para ler os processos latino-americanos, constituindo-se não exatamente em um paradigma, ainda que, sim, como sustentei aqui, em uma espécie de "marco-mestre", que banhava com nova luz os processos políticos, sociais, econômicos e culturais, reconfigurando o campo intelectual e sua relação com a política. Seu predomínio foi tal que impulsionou um dos momentos mais criativos, mas também mais trágicos, da vida política e intelectual latino-americana. Sua conexão com o *ethos* revolucionário, caracterizado então pela desconfiança nas vias reformistas e pelo desprezo ao sistema partidocrático, apareceu refletida em compromissos políticos de corte radical.

Esse caráter trágico, que com o correr das ditaduras militares se fazia cada vez mais evidente, foi antecipado por Theotônio dos Santos, que o expressou sob a forma do dilema "socialismo ou fascismo".

> Desta maneira, as opções que vão se configurando neste processo oscilam, por um lado, entre uma profunda revolução social que estabeleça as bases de uma nova sociedade sobre as ruínas da velha ordem decadente e ofereça à América Latina um papel de grande importância na criação do mundo do futuro, e, por outro, a alternativa da vitória das forças mais retrógradas e bárbaras do nosso tempo, *a qual só poderá ocorrer através da destruição física das lideranças populares e da grande massa de seus militantes.* (Dos Santos, 1972, p. 61, grifo nosso)

Isso posto, o dilema resumia a incompatibilidade entre dependência e democracia, algo que, com razão, questionaram Fernando Henrique Cardoso e José Serra, para quem dependência e democracia resultavam compatíveis, sobretudo à luz dos processos políticos emergentes no Brasil. Mas isso significava afirmar que a crise e a estagnação econômica não eram a única saída, como tampouco a ruptura revolucionária, anunciada de modo geral por tantos dependentistas.[77] Grande parte dos dependentistas não havia previsto

77. Mabel Thwaites Rey e José Castillo (2008) sustentam que, "nos anos 1960, Theotônio dos Santos insistia em outra incompatibilidade, que depois ele mesmo reconheceria como insustentável à luz das décadas posteriores: a incompatibilidade entre dependência e democracia. [...] Cardoso, ao contrário, nunca aceitou essa postura e vai terminar, nos anos 1990, aceitando que o centro é a consolidação, ainda que restringida, dos objetivos da democracia formal, apontando para algumas melhoras menores, ainda quando se deva aceitar a situação global de dependência. Essa será a essência de seu governo no Brasil dos anos 1990" (Thwaites & Castillo, 2008, p. 33). Creio, igualmente, que a posição posterior de Dos Santos era mais oscilante, porque sua análise da "situação concreta de dependência", ou seja, da nova dependência, o levou a afirmar que existe um dilema entre saída socialista e saída fascista. Nos anos 1980, "depois de haver passado por ditaduras militares, vem a consciência de que as ditaduras aprofundam ainda mais tais processos. Isso não impede que as democracias se debilitem, assumam formas delegatórias, com crises entre as elites e o povo. No longo prazo, isso é perigoso...". Theotônio dos Santos *apud* José Natanson, "Argentina puede negociar hoy mejor que Brasil", *Pagina* 12, 19 jul. 2003.

que as ditaduras militares dos anos 1960 e 1970 no Cone Sul fariam as alianças necessárias com a burguesia local e o capital internacional para articular a repressão e o autoritarismo com o crescimento econômico, a despeito dos custos sociais, tal como analisado por Guillermo O'Donnell.

No entanto, o outro polo do dilema enunciado por Dos Santos, referente à destruição física de militantes e líderes políticos e sociais, veio a se concretizar. Certamente, em 1978, a situação da região era dramática: em uma espécie de efeito dominó, os governos institucionais foram derrubados, as forças populares, derrotadas, e o Cone Sul atravessava integralmente a longa noite das ditaduras militares, que desembocaria na morte, no desaparecimento e no exílio de milhares de militantes das classes médias e populares. Assim, não foi apenas questão de índole teórica o que fez a dependência irromper como marco comum, mas sim a própria realidade política que, na urgência da derrota, exigiu pensar o novo caráter das ditaduras militares e, posteriormente, os cenários emergentes de transição.

Ao mesmo tempo, uma das maiores limitações da teoria da dependência foi ter sido capturada por categorias desenvolvimentistas. Como assinalaram diversos autores, entre eles Grosfoguel, Esteva, Escobar, Unceta, entre outros, a diferença em relação à corrente cepalina consistia no fato de que grande parte dos dependentistas considerava que só se poderia conquistar o desenvolvimento autônomo rompendo com o sistema capitalista e instalando o socialismo. Não havia, pois, uma crítica ao binômio subdesenvolvimento/desenvolvimento. Na realidade, se assumiu uma narrativa desenvolvimentista em chave socialista ou rupturista, que colocava o Estado-nação no centro e o desenvolvimento autônomo como meta.

No início dos anos 1980, em um contexto de declínio das posições políticas mais radicais, seria aberto um novo debate sobre a crise e a transformação dos regimes autoritários e as formas de transição para regimes democráticos. Além das especificidades nacionais, o fato é que o novo ciclo refletia um elemento comum de revalorização da democracia formal como sistema institucional, bem como a denúncia do terrorismo de Estado em nome da defesa dos direitos humanos (outrora considerada liberal). Tal inflexão assinalava também o deslocamento da sociologia e da economia política rumo à ciência política, para tematizar os problemas próprios da transição: a institucionalização do pluralismo político, os desafios para compreender as formas de organização e de expressão da "sociedade civil", o respeito às regras do jogo democrático, os efeitos (e as necessidades de desmantelamento) de uma cultura política autoritária.

Essa virada democrático-reformista, com diferentes *mea culpa* e conversões político-epistemológicas, foi lida pelo viés do dilema "autoritarismo ou democracia", que apresentava não tanto a busca de um novo horizonte utópico, mas de um princípio de coesão social, um novo pacto democrático, sobretudo naquelas sociedades latino-americanas que batalhavam para sair à luz, depois de um período de forte repressão e exclusão política. A dependência, que até pouco antes havia sido a categoria-farol de uma época e o marco-mestre de uma geração de intelectuais e acadêmicos ligados ao *ethos* revolucionário, desapareceu do horizonte teórico e político dos latino-americanos. Nesse caminho, a crítica ao voluntarismo e ao discurso rupturista próprio dos anos 1960 e 1970 pareceu acoplar-se com as exigências do hiperprofissionalismo que passou a percorrer as ciências sociais latino-americanas a partir dos anos 1980. A derrota foi tão grande que, como assinalou Carlos Acuña (1994), os discursos dos anos 1980 retomaram muitos dos vícios prévios à teoria da dependência: "A burguesia voltou a ser um dos tantos 'grupos de interesse'; os capitalistas, meros 'empresários' de seus negócios; e o pluralismo liberal mostrou ser uma teoria que, mesmo morta, gozava de boa saúde...".

Nos anos 1990, uma segunda onda afetou de modo mais direto os discursos emancipatórios em nível global, com o colapso dos chamados socialismos reais e o fim do mundo bipolar, que teve como corolário o ingresso em uma etapa caracterizada pela hegemonia do pensamento neoliberal. Será que tudo aquilo queria dizer que a dependência deixava de ser uma categoria de análise válida no estudo dos novos processos econômicos, sociais e políticos latino-americanos?

Essa virada [illegible] com distintos [illegible] [illegible] autoritarismo ou democracia, que representava não tanto a busca de um novo horizonte teórico, mas de um princípio de coesão social [illegible] sobretudo naquelas sociedades latino-americanas que dela buscavam [illegible] trazer à luz, depois de um período de repressão e exclusão política. A dependência, que há pouco antes havia sido a categoria-farol de uma época e o traço característico de uma geração de intelectuais e acadêmicos [illegible], desaparece [illegible] do horizonte teórico e político [illegible] [illegible] dos anos 1980 [illegible] com as exigências [illegible] nas ciências sociais latino-americanas a partir dos anos 1990. A [illegible] foi tão grande que, como assinalou Carlos [illegible], os anos 1980 [illegible] muitas das teses [illegible] da dependência. A burguesia [illegible] os governos de [illegible] empresas [illegible], e o pluralismo liberal mostrou ser uma bandeira que [illegible] de bom grado...

4. Populismos, política e democracia

Desde meados do século XX até a atualidade, o populismo foi para as ciências sociais latino-americanas o que o caudilhismo havia sido para o ensaísmo do século XIX: um tema recorrente com pretensões continentais e um dos tópicos fundadores do pensamento político e social latino-americano. Contudo, tanto se escreveu dentro e fora da América Latina, tanto se invocou o conceito, esvaziando-o de sua potencialidade analítica, que não são poucos os autores que, referindo-se ao seu caráter confuso e pantanoso, aconselham abandoná-lo, para evitar o risco de "traficar com um volumoso contrabando intelectual" (Quijano, 1998, p. 185). Outros exigem uma espécie de declaração de "moratória" do conceito (populismo) e seu adjetivo (populista) (Saint-Upéry, 2008b).

Na minha perspectiva, a vigência dos debates sobre os populismos não só tem a ver com sua constante reatualização mas também com a natureza ambivalente do fenômeno, o que explica por que sua conceitualização não poucas vezes cai numa armadilha, uma espécie de "entre-lugar" típico do pensamento latino-americano. Nesse sentido, o caráter dual do populismo deve ser compreendido em chave histórica, na relação sempre ambígua com a democracia. Em um exercício arqueológico, a questão nos remonta às lutas pela independência da Espanha, época na qual a democracia foi associada com o inorgânico ou plebeu. Tal caracterização assinalava uma situação de ambiguidade e de tensão, visível tanto na debilidade das instituições das novas repúblicas (o *kratos*) como na desconfiança em relação às massas (a tirania do *demos*). Essa dupla realidade forjou olhares contrastantes e, por vezes, paradoxais.

Em primeiro lugar, durante o século XIX, algumas leituras políticas apelaram para a categoria-ancestral do "caudilhismo" para abarcar tanto a época da anarquia e das guerras civis (o triunfo dos localismos e os federalismos inorgânicos) como também das longas ditaduras personalistas posteriores (Juan Manuel de Rosas, na Argentina, Porfirio Díaz, no México). Essas formas de liderança tinham em comum o caráter plebeu e muitas vezes plebiscitário dos seus governos, traços que configuram uma dimensão estruturante e estruturadora da política americana, uma espécie de *habitus* político refletido no vínculo persistente entre as massas (*montoneras*, plebe) e seus condutores (os caudilhos). Em segundo lugar, as lideranças e os regimes caudilhistas latino-americanos do século XIX abriram portas para certas modalidades de participação das massas, ainda que as formas assumidas pelo popular estivessem marcadas por fortes limitações de caráter político, social e econômico. No entanto, longe de ilustrar um paradigma de democracia participativa, esses regimes estavam saturados de elementos conservadores e autoritários (personalismo, discricionariedade, tradicionalismo, entre outros).

Como consequência, a democracia nos países latino-americanos foi rapidamente associada a um excesso (despotismo das maiorias) e, ao mesmo tempo, a um déficit (fragilidade institucional). Mas foi sobretudo em relação ao excesso que foram julgadas as primeiras experiências democráticas no continente. Não por acaso, foi contra a figura da democracia inorgânica e plebeia que se foi construindo uma ideia de república "possível", assentada sobre a desconfiança nas massas e a limitação dos direitos políticos, para a qual convergiram conservadores e liberais,[1] plasmando-se de maneira ine-

1. Efetivamente, o pacto liberal-conservador deu à luz o que o constitucionalista e sociólogo Roberto Gargarella (2014) denominou de "constitucionalismo de fusão". Em um livro fundamental, que aborda criticamente o constitucionalismo latino-americano, Gargarella analisa a existência de três tradições constitucionais e modelos de república. O *modelo liberal*, que busca equilibrar o poder e se afirmar na neutralidade moral do Estado; o *modelo conservador*, da cruz e da espada, que é o constitucionalismo com maior enraizamento na América Latina, nascido junto da promessa da esta-

quívoca no desenho constitucional dos diferentes países da região durante o século XIX. Nesse contexto, a participação apareceu limitada e distorcida no marco de uma democracia restritiva, onde o temor do transbordamento plebeu coincide, em não poucos casos, com a reiterada manipulação do voto popular pelas elites.

No presente capítulo, me proponho a apresentar algumas linhas de interpretação e debates entre as inúmeras e reiteradas leituras feitas sobre os populismos latino-americanos.[2] Farei uma apresentação em diferentes tempos: a primeira parte trata das leituras do populismo como mito e imaginário, e também das leituras histórico-estruturais elaboradas sobre o primeiro momento populista, comumente demarcado entre 1940 e 1970. Na segunda parte, desenvolverei de modo mais extenso alguns debates sobre o populismo,

....

bilidade política; e, por último, o *modelo republicano ou radical*, que cresceu com as lutas independentistas e as alimentou, baseado na ideia de autogoverno e em três outros aspectos: o majoritarismo político, a extensão deste à esfera da moral e dos direitos (em oposição a um Estado neutro) e certa noção de Estado ativista. Como exemplo desse terceiro modelo estariam a efêmera Constituição de Apatzingán, de 1814, a pregação e os escritos do chileno Francisco Bilbao e do caudilho Artigas, entre outros. O século XIX foi testemunha de um constitucionalismo de fusão, que articulou o pacto liberal-conservador, expulsando a tradição radical-republicana para as margens ou para a periferia (Gargarella, 2014).

2. Como os leitores imaginam, existem numerosos textos e coletâneas sobre o populismo. A primeira e fundamental é a de Ionescu e Gellner (1970). Já o livro da inglesa Margaret Canovan, *Populism* [Populismo] (1981), gerou uma inflexão ao questionar o próprio uso do conceito "populismo". Existem vários textos publicados na Espanha que ingressaram na discussão a partir de uma leitura crítico-pejorativa, entre eles Álvarez Junco, *Populismo, caudillaje y discurso demagógico* [Populismo, caudilhismo e discurso demagógico] (1986). Ver também a compilação *Populismo posmoderno* [Populismo pós-moderno] (1996), no qual se encontram artigos de Taguieff, entre outros. Na Argentina, foram publicadas duas excelentes coletâneas, de Carlos Vilas (1994) e de Moira Mackinnon e Mario Petrone (1998). Detalhadas revisões das principais interpretações sobre o tema podem ser encontradas também no livro do peruano Carlos Moscoso Perea (1990) e, recentemente, no do argentino Aleardo Laría (2011). O retorno do populismo nos últimos anos produziu novas publicações, entre elas de Flavia Freidenberg (2007) e a obra organizada por Carlos de la Torre e Enrique Peruzzotti (2008). Farei referência a outros textos no decorrer deste capítulo.

suas diferentes dimensões socioculturais e alcances político-ideológicos. Para isso, proponho percorrer cinco debates fundamentais: o debate das origens do populismo, considerando o caso argentino e equatoriano; o debate sobre o populismo lido em chave campesinista e indigenista e sobre a possibilidade de uma via revolucionária autônoma; o debate que problematiza a relação entre o nacional-popular, o socialismo e a democracia, destacando o processo de construção da hegemonia e o giro discursivo; as interpretações que enfatizam os aspectos plebeus do populismo, isto é, a construção de uma identidade cultural desde baixo; e, por último, o debate sobre a articulação entre (neo)populismo e neoliberalismo.

Antes de apresentar as diferentes leituras, creio ser necessário pontuar algumas questões mínimas sobre o que entendo por populismo. Minha leitura destaca três definições fundamentais. A primeira é geral e se refere, como já foi dito, ao caráter ineludivelmente complexo e contraditório do populismo. Com efeito, o populismo é um regime político que apresenta simultaneamente elementos democráticos e autoritários, cujo objetivo seria conquistar a participação "organizada" das massas, controladas pelo Estado. O populismo se constitui, assim, pela dupla referência à igualdade e à hierarquia. Apesar dessa dupla matriz, é sem dúvida a partir da democracia que se entende melhor o populismo, pois grande parte deste responde à necessidade histórica de reduzir a distância entre representantes e representados, abismo consolidado durante o longo período de dominação liberal-conservador, sob as ditaduras militares ou, mais recentemente, depois das reformas neoliberais. A segunda ideia se refere à gama de leituras da política que o populismo estabelece. Como assinalado de maneira exaustiva por numerosos analistas, o populismo entende a política em termos de polarização e esquemas binários, o que implica a seleção de determinados antagonismos, vistos como fundamentais e excludentes, e, concomitantemente, o ocultamento ou obscurecimento de outros importantes conflitos. Já a terceira ideia alude à tensão constante instalada pelo populismo entre abertura e fechamento da política. Essa tensão constitutiva faz com que os populismos tragam à mesa, cedo ou tarde, uma perturbadora e incisiva pergunta — na realidade, a pergunta fundamental da política: que tipo de hegemonia se está construindo na tensão inevitável entre o plural e o orgânico? Dupla matriz; polarização e gama de leituras; e construção da hegemonia. Seriam esses os três tópicos que constituem, no meu juízo, o núcleo essencial dos populismos latino-americanos.[3] Enfim, cabe acrescentar, como pretendo mostrar na segunda parte deste livro, que, para além dos elementos comuns e das temporalidades específicas de acordo com cada país, é necessário retomar tipologias que ilustrem a existência de diferentes populismos.

3. Desenvolverei as diferentes leituras em torno dessa questão na parte dedicada à "chave nacional-popular". Também abordei o tema com Martuccelli (1993; 1997).

4.1. LEITURAS SOBRE O POPULISMO

O POPULISMO COMO MITO E IDEOLOGIA

> *Nada se parece mais com o pensamento*
> *mítico do que a ideologia política.*
> *Em nossas sociedades contemporâneas,*
> *talvez ela apenas o tenha substituído.*
> — Claude Lévi-Strauss

Longe de associar o populismo a suas raízes sociais, a leitura que enfatiza sua associação com um mito considera que a verdadeira natureza do fenômeno populista seria ideológica. Em um livro publicado em 1965, o historiador norte-americano Richard Hofstadter destacava cinco elementos fundamentais do populismo como mito: (i) a ideia de uma Idade de Ouro, com apelo à nostalgia popular; (ii) o conceito de harmonias naturais (uma vez eliminados os exploradores); (iii) a versão dual da luta social (antagonismo entre o povo e os poderosos); (iv) uma teoria conspiratória da história (compartilhada com o marxismo); e (v) a denúncia da primazia do dinheiro e das finanças, ou seja, dos especuladores. A ideia central, que o autor extrai sobretudo da análise do populismo norte-americano, é que o povo é considerado um ser inocente e homogêneo, o que se expressaria no antagonismo entre os interesses produtivos e os exploradores (Hofstadter, 1965 *apud* Martuccelli, 1995, p. 208). Nessa linha de leitura, que associa populismo a estruturas míticas, estariam também os desdobramentos dos trabalhos do francês Pierre Birnbaum (1979), para quem sua unidade mínima estava enraizada no mito do antagonismo entre o povo e o poderoso (*le peuple et le gros*), que compartilhariam tanto o pensamento de direita como de esquerda.

A função do mito estaria justamente em sua capacidade de reestruturar o campo mental e social dos atores. Essa perspectiva foi aprofundada pelo historiador francês Alain Pessin (1992), que realizou um estudo das ideologias como substitutas do pensamento mítico. Para o autor, o populismo realiza um trabalho mental que não alcança a verdade intrínseca, mas sim um testemunho de uma verdade revelada e inaugurada pelo populismo: algo que podemos denominar "verdade mitológica" (Pessin, 1992, p. 19). Na realidade, Pessin considera que foi o pensamento populista, junto ao socialista, o que colocou a questão social como problema no século XIX, mas, diferentemente do socialismo, o populismo não a compreendia como um jogo de forças interno à lógica social. Para o populismo, o povo está convocado a resolver a questão social, mas ele não é uma categoria do social. O populismo não seria, então, um programa. Em sua expressão mínima, seria um desejo de que a justiça se alastre pelo mundo, faça sua obra, cure a infelicidade dos humildes e reoriente a vida dos homens, sem consideração temporal. Daí viria sua procedência mítica. Por outro lado, Pessin vê o mito — isto é, as imagens, os símbolos, os relatos míticos — não como derivações marginais do pensamento moderno, mas como um princípio dinâmico e permanente pelo qual se inaugura uma relação significativa do homem com o mundo. Isso torna necessário desenvolver uma sociologia do imaginário. Seguindo Lévi-Strauss, ele sustenta que, se o mito pode ser entrevisto como "uma resposta para a qual a pergunta não foi feita" (Lévi-Strauss, 1965), é preciso caminhar nesse sentido, pois o populismo aporta uma infinidade de respostas sobre a questão social, mais do que a pergunta requer.[4]

No mesmo sentido, o historiador francês Pierre-André Taguieff (1996) dedicou vários estudos ao tema. Ele assinala o caráter abrangente e polimorfo do populismo, que no essencial não define um regime político nem conteúdos ideológicos determinados, mas, sim, "um estilo político, aplicável a diversos marcos ideológicos" (Taguieff, 1996, p. 27). Embora Taguieff destaque a ambiguidade

4. Pessin analisa os elementos mínimos (mitemas) da ideologia populista, caracterizada como busca de um laço entre líder e povo. Para o autor, esses mitemas seriam essencialmente quatro: o povo, o guia, o exílio e o ser, todos atravessados por dois eixos, a história e a palavra.

dos populismos latino-americanos, ele se atém sobretudo à caracterização do fenômeno europeu, cuja figura ilustrativa, no caso francês, é o ultradireitista Jean-Marie Le Pen. Nessa perspectiva, da análise do populismo lepenista o autor extrai uma espécie de *tipo ideal*, considerando a natureza demagógica do líder e as formas de convocação, sintetizado em cinco traços fundamentais: o chamamento político ao povo; o chamamento ao povo em sua totalidade; o chamamento direto ao verdadeiro povo; o chamamento à mudança dentro do *status quo*; e, por fim, o chamamento à discriminação de indivíduos mediante suas origens étnicas ou culturais (Taguieff, 1996, p. 57-63).

Uma leitura latino-americana do populismo como mito, aplicada ao caso peruano, foi proposta pela antropóloga Imelda Vega Centeno (1991), que considera que o populismo reativa a capacidade mítico-simbólica que mobiliza massivamente a população interpelada e alimenta expectativas e vontades de poder, cujo alcance é imprevisível. Nesse sentido, nos anos 1930, Haya de la Torre, fundador do APRA, teve a capacidade de reativar esse sentimento mítico-simbólico, atualizando, por meio de sua história, diversas formas de participação arraigadas no imaginário coletivo do mito andino do refúgio ou da injustiça (Vega Centeno, 1991). Diante da "injustiça" da Conquista, constrói-se a narrativa do "refúgio": uma sociedade política e militarmente vencida produz uma forma de apreender a realidade e a história que lhe serve para mostrar a si mesma, ocultando-a do invasor. Esta proporcionaria, além disso, uma interpretação da vida e da história que lhe permite seguir vivendo e esperando, apesar da derrota. Haya de la Torre teria, assim, estabelecido uma forma de relação complexa com o sistema sociocognitivo popular: graças a sua palavra se poderia seguir vivendo, acreditando e lutando, apesar da perseguição e do fracasso.[5]

5. Em outro texto que escrevi com Martuccelli (1998), relacionamos essa interpretação com o caráter truncado do populismo peruano e a centralidade que adquiria o papel do líder. Dizíamos: "Haya de La Torre, o 'chefe máximo', construiu sua aura pessoal de acordo com essas vicissitudes históricas. Em sua figura, prima a exigência moral do sacrifício e da valorização do sofrimento como elemento redentor. Isso é notório no discurso de

Em suma, tais leituras reduzem o populismo a um mito, cuja unidade mínima é a nostalgia pelas comunidades orgânicas, ou ainda um imaginário instalado entre a religião e a política. Em ambos os casos, o fenômeno conduziria, segundo os autores, a uma visão antiliberal e, por consequência, antidemocrática da política. Sem dúvida, é válido questionar qual tipo de democracia pode ser veiculado pelo populismo — a tendência ao unanimismo, a afirmação de uma democracia substantiva.[6] No entanto, em minha avaliação, as leituras resenhadas acima realizam essa crítica ao preço de uma importante redução conceitual e prática, pois no fundo negam a possibilidade de outras abordagens da democracia (participativa, direta) ou ainda demonizam as formas de democracia plebeia.

Ao mesmo tempo, esse tipo de enfoque tende a assimilar de modo muito instantâneo o populismo e o fascismo, o que a partir da experiência especificamente latino-americana desemboca em uma interpretação inapropriada e desqualificadora. Para alguns, o populismo compartilhava três elementos com o fascismo: o tratamento da questão social fora do capitalismo selvagem e do socialismo; a importância do estilo político; e o anti-intelectualismo. Certamente, os dois primeiros elementos mencionados foram analisados de maneira profusa, o que está longe de ser decisivo. Por outro lado, o anti-intelectualismo das experiências populistas latino-ameri-

....

24 de maio de 1945 para sustentar a candidatura de Bustamante e Rivero: o APRA é o partido de todos os 'mártires', dos 'cidadãos exemplares' unidos por uma 'disciplina fraternal'. Avatar histórico que requer a presença de um líder caracterizado pela retidão moral ('guia' e 'mestre') e por sua eminência intelectual, duas qualidades que lhe permitirão assumir o papel de mediador entre o povo e o partido. O papel quase 'mítico' do 'chefe máximo', a carga retórica dos temas da 'abnegação' e do 'sacrifício' emergem como uma radicalização do próprio estilo populista, a saber, a necessidade de construir uma identidade política sob a ameaça de um terceiro. Nas experiências populistas, muitas vezes esse 'inimigo' foi mais virtual que real, mas no caso do APRA sua proscrição acentuou tal traço central" (Martuccelli, 1998, p. 261). Da mesma maneira, para Vega Centeno, não é o discurso do chefe ou de seus seguidores o que acolhe a categoria "populismo" no esquema sociocognitivo do mito da injustiça, mas sim o "efeito do discurso" sobre o povo.

6. Tema que será abordado adiante, vinculado à questão da construção da hegemonia.

canas pouco tem a ver com a construção de uma nova ordem política e cultural, como expressão de uma crise civilizatória, e muito menos com a exaltação de uma estética da violência, tal como aparecerá no fascismo e no nazismo. De mãos dadas com a questão social e os estilos de liderança personalista, a "mitologia populista", se é que existe, seria a expressão da entrada do mundo dos excluídos na nova ordem político-social, o que permite resolver a questão social suturando simbolicamente a brecha entre representantes e representados.

Portanto, para além da identificação entre populismo e mito, essa leitura heterorreferencial fertiliza uma tradição fortemente detratora do populismo, que provém da associação entre populismo e fascismo, bem como da redução da figura da democracia, identificada como democracia liberal e representativa e nada mais. Assim, tal crítica tende a converter-se em uma espécie de chave política atemporal e recorrente para desqualificar qualquer tipo de experiência política populista, associando-a a todos os males da política contemporânea e a todas as distorções da democracia.

AS PERSPECTIVAS HISTÓRICO-ESTRUTURAIS

Sintetizaremos agora algumas das leituras que enfatizam o caráter histórico-estrutural do populismo e que o apresentam como um modelo de desenvolvimento estreitamente vinculado à etapa de substituição de importações e à estratégia mercado-internista. Certamente, para boa parte da literatura sociológica e política latino-americana, existe um "consenso" em relação à "época" dos regimes nacional-populares: é o período que vai de 1929 a 1959-1964, marcado pela impossibilidade de importar produtos manufaturados e pelo desenvolvimento de uma indústria substitutiva, cujo destino era, antes de tudo, o mercado interno (o crescimento para dentro, segundo a Cepal). A unidade do fenômeno populista estaria ancorada em um "momento populista". Nesse contexto econômico (de acumulação de reservas ociosas durante a Segunda Guerra Mundial e, com o conflito encerrado, de desenvolvimento das exportações), construía-se um questionamento sobre a dominação oligárquica em diferentes países da América Latina e se consolidavam regimes populistas por meio de pactos sociais amplos (nos quais os antigos setores tradicionais perdiam poder em favor dos novos grupos emergentes) e de políticas redistributivas concebidas como verdadeiras "estratégias de consolidação" desses grupos sociais.[7] Assim, para todo um setor do pensamento social latino-americano, os primeiros populismos expressavam um pacto de governo interclassista, correspondendo ao momento de "deslocamento" do capital estrangeiro para o capital nacional (ou melhor, para a constituição de novas alianças) e para a expansão do mercado interno. Haveria, pois, uma "relação privilegiada" entre o populismo e a fase de substituição de importações.

No âmbito dessa difundida interpretação, podemos distinguir ao menos quatro enfoques, segundo ênfases e temas aos quais o populismo aparece associado: aqueles que vinculam populismo à modernização (Germani e Di Tella); populismo e pacto social (Weffort, Ramos, Cotler, entre outros); populismo e dependência (Ianni, Cardoso e Faletto); e os que associam populismo e desenvolvimento (Touraine). São leituras aparentadas entre si e que, para além das limitações e juízos de valor sobre as experiências populistas, destacam uma série de traços em comum: a época de transição para industrialização, a viabilidade (limitada) do crescimento interno (substituição de importações), a incorporação política das massas populares, o papel do líder e o esforço de mobilizar organizadamente as massas.

7. Retomo aqui trabalhos anteriores: Martuccelli e Svampa (1997) e Svampa (2005).

Uma das primeiras leituras gerais sobre o populismo veio de uma perspectiva estrutural-funcionalista, elaborada pelo influente sociólogo italiano residente na Argentina Gino Germani. Apesar de sua análise tomar como objeto o peronismo, a leitura de Germani tem pretensões mais gerais. O enfoque foi desenvolvido no livro *Política y sociedad en una época de transición* [Política e sociedade em uma época de transição] (1965), no qual Germani retoma o conceito de mobilização social de Karl Deutsch para analisar o processo de mudança ocorrido em países que passam dos modos de vida tradicionais aos modernos. Durante essa passagem, ocorreria a destruição do consenso tradicional, visível na deterioração dos laços sociais, econômicos e psicológicos convencionais, junto com a busca, por parte das pessoas mobilizadas, de novas pautas comunitárias, capazes de fornecer uma sensação de identidade pessoal e um meio para proteger seus interesses. Nesse processo de transição, poderiam ocorrer desvios e assincronias em relação ao modelo sequencial e normativo dos países europeus, que mostravam a correspondência entre processos de mobilização e de integração social, pela via dos partidos políticos e dos sindicatos. Em contraste, na América Latina, o processo de mobilização se registraria dentro de estruturas arcaicas que questionavam as formas modernas de representação política. O resultado dessa defasagem seria o que Germani denominava "assincronias", que se manifestariam em diferentes efeitos (*efeito de fusão*, que reforça os traços tradicionais em nível ideológico, e *efeito de demonstração*, que incrementa o nível de aspirações). Tais assincronias impossibilitavam que a mobilização pudesse ser traduzida como integração. Enfim, para Germani, é no campo das ideologias que mais incide o efeito de fusão, que permitiu incorporar as classes populares às aspirações e aos direitos sociais, como nos países desenvolvidos, mesmo quando tivessem atitudes não econômicas, próprias da sociedade tradicional. Dessa forma, a divisão crescente das múltiplas dimensões da vida social apresentava um problema: o desenvolvimento econômico não era acompanhado pela democracia política. Essa defasagem ou assincronia produziu os movimentos nacional-populares, que apareciam em diferentes países latino-americanos, quando as massas ultrapassaram os canais de expressão e de participação que a estrutura social podia oferecer. Assim, a dinâmica de manipulação das massas, a liderança predominantemente autoritária e a ideologia nacionalista seriam a expressão da heteronomia e da participação. A proposta de Germani não apenas retornava à visão dualista do social, por meio da oposição entre sociedade tradicional e moderna, mas também constituía uma das primeiras explicações gerais do populismo, alcançada, entretanto, ao preço de sua demonização sociológica.

Na mesma linha refletia Torcuato di Tella (1973; 1983), que, em sua análise do processo de mobilização das massas, enfatizou tanto a existência de uma elite empenhada e comprometida com o processo político como a decadência do liberalismo como motor de mudança. Ambas viabilizariam a emergência da experiência populista. Nas zonas desenvolvidas, a reforma social havia sido produto do Partido Liberal, baseado nas classes médias e depois no movimento operário, adotando uma visão gradualista da mudança social. Assim, a divisão de classes se cristalizava como hipótese revolucionária apenas de maneira transitória, em razão do aumento do nível de vida e da mobilidade social, entre outros fatores. Entretanto, nas zonas subdesenvolvidas, o efeito de demonstração geraria uma revolução das expectativas, enquanto a expansão econômica permanecia lenta, sobrecarregada pela expansão demográfica, pela dependência dos mercados e pelos esforços prematuros da redistribuição. Tudo isso produzia um atoleiro, quando as aspirações subiam muito além da possibilidade de satisfazê-las. "São aqueles que encontram razões para vingar-se, mas também motivações para impulsionar a modernização e o desenvolvimento" (Di Tella, 1983). Os grupos divergentes e as massas disponíveis estão em luta uns com os outros e têm em comum o ódio ao *status quo*.

Por último, o processo de transição abriria uma nova constelação de dirigentes operários espontâneos, caracterizados por inconstância e alto grau de emotividade, que provocariam um movimento multitudinário quando surgem tais condições de frustração na massa. A perspectiva imediatista e a visão simplista (ou conspirativa) fariam com que atribuíssem os males vigentes à ação de grupos concretos e que confiassem nos métodos de ação direta, tal como ocorria com o sindicalismo revolucionário ou o anarquismo no início do século XX. Mas os dirigentes espontâneos apenas teriam capacidade para liderar movimentos amplos por curtos períodos, posteriormente substituídos por dirigentes mais orgânicos e burocratizados. Enfim, essa "espontaneidade" operária seria mais tarde cooptada pelas estruturas autoritárias e demagógicas do peronismo, que assim a desviariam de seus propósitos originais.

Populismos, Estado e pacto social

Para outros autores, o populismo se compreende menos por suas origens sociais que pelo papel político que o Estado desempenha na América Latina. É explicado, então, pelo modo de intervenção do poder estatal. Aqui se inserem diferentes análises que explicam o surgimento desses regimes como uma resposta à incapacidade das burguesias latino-americanas de assegurar a dominação social e a direção do processo de modernização.

Nessa linha, existem pelo menos quatro enfoques diferentes. O primeiro foi desenvolvido pelo brasileiro Francisco Weffort (1978, 1994), com sua caracterização do populismo como um "estado de compromisso", resultante da incapacidade da burguesia latino-americana de assegurar sua hegemonia de classe e da constituição de um Estado que se desliga dos interesses particulares para dominar o conjunto do corpo social. Assim, o populismo seria uma *ideologia de substituição* em um período de evidente crise de hegemonia das classes dominantes. Do ponto de vista ideológico, ele se reduziria a uma tática para fazer frente a situações concretas antes que a uma concepção global, estratégica da sociedade. Contudo, é um fenômeno político complexo, que remete a dois fatores: por um lado, à crise da oligarquia e do liberalismo; por outro, à debilidade política dos grupos dominantes urbanos, quando tentaram substituir a oligarquia tradicional em países agrários e dependentes. O populismo, como expressão mais completa da irrupção das massas populares no processo de desenvolvimento urbano e industrial, exige um processo de incorporação destas ao jogo político.[8] Em termos gerais, para Weffort, o populismo é algo além de um fenômeno de manipulação das massas. Esta existiu, sem dúvida, mas nunca foi absoluta. Aceitar tal teoria seria espaldar uma visão liberal, que vê o populismo como uma relação emocional das massas com um líder, caracterizado pela falta de princípios. O populismo é, sobretudo, exaltação do público-estatal, ou uma "democratização pela via autoritária" (Weffort, 1978). A diferença em relação à democracia participativa ocidental é que o Estado a apresenta de maneira direta diante de todos os cidadãos; todas as organizações se apresentam como mediação entre o Estado e os indivíduos, isto é, convertem-se em anexos do Estado mais do que órgãos autônomos.

Outros autores também sublinham o predomínio de categorias políticas sobre as categorias sociais. Entre eles, o francês Alain Touraine (1988) caracteriza o populismo como uma forma de intervenção social do Estado. Uma das questões que explica o fenômeno é a multidimensionalidade da atuação social na América Latina, que tradicionalmente combinou luta de classes, lutas nacionais e lutas anti-imperialistas. Essa segmentação da ação coletiva revela a ausência de correspondência entre situação objetiva e capacidade de atuar, o que Touraine (1988) denominou de "desarticulação", em acordo com uma longa tradição de conceitos latino-americanos sobre o tema. Não existe um princípio central que oriente as condutas coletivas, o que conduz ao reconhecimento da debilidade dos partidos classistas, mas também

8. O caso que exemplifica sua hipótese é o do Brasil, onde nenhum dos grupos (classes médias, setor cafeeiro, setor agrário não vinculado à exportação) deteve com exclusividade o poder político. Essa situação de "vazio político" expressaria a incapacidade de uma classe social construir sua hegemonia, pois nenhum dos setores sociais participantes do poder poderia assegurar sua legitimidade. Nessas condições, aparecem as massas como única fonte possível de legitimidade. Essa circunstância de compromisso abriu a possibilidade para que o Estado, como órgão político, se colocasse acima dos interesses imediatos, sobre o conjunto da sociedade. Não obstante, a própria figura do pacto social dentro dos limites definidos pela ordem social vigente obscurece as divisões sociais e os interesses em conflito ao estabelecer a ideia de um Povo ou Nação como comunidade de interesses solidários. Por último, cabe sublinhar que os seguidores de Getúlio Vargas ou de Juan Domingo Perón se identificam no plano político como getulistas ou peronistas, mas não como classe social (vinculada ao lugar de trabalho ou condição laboral).

dos movimentos sociais. Por esse motivo, a ação coletiva na América Latina só seria eficaz se combinasse as três dimensões, o que é praticado pelo populismo. Assim, não existiria relação de representatividade entre grupos sociais, forças políticas e expressão ideológica. Não haveria separação clara entre Estado e sociedade civil. O Estado intervém como ator político central, e os atores sociais respondem à intervenção do Estado, mais que à iniciativa de outros atores sociais. Nessa perspectiva, o Estado não é um mediador entre classes sociais já constituídas, mas sim o verdadeiro "construtor" das classes sociais, as quais não existem independentemente de sua intervenção. Essa articulação peculiar explica também a escassa autonomia dos atores sociais (Touraine, 1988). Em suma, esse segundo enfoque propõe pensar o populismo como um modo de desenvolvimento latino-americano orientado por uma política redistributiva. No aspecto econômico, seria caracterizado por um capitalismo limitado e dependente e, ao mesmo tempo, por uma alta taxa de investimento; e, no social, por uma heterogeneidade estrutural, mesclada com forte participação político-cultural urbana.

Nessa mesma linha, existe um terceiro enfoque que considera o populismo uma estratégia específica de acumulação de capital. Assim, o sociólogo argentino Carlos Vilas sustenta que se trata de uma estratégia de acumulação que promove, em essência, a ampliação do consumo pessoal e, eventualmente, alguma distribuição de renda. Corresponde a uma estratégia de ação de uma parcela da burguesia, em uma etapa determinada da acumulação capitalista (Vilas, 1994, p. 124). Essa leitura destaca, da mesma forma que o populismo russo, a gravitação da pequena propriedade. Quanto à dimensão político-ideológica, o populismo possui uma autonomia relativa e uma especificidade própria. Mais que aliança de classes, o autor vê um sistema de equilíbrios instáveis de compromissos, impostos "de fora" das classes e grupos envolvidos pelo Estado (Vilas, 1994, p. 133). O Estado populista seria encarregado de garantir as relações de poder e de reprodução, criando-se a ideia de um Estado separado, acima do bloco de forças de poder.

Por último, há outra versão, que implica uma radicalização desse enfoque: a leitura do populismo como uma variante do "bonapartismo". Essa perspectiva é subscrita por diversos autores, incluindo marxistas e intelectuais de corte funcionalista. Por exemplo, para Milcíades Peña, o peronismo é uma forma de bonapartismo, o que explica tanto a preservação da ordem burguesa como o distanciamento da classe trabalhadora com relação às formas de luta autônoma, privando-lhe de consciência de classe. Perón teria suspendido as demandas de um crescente e combativo movimento operário, canalizando-o pela via estatal (Peña, 2012, p. 484). Na Argentina, assim como em outras latitudes capitalistas, a estatização do movimento sindical teria beneficiado os líderes capitalistas que gerenciavam a economia, interesses aos quais o Estado serve (Peña, 2012, p. 487).

A partir de outra matriz epistêmica e ideológica, Di Tella retomou posteriormente a hipótese do bonapartismo, para articulá-la ao espontaneísmo operário. Nessa linha, sustentava que o surgimento do peronismo como bonapartismo fora facilitado pela divisão das elites, pois, embora grande parte dos setores industriais se opusessem a Perón, havia outros que, sem apoiá-lo diretamente, foram beneficiados por sua política e, em consequência, não exerceram uma oposição acirrada. Essa divisão favoreceu a irrupção do peronismo como movimento de massas, chefiado por pequenas elites. A tese do bonapartismo explicava, por um lado, a passividade das massas e, por outro, que os interesses defendidos fossem aqueles dos setores altos, e não populares, de maneira que o poder passasse das elites médias e altas para outro setor das elites altas (Di Tella, 1983).

Populismo, desenvolvimento e dependência

Para toda uma linha interpretativa, o populismo será o ator fundamental de uma política desenvolvimentista na América Latina, ainda que encontre seus limites na nova situação de dependência — de modo que o populismo será lido como um "momento" que corresponde a uma fase na evolução das contradições entre a sociedade nacional e a economia dependente. Assim, por exemplo, para Cardoso e Faletto, o "populismo desenvolvimentista" é uma ideologia que corresponde à expansão da industrialização substitutiva, caracterizada pelo desenvolvimento de políticas propensas à consolidação do mercado interno. Em consequência, entre 1950 e 1960, o desenvolvimento interno teria abarcado duas tendências ou orientações: a satisfação do mercado ou a tendência à participação, com sua dose de distributivismo social e econômico, por um lado; e a expansão de novos setores dominantes na economia, em prol da consolidação do dito sistema de dominação para dentro. Não seria outra coisa o "populismo desenvolvimentista" (Cardoso & Faletto, 2003): um sistema de dominação no qual coexistem e se articulam interesses e objetivos contraditórios. Nesse âmbito, seria destacado não apenas o papel que o Estado poderia assumir, mas também a "forma" em que este se expressasse como instrumento de dominação em relação aos grupos que o legitimam.[9]

Não obstante, a partir dos anos 1960, advertia-se para o esgotamento do modelo populista-desenvolvimentista, visível na crise do sistema de dominação anterior e na emergência de uma nova situação de dependência, que forçaria diferentes países (sobretudo Brasil, Argentina e México) à abertura dos mercados internos ao controle externo (investimento estrangeiro direto nas economias industriais periféricas). Tal como foi dito em outro capítulo, essa importante mudança ressignificou a dependência, reformulando-a e colocando-a em um novo marco (uma nova "situação", na qual convergiam transformações da estrutura produtiva em níveis crescentes de complexidade e concomitante exclusão das massas populares). Cardoso e Faletto explicavam, dessa forma, a passagem de regimes democrático-representativos (populismo desenvolvimentista) a regimes autoritário-corporativos.

Essa linha de interpretação estrutural foi referendada por outros intelectuais dependentistas. Por exemplo, Dos Santos sustentou

9. Existiriam, para os autores, três tipos de industrialização, de acordo com a relação entre burguesia e Estado: a liberal, baseada na condução de setores empresariais privados; a nacional-populista, que expressava uma aliança entre a burguesia, setores médios e populares (sindicatos), vinculados ao aparato de poder que, junto ao setor agroexportador e importador, compartilhavam (em graus diversos) a condução do processo; e, por último, a orientada por um Estado desenvolvimentista, na qual a debilidade do setor agroexportador seria compensada por um programa estatal, que gerava um sistema impositivo orientado a impulsionar os investimentos no setor industrial.

que o populismo desenvolvimentista mostrou os limites do desenvolvimento autônomo, gerando por isso uma grande frustração em diferentes setores sociais. As novas formas da dependência implicariam um grande protagonismo dos capitais monopólicos, uma forte presença de mecanismos acumulativos da dependência (dívida, ajuda internacional, entre outros), exigindo a redefinição das relações, em nível internacional e nacional. Nesse contexto dinâmico, o sistema se revelaria incapaz de resolver as contradições geradas no seio das economias dependentes, tanto nos setores avançados como na eliminação dos mais atrasados.

Por último, em uma perspectiva próxima ao dependentismo, está o enfoque de Octavio Ianni (1975), para quem os populismos da América Latina ocorreram em uma época de legitimação definitiva da sociedade de classes. Nessa fase, emergiria uma política das classes urbanas em luta contra as oligarquias e as formas arcaicas do imperialismo, desatada nos centros industriais. Esta corresponderia ao momento final do processo de dissociação entre trabalhadores e meios de produção, devido à formalização das relações econômicas capitalistas. Por fim, no plano cultural, o populismo expressaria o processo de secularização da cultura. Ao mesmo tempo, Ianni advertia que o caráter de classe do populismo não aparecia de modo imediato e que era necessário distinguir dois níveis principais: um populismo de altas esferas (elites burguesas e classes médias), que abandona as massas à própria sorte (Perón, Arbenz, Goulart) e promove a harmonia de classes; e outro populismo, das próprias massas, dos trabalhadores, dos migrantes, das baixas classes médias, dos estudantes radicalizados, dos partidos de esquerda. Quando as contradições políticas e econômicas se agudizam, ocorre ou pode ocorrer uma metamorfose dos movimentos de massa em luta de classes. Evidentemente, o populismo expressa uma aliança política. Contudo, de todas as maneiras, não haveria ruptura entre populismo e passado político da classe trabalhadora; tal passado constituiria, na realidade, uma fase ou momento do movimento político operário. Assim, no próprio processo de evolução, o populismo encontrava seus limites. A crise do modelo desenvolvimentista "para dentro" se convertia, simultaneamente, na crise da política de massas.

4.2. OS DEBATES SOBRE O POPULISMO

A LEITURA SOBRE SUAS ORIGENS EM CHAVE FUNCIONALISTA E SUAS CRÍTICAS[10]

Na América Latina, as primeiras interpretações sobre o surgimento do populismo e suas bases sociais se situaram em uma dupla matriz: por um lado, sublinharam a presença (negativa) de elementos lúmpens e plebeus, ligados à sobrevivência e à atualização da herança caudilhista. Por outro, como consequência, apontaram a negação das origens operárias daquelas experiências. Uma e outra leitura se inscreviam em matrizes epistemológicas diferentes, pois, enquanto a primeira estava mais vinculada à disputa partidária, a segunda remetia às interpretações acadêmicas pioneiras, ligadas ao funcionalismo.

Certamente, o enfoque no caráter lúmpen e plebeu das bases sociais aparece associado ao impacto produzido pela irrupção das classes populares no espaço público e, ainda mais, às formas de participação popular. Em termos político-culturais, lúmpens seriam os setores localizados fora da estrutura social, pela via da desclassificação ou da exclusão. Marx e sua caracterização sobre o bonapartismo fertilizaram esse tipo de leitura que, como assinalamos, encontrou na América Latina inumeráveis seguidores. Não obstante, a questão da emergência do plebeu acrescenta outras conotações, ao referir-se, por um lado, ao processo de autoafirmação do popular diante da sua negação ou exclusão e, por outro, à impugnação do caráter iconoclasta e antielitista frente à cultura dominante. De maneira geral, quando se menciona o plebeu na América Latina, faz-se referência a certos traços culturais do mundo

10. Agradeço aos comentários e sugestões de Pablo Ospina sobre o caso equatoriano.

dos excluídos, mas, quando se alude especificamente à irrupção do plebeu, conecta-se a dimensão cultural e simbólica aos fortes processos de mudança estrutural.

É sabido que, na Argentina, o surgimento do peronismo gerou uma enorme cisma dentro das esquerdas, que reagiram negativamente, questionando a origem de classe do peronismo e associando-o ao polo sarmientino-liberal da barbárie, em contraposição à civilização e ao progresso. É nessa linha que se desdobram as leituras do Partido Socialista e do Partido Comunista. Por exemplo, os socialistas partiam do reconhecimento de que existiam regiões bárbaras dentro da sociedade; ou, em outras palavras, que junto das "classes laboriosas" existiam as "classes perigosas", cuja marginalidade ameaçava transformar as revoltas operárias em atos de criminalidade social. Segundo tal perspectiva, tratava-se de um problema pré-político, ou seja, cultural e educativo.[11] Em suma, a primeira leitura feita pela política de esquerda sobre o populismo foi indagar suas origens espúrias de classe, vinculadas à experiência do lumpesinato, da barbárie nativa e do caudilhismo do século XIX.

Como já dissemos, nos anos 1950, Gino Germani elaborou uma das primeiras interpretações acadêmicas do populismo, com pretensões continentais. A interpretação socioestrutural de Germani sobre o peronismo se inseria no marco da leitura normativa e sequencial, que estabelecia uma divisão entre o tradicional e o moderno. A chegada de um novo contingente de operários, desprovidos de ideologia, e a incapacidade dos partidos existentes em dar-lhes uma expressão adequada teriam levado a uma situação de "anomia", que seria capitalizada por novos movimentos políticos, dirigidos por elites dotadas da necessária flexibilidade para manipu-

11. Os verdadeiros culpados do atraso eram, porém, outros: "Essa massa não tem culpa. Em algum sentido, é acusadora dos males de fundo. Mas os culpados são os caudilhos da guerra civil, que, para conseguir o triunfo de seus apetites e ambições, não têm escrúpulos em atiçar os ressentimentos e as forças primitivas da miséria, mesmo sabendo de antemão que com tais movimentos convulsivos não se avança um só passo no aprimoramento social e histórico". Não por acaso, o socialismo acentuava a figura do ressentimento social (Ghioldi, p. 24-5 *apud* Svampa, 1994).

lá-los. A suposta "disponibilidade ideológica" das massas se converteria em um fator explicativo: o peronismo seria o resultado de uma participação política relativa das massas e de uma manipulação demagógica. Ao mesmo tempo, tal interpretação se apoiava na distinção estrutural e psicossocial entre "trabalhadores novos" (de origem rural, tradicional, e com escassa cultura política) e "trabalhadores velhos" (tradição urbana, muitos dos quais imigrantes europeus, dotados de uma cultura política). Os primeiros militantes operários peronistas, concluía-se por consequência, foram trabalhadores sem formação política, manipulados por um líder e subordinados pelo aparato estatal. Existiriam também outras razões, como o fato de que, para a maioria dos países latino-americanos, e em particular para os estratos recém-mobilizados, os símbolos da democracia não tinham um significado positivo.

Para além das notórias diferenças sociais, econômicas e étnicas, existem importantes pontos de contato entre a leitura de Germani sobre as origens do peronismo na Argentina e aquela realizada pelo intelectual de esquerda Agustín Cueva sobre as origens do velasquismo, em referência a José María Velasco Ibarra,[12] o caudilho equatoriano que ascendeu ao poder em 1934 e que, com diferentes interrupções, dominou a política do país durante quarenta anos. Certamente, a leitura fundadora de Cueva se inscrevia em uma matriz que combinava a perspectiva da esquerda ortodoxa com o enfoque estrutural-funcionalista. Em um texto de 1972, Cueva formulou uma interpretação sobre as origens do velasquismo, apelando à tese germaniana da manipulação das massas. Embora não falasse de "novos trabalhadores", sustentava como hipótese central que suas bases sociais eram o "subproletariado urbano", cuja trincheira havia sido a cidade costeira de Guayaquil. Em um artigo influente, Cueva argumentava que nem a crise econômica nem a

12. José María Velasco Ibarra exerceu a presidência do Equador em cinco oportunidades pelo voto popular, e em duas delas se autoproclamou ditador. Governou durante a crise econômica (1934-1935); um segundo período entre 1944-1947; um terceiro, no meio do boom bananeiro (1952-1956); depois entre 1960-1961; e, por último, um pouco antes do começo do boom petroleiro (1968-1972).

crise de hegemonia eram suficientes para explicar o surgimento de uma solução populista como a de Velasco, que conseguiu se impor graças à conformação de um novo contexto social e político, ligado à transformação das urbes equatorianas nos anos 1930, algo que o autor denominou de "situação de massas" (2007 [1972], p. 51). De que massas se tratava? O colapso dos anos 1930 gerou, segundo Cueva, uma importante crise no setor camponês, obrigando-os a migrar para zonas urbanas (Quito, mas sobretudo Guayaquil), onde criariam "áreas de tensão nas cidades devido à formação de um setor marginal urbano" (Cueva, 2007 [1972], p. 54). Como consequência, uma crise capitalista (e não de um setor tradicional das elites) teria dado origem a um "subproletariado" social e politicamente disponível, à espera de um redentor.

> Inconformados com seu novo destino, paupérrimos e psicologicamente desamparados, tanto mais insubmissos, pois não eram impactados com suficiente força pelos controles tradicionais, mas igualmente incapazes de encontrar uma saída revolucionária, esses subproletários não podiam impulsionar outra coisa senão um populismo como o que Velasco inaugurou e que, seguramente, não foi o único no Equador.

A tese de Cueva (2007 [1972], p. 55) articulava aspectos da leitura estrutural-funcionalista de Germani e Di Tella com as leituras de setores das esquerdas marxistas, contemplando várias consequências. Contudo, diferia da perspectiva funcionalista ao desligar o processo equatoriano de um fenômeno de modernização econômica. Especificava, na realidade, que se tratava de uma crise do capitalismo (desemprego massivo). Nessa linha, mesmo que o velasquismo expressasse um elemento conservador da ordem burguesa, Cueva recusava a ideia de que sua origem sintetizava um enfrentamento entre a burguesia liberal e a oligarquia exportadora, mediadas pela ação de um líder autoritário. Nesse sentido, enfatizava a existência de uma relação de tensão entre as classes médias e o caráter anti-intelectual do velasquismo, o que também se vincularia à sua procedência mestiça, que constituía um desafio simbólico às elites brancas, restituindo certa dignidade aos setores subalternos e marginais, agora representados pelo novo governo. Entretanto, o essencial do velasquismo seria que este resolvia o impasse entre classes dominantes e controle das classes subordinadas.

Enfim, a ruralidade e o caudilhismo: um amálgama ideológico que combinava elementos católicos e carisma, ritos e cerimônias religiosas como substitutos da transformação política, de mãos dadas com uma população marginal, o que converteu Velasco quase em uma espécie de sacerdote de uma religião popular. Isso vinculava a leitura de Cueva com aquela própria das esquerdas partidárias argentinas (comunistas e socialistas). No entanto, para Cueva não havia desprezo pelo plebeu, como ocorria na esquerda argentina; sua leitura apontava, mais especificamente, para demonstrar o fenômeno da "falsa consciência".[13]

Voltando à Argentina no início dos anos 1970, em um contexto que combinava revalorização do peronismo em chave esquerdista e rejeição do paradigma funcionalista, a leitura de Germani encontrou fortes questionamentos. Nessa linha, a refutação mais significativa veio dos sociólogos Miguel Murmis e Juan Carlos Portantiero (1971), que propuseram uma análise da "constelação de forças sociais", características da situação prévia à origem do peronismo. Sua tese central sublinhava a unidade da classe trabalhadora, recusando a distinção entre novos e velhos trabalhadores, em termos de ancoragem laboral, orientações e participação política. Uma das questões fundamentais, segundo os autores, era que o processo de industrialização comandado pelas forças tradicionais, embora sinalizado inicialmente com a intervenção estatal em diferentes esferas, não havia sido acompanhado por uma legislação social. Como consequência, a repressão política e as restrições no consumo acentuaram "a oposição operária ao sistema e o crescimento da organização sindical", o que não impediu, porém, o estabelecimento de uma relação crescente entre sindicalismo e Estado, a qual mais tarde o

13. Outro texto de Agustín Cueva que analisou em profundidade a relação entre líder e massas na época do velasquismo foi *El proceso de dominación política en Ecuador* [O processo de dominação política no Equador] (1988). Uma revisão exaustiva das diferentes leituras sobre o velasquismo pode ser encontrada em De la Torre (1993). O que oferecemos aqui é muito mais conciso e com fins comparativos.

peronismo aprofundou. Assim, os setores operários foram submetidos a um processo de exploração e acumulação capitalista sem distribuição de renda e sem intervencionismo social, o que levou à constituição de um conjunto de reivindicações laborais que abarcava toda a classe trabalhadora. Sobre essa base, novos e velhos sindicatos articularam uma política de aliança com um setor do aparato estatal, sem renunciar por isso às pretensões de autonomia por meio de um programa nacionalista-democrático e distributivista, como mostra a criação do Partido Laborista.

Os autores também enfatizavam que a participação conjunta de novos e velhos trabalhadores oferecia um componente de continuidade programática em relação às demandas prévias às organizações operárias, em uma aliança policlassista, o que aparecia como tendência do sindicalismo que antecedeu o peronismo. Enfim, a conclusão do estudo de Murmis e Portantiero era clara: a velha-guarda sindical havia tido uma participação relevante na operação política que consolidou Perón. Posteriormente, e a partir de diferentes ângulos, acrescentaram-se outros elementos empíricos que confirmariam a hipótese revisionista. Em suma, sustentando as mudanças ideológicas do movimento operário da época, sobretudo anteriores a 1943, vários desses estudos demonstraram a efetiva cooptação de dirigentes dos velhos sindicatos e a participação da antiga e da nova classe trabalhadora no fenômeno da emergência do peronismo.[14]

A leitura de Cueva sobre o Equador também encontrou uma forte réplica em 1980, quando o cientista político Rafael Quintero López publicou *El mito del populismo en Equador* [O mito do populismo no Equador], produto de sua tese de doutorado. Nesse trabalho, destacava que o velasquismo não era um fenômeno unívoco ou homogêneo, tornando necessário abrir a possibilidade de teorizar sobre os

14. Por um lado, destacam-se aqueles estudos centrados na análise do processo de aproximação entre Estado e sindicatos no período anterior a 1945: Gaudio e Pilone em Torre (1988), Del Campo (1983) e Matsushita (1986). Por outro, estão os trabalhos que contrastam empiricamente com as deficiências da leitura germaniana sobre a origem migratória das bases sociais peronistas: ver o livro dirigido por Mora y Araujo (1980).

diversos velasquismos de 1940, 1945, 1952, 1960, 1968, como já assinalavam alguns historiadores. O ponto de discrepância de Quintero em relação ao enfoque de Cueva era a caracterização das bases sociais do primeiro velasquismo. Quintero considerava que a análise pioneira das ciências políticas equatorianas havia associado erroneamente populismo e velasquismo, contribuindo para erigir o "mito do populismo" tanto dentro como fora do Equador. Nessa linha, destacava-se a argumentação de Cueva centrada na noção de subproletariado marginal. Apelando à análise de fontes primárias (uma análise eleitoral, realizada em nível paroquial pela primeira vez no Equador), Quintero demonstrava que o triunfo de Velasco Ibarra em 1933 não se deveu ao voto do subproletariado urbano, já que seu eleitorado decisivo foi mais rural que urbano. Além disso, demonstrou que a votação fundamental que permitiu o triunfo de Velasco proveio da Serra Central e Norte, e não de Guayaquil (Quintero, 2009, p. 15). Assim, as bases sociais do primeiro velasquismo eram menos o subproletariado urbano e muito mais a classe média rural, que se expressou pelo clientelismo rural e terminou por conformar uma nova coalizão política.

Tal como escrevem os historiadores Juan Maiguashca e Liisa North (1991), ambos os autores em disputa realizavam uma análise de classe e sustentavam que o velasquismo era um meio para controlar as massas perigosas. Contudo, as diferenças surgiam ao identificarem a base de sustentação.

> O desacordo nesse ponto parece ser mais uma questão de ênfase, já que ambos os autores concebem o velasquismo como o instrumento político por meio do qual os interesses latifundiários dominantes da Serra "tradicional" e da Costa "capitalista" se aliaram para defender interesses comuns, em um contexto de protesto de massas e, inclusive, rebelião. A partir disso, os dois detectam uma "via junker" de desenvolvimento capitalista. (Maiguashca & North, 1991, p. 91)[15]

15. E ainda: "Em resumo, e apesar da referência à 'via junker', Cueva interpreta o velasquismo como um fenômeno novo: um populismo costeiro, urbano e baseado em massas 'marginais' subproletárias. Para Quintero,

Contudo, o texto de Quinteros ia além, pois, pela crítica a Cueva, questionava as interpretações de índole especulativa sobre o populismo. Em sua opinião, a leitura de Cueva não havia feito mais que reproduzir a hipótese que relacionava voto em Velasco com um setor social (o subproletariado urbano), baseando-se na experiência histórica de outros países latino-americanos, os quais comparou ao Equador (Quinteros, 2009, p. 27).[16]

Nos anos 1970, na Argentina, o debate foi tanto acadêmico como político. A emergente "sociologia crítica", ligada à esquerda acadêmica, não apenas questionava o estrutural-funcionalismo, por considerá-lo uma orientação teórica carente das condições para interpretar corretamente a realidade latino-americana (que, como desenvolvido em capítulo anterior, atribuía especial relevância teórico-epistemológica à dependência como marco comum e ao paradigma da revolução como marco político), mas também conduzia a uma revalorização do peronismo a partir da esquerda. No Equador de 1980, sem dúvida a polêmica apresentava outras arestas, pois

....

representa a consolidação definitiva, pelo Partido Conservador, da hegemonia política da classe latifundiária tradicional da Serra e está baseado nas classes intermediárias da cidade, nos povos e na sociedade rural equatoriana. Ainda segundo Quintero, o conteúdo social e econômico da política de Velasco Ibarra foi uma extensão da política do Partido Conservador. Vale dizer: o velasquismo não teve caráter próprio. Essa é uma discrepância fundamental: Quintero o transforma em expressão pura e simples da hegemonia latifundiária conservadora da Serra, enquanto Cueva lhe dá entidade própria, como solução 'de compromisso', produto da crise de hegemonia. Como consequência, a esmagadora vitória eleitoral de 1933 o converteu em um 'partido *nacional*', capaz de subordinar os interesses capitalistas da Costa. Assim, Quintero chega à conclusão de que o velasquismo foi um mecanismo por meio do qual a 'via junker' (definida como o predomínio da classe latifundiária sobre a burguesia emergente) se estabeleceu no Equador" (Maiguashca & North, 1991, p. 92).

16. E continuava: "A tese de Germani e Di Tella (da qual a sua é uma variante), que interpretava o populismo como uma resposta à situação criada pela massiva migração rural para as cidades e a presença de uma 'massa politicamente disponível' de marginais urbanos, foi a base das interpretações *standard* do velasquismo. Hoje essa tese já não é reproduzida pela comunidade acadêmica, porque a ciência avança também no Equador, apesar das prepotências" (Quintero, 2009, p. 32).

ainda que nela se confrontassem dois intelectuais de esquerda, não houve revalorização alguma do velasquismo. Em um ponto, Quintero compartilhava com Cueva a perspectiva marxista-funcionalista, mas não a caracterização de classe sobre as bases sociais velasquistas.[17] Essa posição se tornaria mais extrema quando, no fim dos anos 1990, uma nova edição do livro no qual foi reproduzido aquele debate mostrou um questionamento do autor não apenas contra o ensaísmo de Cueva, mas contra o amplo uso da categoria "populismo" como conceito geral que abarcava a participação política dos setores trabalhadores e/ou marginais.[18]

17. Mas, além disso, questionava um tipo de enfoque que, no pesado enfrentamento verbal que travou com Cueva, denominou como próprio da "sociologia especulativa e da sociologia subjetiva" (Quintero, 2009, p. 100). Quintero buscava rebater a cientificidade das hipóteses de Cueva e nisso questionava um modo de fazer e produzir conhecimento: o ensaísmo. Cueva e Quintero se confrontaram em um áspero debate no III Encontro de História e Realidade Econômica e Social do Equador, realizado na Universidade de Cuenca, em novembro de 1980. Na transcrição editada e publicada por Quintero (ao menos no que se refere a Cueva, mas não à própria intervenção), seu detrator qualificou sua análise como "empirista". Assim dizia: "O que quero dizer com muita firmeza é que tais hipóteses devem ter muitos erros, devem ter muitas lacunas [refere-se às próprias hipóteses], mas, diante de um empirismo como este que se está esgrimindo contra minhas teses, essas teses valem mais epistemologicamente, valem mais teoricamente, porque, se queremos discutir todo esse fenômeno do caudilhismo, todo esse fenômeno da crise de hegemonia, bom, haveria que escolher outro esquema de interpretação da realidade equatoriana, do qual gostaria de conhecer, a propósito, seu fundamento, para além do que vi em tal paróquia onde ganhou Velasco, os conservadores que apoiaram Velasco etc. Coisas que, repito, são arquiconhecidas e me assombra que algumas pessoas agora as apresentem como novidade. Será que não se está a par do debate histórico aqui ocorrido? Então, são questões importantes" (Quintero, 2009, p. 91-2). Dessa forma, Quintero estaria investindo contra o ensaísmo das ciências sociais, vocacionado para grandes interpretações e generalizações, mas sem suficiente base empírica (ou desprezando-a).

18. Na realidade, desde o princípio Quintero questionou a utilização do conceito de populismo. Sobre isso, Pablo Ospina escreveu: "Para Quintero, 'populismo' é a definição de Lênin sobre os populistas russos. Usá-lo de outra forma incorreria em sociologia subjetiva. O contraste entre os debates acadêmicos argentinos e equatorianos encontra, talvez, um desequilíbrio no sentido de que na Argentina revela suas pontas acadêmicas e polí-

4.3. O DEBATE SOBRE O POPULISMO E A VIA AUTÔNOMA

> *Nenhum erro de interpretação de Marx é mais grotesco do que o que sugere possibilidades de revolução, exclusivamente, nos países industrialmente avançados do Ocidente.*
> — Eric Hobsbawm

Uma segunda chave de leitura nos remete às origens russas do termo (*narodnichestvo*), que considera o populismo a expressão de outra ideologia, não capitalista, vinculada ao estilo de vida camponês e à propriedade comunal. Um autor que analisou os elementos fundamentais do populismo russo, extraindo consequências mais gerais, foi o historiador Andrzej Walicki, em um ensaio publicado na célebre compilação de Ghita Ionescu e Ernest Gellner, *Populismo: sus significados y características nacionales* [Populismo: significados e características nacionais], de 1970. Em seu já clássico artigo, Walicki citava Richard Pipes, que estabelecia dois sentidos para o termo populismo, como configurados na época de Lênin: o primeiro aludia a um uso histórico estrito, em referência a um momento da luta revolucionária russa, por volta de 1870, cristalizado no movimento *narodnik* ("ida para o povo"), encabeçado por setores da *intel-*

....

ticas, enquanto no Equador somente mostra sua aresta intelectual e quase pessoal. No Equador, é um debate no interior do marxismo e de posições que nunca 'revalorizaram' o velasquismo pelas esquerdas. Sempre foi, sem sombra de dúvida, para ambos os autores, um instrumento das oligarquias dominantes (a esquerda equatoriana somente viveu um romance fugaz com o velasquismo em 1944, e desde então romperam para sempre; não foi como no peronismo). Cueva e Quintero escrevem sem nenhum romantismo e sem nenhum movimento popular articulado ao velasquismo, algo que Portantiero e Murmis, sim, possuíam: um movimento operário peronista. Acentuam, além disso, a manipulação e a 'falsa consciência', que Portantiero e Murmis questionam contra as aproximações funcionalistas. Isso tem uma origem política" (Ospina, comunicação pessoal com a autora).

ligentsia russa que buscavam difundir ideias de reforma social entre o campesinato. Um ramo do movimento, mais tarde, derivou ao terrorismo revolucionário, que culminou no assassinato do czar em 1881. Enquanto isso, o outro ramo adotou o ponto de vista marxista. O segundo sentido é mais amplo e se refere a uma corrente de pensamento com diferenças internas, que propunha que o capitalismo não era inevitável, advogando outras vias de desenvolvimento não capitalistas, ligadas ao campesinato e às suas formas organizativas. O campesinato aparecia como depositário de uma virtude, cujas formas organizativas seriam necessárias para alcançar um desenvolvimento harmônico integral da sociedade, em oposição à desintegração vivida nas cidades.

Para Walicki, tal idealização da comuna rural e da recusa do capitalismo coincidiu com a publicação do primeiro volume de *O capital* de Marx, em 1867, no qual se podia ler uma dura descrição das consequências da acumulação primitiva do capital (despossessão, desenraizamento, expulsão à cidade, exploração, aumento da miséria), ao qual se agregava a crítica transmitida pelo próprio Marx em relação à democracia formal. Franco Venturi, historiador italiano, autor de um dos grandes livros sobre o populismo russo, sustentou também que essa crítica ao capitalismo já se encontrava em Herzen, que, depois de participar das lutas operárias na França e na Itália, entre 1848 e 1849, e analisar tais derrotas, concluiu a necessidade de criar uma nova geração para o desenvolvimento de ideias revolucionárias na Rússia — criar uma espécie de ideal psicológico, de um "revolucionário completo". Na perspectiva de Venturi, as ideias fundamentais do populismo russo seriam a desconfiança da democracia em geral, a crença no desenvolvimento autônomo de um socialismo russo, o papel futuro da estrutura comunal russa, a confiança na força do campesinato e a necessidade de criar um "perfil revolucionário", vinculado à ideia de um revolucionário completo (Venturi, 1981, v. I, p. 156-7).

A crítica populista ao capitalismo consolidou a ideia de que era necessário evitar por todos os meios a etapa capitalista, que conduziria à separação entre meios de produção e produtores e ao processo de diferenciação social que implicava retrocesso e desintegração. Nessa linha, os populismos reivindicavam a propriedade comunal da terra, que, de maneira incompleta ou deficiente, ainda existia nas aldeias russas, além de considerar que sua preservação era o caminho mais curto para o socialismo: "o desenvolvimento das relações já existentes entre trabalho e propriedade" (Walicki, 1970).

Por outro lado, essa leitura insiste que o modo como foi lido o populismo se deve muito a Lênin e sua crítica (Díaz Polanco, 1978). Lênin não apenas deu ao populismo uma conotação histórica e sociológica mais concreta, como também percebeu o "rosto duplo de Janus" do populismo, que apresentava uma face reacionária (o socialismo populista, baseado no pequeno produtor) e uma face democrática geral, de caráter progressista (Walicki, 1970, p. 94). Em termos mais concretos, para Lênin, o populismo era uma manifestação contra o capitalismo, que adotava o ponto de vista dos pequenos produtores, arruinados pelo desenvolvimento capitalista, que advogavam tanto pela abolição das formas de exploração desse sistema como das feudais. Também para o teórico russo, os populistas eram românticos, expressavam uma utopia pequeno-burguesa que condensava a idealização das relações econômicas e sociais pré-capitalistas. Há que se destacar, porém, que a crítica leninista era parcial, pois o populismo não seria somente uma reação ao desenvolvimento capitalista na Rússia, mas também em outras latitudes: não seria só uma ideologia de pequenos produtores, mas também a primeira expressão de traços específicos dos países atrasados, cujas estruturas econômicas expressavam uma coexistência conflitiva entre o tradicional e o moderno. Nessa linha, o populismo russo constituiria uma resposta ao capitalismo ocidental, e também ao socialismo ocidental, produto da reação de uma intelectualidade democrática em um país camponês atrasado, que vivia uma fase primitiva do capital (Walicki, 1970, p. 117-20).

Na linha de interpretação desenvolvida acima, a noção de populismo terminou por aludir não só à experiência russa, mas também à de outros países atrasados, que contam ou contavam com uma importante população camponesa. Em tais lugares, a ideia de que o campesinato era depositário dos valores mais nobres do povo foi se espalhando e por isso poderia se consolidar como ator político central, capaz de liderar o processo de reformas. Consequentemente, o populismo apareceu associado aos partidos campesinistas que se expandiram na década de 1920 em diferentes países da Europa oriental, antes de decair após a grande crise de 1930, por variados fatores políticos e econômicos.

O populismo campesinista teve grande repercussão na América Latina, considerando a presença importante de setores camponeses-indígenas nessas geografias. Não é minha intenção expor a trajetória da questão camponesa na América Latina, tema que possui seu peso específico na história dos debates da região. De todo modo, pretendo sublinhar que em nossas latitudes a discussão sobre a chamada "questão camponesa" somente se sobrepôs de modo parcial ao debate sobre populismo – em especial, ao que se refere à valorização do campesinato e suas formas comunais de organização como ponto de partida para a transformação da sociedade. No que diz respeito ao populismo, sua vinculação com a tese campesinista está associada à afirmação de uma espécie de via política específica (alguns diriam "autônoma"), para além da perspectiva capitalista clássica e do socialismo clássico, assentada sobre a valorização das estruturas agrárias camponesas e indígenas, de caráter comunal.

Para dar conta da riqueza dessa leitura, é necessário ter em conta também a obra do "Marx tardio" (Teodor Shanin), que, interpelado pelos populistas russos, se viu levado a reconsiderar as comunidades rurais. A carta a Vera Zasulich, na qual Marx discorria sobre a possibilidade de evitar os males do capitalismo graças à viabilidade de uma revolução sobre a base da comunidade rural (*Obshchina*), os *Cadernos etnológicos*,[19] *Grundrisse* e o *Caderno Kovalevsky*[20] são todos registros nos quais Marx fala sobre a comuna rural russa e outras possíveis formas de produção. Tais textos foram abun-

19. Os *Cadernos etnológicos* de Marx são anotações e registros não ordenados referentes a seus estudos sobre antropologia. A primeira publicação dos *Cadernos etnológicos* ocorreu 89 anos após a morte de Marx. No Brasil, nunca foram publicados. [N.T.]

20. No chamado *Caderno Kovalevsky*, Marx registrou mais de oitenta páginas de anotações sobre o livro do historiador Maksim Kovalevski, que o presenteou em 1879 com um volume chamado *Obshchinnoe zemlevladenie* [A posse da terra comunal]. Não há edição brasileira. [N.T.]

dantemente citados depois do resgate e da difusão de sua obra, na década de 1970. Na América Latina, autores como José Aricó contribuíram de modo decisivo para essa divulgação.

Para ilustrar esse olhar, apresentarei a reflexão de cinco autores sobre o tema: a reivindicação da via autônoma do socialismo, em Mariátegui; a leitura de Aricó sobre o assunto; a crítica marxista do antropólogo mexicano Díaz Polanco sobre as vias autônomas (antropologia crítica e neoindigenismo); a visão neoindigenista do sociólogo boliviano Álvaro García Linera; e, por último, a leitura do argentino Carlos Vilas, que ergue pontes entre o populismo russo e o latino-americano, em sua versão estatista-desenvolvimentista.

O primeiro momento do populismo campesinista remete à obra do já citado autor peruano José Carlos Mariátegui, que no encontro com o mundo andino foi um dos primeiros a valorizar a importância da sobrevivência da comunidade entre as populações indígenas-camponesas no contexto da luta revolucionária. Tais comunidades tinham sobrevivido tanto à colonização quanto à passagem para a república liberal. Para Mariátegui, dois fenômenos se destacavam na realidade peruana: por um lado, o fim do socialismo comunitário incaico e a consolidação de uma ordem feudal; por outro, a sobrevivência da propriedade comunitária, apesar de tudo. O feudalismo a que Mariátegui se referia não tem vinculação com a estrutura comunal agrária, mas sim com outro tipo de propriedade rural, assentada sobre o latifúndio e a servidão dos indígenas (Mariátegui, 1988, p. 51). Por outro lado, é o próprio autor peruano que estabelece a comparação entre a sobrevivência da comunidade no Peru e as comunas russas. Assim escreveu Mariátegui: "O feudalismo deixou analogamente subsistentes as comunas rurais na Rússia, país com o qual sempre é interessante fazer paralelos, porque seu processo histórico se aproxima dos países agrícolas e semifeudais muito mais que dos países capitalistas do Ocidente" (Mariátegui, 1988, p. 64).

Nesse sentido, como sublinham diferentes autores (Flores Galindo, Aricó, Löwy), Mariátegui compartilhava com os populistas russos (embora não os tivesse lido) a fé na comunidade e na possibilidade de uma via autônoma ao socialismo. Certamente, para Mariátegui, se o capitalismo na América tivesse sido dinâmico e vigoroso, a comunidade teria sido dissolvida e os indígenas teriam passado de um regime misto de comunidade e servidão para um regime de assalariados livres, desembocando em um processo de proletarização. Como sabemos, nada disso ocorreu. O latifúndio, sustenta Mariátegui, foi misturando a comunidade com a servidão, mas, ao mesmo tempo, se salvaguardaram elementos que expressam "em parte o espírito e a matéria da antiga civilização" (Mariátegui, 1988, p. 77-8). Esses elementos, vinculados ao socialismo prático, têm a ver com as variadas formas de cooperação e associação dos indígenas (a *minga*,[21] por exemplo), com o coletivismo (da terra, do usufruto, do uso dos pastos e da água). Assim, a defesa do comunismo, longe de fazer-se sobre valores abstratos, se assentaria sobre a prática coletiva. Isso implica reconhecer que mais de cem anos de regime republicano não foram suficientes para fazer do índio um individualista. O comunismo, na realidade, foi sua defesa (Mariátegui, 1988, p. 83).

Em consequência, a solução para o problema do índio (que, para Mariátegui, é a solução da questão nacional) consiste em retomar elementos vinculados ao socialismo comunitário ou prático que seguiam vivos na sociedade peruana e manifestavam possibilidades de desenvolvimento e evolução. Portanto, não haveria necessariamente renúncia aos atributos étnicos. A sobrevivência da comunidade, visível em elementos do socialismo prático, poderia ser a ponta de lança para a mudança social, sintetizada pelo mito ou pela esperança da revolução socialista. Como já assinalamos em um capítulo anterior, essa visão diferia daquela que Víctor Haya de la Torre havia desenvolvido em *El antiimperialismo y el* APRA [O anti-imperialismo e o APRA]. Finalmente, em *Aniversario y balance* [Aniversário e balanço], Mariátegui sustentou que, embora o socialismo não fosse uma doutrina americana como era o capitalismo, teria se tornado, já naquela época, um movimento global (Mariátegui, 1972, p. 248). Não obstante, "o socialismo, enfim, está na tradição americana. A mais avançada organização comunista

21. Do quéchua *mink'a*: mutirão, trabalho coletivo e gratuito com utilidade social. [N.T.]

primitiva de que se tem registro na história é a incaica" (Mariátegui, 1972, p. 249), insistiu Mariátegui, antes de concluir com a célebre frase de que o socialismo na América não pode ser decalque nem cópia, mas criação heroica.

Entretanto, como afirma o ensaísta peruano Flores Galindo (1980, p. 51): "Nada disso foi valorizado com entusiasmo pela Internacional: lhes desagradou a firmeza na autonomia, mas sobretudo a defesa dos camponeses e a proclamação resoluta do socialismo, tudo aquilo que, como sabe qualquer conhecedor da história bolchevique, lhes evocava a velha polêmica entre Lênin e os populistas" (Galindo, 1980, p. 48). O defensor da comunidade teria de se situar próximo a Vera Zasulich ou Herzen, em uma perspectiva diferente e quiçá antagônica à obra de Lênin *O desenvolvimento do capitalismo na Rússia*, livro que Mariátegui não chegou a conhecer. Em 1929, os escritos de Marx sobre o chamado "modo de produção asiático" (inéditos até 1939) eram ignorados. Tampouco se conhecia a correspondência entre Marx e Vera Zasulich, a revolucionária que lhe havia proposto, em 1881, a pergunta sobre se o socialismo exigia ou não uma etapa prévia capitalista (Flores Galindo, 1980, p. 49). É certo que as posições de Mariátegui bem poderiam se associar às de Vera Zasulich, a quem Marx respondeu em uma célebre carta no mesmo ano.

Outra fase se abriu nos anos 1970, quando a América Latina vivia um retorno às posições campesinistas. Em *Mariátegui y los orígenes del marxismo latinoamericano* [Mariátegui e as origens do marxismo latino-americano], de 1978, Aricó voltou a colocar no centro a leitura de Mariátegui sobre Marx, o que permitiu a revalorização do "populismo" mariateguiano e o estabelecimento de alguns paralelos com a intelectualidade russa, remetendo aos estudos de Franco Venturi. Para Aricó, a condenação ao populismo não apenas implicava uma negação de todo movimento ideológico revolucionário "que não esteve conduzido diretamente pelos comunistas", mas também colocava em relevo a brecha entre movimento revolucionário marxista e movimentos sociais latino-americanos (Aricó, 1978, p. XXXVIII-IX). Isso teria acarretado três consequências maiores: a primeira, a exclusão de toda busca original baseada no estudo da realidade social do país, e não em doutrinas sectárias; a segunda, o desprezo pela potencialidade revolucionária do "degradado mundo rural", associado ao atraso; e a terceira, diante do mundo rural, carente de potencial histórico, os comunistas deveriam lutar pela destruição política e ideológica de todas aquelas formas intelectuais vinculadas ao regionalismo, ao indigenismo e ao campesinismo (Aricó, 1978, p. XXXVIII-IX). Assim, o ataque contra Mariátegui, bem como a acusação de "populismo",

> carrega uma conotação infame e cumpre uma função política precisa: a de fechar um tema subjacente às elaborações estratégicas e táticas dos partidos comunistas dos países não europeus dos anos 1920, temáticas que os vinculavam com as indagações marxianas dos anos 1880, quando Marx, ao refletir sobre o caso concreto da Rússia, entreviu a possibilidade de que aquele país, em virtude precisamente de seu atraso e da presença ainda poderosa de uma instituição que sucumbiu muito tempo antes na Europa ocidental, a comuna rural, poderia se esquivar do capitalismo e passar diretamente às formas socialistas de vida e produção. (Aricó, 1978, p. XL)

Em suma, o resgate de Mariátegui apontou para a revalorização de uma perspectiva na qual o populismo e o campesinismo/neoindigenismo se vinculam e projetam nova luz sobre a hipótese revolucionária, nos marcos de um marxismo latino-americano, a partir da possibilidade da via autônoma dos povos não europeus, em uma relação sempre conflitiva entre os diversos modos de produção e tempos históricos. Enfim, o essencial é que tais povos não europeus teriam outras ferramentas para realizar a própria utopia ou revolução histórica.

Curiosamente, no mesmo ano em que Aricó lançava no México seu livro-compilação sobre Mariátegui e as origens do marxismo latino-americano, Héctor Díaz Polanco, que anos mais tarde se tornaria referência do paradigma da autonomia indígena, publicava um artigo crítico sobre o populismo campesinista-indigenista. Certamente, em "Indigenismo, populismo y marxismo" [Indigenismo, populismo e marxismo] (1978), o antropólogo mexicano se aproxima das tensões e diferenças entre esses três polos. O artigo desenvolve uma crítica marxista-leninista ao populismo presente em uma determinada perspectiva indigenista-campesinista. Embora reconhecesse que tal populismo era um pensamento crítico em relação ao capitalismo, Díaz Polanco, em sintonia com o leninismo, o considerava uma crítica romântica e pequeno-burguesa. O ponto é importante, porque Díaz Polanco discutia a atualização das correntes populistas no México, onde encontrava exemplos no campo intelectual no novo indigenismo (indianismo) e na antropologia crítica. Enfim, para Díaz Polanco, essas leituras culturalistas apresentavam dois problemas: por um lado, a idealização da comunidade, a partir da qual se invertia o etnocentrismo pela afirmação da superioridade da sociedade indígena; por outro lado, considerava que seus defensores acreditavam poder realizar esse milagre no interior da sociedade capitalista.

Nos anos 1990, surgiram outros enfoques que, retomando a perspectiva do "Marx tardio", buscaram articular a relação entre indianismo e marxismo. Ali estava o sociólogo boliviano Álvaro García Linera, que lançou uma crítica ao que nomeou de "marxismo primitivo" (García Linera, 2007, p. 149) ou ortodoxo em relação ao mundo agrário, retomando precisamente os textos de Marx sobre a comuna rural russa. Nessa linha, apoiando-se nas reflexões do marxismo crítico, García Linera sublinhou a importância de uma concepção multilinear da história na obra tardia de Marx. Na introdução ao *Caderno Kovalevsky*, García Linera afirmava que, em conjunto, Marx havia desdobrado uma visão complexa do desenvolvimento histórico, muito diferente dos esquemas lineares (e racistas) apresentados pela II Internacional, que depois foram sistematizados por Stálin em *Materialismo dialético e materialismo histórico* e numerosos manuais de divulgação da ortodoxia comunista (García Linera, 2008 [1989], p. 27). Na América Latina, tanto o trotskismo como o stalinismo compartilhavam essa visão linear e gradualista, canonizada pelo stalinismo. Nesse sentido, García Linera alertava que, ao analisar o caso da comunidade incaica, Marx havia demonstrado a existência de outras possíveis formas de produção. Em suma, sobre esse tema García Linera resgataria de Marx duas ideias centrais que tinham a virtude de interpelar as esquerdas bolivianas: por um lado, Marx havia tomado nota do caráter revolucionário da comunidade camponesa; por outro, também havia sinalizado a existência de forças externas e internas que empurravam para sua dissolução (García Linera, 2008 [1989], p. 38).

Para fechar esse levantamento, quero mencionar um enfoque que, de maneira diferente, explora as relações entre o populismo russo e o latino-americano. Por certo, em uma importante coletânea sobre o populismo publicada em 1994, o argentino Carlos Vilas sustentou que os populistas russos não questionavam o capitalismo em si, tampouco propunham a abolição da propriedade privada, mas consideravam que, diferentemente da Europa, as particularidades do capitalismo na Rússia — e, por extensão, nos países atrasados — faziam deste um fenômeno transplantado, artificial, ilegítimo e, portanto, inviável. O capitalismo russo, desde cedo monopolista, tornou-se um mecanismo de enriquecimento para a minoria, que, além disso, operava como freio para o desenvolvimento geral da economia, não contribuía para a ampliação do mercado e terminava por gerar mais miséria. Em razão disso, a proposta dos populistas russos seria de "uma industrialização não capitalista sob auspícios do Estado" (Vilas, 1994, p. 31), que poderia ser realizada por duas vias, a saber: por um lado, a estatização da grande propriedade e a produção em larga escala; e, por outro, a ampliação e a proteção da pequena propriedade camponesa e artesanal. Nessa via de interpretação, segundo Vilas, notavam-se numerosos laços com as experiências populistas de meados do século XX na América Latina: entre elas, primeiramente, a ideia de que o populismo entra nas sociedades periféricas na fase monopolista e de concentração industrial-financeira, daí a desconfiança em relação à grande propriedade; em segundo lugar, a consideração de que o consumo é uma forma de realização do excedente e que, portanto, se poderia combinar acumulação e distribuição; em terceiro, a importância da hipótese conspirativa (os inimigos do projeto são externos); e, por último, a necessidade ou ênfase no papel ativo do Estado (Vilas, 1994, p. 36-7).

O DEBATE EM CHAVE NACIONAL-POPULAR

O duplo caráter do nacional-popular

Durante os anos 1970, junto das análises sobre as condições socioeconômicas e as formas possíveis de expressão política, foi acrescentado outro modelo de interpretação, que principiava por constatar que nenhuma das teorias existentes sobre o populismo reconhecia, de modo específico, a existência de um sujeito constituído pela experiência nacional-popular. De fato, tanto a hipótese da manipulação das massas como o recurso à demagogia pelo líder se esquivavam ou esvaziavam essa dimensão constitutiva (Valenzuela, 1991). Já essa leitura buscava independência em relação à análise do chamado "momento populista", para torná-lo mais extenso, nutrindo-se da perspectiva gramsciana sobre o nacional-popular e de seus esboços sobre os processos de construção de uma vontade nacional coletiva e contra-hegemônica.

Em *La cola del diablo: itinerario de Gramsci en América Latina* [O rabo do diabo: percurso de Gramsci na América Latina], José Aricó (1988) recordava que a difusão das ideias do autor italiano no subcontinente ocorreu em dois momentos históricos diferentes: entre 1960 e 1970, marcado pela ilusão de Cuba e a guinada para as ditaduras no Cone Sul; e em 1980, década caracterizada pela decomposição dos regimes autoritários. Uma chave fundamental era a irredutibilidade de Gramsci à matriz leninista-vanguardista. Esse resgate de Gramsci abria a possibilidade de articular uma nova leitura, de mãos dadas com outros conceitos, entre eles os de "hegemonia", "nacional-popular", "revolução passiva" e "Estado ampliado". A possibilidade de ler esses conceitos no espelho da realidade latino-americana remetia ao fato de que a sociedade sobre a qual Gramsci tinha escrito (a Itália do período entreguerras) era sem dúvida mais próxima da América Latina do que as outras sociedades europeias.

Ora, o que se entende por "nacional-popular" e como pensá-lo em chave latino-americana? No artigo "Gramsci en clave latinoamericana" [Gramsci em chave latino-americana], Juan Carlos Portantiero (1991) refletiu sobre a categoria de nacional-popular, conceito que se encontra em *Cadernos do cárcere: Maquiavel, notas sobre o Estado e a Política* (2000 [1949]) e alude às tradições populares (em especial, a literatura) e ao processo de construção de uma vontade coletiva. Portantiero afirmava que Gramsci não tinha uma visão "populista" do povo, não o via como o reino do puro e incontaminável. Ao contrário, considerava que nele coexistiam de maneira contraditória tradições conservadoras, que refletiam condições de vida passadas, e extratos de inovação, criação e progresso. "O que Gramsci propõe como processo de construção da 'vontade coletiva nacional-popular' é a necessidade de um nexo entre a cultura moderna, laica e científica e os núcleos de 'bom senso' no seio da contraditória cultura popular. [...] As reflexões sobre a hegemonia não fazem mais que coroar seu discurso sobre o nacional-popular como categoria fundante da possibilidade de uma mudança histórica" (Portantiero, 1991, p. 152-7). Daí que a questão central para Gramsci passava pela relação entre intelectuais e povo, pela chamada "reforma moral e intelectual", assim como pela ideia de que nem sempre as classes subalternas podem superar o horizonte corporativo econômico, converter-se em grupos contra-hegemônicos e agrupar-se ao redor de uma vontade coletiva nacional-popular. Para Gramsci, essa construção coletiva supunha como alternativa uma articulação entre democracia e socialismo. Contudo, à luz da história política latino-americana, refletia Portantiero, o que apareceu ligado à categoria de nacional-popular não foi exatamente a alternativa do socialismo — a relação entre o nacional-popular e o socialismo foi, na verdade, bastante acidentada —, mas sim a alternativa do populismo. Em razão disso, Portantiero propunha uma análise dos populismos existentes, por trás dos quais notava a articulação de um olhar antropomórfico do Estado (o caudilhismo paternalista) como tema central da ação política.

Em uma linha semelhante, enfatizando o duplo caráter do nacional-popular, encontram-se também os trabalhos do boliviano René Zavaleta, que sustentava que cada povo herdava tendências contraditórias. Assim, na tradição mexicana estaria a rebelião democrática, mas também a lembrança da servidão. O mesmo ocorreria na tradição alemã, em cuja cultura encontramos, concomitantemente, um sentido de organização política e de antissemitismo. Por esse motivo, seria necessário operar a reforma intelectual e moral, ou seja, um resgate e uma seleção, pois nem o proletariado nem o povo em geral são portadores inerentes de um programa progressista. A massa pode se constituir também pelas interpelações reacionárias; pode desagregar-se, pode ser que nunca se constitua como sujeito popular autodeterminado. Não por acaso, Zavaleta partia também da constatação das sociedades latino-americanas como desarticuladas e, em especial, a boliviana, como uma sociedade *abigarrada*, na qual se sobrepunham hierarquicamente diferentes temporalidades e formas de organização social, política e cultural. De fato, os conceitos de "multidão" e "massa" são mais amplos que os de "classe" e "proletariado", revelando-se necessários para entender a estruturação do nacional-popular. Enfim, o objetivo que Zavaleta propôs para o estudo dos acontecimentos políticos bolivianos, sobretudo da revolução de 1952 e da constituição do "poder dual", era analisar a estrutura do nacional-popular na Bolívia, no sentido da autodeterminação e da liberdade.[22]

Em suma, o que se problematiza nessa linha de interpretação é a possibilidade de construção do sujeito popular como bloco de poder contra-hegemônico, isto é, oposto ao princípio geral de dominação. Em razão disso, como já se disse, os populismos trazem à tona, cedo ou tarde, uma perturbadora e incisiva pergunta,

22. Nessa linha, Zavaleta avançou em sua discrepância com as leituras que assimilavam o populismo e o bonapartismo, quando afirmava: "Se a conotação básica do populismo é a subsunção do dado classista no popular como massa congregada, então é uma modalidade, sem dúvida, não incompatível com a lógica do bonapartismo" (Zavaleta Mercado, 2006, p. 44). Apesar da relação de um e outro com o Estado, há um traço diferenciador das experiências populistas mais características, entre elas, o zapatismo no México, ou o MNR na Bolívia de 1952: aqui, a massa se constitui à margem, ou ainda contrária ao Estado, apodera-se da iniciativa e em muitos casos ultrapassa ou desordena o marco estatal. Isso expressa uma diferença importante em relação ao bonapartismo, que, por seu caráter, circunscreve a iniciativa em profundidade à culminação concentrada do poder. "No bonapartismo, as massas estão à mercê do poder; no populismo, o poder está à mercê das massas" (Zavaleta Mercado, 2006, p. 44).

fundamental para a política: que tipo de hegemonia se está construindo? Trata-se de uma hegemonia popular-democrática ou do tipo popular-organicista ou regional-estatal? Isso é o que, em meu juízo, constitui a chave nacional-popular.

Populismo, política e hegemonia

Nesse sentido, uma das leituras mais reconhecidas dentro do mundo acadêmico é a do argentino Ernesto Laclau, que propôs uma interpretação mais ampla e geral do populismo, associando-o à construção de um projeto hegemônico popular-democrático. Desde os primeiros escritos, Laclau desenvolveu uma teoria do antagonismo não classista, baseado na ideia de que o populismo seria uma forma específica de articulação.

Convém, entretanto, assinalar junto com vários autores — entre eles Retamozo (2006) e Aboy Carlés (2005; 2010) — que a obra de Laclau sobre o populismo atravessa diferentes fases. A primeira, nos anos 1960 e 1970, foi althusseriana, quando Laclau se perguntava sobre os vínculos problemáticos entre classes e populismo, buscando escapar do reducionismo economicista. Para isso, distinguia entre a luta de classes, que se estabeleceria em nível de relações de produção, e a luta popular-democrática, que existiria no campo das relações político-ideológicas e poderiam ser articuladas em um ou vários discursos de classe. O populismo seria uma forma determinada de articulação de um ou vários discursos de classe. Ou, ainda, seria uma forma determinada de articulação das interpelações popular-democráticas. Dito de outro modo, o discurso populista teria o mérito de constituir o "povo" sob a forma de "interpelações democrático-populares". Contudo, havia diferentes tipos de populismo: de classes dominantes (fascismo, peronismo) e de classes dominadas (socialismo). Nessa primeira época, Laclau destacava uma continuidade possível entre populismo e socialismo, assim como abria a possibilidade de pensar o populismo como fascismo.

Uma segunda etapa se iniciou com o livro escrito com Chantal Mouffe, *Hegemonía y estrategia socialista* [Hegemonia e estratégia socialista] (1987), no qual os autores aprofundaram a diferença entre as lutas populares e as democráticas a partir de uma perspectiva pós-marxista e pós-estruturalista. Nessa época, porém, o objetivo de Laclau não era o estudo dos populismos, mas, sim, dos novos movimentos sociais, entendidos como uma tentativa original de formação contra-hegemônica. A partir do novo paradigma teórico, não haveria identidades pré-constituídas, tampouco um sujeito político privilegiado; todos os atores teriam de lutar dentro das próprias esferas em um espaço político plural e, assim, construiriam sua identidade coletiva por meio da articulação de significados.

Finalmente, uma terceira etapa se consolida no livro *A razão populista* (2005), no qual Laclau se insere nos debates atuais sobre o tema (como veremos adiante). Nele, o autor volta a concentrar interesse nos populismos, refinando mais sua concepção. A base do populismo é a divisão que ordena o espaço do social em dois campos antagônicos: povo e bloco de poder. Isso é o que Laclau denomina "a ruptura populista", que articularia três dimensões: a equivalência de demandas insatisfeitas, a cristalização de todas elas em torno de certos símbolos comuns e a emergência de um líder cuja palavra encarna o processo de identificação popular. A conformação de um sujeito popular não se explicaria pelo ato de somatória entre elementos pré-constituídos, mas sim como um processo de articulação (cadeia de equivalências entre demandas subalternas), que configura esses mesmos elementos.

Nessa última obra, Laclau não apenas identifica o populismo como uma lógica inerente ao político. Há também, como mostram Gerardo Aboy Carlés (2010) e o uruguaio Francisco Panizza (2009), uma espécie de deslocamento do político entendido como hegemonia em direção ao político entendido como populismo.[23]

23. Voltarei mais adiante ao tema, na análise dos debates atuais.

Entre a tentação hegemonista e o unanimismo

Os trabalhos dos argentinos Emilio de Ípola e Juan Carlos Portantiero contribuíram para problematizar a questão da constituição do sujeito popular sob uma perspectiva gramsciana, que veio a polemizar abertamente com a visão filopopulista de Laclau. Em um conhecido artigo publicado em 1987,[24] esses autores se incumbiram de refletir sobre "o nacional-popular e os populismos concretos", a partir de um enfoque que privilegiava a análise das classes sociais como sujeitos da ação histórica, isto é, que apontava para dar conta (ou não) da passagem de uma ação corporativa para o processo de "descorporativização" das classes sociais. Em termos gramscianos, os autores afirmavam que o terreno do nacional-popular é o senso comum, no qual se alojariam tendências contraditórias, ou seja, tanto para ruptura como para integração. De modo que, longe de ser um sistema coerente que condensa a resistência ou a opressão, o nacional-popular seria, enfim, um "campo de luta, no qual coexistem todas as concepções de mundo e de vida" (De Ípola & Portantiero, 1995, p. 530).

O objetivo dos autores era discernir o caráter da ideologia e dos movimentos populistas que existiam na realidade. Igualmente, o populismo como ilustração do nacional-popular expressaria um duplo processo: por um lado, a constituição do povo como sujeito político; por outro, a construção de uma ordem estatal nova. Ora, no artigo citado, De Ípola e Portantiero (1995) propunham a distinção entre o nacional-popular e o nacional-estatal. Mais ainda, analisavam o modo como se produzia, na passagem de um para o outro, a captura do nacional-popular pelos populismos. Tal "captura" era sintetizada pelos seguintes passos: em primeiro lugar, operava-se um deslocamento dos elementos antagônicos presentes nas demandas populares, definindo-se a oposição apenas contra uma expressão particularizada (a hegemonia oligárquica, o antipovo). Depois, interferia-se nessas demandas com a própria matriz doutrinária da elite que conduzia o movimento. E, final-

24. Reeditado na compilação de Vilas (1995).

mente, recompunha-se o princípio geral da dominação pela fetichização do Estado (agora "popular"), implantando uma concepção organicista da hegemonia.

Para além da inegável agudeza da análise, o ponto de partida dos autores é que haveria uma concepção fortemente organicista nos populismos que existiam na realidade, da qual o processo de "captura" analisado estava longe de constituir um "desvio". Assim, o problema principal seria que o populismo estabelece o povo sobre uma base de premissas organicistas, que o reificam no Estado e negam seu desdobramento pluralista, transformando as diferenças articuladas no campo popular em oposição frontal, por meio da divisão "amigo/inimigo". Esse processo teria como desfecho a mitificação do líder que personifica a comunidade. Em termos concretos, o peronismo ilustraria plenamente esse modelo de constituição do sujeito político, assim como sua submissão ao Estado encarnado por um chefe carismático. A crítica contra Laclau se assenta em diferentes aspectos: por um lado, não haveria continuidade, mas ruptura, entre populismo e socialismo;[25] por outro, nenhum populismo concreto seria antiestatal e, portanto, longe de ter um papel provisório, o Estado teria um papel central no populismo.

Claro que isso não significava que o populismo não contém elementos progressistas. Em um texto anterior, De Ípola (1982) realizara uma análise (discursiva) das articulações progressistas, insistindo na ideia de que a reivindicação do nacional-popular não era algo "episódico" ou uma dimensão secundária e discursiva na política do peronismo. Estamos longe das leituras germanianas sobre a adesão irracional das massas ao líder. Mas o reconhecimento de elementos positivos não pode nos levar a ocultar algo constitutivo do fenômeno peronista, isto é, a subordinação do nacional-popular ao nacional-estatal e, portanto, ao princípio geral de dominação (De Ípola, 1982, p. 163).[26]

25. O que mais tarde foi efetivamente reconhecido por Laclau, que em suas obras posteriores não insistiu no tema.

26. O livro de De Ípola consagra dois artigos ao estudo do fenômeno populista, em termos de chave nacional-popular. No primeiro capítulo ("Populismo e ideologia I"), De Ípola critica a primeira obra de Laclau sobre o tema e

Igualmente, em outro texto, Portantiero sublinha a tensão entre os dois princípios (o popular e o estatal), que apareciam associados à visão latino-americanista que coloca o Estado no centro e que, pelas vias do caudilhismo paternalista, coroa a articulação das massas e do Estado com uma visão antropomórfica de identificação com o líder. Em contraste com essa perspectiva estatista, a percepção dos socialistas europeus seria "societalista", supondo que, "diante de um Estado fechado para participação, a presença das massas neste apenas poderia ser garantida pela irrupção da sociedade, fosse essa molecular ou violenta" (Portantiero, 1991, p. 156).

Em outras palavras, a centralidade da matriz estatista, gerada de cima, colocava o líder como chave-mestra do nacional-popular e explicaria seu caráter refratário a qualquer tentativa de construção de um sujeito popular autodeterminado. Em outros textos, denominamos esse traço constitutivo do populismo de "unanimismo" (Martuccelli & Svampa, 1997). Com ele, nos referíamos a uma concepção política que sempre encontra dificuldades para conceitualizar o conflito e, inclusive, para deixar um espaço político a outros partidos. O unanimismo aspira, ao contrário, impor (sobretudo de maneira simbólica, dadas as limitações práticas) uma concepção unitária de corpo social, cuja maior formulação teórica não se apresenta nunca como uma versão oposta da democracia. Por outro lado, o unanimismo não rechaça a aritmética eleitoral e o princípio individualista sobre o qual se assenta. Ao contrário, em suas versões latino-americanas, o recurso às urnas é o caminho pelo qual se afirma uma representação "orgânica" da sociedade.

....

assinala a ausência de alguns elementos teóricos e históricos, entre eles o "desconhecimento e a distância existentes entre as condições diretas de produção e as condições de recepção dos discursos sociais" (De Ípola, 1982, p. 119). Como alerta Valenzuela (1991), De Ípola chamava atenção para os componentes não discursivos do populismo, que não teriam sido levados em conta por Laclau. Por outro lado, e citando um conhecido texto de Juan Carlos Torre (1982), De Ípola fazia referência ao processo-chave de deslocamentos da condução da CGT, por parte de Perón em 1946 (sob a direção de Luis Gay, tratava-se de uma central independente e fundadora do Partido Laborista), e sua substituição por uma direção sindical incondicional, que implicou o fim da autonomia do movimento operário e sua "peronização".

Por último, o unanimismo não se apoia exclusivamente sobre uma concepção estamental da sociedade, a partir da qual esta seria vista como um conjunto de unidades hierarquizadas, nas quais o superior incorpora o inferior. Diferentemente, se as hierarquias são respeitadas, seriam-no no seio de uma matriz igualitarista e, em alguns momentos, plebeia. Por isso também a infinidade de análises centradas em torno do caráter híbrido dos movimentos nacional-populares, processos de democratização articulados com princípios antiliberais, que conjugam a ampliação da base de inclusão social com a denegação do espaço de deliberação política.[27]

Na Argentina dos anos 1980, aprofundava-se a pergunta sobre a relação entre os populismos existentes e a democracia. Certamente, em um contexto histórico que remetia ao processo pós-ditadura, as leituras não apenas reforçavam a explicação da escolha racio-

27. Se o totalitarismo é a alteridade acabada e oposta à democracia, o unanimismo é precisamente seu inverso complementar. Daí que, se o horizonte final da política na América Latina foi sempre a democracia (todas as rupturas constitucionais foram entrevistas como "transições", todas as rupturas tenderam a legitimar-se sempre, ainda que plebiscitariamente, pelas urnas), o unanimismo foi, constantemente, seu desafio mais importante. A confusão maior provém do fato de que, enquanto a democracia se distingue e se opõe ao unanimismo, este último pretende prolongar e encarnar a democracia. No caso argentino, dizíamos nesse mesmo texto, o unanimismo informa sobretudo as concepções movimentistas, tanto a concepção de política da tradição da União Cívica Radical (UCR) [antagonista do peronismo] como a do peronismo. Ambas as correntes políticas e suas duas expressões históricas maiores, os "dois movimentos históricos", compartilham uma concepção "rousseauniana" da soberania popular (Palermo, 1985, p. 102), mesmo que seja sobretudo no peronismo que se agudize uma concepção de exercício da democracia como expressão da "vontade geral". Nele, o líder aparece como a única figura possível de uma representação, à medida que não permite nenhuma institucionalização autônoma e advoga um vínculo direto, transitório e intransferível. Em sua versão movimentista, o unanimismo é portador de uma verdade fundamental, que impede todo conflito legítimo e reduz o adversário ao papel de inimigo, seja do "povo" — como no peronismo —, seja da "democracia" — como no radicalismo.

nal da classe operária pelo peronismo,[28] como também buscavam indagar sobre a relação entre peronismo e democracia. Assim, uma das perguntas de Juan Carlos Torre era como combinar um movimento de reforma política e social, comandado por lideranças plebiscitárias, com a preservação de um espaço pluralista e democrático. Em uma linha de inflexão histórica, Torre agregaria que o apoio das massas a Perón foi um fenômeno político que violentou a consciência de toda uma geração de intelectuais, para os quais havia uma continuidade entre o mundo do trabalho, o progresso social e os valores democráticos (Torre, 1991). Perante um movimento que questionava a consistência dessa convicção, a reação natural foi buscar uma interpretação-refúgio. A noção de "desvio" cumpriria a função de colocar a salvo as crenças ameaçadas.

Perguntas dessa ordem atravessavam também a leitura mais recente de Gerardo Aboy Carlés, que analisou a emergência e a consolidação de uma matriz populista na Argentina, ilustrada tanto pelo yrigoyenismo[29] como pelo peronismo, caracterizada por uma grande ambiguidade. Ambos os movimentos se propunham a uma representação da nação em sua totalidade, adotando a forma de uma fronteira radical, uma ruptura em relação à ordem política e social prévia. "Nação e ruptura, para ser mais preciso, referência nacional-estatal e referência nacional-popular, tiveram no início uma convivência conflituosa, que caracterizaria o devir político argentino" (Aboy Carlés, 2001, p. 312). O hegemonismo estaria ligado, então, ao processo de constituição das identidades políticas e à expansão da cidadania. Não obstante, as leituras predominantes buscaram sublinhar um ou outro elemento. Ou pretende-

28. A resposta positiva da classe operária à convocatória de Perón, longe de ser, então, um fenômeno de anomia ou uma síndrome clientelista, expressava o resultado de uma escolha racional, que opunha as desvantagens da ordem social anterior às oportunidades outorgadas pelo novo regime. Essa linha interpretativa, assentada sobre a escolha racional e a oportunidade política, percorre vários dos trabalhos dos sociólogos e historiadores argentinos Juan Carlos Torre (1991; 2012) e Ricardo Sidicaro (1999).

29. Referente ao presidente Hipólito Yrigoyen, que governou a Argentina entre 1916 e 1922 e novamente entre 1928 e 1930. [N.T.]

ram ver no fenômeno populista um mero transformismo, assentado na capacidade de manipulação do líder e na referência à ideia de povo-uno sob a figura da "comunidade orgânica", ou tenderam a enfatizar a dimensão revolucionária da ruptura (Aboy Carlés, 2001, p. 311-2). Ambas as ênfases obscureciam a riqueza do conceito de populismo. Fato é, porém, que nem o yrigoyenismo nem o peronismo se conceberam como partes de um sistema político pluralista. Ainda segundo Aboy Carlés (2001, p. 313), a sobrevivência dessas concepções hegemonistas e o debate pela apropriação de elementos comuns haviam sido um fator significativo da crônica instabilidade política argentina.

Em suma, tais reflexões sobre os limites do populismo, sobre o duplo caráter do nacional-popular e sua articulação com a hipótese populista, e, ainda mais, sobre a inerente tentação hegemonista ou unanimista que percorre os populismos existentes na realidade atravessaram as preocupações de um setor das esquerdas latino-americanas, sobretudo entre os anos 1980 e 1990. Estas buscavam não apenas avançar na possibilidade de construção de um sujeito popular autônomo, como também realizar uma leitura da política no espelho da democracia. Tal concepção unanimista (e seus efeitos sobre a vida política e o futuro da democracia) foi um dos temas centrais dos estudos políticos realizados nas últimas décadas. De múltiplas maneiras, e a partir de diversas perspectivas, tratava-se de mostrar sua permanência e seus limites, assim como suas transformações sucessivas.

No contexto da crise do marxismo, da crítica pós-estruturalista e da virada linguística, os anos 1980 e 1990 testemunharam os desdobramentos de numerosos estudos ancorados na perspectiva da análise do discurso. Já o primeiro ensaio de Ernesto Laclau, ainda que apresentasse uma visão mais geral do fenômeno populista, tinha como eixo as interpretações discursivas (1978), embora não necessariamente desligadas da estrutura social. Porém, os trabalhos posteriores sobre os novos movimentos sociais (1987), realizados com Chantal Mouffe, propunham uma ruptura em relação à ideia de um sujeito político pré-constituído a partir do social.

Duas das interpretações mais influentes sobre o peronismo a partir da análise do discurso foram os trabalhos de Emilio de Ípola

(1982), já mencionados, e de Silvia Sigal e Eliseo Verón (1986). Neste último texto, os autores se propunham a estudar a produção discursiva[30] associada a um campo de relações sociais, o qual abarcaria do estudo do discurso de Perón em suas diferentes etapas até o discurso da organização guerrilheira Montoneros. A partir de uma "teoria do observador" (não do ator), os autores analisavam o modo como o peronismo havia significado a aparição de um novo estilo político, novidade confirmada pelo próprio estilo discursivo de Perón, que se reapropriara de elementos democráticos do discurso opositor, inserindo-lhe em um espaço dicotômico, no qual se destacava a oposição entre oligarquia "fraudulenta e exploradora" e o povo explorado e trabalhador (Sigal & Verón, 1986). Contudo, à diferença de Laclau, tanto o trabalho de De Ípola como o de Sigal e Verón destacavam aspectos organicistas do discurso peronista e a intenção do líder de se apresentar como encarnação da totalidade do corpo social. Essa concepção movimentista da política e da sociedade conduzia à rejeição de uma visão conflitiva do social, mas, ao mesmo tempo, apoiava-se constantemente na insistência da oposição amigo/inimigo, como forma de contrapor os supostos perigos existentes e os efeitos de dissolução produzidos por estes na esfera política.[31]

30. Os autores afirmavam que a análise dos discursos sociais era o "único caminho para acessar os mecanismos imaginários e simbólicos associados à ação" (Sigal & Verón, 1986). O sentido não é objetivo nem subjetivo; é uma relação complexa entre a produção e a recepção, no seio das trocas discursivas.

31. A virada linguística não é exclusivamente argentina. Para o caso do Equador, como foi resenhado por Carlos de la Torre (1993), a quem seguimos nesse ponto, essa mudança permitiu uma revisão da profusa produção discursiva de Velasco Ibarra. Entre os tópicos do discurso, destacam-se o reconhecimento da existência do problema social, o antagonismo e a rejeição da perspectiva comunista (o "socialismo bolchevique"), a incorporação do índio e o reconhecimento dos direitos dos mestiços, tudo isso sob uma concepção hierárquica da sociedade (De la Torre, 1993).

A chegada da perspectiva plebeia

Nas últimas décadas, emergiu um novo enfoque, que propõe uma abordagem da história "vista de baixo" e enfatiza a afirmação do plebeu como componente essencial das formas de participação do popular, no contexto dos populismos. A análise desses elementos — que foram assinalados por diferentes historiadores latino-americanos —, na configuração de uma identidade popular, dará origem ao que poderíamos denominar *perspectiva plebeia*, que encontrou uma chave de leitura a partir da utilização dos conceitos do marxismo inglês, provenientes da obra de Edward Palmer Thompson e Raymond Williams.[32]

Essa dimensão do plebeu nos remete novamente à história da América Latina na época das lutas políticas pós-independência, nas quais a democracia aparecia associada ao inorgânico e ao transbordamento plebeu. No século XX, as diferentes experiências nacional-populares realocaram a figura do plebeu no centro da cena política. Nesse sentido, o populismo aparecia marcado pela ideia de "excesso", na qual convergiam, por um lado, a irrupção popular no espaço público e, por outro, a tentação unanimista do líder, sob a figura do "povo-uno" (Martuccelli & Svampa, 1997). Tal associação entre o plebeu e as formas de participação do popular veio a percorrer, sem dúvida, grande parte dos países latino-americanos, cristalizada na imagem da "invasão" dos pobres e excluídos, que descem dos morros, da serra, das províncias, para "cercar" ou "sitiar" o centro político e econômico das cidades (Saint-Upéry, 2008b).

A perspectiva plebeia encontra diferentes ilustrações racionais, entre elas, o caso argentino e o equatoriano. Para o caso da Argentina, um dos aportes mais significativos é o estudo sobre

32. Conceitos como de "economia moral da multidão", de E. P. Thompson, assim como de "estruturas de sentimento", de Raymond Williams, alimentam essa perspectiva plebeia. Segundo Marc Saint-Upéry (2008a, p. 78), a expressão "perspectiva plebeia" aparece no artigo do cientista político e americanista britânico James Dunkerley, que se apoiou nas antecipações de René Zavaleta.

o peronismo realizado pelo historiador Daniel James (1991), que em seu clássico livro *Resistencia e integración* [Resistência e integração], publicado em 1930,[33] analisou o modo como o peronismo forjou uma identidade cultural, que significou uma ruptura com outras culturas operárias do período – uma fórmula que deve seu êxito à capacidade do peronismo de dotar as classes trabalhadoras de um sentimento de protagonismo social e político, ao associá-las à representação de uma Argentina industrial. Mas, sobretudo, nessa fase, o peronismo permitiu a expressão contraditória de duas ordens de realidade em uma única consciência de classe. Por um lado, a lealdade ao movimento que pregava a harmonia de classes, a necessidade de subordinar os interesses dos trabalhadores aos da nação e a importância de obedecer com disciplina a um Estado paternalista. Por outro, a aparição de formas de resistência operária e a consolidação de uma contracultura. Por último, a classe trabalhadora demonstrou capacidade para defender seus interesses, ao mesmo tempo que desafiou as formas estabelecidas das hierarquias sociais e os símbolos de autoridade.

O núcleo da interpretação de James destaca que os debates sobre a nova e a velha classe trabalhadora e sobre a organização formal da classe operária passaram superficialmente pelas formas concretas de mobilização e protesto social, representadas nos acontecimentos. Em sua perspectiva, o movimento também havia veiculado uma cultura política contestatória, que inclusive estabelecia um sentimento de "blasfêmia" contra as normas da elite tradicional. Em um artigo anterior, publicado em 1987 e baseado em entrevistas, James analisava os acontecimentos das históricas jornadas de 17 e 18 de outubro de 1945[34] e, em chave thompsoniana, desdobrava uma leitura que dava conta de uma situação de transbordamento popular nas marchas dos diferentes centros urbanos, uma atmosfera carnavalesca, de quebra das normas tradicionais e ataque a

33. A primeira edição em inglês é de 1988.

34. Datas marcadas por grandes manifestações em Buenos Aires em apoio a Perón, que foi preso depois de renunciar aos cargos que ocupava no regime militar instalado por um golpe de Estado em 1943. [N.T.]

diferentes instituições representativas. Esse comportamento festivo e carnavalesco, que podia levar a situações violentas, corresponde ao que Thompson denomina como "contrateatro", isto é, o questionamento da autoridade simbólica. Tais ataques, que revelaram a distribuição do poder cultural desigual, também ilustravam o modo como as hierarquias sociais se expressavam, sobretudo por meio da relação assimétrica entre o centro e a periferia. James (1987, p. 124) afirma: "Os acontecimentos de outubro violaram as convenções vigentes: os subúrbios invadiram o centro".

Tais condutas plebeias mostravam uma clara distância da versão canônica oficial sobre a marcha à Praça de Maio (imagem de harmonia social e individual da família operária), mas também da "outra versão oficial", que ligava o 17 de outubro a elementos lúmpens. Cabe esclarecer que a explicação de James não pretendia substituir a leitura estrutural por uma culturalista, mas tentava iluminar outros aspectos de um fenômeno tão complexo e ambivalente como é o peronismo, mostrando esse caráter herético que tais instituições consideradas "legítimas" adotaram, a partir das quais os setores subalternos buscavam o reconhecimento de seu valor e de sua experiência.

Nesse sentido, em uma pesquisa já citada que realizamos junto a Danilo Martuccelli, publicada em 1997, retomamos o conceito de "estrutura do sentir" para aplicá-lo ao estudo das transformações do peronismo.[35] A presença de um conjunto de processos e de elementos opostos nos permitia falar, para o caso argentino, em termos de estrutura de sentir e de experiência, mais que de ideologia e "classe", ou seja, de representações elaboradas a partir de experiências sociais primárias, interpretadas por práticas acumuladas e traduzidas em experiências simbólicas. Nesse estudo, nós nos perguntávamos também, diante do auge da política neolibe-

35. Sobre esse conceito, Williams (1980) se refere a um tipo de sentimento e de pensamento efetivamente social e material, que se encontra em uma espécie de fase embrionária, sem de fato dar lugar jamais a formas plenamente articuladas e definidas, a saber, uma dimensão especificamente qualitativa e nunca inteiramente incorporada nas formas fixas e institucionais.

ral sob o menemismo,[36] o que ficava da dupla realidade constitutiva dessa estrutura de sentir, quando a já tradicionalmente frágil consciência de classe se debilitava ainda mais e quando a contracultura herética do peronismo parecia diluir-se. Na verdade, dizíamos naquele tempo, assistíamos a uma progressiva erosão dos valores "trabalhistas" do peronismo e a uma redução do peronismo, de maneira cada vez menos dinâmica, a certas referências sobre o bem-estar social passado. E, no entanto, a dupla fragilidade não significava anulação do peronismo como marco primordial da percepção social. O peronismo continuava sendo a matriz a partir da qual uma parte importante dos setores populares ainda vivia a política, embora esta se tenha reduzido cada vez mais à experiência do esquecimento, do abandono, da humilhação.

Por último, no Equador, a perspectiva plebeia ou de baixo aparece ilustrada pelo estudo de Maiguashca e North, que aceitaram o desafio da polêmica Cueva-Quintero para analisar (mais uma vez) as origens e os significados do velasquismo. Em um longo artigo publicado em 1991, os autores criticavam o enfoque de classes, desenvolvido tanto por Cueva como por Quintero; um pela ambiguidade, o outro pela falta de historicidade, considerando que a sociedade equatoriana de 1930, em sua perspectiva, não era uma sociedade de classes plenamente formadas. Em função disso, propunham uma análise sociorregional, nos termos thompsonianos sobre a "luta de classes", na qual conceitos como "economia moral da multidão" ganhavam centralidade. Por outro lado, os autores coincidiam com a análise de Cueva sobre a ausência de um proletariado industrial, mas enfatizavam as mudanças das formações de classe na zona da costa, onde se mesclavam o velho e o novo no mesmo protesto popular, bem como na zona andina, onde se destacavam artesãos, pequenos comerciantes, camponeses (precaristas, *huasipungueros*[37] etc.). Foi nessa situação de crise generalizada que

36. Referente ao presidente Carlos Menem, que governou a Argentina entre 1989 e 1999. [N.T.]

37. De origem quéchua, a palavra *huasipungo* significa "lote de terreno" (*huasi* = casa; *pungo* = pátio). No Equador, remete às parcelas de terrenos imprestáveis entregadas pelos latifundiários aos indígenas e camponeses. [N.T.]

Velasco Ibarra apareceu como a "fórmula da arbitragem", afirmavam os autores, retomando a expressão de Cueva, tanto para conservadores como para liberais, ambos partidos clientelistas dos grupos dominantes que se unificaram nessa circunstância. Velasco Ibarra, que era conhecido como um grande mediador, surgiu nessa conjuntura de crise, de deslocamento social, com um discurso plano, que articulava a ideia de hierarquia à demanda de direitos dos setores subalternos, sem questionar o sistema de dominação ou a ordem tradicional. Nesse ponto, Maiguashca e North retomavam Cueva e criticavam Quintero, que não reconhecia nem aceitava a função "arbitral" de Velasco Ibarra. Não havia nada que arbitrar: era uma extensão do Partido Conservador e das estruturas clientelistas da Igreja católica.

> Estamos diante de um discurso que, ao insistir nas obrigações dos ricos e nos direitos dos pobres, se revela típico da transição, tal como caracteriza E. P. Thompson. Não existe, no pensamento de Velasco, a percepção de um sistema de dominação para além da vontade individual. Devido à fragmentação e à mobilidade social prevalentes, tampouco os setores populares puderam perceber tal sistema. Para estes, o abuso, a corrupção, a manipulação dos preços etc. eram questões dos indivíduos ou, no máximo, das camarilhas: dos *argolas*.[38] Aqui estaria a correspondência fundamental entre a mensagem de Velasco e as experiências contraditórias as quais atravessavam todos os setores subalternos. (Maiguashca & North, 1991, p. 111)

A tese de ambos os historiadores concluía que o discurso e a política de Velasco expressavam a injustiça e o protesto em termos tra-

38. *Argolla* foi um termo utilizado e popularizado no início da década de 1890 pelos opositores de três presidentes sucessivos da corrente chamada progressista — José Maria Plácido Caamaño (1883-1988), Antonio Flores Jijón (1888-1992) e Luis Cordero Crespo (1888-1995). O termo servia para desqualificar um sistema de governo baseado no nepotismo. No Equador, a corrente progressista, acusada com o termo, representava uma via intermediária entre liberais e conservadores. Também se usou *argolla* para designar a coalizão de latifundiários que sustentou a corrente chamada progressista. [N.T.]

dicionais, e não nos termos de uma sociedade de classes modernas. Acima de todas essas coisas, tal discurso estava longe de ser concebido como um esforço de pura manipulação ou "falsa consciência", como denunciavam as leituras vigentes do velasquismo, mas sim como o tipo de consciência próprio dos artesãos.

O DEBATE SOBRE NEOLIBERALISMO E POPULISMO

A década de 1990 foi testemunha do retorno paradoxal do conceito de populismo. Retorno, porque não poucos autores buscaram ler, sob a ótica do conceito de "neopopulismo", vários dos regimes políticos que guinaram para o neoliberalismo na época do Consenso de Washington. Mais especificamente, isso ocorreu com os governos de Carlos Menem na Argentina (1989-1999), de Alberto Fujimori no Peru (1990-2000), de Carlos Pérez na Venezuela (1989-1993) e, ainda que de maneira efêmera, de Abdalá Bucaram no Equador (1995-1996) e de Fernando Collor de Mello no Brasil (1990-1992). Paradoxal, porque essa conversão ao neoliberalismo ocorria em paralelo ao desmantelamento do chamado Estado nacional-popular e à crise das identidades tradicionais.

Um dos primeiros autores que abriram a porta para uma reflexão em termos de "regresso do populismo" foi o mexicano Sergio Zermeño, que, em um artigo bastante difundido publicado em 1989, intitulado sugestivamente "El regreso del líder" [O regresso do líder], falava da dupla desordem que a América Latina atravessava: a primeira, produzida pela saída da ordem tradicional e do desenvolvimento acelerado; e a segunda, pelo "muro da estagnação". Na rota acelerada rumo ao estancamento, ocorria uma volta da relação líder/massas, não em termos de populismo clássico (mediado por instituições criadas pelo Estado), mas em uma relação mais direta, que revelava a crise das identidades tradicionais e a entrada em uma etapa caracterizada por atomização, individualismo, anomia e transbordamento espontâneo. Operava-se, para Zermeño, uma espécie de emergência do popular sem sujeito popular, a saber, uma massa apática e despolitizada, cuja contrapartida seria uma ordem construída sobre a base da manipulação dos líderes ou de uma burocracia altamente centralizada.

Por outro lado, sem falar diretamente em neopopulismo, Guillermo O'Donnell criou o conceito de "democracia delegativa" (1992), para fazer referência ao problema tradicional das democracias recém-instaladas. O'Donnell argumentava que os problemas de consolidação ou institucionalização foram agravados pelos efeitos da crise econômica sobre a integração social. A situação de crise e emergência socioeconômica herdada, assim como a fragilidade dos atores sociais, conduziam o presidente a adotar um estilo decisório, que assumia a autoridade absoluta, ao mesmo tempo que desconhecia todo tipo de prestação de contas ou *accountability*, fosse horizontal ou vertical. Tudo apontava para a preocupação política com relação à democracia liberal. Embora o autor tenha iniciado o artigo afirmando que buscava descrever um "novo animal", ou seja, "um tipo de democracia existente ainda não teorizado" (O'Donnell, 1992, p. 5), em outra parte vinculava as democracias delegativas à tradição plebiscitária, analisada em termos de "cesarismo, caudilhismo, populismo e outras do mesmo estilo" (O'Donnell, 1992, p. 15). Ao mesmo tempo, sustentava que esse era um novo e peculiar tipo de democracia, e, embora se sobrepusessem elementos autoritários, não deixava de ser uma *poliarquia*.

Nessa mesma linha, na Argentina, os dez anos da presidência do peronista Carlos Menem tenderam a ser interpretados em termos de neopopulismo e democracia delegativa. A palavra "neopopulismo" buscava explicar a convergência entre um programa econômico excludente e um determinado estilo político de liderança. Diferentes trabalhos aportaram, com seus matizes analíticos, a essa conceituação.[39] Mais recentemente, Carlos Vilas (2004) sub-

39. Por exemplo, na Argentina, Mora y Araujo (1995) afirmou que, se o menemismo podia ser lido como uma ruptura em relação ao projeto autárquico e isolacionista do peronismo, este não era senão uma continuidade do "tradicionalismo" político. Para Ricardo Sidicaro (1995), a continuidade-ruptura do menemismo se encontraria na "antielite" que o rodeava, um grupo de indivíduos provenientes de uma das províncias menos desenvolvidas do país — ou seja, no fundo, a interpretação assinalava uma espécie de desloca-

linhou o simplismo conceitual daquelas leituras que buscavam transpor um conceito historicamente situado (o populismo), vinculando-o ao neoliberalismo, por meio da hipótese do neopopulismo. Para as teses provenientes sobretudo das ciências políticas norte-americanas, o populismo seria uma opção permanente na política latino-americana e terminaria por ser reduzido a novas formas de clientelismo ou caudilhismo. Dessa perspectiva, o populismo plasmaria menos uma forma de articulação política (ou de constituição de identidades) que uma prática política ou regime associado a uma etapa particular do capitalismo periférico.

Por sua vez, no Equador, quase vinte anos depois do debate com Cueva (1998), Rodolfo Quintero voltou a afirmar que, diante da heterogeneidade do populismo e da tendência a rotular fenômenos tão díspares em relação ao populismo histórico, como os governos de Menem na Argentina ou Fujimori no Peru, deveríamos prescindir do uso do conceito. Nessa linha, a partir de um encontro acadêmico realizado em Quito, foi publicado o livro *El fantasma del populismo* [O fantasma do populismo] (1998), organizado por Felipe Burbano de Lara, cujo interesse era refletir sobre o status teórico do conceito de populismo, indagar sobre sua "escassa cientificidade" e o "estigma" do qual era portador, a partir da sua assimilação ao "regresso do líder", "sem freios institucionais nem constitucionais na generalidade dos casos, porque conta com um apoio incondicional de alguns setores que o seguem e que aquele logra controlar por distintas vias a partir do momento que chega ao poder" (*apud* Rodríguez & Pinto, 1999, p. 409). O livro buscava romper "com o

....

mento do caráter "herético" das massas peronistas para a "antielite" menemista. Para Portantiero (1995), a fórmula política do menemismo não seria outra que a desarticulação da sociedade civil e a delegação de autoridade ao líder pessoal. Por último, para Novaro (1994), as mudanças derivadas da crise de representação davam conta de uma modalidade específica de apropriação das tradições populista, conservadora e liberal-republicana, e da incorporação de certas novidades a estas. Em suma, tais interpretações apresentavam um traço em comum. A situação argentina se caracterizava pela desarticulação de princípios heterogêneos, entre um liberalismo econômico e um estilo político que alguns denominavam "populista". Realizamos uma revisão bibliográfica em Martuccelli e Svampa (1997).

simplismo daqueles que consideram que, devido ao emprego recorrente da retórica e à mobilização insuflada por apelos populares, o fenômeno dos líderes emergentes deve ser conceituado como populista ou neopopulista" (Rodríguez & Pinto, 1999, p. 410).[40]

O apelo ao conceito, estabelecendo continuidades e rupturas entre o velho e o novo populismo, assim como o recurso à estigmatização — pois quem utilizava o conceito de "neopopulismo" o fazia em sentido crítico e desqualificador —, dava conta de um perigo maior: escorregar no nominalismo ou no esvaziamento de um conceito que por si mesmo é amplo e impreciso, mas rico em inflexões analíticas. Assim se argumentou em um interessante artigo do sociólogo argentino Aníbal Viguera (1993), que, com muito tino, criticou os usos e abusos do termo populismo, propondo recuperar a capacidade heurística do conceito e distinguindo duas dimensões de análise: uma, que define o populismo como um "estilo político"; outra, que o associa a um "modelo de acumulação". Levando em conta esses dois níveis diferentes, claramente o neopopulismo se referia àquelas definições que enfatizavam o estilo político, sem nenhuma vinculação com um projeto determinado. Segundo Viguera, a construção de um "tipo ideal", que combinasse as duas dimensões de análise identificadas, encontraria o mérito de evitar as dificuldades que a aplicação do termo "populismo" havia gerado, proporcionando critérios de observação e investigação. Dessa perspectiva, bem poderíamos dizer que, diferentemente do momento clássico, os chamados neopopulismos dos anos 1990 seriam versões que só articulavam uma única dimensão, a saber, estilo político e liderança, desligados do modo de acumulação.

Longe de ser um fantasma ou um espectro que percorre a história latino-americana, o populismo é ainda uma presença viva e multiforme, um fenômeno político complexo e ambivalente, cujos *corsi e*

40. Ver também a resenha de Quintero López (2009, p. 115-8).

ricorsi, suas interpretações, variantes e valorações atravessam os diferentes territórios discursivos: desde a sociologia, a história e a filosofia política até a economia, a antropologia e as ciências políticas. Seu poder de interpelação é tal que nos obriga a interrogar e debater repetidas vezes os acordos político-sociais fundamentais de nossas sociedades, as formas de entender a democracia concreta e a persistência das lideranças carismáticas. Enfim, debater as variantes de ontem e hoje dos processos de construção da hegemonia.

Parte II
cenários, debates contemporâneos e categorias em disputa

Introdução

Já se passaram mais de quinze anos desde que a América Latina, ou particularmente alguns países latino-americanos, viveu uma mudança de época. Recordemos que, a partir do ano 2000, as lutas dos diferentes movimentos sociais e organizações indígenas contra o ajuste neoliberal, o questionamento do Consenso de Washington e, enfim, a desnaturalização dos vínculos entre globalização e neoliberalismo, seguida da emergência de diferentes governos caracterizados de modo genérico como progressistas, de esquerda ou de centro-esquerda, inseriram nosso subcontinente em um inovador cenário transicional.

Um dos termos mais empregados para caracterizar esses governos foi "progressismo", cujo significado é bastante amplo. Sua origem remete à Revolução Francesa e faz referência àquelas correntes ideológicas que advogavam pelas liberdades individuais e pela mudança social (o "progresso" lido como horizonte de mudança). Assim, a denominação genérica de progressismo abarcaria correntes ideológicas e perspectivas políticas diversas, desde aquelas de inspiração mais institucionalista, passando pelo desenvolvimentismo mais clássico, até experiências políticas mais radicais. A saber, o Chile com Ricardo Lagos e Michelle Bachelet; o Brasil com Luiz Inácio Lula da Silva e Dilma Rousseff; o Uruguai com a Frente Ampla; a Argentina dos Kirchner, Néstor e Cristina; o Equador de Rafael Correa; a Bolívia de Evo Morales; e a Venezuela de Hugo Chávez e Nicolás Maduro, entre outros. Avançando um pouco mais, alguns autores propuseram distinguir entre duas esquerdas, traçando uma linha divisória entre os governos mais radicais e inovadores (a tríade Venezuela, Bolívia, Equador, ligada aos processos constituintes) e os progressistas considerados mais conservadores (o quarteto Argentina, Brasil, Uruguai e Chile).

Essa mudança de época foi acompanhada por uma relevante narrativa latino-americanista, que soube produzir grande expectativa quanto à ampliação dos direitos e das formas de participação popular (assembleias constituintes e novas Constituições em países como Bolívia, Venezuela e Equador). Não obstante, também foram encontradas severas limitações e crescentes frentes de conflito. Por um lado, graças ao boom dos preços internacionais das matérias-primas, os governos se encontraram diante de uma conjuntura econômica sumamente favorável, para não dizer excepcional, um novo ciclo baseado na exportação massiva de commodities, que combinava alta rentabilidade com vantagens econômicas comparativas. Por outro lado, para além da retórica nacionalista em voga, no contexto do novo ciclo econômico, o retorno do Estado foi se instalando em um espaço de geometria variável, no qual um dos elementos-chave era a associação com os capitais privados multinacionais, cujo peso nas economias nacionais, longe de atenuar-se, foi se acentuando à medida que se expandiam e multiplicavam as atividades primário-extrativas.

Neste livro, definimos a atual fase de acumulação que atravessa a América Latina com o conceito de "Consenso das Commodities" (Svampa, 2011; 2013). Tal caracterização parte do reconhecimento de que, diferentemente da década de 1990, nos anos 2000 as economias latino-americanas se viram enormemente favorecidas pelos altos preços internacionais dos produtos primários (commodities), o que se refletiu nas balanças comerciais até 2011-2013, quando então se iniciou o fim do chamado superciclo das commodities. Nesse contexto, todos os governos latino-americanos, para além do signo ideológico, habilitaram o retorno de uma visão produtivista do desenvolvimento e, com isso, negaram ou escamotearam os debates e as discussões de fundo sobre as implicações (impactos, consequências, danos) de seus diferentes modelos, minimizando os direitos coletivos e ambientais das populações, seus questionamentos e protestos socioterritoriais.

Assim, com o decorrer dos anos, essa mudança de época foi configurando um cenário conflitivo, no qual uma das maiores peculiaridades parece ser a (re)articulação entre tradição populista e paradigma extrativista. Categorias críticas — como a de "(neo)extrativismo", "mau-desenvolvimento", "nova dependência", "populismos do século XXI" — e outras de tipo propositivo — como "autonomia", "Estado plurinacional", "Bem Viver", "bens comuns", "direitos da natureza", "ética do cuidado" e "pós-extrativismo" — atravessam os debates intelectuais e políticos, assim como as lutas sociais da época, sugerindo modos diversos — ou até antagônicos — de pensar a relação entre economia, sociedade, natureza e política.

Igualmente, tais debates e reposicionamentos sobre a relação entre extrativismo, retorno do populismo, emergência de uma nova dependência e boom das commodities trouxeram uma fratura no interior do pensamento crítico latino-americano. Diferentemente dos anos 1990, quando o continente parecia formatado de maneira unidirecional pelo modelo neoliberal, o novo século começou marcado por um conjunto de tensões e contradições de difícil processamento. A passagem do Consenso de Washington ao Consenso das Commodities instalou diversos problemas e paradoxos que tenderam a reconfigurar o horizonte do pensamento crítico, desafiando-nos com novos desdobramentos teóricos e políticos.

Para dar conta desses cenários em disputa, nos próximos quatro capítulos apresentarei alguns dos debates latino-americanos vinculados à atualização e à reelaboração dos quatro temas indagados neste livro, a saber, o lugar do indígena, o desenvolvimento, a dependência e o populismo.

1. As vias do indianismo: os direitos dos povos originários em debate

O novo protagonismo político dos povos indígenas se instalou tanto no terreno da memória antiga das lutas como da memória recente. Por um lado, a relegitimação da matriz comunitária tem como pano de fundo o avanço e o reconhecimento dos direitos coletivos, obtidos nas últimas décadas. Por outro, esse processo de expansão da fronteira de direitos tem como contraface a expansão das fronteiras do capital sobre os territórios indígenas. Tal antagonismo vem suscitando respostas diferentes que, apesar das tensões internas existentes, dão centralidade ao tema da autonomia e à defesa do direito de consulta prévia dos povos indígenas.

Em razão disso, neste primeiro capítulo abordarei três debates referentes à questão indígena que hoje percorrem nosso continente: (i) a problemática da autonomia; (ii) a aposta na criação de um Estado plurinacional; e (iii) as disputas em torno do direito de consulta prévia. Enquanto os dois primeiros constituem uma resposta ou proposta "ofensiva" dos povos indígenas (seja sobre as autonomias de fato, seja em referência às propostas constitucionais plurinacionais), o terceiro debate, que trata da demanda constante ao direito de consulta, corresponde a uma resposta mais "defensiva" dos povos indígenas, na preservação de suas terras e territórios perante o avanço da fronteira extrativa, associado às novas formas de acumulação de capital.

DEBATE 1.
AUTONOMIA INDÍGENA: AS VIAS DO ZAPATISMO

> *Autonomia: auto-nômos (dar-se) a si mesmo suas próprias leis. Precisão apenas necessária depois do que falamos sobre heteronomia. Aparição de um eidos novo na história do ser: um tipo de ser que se dá a si mesmo, reflexivamente, suas leis de ser.*
> — Cornelius Castoriadis

> *Por si mesma, é muito pequena nossa palavra dos zapatistas, mas seu passo é muito grande, e caminha para muito longe, e penetra em muitos corações. Esses corações que nos escutaram são de homens, mulheres, crianças e idosos que querem um país democrático, livre e justo. Tais corações são aqueles que nos ajudaram a chegar ao Zócalo da Cidade do México. Esses corações querem o mesmo que nós, zapatistas, queremos e o que todos querem. Queremos um México que nos considere seres humanos, que nos respeite e reconheça nossa dignidade. Por isso, queremos unir nossa pequena voz de zapatistas à grande voz de todos os que lutam por um México novo. Viemos até aqui para gritar, junto a todos, que não, nunca mais um México sem nós. Isso queremos, um México onde todos tenhamos um lugar digno.*
> — Comandante Ramona

Há uma literatura vasta e enfoques variados na América Latina sobre a questão da autonomia, suas possibilidades e seus limites. Esse tema teve a virtude de abrir importantes debates políticos sobre os sujeitos-agentes da mudança social, a concepção de poder e de modelos organizacionais, os vínculos das organizações e dos movimentos sociais contestatórios com o Estado nacional e sua posição quanto aos grandes atores transnacionais (empresas e agências de cooperação, organismos multilaterais), outras organizações (sociais, políticas, sindicais); enfim, sobre as escalas de ação coletiva (local, regional, nacional, global).[1] Alguns desses registros são de corte mais geral, teórico e político; outros abrem para uma discussão de ordem mais específica, de tipo organizacional. Em termos gerais, a autonomia se refere a uma longa e nutrida discussão sobre estratégias e horizontes políticos emancipatórios. Em termos específicos, a autonomia remete também a uma dimensão geracional, uma espécie de *ethos* militante que percorre os movimentos sociais contemporâneos e forma parte de uma nova gramática política, abarcando desde coletivos culturais urbanos até grandes estruturas socioterritoriais.

A partir da perspectiva teórico-política, embora a noção de autonomia referente à classe trabalhadora se encontre em certos escritos de Marx (Modonesi, 2010; 2011), esta aparece mais diretamente tematizada pelos filósofos Cornelius Castoriadis e Claude

1. Sobre o conceito de autonomia, em termos teóricos e políticos, destacam-se a obra de Castoriadis, no contexto do grupo Socialisme ou Barbarie, e a de Antonio Negri, que remete à experiência autonômica na Itália (Potere Operaio) e, mais recentemente, às suas análises sobre a globalização e as resistências (os textos publicados com Michael Hardt), e outros autores italianos, como Paolo Virno. O livro de César Altamira (2006) e sobretudo o de Massimo Modonesi (2010) reconstroem de maneira esclarecedora a trajetória desse conceito nos autores europeus ligados ao marxismo. Na América Latina, ver, entre outros, Gutiérrez e Escárzaga (2006), Gutiérrez Chong (2008), Albertani, Rovira e Modonesi (2009), González, Burguete Cal y Mayor e Ortiz (2010), Adamovsky *et al.* (2011). Para a experiência argentina, podem ser consultados os textos de Bergel, Adamovsky, Ouviña, Thwaites Rey, Colectivo Situaciones, Cerdeiras, Zibechi e Svampa. No México, ver, entre outros, Albertani, Holloway, López y Rivas, López Bárcenas, Esteva, Gutiérrez, Modonesi e Ceceña, além dos já citados Díaz Polanco e Sánchez. Na Bolívia, ver os escritos do grupo Comuna (Raúl Prada, Luis Tapia, Álvaro García Linera, Oscar Vega), ao qual teria de acrescentar, entre muitos outros, Patzi e Albó. Por outro lado, a discussão também alcança notoriamente um país como Equador (Pablo Dávalos, Pablo Ospina, Alberto Acosta, entre outros). Diante de uma lista interminável, a enumeração que fazemos está longe de ser exaustiva.

Lefort, impulsionadores do grupo Socialisme ou Barbarie na França há cinquenta anos. Posteriormente, a partir de uma perspectiva neomarxista, faz referência à experiência autonomista italiana (Potere Operaio) dos anos 1970, ilustrada pela reflexão do filósofo italiano Antonio Negri, e, na atualidade, inclui também um setor importante da filosofia crítica daquele país (Paolo Virno, Sandro Mezzadra, Maurizio Lazzarato, entre outros). Certamente, concordando com Modonesi (2011), a autonomia não remete apenas a uma questão organizativa e decisória — a "independência de classe" —, mas também a uma proposição estratégica sobre o que se entende por projeto revolucionário. Castoriadis o resume de maneira bastante nítida:

> O projeto revolucionário é o objetivo histórico de uma sociedade que tenha superado a alienação. Por alienação, entendo um fato sócio-histórico (a heteronomia instituída), não um dado metafísico. Em outros termos, é o objetivo de uma sociedade autônoma, que não esteja subordinada ao passado ou às próprias criações. Na verdade, subordinada. [...] O que é uma sociedade autônoma? A princípio, eu havia proposto um conceito de autonomia estendido a toda a sociedade, no sentido de "gestão coletiva". Agora me sinto animado a dar-lhe um sentido mais radical, que não simplesmente de gestão coletiva (autogestão), mas sim de *autoinstituição permanente e explícita da sociedade*, isto é, um estado no qual a coletividade sabe que suas instituições são sua própria criação e que se tornou capaz de vê-las como tais, de retomá-las, de transformá-las. Se aceitamos essa ideia, ela define a unidade do projeto revolucionário. (Castoriadis, 2005, p. 60)[2]

Foram sem dúvida os escritos mais recentes de Negri, em colaboração com o filósofo estadunidense Michael Hardt, que, depois de um período caracterizado pela crise das linguagens revolucionárias e pela consolidação do neoliberalismo como discurso único, recolocaram na agenda global o tema da emancipação e da autonomia, com

2. O trecho originalmente está no famoso texto "Por qué ya no soy marxista" [Por que não sou mais marxista], de 1974, reproduzido na obra citada.

o bem-sucedido e controverso livro *Império* (2002). O texto propõe uma nova leitura da dinâmica de confrontação entre o capital globalizado e as lutas sociais emergentes. Em sintonia com os escritos do filósofo francês Gilles Deleuze e do autonomismo operário italiano dos anos 1970, a obra sugere pensar o poder revolucionário como contrapoder, sob a figura da dispersão, do rizoma, da descentralização, da multidão, do êxodo — enfim, figuras do poder popular mais próximas da ideia de Comuna ou conselhismo operário (poder constituinte) que da de Estado centralista (poder constituído), adotada pelas revoluções triunfantes do século XX. Uma das virtudes do livro é potencializar uma narrativa específica capaz de acoplar-se às formas de subjetivação política emergentes em diferentes pontos do planeta, que vinham questionando não apenas a globalização neoliberal, como também a concepção organizacional e revolucionária sustentada pelas esquerdas social-democratas e leninistas. Como consequência, essa proposição desafiava abertamente o pensamento da esquerda mais tradicional, ancorado em visões clássicas sobre o poder e os modos de construção de hegemonia.

Essa digressão nos permite introduzir a ideia de que a autonomia é também um marco coletivo comum, que percorre diferentes formas de resistência, desde as mais diminutas (coletivos culturais ligados à comunicação alternativa, cinema documental, educação popular, arte política, entre outros) até pequenas e grandes organizações sociais, de caráter urbano ou rural, que reivindicam como elementos centrais a horizontalidade e a democracia direta. Dito de outro modo, ligada a essa narrativa autonômica assistimos à emergência de um *novo ethos militante* (Svampa, 2005; 2010), que afirma como imperativos a desburocratização e a democratização das organizações, e se alimenta de uma desconfiança radical das estruturas partidárias e sindicais, assim como de toda uma instância articuladora superior. Como traço da época, a demanda por autonomia ilustra uma transformação importante na dinâmica de construção das subjetividades políticas como resultado das mudanças na sociedade contemporânea das últimas décadas, situação que grande parte da atual teoria social conceituou em termos de processos de individualização. Por isso mesmo, falamos de uma narrativa, pois esta se constrói como um relato identitário, de produção do sujeito, na qual conta mais a experiência pessoal dos atores do que sua inserção apriorística na comunidade, povo ou classe social. Cabe esclarecer, além disso, como faz o historiador Martín Bergel (2009), que os movimentos autonômicos se nutrem de uma prática, mais do que de um discurso teórico; afirmam "o reconhecimento da superioridade epistemológica e política do momento prático e o zelo pela irredutível singularidade de cada experiência".[3] Ou ainda, como sublinha o analista George Katsiaficas (2009, p. 134-5), caracterizam-se por uma espécie de "espontaneísmo consciente", que aponta para mudanças no poder e nas relações da vida cotidiana; isto é, luta contra duas formas de opressão: o capitalismo e o patriarcado.[4]

Nesse sentido, na América Latina, o chamado à autonomia está presente em duas das principais matrizes sociopolíticas que percorrem as lutas e os conflitos sociais: a camponesa-indígena comunitária e, de modo mais específico, a autonômica.[5] Enquanto a primeira alude a um projeto político que defende a autonomia dos povos indígenas, a segunda aparece como demanda de múltiplas organizações sociais e coletivas, que apostam na criação de for-

3. Embora Bergel fale dos autônomos argentinos, o traço que descreve é de corte mais geral.

4. Também é preciso assinalar a continuidade de certos eixos estruturantes desse *ethos* epocal com valores defendidos pelos chamados novos movimentos sociais (as feministas e os ecologistas, principalmente), surgidos a partir dos anos 1960 na Europa e nos Estados Unidos.

5. Em outro texto (Svampa, 2010a), defini as matrizes político-ideológicas como "aquelas linhas diretrizes que organizam o modo de pensar a política e o poder, assim como a concepção sobre a mudança social. Embora cada matriz político-ideológica possua uma configuração determinada, os diferentes contextos nacionais, assim como as tensões internas, as vão dotando, para cada caso, de um dinamismo e uma historicidade particular. Em outras palavras, as matrizes político-ideológicas não se encontram em estado puro, pois as diferentes dinâmicas políticas deram lugar a diversos entrecruzamentos e conjunções (entre indianismo e autonomismo, para dar um exemplo), como também a um processo de conflito e colisão, que pode acentuar as diferenças de concepções, modos de pensar e fazer a política. Essa proposta, de ordem analítica, tem por objetivo dar conta daqueles elementos mais dinâmicos e organizadores, presentes nas diferentes configurações político-ideológicas que hoje percorrem o cenário político latino-americano".

mas organizativas flexíveis, horizontais, geralmente vinculadas à democracia por consenso.

Ao mesmo tempo, a autonomia como mito mobilizador atravessou três momentos sucessivos na América Latina, três cenários diferentes: em primeiro lugar, irrompe inovadoramente como demanda democrática com o levante neozapatista em Chiapas, em 1994 (*momento fundacional*), o qual também constitui o primeiro movimento contra a globalização neoliberal;[6] em segundo lugar, a autonomia teve seu *momento destituinte* nas mobilizações e nos levantes urbanos na Argentina (nas assembleias, movimentos de desempregados, fábricas recuperadas, coletivos culturais), que questionaram o neoliberalismo e rejeitaram as formas institucionais de representação política (2002-2003); e, em terceiro lugar, em 2006, o eixo se deslocou para a Bolívia, onde a demanda por autonomia se associou ao projeto de criação de um Estado plurinacional (*momento constituinte*), nos marcos do governo Evo Morales.

Efetivamente, o neozapatismo constitui o momento fundacional da reivindicação autonomista, contextualizado na globalização neoliberal. O neozapatismo irrompeu na cena política em 1º de janeiro de 1994, tirando da invisibilidade as comunidades indígenas de Chiapas, tradicionalmente excluídas, mediante a insurgência armada e um discurso político radical, que demandava ao Estado mexicano democracia e autonomia.[7] Nenhum outro movimento de insurgência latino-americano suscitou tanta solidariedade continental e global, nem teve tanto impacto sobre a subjetividade contestatória então emergente. Ainda que o levante zapatista viesse acompanhado de uma poderosa e específica interpelação (a

6. Não esqueçamos que o levante ocorre em 1º de janeiro de 1994, dia em que entrava em vigor o Tratado de Livre Comércio (TLC) assinado entre Estados Unidos, Canadá e México, que continha severas consequências comerciais para os estilos de produção camponês-indígena. Por outro lado, em termos globais, constitui também o primeiro levante contra a globalização neoliberal, que depois seria reafirmado por sucessivos fóruns e encontros realizados em Chiapas.

7. Para uma história do zapatismo em termos de memória longa, ver o livro de Gilly (1997). Para uma reconstrução dos momentos distintos do zapatismo depois da insurgência de 1994, ver López Bárcenas (2005).

partir de e para os povos indígenas), estava longe de declinar para um neofundamentalismo étnico ou de desdobramento identitário. A defesa de uma política concebida de baixo, que apelava à autonomia e à dignidade como lemas fundamentais ao lado da democracia por consenso, colocava o neozapatismo em sintonia com o *ethos* emergente da época, que só apareceria na cena pública cinco anos mais tarde em Seattle (1999), na mobilização contra a Organização Mundial de Comércio (OMC), quando nasceu o movimento contra a globalização neoliberal. Ao mesmo tempo, sua concepção de poder — nem hegemonista, nem estatista — acarretou inúmero debates no interior das esquerdas que disputavam o campo contestatório.

O neozapatismo possui, portanto, dimensões que o fizeram único tanto pela capacidade de estender "pontes interclassistas, intergeracionais e internacionais" (Ceceña, 2004) quanto pela persistência e pelo dinamismo durante todo o processo conflitivo, desde 1994 até a atualidade, no qual se alternaram, de maneira singular, a ação guerrilheira e a negociação, o silêncio e a palavra, a abertura para a sociedade civil e o recolhimento para as comunidades indígenas e para a construção das próprias instituições (Juntas de Bom Governo, caracóis).[8] Tampouco foi alheio a tal processo de irradiação o discurso eloquente, para não dizer encantatório, do Subcomandante Marcos, seu porta-voz principal, com seu modo peculiar de enlaçar narratividade indígena e metáfora literária nas extensas comunicações escritas e dirigidas à opinião pública. Como sustenta García Linera (2004), o neozapatismo não inaugurou a época das rebeliões indígenas contemporâneas do continente (ocorreram outras antes, na Guatemala, na Bolívia, no Equador), mas sua contribuição está ligada à revalorização da cultura indígena, da democracia comunitária, da discussão sobre os modos de emancipação — enfim, à capacidade de irradiação e diálogo com outros setores não indígenas e subalternos da sociedade.

8. Os caracóis são cinco regiões organizativas, cada uma formada por um conjunto de comunidades autônomas zapatistas, que designam representantes para as Juntas de Bom Governo, geralmente localizadas no centro de um território. [N.T.]

Sobre o debate da autonomia zapatista, é possível estabelecer dois momentos claramente diferenciados: o primeiro se refere à demanda por reconhecimento dos direitos coletivos dos índios, por meio dos Acordos de San Andrés, realizados entre 1995 e 1996, entre o governo federal mexicano e o Exército Zapatista de Libertação Nacional (EZLN); e o segundo, à decisão por parte do zapatismo de construir suas instituições, por meio das Juntas de Bom Governo e dos municípios autônomos. Quanto à primeira etapa, referente aos Acordos de San Andrés, foram conquistados na chamada iniciativa Comissão de Concórdia e Pacificação (Cocopa),[9] que estava longe de atentar contra a unidade nacional, pois reconhecia os direitos indígenas nos marcos do Estado mexicano, era apoiada por representantes das principais organizações indígenas, agrupadas no Congresso Nacional Indígena, e nos anos anteriores havia sido analisada e discutida em inúmeras comunidades indígenas do país.[10]

A iniciativa também garantia a participação das mulheres em condições de equidade. No entanto, como é conhecido, a reforma constitucional realizada em 2001 aprovou uma lei indígena que distorcia o Acordo de San Andrés, razão pela qual o Exército Zapatista de Libertação Nacional suspendeu a negociação com o governo federal.

9. "A chamada 'Lei Cocopa' foi elaborada em dezembro de 1996 por legisladores da Comissão de Concórdia e Pacificação (Cocopa). Os legisladores pertenciam aos quatro partidos políticos mais importantes: o PRO, o PAN, o PRD e o PT." "No fundamental, a Lei Cocopa reconhece constitucionalmente uma realidade: os povos indígenas são parte do México e têm suas formas de organização social e política, ou seja, têm direito a serem indígenas e a serem mexicanos" (Centro de Documentação sobre o Zapatismo, 2001).

10. Segundo López y Rivas (2004, n.p.), nessa etapa a autonomia reclamada pelo zapatismo não se propunha a estabelecer "um regime ou um novo nível de governo; não cria direitos corporativos nem fóruns, não cria reservas. Tampouco identifica territórios autônomos ou uma divisão administrativa de territórios específicos na geografia nacional, como ocorre nos casos da Nicarágua ou do Estado espanhol. Pelo contrário, os Acordos de San Andrés reconhecem o direito dos povos à autonomia, nos marcos do Estado mexicano. [...] San Andrés define o sujeito da lei, seguindo o estipulado na Convenção 169 da OIT, fixando a competência de autonomia no manejo interno de formas de organização social, sistemas normativos, representação política, terra e território".

Depois do fracasso institucional e de um período de retirada e silêncio, a partir de 2003 o zapatismo entrou em uma nova fase, na direção de construir suas próprias instituições, por meio das Juntas de Bom Governo e dos municípios autônomos, à distância do Estado, o que abriu um novo capítulo no debate sobre as autonomias. Suas bases seriam os territórios controlados e os municípios autônomos. Assim, a conformação das juntas respondia também à necessidade de organizar e coordenar os apoios externos.[11] As estruturas autônomas se propunham a gerar sistemas alternativos de educação, saúde, justiça, relações de gênero; projetos alternativos de agroecologia, produção e comercialização, meios de comunicação, entre outros.

Até que ponto se podia consolidar tal autonomia, em termos de autogoverno político e socioeconômico, sobretudo em um contexto de cerceamento militar e ataque às bases que, a partir de 2007, o zapatismo veio a sofrer? As leituras são diversas e díspares. Segundo Héctor Díaz Polanco (2006c, p. 45), o processo anunciado com a criação das Juntas de Bom Governo implicou um importante passo do local ao regional, ao incorporar a necessidade de uma articulação e coordenação entre os municípios e as juntas, pois estas não podem ser concebidas como pequenas unidades, desconectadas entre si, como um arquipélago.[12] Segundo um dos seus críticos, a verdadeira força do zapatismo não está na autonomia (que não é possível, dada a dependência do mercado não agrícola e a condição de zona pobre e atrasada), mas sim nas assembleias

11. Ver a comunicação de Marcos na qual anunciava a criação das Juntas de Bom Governo, divididas em cinco regiões que, nas palavras de Héctor Díaz Polanco (2006c, p. 45), constituem uma nova "cartografia autonômica". Ao mesmo tempo, as comunidades se "descolavam" relativamente do comando militar [do Estado mexicano]. Subcomandante Insurgente Marcos, "La treceava Estela" [O décimo terceiro rastro], *Enlace Zapatista*, jul. 2003.

12. A rigor, existem três níveis, a comunidade, o município e o caracol, que reúne diferentes municípios. Por sua vez, os territórios autônomos não são fechados e supõem uma relação com territórios não zapatistas, sobretudo no que diz respeito ao exercício da mediação e da justiça. Para uma análise detalhada da evolução das autonomias, baseada em um estudo de campo realizado entre 2005 e 2007, ver Baronnet, Mora Bayo e Stahler-Sholk (2011).

para decidir os assuntos comuns de cada município, nas quais os administradores e dirigentes são eleitos e revogados democraticamente e onde a participação das mulheres e dos jovens na educação e no cuidado dos anciãos vai no sentido da democratização das relações de gênero e intergeracionais (Almeyra, 2008).

Após dez anos do início da experiência autônoma de fato, os dois aspectos mencionados acima não constituem um dado menor. Não se pode esquecer que o zapatismo enfrentou dificuldades internas (confrontos com comunidades que não são, nem estão interessadas em ser, zapatistas), tanto quanto externas, sobretudo a partir de 2008, com a ascensão de Felipe Calderón à presidência. Nesse contexto de guerra não resolvida, "uma das características mais importantes da autonomia é a defesa do território, pois, sem ele, simplesmente não há nada" (Gloria Muñoz Ramírez, 2009, p. 5). Igualmente, o avanço da despatriarcalização das relações de gênero constitui também uma conquista importante, ainda mais se levamos em conta que as comunidades indígenas costumam ser muito conservadoras e hierárquicas.[13]

Ao mesmo tempo, os zapatistas tiveram de encarar a autonomia de fato com escassos recursos econômicos e, evidentemente, sem ajuda ou apoio do Estado. A autonomia se torna, portanto, um assunto frágil, que depende tanto "do fluxo ininterrupto de solidariedade material com as comunidades" como da influência que o próprio zapatismo pode conquistar sobre as relações de força em escala nacional (Lang, 2015, p. 251). Em um contexto latino-americano no qual as populações vulneráveis e uma parte importante das organizações e movimentos sociais são objeto de políticas sociais, esse fato merece ser destacado. Sobre isso, o ensaísta uruguaio Raúl Zibechi[14] sustenta que os zapatistas obtiveram não apenas autonomia política mas também econômica, o que inclusive se traduz na recusa dos programas sociais recebi-

13. Tradicionalmente, as reivindicações das mulheres indígenas foram contrárias à violência de gênero e em favor da igualdade de direitos.

14. "La libertad según los zapatistas", *Rebelión*, 2013.

dos pelas comunidades que contornam o território zapatista.[15] Outra questão interessante é o avanço das autonomias indígenas de fato em outras regiões do México. É preciso levar em conta que os Acordos de San Andrés abriram um novo espaço de oportunidades políticas para a discussão das autonomias para todos os povos indígenas, dos quais participam inúmeras organizações indígenas e especialistas no tema. Em 2001, essas discussões foram retomadas, tendo em vista a reforma constitucional que o governo prometia enfrentar, porém uma vez mais essa possibilidade foi sequestrada. O fracasso da via institucional levou à construção das autonomias de fato em vários estados mexicanos, como Guerrero e Oaxaca. Com menos impacto político, esse avanço das autonomias locais (hoje estudado por diversos especialistas) supõe o exercício de autogoverno (eleição e rotação de autoridades segundo usos e costumes, criação de uma polícia comunitária em certos Estados, exercício de justiça comunitária, gestão comunitária da educação).[16]

O avanço das autonomias locais vai revelando progressivamente um modelo de construção de poder, em contraposição à institucionalidade e ao "mau governo", representado pela dupla Partido da Revolução Institucional (PRI) e Partido da Ação Nacional (PAN). Assim, López Bárcenas destaca que, "com a decisão de constituir autonomia, os povos indígenas buscam *dispersar o poder*, para possibilitar o exercício direto das comunidades indígenas" (López Bárcenas, 2011, p. 97). Trata-se de uma descentralização diferente daquela proposta pelos especialistas do Banco Mundial a partir dos anos 1980. A autonomia é, portanto, uma construção, cujo alcance ainda

15. "No comunicado de 30 de dezembro, o Subcomandante Marcos assegura que, 'nestes quatro anos, nos fortalecemos e melhoramos significativamente nossas condições de vida. Nosso nível de vida é superior ao das comunidades indígenas afins ao governo de turno, que recebem esmolas e as esbanjam em álcool e artigos inúteis'" (Raúl Zibechi, "La libertad según los zapatistas", *Rebelión*, 2013). Sobre o tema, ver também Baschet (2014).

16. Para uma análise dessas outras autonomias de fato, ver o trabalho coletivo de Gasparello e Quintana Guerrero (2010), que aborda na primeira parte diferentes aspectos da autonomia em Guerrero e Oaxaca, México.

não pode ser avaliado em seu impacto e magnitude, embora para alguns autores represente um processo de luta sem retorno (López y Rivas, 2011). Essas lutas locais progressivamente enfrentam problemas nacionais no marco da globalização: a luta por terra e por território (soberania alimentar, luta contra a privatização da energia elétrica, do petróleo e dos recursos naturais).

Em outro aspecto, é interessante observar que, diferentemente da Bolívia, onde os sentidos da autonomia entraram em um campo de disputa com a oposição regional, no México a autonomia aparece como uma prerrogativa absoluta dos povos indígenas, em sua resistência às políticas de expropriação neoliberal implementadas pelo governo. Assim, contrariamente ao sucedido na Bolívia, onde a fragilidade do Estado nacional é uma questão de origem e trajetória histórica (Estado aparente), no México o processo de construção do Estado nacional, conduzido pelo PRI ao longo do século XX, foi considerado particularmente "bem-sucedido" (Estado corporativo), embora na atualidade tal afirmação tenha de ser matizada diante da expansão das redes de narcotráfico. Não obstante, a abertura à globalização assimétrica e os acordos comerciais celebrados com os Estados Unidos implicaram uma perturbação das relações sociais e o reordenamento da estrutura estatal do partido (Gilly, 1997). Dessa forma, não é por acaso que um dos aspectos mais notórios e salientes no discurso dos diferentes atores é, como sublinhava o neozapatismo, a crítica à classe política, "incapaz de reconstruir o Estado Nacional". É nesse marco específico, como afirma Raquel Gutiérrez (2006), que as reivindicações dos povos indígenas seriam feitas, sob os lemas da dignidade e da autonomia.

Em suma, e voltando ao neozapatismo, a construção da autonomia se desenvolve em um contexto de guerra ou de conflito militar inconcluso, que tendeu a agravar-se a partir de 2008, com a chegada de Felipe Calderón ao governo federal (2006-2012), e depois com Enrique Peña Nieto (2012-2018), o que se traduziu em um cercamento militar sobre os territórios autônomos. Entretanto, para além das enormes dificuldades, o projeto zapatista segue em pé. Os caracóis completaram mais de doze anos de existência. Inclusive, para além do importante impulso que significou "La otra campaña",[17] o zapatismo continua surpreendendo o mundo graças à grande capacidade de modificar seus repertórios de ação durante sua trajetória, assim como a renovada criatividade para repensar os vínculos sociais e políticos, para dentro e para fora das comunidades. Mais recentemente, em um inédito processo de abertura, e com mais de vinte anos de insurgência, o zapatismo decidiu abrir os caracóis, por meio da proposta da "Escuelita de la libertad", nas quais pessoas provenientes de cinco continentes realizam uma estadia comunitária que lhes permite adentrar na visão do zapatismo a partir da convivência cotidiana e do trabalho coletivo.[18]

17. Em junho de 2005, com a "Sexta Declaração da Selva Lacandona" (Comité Clandestino Revolucionario Indígena Comandancia General del Ejército Zapatista de Liberación Nacional, "Sexta Declaração da Selva Lacandona", *Enlace Zapatista*, jun. 2005), o zapatismo lançou "La otra campaña" a fim de criar um novo movimento "de baixo e pela esquerda", o que implicou um progressivo distanciamento de setores intelectuais ao negar toda a possibilidade de acordo ou articulação com candidatos progressistas (como López Obrador), vistos como continuadores ou estabilizadores do neoliberalismo. Segundo Modonesi (2009), o zapatismo foi atravessando uma etapa de isolamento político e involução, fruto não apenas da política de intimidação do governo federal, como também de seus erros políticos. Assim, ele sustenta que a própria figura de Marcos perdeu a "aura" e a capacidade de convocação política que o haviam caracterizado nos anos anteriores.

18. O primeiro curso "La libertad según l@s zapatistas" foi realizado entre 11 e 18 de agosto de 2013, com 1.700 participantes — de todas as idades — vinculados a organizações sociais do México e de todo o mundo. Ver artigo de *La Jornada*, de 2013, que descreve os cursos e anuncia a realização da segunda e da terceira edição da *escuelita zapatista*. Em maio de 2014, Marcos anunciou que não seria mais porta-voz do EZLN, argumentando em parte que havia uma substituição geracional.

DEBATE 2.
BOLÍVIA: O DESAFIO DE FUNDAR O ESTADO PLURINACIONAL

> *O que é diverso não está desunido, o que está unificado não é uniforme, o que é igual não precisa ser idêntico, o que é diferente não precisa ser injusto. Temos direito a ser iguais quando a diferença nos inferioriza; temos direito a ser diferentes quando a igualdade nos descaracteriza.*
> — Boaventura de Sousa Santos

Na Bolívia, a demanda pela refundação do Estado, em chave plurinacional, encontrou duas fontes fundamentais. A primeira remete às organizações indígenas das terras baixas, nucleadas na Cidob, que em 1990 realizaram a Marcha pelos Territórios e pela Dignidade, graças à qual obtiveram o reconhecimento dos "territórios autônomos". Cinco anos mais tarde, em 1995, a partir da Cidob, a Assembleia do Povo Guarani (APG) propôs a realização de uma Assembleia Constituinte. A segunda fonte de "demanda e imaginação de um Estado plurinacional" (Tapia, 2011, p. 138-9) remete à corrente político-cultural katarista, que desde os anos 1970 assumiu a tarefa de reinvenção da indianidade, articulando a identidade sindical com elementos classistas. O katarismo construiu a reivindicação do povo aimará em termos de "nação aimará", reformulando — ou pretendendo reformular — "as fronteiras simbólicas no imaginário coletivo" relativas à nação (García Linera, 2004, p. 223).

Em termos de memória recente das lutas, a chamada Guerra da Água (Cochabamba, 2000) inaugurou um novo ciclo de lutas, ao lograr a expulsão da empresa transnacional Aguas del Tunari (Bechtel). Nesse marco, a Coordinadora por la Defensa del Agua y la Vida, que centralizava diferentes organizações sociais, urbanas e rurais, propôs um programa político com eixos na restituição do serviço público, na nacionalização dos recursos naturais e na Assembleia Constituinte. No ano de 2003, a Guerra do Gás ocasionou a renúncia do presidente Gonzalo Sánchez de Lozada, e as diferentes forças e organizações sociais, camponesas, indígenas, urbanas e rurais confluíram na chamada "Agenda de Outubro", sintetizada em duas demandas: nacionalização dos recursos naturais e Assembleia Constituinte. Um novo cenário político se abriria finalmente em dezembro de 2005, com o triunfo eleitoral da chapa encabeçada por Evo Morales, um dirigente camponês de origem aimará, acompanhado por um intelectual da classe média *criolla*, Álvaro García Linera, que obteria 53,7% dos votos.

A Bolívia se tornou, assim, um interessantíssimo laboratório político, quase único no contexto latino-americano, no qual os elementos indígenas e plebeus e a demanda de democratização protagonizada por um conjunto heterogêneo de organizações e movimentos sociais, rurais e urbanos pareciam encaixar-se de modo inédito com as propostas constituintes de um novo Estado, o Estado plurinacional. Embora existissem antecedentes (em outras latitudes), não havia cartilha alguma nem receitas mágicas.

Boaventura de Sousa Santos, que participou desde o começo de numerosos intercâmbios e debates no Equador e na Bolívia, sustenta que um dos paradoxos fundamentais da refundação do Estado é a urgência por mudar a realidade no curto prazo, assim como a exigência de pensar transformações civilizacionais. Essa difícil combinação entre urgência e longo prazo tornava necessário pensar em um constitucionalismo transformador, mas também experimental (Sousa Santos, 2009; 2010). O experimentalismo permitiria "desdramatizar os conflitos" e traçar outro horizonte temporal, pensando em termos de sucessivas revisões (ensaio e erro). Além disso, abriria a possibilidade para algo que efetivamente constitui uma das demandas cruciais dos movimentos sociais: que o povo mantenha o poder constituinte, pois, em geral, quando a Constituição está feita, o povo costuma desaparecer por trás do poder constituído (Sousa Santos, 2009, p. 53).

Seria possível que a enorme energia social coletiva dedicada entre 2000 e 2006 se preservasse como potência instituinte? Ou ocorreria como tantos outros processos revolucionários, nos quais a dinâmica de institucionalização terminava por desembocar no congelamento e na expropriação do instituinte, em nome do poder constituído? Seriam o MAS, como partido de governo, e Evo Morales, como dirigente máximo, capazes de se converterem nos mediadores políticos de um conjunto de organizações sociais heterogêneas, que expressavam diferentes linhas de acumulação histórica? Ou ocorreria, como em tantas outras ocasiões, uma transferência de poder (gradual ou acelerada) para o Executivo e para o MAS, de acordo com a lógica centralista e a inércia das tradições políticas populistas e/ou presidencialistas?

Ainda que não seja minha intenção responder a tais dilemas nesta breve apresentação,[19] começarei dizendo que os conflitos e as tensões que percorreram o cenário boliviano durante o primeiro mandato de Evo Morales (2006-2010) podem ser compreendidos a partir de dois cenários. O primeiro alude à coexistência entre duas dimensões do projeto de mudança: por um lado, a narrativa indianista e plurinacional, centrada na criação do Estado plurinacional e no reconhecimento das autonomias indígenas (administrativas e territoriais); por outro, a narrativa populista, marcada por uma dimensão estatista, reguladora e centralista, assim como por um determinado modo de conceber a participação e a política. O segundo cenário se refere à confrontação entre projeto político popular, encarnado pelo novo governo, e aquele outro defendido pelas oligarquias regionais. Nos primeiros anos de gestão, esse segundo cenário foi desenhando uma polarização cada vez maior em termos de relações de força e lógicas populares, aprofundando a divisão em dois blocos antagônicos: de um lado, situaram-se os movimentos e organizações sociais em torno da figura do líder; de outro, as oligarquias regionais, entrincheiradas na *medialuna*,[20] com seus chefes departamentais e estamentos institucionais.

Ao calor dos conflitos territoriais entre 2006 e 2010, a dupla dinâmica do projeto descolonizador foi configurando um perfil mais definido. A realização da Assembleia Constituinte e, com ela, o processo de constitucionalização dos direitos coletivos e do Estado

19. Voltarei ao tema no último capítulo, sobre populismo.

20. A *medialuna* é a região baixa do território boliviano formada pelos departamentos de Pando, Beni, Santa Cruz e Tarija. [N.T.]

plurinacional conduziram a um efetivo empoderamento das organizações sociais, mas também transferiram a condução do processo para a liderança carismática de Evo Morales.[21] Igualmente, no marco da polarização social e regional, a demanda por autonomia foi se subordinando à necessidade de consolidar um Estado central e regulador. Foi nesse cenário, atravessado por essa dupla tensão, que ocorreram certos debates sobre o Estado plurinacional.

ENTRE O PACTO DE UNIDADE E A REDEFINIÇÃO DO ESTADO

A expressão mais acabada do projeto político indígena aparece no Pacto de Unidade, integrado por oito organizações indígenas e camponesas[22] que, em 2006, prepararam e publicaram, especialmente para a Assembleia Constituinte, um documento que propunha a criação de um Estado comunitário e plurinacional, prova eloquente da aposta política realizada por importantes organizações sociais, de caráter indígena e rural, acerca dos objetivos refundacionais que eram propostos na Assembleia Constituinte. O projeto sintetizava pela primeira vez uma série de propostas orientadas ao reconhecimento e à implementação do pluricultural em diferentes planos: novo ordenamento territorial-estatal a partir do reconhecimento de diferentes tipos de autonomia (departamental, regional, municipal e indígena); a eleição de representantes

21. Sobre os avatares da Assembleia Constituinte, ver Prada Alcoreza (2010).
22. As oito organizações envolvidas na proposta foram: a Confederação Sindical Única dos Trabalhadores Camponeses da Bolívia (CSUTCB); a Confederação de Povos Indígenas da Bolívia (Cidob); os *colonizadores*; as "Bartolinas"; o Conselho Nacional de Ayllus e Markas do Qullasuyu (Conamaq); a Coordenação de Povos Étnicos de Santa Cruz (CPESC); o Movimento Sem-Terra da Bolívia (MST); a Assembleia do Povo Guarani (APG); a Confederação de Povos Étnicos Moxeños de Beni (CPEMB), além de uma grande quantidade de ONG. Ver "Pacto de Unidad, Própuesta de las Organizaciones Indígenas, Originarias, Campesinas y de Colonizadores hacia la Asamblea Constituyente" [Pacto da Unidade — Proposta das organizações indígenas, originárias, camponesas e de colonizadores da Assembleia Constituinte], ago. 2006.

segundo seus usos e costumes; a constitucionalização da justiça comunitária, da propriedade comunitária e do controle dos recursos naturais; a afirmação da interculturalidade. Da mesma forma, demandava-se um novo regime da terra e do território, baseado no "domínio originário" dos recursos não renováveis nas mãos das nações e dos povos indígenas originários e camponeses. O regime proposto incluía não apenas a participação nas decisões, por meio de consultas populares vinculantes, como também outras demandas das organizações e povos originários, como a cogestão e a coadministração dos recursos naturais junto ao Estado plurinacional.

Como dito antes, diferentemente do México, na Bolívia o chamado à autonomia se inseria em um espaço de disputa com as próprias oligarquias regionais, para afirmar uma estratégia política segregacionista, com "um significado virtual de extraterritorialidade" (Chávez León, 2008).[23] García Linera (2008 [2004], p. 245) aponta outra diferença: enquanto o México apresenta um percentual reduzido de indígenas em relação à população total, o que levou às leituras que sustentavam o direito das minorias étnicas, na Bolívia há uma discussão ligada aos direitos das maiorias nacionais sem Estado.

O Pacto de Unidade definiu a autonomia indígena originária e camponesa[24] como:

> a condição e o princípio da liberdade dos nossos povos e nações, como categoria fundamental de descolonização e autodeterminação; baseada em valores fundamentais e geradores que são os motores da unidade e da articulação social, econômica e política no interior dos nossos

23. De fato, a nova Constituição Política depois reconhecerá a autonomia departamental.

24. A nova Constituição boliviana reconhece a preexistência de nações e povos "indígenas-originários-camponeses", tripla categorização que corresponde, segundo Mayorga, à combinação de três códigos: *nações originárias*, denominação utilizada pelas organizações das terras altas; *povos indígenas*, usado por grupos étnicos das terras baixas; e *camponeses*, que corresponde à organização dos trabalhadores do campo, reunidos desde 1952 em sindicatos rurais (Mayorga, 2011, p. 84).

povos e nações e com o conjunto da sociedade. Demarca-se a busca incessante pela construção da vida plena, sob formas próprias de representação, administração e propriedade de nossos territórios.[25]

Quanto ao regime de terras, o Pacto de Unidade promovia a proibição do latifúndio e estabelecia como missão do Estado plurinacional "a distribuição equitativa das terras, prevendo os direitos e as necessidades atuais e futuras das nações e dos povos indígenas originários e camponeses e o bem-estar de toda a população". Outra inovação importante foi a exigência do reconhecimento do pluralismo jurídico (a coexistência, dentro do Estado plurinacional, dos sistemas jurídicos indígenas originários e camponeses com o sistema jurídico ocidental, em um plano de igualdade, respeito e coordenação). Por último, a proposta também falava da criação de um quarto poder (o poder social) e conduzia ao reconhecimento e à institucionalização alternativa do poder instituinte, do qual as organizações e os movimentos sociais eram portadores. Embora os desenvolvimentos fossem muito incipientes, esse poder social se pensava como independente e autônomo do Estado, formado por "representantes da sociedade civil" (nações e povos indígenas originários e camponeses, representantes das organizações sociais e outros), e tinha funções de controle social transversal (mais do que de autogoverno).

Os acordos posteriores feitos no seio da atribulada Assembleia Constituinte se orientaram no sentido do reconhecimento de uma propriedade compartilhada entre as nações e povos indígenas originários e camponeses junto ao Estado Unitário Plurinacional. Mas a Constituição finalmente aprovada em 2009, por meio de uma saída pactuada, não incluiu a consulta vinculante para exploração e extração de recursos naturais, somente a "consulta informada".

Parte desse processo complexo se refletiu nas contribuições teóricas e nas discussões políticas que ocorreram entre 2007 e 2010, em torno da caracterização e da implementação do Estado pluri-

25. Conceitualização elaborada pela Assembleia do Povo Guarani e enriquecida pelas diferentes organizações participantes do processo (6 jul. 2006).

nacional, promovidas por diferentes organizações sociais e ONG, assim como a partir de espaços institucionais, tais como a vice-presidência da nação. Historicamente, esse debate também remetia ao diagnóstico que René Zavaleta fez da Bolívia como "formação social *abigarrada*", que indica a sobreposição de diversos tipos de sociedade, tempos históricos diferentes e visões de mundo que coexistem de maneira desarticulada, estabelecendo relações de dominação e distorção umas sobre as outras (Zavaleta Mercado, 2008; Tapia, 2013). Em razão disso, o reconhecimento das autonomias e o desafio da criação de um Estado plurinacional apontavam para unir Estado e sociedade, estabelecendo uma "convivência não dominante do *abigarrado*".[26] Nessa linha, alguns dos aportes mais enriquecedores foram feitos por membros do grupo Comuna, a saber, Luis Tapia, Raúl Prada e Álvaro García Linera, vice-presidente desde 2006.[27]

26. A expressão entre aspas pertence a Ximena Soruco Sologuren (2011, p. 87), que produziu um ensaio sobre o tema ("Apuntes sobre el Estado plurinacional" [Notas sobre o Estado plurinacional]), sob a responsabilidade da vice-presidência, que também o publicou. O estranho e excepcional do ensaio é que 90% dele estava destinado a contar a história da Bolívia e suas lutas, seus avatares e complexidades, mas quase não avançava na caracterização do Estado plurinacional. Esse tipo de tratamento genérico apareceu em numerosos autores — ao contrário do tema mais específico das autonomias indígenas, sobre o qual houve maiores desenvolvimentos.

27. Esse grupo de intelectuais teve destino singular. Além dos citados acima, o grupo foi composto pela mexicana Raquel Gutiérrez (atualmente residente em seu país) e Oscar Vega. Entre 1999 e 2006, todos acompanharam as lutas sociais e publicaram conjuntamente diferentes ensaios. A partir da posse de García Linera como vice-presidente, houve uma inflexão e continuação do diálogo até 2010 (embora já não tanto em termos coletivos). Por sua vez, Raúl Prada teve uma participação importante na Assembleia Constituinte — ver entrevistas que realizamos sobre o tema: Svampa, Stefanoni & Fornillo (2010b) e Prada (2014) — e depois foi vice-ministro de Planificação e Energia no ministério da Economia e Finanças. Em sua saída, em 2010, converteu-se em um dos críticos mais ferrenhos do governo Evo Morales e particularmente de seu ex-companheiro de Comuna, García Linera. Vários libelos escritos de parte a parte dão conta de uma profunda desavença política. A reflexão de Prada (2014) se insere em uma análise de mais longo prazo da crise do Estado-nação e dos umbrais da descolonização, enfatizando a

Em 2004, García Linera publicou um texto importante sobre o tema, "Autonomía indígena y Estado multinacional" [Autonomia indígena e Estado multinacional], no qual, além de revisitar a vasta bibliografia internacional sobre a questão do multiculturalismo e do Estado, propunha um novo esquema de ordenamento autonômico que reconhecia distintos graus de autogoverno político, dependendo da "densidade política e da extensão das identidades culturais demandantes" (García Linera, 2009, p. 249).[28] Haveria um primeiro tipo de autogoverno para aquelas identidades étnicas mais reduzidas, que poderiam avançar para uma confederação em regiões autonômicas, monoétnicas ou pluriétnicas; e um segundo tipo que, devido à dimensão e à qualidade nacional, exigiria uma estrutura de autogoverno autonômico mais complexa, como no caso da nação aimará. Esta teria direito à nacionalidade aimará (não apenas como comunidade), ou seja, à livre autodeterminação, à autonomia política como parte do Estado boliviano (García Linera, 2009, p. 249-54).

No entanto, durante o governo, García Linera foi modificando sua visão sobre o Estado. Por um lado, suas reflexões posteriores caracterizavam o "Estado de transição" em um novo campo de luta, ao calor do recrudescimento da confrontação político-social com as oligarquias regionais. Enquanto o conceito de "Estado pluri-

....

crise civilizatória e ambiental. Já o filósofo Luis Tapia nunca foi funcionário do novo governo, ainda que sua opinião fosse requisitada e escutada nos primeiros anos, sobretudo para debater esses grandes temas (Estado plurinacional). Contudo, a partir de 2010-2011, suas críticas ao governo do MAS o distanciaram definitivamente. Por último, García Linera realizou numerosas atividades a partir da vice-presidência da República. Embora uma parte importante delas estivesse destinada ao encontro com intelectuais reconhecidos em nível internacional, sobretudo convidados pela vice-presidência (Negri, Laclau ou Žižek, entre outros), também foram promovidos seminários sobre temas ligados aos processos de mudança, junto com numerosas publicações (embora a maior parte delas esteja destinada a difundir as exposições e os discursos do próprio vice-presidente).

28. O artigo se encontra na compilação *La potencia plebeya* [A potência plebeia] (2009). Foi originalmente publicado em 2004 e reproduzido parcialmente no fim de 2007, no livro *Las transformaciones pluralistas del Estado* [As transformações pluralistas do Estado], junto com textos de Prada e Tapia.

nacional" aparecia cada vez mais naturalizado no discurso político,[29] outros conceitos começaram a ganhar importância: "crise do Estado", "Estado de transição", "empate catastrófico", "ponto de bifurcação", marcando assim uma reflexão cada vez mais permeada pelo estatismo.[30] Como sustenta Stefanoni (2007, p. 24), "talvez a evolução político-ideológica de García Linera seja sua passagem — com escassas mediações — de suas posições 'autonomistas' a uma defesa quase hegeliana do Estado, como síntese da 'vontade geral'".

Uma das abordagens mais originais e criativas do processo evolutivo boliviano vem de Luis Tapia, que escreveu vários textos sobre a questão, entre os quais se destaca *Una reflexión sobre la idea de Estado plurinacional* [Uma reflexão sobre a ideia de Estado plurinacional] (2008). Nesse livro, Tapia refletiu sobre a diversidade de nações e estruturas comunitárias, sobre as tensões entre reconhecimento da diversidade e tendência centrífuga do estatismo, e se perguntou como pensar a representação em um contexto de plurinacionalidade, no qual convivem maiorias e minorias étnicas. Nessa linha, advertia para os perigos do regime presidencialista na efetiva implementação de um regime representativo plurinacional, e propunha um regime colegiado de poder.[31] Em um texto posterior, produto de uma reunião convocada pela vice-presidência

29. Nós nos referimos ao fato de que a própria noção de "Estado plurinacional" não aparece problematizada, mas sim como um dado no processo de transformações em curso.

30. Em uma entrevista que realizamos com Pablo Stefanoni em 2007, após um ano de posse como vice-presidente, García Linera falou sobre um "giro hegeliano" em relação à concepção de Estado, orientado ao fortalecimento da gestão e do aparato estatal. Igualmente, enfatizava a tensão, própria do momento de mudança, entre centralização e socialização das decisões. Por último, postularia a hipótese do capitalismo andino-amazônico como figura de uma modernidade pluralista (Svampa & Stefanoni, 2007a). Mais adiante, García Linera (2009) desenvolveria uma reflexão sobre o Estado de transição em um triplo nível: o Estado como a construção e uma (nova) coalizão política dominante, o Estado em termos de nova institucionalidade e, por último, o Estado como ideia ou relação de legitimidade política, como "monopólio do poder simbólico".

31. "Para organizar um Estado plurinacional com alguma forma de governo plurinacional, parece que seria mais conveniente adotar alguma forma

("Debate sobre el cambio" [Debate sobre a mudança]), Tapia (2010, p. 161) afirma que houve uma redução do Estado plurinacional a um formato liberal, cujo resultado é a emergência de um Estado plurinacional frágil, organizado de modo hierárquico e não igualitário. Por último, insiste, em várias oportunidades, que a ideia de autonomia proposta pelo Pacto de Unidade implicava importantes níveis de codecisão com o Estado plurinacional, sobretudo a respeito da exploração e da extração de recursos naturais, enquanto para o partido do governo se tratava de subordinar a autonomia relativa a esse tema (Tapia, 2011, p. 150).

Por sua vez, a partir do posto de vice-ministro, Raúl Prada se orientou a trabalhar sobre a ampliação das bases da gestão, por meio de um novo modelo de gestão pública plurinacional e comunitária. Assim, a proposta programática emanada da Nova Constituição Política do Estado impulsionou, em meados de 2009, um "decreto de descolonização" (Decreto Supremo nº 212), que dispunha sobre a criação de uma escola de gestão pública para formar os futuros administradores do Estado plurinacional (que nunca entrou em funcionamento), para contribuir com a "construção e a consolidação da nova gestão do Estado, mediante a formação e a capacitação de servidoras e servidores públicos" (texto do decreto). Prada promovia uma visão descentralizada do Estado, pensando a "participação social" e o "controle social" como novos eixos articuladores, com o objetivo de avançar em uma nova concepção de gestão pública, que deveria ser plurinacional, comunitária e intercultural (Prada Alcoreza, 2010).

A partir de 2009, a Bolívia atravessou o desfecho da resistência regional que caracterizou boa parte do primeiro mandato presidencial, e o país foi se deslocando para uma nova época, marcada pela crescente hegemonia política do MAS. Assim, durante o segundo mandato do governo (2010-2015), o cenário político nacional foi colocando o conflito principal em outro lugar, já não fora, mas dentro do projeto de mudança. Isso se tornou visível a partir do

....

colegiada de exercício de poder político, nos diferentes poderes nos quais se divide o Estado e, em particular, o Executivo" (Tapia, 2008, p. 80).

enfrentamento entre o governo do MAS, afirmando cada vez mais a lógica estatista e a vocação populista, frente à ação de determinadas organizações representativas dos povos originários (Cidob e Conamaq),[32] que depois da experiência do Pacto de Unidade oscilavam entre a afirmação de uma lógica plurinacional e a demanda corporativa, centrada na defesa das autonomias e dos direitos territoriais inscritos na Constituição Plurinacional.

Em busca da consolidação da nova estatalidade, o governo encaminhou a sanção de várias leis estratégicas que restringiam o direito de consulta e a autonomia dos territórios indígenas e facilitavam o desenvolvimento de projetos extrativos. A afirmação dessa tendência crítica no interior do projeto de mudança se expressou abertamente durante a realização da contracúpula sobre mudanças climáticas em Tiquipaya (abril de 2010), que reuniu na mesa dezoito (não autorizada pelo governo) as organizações que buscavam debater a problemática ambiental na Bolívia. Em um contexto em que se combinavam, em escala nacional, os conflitos de interesses com o governo do MAS (com as demandas não atendidas) e o início da exploração de hidrocarbonetos, projetos energéticos, estradas e concessões mineiras em territórios indígenas, que implicavam ausência ou irregularidades das consultas prévias, organizações como Cidob e Conamaq privilegiaram o discurso ambientalista. No contexto de confrontação e mobilização, exigiam o cumprimento do direito à consulta, tal como estabelecia a Convenção 169 da OIT e consagrava a Constituição boliviana: o respeito pelas estruturas orgânicas (e a rejeição de votações e pronunciamentos de autoridades originárias paralelas). Não esteve ausente dessa mudança

32. Conamaq (Conselho Nacional de Ayllus e Markas de Qullasuyu) é uma organização indígena rural, assentada em regiões aimará/quéchua, que surgiu em 1997 em questionamento ao sindicalismo camponês, como fruto da organização dos *ayllus*, mas também das instituições não governamentais (Oficina de História Oral Andina, Cooperação Dinamarquesa). Nesse conselho, a figura da comunidade tem um sentido forte, pois o *ayllu* está na base das diferentes estruturas reguladoras da vida social (a reconstituição das autoridades originárias), assim como a reconstrução do Tawantisuyu [Império Inca, em quéchua] se desenha no horizonte político.

de posição a interação com outras organizações sociais afins, no interior de um espaço militante latino-americano caracterizado pelo *giro ecoterritorial* (Svampa, 2010), que a própria experiência boliviana ajudou a forjar e potencializar. Mas o ponto de inflexão, sem dúvida, foi o conflito do Território Indígena e Parque Nacional Isiboro Sécure (Tipnis), a propósito da construção do segundo trecho da estrada Villa Tunari-San Ignacio.[33]

Existem poucos trabalhos que dão conta do avanço do processo estatuinte em relação à Autonomia Indígena Originária Campesina (Aioc). Entre os trabalhos pioneiros, destaca-se o de José Luis Exeni Rodríguez (2015), que analisou o processo de autonomias a partir de três eixos: sistema de governo, jurisdição indígena e alternativas ao desenvolvimento. Depois de examinar três estudos de caso, Exeni conclui que as autonomias ficaram relegadas na agenda do governo. Um dos problemas revelados era a dificuldade de construção, dadas as barreiras e requisitos impostos pelo poder público, assim como as fortes intervenções do municipalismo. Outro problema fundamental era a tensão entre a autonomia como "essencial ao Estado plurinacional" e a base extrativista e neodesenvolvimentista do próprio Estado. É evidente que a soberania das Aioc sobre os territórios ancestrais encontra uma barreira diante da vontade estatal de controlar "seu" território, em especial, o domínio sobre os recursos naturais renováveis (Exeni Rodríguez, 2015, p. 185).

Como consequência, o governo do MAS se encaminhou para uma definição do projeto de descolonização em termos clássicos, entendendo-o como a necessidade de democratizar o Estado a partir do controle do excedente, da modernização da economia, da geração de quadros burocráticos eficientes e da partilha progressiva das terras. Apesar das inovações, a Nova Constituição Política confirmou o papel central do Estado-nação e do Executivo boliviano. Como sustentou Prada Alcoreza (2010, p. 105),

> a própria quarta parte da Constituição, dedicada à organização econômica, sugere fortes tensões. Fala em uma economia plural, mas ao

33. Voltarei a esse tema na próxima parte.

mesmo tempo sustenta o fortalecimento do Estado; o Estado é articulador das distintas formas de organização econômica; o Estado se encarrega de toda uma cadeia produtiva, da industrialização dos recursos naturais, do apoio à pequena e microempresa. O Estado se converte em promotor da economia plural, de modo que existe uma tensão permanente entre pluralismo econômico e visão estatista.

Passaram-se dez anos e tudo parece indicar que, para além dos efeitos democratizantes em nível social (que não é um tema menor), o Estado plurinacional encontrou sérios pontos de discórdia em seu caminho de implementação, nos marcos do processo pós-constituinte. Entre eles, devido ao avanço de uma lógica centralista e reorganizadora do poder — "um modelo Estadocêntrico", segundo Mayorga (2011, p. 85) —, ligada à consolidação de uma dinâmica extrativista em função de um projeto neodesenvolvimentista. Mais ainda, especialistas advertem para o risco do "efeito de desconstitucionalização" (Exeni Rodríguez, 2015) ou de contrarreforma, como poderia ocorrer no âmbito da Justiça, que colocaria em xeque o constitucionalismo transformador e experimental e fragilizaria ainda mais a possibilidade de realização de um horizonte plurinacional.

DEBATE 3.
O DIREITO DE CONSULTA PRÉVIA

Outra questão fundamental é o direito de consulta prévia, livre e informada (CPLI) aos povos originários, já que, durante os anos 1990, todas as constituições latino-americanas incorporaram a Convenção 169 da OIT (1989) e, posteriormente, a Declaração das Nações Unidas sobre os Direitos dos Povos Indígenas (2007). A questão se torna crucial porque nas últimas décadas assistimos a uma multiplicação de megaprojetos extrativistas, ligados à expansão da fronteira petroleira, mineira, energética e dos agronegócios, entre outros, que ameaçam diretamente os territórios indígenas, multiplicam as assimetrias já existentes e conduzem ao aumento exponencial de processos de violação de direitos fundamentais.[34]

Ao escrever sobre o tema, o constitucionalista colombiano César Rodríguez Garavito (2010) fala sobre "o direito nos campos minados do capitalismo global". A acertada metáfora de "campo minado" tem um sentido não apenas jurídico ou legal, mas também econômico (grandes interesses em jogo, ligados ao extrativismo, sobretudo à megamineração, ao petróleo e a megarrepresas) e social (territórios nos quais predominam as sociabilidades violentas e desconfiadas e onde qualquer passo em falso pode ser letal). Embora Garavito leve em consideração o cenário de violência da Colômbia, não é menos certo que a metáfora dos "campos sociais minados" possa ser aplicada hoje ao conjunto de países latino-americanos, dada a existência de uma alta conflituosidade socioterritorial.

Um relatório recente da Cepal (2014) sobre a situação dos povos indígenas, baseado em dois informes do relator especial da ONU sobre povos originários (período 2009-2013), ressalta como um dos grandes nós dos conflitos produzidos pela expansão de ativi-

34. Daremos conta dessas questões em outro capítulo, dedicado ao debate sobre desenvolvimento. Nesta última parte me interessa realizar um primeiro contato com as relações entre direito de consulta e conflitos suscitados nos marcos da expansão das fronteiras extrativistas.

dades extrativas nos territórios indígenas é "o descumprimento do dever estatal de consulta dos povos indígenas e da adoção de resguardos e medidas para proteger seus direitos antes de outorgar concessões ou autorizar a execução de projetos extrativos".[35] O relatório da Cepal reproduz, além disso, um mapeamento das indústrias extrativas realizado pelo Projeto de Apoio ao Relator Especial sobre Direitos dos Povos Indígenas da Universidade do Arizona, que mostra como todos os países da América Latina onde existem territórios indígenas apresentam conflitos socioambientais. Esse mapa identificava ao menos 226 conflitos socioambientais em territórios indígenas da América Latina durante o período 2010-2013, associados aos projetos extrativos de mineração e hidrocarbonetos (Cepal, 2014, p. 139).

Ora, a questão está longe de ser unívoca: deve-se interpretar a CPLI em termos de consulta ou consentimento? A consulta deve ser não vinculante ou os povos originários têm direito a veto? A OIT determina que a consulta deve ser de boa-fé e sua finalidade deve ser a tentativa de obter o consentimento da comunidade ou, pelo menos, chegar a um acordo.[36] Nesse sentido, a Declaração das Nações Unidas sobre os Direitos dos Povos Indígenas adotada em 2007

35. Os outros "nós problemáticos" com os quais essa questão se entrelaça remetem aos inadequados ou inexistentes resguardos jurídicos dos direitos dos povos indígenas sobre suas terras, águas, recursos naturais, biodiversidade e território; aos conflitos pela violação de lugares sagrados; à inexistente ou deficiente avaliação independente dos impactos ambientais, econômicos e territoriais dos projetos extrativos; à exclusão dos povos indígenas da participação nos benefícios oriundos da exploração de recursos em seus territórios; e, enfim, à criminalização do protesto social indígena contra projetos que afetam seus direitos e territórios (Cepal, 2014, p. 58).

36. Como afirma Garavito (2012): "Isso é amplamente desenvolvido no Guia de Aplicação da Convenção 169, que a OIT adotou como resposta às numerosas solicitações dos Estados-membros, dos povos indígenas e organizações sociais que buscavam conhecer com maior profundidade o significado, o alcance e os impactos da convenção. O guia manifesta que os Estados deverão celebrar consultas, inclusive quando se modifiquem disposições jurídicas sobre as terras e o território, mas que os povos indígenas, como 'qualquer outro segmento da população nacional de qualquer país, não têm direito a vetar as políticas de desenvolvimento que afetem todo o país'".

deu um passo a mais ao envolver o princípio do consentimento livre, prévio e informado para remoção de grupos indígenas de suas terras, assim como para a adoção e a aplicação de medidas legislativas e administrativas que os afetem, entre outras situações. Adicionalmente, ordena aos Estados a reparação de todos os povos indígenas pelos bens de ordem intelectual, cultural ou espiritual que tenham sido perdidos sem seu consentimento livre, prévio e informado. Embora tais disposições não tenham caráter vinculante, estabelecem um compromisso forte por parte dos Estados e exercem pressão sobre estes para que realizem uma adequação.

Nessa linha, Garavito distingue entre uma interpretação forte do direito de consulta e outra frágil. Em sua perspectiva, "organismos internacionais como a Relatoria de Direitos dos Povos Indígenas da ONU e a Corte Interamericana de Direitos Humanos (2007) fixaram interpretações de direito internacional mais exigentes, sobretudo quando se trata de grandes projetos de desenvolvimento ou investimento que tenham impacto profundo sobre um povo indígena". No outro extremo, temos a concepção procedimental frágil, como expressada pela Corte Constitucional do Equador (2010, p. 48).

Existem, além disso, outras ferramentas jurídicas em escala regional — como a Comissão Interamericana de Direitos Humanos (CIDH) da OEA, com sede na Costa Rica — que têm um caráter vinculante para os Estados americanos. Muito importantes são também os pareceres do Relator Especial das Nações Unidas para os Direitos Humanos e Liberdades Fundamentais dos Povos Indígenas, já que costumam dar visibilidade à proteção dos direitos indígenas, além de reunir informação sobre violações de tais direitos, realizar missões às regiões de conflito e elaborar relatórios.[37]

37. Existem outras ferramentas não vinculantes, entre elas o Pacto Internacional sobre Direitos Civis e Políticos (PIDCP), pronunciamentos emitidos pelo Comitê de Direitos Humanos das Nações Unidas (Comitê de Direitos Humanos), o Comitê para Eliminação da Discriminação Racial (CEDR), um órgão de monitoramento; o Comitê de Direitos Econômicos, Sociais e Culturais (DCESC), que recebe relatórios periódicos dos Estados integrantes sobre o cumprimento das disposições do pacto e realiza observações finais sobre estes; e as Recomendações do Fórum Permanente para Questões

A CIDH tem uma tradição garantista relacionada ao assunto. Assim, por exemplo, em 2007, por meio da análise de cinco casos contenciosos, determinou um marco jurídico internacional para resolver os problemas entre Estados e comunidades indígenas. Em primeiro lugar, estabeleceu que é tarefa dos Estados assegurar a efetiva participação dos povos indígenas, bem como é seu dever consultar as comunidades segundo seus costumes e tradições, aceitar e oferecer informação e promover a comunicação entre ambas as partes. Além disso, as consultas devem ser realizadas de boa-fé, por meio de procedimentos culturalmente adequados, desde as primeiras etapas dos projetos de desenvolvimento, e deve ser assegurado que as comunidades conheçam os possíveis riscos. Em segundo lugar, deu recomendações sobre as matérias que devem ser submetidas à consulta, entre as quais se destacam a extração de recursos naturais nos territórios dos povos indígenas. Além disso, o povo indígena, e não o Estado, deve dizer quem o representa em cada procedimento de consulta. Por último, se o plano de desenvolvimento for de grande escala ou de grande impacto, os Estados não podem seguir adiante sem obter o consentimento prévio, livre e informado (Antkowiak & Gonza, 2010).

Um avanço importante na linha de interpretação forte do direito à consulta foi a sentença da CIDH de 30 de julho de 2012 em relação ao povo kichwa[38] de Sarayaku da Amazônia equatoriana. Há mais de uma década foi feita uma denúncia contra o Estado equatoriano por haver outorgado uma concessão petrolífera e permitido que uma empresa de capital argentino realizasse exploração sísmica no território de Sarayaku, sem consulta prévia. A CIDH determinou que o Equador havia violado os direitos à consulta prévia informada, à propriedade comunal indígena e à identidade cultural. O Estado também foi declarado responsável por colocar em grave risco os direitos à vida e à integridade pessoal, assim como pela violação

....

Indígenas das Nações Unidas. Nesse ponto, agradeço especialmente o trabalho de sistematização realizado por Florencia Puente.

38. No Equador, os povos quéchua se autodenominam kichwa. O termo também se refere a um *cluster* linguístico com 1,4 milhão de falantes no Equador, Colômbia e Peru. [N.T.]

dos direitos e garantias judiciais e de proteção judicial em prejuízo do povo de Sarayaku. Em consequência, a CIDH ordenou que o Equador devia "retirar a pentolite do território de Sarayaku".[39] Além disso, determinava que

> o Estado deve conduzir uma consulta adequada, efetiva e plena antes de começar projetos de extração de recursos naturais. Deve ainda realizar "cursos obrigatórios" sobre os direitos dos povos indígenas, dirigidos a funcionários envolvidos com povos indígenas, e organizar "um ato público de reconhecimento de responsabilidade" pelas violações. Por último, a Corte estabeleceu que o Estado deve pagar noventa mil dólares por danos materiais e um milhão e 250 mil dólares por danos não materiais ao povo Sarayaku.[40]

Em suma, essa sentença da CIDH marcou um rito no tema e se prevê que terá impacto sobre litígios pendentes entre direitos indígenas e avanço da fronteira extrativa. Não é por acaso, então, que desde 2012-2013 a Corte esteve sob a lupa dos países latino-americanos: o governo venezuelano decidiu se retirar, alegando parcialidade e decadência moral; e o Brasil ameaçou fazer o mesmo, depois de receber medidas cautelares da CIDH que implicavam a suspensão das obras de construção da megarrepresa de Belo Monte, sobre a qual as populações indígenas não foram devidamente consultadas.[41]

39. Pentolite ou pentolita é um explosivo que contém TNT, usado para fins militares ou civis, inclusive atividades mineradoras. [N.T.]

40. Corte Interamericana de Direito Humanos. "Pueblo indígena Kichwa de Sarayaku vs. Ecuador", sentença de 27 jun. 2012.

41. Recordemos que a CIDH é um organismo da OEA e que seu objetivo é realizar um acompanhamento geral de temas relativos aos direitos humanos. Nos últimos anos, foi muito criticada pela politização de suas sentenças. Ocorreram numerosos conflitos com a Venezuela (denúncias de violações de direitos humanos), Equador (denúncias sobre limites à liberdade de imprensa) e Nicarágua (violações de direitos humanos e de direitos dos nicaraguenses que trabalham na Costa Rica). Além disso, a Corte foi reprovada por nunca haver condenado nenhum ditador ou ditadura latino-americana, algo que ocorreu, por exemplo, com o golpe de Estado contra Manuel Zelaya em Honduras. Nesse sentido, a visão que existe na Argentina sobre a CIDH é diferente, devido à histórica visita que a comissão realizou ao país

> *Aprovado ou não, meu pedido é acelerar as consultas correspondentes, queremos a participação de nossos companheiros dirigentes. Nas comunidades, acelerar as consultas relativas aos temas especialmente de exploração, eu diria. Às vezes perdemos tempo, um, dois e até três anos de exploração. Se somente em consulta vamos perder três anos, imaginem o tempo que estamos perdendo.*
> — Evo Morales[42]

> *Se, além disso, fazemos a consulta prévia – que ainda não se realizou na atividade mineradora – com as comunidades que não têm perfil para serem consultadas... Simplesmente, qualquer um que vista um penacho já obtém direito a ser consultado... Bom, pois assim a coisa será mais difícil.*
> — Gerente da mineradora Yanacocha, Peru

A CPLI se instalou em um campo de disputa social e jurídica crescentemente complexo e dinâmico. Na perspectiva dos governos

....

em 1979, durante a última ditadura militar. Voltando ao presente, em 2012, o então chanceler venezuelano, Nicolás Maduro, acusou a Corte de ser "uma burocracia internacional controlada por Washington" e convidou seus pares latino-americanos da Celac a criar um organismo próprio. Além disso, devido às medidas cautelares ditadas em relação ao caso de Belo Monte (2012), inclusive o Brasil, por intermédio da presidenta Dilma Rousseff, ameaçou apoiar a proposta de criar uma comissão de Direitos Humanos latino-americana sem a presença dos Estados Unidos. Ver "Argentina, más lejos de la CIDH" [Argentina, mais longe da CIDH], *Clarín*, 9 jun. 2012.

42. "Bolivia tendrá una ley de consulta a indígenas sobre proyectos económicos" [Bolívia terá lei para consultar povos indígenas sobre projetos econômicos], *América Economía*, 12 maio 2014.

latino-americanos, em tempos de extrativismo neodesenvolvimentista, a consulta prévia constitui algo mais que uma pedra no sapato. Para além das declarações grandiloquentes em nome dos direitos indígenas e da defesa de Pacha Mama, não há governo latino-americano que não busque minimizá-la e reduzi-la às suas versões frágeis, mediante diferentes legislações e regulamentações, cujo objetivo é estabelecer seu caráter de consulta não vinculante, assim como facilitar a tutela ou a manipulação em contexto de forte assimetria de poderes.

Isso vale também para governos democratizantes, como o de Evo Morales, que apesar disso não se privou de fazer uso claramente manipulador da CPLI durante o conflito do Território Indígena e Parque Nacional Isiboro Sécure (Tipnis). Igualmente, vale para o governo criminalizador das lutas sociais de Rafael Correa, no Equador, que, apesar de ter ratificado a consulta, na prática não a cumpriu e ainda buscou reduzi-la e reformulá-la sob outras figuras, como a consulta pré-legislativa. Ocorre o mesmo no Peru, onde os sucessivos governos neoliberais, desde Alan García até Ollanta Humala, buscaram frear violentamente a demanda pelo direito de consulta e restringi-la aos povos amazônicos. Assim também na Argentina, onde foram aprovadas leis estratégicas sobre recursos naturais (como de hidrocarbonetos, em 2014, que inclui o *fracking*),[43] sem incorporar a figura da consulta aos povos originários. Enfim, situação semelhante se observou no Brasil desenvolvimentista de Dilma Rousseff, que chegou a desconsiderar as medidas cautelares da CIDH para frear a construção da controversa megarrepresa de Belo Monte, no Pará.

A questão da CPLI é, portanto, um dos temas mais difíceis e polêmicos da normativa internacional, regional e nacional sobre os direitos dos povos indígenas. Apesar de ser considerado um "instrumento especializado", apenas em duas décadas foi objeto de diversos conflitos jurídicos entre grandes interesses econômicos e a sobre-

43. *Fracking*, ou fratura hidráulica, é uma técnica de perfuração e injeção de uma mistura de água com produtos químicos em alta pressão no subsolo, com o objetivo de liberar gás xisto. É apontada pelos ambientalistas como muito poluente. [N.T.]

vivência de povos indígenas ou outros grupos étnicos. Em função disso, converteu-se em uma estratégia fundamental – ainda que não única – da dinâmica de lutas das organizações indígenas.

Na Bolívia, nos últimos anos, houve dois movimentos de inflexão sobre o tema: o primeiro, vinculado ao declínio das expectativas políticas que as organizações indígenas como Cidob e Conamaq tinham em relação ao governo de Evo Morales; e o segundo, ao conflito do Tipnis. Ainda em 2009, as autoridades da Cidob e do Conamaq em La Paz consideravam que a ferramenta fundamental de suas organizações residia no controle e na gestão dos recursos naturais de seus territórios, e não especificamente no exercício do direito de consulta prévia.[44] Três anos depois de iniciado o processo de mudança na Bolívia, recém-sancionada a Nova Constituição Política que estabelecia o Estado plurinacional e reconhecia as autonomias, a grande expectativa de ambas as organizações era codecidir nos territórios indígenas. Porém, a partir de 2010, essa expectativa foi se diluindo, e as organizações passaram da fase ofensiva para a defensiva, sem abandonar, evidentemente, a demanda por autonomia, mas apelando fortemente ao direito de consulta prévia. Isso encontrou resposta, como assinalamos antes, na aprovação de várias leis estratégicas pelo governo, entre elas a lei que restringia a autonomia dos territórios indígenas. De modo que, em um contexto de confrontação e mobilização, a Cidob e o Conamaq começaram a exigir do governo Morales o respeito ao direito de CPLI, garantido pela Constituição boliviana, o respeito às estruturas orgânicas (a rejeição a votações e pronunciamentos de autoridades originárias paralelas), bem como exigir "coerência entre discurso de defesa da Mãe Terra e prática extrativista do governo" (Svampa, 2010). Em junho de 2013, tais organizações apresentaram um pronunciamento no qual reafirmavam "a luta pela recuperação e reconstituição de seus territórios ancestrais e sua verdadeira liberação nos marcos de um verdadeiro Estado plurinacional", e exigiam submeter à consulta prévia a proposta de Lei do Marco

44. Afirmação baseada em entrevistas realizadas pela autora naquele ano em La Paz.

de Consulta, a fim de obter seu "consentimento expresso" antes da aprovação e promulgação.[45]

O segundo ponto de inflexão foi o conflito do Tipnis, a propósito da construção do segundo trecho da estrada Villa Tunari-San Ignacio de Moxos. É preciso levar em conta que esse território é desde 1965 uma reserva natural e, desde 1990, área indígena, habitat de povos amazônicos como Yuracaré, Chimán [ou Tsimané] e Mojeño [ou Mojo]. Tal conflito apresentava um caráter multidimensional, pois, embora fosse claro que um dos objetivos do projeto era interconectar o país (uma demanda real e histórica de muitas populações), os povos indígenas envolvidos não haviam sido consultados. Nesse contexto, não era descabido pensar que a estrada se converteria na porta de entrada de projetos extrativos (do Brasil ou de qualquer outro sócio do Estado boliviano), que trariam consequências sociais, culturais e ambientais negativas.

Inicialmente, o governo do MAS impulsionou a escalada de conflitos, mostrando com isso uma tendência pouco pluralista de construção de hegemonia.[46] Contudo, depois de várias marchas realizadas do Tipnis para La Paz em 2011 e de um episódio de repressão, o governo de Evo Morales se viu obrigado a retroceder, suspendendo a construção desse trecho de estrada. Apesar da oposição das organizações (que consideravam já plebiscitada a rejeição à construção, sem necessidade de implementar uma nova consulta), o governo convocou a consulta e buscou nitidamente tutelá-la em seu favor. Entretanto, um relatório da Igreja católica, realizado com a Assembleia Permanente de Direitos Humanos da Bolívia, de abril de 2013, assinalou que 30 de 36 comunidades rejeitaram a construção da estrada e que a consulta "não foi livre, nem de boa-fé, além de não se ajustar aos padrões de consulta prévia, e

45. "Pronunciamiento del Encuentro de Naciones y Pueblos Indígenas de Tierras Altas y Tierras Bajas sobre el Derecho a la Consulta Previa, Libre e Informada", jun. 2013.

46. Evidentemente, há que se destacar o interesse dos setores camponeses cocaleiros a favor da construção da estrada e, portanto, de expandir a fronteira de cultivos, bem como a oposição dos povos originários.

foi realizada com base em privilégios",[47] que não foram respeitadas as normas e procedimentos próprios, não foram cumpridas as condições de informação, não foram apresentados estudos de impacto ambiental, social, cultural e econômico sobre a construção da estrada, entre outros problemas.

É necessário interpretar os ensinamentos deixados pelo conflito do Tipnis em perspectiva mais geral e regional, relacionando-os a outros processos de consulta prévia na América Latina: em um marco de escalada do conflito, em contextos virulentos e politizados — nos quais os diferentes atores parecem envolver-se em um jogo de soma zero —, o processo de realização de uma CPLI com os povos originários (segundo determina a Convenção 169 da OIT) se torna inevitavelmente cada vez mais raro, e a definição de seus procedimentos, mecanismos e temas torna-se complicadíssima e de caráter muito controverso.

As últimas medidas em relação ao direito de consulta prévia resultam muito preocupantes. Substituindo toda normativa prevista, em março de 2015 o governo boliviano modificou o regulamento de participação e consulta de atividades com hidrocarbonetos (Gandarillas, 2015). Outro decreto supremo, de maio do mesmo ano, permite a exploração de hidrocarbonetos em zonas protegidas. Nesse rumo, segundo o Centro de Documentação e Informação da Bolívia (Cedib), em sete anos ocorreram ao menos 49 consultas prévias sem avaliação ambiental, nas quais as populações locais desconhecem os impactos de tais atividades.[48]

47. O relatório oficial do governo boliviano assinala que 82% das 69 comunidades consultadas disseram "não" à intangibilidade do Tipnis [isto é, aprovaram a possibilidade de sua violação] e que 80% aprovaram a construção das estradas. Também onze comunidades não quiseram participar, 57 decidiram pela revogação da intangibilidade do Tipnis [aprovando sua violação] e 55 aprovaram a construção da estrada. Tais resultados foram questionados pela Assembleia Permanente de Direitos Humanos (2013).

48. "O pesquisador do Centro de Documentação e Informação Bolívia Pablo Villegas informou que, de 2007 a 2014, foram realizadas no país cerca de 49 consultas prévias em matéria de hidrocarbonetos, mas sem levar em conta a avaliação ambiental. Como resultado, subsistem conflitos em dezoito territórios indígenas e onze áreas protegidas. [...] Segundo o relato do pesqui-

Simultaneamente, no Peru, o modo como a CPLI adentrou a agenda política revela de antemão seu caráter conflituoso e dramático. Em 5 de junho de 2009, Dia Mundial do Meio Ambiente, comunidades indígenas da Amazônia peruana, que protestavam havia quase dois meses contra uma bateria de decretos legislativos que atentavam contra a floresta, foram reprimidas na província de Bagua, a cerca de mil quilômetros de Lima, na fronteira com o Equador, por ordem do governo de Alan García. A repressão custou a vida de mais de trinta habitantes amazônicos e dez policiais, e houve um número indeterminado de desaparecidos.[49]

....

sador para a ANF, o tratamento do impacto ambiental se realiza sem base científica, e, quando se fala sobre as compensações, o fazemos sem avaliação ambiental, o que implica que os povos indígenas não sabem como lhes afetará a exploração em seu território. Ele acrescentou que as avaliações de impacto ambiental são uma espécie de 'segredo de Estado' e que seu acesso é restrito aos cidadãos e aos povos indígenas". Ver "Cedib: en 7 años hubo al menos 49 consultas previas sobre hidrocarburos sin evaluación ambiental", *Página Siete*, 17 ago. 2015.

49. Dois anos antes, em 28 de outubro de 2007, o presidente Alan García havia publicado no *El Comercio*, tradicional jornal de Lima, um artigo intitulado: "El síndrome del perro del hortelano" [A síndrome do cachorro do hortelão]. Ali, García afirmava: "Existem milhões de hectares para madeira que estão ociosos, outros milhões de hectares que não podem ser trabalhados, e milhões de hectares de mar onde jamais atuou a maricultura, nem a produção. Os rios que correm para um e outro lado da cordilheira são uma fortuna que vai ao mar sem produzir nem gerar trabalho. E tudo isso devido ao tabu de ideologias superadas, por ociosidade, por indolência ou pela lei do cachorro do hortelão, que reza: 'Se não faço eu, que não faça ninguém'. O primeiro recurso é a Amazônia. Tem 63 milhões de hectares e chuva abundante [...]. Os que se opõem dizem que não se pode dar propriedade na Amazônia (e por que é permitido na costa e na serra?). Dizem também que dar propriedade de grandes lotes daria lucros a grandes empresas, claro, mas também criaria centenas de milhares de empregos formais para peruanos que vivem em zonas mais pobres. É o cachorro do hortelão". O célebre artigo antecipava de maneira brutal e descarnada sua política em relação à Amazônia e aos recursos naturais. Esta começou a materializar-se três meses depois, quando o presidente obteve a delegação de faculdades legislativas pelo próprio Congresso, com a finalidade de que se ditassem normas com força de lei que "facilitassem" a implementação do Tratado de Livre Comércio (TLC) com os Estados Unidos. Em junho de 2018, o Executivo sancionou uma centena de decretos legislativos, entre eles o pacote de leis

Apesar disso, a repressão em Bagua e as solidariedades urbanas, nacionais e internacionais gestadas ao redor das populações amazônicas obrigaram o governo de Alan García a revogar os tais decretos que afetavam diretamente o direito de consulta, ao mesmo tempo que faziam com que se evidenciasse no país a presença dos povos amazônicos, historicamente excluídos. A Amazônia, com 11% da população peruana, conta com 66 povos diferentes, catorze dos quais não têm contato com a cultura ocidental.[50] Foi assim que, em maio de 2010, o Parlamento peruano votou uma lei de consulta para as organizações indígenas, em acordo com a legislação internacional. Porém, tal lei foi vetada pelo presidente García, que teceu "observações" e a reenviou ao Parlamento. Os pontos questionados se referiam tanto ao caráter vinculante da consulta como à sua extensão, posto que o presidente se opunha à inclusão dos povos camponeses dos Andes. Em maio de 2011, pouco depois do triunfo eleitoral de Ollanta Humala, a Lei de Consulta Prévia aos povos indígenas foi finalmente sancionada. Um ano mais tarde, foi regulamentada, mas ficou encalhada em novos dilemas referentes ao questionamento sobre os sujeitos coletivos aos quais se aplicaria. Para o Executivo, estava claro que somente as comunidades "nativas" poderiam ser consideradas indígenas, o que incluía os povos amazônicos, mas deixava de fora as comunidades andinas "camponesas", assim como as "rondas camponesas",[51] cujo status é reco-

....

que afetava a Amazônia. Os decretos legislativos, rebatizados como "a lei da selva" pelas organizações indígenas e ONG ambientalistas, seriam questionados por diversos setores. Dois decretos, 1.015 e 1.073, que implicavam uma distorção do decreto de consulta, foram revogados dois meses após a aprovação. Depois, em dezembro de 2008, uma comissão multipartidária expediu uma recomendação pela revogação dos nove decretos restantes que afetavam a Amazônia, ao considerá-los inconstitucionais, posto que tornavam vulneráveis os direitos de povos indígenas (entre eles, o direito à CPLI).

50. Historicamente, o sentimento de superioridade social e cultural diante dos amazônicos não apenas foi compartilhado pelas elites e classes médias urbanas — sobretudo de Lima —, mas também pelos povos camponeses e indígenas das zonas andinas. Ver Pilar Arroyo, "Perú: Balance preliminar del conflicto amazónico", *Bio Diversidad LA*, 2 jul. 2009.

51. Criadas nos anos 1970, as rondas camponesas são vários tipos de organizações comunais de autodefesa, articuladas pelos camponeses do norte

nhecido por diferentes leis nacionais e cujo papel se engrandece na luta contra a megamineração.[52] O fato é que, considerando o desacordo sobre o tema, dois vice-ministros de Interculturalidade renunciaram no caminho. Além disso, o governo tardou em divulgar uma base de dados de povos indígenas, que seria publicada no fim de 2013 e incluía 52 povos indígenas: 48 amazônicos e quatro andinos (os falantes de quéchua, os Aimará, os Uro e os Jacaru).

Desde a aprovação, em 2011, da Lei de Consulta Prévia, dez processos de consulta foram finalizados e outros quinze estavam em curso no Peru.[53] Contudo, os povos andinos não foram incluídos na consulta prévia sobre os projetos mineradores em seus territórios, que são efetivamente os mais conflituosos, pois, para o governo peruano, tais comunidades não seriam povos originários, mas camponeses, e, como tais, não teriam direito a ser consultados. Sobre isso, recentemente a CIDH obrigou o governo peruano a cumprir a Lei de Consulta Prévia antes de licitar megaprojetos em comunidades indígenas andinas.[54]

Paradoxos já sinalizados do processo de "desindianização" que forjam a especificidade do caso peruano (p. 152-3).[55] No Peru, o Estado

....

do Peru, sobretudo para suprir a carência de garantias estatais no território. Posteriormente, foram regulamentadas pela lei 27.908 de 2003, ou lei de rondas camponesas. [N.T.]

52. Sobre o tema das rondas camponesas, ver Hoetmer *et al.* (2013). Para uma leitura jurídica sobre a pertinência das rondas camponesas em relação ao direito de consulta prévia, ver Yrigoyen Fajardo (2001).

53. Nylva Hiruelas, "La consulta previa en su laberinto", *Gran Angular*, 22 jun. 2015.

54. "Consulta prévia em mineração não avança por não reconhecer povos andinos", diz a nota de Beatriz Jiménez, no jornal *La República*, 10 jan. 2015. Outros trabalhos defendem que, apesar de "47,8% dos territórios das comunidades camponeses se encontrarem concessionados por atividade mineradora", não se realizou nenhuma consulta (Ver Nylva Hiruelas, "La consulta previa en su laberinto", *Gran Angular*, 22 jun. 2015).

55. Contudo, como sustenta Yrigoyen Fajardo, "a Convenção 169 da OIT não diz quem são os povos indígenas, mas sim a quem se aplica. É necessário que os povos originários respondam a duas perguntas para definir melhor tais grupos: 'Vocês têm consciência de que descendem dos povos que estavam aqui antes do estabelecimento do Estado peruano?' E 'vocês têm um idioma próprio?'. Se o povo tem consciência da identidade, apli-

se reserva o direito de decidir quem é "povo indígena" e quem não é. A CPLI exclui, assim, um espectro muito amplo de populações camponesas (das comunidades andinas às rondas camponesas), que há anos se opõem ao avanço da megamineração em seus territórios, tema que constitui a maior fonte de conflitos sociais no Peru contemporâneo e coloca as populações mobilizadas em um cenário de maior vulnerabilidade diante do avanço da criminalização e da repressão aos protestos sociais.

Finalmente, se analisamos o caso da Argentina, existe pouco a contribuir no sentido positivo. Em 20 de maio de 2010, ano do bicentenário da República, uma marcha massiva de povos indígenas desfilou pela histórica Praça de Maio.[56] Essa espécie de segundo Malón de la Paz começou em 12 de maio em Jujuy, Misiones e Neuquén, e atravessou dez províncias. Os dirigentes indígenas foram recebidos pela presidenta Cristina Fernández de Kirchner, com quem mantiveram uma conversa e protocolaram a entrega de três documentos, cujo marco geral era a ideia da "reparação histórica a uma dívida histórica": a implementação do direito à consulta prévia; a reparação cultural/educativa; a reparação da Mãe Natureza, que freasse o avanço das indústrias extrativas e poluentes; a criação de um Ministério Intercultural Indígena com plena participação das organizações; e uma reparação econômica mediante a criação de um fundo especial permanente (fundo fiduciário) para implementar os planos que cada povo definisse em seus territórios, a fim de alcançar um desenvolvimento a partir da identidade (Briones, 2015). O intercâmbio entre os dirigentes indígenas e Cristina Kirchner não foi muito frutífero: "O discurso da presidenta durou catorze minutos e 57 segundos. Clamou em nove oportunidades que fossem 'inteligentes' e negociassem e aceitassem

....

cam-se todos os direitos relativos aos povos indígenas". Raquel Yrigoyen Fajardo, "Rondas campesinas y desafíos del pluralismo legal en el Perú", *Revista Cardozo El. Bull*, n. 17, 2003.

56. Darío Aranda, "Laclau, el doble discurso y el verdadero Kurso", *Taringa!*, 14 abr. 2014.

as mudanças. Também pediu que fossem 'realistas' e 'sensatos'".[57] Essa espécie de segundo desencontro histórico[58] tem como base uma realidade muito preocupante, que se situa longe das imagens multiculturais que o governo kirchnerista buscou construir com sua enorme campanha midiática-cultural.

Em suma, apesar da retórica multicultural, na Argentina os povos originários estão quase ausentes da agenda política e pública. Na realidade, o problema dos povos originários da Argentina do século XXI deve ser lido no espelho da memória antiga, pois é a própria sombra do genocídio originário que ressurge no horizonte, visível na atual criminalização e na desapropriação de territórios, uma vez mais em nome do "progresso" e do "desenvolvimento". Parte dessa realidade aparece descrita no informe do relator da ONU, James Anaya, que visitou o país em 2011. O relatório, publicado em 2013, alerta que ali não se aplica a legislação internacional sobre consulta prévia, ainda que esteja incorporada na Constituição Nacional e nas Constituições das diferentes províncias (Convenção 169 da OIT, artigo 75 da Constituição Nacional). Além disso, embora exista uma normativa que proíbe a espoliação das comunidades indígenas e ordena a realização de um levantamento territorial (lei 26.160, de 2006), são muito poucas as províncias que iniciaram o requerido mapeamento de terras, ao mesmo tempo que continuam as espoliações violentas (Formosa, Neuquén, Salta, Jujuy, entre outras províncias).[59] Não obstante o impacto ambien-

57. Darío Aranda, "Laclau, el doble discurso y el verdadero Kurso", *Taringa!*, 14 abr. 2014.

58. O primeiro se refere ao Malón de la Paz, de 1946, sobre o qual falei em páginas anteriores (p. 109-11).

59. Basta contabilizar as denúncias recolhidas por Anaya para sentir calafrios. Fazendo uma menção incompleta: existem vinte comunidades indígenas na província de Neuquén com conflitos vinculados à exploração petrolífera e mineradora; de quinze conflitos em Formosa, dez estão vinculados às demandas por terras e à criminalização; de 56 denúncias de povos originários em Jujuy, 47 estão ligadas a problemas de terras, ao impacto ambiental e à falta de consulta prévia às comunidades relacionadas à mineração (sobretudo, de lítio); de cinquenta denúncias na provín-

tal e cultural, a falta de consulta prévia e as espoliações violentas, há também fortes situações de criminalização e repressão.

Nesse sentido, são alarmantes os dados oferecidos pelo relatório realizado pelo Encuentro Memoria, Verdad y Justicia (2012) sobre criminalização dos protestos por setor. Um levantamento de 2.198 casos ocorridos entre 2001 e 2012 mostra que 31,4% destes estão ligados aos povos originários, isto é, quase um terço do total, o que é equiparável ao setor das lutas sindicais. Se já surpreende pela magnitude em si, o número se torna muito mais impactante se levarmos em conta que na Argentina há menos protestos dos povos originários do que das organizações sindicais, o que permite concluir que uma grande proporção daqueles é criminalizada. Enquanto no sul do país a situação dos povos originários revela a redução da questão indígena ao âmbito penal, no norte aparece diretamente ligada à morte violenta: desde assassinatos diretos por parte das forças de segurança e por latifundiários até "estranhos" acidentes de trânsito, "mortes difusas" (Mirta Antonelli) ou aparentes delitos comuns, que hoje somam quase duas dezenas de mortos. Essas mudanças produzidas na forma de violência de Estado indicam um crescente processo de terceirização da repressão (polícias provinciais, com grupos de choque, pistoleiros financiados por proprietários da soja e outros latifundiários). Assim, a política da supressão física se deslocou para as províncias e suas margens, onde as populações indígenas e camponesas estão encurraladas, vítimas de um fenomenal processo de espoliação de terras.

Sobre a consulta prévia, um dos casos mais notórios foi o início da exploração e extração de lítio no norte do país, que gerou mobilizações e protestos por parte das comunidades originárias. Em novembro de 2010 foi criada uma mesa de 33 comunidades indígenas para a defesa e a gestão do território (Salta e Jujuy), que apresentou uma ação de amparo perante a Corte Suprema de Justiça da Nação, exigindo a CPLI. Foi precisamente a apresentação dessa demanda ao Fórum Permanente de Direitos Humanos da ONU, em

....

cia de Salta, 42 estão ligadas aos conflitos por terra, perseguição, criminalização, impacto ambiental, falta de consulta prévia...

Genebra, que possibilitou a visita do relator James Anaya às comunidades em Salinas Grandes, que teve um forte impacto sobre o governo provincial e as empresas (Göbel, 2013).[60] Finalmente, em janeiro de 2013, a Corte Suprema de Justiça da Nação rejeitou o amparo interposto pelas comunidades originárias de Jujuy, alegando uma questão de forma, não de fundo. Na sentença, o tribunal afirmou que "as ações entabuladas contra a Província de Salta e o Estado Nacional são alheias à competência originária da Corte Suprema de Justiça da Nação".[61] Diante disso, os membros das organizações decidiram recorrer à CIDH, que, ao término deste livro, ainda não havia se pronunciado.

Tampouco foram consultadas as comunidades Mapuche em relação à exploração dos hidrocarbonetos (convencionais ou não convencionais). Por exemplo, a nova lei de hidrocarbonetos que introduziu o *fracking* foi sancionada em 2014 e não contempla em absoluto a consulta prévia aos povos originários. O vale do Neuquén e a grande jazida de hidrocarbonetos não convencionais de Vaca Muerta são concebidos como um território vazio, um "deserto", pelas autoridades provinciais e nacionais, o que, além de trazer funestas recordações, implica o desconhecimento de que ali, hoje, se assentam mais de vinte comunidades mapuche que demandam seu direito de serem consultadas e que serão afetadas pelo avanço da exploração petrolífera.[62] Cabe reiterar, ainda, o constante processo de deslegitimação das demandas indígenas, o que inclui a

60. Ver o filme de Miguel Pereyra, *Encuentro con la sal*, sobre a visita de Anaya, em: https://www.youtube.com/watch?v=seRH49ngEnc >.

61. Sobre o tema, ver Puente e Argento (2015).

62. Em uma entrevista de 2014, o *werken* [autoridade tradicional dos povos mapuche, com funções de conselheiro do *lonko* (cacique, sacerdote) e responsável pela transmissão oral da história e da memória dos povos] da Confederação Mapuche de Neuquén, Jorge Nahuel, expressou: "O problema principal é com as [atividades] extrativas, sobretudo porque exigem um campo desocupado, livre, e a petroleira entra e precisa que essa terra seja desocupada, portanto vai gerando uma política de expulsão e remoção, pelo bem ou pelo mal". Ver "La seguridad jurídica es privar a los Pueblos Indígenas de garantías que les corresponden", *Opsur*, 28 set. 2014.

"acusação" de que os mapuche não seriam argentinos, mas chilenos, desconhecendo sua preexistência na formação do Estado nacional.

A situação dos povos originários se insere em um cenário repleto de contrastes e contradições. O reconhecimento dos diretos coletivos abre numerosos debates na América Latina a respeito dos processos de democratização plural das sociedades latino-americanas do século XXI e, sobretudo, fortes dúvidas sobre a viabilidade e o alcance de tais direitos enunciados em nível internacional e acolhidos por todas as constituições políticas latino-americanas hoje em vigor. Estamos, pois, diante de um dilema que expressa a colisão de duas dinâmicas. Por um lado, em escala global, desde meados do século XX e ao calor do processo de descolonização, assistimos à expansão da fronteira dos direitos culturais e políticos dos povos originários. Conceitos-horizonte como de "autonomia", "direitos coletivos" e "Estado plurinacional" percorrem a narrativa indianista e ilustram o empoderamento político crescente dos povos originários em diferentes países da América Latina. Por outro, a expansão vertiginosa das fronteiras do capital, em chave extrativista, expressa um novo processo de encurralamento dos povos originários, ameaçando em seu conjunto a preservação de recursos básicos para a vida. "Espoliação" e "recolonização" são alguns dos termos utilizados de modo frequente, seja por numerosos líderes indígenas, seja por movimentos socioterritoriais. Em suma, a expansão da fronteira extrativa implode a possibilidade de aplicar os direitos coletivos dos povos originários, embora reconhecidos em nível global, nacional e local.

2. Debates sobre o desenvolvimento

> *Não acreditem nos ambientalistas românticos, todos aqueles que se opõem ao desenvolvimento do país são terroristas.*
> — Rafael Correa

São inúmeros os desafios, paradoxos e ambivalências que hoje afrontam o pensamento latino-americano, vinculado tanto ao processo de ambientalização das lutas sociais como, de maneira mais precisa, às vertentes mais radicais e criativas do pensamento crítico. Por isso, iniciarei este capítulo sobre as perspectivas atuais do desenvolvimento propondo um percurso pelas visões dominantes e, depois, pela crítica ao extrativismo. A seguir, abordarei os diferentes conceitos-horizonte que se debatem no contexto dessa nova gramática política: "bens comuns", "ética do cuidado", "Bem Viver", "direitos da natureza", entre outros. Também me deterei nas contribuições da antropologia contemporânea sobre os modelos locais de relação com a natureza, em contraposição ao modelo hegemônico, baseado em uma ontologia dualista. Enfim, fecharemos com uma aproximação à ideia de transição e pós-extrativismo.

DEBATE 1.
VISÕES EM LUTA E CRÍTICA AO EXTRATIVISMO

AS PERSPECTIVAS DOMINANTES

Nas páginas anteriores, destaquei que, a partir do ano 2000, a América Latina veio transitando por uma mudança de época. Para além da grande expectativa gerada sobretudo em países como Bolívia, Venezuela e Equador, a abertura de um novo ciclo político encontrou severas limitações e crescentes frentes de conflito. Por um lado, graças ao boom dos preços internacionais das matérias-primas, os diferentes governos experimentaram uma conjuntura econômica favorável, em um novo ciclo baseado na exportação massiva de commodities, que combinava rentabilidade extraordinária e vantagens econômicas comparativas. Por outro, os impactos territoriais dos projetos extrativos a serviço da exportação massiva de commodities produziram um aumento exponencial da conflituosidade socioambiental, gerando importantes resistências nos territórios. Nesse conflito de crescente tensão, assistimos a uma problematização do que se entende por desenvolvimento. Na atualidade, a América Latina abriga diferentes tendências políticas e intelectuais. Em primeiro lugar, estão aquelas posições hegemônicas que dão conta do retorno do conceito de desenvolvimento, associado a uma visão produtivista, ao crescimento indefinido e à mercantilização da natureza, que incorpora conceitos com ressonância global (desenvolvimento sustentável, ou sustentabilidade, em sua versão frágil, responsabilidade social e empresarial, governança). Concomitantemente, ainda se busca sustentar uma retórica supostamente industrialista. Nessa linha, devemos distinguir entre a perspectiva neoliberal e a neoestruturalista.

A perspectiva neoliberal se apoia sobre quatro noções fundamentais: “commodities”, “responsabilidade social e empresarial” (RSE), “sustentabilidade frágil” e “governança”. Certamente, os bens comuns naturais são considerados commodities, isto é, produtos padronizados, com escasso valor agregado, orientados à exportação, cujo preço é determinado no mercado internacional. Sua visão de desenvolvimento se assenta sobre a ideia de um Estado subordinado ao mercado e, especialmente, às instâncias de regulação supranacionais (ou seja, um "Estado metarregulador"). Outro elemento maior é o discurso da RSE, ideia promovida pelas grandes corporações e pelos Estados nacionais, o qual parte de um duplo reconhecimento: primeiro, que as corporações constituem o ator por excelência das economias globalizadas; e, segundo, que estas devem enfrentar conflitos com as populações locais, vinculados aos impactos e riscos (sociais, econômicos, ambientais) gerados por suas atividades econômicas. Por sua vez, a RSE vem acompanhada pelo conceito de "governança", como dispositivo micropolítico de resolução de conflitos com múltiplos atores. Em tal esquema, promove-se a ideia de uma suposta "simetria" entre os atores envolvidos, na qual o próprio Estado — em seus diferentes níveis — aparece como um ator a mais (Svampa, 2008). Além disso, outros atores intervêm (especialistas, jornalistas, mediadores simbólicos, entre outros), contribuindo para adensar a trama de atores no processo de "produção sociodiscursiva" (Antonelli, 2014), a fim de obter a aceitação e a "licença social" das comunidades. Por último, a perspectiva neoliberal promove uma visão frágil do desenvolvimento sustentável. Com isso, queremos dizer, tal como sustenta Eduardo Gudynas (2012), que "se aceita a crise ambiental atual e se defende a necessidade de impulsionar um desenvolvimento que não destrua sua base ecológica. Mas essa postura considera que o desenvolvimento responde diretamente ao crescimento econômico e que as mudanças se processam em especial nos marcos do mercado, aceitando distintas formas de mercantilização da natureza e aplicando inovações científico-técnicas".

Já a perspectiva neoestruturalista parte do reconhecimento de que a acumulação se sustenta no crescimento das exportações de commodities ou bens primários. Assim expressava o brasileiro Luiz Carlos Bresser-Pereira (2010), que escreveu sobre o retorno ao neodesenvolvimentismo destacando que, "na era da globalização, o crescimento liderado pelas exportações é a única estratégia sensata para os países em desenvolvimento". Os argentinos

Mariano Féliz e Emiliano López (2012), assim como Marcelo Saguier e Guillermo Peinado (2014), associaram o neoestruturalismo aos governos progressistas, a partir da convergência da retórica antineoliberal com a globalização comercial e financeira vista como uma oportunidade para as economias da América Latina. Nessa linha, o neoestruturalismo "progressista" enfatiza as condições privilegiadas que a América Latina oferece na atual fase, em termos de "capital natural" ou de recursos naturais estratégicos, demandados pelo mercado internacional, sobretudo a China. Ao mesmo tempo, desliza para uma concepção dos bens naturais que instala uma ambiguidade entre a noção de commodities e a de recursos naturais estratégicos. Embora sua política de desenvolvimento se oriente ao crescimento das exportações, também aponta para um controle maior, por parte dos Estados, da renda extrativista, sobretudo em matéria de hidrocarbonetos e energia.

Ora, existem claras conexões, tópicos e marcos comuns entre neoestruturalismo progressista e a perspectiva neoliberal, ainda que ambos estabeleçam também notórias diferenças sobre o papel do Estado e as esferas de democratização. Na visão progressista, o Estado possui um papel diferente daquele que encontramos em governos neoliberais ou conservadores. Nesse aspecto, não é possível desdenhar da recuperação de certas ferramentas e capacidades institucionais por parte do Estado, que voltou a se erigir em ator econômico relevante e, em alguns casos, em agente de redistribuição. Entretanto, essa concepção estatista encontra limites: no marco das teorias da governança mundial, que tem por base a consolidação de uma nova institucionalidade assentada em marcos supranacionais ou metarreguladores, a tendência não é precisamente que o Estado nacional se torne um "mega-ator" ou que sua intervenção garanta mudanças de fundo nos instrumentos de regulação. Ao contrário, a hipótese máxima aponta o retorno de um Estado moderadamente regulador, capaz de instalar-se em um espaço de geometria variável, isto é, um esquema de múltiplos atores (de complexificação da sociedade civil, ilustrada por movimentos sociais, ONG e outros atores), mas em estreita associação com os capitais privados multinacionais, cujo peso nas economias nacionais é cada vez maior. Desse modo, ainda que a proposta progressista seja heterodoxa e se distancie do neoliberalismo no juízo sobre o papel orientador do Estado, está longe de questionar a hegemonia do capital transnacional nas economias periféricas (Féliz, 2012, p. 24-7).

Em outra ponta, a visão neoestruturalista compartilha com a perspectiva neoliberal o princípio da "sustentabilidade frágil". Isso aparece vinculado ao fato de que na América Latina grande parte das esquerdas e do progressismo populista sustentou tradicionalmente uma visão produtivista de desenvolvimento, que privilegia os termos do conflito entre capital e trabalho, tendendo a minimizar as novas lutas sociais centradas na defesa da terra e do território. Nesse marco político-ideológico, dominado por uma visão produtivista refratária à preocupação e ao cuidado com a natureza, a atual dinâmica de despossessão se converte em um ponto cego, não conceitualizável. Por último, para além das diferenças entre os regimes políticos hoje existentes, sejam conservadores, neoliberais ou progressistas, é possível observar um "consenso" quanto ao caráter convincente da inflexão extrativista, que funcionaria como um limite ou horizonte histórico-compreensivo relativo à produção de alternativas, suturando assim a possibilidade de um debate. A aceitação (tácita ou explícita) de tal "consenso" neodesenvolvimentista contribui para instalar um novo ceticismo ou ideologia da resignação, que reforça, no limite, a "sensatez e a razoabilidade" de um capitalismo progressista, impondo a ideia de que não existiriam alternativas ao atual estilo de desenvolvimento extrativista. Como consequência, todo discurso crítico ou oposição radical se instalaria no campo da antimodernidade, da negação do progresso ou meramente da irracionalidade e do fundamentalismo ecologista.

Em suma, a ideia hegemônica de desenvolvimento é produto da convergência entre um paradigma extrativista, associado à reprimarização e à commoditização da economia, e uma visão tradicional, cujo traço saliente continua sendo o produtivismo e a competitividade sem freios, conceitos apenas rejuvenescidos pela utilização sempre oportuna e escorregadia de certas categorias globais (sustentabilidade, RSE, governança). Assim, o atual cenário ilustra não apenas um persistente vínculo entre extrativismo e neoliberalismo, expresso de maneira emblemática por Peru, Colômbia ou México, como também entre extrativismo e governos progressistas, como ocorreu na Bolívia, no Brasil, no Equador e na Argentina, entre outros países.

A CRÍTICA AO EXTRATIVISMO

São inúmeras as perspectivas críticas que hoje percorrem o cenário latino-americano em relação aos modelos de desenvolvimento vigentes. Entre outras, existe a abordagem ambiental integral, ligada à noção de sustentabilidade forte e pós-desenvolvimento; a indigenista, com ênfase no Bem Viver; a ecofeminista, associada à ética do cuidado e à despatriarcalização; a ecoterritorial, vinculada aos movimentos sociais, que enfatiza o conceito de territorialidade, a crítica ao mau-desenvolvimento e a defesa dos bens comuns. Para além das diferenças, todas essas perspectivas se baseiam em uma crítica ao extrativismo.

A categoria de extrativismo ou neoextrativismo percorre hoje tanto a bibliografia crítica como o discurso dos movimentos socioterritoriais. Na minha perspectiva, para além dos matizes existentes, o extrativismo[1] atual pode ser caracterizado pela presença de diferentes elementos. Em primeiro lugar, refere-se a um padrão de acumulação baseado na sobreposição de bens naturais, cada vez mais escassos, em grande parte não renováveis, assim como à expansão das fronteiras de exploração para territórios antes considerados improdutivos. Em segundo lugar, caracteriza-se pela exportação de bens primários em larga escala, entre eles hidrocarbonetos (gás e petróleo), metais e minerais (cobre, ouro, prata, estanho, bauxita, zinco, entre outros), produtos agrários (milho, soja, trigo) e biocombustíveis. Em terceiro lugar, a grande escala dos empreendimentos nos adverte para a envergadura dos inves-

1. Embora haja coincidências, os autores costumam variar na tipologia apresentada. Ver Gudynas (2009), Acosta (2010b), Machado Aráoz (2012), Svampa (2011a; 2011b; 2013a), Dávalos (2012), Prada Alcoreza (2012), Lander (2013), Giarracca e Teubal (2014), Antonelli (2011), Seoane, Algranati e Tadei (2013), entre outros.

timentos, que na realidade são megaempreendimentos intensivos em capital e não intensivos em trabalho, assim como para o caráter dos atores, em geral grandes corporações transnacionais. Em quarto lugar, o extrativismo apresenta determinada dinâmica territorial cuja tendência é o avanço constante e a ocupação intensiva do território, em formas ligadas à monocultura ou à monoprodução, cujas consequências envolvem a remoção e/ou destruição de outras modalidades de produção (economias locais/regionais). Com efeito, o que se costuma chamar de neoextrativismo desenvolvimentista combina a dinâmica de enclave e a fragmentação territorial (escassa produção de encadeamentos endógenos relevantes, que favoreçam um modelo de integração territorial e regional) com a dinâmica de remoções (deslocamentos forçados das economias locais tradicionais e expulsão das populações), que tende a colocar as grandes empresas, detentoras de uma projeção global, no papel de *ator social total* sobre as sociedades locais. Definido desse modo, o extrativismo atual abarca algo mais que as atividades consideradas tradicionalmente extrativistas. Além da megamineração a céu aberto, inclui a expansão da fronteira petrolífera e energética (pela exploração dos hidrocarbonetos não convencionais, seja *offshore* ou com a tão questionada metodologia de fratura hidráulica, ou *fracking*); a constituição de grandes represas hidrelétricas (em geral, a serviço da produção extrativa), assim como a expansão da fronteira pesqueira e florestal (pinus, eucalipto); e, por último, a expansão do modelo do agronegócio (cultivos transgênicos, como a soja, a folha de palma e os biocombustíveis).

Outro conceito que questiona a visão hegemônica do desenvolvimento é o Consenso das Commodities (Svampa, 2013a), que sublinha a entrada da América Latina em uma nova ordem econômica e político-ideológica, sustentada pelo boom dos preços internacionais das matérias-primas e pelas demandas cada vez maiores dos países centrais e das potências emergentes por bens de consumo. Essa ordem vai consolidando um estilo de desenvolvimento neoextrativista que gera vantagens comparativas, visíveis no crescimento econômico, ao mesmo tempo que produz novas assimetrias e conflitos sociais, econômicos, ambientais e político-culturais. Tal conflitividade marca a abertura de um novo ciclo de lutas, centrado na defesa do território e do ambiente, assim como a discussão sobre os modelos de desenvolvimento e as fronteiras da democracia.

Do ponto de vista econômico, o Consenso das Commodities se traduziu no processo de reprimarização da economia, visível na reorientação para atividades primário-extrativas, com escasso valor agregado. Tal "efeito de reprimarização" é agravado pelo ingresso da China, potência que aceleradamente foi se impondo como sócio desigual em toda a região latino-americana (Svampa & Slipak, 2015). Do ponto de vista social, o Consenso das Commodities conduz ao aprofundamento da dinâmica de espoliação e concentração de terras, recursos e territórios, que tem como atores principais as grandes corporações, em uma aliança de múltiplas escalas com diferentes governos.

Um terceiro conceito crítico é o mau-desenvolvimento.[2] Certamente, por sua escala, o extrativismo atual produz fortes reconfigurações do território.[3] Não se trata apenas da emergência de uma territorialidade excludente em relação a outras territorialidades subalternas, que ficam esquecidas ou deslocadas, mas também da degradação dos territórios e da qualidade da vida. Sua expansão conduz assim à consolidação de modelos de desenvolvimento insustentáveis no médio e longo prazo, isto é, de mode-

2. Utilizo o conceito de mau-desenvolvimento porque comporta tanto um diagnóstico observável (referido ao empírico) como uma leitura crítica (aquilo que não se deseja como sociedade). No marco do Consenso das Commodities, o conceito de mau-desenvolvimento ilumina o fracasso do programa de desenvolvimento (como ideal, como promessa), seu caráter insustentável, assim como as diferentes dimensões do "mal viver", que podem ser observadas nas sociedades periféricas como produto do avanço das fronteiras do extrativismo. Sobre o tema, ver Tortosa (2011) e Svampa e Viale (2014).

3. Por seu caráter-chave nos novos processos de acumulação, a noção de território tornou-se uma *espécie de analisador social*, a partir do qual podemos visualizar o posicionamento dos diferentes atores em luta e, mais ainda, o funcionamento da sociedade. Esta percorre não apenas as narrativas dos movimentos socioterritoriais, como também do poder político, em suas diferentes escalas e níveis. Nessa linha, as maiores contribuições conceituais foram promovidas pela geografia crítica brasileira de Milton Santos, Carlos Walter Porto-Gonçalves, Bernardo Mançano Fernandes, entre outros. Sintetizamos esses estudos em Svampa e Viale (2014).

los de *mau-desenvolvimento*, que supõem a radicalização de uma situação de injustiça ambiental e, portanto, a expansão de zonas de sacrifício. Com o passar do tempo, o que fica para as comunidades locais são os impactos ambientais e sociossanitários, territórios convertidos em áreas de sacrifício, lugares onde os corpos e a própria vida se tornam descartáveis e sacrificáveis.

Finalmente, uma das consequências da atual inflexão extrativista, nos marcos do Consenso das Commodities, é a explosão de conflitos socioambientais ligados ao acesso e ao controle dos recursos ou bens naturais, envolvendo interesses e valores divergentes dos atores em luta a respeito de tais recursos, em um contexto de assimetria de poder. Um exemplo emblemático é a megamineração, uma das atividades mais combatidas ao redor do continente.[4] As crescentes resistências dão conta de uma potencialização das lutas ancestrais pela terra — pelas mãos dos movimentos indígenas e camponeses —, bem como do surgimento de novas formas de mobilização e participação cidadã, centradas na defesa dos recursos naturais (definidos como bens naturais), da biodiversidade e do ambiente. Essa ativação de outros discursos de valoração do território deu lugar a um *giro ecoterritorial*, ou seja, à emergência de uma gramática comum, que ilustra a combinação inovadora de matriz indígena-comunitária, defesa do território e discurso ambientalista. Nessa linha, o giro ecoterritorial não é exclusivo dos países com forte presença de povos originários, abarcando grande parte da América Latina, onde se multiplicam as resistências camponesas-indígenas e os movimentos socioterritoriais e ambientais. O resultado é a emergência de uma nova trama organizacional, na qual se destacam organizações indígenas e camponesas, movimentos socioambientais de tipo

4. Segundo os dados do Observatório de Conflitos Mineiros da América Latina (OCMAL), que não são exaustivos, em 2010 foram levantados 120 conflitos mineiros na América Latina, que afetavam 150 comunidades; em 2012, foram 161 conflitos, com 207 projetos e 296 comunidades afetadas; enfim, em abril de 2015, foram catalogados 208 conflitos, 218 projetos e 312 comunidades afetadas. No ranking, o Peru aparecia com 35 conflitos, Chile com 34, Argentina com 26, México com 36, Brasil com 20, Bolívia com 9, Equador com 7, Colômbia com 13. Existiam ainda 8 conflitos transfronteiriços.

assembleísta, ONG ambientalistas, redes de intelectuais críticos e especialistas e coletivos culturais. Como costuma ocorrer em outros campos de luta, essa dinâmica organizacional tem como atores centrais as mulheres, cujo papel é crucial tanto nas grandes estruturas organizacionais como nos pequenos coletivos. Essa pluralidade de atores abre as portas ao diálogo e à valorização de saberes: entre o saber especialista crítico, independente dos poderes dominantes (econômico, político e midiático), e os saberes locais, sobretudo os saberes ancestrais de raiz camponesa-indígena. Assim, as lutas ecoterritoriais apontam para a expansão das fronteiras do direito, ao mesmo tempo que expressam uma disputa social em torno do que se entende por "verdadeiro desenvolvimento" ou "desenvolvimento alternativo". Impulsionam uma nova linguagem de valoração e de direitos, por meio da aprovação de leis e normativas, inclusive de marcos jurídicos que apontam para a reconstrução de uma nova institucionalidade política e socioambiental.

Como consequência, o atual cenário reflete duas tendências contrastantes. Por um lado, aquela que advém do discurso hegemônico, pautado pelo retorno do conceito de desenvolvimento como *grande relato*, no sentido forte e dominante, sustentado pela fatalidade das vantagens comparativas. Seja na linguagem crua da espoliação (visão neoliberal), seja na que privilegia o controle do excedente pelo Estado (progressismo desenvolvimentista ou neoestruturalismo), nos diferentes países latino-americanos, o modelo de desenvolvimento se apoia sobre um paradigma extrativista, vinculado à ideia de "oportunidades econômicas" ou "vantagens comparativas". Por outro, a crítica ao extrativismo se enlaça com o giro ecoterritorial, visível na emergência de marcos comuns da ação coletiva, que funcionam como esquemas de interpretação global e como produtores de uma subjetividade coletiva alternativa. Ao mesmo tempo, a crítica busca colocar em debate conceitos-horizonte, em uma linguagem de defesa do território e dos bens comuns, dos direitos humanos, dos direitos coletivos dos povos originários, dos direitos da natureza ou do Bem Viver. A ação das populações mobilizadas se inscreve em um horizonte de democracia participativa, que inclui, acima de todas as coisas, a democratização das decisões.

DEBATE 2.
AS DISPUTAS EM TORNO DOS CONCEITOS-HORIZONTE

Nesta seção, vou apresentar alguns dos conceitos propositivos que abandonam explicitamente a ideia hegemônica de desenvolvimento ligada ao crescimento indefinido. Tais conceitos constituem o que tenho denominado categorias-horizonte, entre elas, "bens comuns", "ética do cuidado", "Bem Viver" e "direitos da natureza". A seguir, percorrerei alguns dos núcleos de problemas que atravessam tais discussões.

BENS COMUNS, ÉTICA DO CUIDADO OU MERCANTILIZAÇÃO DA NATUREZA

Um dos debates que atravessam o tema dos modelos de desenvolvimento é a crítica à crescente mercantilização da natureza e à proposta de pensar os bens naturais como bens comuns. Essa crítica cobra maior urgência ao observar que, em nível internacional, o paradigma do desenvolvimento sustentável busca ser substituído pelo da economia verde. Um dos grandes impulsionadores desse modelo é o Brasil, ator crucial no subcontinente. Durante a Conferência da ONU sobre Desenvolvimento Sustentável (Rio+20), em 2012, foi pactuado o documento "O futuro que queremos", no qual se expressa que a economia verde é um dos instrumentos mais importantes disponíveis para alcançar o desenvolvimento sustentável, no contexto da luta pela erradicação da pobreza, e que poderia oferecer alternativas para a formulação de políticas, ainda que não deva se tornar um conjunto de normas rígidas (Svampa & Viale, 2014).

Na realidade, o paradigma da economia verde implica um aprofundamento da mercantilização da natureza, que trará consigo a acentuação dos danos e das desigualdades, incrementando tanto a espoliação dos territórios comunitários locais e indígenas pelas empresas transnacionais como também os efeitos adversos do neoextrativismo. Como afirma a pesquisadora brasileira Camila Moreno, o objetivo é converter os elementos e processos da natureza em objetos de compra e venda, iniciando uma nova etapa de privatizações da natureza sem precedentes, que começa com as florestas pelos mecanismos REDD+,[5] estendendo-se também para a água e a biodiversidade. Como resposta à crise, o sistema capitalista "reverte todos os bens comuns da natureza, incluindo o direito à vida; redobra seu controle sobre os territórios e converte o carbono em uma nova commodity" (Moreno, 2013). Além disso, ao mascarar o extrativismo, a economia verde tende a exacerbá-lo, na qualidade de processo de avanço do cercamento do "comum", que abarca desde a privatização do público até o controle de todas as formas de vida. Não por acaso, uma grande quantidade de organizações e movimentos sociais rejeitaram a estratégia da economia verde, rebatizada como "capitalismo verde", por considerarem que, longe de representar uma mudança positiva, ela se orienta à maior mercantilização da natureza.

Em contraste com essa tendência, os movimentos de resistência, tanto de países do Sul como do Norte, consolidaram o conceito de "bens comuns" (*commons*, em inglês), que aparece hoje como uma das chaves na busca por um paradigma alternativo, para além do mercado e do Estado.[6] Igualmente, como assinala Subirats (2011), o ressurgimento de tal interesse pelo comum ("pró-comum", em linguagem ibérica), a partir de perspectivas científicas e disciplinares diversas (que incluem as mudanças climáticas, as cidades, os bens comuns digitais, a proteção da água, as sementes, a produção científica, o patrimônio cultural, entre outros), coincidiu também

5. REDD+ é um sistema de incentivos, desenvolvido na Convenção da ONU sobre Mudanças Climáticas, para compensar financeiramente os países "em desenvolvimento" pela redução de emissões de gases de efeito estufa provenientes do desmatamento ou da degradação florestal. A sigla vem de Redução de Emissões decorrentes do Desmatamento e da Degradação de florestas. [N.T.]

6. Em nível internacional, são fundamentais os trabalhos de David Bollier e Silke Helfrich (2012; 2013), nos marcos do Commons Strategies Group.

com o reconhecimento do trabalho da economista Elinor Ostrom (Prêmio Nobel de Economia em 2009), que dava especial atenção à existência de espaços e bens culturais.

É preciso destacar, nesse caminho, dois matizes: enquanto nos países do Norte a gramática do comum se define em favor do público, isto é, contra as políticas de ajuste e privatização (neoliberalismo), contra a expropriação do saber e da nova economia do conhecimento (o capitalismo cognitivo e suas formas de espoliação) e mais recentemente contra o extrativismo (sobretudo, contra a utilização da fratura hidráulica, ou *fracking*), em nossos países periféricos, a gramática do comum se concentra na oposição às variadas formas do neoextrativismo desenvolvimentista, o que abarca processos de apropriação de terras, privatização de sementes e superexploração do conjunto de bens naturais.

Por outro lado, nestas latitudes a discussão sobre o conceito de bens comuns se desdobra em dois registros diferentes: um primeiro nível está na questão da desmercantilização, que remete à necessidade de manter fora do mercado os recursos ou bens comuns que, por seu caráter de patrimônio natural, social e cultural, pertencem ao âmbito da comunidade e possuem um valor que ultrapassa qualquer preço. Na América Latina, esse registro aparece intimamente associado aos bens naturais e às lutas contra o extrativismo. Por isso, os bens naturais não são compreendidos como commodities, isto é, como pura mercadoria, tampouco exclusivamente como recursos naturais estratégicos. Acima das diferenças, uma e outra linguagem impõem uma concepção restritivamente utilitarista, que implica o desconhecimento de outros atributos e valores (não representados por preços de mercado). Consequentemente, a noção de bens comuns não acarreta somente uma rejeição da lógica das commodities; também aponta para questionar a visão estatista dos "recursos naturais", ao basear-se na construção de um "tipo de territorialidade" que garante a proteção do "comum" (patrimônio natural, social e cultural).[7]

7. Nessa linha, reconhece-se que a narrativa estatista oscila entre a visão dos bens naturais como commodity (bem alienável, indiferenciado, sem

O segundo registro se refere ao paradigma dos bens comuns baseado na *produção e reprodução do comum*. Trata-se de uma visão diferente das relações sociais, a partir da configuração ou da emergência de espaços e formas de cooperação social, de uso e gozo comum, que vão no sentido do que em 2007 o mexicano Gustavo Esteva caracterizava como "âmbitos de comunidade".[8] Nessa linha, são diversas as contribuições. Por exemplo, a ensaísta mexicana Raquel Gutiérrez o entende como um *horizonte comunitário-popular*, que busca "colocar a reprodução da vida social como núcleo para a inteligibilidade do político, dos caminhos coletivos para a conservação e a transformação social. Os horizontes comunitários têm como ponto de partida, assim como objeto principal de atenção, a conservação, a transformação satisfatória e o desdobramento da reprodução social".[9] Nesse sentido, de um ponto de vista totalmente voltado para a realidade latino-americana, o belga François Houtart associa os bens comuns com o *bem comum da humanidade*, por seu caráter mais geral, entrelaçado aos fundamentos da vida coletiva da humanidade no planeta: a relação com a natureza, a produção da vida, a organização coletiva (a política) e a leitura, a avaliação e a expressão do real (a cultura). Contudo, não se trataria de um patrimônio, mas, sim, de um "estado" (bem-estar, bem viver), resultado do conjunto dos parâmetros da vida dos seres humanos, homens e mulheres, na Terra (Houtart, 2011, p. 8). Definitivamente, o bem comum da humanidade é a vida e sua reprodução.

Outro aporte relevante é proposto pelo filósofo alemão Franz Hinkelammert, que desenvolveu critérios para a construção de uma racionalidade reprodutiva da vida, "que não substitui nem eli-

....

maior valor agregado, cujo preço é definido pelo mercado internacional) ou como recurso natural estratégico e bem público. Para uma discussão sobre os diferentes matizes em torno da noção de recurso natural estratégico, ver Fornillo (2014).

8. Gustavo Esteva, "Commons: más allá de los conceptos de bien, derecho humano y propiedad" [Comuns: muito além dos conceitos de bens, direitos humanos e propriedade]. Entrevista a Anne Becker sobre a abordagem e a gestão dos bens comuns, dez. 2007.

9. Raquel Gutiérrez Aguilar, "Horizontes comunitarios de lo político y la política", *Horizontes Comunitarios*, 17 jan. 2014.

mina a racionalidade meio-fim, mas a subordina, fornecendo assim elementos para a criação de alternativas e a construção do que ele chama de 'economia para a vida'" (Silnik, 2008, p. 166). Na perspectiva da *economia para a vida*, o sentido do trabalho humano é produzir *valores de uso* ou meios de vida; os sistemas de organização e divisão social do trabalho são avaliados como racionais apenas quando possibilitam a reprodução da vida no tempo. "A pedra angular é o ser humano como necessitado e a necessária reprodução de suas condições materiais de vida" (Hinkelammert & Mora, 2005, p. 55). No exame da reprodução da natureza exterior e do ser humano, é importante considerar "os valores de não uso, que também são condições de existência e possibilidade de reprodução do sistema da vida [...]. O exame da reprodução da vida exige superar a perspectiva do valor-trabalho e examinar o valor-vida" (Vargas Soler, 2008, p. 173).

Por último, é preciso destacar a afinidade eletiva entre a gramática dos bens comuns, centrada na reprodução da vida, e a ética do cuidado. O ecofeminismo e a economia feminista[10] destacam o paralelismo entre a exploração da mulher e a da natureza, no trabalho reprodutivo, invisibilizado e não reconhecido. Com isso, referem-se às tarefas associadas à reprodução humana: a criação, a resolução das necessidades básicas, a promoção da saúde, o apoio emocional, a facilitação da participação social; enfim, tudo aquilo que tem a ver com a cultura e o trabalho do cuidado (León, 2009). O ecofeminismo propõe o fim da marginalização feminina mediante o reconhecimento social dos valores atribuídos às mulheres e a necessidade de estender a presença social desses valores, ligados à ética do cuidado, como alicerce de um novo paradigma, que altere o atual estado das relações entre ser humano e natureza. Tais valores guardam relação com o cuidado, que é considerado o fundamento de

10. Há uma vasta bibliografia latino-americana sobre a economia feminista. Ver Valeria Esquivel (2012) e Norma Sanchis (2011). Para um debate sobre a questão dos planos sociais e os limites da autonomia das mulheres, ver Cepal (2012).

uma ética diferente, baseada na responsabilidade (Gilligan, 1982) e como uma virtude feminina por excelência.[11]

Existem diferentes correntes dentro do ecofeminismo, as quais incluem desde o feminismo diferencialista ou identitário, que naturaliza a relação entre mulher e natureza, até o ecofeminismo construtivista (Svampa, 2015b),[12] que concebe tal relação como uma construção histórica-social, ligada à divisão sexual do trabalho. Na nossa perspectiva, é importante não cair em visões essencialistas da relação "mulher/natureza", pois a chave segue sendo o campo de afinidades eletivas, que propõe a exploração da divisão sexual do trabalho e a separação entre a produção e a reprodução do social. É essa vertente do ecofeminismo que nos interessa na hora de analisar o ecofeminismo da sobrevivência, tão ligado à ecologia popular própria dos países do Sul.[13]

Com efeito, são diversas as autoras que se referem a um feminismo do Sul, ligado à corrente da ecologia popular, que alguns denominam como "ecofeminismo da sobrevivência" (Vandana Shiva),[14] pois este estaria vinculado à experiência diversa das mulheres na defesa da saúde, da sobrevivência e do território, o que gestou o nascimento da consciência sobre os vínculos sólidos entre gênero e ambiente, mulheres e ambientalismo, feminismo e ecologia. O ecofeminismo da sobrevivência buscaria a orientação do vínculo entre homens e mulheres com a natureza a partir

11. Alice Puleo em entrevista a Juan Tortosa, "Ecofeminismo para otro mundo posible", *CADTM*, 17 fev. 2012.

12. Na linha construtivista, Alicia Puleo afirma que a Ariadne do século XXI [na mitologia grega, o fio de Ariadne salvou Teseu do labirinto do Minotauro] é filha do feminismo e da ecologia, que essa confluência permite estabelecer uma linha direta entre a marginalização da mulher e a degradação do ambiente e pensar possíveis soluções conjuntas. Ver Alice Puleo em entrevista a Juan Tortosa, "Ecofeminismo para otro mundo posible", *CADTM*, 17 fev. 2012.

13. Para o caso da Argentina, o papel das mulheres nos movimentos socioambientais sob a ótica do ecofeminismo foi analisado de modo pioneiro por Marisa Bilder (2013).

14. Durante os anos 1970, Vandana Shiva participou do Chipko, um movimento ecologista formado principalmente por mulheres que, para evitar o corte de árvores, se abraçavam a elas.

da coparticipação de ambos os gêneros. Isso implicava abandonar a concepção do eu "como sujeito autônomo, que se constrói ao desenhar sua concepção dos demais, substituindo-o por um sujeito relacional, que se reconhece como distinto dos demais e da natureza, mas ao mesmo tempo reconhece sua continuidade com eles" (Ramírez García, 2012).

Dito de outra forma, no contexto das atuais resistências ao extrativismo, o discurso de valorização das mulheres emoldurado pela cultura do cuidado tende a propor relações sociais a partir de outra lógica e outra racionalidade, questionando a fatalidade capitalista pelo reconhecimento da ecodependência e da valorização do trabalho de reprodução social. Sobretudo em sua versão livre de essencialismos, o ecofeminismo contribui com uma visão sobre as necessidades sociais que não fala a partir da carência ou de uma visão miserabilista, mas sim a partir do resgate da cultura do cuidado como inspiração central para pensar uma sociedade social e ecologicamente sustentável, por meio de valores como a reciprocidade, a cooperação e a complementariedade (Pascual Rodríguez & Herrero López, 2010).

BEM VIVER: POLÊMICAS E AVATARES DE UMA IDEIA-FORÇA

> *O Viver Bem é recuperar a vivência dos nossos povos, recuperar a Cultura da Vida e recuperar a vida em completa harmonia e respeito mútuo com a mãe natureza, com a Pacha Mama, onde tudo é vida, onde todos somos* uywas, *criados da natureza e do cosmo. Todos somos parte da natureza, e não há nada separado, e são nossos irmãos das plantas às montanhas.*
>
> — David Choquehuanca

O Bem Viver é um conceito plural, tanto por sua matriz cultural, como pela necessidade de ajustar-se a diferentes marcos ambientais.
— Eduardo Gudynas & Alberto Acosta

Um dos temas que mais nos mobiliza e tem percorrido o pensamento crítico latino-americano, outorgando maior vitalidade ao atual giro ecoterritorial, é o Bem Viver, *Sumak Kawsay* ou *Suma Qamaña*, em quéchua e aimará, respectivamente. Embora vinculado à cosmovisão indígena andina, tal conceito rapidamente ganhou ressonância continental e global. Tanto é assim, que seria impossível resumir ou ao menos sistematizar inestimáveis aportes que circulam hoje sobre o tema do Bem Viver. O antropólogo equatoriano David Cortes vem traçando a genealogia desse conceito (indagando sobre quando surgiu, quais são as fontes, quem são os enunciadores, se representa ou não uma alternativa ao desenvolvimento). Ele sustenta que não existe registro explícito desses termos antes do ano 2000, tampouco se encontram referências em crônicas ou dicionários de língua quéchua ou aimará. Em suas diferentes versões, o Bem Viver é, portanto, uma construção histórico-social recente, mas que assenta seu significado na memória mais antiga, isto é, na lógica das comunidades dos povos originários, em sua cosmovisão relacional e comunitária, que se contrapõe ao fundamento moderno ocidental.

As referências explícitas ao Bem Viver aparecem no ano 2000, na Bolívia, pelas mãos de intelectuais indígenas, como Simón Yampara, ou filósofos indianistas, como Javier Medina,[15] e em 2001, no Equador,

15. Javier Medina conta que, no ano 2000, consolidou-se o Diálogo Nacional, nos marcos das políticas globais de alívio da pobreza organizado pela Cooperação Alemã (GTZ), que o batizou como *Suma Qamaña*, para indicar sua orientação: "Em colaboração com a Federações de Associações Municipais (FAM), é produzida uma grande quantidade de materiais bibliográficos sobre o *Suma Qamaña*, *Ñamde Reko*, *Sumak Kawsay*, a Boa Vida municipal, que chega aos últimos rincões do país. Foi possível posicioná-lo como um conceito diferente de desenvolvimento. Essa campanha prosseguiu durante

com o economista Alberto Acosta e o dirigente indigenista Carlos Viteri, dos povos kichwa de Sarayaku. Uma das tentativas mais interessantes de sistematizar as diferentes vozes e conceituações sobre o Bem Viver foi publicada na Bolívia, em 2011, por Ivonne Farah e Luciano Vasapollo, organizadores da obra, que propuseram na introdução três vias de acesso ao conceito: primeiro, por uma definição filosófica que opunha o paradigma ocidental ao indígena, mas considerava que o Bem Viver seria "a complementariedade de opostos em territorialidades bem definidas" (Javier Medina); uma segunda, que conectava as aspirações dos setores subordinados e em luta (Houtart, definindo-o como "bem comum da humanidade"); e a terceira, sublinhando a dimensão ambiental, a partir da proposta de outra visão sobre a natureza (Gudynas & Acosta).[16]

O tema encontra maior impulso no marco dos debates constituintes da Bolívia e do Equador. Nesse contexto, o Bem Viver aparece como uma ampla superfície sobre a qual se inscreveram diferentes sentidos emancipatórios, nos quais o comunitário-indígena constitui ao mesmo tempo um marco inspirador e um núcleo comum. No entanto, se no Equador a filosofia do Bem Viver se recriava como conceito plural, dotando-se de uma longa linhagem (que ia de Aristóteles até o ecossocialismo e o ecofeminismo), na Bolívia tinha um uso mais restrito, já que somente se ligava à visão dos povos originários. Por exemplo, para Magdalena León, a noção de Bem Viver se sustentava na "reciprocidade, na cooperação, na complementariedade" e implicava um realinhamento da acumulação para a vida. A autora também liga o Bem Viver a uma visão ecofeminista do cuidado da vida e do outro (León, 2009).

Nessa linha, grande parte dos analistas concorda em afirmar que o Bem Viver é um "conceito em construção" e se insere em um espaço em disputa, que desde o início apresentava risco de esva-

....

a Assembleia Constituinte [boliviana], e o conceito entrou no texto constitucional. Grande avanço, mas formal" (Medina, 2014, p. 128).

16. Outro texto coletivo que agrega contribuições nessa linha foi compilado por Gian Carlos Delgado (2014), no México, ao qual se somariam o livro coletivo publicado pela Fundação Friedrich Ebert em 2014 e o de Salvador Schavelzon, em 2015.

ziamento ou vampirização. O reconhecimento de tal disputa nos permite estabelecer diferentes momentos ao longo do tempo transcorrido desde seu surgimento. Após os processos constituintes e ao menos até 2010, a reivindicação do Bem Viver conduzia a uma crítica radical do programa moderno de desenvolvimento e, portanto, a um questionamento da modernidade ocidental e da colonialidade (do poder e do saber), em chave de defesa de Pacha Mama. Havia, assim, certo consenso de que o conceito propunha caminhos alternativos à via mais convencional de desenvolvimento, abrindo uma possibilidade de saída do modelo primário-exportador e, posteriormente, do que seria denominado de "extrativismo", a despeito das dificuldades de traduzi-lo em políticas públicas concretas. Assim, por exemplo, na Bolívia, o Bem Viver emergia como uma espécie de aspiração oposta à cosmovisão ocidental dominante, segundo expressava de modo paradigmático o chanceler David Choquehuanca, reconhecido intelectual aimará, muito ligado ao mundo das ONG, que promoveu a introdução da ideia de Bem Viver na Constituição boliviana (Albó, 2011, p. 139). Nessa linha, Javier Medina sustenta que o conceito de desenvolvimento não tem tradução em línguas indígenas, e seu equivalente homeomórfico no sistema ameríndio seria *Suma Qamaña*, que em chave filosófica deve ser lido em uma perspectiva pós-racionalista e em vinculação com a ecologia profunda (Medina, 2014, p. 127). Ou seja, nessa perspectiva, os paradigmas do desenvolvimento e do Bem Viver são antagônicos (Medina, 2014, p. 133).

Mas, para o caso do Equador, depois do debate constituinte, o governo elaborou, por meio da Secretaria Nacional de Planificação e Desenvolvimento (Senplades), o *Plano Bem Viver 2009-2013*, que propunha, além do "retorno do Estado", uma mudança no modelo de acumulação, de exportador primário para o desenvolvimento endógeno, biocentrado, baseado no aproveitamento da biodiversidade, no conhecimento e no turismo. Como se afirmava até há poucos anos, "as mudanças [...] não serão imediatas", mas "o programa do Bem Viver constitui uma rota de mudança" (Ospina, 2010, p. 5).

No entanto, até 2010-2011, o consenso precário que existia em torno do Bem Viver se quebrou. Nesse sentido, a contracúpula de Tiquipaya sobre mudanças climáticas foi um divisor de águas, pois transpareceu a crítica ao governo de Evo Morales, que postulava em nível global a defesa da Mãe Terra, mas silenciava sobre os conflitos em torno do extrativismo em seu país. Em minha avaliação, um exemplo das primeiras fissuras no debate se originou de uma coluna do economista e jornalista argentino Pablo Stefanoni (então residente em La Paz e diretor do *Le Monde Diplomatique* da Bolívia), no semanário *Página Siete*, logo após a cúpula. Ali se fazia referência a vários lapsos no discurso de Evo Morales e em sua defesa da Pacha Mama, criticando o que recebia o rótulo de "pachamamismo". De maneira provocativa, a tese de Stefanoni apontava para o vazio do discurso sobre a Mãe Terra ao sustentar que "o processo de mudança era demasiado importante para deixá-lo nas mãos dos pachamâmicos". Com o termo "pachamâmicos", Stefanoni aludia a uma "cosmovisão andina de escritório", ou seja, certa "pose de autenticidade ancestral" na qual navegavam os discursos não indígenas e indígenas que, para ele, realizavam uma "cândida leitura da crise do capitalismo e da civilização ocidental". Perante a enxurrada de críticas que o autor recebeu, seu segundo artigo parecia redobrar a aposta ao afirmar que nunca havia visto uma "barricada pelo Bem Viver", ao mesmo tempo que se perguntava como era possível aplicar um modelo comunitário em um país majoritariamente urbano e atravessado por todo tipo de hibridismos. Também criticava uma fala polêmica do chanceler Choquehuanca, que havia afirmado que "os direitos das formigas são mais importantes que os direitos humanos".

Entre as múltiplas respostas dadas a Stefanoni,[17] destacou-se a do legendário dirigente peruano camponês-indígena Hugo Blanco, que sustentou que o problema da mudança climática não havia sido delegado aos indígenas, mas sim que eram eles que cotidianamente defendiam os direitos da Mãe Terra e lutavam contra a destruição ambiental, tal como evidenciavam os trágicos eventos em

17. Na polêmica também intervieram Arturo Escobar, Eduardo Gudynas, Cecilia Méndez e Pedro Portugal, entre outros. O número seguinte do *Monde Diplomatique* da Bolívia levava o título "Las fronteras de la descolonización" e era dedicado ao tema do indianismo, do katarismo e do pachamamismo.

Bagua. Blanco argumentava que havia lutas pelo Bem Viver, por exemplo, a luta contra a megamineração. E, por último, afirmava que o uso da linguagem pachamâmica por órgãos governamentais e ONG, para frear o próprio movimento indígena, não invalidava "o espírito indígena, a cosmovisão indígena, a linguagem indígena, a luta indígena" (Blanco, 2011, p. 174).

Coerente com sua linha de pensamento, o colombiano Arturo Escobar propunha inverter os termos, sustentando que era "o modernicismo que impedia a discussão" e que "o processo de mudança era demasiado importante para ser deixado nas mãos dos modernicistas". Seu argumento central era que a complexidade do conhecimento acadêmico e a aparente simplicidade do discurso pachamâmico eram efeitos de discursos e, portanto, de poder, o que queria dizer que tinham um começo, uma hegemonia e um término, o qual possivelmente já estávamos presenciando (Escobar, 2011a, p. 200-1). Por outro lado, Escobar insistia na insuficiência dos conhecimentos modernicistas ante a crise social, ecológica e cultural contemporânea e que, em contrapartida, os conhecimentos pachamâmicos eram vitais em tal contexto. Por último, sem pretender incentivar binarismos, propunha que seria mais construtivo pensar em uma coexistência entre modernicistas e pachamâmicos, mas a partir da ideia de que os primeiros deveriam aceitar que seu conhecimento é parcial e que, para entender a pluridiversidade, seria necessário descer do trem do desenvolvimento e da episteme euromoderna.

Quem retomou a discussão, restituindo-lhe complexidade e contexto, fora de todo epíteto desqualificador (pachamâmicos ou antipachamâmicos), foi o ambientalista uruguaio Eduardo Gudynas, que começava celebrando a discussão, apesar de seus exageros, pois considerava que se abria assim o debate sobre os modos de conceber a natureza e pensar uma nova ética ambiental. Em sua resposta, Gudynas englobava em uma única posição as posturas de Evo Morales (seu discurso global de defesa de Pacha Mama) e a do chanceler David Choquehuanca. Considerava que ambos reconheciam os direitos da natureza, mas, enquanto o primeiro apontava para uma escala planetária, ignorando as contradições locais do estilo de desenvolvimento, o segundo o fazia afirmando a desigualdade ambiental (haveria seres vivos com mais direitos que outros). Em razão disso, ambas as posições tinham dificuldades para ilustrar uma ética ambiental consistente. Por outro lado, sublinhava que havia outros problemas no governo do MAS, como atropelar as evidentes tensões entre ambiente e desenvolvimento, tal como vinha fazendo o vice-presidente Álvaro García Linera, que priorizava o crescimento econômico e a exploração dos recursos naturais como modo de atacar os problemas da pobreza. Na perspectiva de Gudynas, esses dois discursos do governo contribuíam pouco para a construção de uma nova ética ambiental biocêntrica: Morales e Choquehuanca, em razão da generalidade e da escassa elaboração; García Linera, por seu estigma produtivista. Ambos, na realidade, conduziam à afirmação do triunfo do desenvolvimentismo. Enfim, a polêmica foi breve e intensa, mas teve a virtude de colocar em evidência as tensões e brechas na construção de um conceito de grande potencialidade, porém altamente genérico e facilmente manipulável em função de interesses políticos ou modismos acadêmicos. O epíteto de "pachamâmico", contudo, ficou flutuando como uma espécie de categoria acusatória, sempre invocado por aqueles que defendem o "realismo político" dos governos progressistas.

Assim, a partir de 2010, teve início uma nova fase da disputa, ligada ao agravamento do conflito entre governos e movimentos de resistência ao extrativismo. Diversos atores e organizações indígenas-camponesas começaram a denunciar a manipulação do conceito de Bem Viver por parte dos governos da Bolívia e do Equador, assim como pelos organismos internacionais. Por exemplo, já em 2010, o secretário da Senplades, René Ramírez, definia o Bem Viver no longo prazo, em termos de socialismo distributivo e republicanismo.[18] Assim, a visão da Senplades não podia ser separada da

18. Ramírez (2010, p. 135) escrevia: "Ao ser socialista, a pauta distributiva dentro desse pacto é a igualdade e a democracia, e sua base de informação é o Bem Viver. Em seguida, trataremos do que implica essa base de informação quanto à construção de outro tipo de sociedade. Por que republicano? Brevemente, alude a uma liberdade não necessariamente negativa ou não unicamente negativa no sentido da interferência de fazer algo, mas também é uma liberdade não dominada, com expansão das capacidades e das

perspectiva do desenvolvimento humano. "Chegam inclusive a propor que o enfoque de 'capacidades' (Senplades, 2009, p. 18-9) e o recurso teórico a Aristóteles apareciam como necessários para se alcançar um nível de legitimidade da 'razão pública'" (Breton *et al.*, 2014, p. 17).

Na Bolívia, o já mencionado conflito pela estrada no Tipnis se tornou um divisor de águas. García Linera o expressou no livreto *Las tensiones creativas de la revolución* [As tensões criativas da revolução] (2011), no qual a quarta tensão se referia ao "socialismo comunitário do Viver Bem". Ali retomava Marx em sua definição do comunismo, assimilado à lógica total do valor de uso, para concluir: "Nisso consiste o Viver Bem: utilizar a ciência, a tecnologia e a indústria para gerar riquezas, de maneira que se possa construir estradas, melhorar a infraestrutura sanitária, escolas, produzir alimentos, satisfazer as necessidades básicas e crescentes da sociedade" (García Linera, 2011, p. 24).

No meio da contenda, como afirma Edgardo Lander (2013, p. 18), foi se operando um deslocamento da ideia de mudança civilizatória e Bem Viver para um socialismo em chave moderna-ocidental. Igualmente, devido ao ruído das contradições entre antiextrativistas e pró-extrativistas, tanto na Bolívia como no Equador, nos últimos anos alguns buscaram estabelecer uma diferença ("bifurcação") entre Bem Viver ou Viver Bem, aos quais atribuem os posicionamentos governamentais, e *Sumak Kawsay* e *Suma Qamaña*, em linguagem ameríndia, aos quais associam as organizações e os sujeitos indígenas e camponeses. Por exemplo, Atawallpa Oviedo Freire, do Equador, afirma que o Bem Viver é uma "utopia teórica", enquanto o *Sumak Kawsay* é uma "utopia experimentada, com virtudes e defeitos, mas um caminho já percorrido" (Oviedo Freire, 2014, p. 159). Nessa perspectiva, o Bem Viver pode terminar sendo uma "nova moda ou aventura" entre as tantas que a esquerda já

....

potencialidades. Alude também à participação e à deliberação próprias do republicanismo junto com outras formas de interação da cidadania, entre a cidadania e com o Estado. O elemento mais sólido é a atividade pública, a recuperação do público e a recuperação da virtude cívica".

experimentou. Não surpreende, portanto, que para o governo equatoriano o objetivo parecia ser operacionalizar o Bem Viver, isto é, construir novos indicadores para medi-lo e sopesá-lo, algo que para muitos defensores do Bem Viver como novo paradigma é completamente incondizente (Medina, Gudynas, Acosta, entre outros).

Na mesma linha da "bifurcação" refletia Javier Medina, que atribui ao regime boliviano "um lado pachamâmico governamental", expressado pelo vice-ministério da Descolonização, e denuncia que o governo estaria tentando construir uma religião neoandina por meio da institucionalização do Viver Bem (Medina, 2014, p. 130-1), ao mesmo tempo que buscava implementar políticas públicas de Viver Bem, entre elas, moradias sociais que foram batizadas como "Casas produtivas para Viver Bem". Operava-se, assim, uma nova divisão ou antagonismo civilizatório entre a sociedade boliviana que se coloca dentro da órbita ocidental e a Bolívia indígena. Por último, para Gudynas, a imagem da bifurcação apelaria para uma divisão esquemática (Bem Viver desenvolvimentista e *Sumak Kawsay* indígena e não desenvolvimentista) e constitui uma simplificação de um debate mais complexo (Gudynas, 2014a, p. 33). O ambientalista uruguaio propõe um uso substantivo, isto é, o Bem Viver como um conceito plural, como uma plataforma crítica contra os programas de desenvolvimento que apontam uma saída da modernidade, superando, assim, tanto uma visão capitalista como uma socialista (Gudynas, 2014a, p. 43).

Bifurcação ou não, a questão é que os conflitos desencadeados entre governos e organizações camponesas-indígenas em torno dos projetos extrativos tendem a reduzir o Bem Viver a um discurso vazio, genérico e sem sustentação empírica.[19] Hoje estaría-

19. Isso é precisamente o que defendeu o ex-governador de Cochabamba e membro da Cedib Rafael Puente, em janeiro de 2014, referindo-se ao respeito pela Mãe Terra: "Me atrevo a dizer que se reduziu a mero discurso. Um discurso que, quando se pronuncia em cenários internacionais, chama atenção; e, bom, eu não deixo de me alegrar quando nas grandes cúpulas mundiais nosso governo expressa a convicção de que os direitos da Mãe Terra são mais importantes que os direitos humanos. Mas, na prática estatal interna, não conheço um único caso em que se tenha privilegiado ou

mos, assim, segundo alguns analistas, "diante de uma radical falta de consenso em torno do que inicialmente se apresentou como uma perspectiva relativamente comum para quem estava empenhado na busca, na formulação e na implementação de 'alternativas ao desenvolvimento'" (Breton *et al.*, 2014).

Por último, existem várias correntes de pensamento que apostam em um diálogo Norte-Sul e propõem articular a ideia de Bem Viver com noções gestadas na Europa, tais como a de "decrescimento" ou "pós-crescimento". Cabe assinalar que a noção de "decrescimento" é anterior à de Bem Viver e foi popularizada pelos franceses Serge Latouche e André Gorz e pelo catalão Joan Martínez-Alier. Os defensores do decrescimento sustentável o pensam como um processo de transição democrática e equitativa para uma economia de menor escala, com menos produção e menos consumo (Martínez-Alier, 2008a; 2011), ou como um "modelo de transição para um estágio estacionário". No entanto, para além da crítica ao modelo de consumo e à ênfase na escala, a vinculação entre o conceito de decrescimento e de Bem Viver encontrou escassos defensores na América Latina, pois, ainda que a proposta possa ser viável nos países do Norte, caracterizados por um crescimento econômico sustentável e um alto nível de vida, na América Latina isso é mais controverso, dadas as condições de pobreza. Em uma linha similar opina o economista basco Koldo Unceta, que considera o decrescimento uma "palavra-obus" [explosiva], com muita capacidade de impacto, mas que pode ter efeitos bumerangue ou

....

respeitado os direitos da Mãe Terra. Em todos os casos relacionados com mineração, hidrocarbonetos, megarrepresas hidroelétricas, ampliação da fronteira agrícola à custa dos bosques... Em todos os casos quem saiu perdendo foi a Mãe Terra, e sua defesa fica apenas no discurso. Isso me parece sumamente grave e é uma das grandes tarefas pendentes. No fundo, parece que a linha foi: denunciamos ao mundo inteiro os maus-tratos com a Mãe Terra por parte de todos os países desenvolvidos, mas nós nos reservamos a necessidade de também maltratar a Mãe Terra (durante) um tempo, até que consigamos um nível mínimo de desenvolvimento, e isso é absolutamente contraditório". Ver Pablo Peralta, "La defensa de la Madre Tierra se redujo a mero discurso" (entrevista com Rafael Puente, ex-prefeito de Cochabamba pelo MAS), *Página Siete*, 22 jan. 2014.

contraproducentes. Na realidade, pode servir como lema ou como elemento agitador de diferentes posições críticas diante da insustentabilidade do crescimento econômico atual, mas, por outro lado, possui a desvantagem de que implica uma oposição frontal a todo tipo de crescimento, sobretudo quando pensado a partir das sociedades periféricas. Por isso, é um conceito com problemas para se constituir como alternativa viável (Unceta, 2014).

Em contrapartida, e conformando uma das propostas mais interessantes desse campo de debates, Koldo Unceta propõe o conceito de "pós-crescimento" (retomado de Hamilton), entendido em três dimensões: a desmaterialização, isto é, a produção mais eficiente com menos recursos; a descentralização no sentido da democratização, a saber, o controle popular dos processos de tomada de decisão; e a desmercantilização, ou seja, uma sociedade menos dependente do mercado. Unceta vincula sobretudo a desmercantilização e o Bem Viver, porque é precisamente a mercantilização (ou sociedade de mercado) que pressiona os aspectos vinculados ao Bem Viver e conspira contra a construção de uma sociedade solidária e igualitária. Nessa linha, propõe pensar em uma estratégia de desmercantilização vinculada às categorias esboçadas por Karl Polanyi em sua análise das diferentes formas de organização social. Embora o Bem Viver seja concebido como uma trama nova e plural de relacionalidades, ou seja, outro sistema de relações humanas, uma estratégia de desmercantilização deveria basear-se no impulso da reciprocidade e da redistribuição, bem como no redimensionamento do mercado (Unceta, 2014, p. 195).

Em suma, para além das vampirizações e sequestros, o Bem Viver foi sendo construído como um conceito dinâmico, altamente disputado, plural, por vezes polissêmico, que ilumina uma utopia mobilizadora e que, diferente de outros conceitos-horizonte, nasce das entranhas da América Latina.

DIREITOS DA NATUREZA E ONTOLOGIAS RELACIONAIS[20]

O Bem Viver tem como um dos seus eixos centrais a relação do homem com a natureza, entendendo-o como parte dela. Desse modo, conduz a outros discursos de valoração sobre a natureza (ecológicas, religiosas, estéticas, culturais), propondo que o crescimento econômico deve estar subordinado à conservação da vida. Tal visão redunda, portanto, no reconhecimento dos direitos da natureza (Gudynas, 2011a; 2014b), que não supõem uma natureza virgem, mas, sim, o respeito integral a sua existência, à manutenção e regeneração de seus ciclos vitais, estrutura, funções e processos evolutivos, e à defesa dos sistemas de vida. Os direitos da natureza anunciam uma mudança civilizatória profunda, que questiona as lógicas antropocêntricas dominantes e se converte em uma resposta de vanguarda diante da atual crise civilizatória. Alinhada com a proposta do Bem Viver ou *Sumak Kawsay*, trata-se de construir uma sociedade sustentada na harmonia das relações dos seres humanos com a natureza. Assim, se o desenvolvimento aponta para "ocidentalizar" a vida no planeta, o Bem Viver resgata as diversidades, valoriza e respeita o "outro" (Acosta, 2010b).

Do ponto de vista filosófico, o conceito de Bem Viver ou Viver Bem propõe uma visão holística relacional, seja conectada à cosmovisão indígena como paradigma (Medina, Yampara, Easterman), seja alcançando sua máxima potência vinculada com outras visões da natureza (Acosta, Gudynas). Essa perspectiva jurídico-filosófica, baseada na ecologia profunda, aparece refletida na nova Constituição equatoriana, cujo caráter inovador abarca o que Gudynas (2009) denominou como "giro biocêntrico", sublinhando o deslocamento de uma visão antropocêntrica da natureza para outra, centrada na natureza como sujeito de direitos. O Bem Viver propõe que a

20. Agradeço a Eduardo Gudynas por sublinhar a importância desse ponto, referido às cosmovisões relacionais, em um seminário ocorrido em Santiago do Chile, em 2013, que me impulsionou a explorar essa via. De fato, esta parte deve muito às contribuições dele.

natureza é um sujeito de direitos, e, como tal, devem ser reconhecidos seus direitos próprios e valores intrínsecos.

Isso conduz a várias consequências. Em primeiro lugar, o novo paradigma aponta para um progressivo e imprescindível processo de desmercantilização da natureza. Em segundo, o paradigma dos direitos da natureza reconhece também valores intrínsecos ou próprios da natureza independentemente da valoração humana (Gudynas, 2011a; Svampa & Viale, 2014). Em terceiro, a natureza como sujeito de direitos exige uma relação de igualdade e respeito. A igualdade deve transcender o humano para reconhecer na natureza uma vida que deve ser respeitada, uma interrelação necessária entre a humanidade e a natureza — na realidade, a humanidade como parte da natureza. Em quarto, o reconhecimento dos direitos da natureza convoca a outro campo da justiça, a *justiça ecológica*, cujo objetivo não será cobrar multas por danos ocasionados, mas, sim, a recomposição ambiental independentemente de seu custo econômico. O critério de justiça se centraria em assegurar os processos vitais, e não as compensações econômicas (Gudynas, 2011a, p. 273-4). Como consequência, trata-se de expandir e completar o paradigma dos direitos humanos (visão antropocêntrica), incluindo os direitos da natureza (visão biocêntrica). Para Alberto Acosta (2010b), essa transição tem como objetivo preservar a integridade dos processos naturais, garantindo os fluxos de energia e de materiais na biosfera, sem deixar de preservar a biodiversidade do planeta.

Já foi dito que o debate sobre os direitos da natureza foi colocado na agenda política pela nova Constituição do Equador. Ali, a natureza aparece como sujeito de direitos, definidos como "o direito a que se respeite integralmente a existência, a manutenção e a regeneração de seus ciclos vitais, estrutura, funções e processos evolutivos" (artigo 71). No entanto, essa tendência iniciada na América Latina não é compartilhada mundialmente nem é majoritária. Assim como na Rio 92 triunfou o modelo de "desenvolvimento sustentável" sobre outras formas de conceber a relação da humanidade com a natureza, na Rio+20, como dissemos, os Estados nacionais pactuaram o documento "O futuro que queremos", no qual a "economia verde" foi colocada em um acordo mundial da comunidade internacional em detrimento de concepções como a dos direitos da natureza e do Bem Viver, impulsionadas por diferentes movimentos sociais do continente (Svampa & Viale, 2014).

Em outra ordem, existe uma conexão entre a ideia de direitos da natureza e o reconhecimento de outras ontologias ou cosmovisões relacionais. A importância desse tema não é menor, pois supõe uma perspectiva diferente da ontologia dualista, produto da visão moderna ocidental, que estabelece um hiato entre sociedade e natureza, entre humanos e não humanos. Na realidade, como sustenta Arturo Escobar, o problema não é que existam visões dualistas, mas sim as formas culturais fundadas em um par binário, ou seja, as hierarquias ou assimetrias que se estabelecem (homem/mulher; natureza/cultura; civilizado/bárbaro; moderno/tradicional). Essa classificação hierárquica das diferenças é um dos traços do que na América Latina se denomina "colonialidade do poder",[21] o que conduz à supressão e à eliminação de outras formas de conhecimento e de cultura (Escobar, 2012). Nessa linha, Escobar (2011b) argumenta que:

> Antropólogos, geógrafos e ecologistas políticos demonstraram com crescente eloquência que muitas comunidades rurais do Terceiro Mundo "constroem" a natureza com formas impressionantemente diferentes das formas modernas dominantes: designam e, portanto, utilizam os ambientes naturais de maneiras muito particulares. Estudos etnográficos dos cenários do Terceiro Mundo descobrem uma quantidade de práticas — significativamente diferentes — de pensar, relacionar-se, construir e experimentar o biológico e o natural.[22]

21. Em uma linha similar, mas vinculada à história ambiental (que estuda as interações entre sociedades humanas e o meio natural e suas consequências), retomando Palacios, o argentino Héctor Alimonda (2011, p. 32-5) sustenta que há duas características da colonialidade da história ambiental na América Latina: uma, a excentricidade; a outra, a assincronia.

22. A antropóloga colombiana Astrid Ulloa, em um interessante trabalho sobre as concepções da natureza na antropologia atual, sustenta que autores como "Descola e Pálsson (1996) consideram que os trabalhos etnográficos foram essenciais na transformação de uma perspectiva dualista para uma perspectiva monista. De fato, vários pesquisadores (Descola, 1994; 2003; 2005; Ulloa, 1996; 2004; Århem, 1996; Viveiros de Castro, 1996; 1999)

Não existiria assim um universo, mas, sim, uma pluralidade ou pluriversos, que dão conta de sentidos culturais diferentes. Tais formas de relação e apropriação da natureza questionam os dualismos constitutivos da modernidade e conduzem a estabelecer uma diferença radical entre mundos que estão, ainda assim, interrelacionados (Escobar, 2011b).[23] Essas ontologias relacionais encontram no território e em suas lógicas comunais condições de possibilidade. A interrelação gera espaços de sinergia entre o mundo de homens e mulheres com os outros mundos que circundam o mundo dos humanos. Esses espaços se materializam em práticas, manifestam-se como montanhas ou lagos, concebidos como vida ou como espaços animados, ainda que, evidentemente, seja difícil demonstrá-los a partir da visão do positivismo europeu (Escobar, 2011b). Um exemplo dessa visão relacional aparece nos textos do antropólogo brasileiro Eduardo Viveiros de Castro, que, em um célebre ensaio, *La mirada del jaguar* [O olhar da onça],[24] conceitualiza esse modelo local de relação com a natureza em termos de perspectivismo ameríndio.[25] Longe do relativismo, o perspec-

....

descreveram como, para algumas culturas indígenas, os animais e as plantas têm comportamentos humanos e estão regulados por regras sociais, enquanto, de maneira recíproca, os humanos podem transformar-se em animais. As relações entre humanos e não humanos estão em constante processo de transformação e reciprocidade. À luz dessas análises, a dicotomia natureza/cultura se torna visivelmente deficiente" (Ulloa, 2011, p. 31).

23. Essa visão supõe que não apenas os fatores econômicos e as condições ecológicas definem as práticas de apropriação da natureza, mas também sentidos culturais (Escobar, 2011b, p. 103).

24. O livro *La mirada del jaguar: introducción al perspectivismo ameríndio*, publicado em Buenos Aires em 2013, é resultado da seleção e da ampliação da edição brasileira de entrevistas publicada em 2008: *Eduardo Viveiros de Castro*, parte da série Encontros, da editora Azougue. A tese do perspectivismo ameríndio, contudo, é anterior a ambas publicações, consolidada no livro A *inconstância da alma selvagem (e outros ensaios de antropologia)* (2002). [N.T.]

25. É interessante o debate travado entre Viveiros de Castro, que propõe a noção de perspectivismo ameríndio, e Philippe Descola, que propõe a categoria de "panteísmo". Igualmente, para além das diferenças entre ambos, o que fica claro é — como afirma Bruno Latour (2009) — que esse debate destrói a natureza da noção universal.

tivismo ameríndio afirma que o mundo está povoado por muitas espécies de seres dotados de consciência e de cultura, e que cada um desses seres se vê como humano, vendo os outros como não humanos, ou seja, como animais ou espécies de espíritos (Viveiros de Castro, 2013, p. 16). Em contraste com a mitologia moderna, o fundo comum entre humanos e não humanos não é a animalidade, mas sim a humanidade. A humanidade não é exceção, mas regra: cada espécie se vê como humana, portanto, sob a figura da cultura. "A humanidade é o fundo universal do cosmos. Tudo é humano" (Viveiros de Castro, 2013, p. 56-7). Para dar conta da disputa entre mundos diferentes, Escobar substitui a noção de cultura pela de ontologia, que retoma de Mario Blaser, antropólogo argentino residente no Canadá, para quem

> o termo ontologia política tem dois significados interconectados. Por um lado, refere-se às negociações que se dão dentro de um campo de poder, no processo de gestação das entidades que conformam um determinado mundo ou ontologia. Por outro lado, o termo se refere ao campo de estudo que enfoca tais negociações, mas também aos conflitos gerados quando tais mundos ou ontologias tratam de sustentar sua própria existência ao mesmo tempo que interatuam e se mesclam com outros diferentes. (Blaser, 2009, p. 82)

A definição de ontologia opera em três planos ou níveis: o primeiro se refere aos modos de compreender o mundo; o segundo, às práticas concretas que constituem e geram as ontologias; e o terceiro ao fato de que essas ontologias se expressam e transmitem narrativas – relatos, mitos (Escobar, 2011b).

Na perspectiva de Eduardo Gudynas, o conceito de ontologias é muito importante para as políticas ambientais ou de conservação, porque expressam uma determinada visão da relação natureza/sociedade. Assim, uma ética antropocêntrica, baseada em uma ontologia dualista, na qual não opera somente o dualismo, mas sim a hierarquia ou assimetria entre pares opostos, delimita determinadas políticas ambientais, nas quais a natureza é vista como externa à sociedade e ao progresso, como um avanço linear (Gudynas, 2014b, p. 109). De modo diferente, a visão de Pacha Mama provém de outras ontologias. Em suma, as ontologias relacionais iluminam outras visões sobre a relação entre mundos e, portanto, estão em condições de aportar conceitos e olhares que nos ajudam a pensar outra ética ambiental e outras políticas ambientais, diferentes daquelas que derivam de uma visão antropocêntrica dominante (Gudynas, 2014b, p. 109).[26]

26. Nessa linha, Gudynas (2014b, p. 110) também resgata, por sua mesma origem latino-americana, o aporte antecipador de Rodolfo Kusch, que defendeu a ideia de uma "geocultura do homem americano", conceito com o qual "descreve uma estreita interdependência entre um espaço geográfico ou *habitat* e suas culturas, o que faz com que as expressões culturais sejam diversas, já que cada uma delas resulta de bases culturais específicas".

DEBATE 3. TRANSIÇÃO E PÓS-EXTRATIVISMO

As discussões sobre as alternativas ao modelo de desenvolvimento dominante na América Latina e seu vínculo com a globalização assimétrica não são novas na região, tampouco únicas no mundo, mas sem dúvida a envergadura e o caráter vertiginoso dos projetos que massivamente se implementam no continente na atualidade colocaram em alerta máximo as organizações, os ativistas e intelectuais dos mais diversos matizes sobre a necessidade de elaborar propostas alternativas viáveis, que, sem deixar de levar em conta os modelos exemplares existentes (casos paradigmáticos, economias locais e regionais, experiência de comunidades indígenas), proponham-se a uma escala mais ampla, em nível nacional, regional ou global.

Em vários países da América Latina, existem debates sobre as alternativas ao extrativismo que propõem a hipótese da transição, a partir de uma matriz de cenários de intervenção multidimensional. Nessa linha, utilizarei as contribuições do Grupo Permanente de Alternativas ao Desenvolvimento, promovido pela Fundação Rosa Luxemburgo.[27] Para tal grupo, o desafio consiste em propor e elaborar uma agenda de saída do extrativismo, que implica pensar cenários transicionais a partir de dois níveis diferentes de ação: o de um conjunto de políticas públicas que atuem em âmbito microssocial e global; e o de intervenção em escala local e regional, que aponte para detectar, valorizar e potencializar os casos efetivamente existentes de modelos de alterdesenvolvimento (*alterdesarrollo*).

Uma das propostas mais interessantes e exaustivas foi elaborada pelo Centro Latino-Americano de Ecologia Social (Claes), sob a direção do uruguaio Eduardo Gudynas (2012), que propõe que a

27. Ver Grupo Permanente de Trabalho sobre Alternativas ao Desenvolvimento (2012; 2013; 2015). Participam do grupo Edgardo Lander, Alberto Acosta, Miriam Lang, Raúl Prada, Eduardo Gudynas, Camila Moreno e Maristella Svampa, entre cerca de trinta autores e ativistas.

transição requer um conjunto de políticas públicas que permitam pensar de maneira diferente a articulação entre meio ambiente e sociedade. A necessidade de avançar para uma estratégia pós-extrativista está ligada às características próprias dos modelos de mau-desenvolvimento (o que o autor denomina como "extrativismo depredador"). Tal proposta sublinha que se trata de uma discussão a ser encarada em termos regionais e em um horizonte estratégico de mudança, na pauta daquilo que os povos originários denominaram Bem Viver. Ao mesmo tempo, considera que um conjunto de "alternativas" dentro do desenvolvimento convencional seria insuficiente diante do extrativismo, tornando necessário elaborar "alternativas ao desenvolvimento", nos marcos da sustentabilidade superforte.[28]

No plano das políticas públicas, um dos elementos mais problemáticos é a oposição que se quer estabelecer entre dívida social e dívida ambiental. Nessa linha, o progressismo extrativista costuma afirmar que o extrativismo é a única via capaz de gerar divisas, que depois são reorientadas para a redistribuição de renda e para o consumo interno, ou ainda para atividades com maior conteúdo de valor agregado. Assim, este costuma enfatizar o aumento de gasto social, visível nas políticas de transferência de renda aos setores mais vulneráveis, cuja base é a própria renda extrativista (petróleo, gás e mineração). Em primeiro lugar, é certo que a arrecadação fiscal obtida na exportação de commodities permitiu aumen-

28. "A sustentabilidade *superforte* defende que o ambiente deve ser valorizado de muitas maneiras diferentes, além da econômica: também existem princípios culturais, ecológicos, religiosos ou estéticos, que são tanto ou mais importantes. Por essa razão, enfatiza o conceito de 'Patrimônio Natural', entendido como um acervo que recebemos como herança dos nossos antepassados e que deve ser mantido como legado para as gerações futuras, e não necessariamente é vendável ou comprável no mercado. Seguindo essa linha de pensamento, a sustentabilidade superforte se apoia em grande medida em uma nova ética, dentro dessa pluralidade de valores, que aceita que a natureza tem valores que lhes são próprios e independentes da utilidade que podem ter para o ser humano. Pelo contrário, a sustentabilidade fraca tem uma perspectiva particularmente utilitarista e antropocêntrica" (Gudynas, 2009).

tar o gasto social e realizar uma política social mais audaz que no passado — a depender do país —, mas isso também consente que se evite a reforma fiscal (a maior parte dos países latino-americanos tem uma estrutura tributária regressiva), que conduziria a outros conflitos de interesses, com setores econômicos poderosos (Salama, 2014). Em segundo lugar, a relação entre renda extrativa e gasto social é também relativa e depende dos países (por exemplo, na Bolívia, no Equador e na Venezuela, o gasto social depende da renda extrativa, mas não em outros países, como a Argentina, onde está atrelado a outra estrutura tributária, na qual se destaca o imposto sobre o consumo e os lucros sobre salários). Por outro lado, o aumento do gasto social não é exclusivo dos chamados governos progressistas; muito pelo contrário, é uma tendência geral e inclui grande parte dos países latino-americanos. Assim, estudos realizados pela Cepal (2012) estimam que, na atualidade, um total de 19% da população latino-americana estaria recebendo bônus ou programas sociais do Estado.

Retomando a proposta de Gudynas (2012), poderíamos dizer que pensar a transição requer um conjunto de políticas públicas que articulam a questão ambiental (colocando limites à produção e ao consumo suntuário) com a questão social (apontando para erradicação da pobreza e redistribuição da riqueza). Isso implicaria percorrer uma via de reformas fiscais, território bastante inexplorado no subcontinente pelos diferentes governos progressistas. Tal articulação deveria acentuar a planificação estratégica e o controle dos bens naturais por parte do Estado, reduzindo a dependência exportadora. Nessa perspectiva, a transição inclui também diferentes fases. Numa primeira fase, se faz necessário passar de um "extrativismo depredador" para um "extrativismo sensato", entendido "como aquele em que se cumpre cabalmente com as normas sociais e ambientais de cada país, sob controles efetivos e rigorosos, e no qual se internaliza os impactos" (Gudynas, 2012, p. 280). Embora não seja a melhor situação, nem convenha que se converta em um objetivo ou fim em si mesmo (não se deve confundir meios e fins), é uma fase necessária em virtude da gravidade do cenário do subcontinente, tanto em termos de danos ambientais como de deterioração social. A segunda fase deveria concentrar-se nas atividades extrativas essenciais, ou seja, aqueles empreendimentos que garantam as necessidades nacionais e regionais, em prol da qualidade de vida das pessoas e nos marcos de uma sustentabilidade superforte. Desse modo, não é que uma opção pós-extrativista implicaria não explorar bens naturais; na realidade, requer um "redimensionamento substantivo, no qual permaneceriam aqueles projetos genuinamente necessários, que cumpram condições sociais e ambientais e estejam vinculados às cadeias econômicas nacionais e regionais" (Gudynas, 2012, p. 280). Em termos mais simples, um dos objetivos essenciais é reorientar a produção para as necessidades regionais (em nível latino-americano). Isso pressupõe redimensionar nossa visão sobre o que entendemos por integração regional e a relação estabelecida entre os diferentes setores da economia: por exemplo, quanto aos alimentos, significaria reorientar a produção agrícola para a satisfação das necessidades alimentícias da população, em vez de exportar commodities agrícolas, dotando assim de conteúdo real o conceito de soberania alimentar.

Embora esses debates tenham maior ressonância no Equador, é no Peru que um conjunto de organizações que participam da Rede Peruana por uma Globalização com Equidade (RedGE) deu um passo à frente e realizou uma declaração de impacto, apresentada perante os principais partidos políticos, pouco antes das eleições presidenciais de 2011. A declaração propunha um cenário de transição para o pós-extrativismo, com medidas relativas ao uso sustentável do território, ao fortalecimento de instrumentos de gestão ambiental, à mudança do marco regulatório e ao respeito ao direito de consulta, entre outros grandes temas.[29] Em um interessante exercício para o caso peruano, os economistas Pedro Francke e Vicente Sotelo (2011) demonstraram a viabilidade de uma transição ao pós-extrativismo, por meio da conjunção de duas medidas:

29. Talvez tal pronunciamento careça da radicalidade discursiva presente em outros países, como na Bolívia e no Equador, posto que não fala em "Bem Viver" nem em "Estado plurinacional", mas ao menos apresenta a necessidade de pensar cenários menos depredatórios, uma discussão ainda ausente em países como a Argentina, considerados, ainda assim, mais "progressistas".

a reforma tributária (maiores impostos para atividades extrativas ou *impostos extraordinários sobre os superlucros da mineração*) para conquistar maior arrecadação fiscal, e *moratória mineiro-petrolífera-gasífera* sobre os projetos iniciados entre 2007 e 2011. Com esse exercício, que começa combinando impostos para os lucros extraordinários e suspensão de projetos extrativos, os autores mostraram que, longe de perder arrecadação fiscal, o Estado nacional arrecada muito mais. O tema não é menor, porque mostra que esses exercícios estão longe de uma linha utópica ou "pachamâmica", cuja execução seria irrealista. Ao contrário, marcam a possibilidade de avançar com políticas públicas, ao mesmo tempo que não conspiram contra o argumento da arrecadação fiscal.

Por outro lado, os danos ambientais e sociais do atual modelo exigem pensar em alternativas de transição energética — sem dúvida um dos desafios mais complexos que se apresenta às nossas sociedades. Como assinala Pablo Bertinat, especialista em energia e também membro do Grupo Permanente de Alternativas ao Desenvolvimento, os impactos do modelo energético hoje vigente são múltiplos e passam pela relação direta entre produção e consumo de energia elétrica e mudanças climáticas (emissões de gases de efeito estufa), pelo impacto das grandes obras de infraestrutura (sobre os territórios, as populações e a biodiversidade), pela inequidade na apropriação de energia (somente 15% da energia consumida na América Latina corresponde ao setor residencial; os setores mais pobres pagam uma proporção maior de renda que os setores ricos), pela ausência de participação cidadã, entre outras questões. Nessa linha, um dos caminhos na construção de uma agenda de transição é orientar-se para a diversificação da matriz energética, por meio das energias limpas e renováveis (como a eólica e a solar). Contudo, a continuidade e o reforço do atual modelo, por trás do qual se encontra o poderoso lobby petroleiro, buscam minimizar o papel das outras opções de energia, argumentando, por exemplo, sobre a inviabilidade econômica de um modelo baseado em energias alternativas.

Na realidade, dois temas fundamentais deveriam integrar uma agenda energética pós-extrativista: um é a desconcentração, e o outro, a eficiência energética. Por um lado, um modelo energético superador requer descentralização e regionalização da geração, do transporte e do consumo de energia, assim como o crescente controle comunitário do sistema energético (Acosta, Martínez & Sacher, 2013, p. 335). A descentralização generalizada é uma condição necessária para democratizar os sistemas de acesso e distribuição. Isso supõe que o lucro estaria mais disperso e menos concentrado, ao contrário do que ocorre com os grandes monopólios que dominam os hidrocarbonetos. Por outro lado, é preciso incorporar como exigência a eficiência energética. Apresentar uma reforma que pressuponha modificar a política de desperdício do atual sistema de transporte (basicamente, automotor), assim como a ineficiência em seu uso pessoal, conduziria a uma grande economia ou redução do uso de energia.[30] Por último, é necessário pensar a construção de uma sustentabilidade energética nos marcos de um modelo de sustentabilidade superforte, o que implica fortalecer a ideia de energia como patrimônio natural e como direito. Em outras palavras, como afirma Bertinat, a energia também é parte dos bens comuns. Assim, um dos grandes desafios é "a construção social da energia como um direito, e a desmercantilização do setor energético" (Bertinat, 2013, p. 167-70).

Como vemos, a discussão supera largamente a questão dos lucros extraordinários. É uma discussão sobre como pensar a relação entre economia e sociedade a médio e longo prazo; o vínculo entre seres humanos e natureza a partir de outros paradigmas; avançar sobre o que se entende por desenvolvimento e sustentabilidade forte, em termos sociais e ambientais; a necessidade de abrir a participação da sociedade civil nos processos de decisão coletiva; e, principalmente, a geração de modelos de sociedade possíveis e desejáveis.

30. Nesse sentido, é necessário responder perguntas mais elementares sobre o atual modelo energético. Por exemplo, produzir energia para quê e para quem? "Hoje o sistema energético está desenhado para sustentar as necessidades do modelo exportador primário e para garantir a segurança energética que requer a produção/extração de recursos na região, diante da crescente demanda de energia e esgotamento relativo dos recursos para produzi-la em outros países ou regiões" (Bertinat & Salerno, 2006, p. 6). A energia aparece como subsidiária do modelo extrativista, e isso está longe de ter sido revertido pelos governos progressistas.

[illegible] regular [illegible] regulatória [illegible] da geração do [illegible] poder [illegible] energia [illegible] comunitário [illegible] (Acorti, Martins e Sartori, [illegible]). A [illegible] generalizada [illegible] de [illegible] os sistemas [illegible] de pessoas [illegible] grandes [illegible] que dominam os hidrocarbonetos, [illegible] petróleo, e [illegible]. Apresentar a [illegible] que precisa [illegible] política [illegible] a um sistema de trans[illegible] neste [illegible] de uma [illegible] do uso de energia.[19] Por último, é necessário pensar a construção de uma [illegible] dos marcos de um modelo de sistemas [illegible] energia como [illegible] direito. Encontramos [illegible] a energia também [illegible] bens comuns. Assim, um dos [illegible] construção social da energia como um direito [illegible] setor energético" ([illegible], 2017, p. [illegible]).

19. Neste sentido [illegible] [illegible] [illegible]. Por exemplo [illegible] [illegible] [illegible] [illegible] [illegible] [illegible] [illegible] [illegible] [illegible] (Bertinat e [illegible], 2020, p. [illegible]) [illegible] [illegible] [illegible] [illegible] [illegible].

3. A dependência como "bússola"

Neste capítulo, proponho abordar a atualidade da categoria de "dependência" por meio de dois debates: o primeiro é teórico e consiste em perguntar em que medida certas teorias da globalização dialogam ou discutem com a teoria da dependência; o segundo se concentra na atualidade latino-americana, questionando a pertinência ou não da noção de "nova dependência" para analisar fatos e dados relativos à crescente relação entre China e América Latina. Por último, proponho um terceiro percurso, referente à categoria de "marginalidade", já dissociada do campo dependentista e cuja maior característica é, sem dúvida, a diversidade de vias pelas quais conduziu sua evolução e problematização posterior.

DEBATE 1.
OS NOVOS ENFOQUES TEÓRICOS E A TEORIA DA DEPENDÊNCIA

A teoria social criou várias categorias para conceituar a sociedade na época da globalização: "sociedade em rede" (Castells, 1999); "sistema-mundo" (Wallerstein, 2001); "sociedade de risco" (Beck, 1998); "modernidade avançada" (Giddens, 1993); "império" (Negri & Hardt, 2002), entre outras. Para além das diferenças teóricas que perpassam tais denominações, é certo que a maioria dos autores coincidiu em assinalar não apenas a profundidade das transformações, como também as grandes diferenças entre os períodos precedente e posterior à queda do Muro de Berlim (em termos de "contrato social" e modalidades de participação).

A globalização veio associada à consolidação de uma ordem neoliberal que fortaleceu o papel dominante dos Estados Unidos como poder de garantia do livre intercâmbio comercial e do mercado de capitais, assim como das regulamentações legais e institucionais que constituíam seus pilares. Tal tendência se afirmaria com o fim da bipolaridade global, a partir do colapso dos socialismos reais, agravada posteriormente com os acontecimentos do Onze de Setembro e o início de uma cruzada contra o "terrorismo internacional". Nesse sentido, a formação de novos blocos econômicos e unidades políticas que concentravam a atividade das nações desenvolvidas daria conta de novos processos de regionalização e de fragmentação da economia mundial, ao mesmo tempo que ilustra as crescentes assimetrias entre as nações do centro e da periferia. Por último, tais processos debilitaram o Estado nacional como agente regulador das relações econômicas, assim como o surgimento de novas fronteiras e, no limite, de novas formas de soberania, para além do nacional-estatal.

Nos países periféricos, a dinâmica de globalização aprofundou os processos de transnacionalização do poder econômico que haviam sido analisados pelos dependentistas nos anos 1960 e 1970, o que se traduziu no aumento das assimetrias e no desmantelamento radical do Estado nacional, em sua versão "populista-desenvolvimentista", e no advento de uma "modernização excludente" (Barbeito & Lo Vuolo, 1992). Como consequência, na América Latina o trânsito para a globalização neoliberal por meio das reformas chamadas "estruturais" significou tanto a acentuação das desigualdades preexistentes como a emergência de novas brechas políticas, econômicas, sociais e culturais, visíveis, por um lado, na fragmentação e na perda de poder dos setores populares e de amplas faixas das classes médias e, por outro, na concentração política e econômica de poder em elites internacionalizadas. A entrada em uma nova ordem socioeconômica incluiu a abertura e a desregulação da economia e uma profunda reforma do aparato estatal, de mãos dadas com um discurso modernizador altamente excludente. Esse duplo processo, que atravessou o conjunto dos países latino-americanos, desembocou na institucionalização de uma "nova dependência", cujo traço comum seria a exacerbação do poder conferido ao capital financeiro por meio de suas principais instituições econômicas: FMI e Banco Mundial.

Sobre isso, existiram duas linhas de interpretação diferentes, que caracterizaram os processos de globalização vinculados à América Latina e refletiram especificamente sobre o declínio do Estado-nação. Por um lado, a linha de leitura que afirmava a existência de uma ruptura em relação ao período anterior e entendia a globalização como "era do globalismo", ou seja, como uma configuração geo-histórica produzida pelo desenvolvimento intensivo e extensivo do capitalismo. Essa foi a posição do brasileiro Octavio Ianni (1996), que, em um texto muito difundido, considerou que vivíamos um "momento epistemológico fundamental", pois o paradigma clássico, fundado na sociedade nacional, estava sendo absorvido real e formalmente pelo novo paradigma, fundado na sociedade global. As noções de interdependência, dependência e imperialismo, associadas às de Estado-nação, eram questionadas e deviam ser reformuladas no novo contexto global, sem negar por isso que esses novos processos globais estivessem marcados pelo desenvolvimento desigual e combinado (Falero, 2006, p. 164). Nessa chave, o conceito de dependência foi relegado, na medida em que parecia atado aos diagnósticos impulsionados nos anos 1960, prévios à globalização assimétrica e à consolidação de uma institucionalidade supranacional, sumamente condicionante para os Estados nacionais periféricos.

Uma segunda linha de leitura sublinhava dois aspectos de continuidade, mais que de mudança, naquilo que se designou como processo de globalização. Entre outros autores, o cientista político Atilio Borón, então secretário-executivo do influente Clacso, lia a globalização como uma fase superior do imperialismo. Esta oferecia um álibi aos grupos dominantes, que apostavam no crescimento das taxas de lucro pela redução de salários em um contexto de ajuste estrutural, gerando situações dramáticas na América Latina. Nesse sentido, considerava que os diagnósticos sobre o "desaparecimento" do Estado nacional deviam ser relativizados, já que as receitas do Consenso de Washington debilitavam os Estados nacionais da América Latina e dos países do Leste Europeu; contudo, nos países desenvolvidos do Ocidente, o Estado e o gasto público tinham crescido (Borón, 1999).[1] Tomando o caso argentino como referência, Borón sustentava que a globalização acentuava os mecanismos de dependência dos países.[2]

Outros analistas se propuseram a dar conta das formas concretas adotadas pelas chamadas reformas estruturais em cada país e das mutações que estavam produzindo no interior das respectivas sociedades nacionais. Nessa linha, por meio da análise comparada, pesquisadores como Juan Carlos Torre (1998) sublinharam a emergência de uma nova ordem socioeconômica, em sua

1. A partir do Clacso, vários textos coletivos abordaram a nova problemática (ver Borón *et al.*, 1999).

2. "A Argentina e, em geral, a América Latina são muito mais dependentes hoje do que há trinta anos. O ministro de Economia Adalbert Krieger Vasena [do general Onganía, presidente argentino entre 1963 e 1966] era muitíssimo menos dependente que Roque Fernández [ministro de Economia durante o governo de Carlos Menem entre 1996 e 1999]. O mesmo vale para o Brasil ou o México, que já não pode dispor de rendimentos petroleiros, porque é administrado pelo Departamento do Tesouro norte-americano. Contudo, o discurso da globalização tenta nos fazer acreditar que a dependência desapareceu. Ou que vai desaparecer. Na realidade, é muito maior que antes. Basta ver a progressão no crescimento da dívida externa argentina" (Borón, 1999).

dimensão contingente e conflitiva, como resultado da convergência e da radicalização das novas pressões do capital pela abertura dos mercados e pela exacerbação do capital financeiro. Destacavam a crise do Estado populista-desenvolvimentista e o choque hiperinflacionário, o peso da tradição presidencialista e a consolidação das democracias delegativas.

No fim dos anos 1990, multiplicaram-se os debates existentes sobre as consequências e os alcances da globalização perante o Estado nacional e as novas formas de protesto. Em uma perspectiva crítica, houve ao menos três linhas de interpretação diferentes, que dialogaram criticamente com as posições dependentistas. A primeira é a tese do sistema-mundo, que remete a Immanuel Wallerstein, historiador e sociólogo estadunidense que desenvolveu uma análise geral sobre as origens e a evolução do capitalismo mundial em sintonia com os estudos de Fernand Braudel, em termos de *longue durée* [longa duração]. Wallerstein sustentou que a globalização era um fenômeno mais antigo, que existia desde o século XVI, época em que surgiu o capitalismo como sistema mundial. Ora, vários analistas mencionavam as conexões entre a teoria da dependência (sobretudo na versão de Gunder Frank e Theotônio dos Santos) e a teoria do sistema-mundo.[3] O próprio Wallerstein fará referência à teoria da dependência ao afirmar que efetivamente retomava a clivagem centro/periferia desenvolvida

3. Isso não é por acaso. Como conta Theotônio dos Santos, nos anos 1970 começou a surgir uma articulação entre os grupos dirigidos por Samir Amin, na África, e a teoria da dependência. Entre esses grupos estava Immanuel Wallerstein, que naquele momento era especialista em estudos pós-coloniais na África e começava a trabalhar com a ideia de sistema mundial, retomando o historiador francês Fernand Braudel (entrevista realizada por Vidal Molina, 2013, p. 195). De fato, o texto *O sistema mundial moderno*, de Wallerstein, teve sua primeira publicação em 1974. Por outro lado, são vários os autores que reconhecem sobretudo em Gunder Frank um dos precursores da teoria do sistema mundial, associada à figura de Wallerstein (Dos Santos, 2005; Rodríguez, 2007; Hurtado, 2004), mas, como foi dito, seu estilo generalizador e por vezes simplificador não contribuiu para sua valorização — muito pelo contrário: fizeram dele um alvo fácil de desqualificação na luta teórica e política da época.

pela Cepal e aprofundada pelos dependentistas. Mas a essa divisão Wallerstein agregava o conceito de "semiperiferia", como um terceiro estrato configurado pela estrutura espacial produtiva do sistema-mundo capitalista, o que permitia entender aquelas regiões que estavam no meio do caminho entre o centro e a periferia. Igualmente, enfatizava o papel hegemônico das economias centrais na organização do sistema capitalista. Contudo, em sua perspectiva havia duas limitações presentes na teoria da dependência. Primeiramente, o olhar era insuficientemente histórico, ao não analisar ciclos longos. Em segundo lugar, a unidade de análise, o Estado-nação,[4] impulsionava a ideia de separar-se da economia capitalista e, com isso, conseguir um desenvolvimento autônomo. Assim, o próprio conceito de sistema-mundo insistia que a única unidade de análise compreensível era a economia-mundo, entendida como algo integral (Wallerstein, 1998).

Outra leitura sobre a globalização que dialoga de modo crítico com a tradição dependentista é representada pelo ensaísta e filósofo italiano Antonio Negri. Em *Império* (2002), ensaio escrito com Michael Hardt, os autores sustentavam que o atual processo de recomposição do capitalismo produzia uma erosão inevitável e irreversível do Estado-nação e conduzia à emergência de uma soberania pós-nacional, caracterizada como uma difusa rede econômica e política, sem sede definível de poder, compreendida na noção de "império". Tal noção substituiria tanto a de "imperialismo" como a de "Estado nacional" ao aludir a uma totalidade sem limites, nem centro, que abarca o conjunto da vida e as relações sociais (Hardt & Negri, 2002). Em consonância com isso, as formas de resistência (e de contrapoder) que o império gera tendiam a desenvolver-

4. Certamente, os dependentistas liam o processo de relações hierárquicas entre centro e periferia a partir da periferia e, sobretudo, das mudanças operadas no marco dos diferentes Estados-nação. Nesse sentido, o binômio desenvolvimento/subdesenvolvimento era pensado nessa chave, pois tudo parecia indicar que, se um governo tomava certas disposições em nível de Estado-nação, poderia desconectar-se. Na realidade, o partidário da desconexão era Samir Amin (1973), embora sua tese estivesse implícita em vários dependentistas.

-se tanto em nível local como supranacional, tal como havia sucedido em Seattle, em 1999, quando as manifestações frustraram a reunião da Organização Mundial do Comércio (OMC). Embora a leitura de Negri e Hardt fosse muito enriquecedora para caracterizar as novas formas de resistência e de subjetivação política, em termos de teoria geral evadia e simplificava o papel do Estado-nação na modalidade que este adotava no processo de globalização, ao mesmo tempo que deixava de construir uma teoria mais complexa das mediações políticas. Por último, a visão acerca da emergência de uma estrutura desterritorializada e descentralizada não só colocava em questão a teoria do imperialismo como também parecia contradizer os fatos, em um momento no qual os Estados Unidos se consolidavam como potência hegemônica, depois do colapso do bloco soviético.

Na América Latina, o livro de Negri e Hardt foi criticado por Atilio Borón (2002), que respondeu à tese dos autores de modo virulento e desqualificador, reafirmando a continuidade em termos de "persistência do imperialismo". Apesar do tom pouco amistoso, que fechava qualquer possibilidade de diálogo frutífero, Borón estava certo ao reprovar Negri e Hardt sobre o total desconhecimento da realidade e da bibliografia latino-americana em torno do tema, o que não era uma questão menor para a abordagem do desdobramento global do "império". Talvez para compensar essa debilidade, anos mais tarde Negri escreveu um ensaio sob a ótica latino-americana, ao lado de Giuseppe Cocco, intitulado *Glob(al): biopoder e luta em uma América Latina globalizada* (2006), no qual os autores criticavam a matriz estatista e se referiam aos limites do modelo desenvolvimentista, assim como da interpretação dependentista. Para Negri e Cocco, a abertura neoliberal aos fluxos da mundialização redefinia os termos da dependência. Esta última se transformava e se estendia, apresentando-se como interdependência entre o centro e a periferia (Negri & Cocco, 2006, p. 48), quebrando a possibilidade de um projeto de desenvolvimento nacional (ou nacional-popular). Os autores insistiam na ideia de que o império não possuía uma base nacional específica, mas sim transnacional (organismos multilaterais, empresas multinacionais); que aquele se localizava para além das regras do imperialismo e do colonialismo, convertendo-se em uma espécie de "não lugar universal" (Negri & Cocco, 2006, p. 66). Por último, propunham um *new deal*, novo pacto, entre os governos progressistas latino-americanos emergentes e os movimentos sociais contestatórios, sustentado na primazia e na mobilização da produção por sobre as forças do capital (Negri & Cocco, 2006, p. 71-5).[5] Outros importantes autores da linha autonomista, como John Holloway, sublinharam que nenhum Estado nacional, seja rico ou pobre, podia ser entendido abstratamente, separado da sua existência como momento da relação mundial do capital. Nessa perspectiva, caía a distinção entre Estados dependentes e Estados não dependentes, pois "os Estados nacionais se definem histórica e constantemente na relação com a totalidade das relações sociais capitalistas" (Holloway, 1993 *apud* Thwaites Rey & Castillo, 2008, p. 28).

Por último, ainda que bastante negadas, existem conexões entre o enfoque decolonial e a teoria da dependência. O fenômeno que reconhecemos como inflexão ou *giro decolonial* destaca a distinção entre colonialismo e colonialidade: enquanto o colonialismo é um fato político e militar, "a colonialidade é um fenômeno histórico mais complexo, que se refere a um padrão de poder que opera via naturalização de hierarquias territoriais, raciais, culturais e epistêmicas" (Restrepo & Rojas, 2010). De modo que a diferença não é somente racial, mas também epistêmica: remete ao que se denominou como colonialidade do saber (Lander, 2000). Esse enfoque crítico sinaliza para a formulação de um novo paradigma, o decolonial, que se refere tanto a uma ética e política da pluridiversidade como a uma epistemologia que questiona os modelos eurocêntricos de conhecimento. Sociólogos como os já citados Aníbal Quijano, Edgardo Lander e Ramón Grosfoguel, ensaístas do campo dos estudos culturais como Walter Mignolo e Catherine Walsh e

5. O texto revela um conhecimento demasiado genérico da teoria da dependência, que, entre outras coisas, não ignorava a noção de "interdependência hierárquica". Ao mesmo tempo, a proposta de um *new deal* impulsionada por Negri e Cocco seria lida como um aval político aos governos progressistas emergentes.

também filósofos como Enrique Dussel, da corrente latino-americana, estão entre alguns dos seus representantes.

Nessa linha, a perspectiva decolonial propõe ir além da teoria da dependência – e também do marxismo, da teoria do sistema-mundo e dos estudos pós-coloniais (Castro-Gómez & Grosfoguel, 2007, p. 13). Sobre a teoria da dependência, pode-se afirmar que ela influenciou os decoloniais mais especificamente pela teoria do sistema-mundo. É certo que a figura de Aníbal Quijano constitui um nexo direto entre ambos os enfoques; e, não por acaso, esse autor sustenta que "a colonialidade do poder implica, nas relações internacionais de poder e nas relações internas dentro dos países, o que na América Latina foi denominado de dependência histórico-estrutural" (Quijano, 2007, p. 121). Outros autores, porém, tendem a sinalizar as deficiências da teoria da dependência, entre as quais estaria a disposição para privilegiar as relações econômicas e políticas acima das questões de ordem cultural e ideológica. Assim, a visão dependentista compartilharia com o marxismo ortodoxo uma propensão ao reducionismo econômico. Segundo os organizadores do livro *El giro decolonial* [O giro decolonial],[6] isso conduziu a dois problemas: por um lado, subestimar o papel do simbólico na conformação das hierarquias moderno/coloniais; por outro, um empobrecimento analítico que dificilmente pode dar conta das complexidades dos "processos heterárquicos do sistema-mundo" (Castro-Gómez & Grosfoguel, 2007, p. 16-7).[7] Já mesmo antes, Castro-Gómez havia alertado para a necessidade de demarcar as categorias binárias propostas pelos teóricos da dependência para analisar os mecanismos de produção da diferença em tempo de globalização, o que implicava reformular a teoria crítica na América

6. Apesar de se destacarem os vínculos críticos com a teoria da dependência, dos treze artigos que fazem parte dessa importante coletânea, somente o dos organizadores e o de Quijano e Juliana Flórez Flórez fazem referência ao tema.

7. Dizem Castro-Gómez e Grosfoguel (2007, p. 16-7) que "o pensamento heterárquico é uma tentativa de conceitualizar as estruturas sociais com uma nova linguagem que transborda o paradigma da ciência social eurocêntrica herdada do século XIX".

Latina (Castro-Gómez & Grosfoguel, 2007, p. 97). Outros autores também apontaram para a lógica binária, baseada na distinção subdesenvolvimento/desenvolvimento, centro/periferia, autonomia/dependência, o que aparecia como exemplo de uma matriz que continuava apelando para as hierarquias impostas pela modernidade (Flórez Flórez, 2007, p. 250).

De uma perspectiva vinculada à teoria do sistema-mundo, Grosfoguel realizava uma síntese crítica do dependentismo, do seguinte modo:

> um Estado periférico pode modificar suas formas de incorporação na economia-mundo, uma minoria de Estados periféricos pode inclusive elevar-se a uma posição semiperiférica. Mas uma ruptura com o sistema, ou sua transformação a partir do nível do Estado-nação, é algo fora de suas possibilidades. Um problema global não pode encontrar solução nacional ou local, ou seja, requer soluções globais. Os dependentistas subestimaram isso, devido, em parte, à tendência de manter o Estado-nação como unidade de análise. Isso gerou consequências políticas desastrosas para a esquerda latino-americana e para a credibilidade dos projetos políticos dependentistas. Esse fracasso contribuiu de maneira significativa para o declínio da escola dependentista e para o ressurgimento de velhos paradigmas desenvolvimentistas na região. (Grosfoguel, 2003, p. 161)

Em conclusão, além da crítica à debilidade ou à ausência da dimensão cultural-simbólica, ali onde se estabelecem as maiores diferenças entre o dependentismo e a teoria do sistema-mundo, a teoria do império e o paradigma decolonial, estão as (im)possibilidades de ação político-econômica do Estado-nação periférico.

ENTRE A SEMIPERIFERIA E O SUBIMPERIALISMO

Um diálogo interessante é o que se entabulou com a categoria de "subimperialismo", elaborada por Ruy Mauro Marini. Tal categoria tem a capacidade de refletir situações intermediárias, referentes à emergência de "centros médios de acumulação" ou "potências médias". Ora, na década de 1980 e nos anos 1990 havia pouco espaço para evocar a ideia de "cooperação antagônica", associada ao subimperialismo, diante do alinhamento da América Latina com os Estados Unidos. Entretanto, a partir do ano 2000, com o questionamento do consenso neoliberal e a abertura de um novo cenário latino-americano, alguns autores veriam a possibilidade de recorrer a essa categoria para explicar a nova situação do Brasil, sem que isso significasse "repetir" situações anteriores.

Nesse marco, há duas linhas interpretativas. A primeira alude à pertinência de aplicar ou não a tese do subimperialismo no cenário brasileiro do século XXI, na qualidade de potência média ou regional, com (nova) capacidade de negociação. Essa percepção do Brasil como potência global — e não somente regional[8] — parecia confirmada pela constante relutância do país em consolidar propostas de caráter contra-hegemônico provenientes do bloco progressista latino-americano (como o Banco do Sul) e pelo impulso que tomou o novo bloco de potências emergentes por meio dos Brics.[9] Entre aqueles que consideram essa tese pertinente para explicar a situação atual, destaca-se o trabalho do historiador Mathias Seibel Luce (2007; 2011), que desenvolve longamente seu argumento apli-

8. Segundo Eduardo Oviedo, para especialistas da República Popular da China, a "ação [do Brasil] em nível regional é descrita claramente com o conceito chinês de 'pequeno hegemonismo' (*xiao baquanzhuyi*), normalmente chamado no Ocidente de hegemonia regional" (Oviedo, 2014, p. 15).

9. O termo "Bric" foi cunhado pelo banco de investimentos Goldman Sachs em 2001 para fazer referência àquelas economias emergentes que marcariam o devir econômico e político do século XXI. Os Brics fizeram a primeira reunião em 2006, com a presença de Brasil, Rússia, Índia e China. A partir de 2010, a África do Sul foi convidada a fazer parte do grupo.

cado ao [primeiro e segundo] governo Lula. Ele sustenta que a diferença entre países imperialistas e subimperialistas é que estes são apenas importadores de capital e não estão em condições de converter-se em exportadores de capital — elemento determinante na análise. A dependência do Brasil estaria marcada, sobretudo, pelo papel do agronegócio, já que a Cargill e a Monsanto utilizariam o país como plataforma para expandir-se para o Paraguai e a Bolívia. Nesse sentido, a categoria é retomada para pensar um novo papel, para além da ideia estereotipada de um "Brasil potência", líder natural da integração regional, mesmo que também do anti-imperialismo simplista (Seoare & Bueno, 2012).[10]

Uma segunda leitura propõe um diálogo entre a categoria de "subimperialismo" e a de "semiperiferia", apresentada por Wallerstein no marco da teoria do sistema-mundo. Recordemos que, para esse autor, as semiperiferias atuam tanto como periferia perante os países centrais quanto como centro perante algumas periferias. Além disso, segundo Wallerstein, apesar de os períodos de decadência mundial ou de crise da economia hegemônica abrirem certo espaço de autonomia, somente algumas das potências médias podem traduzir tal vantagem em oportunidades, ou seja, em uma mudança real de posições econômicas. Na América Latina, Brasil e México se enquadrariam nessa condição de nações semiperiféricas. Significa, então, que esses dois países, pelo nível de industrialização e importância geopolítica em escala regional, estariam em condições de "desenvolver-se" não apenas em termos econômicos, mas também sociais? Revisando as ideias de semiperiferia, Alfredo Falero sustentou que "a resposta do autor [Wallerstein] é que nas zonas periféricas do sistema isso não é possível. Inclusive, pode haver uma 'industrialização de segunda mão' por deslocamento, mas não uma industrialização no sentido dos países centrais" (Falero, 2006, p. 252).

10. Tal leitura é contestada por diversos autores, entre eles a brasileira Virgínia Fontes, que considera que é preciso distanciar-se da visão de Marini, pois o capitalismo brasileiro já não é dependente, tampouco um centro médio de acumulação, e muito menos exerce um papel de subpotência (*apud* Zibechi, 2012, p. 255).

Por sua vez, ao comparar ambos os conceitos, o de "semiperiferia" e de "subimperialismo", os autores brasileiros Seabra e Bueno sustentam, com Wallerstein, que a segunda leitura é limitada porque não rompe com o modelo bimodal de centro e periferia, instalado pelos dependentistas, nem explica o papel complexo que os Estados semiperiféricos desempenham dentro do sistema, que seria, por definição, trimodal.

> O sistema-mundo opera por *dois tipos de exploração*. Primeiro, o proletariado é explorado pela burguesia; e, segundo, a periferia e a semiperiferia são exploradas pelo centro. Não são de fato dois tipos distintos, mas sim processos complementares que caracterizam a complexidade da economia-mundo. Nesse sentido, as semiperiferias atuam contraditoriamente como "meios de equilíbrio" para o sistema-mundo, e, graças a seu caráter intermediário, implicam uma divisão classista específica dentro desses países, que lhes confere também maior instabilidade político-econômica do ponto de vista do próprio sistema (Seabra & Bueno, 2012).

No marco dos governos progressistas, e a partir de um enfoque ligado à geopolítica crítica, o mexicano Jaime Preciado propôs retomar o sistema tripartido de Wallerstein para dar conta da emergência de uma semiperiferia latino-americana e estabelecer sua relação com o "retorno" do Estado-nação. Assim, o novo realinhamento do mapa de alianças e rivalidades abarcaria novos espaços de negociações e blocos regionais entre o centro e a periferia. Enquanto os Tratados de Livre Comércio e o Plano Puebla-Panamá-Colômbia[11] formariam parte do eixo de negociações Norte-Sul, os

11. Segundo Ana Esther Ceceña, "lançado pelo presidente do México, Vicente Fox, o PPP [Plano Puebla-Panamá] se propõe à criação de uma infraestrutura de comunicações que integre toda a América Central e a metade sul do México, permitindo dar um aproveitamento produtivo aos recursos da região, privilegiando, em um primeiro momento, os energéticos: petróleo, gás e eletricidade". A Colômbia entrou oficialmente em 2006. O mesmo programa também ficou conhecido como Projeto de Integração e Desenvolvimento da Mesoamérica, com participação de nove países. [N.T.]

projetos de infraestrutura e do setor energético da Iniciativa para a Integração da Infraestrutura Regional Sul-Americana (IIRSA), da União de Nações Sul-Americanas (Unasul) e da Alternativa Bolivariana para as Américas (Alba) integrariam o eixo de cooperação Sul-Sul, liderado principalmente pelo Brasil. A criação da Comunidade de Estados Latino-Americanos e Caribenhos (Celac), em 2010, iria também nessa direção (Preciado Coronado, 2014). Nesse contexto, o Brasil emergiria no cenário mundial como *semiperiferia pós-neoliberal*, a partir do questionamento dos poderes centrais mundiais, com o projeto de constituir-se em uma potência global; o México o faria em termos de *semiperiferia subordinada* ao projeto estratégico dos Estados Unidos; e a Venezuela se autopromoveria (até a morte de Hugo Chávez, assim entendemos) como semiperiferia emergente, em busca de uma projeção continental, atuando como *semiperiferia contra-hegemônica* (Preciado Coronado, 2014).

Em suma, o panorama apresentado exibe duas posições diferentes. Por um lado, em nome da globalização e do neoliberalismo, o Consenso de Washington conduziu uma série de reformas estruturais, que produziram enormes reconfigurações no interior das sociedades nacionais. Isso se traduziu na consolidação de uma *nova dependência* econômica e financeira poucas vezes vista na região latino-americana. Assim, há aqueles que retomam a noção de dependência como um lugar-comum, ainda que inevitavelmente tenha perdido sua espessura teórica. Por outro lado, estão aqueles que assumem a teoria da dependência como uma tradição crítica, mas consideram que, devido às deficiências teóricas (a matriz estatista), deveríamos renunciar à tarefa de dar-lhe alguma continuidade teórico-metodológica.

Em meu juízo, as leituras críticas que questionam a matriz estatista em nome da globalização e suas mudanças correm o risco de cair na tentação metonímica, ou seja, tomar a parte pelo todo, incorrendo em um erro que a sabedoria popular descreve como "jogar fora a criança com a água do banho". Certamente, o conceito de dependência deve ser dissociado do diagnóstico dos anos 1960, vinculado estreitamente à teoria da inevitabilidade da revolução, da estagnação econômica e da centralidade do Estado-nação como ator de mudança. Mas é preciso levar em conta que, desde suas origens, a dependência nunca foi uma categoria estática; ao contrário, foi pensada e aplicada como uma noção dinâmica e recursiva, como bem insistiam naquela época os principais autores do dependentismo ao analisar as grandes transformações globais e os avatares na relação centro-periferia. A partir da periferia, e olhando para trás, em termos de longa e média duração, a teoria da dependência tem a virtude de iluminar de modo diferente os sucessivos ciclos econômico-políticos por uma abordagem que critica e/ou complementa a teoria clássica do imperialismo. Já olhando para a frente, a situação de dependência deveria ser vinculada, de modo mais geral, às transformações globais do capitalismo, o que implica o reconhecimento de que os próprios mecanismos da dependência vão se modificando e transformando.

Nesse cenário, ainda que a própria noção de dependência seja evocada por diferentes autores, ela aparece refletida de modo desconectado do seu campo teórico-crítico de origem. Mais que isso, surge reduzida a uma "situação", não mais pensada como enfoque teórico. Poderíamos dizer que assistimos a um paradoxo: não existe uma atualização teórica da dependência, ainda que a noção tenha sido (re)incorporada à linguagem crítica. Contudo, a dependência continua sendo uma *bússola* (no sentido que Mariátegui outorgava ao dogma marxista), a saber, uma categoria orientadora, aplicável aos novos processos de acumulação do capital e às novas formas que a relação centro/semiperiferia/periferia assume, tanto mais em um contexto de transição hegemônica como o que vivemos atualmente. Em suma, para restituir complexidade à hipótese da dependência e carregá-la de novas dimensões analíticas, é necessário atualizá-la em termos de "situação", tanto quanto seu enfoque teórico — ou seja, reconectá-la com o caráter recursivo e processual que os dependentistas originais lhe outorgaram décadas atrás, nos marcos de uma interpretação mais geral.

DEBATE 2.
CHINA E AMÉRICA LATINA

COOPERAÇÃO ESTRATÉGICA OU NEODEPENDÊNCIA?[12]

> *Quando começou essa relação, a ideia de que a China se converteria em um adversário econômico dos Estados Unidos era inimaginável. Qual era a alternativa? Se um país de um bilhão de pessoas se organiza, é certo que se converta em um grande concorrente. O déficit fiscal não se deve à abertura das relações, mas sim à política imprudente dos Estados Unidos. Uma vez, a secretária de Estado Hillary Clinton reconheceu sua frustração com a China, dizendo: "Como ser forte para negociar com seu banqueiro?".*
> — Henry Kissinger[13]

A emergência da China como grande potência econômica suscita hoje intensos debates historiográficos e políticos sobre a sucessão hegemônica. Para alguns, é claro que estamos assistindo a importantes mudanças geopolíticas, manifestadas na decadência dos Estados Unidos como potência hegemônica e no surgimento de novas potências globais, entre as quais se destaca a República Popular da China. É fato que, entre 1989 e 2012, a China emergiu

12. Este trecho remete em parte ao artigo elaborado com Ariel Slipak (Svampa & Slipak, 2015). Também me permiti utilizar informações generosamente socializadas por Edgardo Lander (2014).

13. "Henry Kissinger: 'Mao consideraría muy materialista la China moderna'", *La Tercera*, 10 jul. 2011.

como uma grande potência econômica mundial.[14] Nesse sentido, sua expansão está ligada à nova configuração geopolítica que emerge do colapso do mundo bipolar (1989-1991), o qual trouxe como consequência, em um contexto de hegemonia estadunidense, uma redução das assimetrias de poder da China em relação à Rússia e aos Estados Unidos, o fim do processo colonial que havia implicado uma expansão física da China, o ingresso desta na Organização Mundial de Comércio (em 2000), entre outros fatores importantes. A tudo isso é preciso agregar o giro do eixo econômico-comercial do Atlântico ao Pacífico operado nas últimas décadas, o que inclui um arco amplo de países asiáticos: Japão, Taiwan, Indonésia, Coreia do Sul, entre outros (Bolinaga, 2013, p. 27).

No entanto, a teoria do declínio dos Estados Unidos e da inevitável sucessão hegemônica que recairia sobre a China contém ingredientes de um "determinismo muito extremo" (Katz, 2012). Na realidade, o primeiro elemento a destacar é que a ascensão global da China foi pacífica e veio sendo construída a partir de uma estratégia de colaboração com os Estados Unidos, e não de oposição ou confronto. A crescente interdependência comercial e financeira foi atuando como uma "barreira de contenção" da crise, a despeito das leituras de pensamento estratégico estadunidenses sobre a "ameaça chinesa", ou dos *think tanks* chineses chamados "triunfalistas", que preveem o enfrentamento entre Estados Unidos e China como o "duelo do século" (Bolinaga, 2013, p. 150-1). Refletindo sobre as caraterísticas dessa relação, Wallerstein se pergunta: "China e Estados Unidos são rivais? Sim, mas até certo ponto. E são inimigos? Não, não são inimigos. São colaboradores? São, já mais do

14. Em consonância com isso, o Conselho Nacional de Inteligência dos Estados Unidos sinalizou que "a difusão do poder entre os países terá um impacto dramático para 2030. A Ásia terá superado a América do Norte e a Europa juntos, em termos de poder global, PIB, população, gasto militar e investimento tecnológico. A China sozinha provavelmente terá a maior economia, superando a dos Estados Unidos poucos anos antes de 2030". National Intelligence Council, *Global Trends 2030: Alternative Worlds* [Tendências Globais 2030: Mundos alternativos], dez. 2012.

que gostariam de admitir, e o serão ainda mais na continuação da década" (Wallerstein, 2012).

Em segundo, as transições ou sucessões de hegemonia são períodos de grandes conflitos. Wallerstein analisou três casos em uma perspectiva histórica: o dos Países Baixos (século XVI), da Inglaterra (século XIX) e dos Estados Unidos (século XX), mostrando que cada ciclo de hegemonia mundial foi desatado por conflitos bélicos mundiais, que envolveram todas as potências do momento. A isso se agregam os problemas internos atravessados pela República Popular da China, parte dos quais está ligada à enorme heterogeneidade local, assim como aos acelerados processos de urbanização. Nessa linha, Wallerstein considera que a hegemonia estadunidense poderia ser substituída por uma luta caótica entre os múltiplos polos de poder,[15] aos quais se somaria uma crise de ordem sistêmica, ou seja, civilizacional, o que inclui os limites ecológicos do planeta. De modo similar, há quem argumente que o sistema internacional evoluiria para um mundo multipolar, no qual as diferentes regiões econômicas e políticas desempenhariam um papel – por exemplo, na aliança entre China, Rússia e Índia, ou, em linhas gerais, nos Brics, que representam atualmente 45% da população e 30% do PIB mundiais.

Para o especialista argentino Eduardo Oviedo (2014), o fim do mundo bipolar, com o colapso da União Soviética, não conduziu a uma ordem unipolar nem multipolar, como muitos acreditam, mas sim a um novo *oligopólio*, com a primazia hegemônica dos Estados Unidos entre 1991 e 2003. A "diretoria" do oligopólio incluía, além dos Estados Unidos, outros países que concentravam a riqueza mundial, como Japão, Alemanha, França, Itália e Reino Unido. Nesse

15. "Enquanto os meios discutem a decadência estadunidense, presta-se maior atenção à China como potencial sucessor hegemônico. Isso tampouco é certo. Não há dúvida de que a China é um país que cresce em força geopolítica. Mas acessar o papel de poder hegemônico é um processo árduo e prolongado. Normalmente, levaria pelo menos outro meio século para algum país alcançar uma posição de onde pudesse exercer um poder hegemônico. E isso significa um tempo longo no qual tudo pode acontecer" (Wallerstein, 2013).

marco, o Japão era o único país não ocidental até o ingresso da China, identificada como parte do grupo em 1998 (pouco antes de sua admissão na OMC). O final desse período de primazia hegemônica se deu em 2003, com a Guerra do Iraque, durante a qual, longe de contar com consenso, os Estados Unidos tiveram de enfrentar desacordos e resistências de diferentes países, em contraste com a primeira etapa de hegemonia plena. A ascensão da China, da Índia e do Brasil daria conta da reestruturação da diretoria do oligopólio. Enquanto a superpotência involuiu para o papel de grande potência, a China, a Índia e o Brasil ultrapassaram a fronteira das economias médias e se converteram em grandes potências econômicas. A desconcentração foi, contudo, econômica, e não militar (posto que a capacidade militar dos Estados Unidos excede as de outras potências), mas significou mudanças nas relações de poder entre elas (maior desconcentração de força econômica e maior heterogeneidade civilizacional), o que não significa, porém, que tenha alterado a ordem vigente (uma nova ordem internacional) (Oviedo, 2014).

Atualmente, a China é a segunda economia mundial e polo econômico mais dinâmico e importante em nível global. É o primeiro exportador de bens do planeta, o primeiro consumidor mundial de energia e de automóveis, o principal consumidor de alumínio, cobre, estanho, soja e zinco; o segundo maior consumidor de açúcar e petróleo, e o quinto exportador de serviços. É o país com a maior população do planeta, alcançando 1,4 bilhão de habitantes, que cada vez mais acessam o mundo do consumo em um processo incentivado fortemente por planos oficiais e nos marcos de uma crescente e acelerada urbanização.[16] A China é a grande fábrica

16. Por outro lado, como assinalam vários analistas, a diferença da transição russa (e em geral do Leste Europeu) para uma economia de mercado esteve baseada em terapias de choque neoliberais, orientadas pelo Consenso de Washington; a transição chinesa para uma economia de mercado se realizou com a preservação de um forte controle por parte do Estado e do Partido Comunista. Deng Xiaoping e seus aliados assumiram o controle do governo e do Partido Comunista Chinês em 1978, depois da morte de Mao Tsé-Tung, e anunciaram o impulso do "socialismo com características chinesas", que tinha como um dos lemas: "Que alguns se tornem ricos primeiro, para que outros possam tornar-se ricos depois" (*apud* Lander, 2014).

do mundo, cuja inserção comercial não depende apenas de exportações de produtos com baixa tecnificação, mas sim de alto nível tecnológico. Ao compasso do aumento do consumo, sua indústria cada vez mais tecnificada começa a demandar mais recursos energéticos e insumos básicos. Por esse motivo, converteu-se no principal demandante mundial da grande maioria das commodities e, por sua vez, traciona o aumento dos preços. Por outro lado, a China não é apenas uma potência no plano produtivo, mas também no financeiro. Os vultuosos superávits comerciais e a alta taxa de poupança interna fizeram com que grande parte desse excedente se destinasse à compra de títulos do Tesouro dos Estados Unidos, de quem a China é o principal credor. Além disso, a China se consolidou como o primeiro possuidor global de reservas internacionais e, atualmente, cerca de quarenta bancos centrais de todo o planeta utilizam o yuan como moeda reserva. Dois dados ilustram o poder financeiro da China: é o terceiro maior emissor de fluxos de investimento estrangeiro direto; e, em 2014, 95 das 500 empresas de maior faturamento no planeta eram originárias do país oriental (Slipak, 2014).

Em suma, ninguém pode duvidar que a China é uma das grandes candidatas a tornar-se o novo *hegemon* da estrutura internacional de poder, seja sob a forma de um oligopólio ou da primazia hegemônica, o qual poderia ou não chegar a traduzir-se em termos de mudanças civilizacionais. Enfim, como refletia Kissinger diante da pergunta sobre se os chineses acreditam que estão retornando às suas glórias passadas, é preciso recordar que "a China é descrita frequentemente como uma 'potência em alta'. Mas eles mesmos não se veem assim, porque durante dezoito dos últimos vinte séculos tiveram o produto interno bruto mais alto do mundo" (Kissinger, 2012).

Nos últimos anos, os intercâmbios entre América Latina e China se intensificaram notavelmente. A China desbancou os Estados Unidos como maior parceiro comercial da região. Tanto é assim, que ocupa o primeiro posto como destino de exportações de países como Brasil, Chile e Peru; o segundo para Uruguai, Venezuela e Colômbia; o terceiro para Argentina. Igualmente, é o principal país importador para Brasil e Paraguai, e o segundo para Argentina,

Bolívia, Chile, Colômbia, Costa Rica, Equador, Honduras, México, Peru, Panamá e Venezuela. Esse intercâmbio, porém, é assimétrico. Enquanto 85% das exportações dos países latino-americanos para a China são commodities, 63,4% das exportações chinesas para a região são manufaturas (*apud* Svampa & Slipak, 2015). Para mencionar alguns casos: a Argentina exporta basicamente soja, oleaginosas e azeites; o Chile, cobre; o Brasil, soja e minério de ferro; a Venezuela e o Equador, petróleo; o Peru, ferro e outros minérios.

Ao mesmo tempo, a presença de capitais de origem chinesa é cada vez mais importante na região. Alguns exemplos podem ser ilustrativos. No setor de hidrocarbonetos, estão presentes na América Latina as quatro grandes empresas de origem chinesa – Sinopec, Corporação Nacional de Petróleo da China (CNCP), China National Offshore Oil Company (CNOOC) e Sinochem. Em 2010, as quatro participavam de cerca de quinze projetos de extração, localizados no Peru, na Venezuela, no Equador, na Colômbia, no Brasil e na Argentina. Quanto à mineração e aos metais, a China está presente em grande parte dos países, sendo o Peru seu principal destino de investimento minerador e, mais recentemente, também o Equador.[17] Os dois países que mais ampliaram sua relação econômica com a China são a Argentina e o Equador. A China chegou a

17. Outro dos temas que adquirem relevância são os empréstimos. Um estudo recente mostra que a maioria dos empréstimos chineses na região foi para infraestrutura (55%), seguido de energia (27%) e mineração (13%). O principal credor foi o Banco de Desenvolvimento da China, que concedeu em torno de 71% dos empréstimos para financiar treze projetos. Como beneficiários dos empréstimos, destacam-se o Brasil e a Argentina, ao receber cada um deles cerca de 14% dos empréstimos realizados na região. Os empréstimos chineses ao Equador e à Venezuela ocupam o lugar dos mercados de dívida soberana. "O financiamento chinês é frequentemente 'emprestador de última instância'. Não é barato, mas, devido à preocupação da comunidade financeira internacional com a Venezuela e o Equador e os prêmios de risco que acarretariam, os empréstimos chineses são uma opção atraente" (Myers, 2011 *apud* Slipak, 2014). Gallagher *et al.* (2012) concluem que, contrariamente ao que sugerem outros observadores, "os termos dos créditos chineses para América Latina podem ser mais estritos que os dos ocidentais, porque os bancos chineses não impõem condicionamentos políticos (mas sim de outra natureza) e, para surpresa de muitos, mostramos

este último atraída pelo petróleo e por outros produtos estratégicos, como minerais e energia. Hoje está presente em sete projetos hidrelétricos, duas minerações de grande escala e também petróleo, pois duas das cinco empresas que firmaram novos contratos petroleiros com o Equador são chinesas. A China investiu na construção de uma refinaria no litoral equatoriano e em projetos hidrelétricos, de transporte, de comunicações, de cooperação agrícola, militar e outras. Na atualidade, o Equador é o país que mais recebeu investimento chinês de toda a América Latina em relação ao PIB (Chicaiza, 2014, p. 48-9). Os créditos concedidos pela China, além das altas taxas de juros, são garantidos com petróleo ou alguma matéria-prima (empréstimos condicionados por commodities), além de incluir uma política de investimento com a participação de empresas chinesas. Os empréstimos e os pagamentos antecipados comprometem nada menos que 50% do petróleo cru do Equador (Chicaiza, 2014, p. 52).

Com relação à Argentina, as relações ganharam um primeiro impulso sob o governo de Néstor Kirchner, quando, em 2004, o país recebeu a visita do então presidente chinês Hu Jintao, com quem assinou cartas de intenções para investir, durante uma década, quase vinte bilhões de dólares em moradia, hidrocarbonetos, ferrovias, comunicações e telecomunicações. Nos últimos anos, a estatal petroleira CNOOC adquiriu 50% do grupo argentino Bridas, proprietário de 40% das ações da Pan American Energy (PAE) e das bacias petrolíferas mais importantes da Argentina, Cerro Dragón, na província de Chubut. Os capitais chineses também estão presentes no vale de Neuquén, onde está a bacia Vaca Muerta, na qual exploram hidrocarbonetos não convencionais com uso da tecnologia de *fracking*. A isso é preciso acrescentar a compra da Nidera, multinacional com base na Argentina que ocupa o quarto lugar mundial na produção de grãos, o que assegurou à China o controle de sementes e seu embarque no negócio dos transgênicos. A China vem realizando investimentos em mineração e logo o fará na constru-

....

que o financiamento chinês opera sob um conjunto de diretrizes ambientais, mesmo que elas não estejam ainda a par dos empréstimos ocidentais".

ção de represas, além do promissor negócio das ferrovias e outros importantes ramos, aos quais se somam os empréstimos tão comemorados pelo governo de Cristina Kirchner. Efetivamente, o aprofundamento da relação comercial com a China conheceu um novo salto depois da visita protocolar da então presidenta argentina, em fevereiro de 2015, cujo objetivo foi avançar na assinatura de todo tipo de acordos econômicos, comerciais e de investimentos, que comprometem o país por décadas em áreas como energia, mineração, infraestrutura ferroviária e telecomunicações. Tais convênios-marco foram aprovados pelo Parlamento argentino ainda na gestão de Cristina Kirchner, com maioria governista, sem que suas letras pequenas fossem verdadeiramente conhecidas.

OLHARES LATINO-AMERICANOS SOBRE A CHINA

Nos últimos anos, o interesse pela ascensão fulgurante da China, assim como outras perguntas sobre o tipo de relação — comercial, financeira — que a América Latina estaria estabelecendo com o gigante asiático na atualidade, expandiu-se notavelmente. Como é sabido, a República Popular da China veio utilizando um discurso que enfatiza as relações de cooperação Sul-Sul, tal como aparece no "livro branco", especialmente dirigido para a América Latina, publicado em 2008.[18] Esse livro expõe a necessidade de que os vínculos sino-latino-americanos continuem sua expansão sobre a base da *complementariedade* de suas economias. Nesse sentido, torna explícita a fascinação da China pela riqueza natural latino-americana, propondo uma integração comercial baseada em um enfoque clássico de vantagens comparativas estáticas, que aprofunda o papel latino-americano como provedor global de produtos básicos.

18. "Documento de China para América Latina servirá para fortalecer relaciones, enfatizan analistas argentinas" [Documento da China para a América Latina servirá para estreitar relações, enfatizam analistas argentinas], *Observatorio de la Política China*, 7 dez. 2016.

Dentro do campo progressista, a interpretação predominante é que a relação com a China ofereceria a possibilidade de ampliar as margens de autonomia da região em relação à hegemonia estadunidense.[19] Foi o próprio ex-presidente venezuelano Hugo Chávez quem liderou esse tipo de posicionamento, consolidando uma política de notável aproximação com Pequim. Assim, das sete visitas presidenciais venezuelanas ao país asiático, em 39 anos de relações diplomáticas entre ambas as nações, seis foram realizadas durante o mandato de Hugo Chávez. Apoiado na riqueza petrolífera, Chávez viu na China um aliado comercial e político idôneo para se distanciar da hegemonia dos Estados Unidos e de sua ameaça constante ao regime venezuelano. Nesse marco, para alguns, a relação com a China adquire um sentido político estratégico, de cooperação Sul-Sul, em um contexto que indica a passagem acelerada de um mundo bipolar a outro, de caráter multipolar, no qual a China, a Índia e a Rússia desempenham um papel muito importante nos equilíbrios geopolíticos da América Latina. Certos intelectuais vinculados aos governos progressistas apoiam essa linha de interpretação e consideram que o novo cenário geopolítico, bem como as riquezas naturais e a biodiversidade latino-americana, abrem uma oportunidade para alianças estratégicas com a China, que deveriam ser adotadas em nível regional, utilizando os espaços ou blocos regionais constituídos nos últimos anos (Unasul, Celac). Tal posição é ilustrada pelo ex-secretário executivo do Clacso, Atilio Borón, que sustenta que a ascensão do gigante asiático se dá em um contexto de crescente multipolaridade, mas que nem a China nem nenhuma outra potência poderiam reunir a combinação de fatores que possibilitaram a hegemonia dos Estados Unidos pós-Segunda Guerra Mundial. Estaríamos vivendo, então, uma transição geopolítica do indiscutível *hegemon* (os Estados Unidos) a um multilateralismo e um acerto entre as nações. Não obstante, o papel dos Estados Unidos seguiria sendo crucial como assegu-

19. Algo que já havia sucedido durante a Guerra Fria, embora, depois do colapso dos países socialistas, não exista uma polarização ideológica comparável à daquele período.

rador do desenvolvimento capitalista global e, ao mesmo tempo, em seu caráter de gendarme imperial. Em nível regional, deveríamos seguir atentos às bases militares, à reativação da Quarta Frota norte-americana e às tentativas de golpe de Estado que ocorreram nos últimos tempos na América Latina, com o beneplácito dos Estados Unidos (Borón, 2012).

Em sintonia com essa visão, o decolonial Walter Mignolo (2012) celebra a emergência dos Brics e lê a ascensão da China na linha da "desocidentalização e distribuição racial do conhecimento", que, embora consolide a colonialidade econômica (o capitalismo), aponta, por outro lado, para a constituição de uma ordem policêntrica. Mignolo esclarece que tal dinâmica de desocidentalização opera na esfera político-econômica e não conduz ao questionamento do capitalismo nem do desenvolvimento. Nesse processo de desocidentalização do capitalismo, o autor inclui a China, mas também países como Equador, Bolívia, Brasil, Argentina, Índia, Turquia, Indonésia, Rússia e África do Sul, ou seja, "economias fortes e governos progressistas na América do Sul".[20]

No entanto, tais análises nos parecem insuficientes. Na nossa perspectiva, a relação entre China e América Latina deve ser observada em função de três questões maiores. A primeira remete à ideia de "transição hegemônica", que vivemos menos como deslocamento e muito mais como entrada em um período caracterizado pelo policentrismo e pela pluralidade em termos civilizacionais (ainda que conflitiva). Nesse sentido, como sustenta Wallerstein, a

20. Nos marcos desse processo de desocidentalização, os Estados pequenos teriam duas opções: "Ou bem tender para a desocidentalização e, nesse caso, optar pela China em vez dos Estados Unidos ou da União Europeia, ou optar por estes últimos. Na América do Sul, Colômbia e Chile, por exemplo, optam hoje não pela desocidentalização, mas pela reocidentalização. Ou seja, reforçar o empenho dos Estados Unidos e da União Europeia em retomar a liderança que construíram durante quinhentos anos. Mas isso já não será possível, e esse é o aspecto interessante da desocidentalização tanto na China como no Equador de Correa. Ao mesmo tempo, a prioridade da desocidentalização são as alianças e as relações comerciais e políticas de ordem global". Ver Walter Mignolo em entrevista a Norma Giarracca, "Re-Emerger: el retorno del Este global y del Sur global", *Causa Sur*, fev. 2013.

transição revela uma enorme crise sistêmica, ligada tanto à crise do capitalismo como à ecológica. Diante desse mundo em transição, vale perguntar sobre os contornos assimétricos que assumem a nova relação entre países latino-americanos e o gigante asiático. Por exemplo, Eduardo Oviedo sustenta que, apesar de a América Latina ser uma região periférica para a China, a conjunção de interesses chineses e latino-americanos outorgou maior densidade à relação, associada à chegada de investimentos chineses em setores extrativos (Oviedo, 2014, p. 16).[21] Nesse contexto, os países periféricos como Argentina ou Equador não podem ter o mesmo tipo de relação com a China que o Brasil. Em uma linha interpretativa trimodal, torna-se importante incorporar a noção de "semiperiferia" para aludir ao papel do Brasil, que joga em outras ligas globais (Brics), além da ascendência interna na América Latina. Apesar disso, a relação China-Brasil também se desdobra por uma via assimétrica, que pode ser lida em termos de "desindustrialização precoce", principalmente pela incapacidade dos governos de contrapor os efeitos da doença holandesa; isto é, a exportação massiva de matérias-primas ligadas à exploração de recursos naturais (Salama, 2011).[22]

21. Oviedo resume da seguinte maneira as relações entre China e América Latina: "Combinando a teoria do sistema-mundo com a posição dos países na estrutura econômica internacional, as relações entre a China e os Estados latino-americanos aparecem claramente divididas em três tipos econômicos diferentes, estimados em termos de Produto Interno Bruto (PIB) das nações publicado pelo Banco Mundial: (a) China e Brasil mantêm desde 2007 uma relação centro-centro (devido à capacidade de grande potência econômica de ambas as nações: China desde 1998 e Brasil desde 2007); (b) China e México implementam relações centro-semiperiféricas (China como Estado central e México como economia média); e (c) o restante das economias latino-americanas mantém relações centro-periféricas com a China. Na relação horizontal sino-estadunidense, a América Latina é considerada mais um objeto que um sujeito da política mundial" (Oviedo, 2014, p. 17-8).

22. "O aumento das atividades industriais com produtos cada vez mais sofisticados na China é real, mas não o é no Brasil – com exceção de poucos ramos. Concretamente, para além da diminuição relativa do peso da indústria, observa-se que o crescimento dos ramos de média-alta intensidade tecnológica é muito mais rápido nos últimos anos que o de baixa tecnologia,

A segunda questão aponta para avaliar o alcance do regionalismo latino-americano. Bem poderíamos dizer que, a partir do ano 2000, assistimos à emergência de um "regionalismo latino-americano desafiante" (retomando a expressão de Jaime Preciado), em chave anti-imperialista, contrária à tradicional hegemonia estadunidense. Entre seus ritos mais importantes, é preciso mencionar a cúpula de Mar del Plata em 2005, quando os países latino-americanos enterraram a possibilidade da Alca, proposta sustentada pelos Estados Unidos, e criaram a Alba, impulsionada pelo carismático Hugo Chávez.[23]

Na linha latino-americanista, foram esboçados projetos ambiciosos, como o da criação da moeda única (Sucre) e do Banco do Sul, que, no entanto, não prosperaram — em parte devido ao escasso entusiasmo do Brasil, que, devido ao seu papel de potência emergente, atua em outras ligas globais. A criação da Unasul em 2007 e, posteriormente, da Celac, em 2010, inicialmente como fórum para processar conflitos da região alheios a Washington, baliza esse processo de integração regional. Contudo, o rumo que estão adotando as relações entre a China e os diferentes países latino-americanos tende a desmentir a tese do regionalismo desafiante, que parece ter mais a ver com um *wishful thinking* do que com as práticas econômicas e comerciais concretas dos diferentes governos progressistas latino-americanos. Por um lado, a integração regional foi parte de uma retórica emancipatória que apresenta cada vez menos correlação com a política econômico-comercial dos países latino-americanos, para além de certas conquistas. Nos vínculos comerciais com a China, o estabelecimento de convênios ou acordos unilaterais por parte dos diferentes governos latino-americanos (muitos dos quais comprometem a economia dessas nações por décadas) está longe de ser exceção; ao contrário, constitui uma regra bastante generalizada nos últimos tempos, que, em vez de afiançar a

....

mas que o saldo da balança comercial dos primeiros é negativo, enquanto o dos produtos de ramos de baixa tecnologia é positivo" (Salama, 2011, p. 239).

23. Ainda que tudo isso estivesse longe de evitar que, posteriormente, os Estados Unidos assinassem Tratados de Livre Comércio de forma bilateral com vários países latino-americanos.

integração latino-americana, não faz mais do que potencializar a competição entre esses Estados, tal como mostram os convênios assinados nos últimos tempos por diferentes países.

Por último, cabe perguntar sobre o destino dos investimentos provenientes da China. Nessa linha, todas as análises coincidem em afirmar que se concentram majoritariamente em atividades extrativas (mineração, petróleo, agronegócios, megarrepresas), o que reforça o efeito repressor que as economias vivem sob o chamado Consenso das Commodities. Em alguns casos, orientam-se ao setor terciário para dar apoio às atividades primárias. A isso é preciso somar a política de empréstimos condicionados por commodities. Esse processo implica inclusive uma ameaça aos clusters conformados por pequenas e médias empresas, seja pela contaminação ambiental, seja pela possibilidade de exportar direto para a China produtos primários que eram antes transformados localmente. Os exemplos da Argentina e do Equador, resenhados acima, podem servir para responder a tal pergunta. Se o Equador exporta petróleo primariamente, a Argentina faz o mesmo com a soja e seus derivados. Consequentemente, é um contexto de intensificação das exportações de commodities e, portanto, de potencialização do extrativismo que deve se inserir na discussão sobre a relação da América Latina com a China. Assim, ainda que a irrupção e a rápida consolidação da influência da República Popular da China na América Latina apareça como uma oportunidade para conquistar maior autonomia em relação aos Estados Unidos, tudo o que dissemos até aqui (de um latino-americanismo puramente retórico à concorrência de fato entre os diferentes países da região e ao aumento das exportações de matérias-primas) consolida as assimetrias, configurando a tendência de aprofundamento de um extrativismo neodependentista, que se inclina cada vez mais para a China como polo hegemônico.

Nessa linha, a confirmação de uma relação comercial privilegiada com a China, baseada na demanda de commodities e na vertiginosa consolidação de uma troca desigual, marcaria a emergência de novas relações de dependência, cujo contorno estaria sendo definido ao calor das negociações unilaterais que os chineses mantêm com cada um de seus parceiros latino-americanos. Do ponto de vista econômico, essa assimetria foi sendo traduzida em um processo de retração da economia, visível na reorientação para atividades primário-extrativas, com escasso valor agregado.

Enfim, a questão sobre o papel da China na América Latina e o início de uma "nova dependência" deve ser lida à luz do extrativismo dominante. A isso precisamos acrescentar que diversos analistas consideram que estaríamos chegando ao fim do chamado "superciclo das commodities" (Canutto, 2014), o que alguns vinculam sobretudo à desaceleração do crescimento chinês. Não só a maioria dos governos latino-americanos não está bem preparada para a queda dos preços dos produtos primários, como já se observam suas consequências na tendência ao déficit comercial (Martínez-Alier, 2015). Em outras palavras, os países latino-americanos exportam muito para a China, mas isso não é suficiente para pagar os custos das importações desse mesmo país. Tudo isso conduziria não apenas a mais endividamento, como também a uma exacerbação do extrativismo, ou seja, uma tendência ao aumento das exportações de produtos primários a fim de cobrir o déficit comercial, com o qual se ingressa em uma espécie de espiral perversa (multiplicação de projetos extrativos, aumento dos conflitos socioambientais, remoção de populações, entre outros).

Em conclusão, ainda em um contexto que podemos identificar como de transição hegemônica em nível global, a América Latina estaria se encaminhando para uma nova situação de dependência. Tudo parece indicar, portanto, que estamos assistindo à consolidação de novas e vertiginosas relações assimétricas entre América Latina e China, que marcariam a passagem do Consenso das Commodities (exportação de produtos primários em larga escala) ao que poderíamos denominar de Consenso de Pequim (China como polo hegemônico) (Svampa & Slipak, 2015), cujo alcance ainda não pode ser avaliado plenamente, embora já comece a se constituir como novas formas econômicas, sociais e políticas de configuração neodependentista.

DEBATE 3.
A LONGA VIDA DA MARGINALIDADE E SUAS METAMORFOSES

> *O acesso dos marginais ao mercado de bens e serviços corresponderia a condicionamentos que ultrapassam a renda marginal e que, em seu conjunto, configuram uma rede de relações de prestação e recepção de ajuda que pode ser denominada "estrutura de sobrevivência", formando parte importante das relações econômicas nas quais os marginalizados estão envolvidos.*
> — Aníbal Quijano

Poucas categorias foram tão férteis no campo das ciências sociais latino-americanas como a "marginalidade". Não é minha intenção traçar sua evolução, muito menos dar conta da imensa bibliografia existente sobre o tema. Contudo, não poderia fechar este capítulo sem trazer as diferentes vias de pesquisa vinculadas ao problema da marginalidade e suas consequências abertas na América Latina, assim como alguns debates suscitados em torno de uma questão que atinge em cheio o coração da subalternidade, em sua expressão urbano-popular.

Em vários artigos, Aníbal Quijano se referiu aos grupos marginalizados, que iam se desenvolvendo como um estrato que atravessa o corpo inteiro da sociedade, "cujos interesses sociais e conflitos inerentes já foram muito tateados, mas sobre os quais efetivamente pouco sabemos" (Quijano, 1971, p. 138). Ele apresentou, assim, a ideia de uma "estrutura de sobrevivência", em referência a uma "rede de relações de prestação e recepção de ajuda" (Quijano, 1971, p. 94). Em 1973, Larissa Lomnitz, antropóloga chilena residente no México, retomou a reflexão de Quijano, supondo a existência de mecanismos de reciprocidade ainda não descritos, a partir da pergunta sobre como sobreviviam os marginalizados. Lomnitz se propôs a respondê-la com um estudo que estabelecia a relação entre marginalidade, migração e redes de reciprocidade, a partir de um trabalho etnográfico em uma *barriada* [favela] na cidade do México.[24] Em seu percurso, a autora sustentava que a sobrevivência dos marginalizados não dependia do mercado, mas sim da capacidade de criar um sistema de trocas totalmente diferente das regras mercantis, baseado nos recursos de parentesco e amizade.[25]

O estudo propunha um enfoque do mundo subalterno que ia para além da descrição miserabilista das carências e máculas da chamada "população sobrante" (Quijano), ou de uma "cultura da pobreza" (Lewis). Era central a noção de "reciprocidade" como forma de troca, a respeito da qual refletiram Karl Polanyi e numerosos autores da literatura antropológica. O trabalho pioneiro de Lomnitz seria sucedido por uma série de estudos dedicados à descrição e à análise das redes de sobrevivência, entendidas como *redes de reciprocidade e intercâmbio* do mundo popular, em uma perspectiva etnográfica e sociológica. Quatro décadas depois, poderíamos dizer que as investigações realizadas sobre as redes

24. O artigo "Supervivencia en una barriada de la ciudad de México" [Sobrevivência em uma favela na Cidade do México] data de 1973, embora o livro *Cómo sobreviven los marginados* [Como sobrevivem os marginalizados] seja de 1975. O primeiro artigo aparece também reproduzido no livro *Redes sociales, cultura y poder: ensayos de antropología latinoamericana* (Lomnitz, 1998b). Nele, Lomnitz escreve: "A tese deste livro sustenta que o marginalizado vive graças a uma organização social *sui generis*, em que a falta de segurança econômica se compensa nas redes de troca recíproca de bens e serviços. Tais redes representam de fato um sistema de seguro cooperativo informal que inclui, entre suas múltiplas funções, alojar e alimentar os migrantes durante o período inicial de sua adaptação à cidade e manter os habitantes das *barriadas* [favelas] durante os frequentes períodos de desemprego ou falta de capacitação profissional. Além disso, as redes outorgam um apoio emocional e moral ao indivíduo marginalizado, centralizam sua vida cultural diante da ausência de qualquer outro tipo de participação organizada na rotina da cidade ou nação. Podemos afirmar, portanto, que a rede de trocas recíprocas constitui a efetiva comunidade do marginalizado urbano nas *barriadas* latino-americanas".

25. "Esse sistema seguirá as regras de reciprocidade, uma modalidade de troca entre iguais, incrustrada em uma urdidura de relações sociais que persiste no tempo, e não é passageira e casual como o são os intercâmbios no mercado" (Lomnitz, 1998a, p. 92).

sociais, sobre o conjunto de mediações sociais e institucionais e, ainda mais, sobre as relações destas com o Estado em suas distintas escalas constituem um dos temas centrais da antropologia e da sociologia das classes populares na América Latina.

Em uma linha similar, orientada à indagação desde baixo sobre os setores subalternos, no início dos anos 1980 surgiu o conceito de "economia social" ou "economia popular", vinculado ao fortalecimento das relações econômicas de reciprocidade ou de intercâmbio de força de trabalho que não passam pelo mercado, bem como as formas resultantes da organização comunal. Efetivamente, os estudos indicavam que, longe de ser resultado de uma crise conjuntural, tais formas de organização eram parte da realidade latino-americana. Seria também o próprio Quijano (1998) que, décadas depois de refletir sobre o polo marginal, se perguntaria sobre a passagem deste à "economia popular" e, mais precisamente, sobre a possibilidade de o setor de unidades econômicas – que não se organiza segundo a lógica do capital, mas sim sobre a estrutura comunitária e a reciprocidade – ser a base de uma economia alternativa. Os trabalhos dos pesquisadores sobre as "organizações econômicas populares" formadas entre os *pobladores* no Chile, tal como os elaborados por Luis Razeto,[26] e, posteriormente, os do argentino José Luis Coraggio sobre a economia social ou popular estariam entre os mais representativos dessa perspectiva. Outra linha de estudos, que abordava a economia da sobrevivência, aparece condensada pelo conceito de "setor informal urbano" (SIU), introduzido pela OIT. Em seu relatório sobre o Quênia (1972), a OIT chamava atenção para a existência de um amplo setor alheio aos canais formais da economia. Anos depois, foi criado o Programa Regional de Emprego para a América Latina (Prealc), dependente da OIT, com sede no Chile, que veio a definir o setor informal como os "trabalhadores e/ou empresas em atividades não organizadas que usam procedimentos tecnológicos simples e trabalham em mercados competitivos ou na base de estruturas econômicas caracterizadas pela concen-

26. Razeto publicaria vários textos sobre as Organizações Econômicas Populares.

tração oligopólica" (Prealc, 2006 *apud* Salas, 2006). Daí em diante, a categoria SIU passou a fazer parte do vocabulário de técnicos e funcionários latino-americanos. Não foi alheio a esse êxito o fato de que tal noção parecia apelar a uma espécie de neutralidade valorativa, diferentemente da tão debatida e "ideologizada" (segundo alguns) categoria de marginalidade. É por isso que certos autores consideram que o conceito de "setor informal" teria substituído a categoria de "marginalidade" (Salas, 2006). Na realidade, essa é uma meia-verdade, pois, embora se tenha consolidado na América Latina toda uma área de estudos sobre os setores informais e as políticas públicas (que englobam reconhecidos autores como Víctor Tokman, Alejandro Portes e Bryan Roberts, entre outros), não é menos certo que a categoria de "marginalidade" seja recorrentemente revisitada por diferentes vertentes do pensamento crítico vinculadas aos estudos subalternos, tal como mostram numerosos trabalhos acadêmicos realizados a partir dos anos 1990.

Outro enfoque relevante sobre a questão da marginalidade urbana e suas *dimensões socioespaciais* conduziu a uma série de estudos sobre as formas de organização e mobilização dos pobres urbanos, em sua demanda por bens e serviços. Efetivamente, no espaço urbano, a emergência de novas lutas (ocupação de terras), ligadas às condições de vida e, portanto, à reivindicação de terra, moradia e serviços públicos, daria lugar aos chamados "movimentos sociais urbanos". Assim, o vasto contingente de marginais que ocupava as periferias das cidades não apenas saía da invisibilidade e da apatia (que alguns lhe atribuíram), como também se converteria em um dos principais atores das novas mobilizações sociais, que incluíam desde a ação direta (assentamentos irregulares) até a ação institucional (demandas por títulos de terra e diferentes serviços ao Estado), adotando formatos organizacionais duradouros (por exemplo, juntas de vizinhos).[27]

27. À segregação socioeconômica se somava a segregação espacial. Surge, assim, a noção de "espoliação urbana", desenvolvida por Kowarick (1975), que se associava à "somatória de distorções que operam pela inexistência ou precariedade de serviços de consumo coletivo que (conjuntamente com a terra e a moradia) se consideram socialmente necessários, em relação

A dinâmica das lutas urbanas ilustrava o nascimento de uma nova matriz de ação territorial, com forte orientação das demandas ao Estado. Isso veio a gerar interpretações diversas. Por um lado, os movimentos sociais urbanos foram incluídos na categoria de "novos movimentos sociais" (Calderón & Jelin, 1987), despertando expectativas em alguns analistas. Foi o caso do espanhol Manuel Castells, autor de vários livros sobre o tema, tratando da urbanização dependente (Castells, 1974b) e dos movimentos urbanos (Castells, 1974a), nos quais propunha a articulação entre lutas sociais (urbanas) e lutas políticas (sindicais, partidárias). Contudo, essa esperada articulação não ocorreria. Concomitantemente, uma série de trabalhos concluía com prognósticos mais pessimistas, considerando o caráter pragmático dos movimentos sociais urbanos, assim como o processo de cooptação e institucionalização da sua ação nos marcos do "desenvolvimento local" (Ruth Cardoso, 1983).[28] Acompanhando esse diagnóstico, em meados dos anos 1980, ao refletir sobre os movimentos sociais, Theotônio dos Santos (1986, p. 50) escreveu em tom muito sombrio:

> A questão dos movimentos sociais adquire relevância na atualidade porque o desenvolvimento do capitalismo adota o caráter de um capitalismo monopolista de Estado. Já não existe capitalismo sem Estado; não pode funcionar sem ele. Uma vez que funciona mediante o Estado, todas as categorias sociais (das classes, estamentos, grupos sociais etc.) estão em uma relação direta com ele. [...]. Pelo papel mais abrangente do capitalismo monopolista de Estado, os projetos e a ação dos movi-

....

aos níveis de subsistência, e que agudizam ainda mais a dilapidação que se realiza no âmbito das relações de trabalho" (Kowarick 1975, 1996, p. 731).

28. Entre as décadas de 1970 e 1980, em grande parte da América Latina, ocorreu a passagem da mobilização do "povo" para os "novos movimentos sociais". Ao mesmo tempo, o uso latino-americano da categoria de "novos movimentos sociais" parecia muito enganoso, pois vários dos movimentos analisados (como aqueles indígenas-camponeses) pouco tinham de "novo". Por último, vale a pena agregar que, durante os anos 1980, as análises davam conta de um forte processo de heterogeneidade das lutas, o que foi lido também em termos de uma crescente dissociação entre o social e o político (Elizabeth Jelin, Francisco Calderón, Ruth Cardoso, entre outros).

mentos sociais tendem a ser reconfigurados pelo Estado capitalista. Caso se trate de uma questão habitacional, esta se converte de imediato em um item de política habitacional, de política industrial de construção civil, englobando a propriedade da terra, o sistema financeiro etc. Tudo isso inevitavelmente relacionado às políticas estatais.

Na realidade, a desconfiança sobre a potencialidade das massas urbanas como ator político, assim como o estigma de uma debilidade de classe previamente configurada, estavam presentes desde o começo e só cederam pouco a pouco. Não por acaso, Kowarick sustentava que lhe parecia analiticamente mais promissor indagar o significado dessas experiências coletivas, ligando-as menos às vicissitudes da expansão do capitalismo e mais à revalorização de uma subjetividade social, a partir de enfoques que ressaltassem a questão da dignidade ou da análise política das dinâmicas de insubordinação ou de obediência, introduzindo a problemática da economia moral e da justiça (Kowarick, 1996, p. 737).

Nos anos 1990, a passagem para um novo tipo societal, caracterizado pela associação entre globalização e neoliberalismo, teve repercussão importante no plano da ação coletiva, algo que se expressou na escassa eficácia dos repertórios tradicionais de ação (marchas, mobilizações, greves) e, posteriormente, na (re)emergência de novas formas de ação, ligadas à ação direta (saques, explosões sociais, *puebladas* [insurreições], barricadas e bloqueios de estradas, escrachos, entre outros). Os sistemas de ação coletiva passaram por um momento de inflexão – de crise e declínio – visível na fragmentação das lutas, na focalização de demandas pontuais, na pressão local ou na ação espontânea e semiorganizada. Como em outras latitudes, tais mudanças vertiginosas colocaram em questão os enfoques analíticos que, até aquele momento, vinham sendo aplicados à leitura das ações coletivas, associadas ao paradigma dos movimentos sociais, e abriram progressivamente a porta para outro tipo de perspectiva, vinculada ao modelo político e à teoria da interação estratégica. O contexto de reconfiguração social conduziu certos autores, ligados ao paradigma identitário de ação coletiva, a assinalar que os movimentos sociais apareciam como "grandes perdedores", sublinhando "a incapacidade dos próprios de se tornarem atores" (Touraine, 1988). Outros fariam referência à "centralidade dos marginalizados", visível na decomposição do modelo populista (e suas mediações políticas), e à entrada em uma relação direta entre o líder e as massas (Zermeño, 1989). Ambos os autores enfatizavam o caráter fragmentário da ação coletiva, sua diversificação crescente e, ainda mais, a desarticulação de identidades coletivas estáveis.

A inflexão no sistema de ação coletiva produziu assim um deslocamento da categoria de "movimentos sociais" — que havia sido hegemônica nos estudos sobre o tema — e habilitou o uso da noção de "protesto social", que prontamente transbordou do campo acadêmico, constituindo-se como uma espécie de lugar-comum jornalístico e político. Nesse marco, também se operou um forte retorno da categoria de marginalidade, associada aos desenvolvimentos teóricos propostos nos anos 1960. É importante deter-se nesse novo *ricorsi* antes de voltarmos à perspectiva associada à mobilização coletiva.

MARGINALIDADE E A (NOVA) QUESTÃO SOCIAL

No começo do século XXI, trinta anos depois dos debates dependentistas sobre a massa marginal e a marginalidade vinculada ao modelo industrial, o sociólogo argentino Javier Auyero propôs uma revisão dessa literatura. Ele sublinhava que vários países da América Latina (entre eles, a Argentina) estavam vivendo uma *nova marginalidade*, ligada ao funcionamento da economia pós-fordista globalizada, à terceirização precoce e não moderna, bem como à prática do ajuste neoliberal pelo Estado (Auyero, 2001, p. 52). Na minha perspectiva, o notável não era tanto o (res)surgimento de uma problemática que, de fato, nunca esteve ausente da agenda acadêmica, mas sim a *larga escala* que aquela adotava no compasso do ajuste neoliberal, visível no aumento do desemprego e na acentuação das diferentes formas de precarização laboral e vulnerabilidade social. Por acréscimo, nos marcos do modelo de acumulação flexível, expandia-se a ideia de que os novos rostos da marginalidade e a consequente fratura social não eram exclusividade dos países periféricos, uma vez que o problema da "exclusão" alcançava também os países centrais, onde afloravam temas como o "fim do trabalho", a "miséria do mundo" e, enfim, o que em chave sociológica francesa não tardaria a ser denominado de "a nova questão social".

A discussão foi particularmente importante na Argentina, onde, no contexto da implementação das reformas neoliberais, os números do desemprego e subemprego se multiplicaram de maneira exponencial. Nesse contexto, grande parte da sociologia e da antropologia nutriram sua reflexão tanto com os aportes da sociologia francesa (sobretudo de Robert Castel, Pierre Rosanvallon, entre outros) como também da categoria de "marginalidade", termo cunhado nas décadas anteriores. Como dissemos, José Nun (2001) reeditou o artigo publicado em 1969 sobre "massa marginal" com a ideia de debater seu uso simples e direto em certas pesquisas nos países centrais, as quais afirmavam o "fim do trabalho" em suas diferentes versões. Nun criticava a visão sociológica sobre o fim do trabalho assalariado estável e bem-remunerado (o que incluía Claus Offe, Ulrich Beck, Pierre Rosanvallon), entendendo essa ideia em termos de horizonte de compreensão histórica da reflexão dos países centrais. De uma perspectiva histórica mais ampla, para Nun, a marginalidade formava parte do funcionamento e da reprodução do sistema capitalista (não simplesmente de suas disfunções) e não podia ser lida como uma forma transicional. Porém reconhecia que as profundas transformações sofridas pela estrutura de emprego nos últimos cinquenta anos faziam com que aquela se tornasse mais heterogênea e instável. A isso, somava-se a crise da grande fábrica fordista, que já excluía a mão de obra não qualificada e agora gerava incerteza também aos trabalhadores qualificados, fazendo a ideia de "carreira" perder o sentido. Em suma, longe de ser um processo transicional, a massa marginal se havia pluralizado, a funcionalidade dos seus efeitos variava segundo os setores de referência, marcando a crise da sociedade salarial, que seria uma forma determinada do capitalismo, especialmente nos países centrais. Por outro lado, Nun sustentava que finalmente sua visão se revelava correta, a despeito das críticas que Fernando Henrique Cardoso teria feito três décadas antes à noção de "massa marginal", devido ao caráter amplo e inespecífico. Por isso, insistia que a categoria não explicava apenas o fenômeno do desemprego, como alguns autores quiseram interpretar, mas também uma série diversa e plural de modalidades de relação entre os excluídos e os setores dominantes da economia, que podiam ser analisadas mediante sucessivas modificações da estrutura de emprego. Desse modo, eram incluídas as formas da precarização assumidas pelo atual sistema de relações laborais, como também as modalidades por conta própria [*cuentapropismo*] e de informalidade.

Além disso, existiam várias diferenças entre a abordagem latino-americana da "marginalidade" e a tematização mais contemporânea da exclusão e da vulnerabilidade. De um lado, a noção de marginalidade tinha uma conotação forte, relacionada a uma sociedade de classes, na qual se associavam categorias de exclusão e de exploração (Perona, 2001, p. 18). De outro, a reflexão proveniente dos países centrais se inseria em uma sociologia da decomposição social, tal como mostrava o bem-sucedido livro de entrevistas organizado por Pierre Bourdieu (1993), *A miséria do mundo*, ou os textos do próprio Castel, que não podia conceber outras solidariedades sociais que não estivessem baseadas no mundo laboral (em crise) ou na proteção do Estado.[29] Nesse marco, os excluídos e desassociados eram definidos pela negativa, pela dificuldade de mobilização e de constituição como sujeito social, ou ainda, como afirmavam os franceses Pierre Rosanvallon e Jean-Paul Fitoussi em *La nueva era de las desigualdades* [A nova era das desigualdades] (1997), por expressar uma "falha do tecido social".

Robert Castel foi além dos outros autores, tanto em seu percurso histórico pelo mundo pré-industrial como pela rejeição da ideia de uma sociedade dual baseada na noção estática de "exclu-

29. Não retomo aqui a reflexão da literatura norte-americana, que aborda a problemática em termos de "infraclasse". William Wilson define a infraclasse com relação a seis traços centrais: residência em um espaço isolado de outras classes sociais, desemprego de longo prazo, lares cujo chefe é a mulher, ausência de formação e qualificação, períodos prolongados de pobreza e de assistência pública e tendência a envolver-se em delitos urbanos. Sobre o vínculo com a literatura norte-americana, ver Auyero (2001).

são social". Em seu difundido livro *As metamorfoses da questão social: uma crônica do salário* (1995), associava a questão social com a crise da sociedade salarial, visível na desestabilização dos estáveis, na instalação da precariedade laboral e no déficit de postos de trabalho na estrutura social (a superpopulação flutuante). Em sua perspectiva, o fenômeno se apoiava na perda da dimensão integradora do Estado, mas também, em outro nível, das próprias empresas. Convergia, assim, uma modalidade de intervenção focada no Estado (uma política de inserção, mas não de integração), com uma política de flexibilização e de competitividade nas empresas que desqualificava os menos aptos e excluía os mais jovens, que se tornavam "trabalhadores sem trabalho" ou "os inúteis do mundo". Igualmente, Castel propunha uma teoria da integração social baseada em um olhar processual. Partia da hipótese geral sobre a "correlação entre posto laboral na divisão social do trabalho" (a maior ou menor integração pelo trabalho) e a densidade de inserção relacional nas redes familiares e de sociabilidade — os suportes de proximidade. Desse modo, existiriam três zonas diferentes de coesão social: as caracterizadas pela integração (trabalho estável e sólida inserção relacional); as de desassociação ou desfiliação (ausência de atividade produtiva e isolamento relacional); e as de vulnerabilidade social (intermediárias ou instáveis, caracterizadas por precarização laboral e fragilidade relacional). Nesse sentido, a zona de exclusão e de vulnerabilidade dava conta também do modo como as sociedades salariais europeias tinham dissolvido as estruturas comunitárias e sociais de integração (suportes de proximidade), que existiram ao menos até o fim da década de 1930.

O panorama era muito distinto na América Latina, onde historicamente o déficit de integração sistêmica havia sido acobertado pelo desenvolvimento de outros laços sociais, baseados na auto-organização popular, tal como mostravam diferentes pesquisas de índole antropológica e sociológica sobre a marginalidade. De todo modo, para além das diferenças visíveis, a reflexão sobre os novos processos de descoletivização apontava para construir um terreno comum entre a sociologia argentina e a francesa em torno do tema da marginalidade, da exclusão e da vulnerabilidade. Entretanto, essa troca teve um sentido assimétrico. O caráter autorreferencial da literatura europeia, encarnada pelos representantes franceses da sociologia, contrastava com a busca de um verdadeiro diálogo proposto pelos sociólogos e antropólogos argentinos, que insistiam em estabelecer uma perspectiva comparada dos novos processos de exclusão e marginalidade em termos Norte-Sul. O diálogo terminou por ser unidirecional: em seu caráter autocentrado, a sociologia francesa ignorou por completo as elaborações intelectuais dos latino-americanos (presentes e passadas), enquanto as ciências sociais na Argentina, em uma espécie de gesto renovado de dependência intelectual e epistêmica, saturaram-se das supostas novas categorias provenientes do centro, tentando encaixá-las naquelas provenientes da tradição sociológica e antropológica latino-americana.

Finalmente, na atualidade, a tese do polo marginal foi retomada pelo Observatório da Dívida Social Argentina (ODSA), equipe dirigida pelo sociólogo argentino Agustín Salvia, que em diferentes textos chamou atenção para a existência de um cenário socioeconômico que acumula duas ou mais gerações de membros impedidos de acessar as efetivas oportunidades de mobilidade social (Salvia, 2005, p. 32). A partir de 2007, o ODSA assumiu um papel ainda mais importante na Argentina, devido à escassa credibilidade das cifras oficiais difundidas pelo Instituto Nacional de Estatísticas e Censos (Indec), depois da intervenção que sofreu por parte do governo kirchnerista, em 2007. Para Salvia e sua equipe, apesar do crescimento econômico registrado na primeira década do século XXI e início da segunda, consolidou-se um polo marginal composto sobretudo por trabalhadores precários abaixo da linha da indigência e beneficiários de programas de emprego. A isso, é preciso agregar os subempregados e aqueles desempregados "desalentados", que não são incluídos nas cifras oficiais (Salvia *apud* Kessler, 2014, p. 83).[30]

30. O texto de Kessler oferece também um equilibrado e exaustivo debate sobre a questão da desigualdade na Argentina da década de 2003-2014 a partir de uma perspectiva multidimensional.

O fato é que, nos marcos de um déficit tradicional de integração sistêmica, como o existente na América Latina, a geração de outros suportes sociais de integração — redes de reciprocidade, economia social, ação coletiva — aparecem como parte de nossa realidade.

DOS MOVIMENTOS SOCIAIS URBANOS AOS NOVOS MOVIMENTOS SOCIOTERRITORIAIS

Na atualidade, parece haver certo consenso entre diferentes analistas latino-americanos sobre duas questões: a primeira se refere ao retorno da noção de movimentos sociais. A abertura de um novo ciclo de lutas contra a globalização neoliberal, a partir de 1994, ilustra de maneira potente a afirmação da volta dos movimentos sociais. Certamente, o questionamento contra o ajuste neoliberal não proveio das forças enquadradas na política institucional, mas sim das organizações de setores tradicionalmente excluídos ou considerados marginais, de indígenas e camponeses a desempregados. O primeiro momento do ciclo se abriu com a irrupção do zapatismo em Chiapas, que foi, como comentamos em outro capítulo, o primeiro movimento contra a globalização neoliberal capaz de interpelar fortemente as novas esquerdas latino-americanas, além de influenciar os grupos e coletivos de alterglobalização gestados na Europa e nos Estados Unidos. A segunda etapa, que assinala uma progressiva acumulação de lutas contra as reformas neoliberais, teve início em 2000, com a Guerra da Água em Cochabamba, na Bolívia, e conheceu novas inflexões na Argentina em dezembro de 2001, no Equador em 2005, novamente na Bolívia em 2003 e 2006, entre outros marcos. As organizações e os movimentos sociais foram os grandes protagonistas desse novo ciclo, pois, por meio de suas lutas e reivindicações, tanto quanto da prática insurrecional, conseguiram abrir a agenda pública e colocar nela novas questões, contribuindo assim para legitimar outras formas de pensar a política e as relações sociais: a crise de representação dos sistemas vigentes, os protestos contrários à violação dos direitos mais elementares, a defesa dos recursos naturais, prontamente tematizados como bens comuns, e, enfim, a reivindicação das autonomias indígenas.

O segundo ponto de consenso faz referência à importância adquirida pelos movimentos socioterritoriais. Se nos anos 1960 e 1970 o processo de territorialização estava associado ao habitat e às condições de vida, desde o fim dos anos 1980 o território se erigiu como lugar privilegiado de disputas a partir da implementação de novas políticas sociais de caráter focalizado, desenhadas desde cima, com o objetivo de controlar e conter a pobreza. Mais recentemente, no novo século, a disputa pelo território conheceu ainda outras inflexões a partir de novas modalidades adotadas pela lógica do capital nos espaços considerados estratégicos em termos de recursos naturais. Assim, uma das dimensões constituintes dos movimentos sociais latino-americanos é a *territorialidade*. Em termos gerais, tanto para os movimentos sociais urbanos como para os rurais, o território aparece como espaço de resistência e, progressivamente, como lugar de ressignificação e criação de novas relações sociais. Enfim, para um arco bastante extenso e representativo das ciências sociais latino-americanas, os movimentos sociais da região foram entendidos como movimentos socioterritoriais.[31]

Nessa mesma linha, não podemos esquecer que a América Latina continua sendo o continente mais desigual do mundo. A marginalidade é, assim, um dos grandes temas que nos adverte para a consolidação e o alcance das desigualdades sociais (Kessler, 2014). Um dado relevante (Cepal, 2012) indica que 19% da população latino-americana estaria coberta por programas sociais (transferência de renda) — isto é, em torno de 113 milhões de pessoas de quinze países latino-americanos, a despeito de seu signo ideológico, cujas beneficiárias

31. Essa caracterização é utilizada por Bernardo Mançano Fernandes e outros destacados geógrafos brasileiros (Milton Santos, Carlos Porto-Gonçalves, Jorge Montenegro); na Argentina, Norma Giarracca, Miguel Teubal, Horacio Machado e Maristella Svampa; no Paraguai, Tomás Palau; no Uruguai, Raúl Zibechi.

principais são mulheres chefes de família.[32] É um dado inquietante, que confirma a consolidação de um polo marginal e nos obriga a pensar as consequências da cristalização de um modelo de cidadania assistencial-participativa, altamente dependente do Estado, que oferece aos sujeitos escassas possibilidades de desenvolver-se com autonomia (política, econômica, social).

Em suma, para além das especificidades disciplinares e dos matizes epistemológicos das diferentes abordagens, os estudos antropológicos, econômicos e sociológicos revelaram uma densa trama de redes locais de cooperação, ligadas ao mundo da pobreza e das necessidades básicas. Souberam mostrar que, historicamente, por sua condição periférica e dependente, os territórios latino-americanos foram e continuam sendo fábricas de solidariedade coletiva. Situados à margem do mercado formal e diante da ausência do Estado, grande parte dos setores populares tiveram de se desenvolver e se reproduzir mediante estruturas de reciprocidade e formas autogestionárias de cooperação. No mundo andino, a persistência da forma "comunidade" costuma ser a chave para explicar a atualização das redes de cooperação e interdependência, mas, em contextos urbanos de desenraizamento, marcados pela modernização desigual e pela cultura plebeia, o *ethos* popular-comunitário deve ser gerado a partir de novos lugares de cruzamento e articulação e, portanto, requer o desenvolvimento e a gestação de novas solidariedades.

Dessa maneira, o trabalho de auto-organização dos setores populares promove o cíclico retorno ao primeiro plano dos movimentos

32. "Em primeiro lugar, os PTC [Programas de Transferência Condicionada] conseguiram chegar a uma grande proporção da população em situação de pobreza ou extrema pobreza. Segundo as últimas estimativas disponíveis, 25 milhões de famílias se beneficiam desses programas, que englobam em seu conjunto 113 milhões de pessoas. Isso representa 19% da população total da região. Em termos de cobertura da população que se pretende atender (em situação de pobreza ou de extrema pobreza), os rendimentos variam substancialmente de um país a outro. Em sete países (Argentina, Brasil, Colômbia, Chile, Equador, México e Uruguai), a cobertura alcança quase a totalidade da população indigente. No restante dos países, a cobertura da população indigente vai de 89% na República Dominicana a apenas 25,2% no Paraguai" (Cepal, 2012, p. 56).

socioterritoriais, recolocando com frequência a pergunta sobre o alcance da politização dos setores marginais, seja considerando-os potenciais portadores de um *ethos* popular-comunitário ou de uma economia solidária (que abrem a possibilidade para pensar outras alternativas sociais pelo princípio da reciprocidade), seja entendendo o marginal como evidência da fragmentação e da polarização da matriz sociopolítica, da cristalização dos laços com o Estado via políticas sociais compensatórias, em um contexto de empobrecimento e aumento das desigualdades. Consequentemente, desenvolvem-se enfoques dessa realidade associados à persistência e à reprodução da "marginalidade": por um lado, aqueles que privilegiam as dinâmicas coletivas e vinculam o processo de territorialização das classes populares, junto com o questionamento da ordem existente pelos movimentos sociais (mesmo que temporário); e, por outro, aqueles que tendem a sublinhar a negatividade do fenômeno e veem na marginalidade a expressão de uma economia política da pobreza, uma matriz popular segmentada e, enfim, a consolidação de um polo marginal ou de uma pobreza estrutural altamente dependente do Estado.

É um debate recorrente e inesgotável, para o qual não existe nenhuma resposta geral, tampouco unívoca, além dos extremos (às vezes conjunturais ou epocais), que vão do polo miserabilista ao celebratório, mas que não excluem a existência de outras possibilidades interpretativas, refletindo a complexidade e o caráter ambivalente do problema. Seja qual for a interpretação — dos marginais vistos como possíveis agentes de mudança ou como pobres estruturais dependentes do Estado e carentes de autonomia política, ou, ainda, ambas as dimensões reunidas em uma perspectiva ontológica —, a mensagem dessas formas de solidariedade subalterna gestadas *a partir das margens* da sociedade não cessou de interpelar o pensamento crítico e de desafiar a imaginação política latino-americana.

4. Populismos do século XXI

Quinze anos transcorreram desde que a América Latina, ou especificamente alguns países latino-americanos, deram início a uma mudança de época. Apesar de muitos autores falarem precocemente sobre "pós-neoliberalismo" e inclusive sobre uma "guinada à esquerda", em paralelo outros analistas retomaram a controversa e pantanosa categoria de "populismo". Mais que isso, ao fim da primeira década do século XXI, no momento de se realizar um balanço necessário sobre os chamados governos progressistas (vários deles consolidados, atravessando já segundos ou terceiros mandatos), a caracterização destes como populistas ganhou terreno e se tornou novamente lugar-comum. Para alguns, como Ernesto Laclau, tal caracterização não é incompatível com as definições anteriores; no entanto, para muitos outros — como tentarei mostrar — trata-se de uma inflexão muito diferente daquela projetada no início do ciclo.

Mais uma vez, o populismo como categoria teórica se tornou um campo de batalha político e interpretativo. Porém, diferentemente de outras épocas em que a visão desqualificadora era dominante, o retorno atual ao conceito se insere em cenários políticos e intelectuais mais complexos e disputados. Em razão disso, na primeira parte deste capítulo, proponho revisar as perspectivas teóricas sobre o populismo discutidas hoje no campo acadêmico e apresentar minhas hipóteses sobre o tema, sintetizadas no conceito de populismos de alta intensidade. Junto disso, incluo uma revisão das principais críticas que hoje são feitas aos populismos progressistas. Na segunda parte, aprofundarei a distinção entre os diferentes tipos, basicamente entre populismos plebeus e de classes médias, para exemplificar os casos da Bolívia e da Venezuela, por um lado, e os da Argentina e do Equador, por outro.

DEBATE 1.
PERSPECTIVAS TEÓRICAS E CRÍTICAS AOS POPULISMOS

TRÊS LEITURAS TEÓRICAS

Na atualidade, é possível distinguir três posições teóricas sobre o populismo. A primeira, por uma apropriação heterônoma, que retoma vários dos tópicos críticos e desqualificadores que balizam a longa história de leituras negativas sobre o tema. A segunda assinala uma apropriação positiva, a partir da valorização do populismo como fenômeno político democratizante, identificado com a inclusão dos setores excluídos ou prejudicados da sociedade — nesta linha, destacam-se especialmente os trabalhos do argentino Ernesto Laclau e seus seguidores. Por último, a terceira via interpretativa se distancia das duas primeiras e tende a ler o populismo pelo reconhecimento de sua radical ambivalência ou de sua dualidade intrínseca, abrindo sua conceituação como fenômeno político complexo, portador de elementos democráticos e não democráticos. A questão sobre se existe ou não uma proeminência ontológica entre esses dois aspectos — ou se simplesmente é a conjuntura, o contexto (o ôntico), que determina a prioridade de um sobre o outro — é sem dúvida uma parte inevitável da discussão e dos posicionamentos específicos dentro dessa linha.

Entre as visões negativas ou condenatórias, encontram-se as leituras acadêmicas que afirmam a recorrência do populismo como mito, além de outras, muito difundidas pelos meios de comunicação, que insistem em reduzir o populismo a uma política macroeconômica (de desperdício, gasto social, tendência inflacionária etc.) e ao clientelismo. Minha intenção é distanciar-me dessas leituras estigmatizantes e simplistas, concentrando-me em leituras acadêmicas, aquelas que associam o populismo ao mito, entendendo-o como um fenômeno instalado no interstício entre a religião e a política, contraposto ao *ethos* democrático.

Esse tópico foi retomado recentemente por Loris Zanatta (2015), historiador italiano especializado em peronismo que considera que o populismo evoca, antes de mais nada, a ideia de comunidade orgânica. É apolítico (não associa justiça social com democracia), encarna a vontade de devolver ao povo a soberania subtraída e, por último, propõe uma espécie de retorno aos valores pré-políticos, associados a um mundo em harmonia. Zanatta (que retoma vários tópicos do capítulo 4 da primeira parte deste livro) substitui a ideia de mito pela de "imaginário do *ethos* populista" e sublinha que este "apela para uma visão de mundo que precede e contrasta com uma tradição ilustrada, cujos frutos históricos são o constitucionalismo liberal e o Estado de direito" (Zanatta, 2015, p. 34-5). Assim, o populista rechaçaria a democracia liberal, convertendo-se na força antiliberal e intolerante mais poderosa da era democrática (Zanatta, 2015, p. 35). Essas definições incluem numerosas experiências políticas, desde as genericamente consideradas de centro-esquerda, como os governos de Cristina Kirchner e de Hugo Chávez, até outras que nitidamente se identificam com o campo da direita, como a Liga Norte e o governo do "czar" midiático Silvio Berlusconi, na Itália. Cabe acrescentar, contudo, que, apesar de persistir o desejo de uma comunidade homogênea, típico de uma visão pré-política, Zanatta considera que, diferentemente dos populismos "antigos", os atuais careceriam de força para se converter em regimes, combinando essa tendência com uma lógica mais institucionalista e parlamentar. Por isso, configurariam "um fenômeno híbrido": algo como "um animal populista preso em uma jaula institucionalista, a do Estado de Direito, que, embora seja estreita, não o permite escapar" (Zanatta, 2015, p. 238). Em outros termos, o desenvolvimento das instituições liberais acabaria por funcionar como um espartilho democrático, que delimita a expansão dos desejos organicistas dos líderes populistas.

Quem aprofundou essa linha foi o cientista político argentino Aleardo Laría (2011), que associa populismo e mito mobilizador tanto quanto populismo e arquétipo, duas noções que o autor vincula ao conceito goffmaniano[1] de *frame* (marco, moldura), para designar aquelas estruturas mentais que ajustam o modo de ver a realidade institucional e simbólica do mundo político e motivam emocionalmente os sujeitos (Laría, 2011, p. 242-3). Em seu minucioso percurso analítico, o autor inclui o mito revolucionário, a mitologia racista, os mitos reacionários sobre o papel das massas e o da mão invisível do mercado. Acima das diferenças ideológicas, que percorrem um arco da esquerda à direita, o elemento comum a todos eles é a impermeabilidade ao debate ou à argumentação racional (Laría, 2011, p. 305). Isso explica o que Laría chama de "religião populista".

Além do fato de que tais críticas desqualificadoras tendem a amalgamar fenômenos politicamente opostos, da minha perspectiva o problema maior reside em que, longe de realizar uma análise crítico-compreensiva, também são propensas a reduzir a figura da democracia à forma liberal, descartando com isso a possibilidade de pensá-la em termos de uma "demodiversidade" — expressão de Boaventura de Sousa Santos (2005) —, isto é, trata-se de uma crítica profundamente liberal, que questiona a legitimidade de outras modalidades de democracia, entre elas, a participativa, comunitária, deliberativa, direta, hoje postulada por tantas forças coletivas.

Em segundo lugar, no sentido inverso e apoiando-se em um notável trabalho teórico, a leitura que ganhou grande repercussão na última década é a do argentino Ernesto Laclau, cuja obra em defesa do populismo deriva para posicionamentos políticos de apoio ao conjunto dos governos progressistas, sobretudo dos sucessivos governos do casal Kirchner (2003-2015). Em 2005, Laclau apresentou sua obra *A razão populista*, na qual desenvolve a premissa de que o populismo constitui uma lógica inerente ao político e, como tal, se erige em uma plataforma privilegiada para observar o espaço político. Como já assinalamos em outro capítulo, longe da condenação ética impulsionada pela visão heterônoma, Laclau propunha

1. Referente a Erving Goffman, antropólogo e sociólogo canadense, autor de *A representação do eu na vida cotidiana* (1959) e *Manicômios, prisões e conventos* (1961), entre outros. [N.T.]

pensar o populismo como uma ruptura, a partir da dicotomização do espaço político (dois blocos opostos) e de uma articulação das demandas populares pela via da lógica da equivalência. Por exemplo, sublinhava que, embora existam mobilizações e movimentos sociais importantes, como o Movimento dos Trabalhadores Rurais Sem Terra (MST) no Brasil, as organizações *piqueteras* na Argentina e o zapatismo no México, trata-se de movimentos de protesto horizontais, sem integração vertical (lógica da diferença). A subjetividade popular, ao contrário, emergiria como produto das cadeias de equivalência entre demandas subalternas. Em suma, "o populismo é uma questão de grau, de proporção com que a lógica de equivalência prevalece sobre a lógica da diferença" (Laclau, 2006).[2]

Por outro lado, na perspectiva de Laclau, a especificidade da situação latino-americana estaria dada pelo contexto: o passado traumático da ditadura militar nos anos 1970 e as destrutivas políticas neoliberais das últimas décadas. Ainda que não desapareça totalmente a ideia do duplo caráter do nacional-popular, pois Laclau afirma que a ruptura populista pode adotar diferentes vieses ideológicos (do comunismo ao fascismo, seriam vínculos contingentes), em suas últimas obras ele tende a se identificar com a compreensão do político sem adjetivos (uma teoria das identidades constituídas via antagonismo), oposto ao institucional, que remete à política como gestão. A importância do populismo para a democracia

2. A passagem de posições do sujeito democrático ao sujeito popular, baseada em uma cadeia de equivalências, é a chave para o entendimento da construção de hegemonia. O processo pelo qual uma demanda individual começa a representar uma demanda de equivalência incomensurável consigo mesma é o que Laclau denomina "hegemonia" (Laclau, 2009, p. 59). Os significantes que conectam a cadeia de equivalência são mais amplos, potencialmente universais (enriquecedores e, ao mesmo tempo, empobrecedores). Nada antecipa, porém, o modo como vão se articular os polos de oposição, diferencial ou equivalentemente: isso depende do contexto e da extensão das cadeias que participam. Daí sua instabilidade e sua abertura à redefinição, pois a dinâmica do populismo depende sempre da reprodução constante dessa fronteira interna (Laclau, 2009, p. 62). Os significantes flutuantes são a expressão dessa ambiguidade fundamental e a impossibilidade de que tais fronteiras internas adquiram uma estabilidade definitiva (Laclau, 2009, p. 64).

ocorre porque aquele ofereceria a conformação de um povo, condição *sine qua non* para o funcionamento desta — o que não pode ser pensado nem lido como uma forma anômala de democracia. Além disso, se existem perigos para a democracia, eles não provêm do populismo, mas sim do neoliberalismo.

A leitura de Laclau tende a ganhar influência na atual problematização do populismo latino-americano, devido à condenação ética que antes lhe era indiscutivelmente atribuída pelas fileiras acadêmicas. Nesse sentido, uma parte das leituras sobre o populismo atual dialoga ou busca distanciar-se da abordagem filopopulista de Laclau. É preciso reconhecer também que suas propostas encontraram mais herdeiros na Argentina do que em outros países.[3]

3. Esse é o caso, entre outros, dos cientistas políticos Martín Retamozo e Sebastián Barros. Para Retamozo, por exemplo, a perspectiva de Laclau abre um campo de pesquisa sobre a elaboração de demandas e o modo como estas são articuladas na configuração do sujeito-povo e na intervenção do discurso populista. "O lugar da representação desse mal-estar é fundamental na teoria do populismo; ali, a investida de um significante adquire centralidade e nos conduz à figura do líder (e seu nome), que funciona como mecanismo de sutura, mas, diferentemente de outros símbolos, 'o líder fala', como diz Arditi (2010, p. 490): 'O líder é um significante vazio, mas também uma pessoa'" (Retamozo, 2014). Retamozo se propõe a explicar a capacidade do discurso populista do kirchnerismo de interpelar tradições sedimentadas e reativar imaginários, assim como de instalar novos mitos (entre eles, o de Néstor Kirchner). Nessa linha, destacam-se também outros aspectos que favoreceram a capacidade articulatória do kirchnerismo: a heterogeneidade social, ou seja, a pluralidade de organizações sociais que convergem a ele; a dupla lógica instalada nos mecanismos de mediação (a lógica de cima até a lógica rizomática das redes sociais); e a política de inclusão. Definitivamente, sem apelar à ruptura, o kirchnerismo conjugaria uma lógica populista com uma institucional, que permitiu a constituição de um "novo campo popular" a partir da articulação discursiva de demandas negadas (Retamozo, 2014).

Em chave laclausiana, também se instala a interessante reflexão de Sebastián Barros, que analisa o populismo sobretudo como ruptura, mais do que como negociação e tensão entre a ruptura e a ordem. Daí que, segundo o autor, podemos falar em traços populistas das experiências que tradicionalmente não se considerariam como populistas (como o menemismo, no caso argentino). Essa redução do populismo ao momento rupturista ("ruptura do espaço comum de representação") se vincula também à ideia

A instância de diálogo fez com que também fossem formuladas críticas dentro de seu próprio campo. Por exemplo, Aboy Carlés sinalizou a dificuldade de Laclau de dar conta da dupla face do populismo, ou seja, daqueles deslocamentos que o colocam entre a ruptura e a tentação comunitária. Refugiado em uma análise que distingue o plano ontológico (do ser) e o plano ôntico (os populismos concretos), Laclau radicaliza certos tópicos que estavam presentes em suas primeiras reflexões sobre o populismo, terminando por entendê-lo como sinônimo do político, "impermeável a ser desmentido pelas próprias experiências políticas" (Aboy Carlés, 2010, p. 31).

Essa assimilação entre populismo e política foi questionada também por outros autores. Assim, em uma coletânea que reúne trabalhos de Laclau e Mouffe, junto a outros que dialogam criticamente com Laclau, o uruguaio Francisco Panizza (2009)[4] se distancia dos argumentos de seu par argentino, pois sustenta que, no afã por distinguir a política da administração, Laclau conclui que a única forma de política seria aquela que cria e recria de modo constante o espaço da divisão e do antagonismo. Nesse contexto, "a revolução permanente" torna-se uma condição necessária da política. Por outro lado, se o populismo como antagonismo é a política

....

de que o populismo seria, como sublinha Arditi (2004), retomando Derrida, a reativação de um "espectro", o espectro do povo, nunca plenamente realizado, sempre excluído, uma heterogeneidade excluída sempre à espreita. Diz Barros (2006): "O espectro teria efeitos de demonstração nos lugares em que o populismo subsiste como o suplemento que a sociedade necessita para produzir uma forma. Por isso a perdurabilidade do populismo aparece de maneira espectral nas lógicas e práticas que ameaçam incluir a heterogeneidade de um operário que se pensa dono de uma fábrica recuperada, de um desempregado que se pensa como parte de uma confederação de trabalhadores, de uma mulher que demanda o direito de dispor de seu corpo, de um militante que prega pela democracia direta ou de um povo originário que reivindica sua própria institucionalidade perante o avassalamento da democracia liberal. Todas essas são demandas propulsoras de lógicas que atentam e subvertem a institucionalidade vigente, ameaçam a homogeneidade de determinada articulação".

4. Panizza analisa o populismo a partir de um enfoque sintomático (não essencialista), que coloca o antagonismo no centro do dispositivo analítico, como modo de identificação (a divisão entre povo e seu outro).

por excelência, também é a negação da política, pois, no imaginário populista, a identificação do povo com seu líder define igualmente o fim da história, tanto como "a ilusão liberal de uma sociedade sem conflito, a ordem social do *Leviatã* de Hobbes ou a sociedade sem classes de Marx" (Panizza, 2009, p. 46).

Por último, uma terceira linha de interpretação sublinha o caráter bicéfalo do populismo. Embora essa leitura se destaque pela aspiração crítico-compreensiva, existem dentro dela ênfases muito diferenciadas. Assim, o cientista político Benjamín Arditi (2009, p. 104) define o populismo como um traço recorrente da política moderna, passível de expressar-se em contextos democráticos e não democráticos. Em seus trabalhos mais relevantes, ele dialoga com os textos da inglesa Margaret Canovan[5] e retoma Jacques Derrida, para pensar o populismo mais como um "espectro" do que como a sombra da democracia, sugerindo a ideia de "visitação", "um retorno inquietante", que "remete à indizibilidade estrutural do populismo, pois este pode ser algo que acompanha ou assedia a democracia" (Arditi, 2004).[6] Nessa mesma linha, Panizza reflete que é próprio do populismo, em sua relação controversa

5. Em um artigo de 1999, Margaret Canovan, reconhecida especialista no tema, retoma a tese de Michael Oakeshott sobre a modernidade política, caracterizada pela interação entre dois estilos políticos distintos, da fé e do ceticismo, aos quais denomina de "as caras redentoras e pragmáticas da democracia", e sugere que o populismo surge na brecha entres eles. Isso estabelece uma relação de interioridade entre populismo e democracia. O populismo acompanha a democracia como uma sombra. Ver Arditi (2004).

6. Por último, para dar conta de sua complexidade, o autor realiza uma distinção entre três tipos de populismo, dois deles democráticos e um terceiro de fundo autoritário. No primeiro caso, poderíamos falar de um populismo como modo de representação política, ligado ao estilo, do qual a própria política liberal não estaria isenta. O segundo se refere ao populismo como sintoma, que se instala nas margens interiores da democracia. Nessa linha, o populismo pertence à democracia, porque compartilha com ela os traços típicos da mobilização, da participação, da expressão da vontade popular; mas, ao mesmo tempo, desempenha o papel de "convidado incômodo" no âmbito da democracia liberal, que pode perturbar o funcionamento "normalizado" da política (Arditi, 2009, p. 122). O populismo não seria "o outro" da democracia, mas, sim, o espelho no qual ela se vê refletida, seus traços mais desagradáveis. Finalmente, o terceiro tipo é concei-

com a democracia, que, "ao propor perguntas incômodas sobre as formas modernas da democracia e frequentemente representar a cara feia do povo, o populismo não é nem a forma mais elevada da democracia, nem seu inimigo, mas sim um espelho no qual a democracia pode contemplar a si mesma, mostrando todas as suas imperfeições, em um descobrimento de si mesma e daquilo que lhe falta" (Panizza, 2009, p. 49).[7]

Por último, a reflexão do argentino Gerardo Aboy Carlés (2010; 2012), embora deva à perspectiva de Laclau, abre outros horizontes especulativos ao propor pensar o próprio do populismo como a coexistência entre duas tendências contraditórias: a ruptura fundacional (que dá espaço à inclusão do excluído) e a pretensão hegemônica de representar a comunidade como um todo (a tensão entre *plebs* e *populus*; ou seja, entre parte e todo).[8]

....

tuado como "inverso da democracia" e se manifesta na tendência a tentar representar o povo como uno, na busca de uma identidade substancial.

7. A partir de um lugar de enunciação diferente, mas que dialoga também com os trabalhos de Laclau, podemos encontrar a leitura do venezuelano Edgardo Lander (2011), que propõe uma revisão do uso eurocêntrico do conceito de populismo, ao mesmo tempo que analisa o governo de Hugo Chávez em termos de populismo radical/revolucionário. Dessa forma, Lander destacaria as dificuldades do populismo chavista, dado que o caráter aberto das posturas programáticas e o peso da liderança de Hugo Chávez dificultavam prever as futuras direções do processo de mudança. Contudo, essa imprecisão ou caráter difuso dos projetos programáticos estaria ligada à mudança de época, ou seja, à ausência de certezas e de modelo(s) claro(s) de sociedade alternativa.

8. Algo que, como foi assinalado em outro capítulo, se teria experimentado para o caso argentino tanto com Yrigoyen como com Perón. Evidentemente, essa tensão entre a inclusão e a exclusão, entre a refundação e o hegemonismo, não é exclusiva do populismo e caracterizaria outras experiências políticas. Isso equivale a destacar tanto o equívoco do conceito como a privilegiar uma visão que acentua a especificidade do populismo em termos de diferença "de grau", visível na tensão aguda entre abertura e fechamento da política (Aboy Carlés, 2010; 2012). Finalmente, para Aboy Carlés, não há no populismo (nem nos clássicos, nem nos contemporâneos) uma cristalização ou sedimentação de um princípio de exclusão radical, mas sim a constituição de uma fronteira sempre difusa e instável.

No outro extremo, de nula empatia com o fenômeno populista, inserem-se as leituras do equatoriano Carlos de la Torre e da venezuelana Margarita López Maya, que não deixam, porém, de destacar os aspectos ambivalentes do populismo. López Maya, que vem analisando o populismo rentista na Venezuela, retoma certos elementos de Laclau (por exemplo, o populismo como forma de articulação de necessidades insatisfeitas por meio de significantes vazios), ao mesmo tempo que analisa a passagem para formas mais diretas de relação entre massas e líder. Por sua vez, De la Torre não considera que o populismo seja um perigo inerente para a democracia, mas tampouco entende que seja seu redentor. "O populismo representa simultaneamente a regeneração dos ideais participativos e de igualdade da democracia, bem como a possibilidade de negar a pluralidade do social."[9] De uma perspectiva que assinala a radical ambiguidade do populismo e dos diferentes modelos de democracia existentes, o autor questiona a experiência populista ao longo de um percurso pelos estilos de governo de Chávez, na Venezuela, Correa, no Equador, e Evo Morales, na Bolívia, bem como a relação que estabelecem com os movimentos de base.[10] Esses três presidentes teriam estilos discursivos similares, apresentando-se como sal-

9. Juan Carlos Torre, "En el peronismo hay un alma permanente y un corazón contingente", *Página 12*, 23 jan. 2013.

10. De La Torre não inclui no lote de governos populistas a gestão de Cristina Kirchner, supomos que se amparando na afirmação de que "em países latino-americanos onde existam sociedades civis mais fortes, que valorizam os direitos humanos e civis, pois passaram por ditaduras traumáticas, o populismo terá limitações institucionais que mitigarão suas tendências autoritárias" (De La Torre, 2010b, p. 175). Igualmente, o argentino Enrique Peruzzotti considera que o populismo apresenta uma visão schimitteana da política (concebida como guerra) e distingue entre diferentes modelos de democracia: a liberal minimalista, a delegativa, a populista e a representativa. Peruzzotti (2008) fala de um populismo radical, no qual inclui o Equador e a Venezuela, sustentando que "não é por acaso que os países nos quais reaparecem versões de populismo radical (Equador, Venezuela) são precisamente aqueles que não experimentaram a etapa de autoritarismo militar de novo tipo". Sem dúvida, o trabalho de Peruzzotti é anterior ao processo de polarização na Argentina, desatado em 2008 e que levaria a uma exacerbação da lógica populista durante as gestões de Cristina Kirchner.

vadores ou redentores do povo, depois de uma longa história de exclusões. Nesse sentido, o autor sustenta que na América Latina existiriam diferentes modelos de democracia (liberal, marxista e populista) e que o populismo compartilharia com o modelo marxista sua desconfiança da democracia representativa, ao mesmo tempo que sustentaria uma visão da democracia de uma perspectiva majoritária, privilegiando os direitos dos excluídos ou o que as lideranças consideram que sejam seus interesses, enquanto os direitos das minorias são considerados inimigos do povo (De la Torre, 2010, p. 174).[11] Contudo, a ideia de que o populismo pode levar a práticas autoritárias, embora correta, deveria incluir também os dois outros modelos citados de democracia (liberal e marxista).

RUMO AOS POPULISMOS DE ALTA INTENSIDADE

Paradoxalmente, no início da década 1990, com o advento do Consenso de Washington, as ciências sociais latino-americanas se dedicaram extensamente a falar sobre um *novo populismo*. Os usos e abusos da categoria fizeram com que se tornasse mais pantanosa e ambígua, à beira da distorção e do esvaziamento conceitual. Com grande acerto, o já citado sociólogo argentino Aníbal Viguera (1993) propôs um tipo ideal, distinguindo duas dimensões: uma, de acordo com o tipo de participação; e outra, segundo as políticas sociais e econômicas. Em sua perspectiva, o neopopulismo dos anos 1990 apresentava um estilo político populista, mas — diferentemente das vertentes clássicas — estava desligado de um determinado programa econômico (nacionalista ou vinculado a uma matriz estadocêntrica). Retomando a distinção analítica, proponho chamar o tal fenômeno de *populismo de baixa intensidade*, dado o caráter unidimensional (estilo político de liderança, mas desconectado de um programa econômico nacionalista ou estadocêntrico).

11. Ver também Juan Carlos Torre, "En el peronismo hay un alma permanente y un corazón contingente", *Página 12*, 23 jan. 2013.

Em contraste com isso, e para além das evidentes diferenças, os tempos atuais nos desafiam com configurações políticas mais típicas, que sinalizam similitudes com os populismos clássicos dos anos 1940 e 1950. Certamente, ao longo da primeira década do século XXI, as inflexões políticas que adotariam os governos de Hugo Chávez na Venezuela (1999-2013), Néstor e Cristina Kirchner na Argentina (2003-2007 e 2007-2015, respectivamente), Rafael Correa no Equador (2007-[2017]) e Evo Morales na Bolívia (2006-[2019]) — todos países com uma notória e persistente tradição populista — habilitaram o retorno do uso do conceito em seu *sentido forte*; isto é, de um *populismo de alta intensidade*, a partir da reivindicação do Estado — como construtor da nação, depois da passagem do neoliberalismo —, do exercício da política como permanente contradição entre dois polos antagônicos (um novo bloco popular *versus* setores da oligarquia regional ou meios de comunicação dominantes) e, por último, da centralidade da figura do/da líder.

A leitura que proponho sobre os populismos se insere em um registro crítico-compreensivo e implica uma análise processual, pois os governos populistas latino-americanos que caracterizamos nesses termos não se tonaram populistas da noite para o dia. Neste século XXI, a reativação da matriz populista foi primeiro tímida e gradual, até tornar-se, de modo mais firme e acelerado, a dinâmica de construção hegemônica. Na realidade, enquanto o processo venezuelano se instalou rapidamente em um cenário de polarização social e política, na Argentina a dicotomização do espaço político apareceu em 2008, em função do conflito do governo com as patronais agrárias pela distribuição da renda da soja, e se exacerbou nos anos seguintes. Na Bolívia, a polarização começou no início do governo do MAS, a partir de 2007, causada pelo confronto com as oligarquias regionais, mas essa etapa de "empate hegemônico" se resolveu em 2009, para se abrir um período posterior de consolidação da hegemonia do partido do governo. No entanto, nesse segundo período (2010-2011), romperam-se as alianças com diferentes movimentos e organizações sociais contestatórias. Ou seja, a inflexão populista ocorreu em um contexto de ruptura com importantes setores indígenas, mas em um período de polarização social mais limitada ou conjuntural. Na mesma época, Rafael Correa inseriu seu mandato em um marco de polarização ascendente que envolveu tanto os setores da direita política como (de modo crescente) grupos de esquerda e importantes organizações sociais e movimentos indígenas. Na realidade, a garantia da autoridade presidencial e a crescente implantação territorial da Alianza País tiveram como contrapartida o distanciamento do governo das orientações marcadas pela Assembleia Constituinte e a confrontação direta com as organizações indígenas de maior protagonismo (Conaie) e os movimentos socioambientais que antes apoiaram sua ascensão.

A essa caracterização, devemos acrescentar quatro especificidades. Em primeiro lugar, definimos o populismo como um fenômeno político complexo e contraditório, que apresenta uma tensão constitutiva entre elementos democráticos e elementos não democráticos. É próprio do populismo — como dizíamos em um texto escrito com Martuccelli em 1993 e retomado em 1997 — possuir uma concepção dual da legitimidade, uma dose de excesso com relação à legitimidade própria da democracia e um déficit com relação à imposição autoritária. Com efeito, o populismo é uma tensão constante entre a aceitação da legitimidade democrática e a busca por uma fonte de legitimação que a excede — suplemento de sentido ou excesso que pode ser encontrado, de certa maneira, no seio de todo projeto democrático, mas que em geral não chega a substituir completamente a democracia procedimental e representativa. Nesse sentido, é sem dúvida a partir de outras figuras da democracia (sobretudo a apelação às formas de democracia plebeia) que o populismo pode ser mais bem entendido, pois em grande parte responde à histórica necessidade de reparar prejuízos e recordar a distância entre representantes e representados, brecha consolidada durante um longo período de dominação liberal-conservadora, sob as ditaduras militares e, mais recentemente, com as reformas neoliberais dos anos 1990.

Em segundo lugar, como foi assinalado de forma recorrente, o populismo entende a política em termos de polarização e de esquemas binários, o que produz várias consequências: por um lado, implica a constituição de um espaço dicotômico, por meio da divisão em dois blocos antagônicos; e, por outro, o reordenamento binário do campo político requer a seleção e a hierarquização de determinados antagonismos, em detrimento de outros. Sua contraface é, portanto, o ocultamento e a restrição de outros conflitos, cujas relevância e/ou validade tendem a ser renegadas ou minimizadas, sendo em grande medida expulsas da agenda política.

Em terceiro, a tensão constitutiva dos populismos faz com que estes tragam à luz, cedo ou tarde, uma pergunta perturbadora – na realidade, a pergunta fundamental da política: que tipo de hegemonia está sendo construída nessa tensão perigosa e insustentável entre o democrático e o não democrático, entre uma concepção plural e outra organicista da democracia, entre a inclusão das demandas e o cancelamento das diferenças?

Em quarto, é necessário levar em conta a existência de diferentes tipos de populismo, ligados à condição e/ou interpelação de classe, tal como mostra a abundante literatura sobre o tema.[12] Nessa linha, proponho estabelecer a distinção entre, por um lado, os *populismos plebeus* – mais ligados aos setores populares – que vêm desenvolvendo políticas de conteúdo mais inovador e radical, motivo pelo qual desembocam em processos de redistribuição de poder social para baixo (Bolívia, Venezuela), e, por outro lado, *populismos de classes médias*, que se traduzem pelo empoderamento dos setores médios, ao custo de uma fragmentação intraclasse (Argentina, Equador). Tais populismos, embora tenham sido erguidos sobre mobilizações plebeias (tanto no caso argentino como no equatoriano), estão longe de ter produzido uma mudança na distribuição de poder social. Tampouco são populismos de caráter antielitista, desafiadores da chamada cultura legítima (na realidade, convalidam valores das classes médias, sejam progressistas ou tecnocráticas-meritocráticas), nem buscaram impulsionar um paradigma da participação, como ocorreu (ao menos em parte) na Venezuela e na Bolívia.

12. Existe toda uma tradição interpretativa que distingue entre diferentes tipos de populismo, a qual, no entanto, não se refere às bases sociais, mas ao tipo de articulação ideológica produzida e às características da elite que conduz o processo. Assim, nos anos 1970, ainda que com argumentos diferentes, tanto o brasileiro Octavio Ianni como o argentino Torcuato di Tella e inclusive Ernesto Laclau distinguiam entre populismos de classes dominantes e populismos de classes dominadas.

Para resumir: minha hipótese afirma que assistimos a um retorno do populismo de alta intensidade, pois as experiências progressistas estão vinculadas à construção de um determinado tipo de hegemonia e, como chave mestra, ao papel indiscutível do líder. Os processos de polarização implicaram uma reatualização da matriz populista, que na dinâmica recursiva foi se afirmando pela oposição e, ao mesmo tempo, pela absorção e pela rejeição aos elementos próprios de outras matrizes contestatárias (a narrativa indígena-camponesa, diversas esquerdas clássicas ou tradicionais, as novas esquerdas autonômicas), as quais tiveram um papel importante no início da recente mudança de época. Assim, dupla referência ou tensão constitutiva, polarização e gama de leituras, construção de hegemonia e existência de diferentes tipos são aspectos que, interconectados, no meu juízo, constituem o ponto de partida ineludível para ler os populismos latino-americanos atuais.

CRÍTICA AOS POPULISMOS PROGRESSISTAS CONCRETOS

As críticas ao populismo revelam múltiplas brechas ideológicas, não apenas entre direitas e populismos, mas também entre as esquerdas efetivamente concretas, nas quais se destacam tanto a esquerda tradicional como as esquerdas ecologistas, indianistas e autonomistas. Na América Latina, existem diferentes linhas de acumulação histórica, com suas formas organizativas e seus modos de pensar o político e a mudança social, que buscaram articular o nacional-popular em termos hegemônicos — com ou sem êxito. Por essa razão, são diversas as matrizes sociopolíticas que percorrem o campo contestatário, entre as quais se encontram a matriz populista, a indígena-camponesa comunitária, a da esquerda marxista clássica ou partidária e, de maneira mais recente, a "nova" narrativa autonomista.[13]

13. Por matrizes sociopolíticas, entendo as diretrizes que organizam o modo de pensar a política e o poder, assim como a concepção de organiza-

No entanto, apesar dessa pluralidade de matrizes, na América Latina o nacional-popular, longe de se conjugar com a alternativa socialista, como bem analisava Portantiero (1991), aparece ligado – de modo recorrente e predominante – à hipótese populista. Certamente, a partir de 1940, os populismos concretos articularam grande parte das experiências nacional-populares da região, originando, para cada caso nacional, uma tradição político-cultural específica, uma memória de lutas, um estoque de narrativas e formas organizativas disponíveis, que com o tempo foram delineando o que denomino matriz sociopolítica. Por um lado, para além das diferenças, a matriz sociopolítica do populismo apresenta certos tópicos comuns: insere-se na "memória média" (as experiências dos anos 1930, 1940 e 1950) e tende a sustentar-se sobre um triplo eixo: a afirmação da nação; o Estado redistributivo e conciliador; e a relação entre liderança carismática e massas organizadas (o povo). O resultado desse processo político seria a "cidadanização" e a nacionalização das massas trabalhadoras e camponesas, conduzidas pela consolidação de uma matriz estatal – "estadocêntrica", alguns dirão – encarnada no líder.[14] Por outro lado, embora cada matriz possua uma configuração determinada, os diferentes contextos nacionais e suas tensões internas dotam cada caso específico de um dinamismo e de uma historicidade particular.

Ou seja, cada matriz conta com uma história nacional específica, em virtude de seus desenvolvimentos organizativos, de seus encontros e desencontros com outras matrizes sociopolíticas e de seu papel nos diferentes contextos de resistência, de crise e abertura de novas situações políticas. Portanto, as matrizes sociopolíticas não se encontram em estado puro, pois as dife-

....

ção e mudança social. Em termos gerais, a dinâmica populista se instala na tensão entre um projeto nacionalista radical conduzido por organizações populares e setores subalternos junto ao seu líder e, simultaneamente, o projeto da participação controlada, sob a direção do líder e a tutela estatal. É esta última a forma histórica que costuma adotar o nacional-popular em diferentes países latino-americanos (Svampa, 2006; 2010).

14. O conceito de matriz estadocêntrica foi desenvolvido pelo cientista político argentino Marcelo Cavarozzi (1988).

rentes dinâmicas abriram processos de entrecruzamentos e conjunções (entre indianismo e marxismo, entre indianismo e matriz populista, entre indianismo e narrativa autonômica, entre marxismo e autonomismo, para dar alguns exemplos), como também de conflito, colisão e disjunção, fato que pode acentuar as diferenças em termos de concepções, modos de pensar e fazer a política.

As críticas aos populismos existentes podem ser resumidas em três aspectos fundamentais: o primeiro, de índole político-institucional, enfatiza a tentação autoritária/totalitária (a depender da versão) dos diferentes regimes populistas; o segundo, de caráter político e econômico, sublinha a falta de um modelo alternativo e sua distância das proposições de esquerda; e o terceiro, de caráter ecoterritorial, aponta para a crítica ao extrativismo e para a ausência de modelos alternativos de desenvolvimento.

A primeira perspectiva (1) se configura no marco da polarização política e questiona o caráter democrático do populismo. À medida que o populismo se expressa pelo acirramento dos antagonismos e das dicotomias no espaço político, essas críticas ressaltam a persistência e a atualização de seus traços autoritários; a consolidação de lideranças plebiscitárias e caudilhistas, potencializadas pelo hiperpresidencialismo dominante; o desrespeito à divisão dos poderes do Estado; a utilização clientelista do aparato estatal (o populismo redistribuidor); e, enfim, a preocupação com as (sempre) controversas relações entre populismo e *ethos* republicano.

A segunda crítica (2) é de índole político-econômica e questiona a suposta guinada à esquerda do populismo e seus alcances, a partir da ausência de um programa/modelo econômico alternativo. Dessa perspectiva, critica-se que os governos populistas latino-americanos tenham aceitado o processo de globalização assimétrica e, com isso, as limitações próprias das regras do jogo, o que restringe qualquer política de redistribuição de renda e riqueza. Essa pergunta pesaria, sobretudo, para o caso venezuelano, que é a experiência que apostou explicitamente na construção de um modelo alternativo, o "socialismo do século XXI", com base na disseminação de conselhos comunais e outras estruturas que ilustrariam a democracia participativa ou o poder popular.

Por outro lado, as esquerdas sinalizam que, embora as políticas de bolsas sociais tenham reduzido a pobreza, também consolidaram um modelo assistencial que promove o clientelismo e a dependência em relação ao Estado. A isso se acrescenta que os populismos concretos realizaram apenas reformas tímidas dos sistemas tributários, ou, pior, nenhuma reforma, aproveitando-se do Consenso das Commodities (contexto de captação de renda extraordinária), mas sem onerar com impostos os interesses dos setores mais poderosos. Por último, além do processo de nacionalizações (cujo alcance seria necessário analisar em cada caso específico), referente à existência ou não de uma "guinada de esquerda", costuma-se ressaltar as alianças econômicas com as grandes corporações transnacionais (agronegócios, indústrias, setores extrativos).

A terceira crítica (3), que denomino aqui ecoterritorial, apresenta um caráter sistêmico, pois assinala a relação com a crise ambiental e defende que os populismos latino-americanos não apenas conservam uma matriz produtivista, própria da modernidade hegemônica, como também implementam uma política estadocêntrica de consolidação do extrativismo, apesar das narrativas ecocomunitárias que os governos da Bolívia e do Equador adotaram no início ou das declarações críticas do chavismo referentes à natureza rentista e extrativa da sociedade venezuelana. Por sua vez, a crítica ecoterritorial apresenta uma afinidade eletiva com a crítica autonômica sobre a construção do poder e o empoderamento dos sujeitos sociais, ao mesmo tempo que estabelece uma relação inerente entre modelos de (mau-)desenvolvimento, questão ambiental e regressão democrática.

Acredito ser importante destacar que raramente as três críticas aparecem articuladas. Ao contrário, costumam estar desconectadas, e, apesar das pontes entre as críticas 2 e 3, as relações entre uma e outra podem ser conflitivas (como sempre foram as relações entre esquerdas marxistas e indigenismos, assim como entre esquerdas clássicas e a nova esquerda ecologista). Por outro lado, ainda que os horizontes críticos 2 e 3 costumem incluir a crítica 1 (ao hiperpresidencialismo, ao estatismo, à corrupção, à emergência de uma nova oligarquia política e a não separação de poderes de Estado), o inverso, ou seja, que a crítica 1 inclua a 2 e a 3, é bem menos provável, e ocorre somente de maneira esporádica, nos marcos de certos conflitos que proporcionaram cenários de convergência (como no caso Tipnis na Bolívia), os quais deixaram feridas abertas, devido à utilização oportunista dos argumentos da crítica 3 por parte dos setores da direita. Nesse mesmo sentido, ainda que a crítica 1 não seja monopólio dos setores institucionalistas, podendo estender-se à totalidade do campo político opositor, costuma aparecer ligada a uma perspectiva liberal-conservadora. Além disso, junto com a perspectiva 2, associada à esquerda clássica, ambas formam parte do repertório de críticas tradicionais ao populismo. Diferente é o caso da perspectiva 3, que expressa a emergência de um novo *ethos*, associado às mobilizações socioambientais, à narrativa ecocomunitária, à defesa de outros discursos de valorização e de apropriação da natureza e à proposta de alternativas e cenários de transição e saída do extrativismo. Longe de reduzir-se a questões de índole técnica, a crítica ao extrativismo denuncia uma lógica de espoliação regional, que é funcional para a expansão do capitalismo depredador em nível global e que, em nível local/nacional, consolida processos verticais, ligados ao rentismo, que conspiram contra os processos de democratização.[15]

Em resposta a tais críticas, os defensores dos governos progressistas/populistas desenvolveram várias estratégias. O mais comum é agrupar os três tipos de crítica em um único bloco, denunciando seu caráter conservador e sua conexão com posições de direita. São abundantes os argumentos que sinalizam uma dinâmica anti-imperialista dos governos (a oposição aos Estados Unidos) e a visão conspirativa (as críticas só podem favorecer ou ser funcionais para o jogo das direitas políticas). Costuma ser destacada, além disso, a emergência de um regionalismo desafiante e anti-imperialista

15. Tal como sustenta Edgardo Lander (2013, p. 32): "Como demonstra a experiência venezuelana, a lógica econômica, política e cultural do rentismo, uma vez instalada na sociedade, adquire uma dinâmica inercial de autorreprodução que muito dificilmente pode ser revertida. A lógica rentista reforça um modelo de Estado vertical e centralizado incompatível com a plurinacionalidade e com o Estado comunal, solapando de forma sistemática toda possibilidade de autogoverno participativo e democrático".

(visível em diferentes nucleações regionais, da Unasul à Celac). De maneira mais específica, contra a crítica 1, costuma-se assinalar seu caráter conservador e reacionário de bloco opositor (oligarquias regionais, meios de comunicação hegemônicos, outros atores econômicos) como resposta às políticas de inclusão e ao horizonte igualitário proposto pelos novos governos.

Sobre a crítica 2 (a negação de que seja uma verdadeira guinada à esquerda), é necessário dizer que o populismo tratará de apresentar-se não apenas como a única opção de esquerda possível, viável, realista e realmente revolucionária, como também buscará marginalizar as críticas, marcando o caráter "testemunhal" das esquerdas clássicas (marxistas). Por último, sobre a crítica 3, a resposta também transita pelo discurso do realismo (não político, mas econômico) e busca opor a questão social (redistribuição, justiça) à ambiental (justiça ambiental, proteção dos bens comuns). A crítica da crítica ao extrativismo foi desenvolvida de maneira emblemática por Álvaro García Linera (2012), que buscou reduzir o extrativismo a "uma relação técnica com a natureza". A isso é preciso acrescentar que, em alguns contextos (Argentina, Bolívia), a consolidação de hiperlideranças ou hiperpresidencialismos é defendida, e a crítica da concentração de poder é respondida com argumentos que consideram a reivindicação de autonomia ou autodeterminação menos uma exigência de democratização e empoderamento dos setores subalternos e muito mais o posicionamento político de intelectuais radicalizados.

DEBATE 2.
TIPOS DE POPULISMOS CONCRETOS

Quais são os traços mais notórios e as particularidades políticas dos populismos concretos existentes na América Latina? Para começar, é necessário considerar que os governos hoje caracterizados como populistas foram precedidos por intensas mobilizações sociais essencialmente antineoliberais; todos iniciaram um ciclo de estabilidade política e ilustram o retorno do Estado ao centro da cena (como regulador, mediador); todos desenvolveram uma importante política social (bolsas e programas sociais) para atenuar a crise e reduzir a pobreza; da mesma maneira, todos implicaram fabulosos processos de concentração de poder no Executivo; e, finalmente, no que diz respeito à lógica de construção de poder e à relação com as organizações sociais, todos buscaram consolidar um modelo de participação social controlada e tutelada pelo Estado.

Da minha perspectiva, para além das similitudes, uma caracterização real necessitaria avançar nas especificidades dos diferentes processos históricos. Um modo de fazê-lo seria perguntar quais são os modelos de democracia impulsionados, quais são os setores sociais empoderados e quais as características da relação entre partido do governo e organizações sociais. Nessa esteira, proponho distinguir entre os *populismos plebeus*, que apontam para uma redistribuição de poder social pela via do empoderamento de setores populares, e os *populismos de classes médias*, que lideram setores médios por diferentes vias (aparato cultural-midiático ou modelo tecnocrático-meritocrático). Enquanto o primeiro caso corresponde a Bolívia e Venezuela, o segundo se refere a Argentina e Equador. A seguir, caminhando para o fechamento dos debates apresentados neste livro, eu me incumbirei de caracterizar esses dois tipos de populismo.

Se em termos expressivos e discursivos o populismo plebeu conduz a um processo de autoafirmação do popular, questionando sua negação e exclusão, em termos culturais e políticos implica uma impugnação de caráter iconoclasta e antielitista em relação à cultura dominante e, sobretudo, ao *ethos* cultural das classes médias. Não por acaso, os movimentos das classes subalternas que mesclam o popular, a mestiçagem étnica, o operariado e o marginal costumam gerar unânime repúdio por parte das classes dominantes, bem como por amplos setores médios.

Além disso, como sustenta Margarita López Maya (2000; 2005), o processo de politização do plebeu está associado à ocupação das ruas, do espaço público. Assim, de maneira geral, quando se fala do plebeu na América Latina, faz-se referência a certos traços culturais do mundo dos excluídos, mas, quando se alude especificamente à irrupção do plebeu, se estaria aludindo à sua dimensão cultural e simbólica e aos intensos processos de mudança social e de protagonismo popular nas ruas.

Historicamente, na América Latina, a figura do plebeu atravessa numerosos movimentos e organizações sociais populares, sem por isso estar associada de maneira exclusiva às organizações operárias ou a um partido político específico, em decorrência do caráter altamente heterogêneo do popular. Na Argentina dos anos 1950, por exemplo, o peronismo de corte operário foi a encarnação política e contracultural do plebeu, enquanto no fim dos anos 1990, em pleno ajuste estrutural, tais elementos de caráter plebeu reapareceram nos novos movimentos socioterritoriais (as associações de desempregados ou *piqueteros*) mais do que nas organizações de base ligadas ao Partido Justicialista, que naquela época havia realizado um salto oportunista ao neoliberalismo. Da mesma forma, na Bolívia, o fechamento das minas (1985) trouxe em paralelo a crise da narrativa mineira operária ligada ao modelo populista-nacionalista. Ao mesmo tempo, pelas mãos de camponeses, indígenas, trabalhadores urbanos e informais, ou seja, de um conglomerado de organizações rurais e urbanas, emergiram outras formas de protesto plebeu, que iluminaram outra narrativa popular e emancipatória. Essa nova emergência do popular, concebida como "irrupção plebeia", com suas diferentes "linhas de acumulação histórica e estruturas de rebelião", tornou-se o centro da análise político-sociológica do Grupo Comuna (Raquel Gutiérrez, Álvaro García Linera, Luis Tapia, Raúl Prada e Oscar Vega). Na mesma linha, o caráter plebeu do chavismo foi sublinhado com frequência, entre outros, por Margarita López Maya, que falou das origens do chavismo como uma "segunda onda plebeia" (a primeira teria sido em 1945-1948), "uma nova encarnação da política como um dos principais canais de mobilidade social ascendente, sendo um dos principais ao lado do exército" (*apud* Saint-Upéry, 2009, p. 131).[16] Por último, a emergência plebeia, para o caso equatoriano, também foi motivo de reflexão (Saint-Upéry, 2008a; Ramírez, 2009).[17]

Torna-se claro que o protagonismo plebeu é uma variável importante dos populismos atuais. Contudo, apesar de trazerem bases

16. A caracterização de López Maya sobre o chavismo foi mudando com os anos. De fato, em seus últimos trabalhos, ela propõe analisá-lo como um populismo clássico. Sua definição é a seguinte: "Consideramos o populismo fundamentalmente uma forma universal da política que aparece para impulsionar aspirações de inclusão social e cujo eixo definidor é um discurso dicotômico de grande valor mobilizador, que constrói sujeitos políticos antagônicos e irreconciliáveis: o povo (os pobres e/ou os que não têm poder) e a oligarquia (o bloco de poder) (De la Torre, 2000, p. 13). Nós o reconhecemos como uma forma de democracia direta, que privilegia o vínculo identitário entre líder e bases e rejeita as formas mediadas da democracia. Embora seja em essência democrático, tende a prescindir de instituições de representação, concentrando-se na mobilização por trás do líder, como instrumento político por antonomásia, o que produz déficits profundos de democracia na sociedade na qual se estabelece" (López Maya & Panzarelli, 2012).

17. No sugestivo artigo "¿Hay Patria para todos?" [Existe pátria para todos?], Marc Saint-Upéry (2008a) destaca que o plebeu aparece como um traço transversal dos governos progressistas, característica de sociedades em que as classes sociais e sua localização no processo socioeconômico são menos definidas que nos países do Norte. No mesmo sentido, o tema é retomado por Franklin Ramírez (2009), que destaca as bases plebeias dos governos progressistas e o retorno a uma política de classe, mas ao mesmo tempo sublinha a articulação entre o plebeu e os processos decisórios dos novos governos.

sociais e elementos culturais e políticos de caráter plebeu, em sua dinâmica de construção e acumulação política, os populismos atuais não necessariamente se mantêm como tal. Além disso, dentro do dispositivo populista, a presença disruptiva do plebeu pode ser concebida como central e configuradora, ou também como episódica e conjuntural, de acordo com as situações, porém não necessariamente tem de assumir um papel decisivo na construção da hegemonia nacional-estatal.

Dessa perspectiva, ainda que sob modalidades diferentes, Bolívia e Venezuela terminaram consolidando populismos "desde baixo", fenômeno que não ocorreu na Argentina nem no Equador. Ou, dizendo de outro modo, diferentemente das experiências boliviana e venezuelana, que refletem distintos tipos de populismos plebeus (o que explica em parte sua radicalidade), os casos argentino e equatoriano articulam o plebeu de modo episódico ou conjuntural e costumam apelar a ele exclusivamente no processo de construção plebiscitária e decisória da própria liderança.

O processo político boliviano é, sem dúvida, um dos mais ricos e apaixonantes no cenário latino-americano. Três elementos maiores marcam sua singularidade na região: em primeiro lugar, é um processo de mudança que nasceu das entranhas dos movimentos sociais. Certamente, em um contexto marcado pela crise dos velhos partidos políticos, as organizações e os movimentos sociais desenvolveram uma importante capacidade de mobilização e autorrepresentação político-social. Desse modo, o horizonte de possibilidades e, mais ainda, a candidatura presidencial de Evo Morales se forjaram ao calor das lutas contra as reformas neoliberais, que foram ascendendo a partir do ano 2000, com a Guerra da Água em Cochabamba. O corolário instituinte foi a "agenda de outubro" de 2005, compartilhada por um conjunto importante de movimentos sociais, sintetizada por dois lemas: "nacionalização dos hidrocarbonetos" e "Assembleia Constituinte".

Em segundo lugar, esse processo de mudança levou à presidência, pela primeira vez na Bolívia, um sindicalista proveniente do movimento camponês. Sua excepcionalidade só pode ser comparada com a de outro líder latino-americano, Luiz Inácio Lula da Silva, dirigente operário vindo do combativo sindicalismo industrial, eleito à presidência do Brasil. Além de pertencer aos setores sindicais, Evo Morales também somava sua origem indígena. Nesse sentido, em um país onde os povos e as nações indígenas constituem parte importante, senão majoritária, de uma população marginalizada e historicamente excluída, a ascensão de Evo Morales implicou uma revolução do ponto de vista político e simbólico. No entanto, junto da abertura de uma nova situação política, tal vitória trouxe como corolário inevitável uma reconfiguração da complicada relação entre movimentos sociais e novo governo, cuja dinâmica desenhou os contornos específicos e o teor do projeto de mudança.

Em terceiro lugar, o processo de construção político-estatal exigiu a superação de numerosos desafios. Em um capítulo anterior, fiz referência aos conflitos e às tensões que percorreram os primeiros anos do cenário boliviano. Sem intenção de me repetir, interessa recordar que o governo de Evo Morales (2006-[2019]) pode ser compreendido a partir de duas frentes diferentes de conflitos: a externa, contra as oligarquias regionais; e a interna, entre as duas dimensões do projeto de mudança, isto é, a linha indígena-camponesa comunitária e a linha estatista-populista. A confrontação entre, de um lado, o novo bloco de poder liderado pelo MAS e acompanhado por um conjunto de organizações sociais, alguns partidos de esquerda e referências independentes e, de outro, as oligarquias regionais da *medialuna* (Santa Cruz, Tarija, Beni e Pando) marcou o primeiro mandato de Evo Morales, até que se criou uma situação de aparente "empate catastrófico", que, em 2009, seria finalmente saldado em favor do governo. Com o término dessa etapa, o MAS se incumbiria da consolidação do novo projeto político. Nesse marco, a dupla dinâmica do projeto descolonizador adotou traços mais específicos, e o país foi se deslocando para um novo tempo, marcado pela crescente hegemonia do partido da situação e a entrada em uma fase mais propriamente populista.

Política de bolsas (programas sociais), distribuição de terras (nova reforma agrária), crescimento e estabilidade econômica e nacionalização de empresas estratégicas foram as bandeiras do governo, acompanhadas do avanço da fronteira petrolífera e da expansão do agronegócio. Contudo, em 2011, o conflito do Tipnis, relativo à construção de uma estrada sem consulta às populações originárias, reconfigurou o tabuleiro político e colocou em evidência a *realpolitik* do governo, a despeito dos seus discursos ecocomunitários em defesa de Pacha Mama e das críticas à dívida ecológica dos países mais desenvolvidos. A ala indigenista e mais autonomista do governo foi sucumbindo à ala estatista, orientada cada vez mais para um esquema tradicional de dominação, de corte populista. A defesa do extrativismo ficou a cargo do sociólogo e vice-presidente Álvaro García Linera, que lançaria na ocasião do conflito do Tipnis a acusação de "ambientalismo colonial", anátema que mesclava, sem distinções, as agências de cooperação internacional, ONG de esquerda e associações indígenas críticas.

O Tipnis foi uma "conjuntura reveladora", como afirmaria Luis Tapia.[18] Certamente, nos últimos tempos, não são poucos os que sustentam que o MAS foi avançando para o fechamento dos canais plurais de expressão, algo visível no isolamento das organizações indígenas rebeldes, junto com a criação de estruturas paralelas e únicas reconhecidas pelo Estado, assim como o estrangulamento do jornalismo crítico, a manipulação da pauta oficial e um crescente processo de autocensura nos meios não governistas. Tudo isso coroado pela ameaça de expulsão das ONG críticas e de esquerda (Cedla, Cedib, Terra), em agosto de 2015, complementada pela preparação de uma nova lei regulatória, com fins disciplinadores.[19]

Assim, a inflexão populista está vinculada à segunda etapa do governo Evo Morales, que se abriu em 2009-2010 e ilustra a primazia política da narrativa estatista sobre a indígena-comunitária. Em outras palavras, o advento populista do MAS não apenas está ligado à atualização de uma tradição populista muito presente nas

18. Seminário "Reflexiones plurales sobre la experiencia de los gobiernos progresistas en América Latina" [Reflexões plurais sobre a experiência dos governos progressistas na América Latina], Universidade Mayor de San Andrés, La Paz, out. 2015.

19. Nesse marco de ameaça ao pluralismo se insere, também, a proposta de reforma da Constituição para habilitar a reeleição da chapa governante.

organizações cocaleiras[20] e outros espaços da sociedade boliviana, como também ao processo de construção hegemônica.[21] Essa tendência estatista e centralista, que conspira contra o reconhecimento da plurinacionalidade e o avanço das autonomias indígenas, vai se configurando como um modelo de dominação mais clássico, tanto em termos de modelos de desenvolvimento como de matriz estado-

20. Como sustenta Luis Tapia (2008), a relação entre identidade indígena e tradição nacional-popular nunca foi fácil nem unívoca, mas a experiência de rebelião ilustrada pelo cogoverno MNR-COB "fica como parte do projeto político" que atravessa e alcança o atual ciclo de rebelião. Os sindicatos cocaleiros de onde surge a política de Evo Morales são em grande medida herdeiros dessa tradição, junto a certas inércias e reinvenções de lógicas comunitárias que, como já mostramos, sobrevivem sob a *forma sindicato*. Em segundo lugar, em termos de memória curta, a interpelação nacional-popular está diretamente ligada ao cenário de conflito configurado na zona do Chapare, na qual o movimento cocaleiro teve de confrontar não apenas diferentes gestões governamentais, como também uma violenta política dos Estados Unidos. Com efeito, entre os cocaleiros, as políticas de erradicação violenta da folha de coca, dirigidas nos anos 1990 pelos Estados Unidos, favoreceram a consolidação de uma forte dimensão anti-imperialista (antiestadunidense, mais precisamente) em sua ação política. Nesse marco, perante a existência de um adversário externo poderoso, o discurso anti-imperialista foi constitutivo da identidade do movimento cocaleiro.

21. O sociólogo boliviano Fernando Mayorga (2011) sustenta que o populismo boliviano se expressa por meio da liderança incontestável de Evo Morales, do modelo estadocêntrico e do apelo a um sujeito que não seria já o povo do século XX, mas o "sujeito plurinacional", que acaba sendo representado no e pelo Estado (Mayorga, 2011, p. 73). Trago isso à luz pois o próprio Mayorga conta que, em 2006, quando foi convocado pela revista *Nueva Sociedad* para escrever sobre os novos populismos, optou por descartar o conceito para o caso da Bolívia, intitulando seu artigo como "El gobierno de Evo Morales: entre el indigenismo y el nacionalismo" [O governo de Evo Morales: entre o indigenismo e o nacionalismo]. Cinco anos mais tarde, porém, passou a caracterizar o governo de Evo Morales como populista. O fato mostra que efetivamente o populismo não advém da noite para o dia, mas é produto de uma acumulação política, de uma construção hegemônica, posterior à derrota do bloco da oligarquia regional opositora. Por outro lado, Mayorga considera que existiriam mais rupturas do que continuidades com o populismo de 1952. Na minha perspectiva, porém, existem mais laços entre o Estado plurinacional e o Estado associado ao nacionalismo revolucionário do que o governo do MAS estaria disposto a reconhecer, para além dos termos discursivos, como reflete o livro de Nicolas e Quisbert (2013).

cêntrica.[22] Nos marcos da nova hegemonia nacional-estatal, aquela energia social que abriu o novo ciclo histórico foi tendo a força e a capacidade transformadora diminuídas. Ao mesmo tempo, os modelos de cidadania e as formas de participação do popular tendem a cair na armadilha de uma definição mais estreita de democracia (representativa e pela metade, comunitária ou plurinacional).

O caso venezuelano apresenta outras características, ainda mais controversas ou polêmicas. Como poucos, desde o começo o chavismo parecia conter todos os elementos do populismo clássico, constituindo-se como um populismo de alta intensidade: a oscilação constante entre a abertura democrática e o fechamento autoritário, a dicotomização do espaço político em picos de exacerbação inimagináveis, o Estado como ferramenta central de redistribuição social e econômica, entre outros. O processo de democratização plebeia que caracterizou a Venezuela sob o governo de Chávez somente pode ser comparado aos populismos latino-americanos entre os anos 1940 e 1960. Tal como ocorreu na Argentina, sob o primeiro governo peronista (1946-1955), o chavismo habilitou a inclusão dos setores sociais tradicionalmente excluídos, conseguindo, por uma via tensa e contraditória, um processo real e efetivo de empoderamento popular. Expressão disso foram, em uma primeira fase, as *misiones* que apontaram à redução da pobreza,[23] a universalização do acesso à educação (Misión Robinson), o acesso

22. Isso ocorreu, por exemplo, com o conflito do Tipnis, no qual o governo alcançou seu mais alto nível de confrontação com as forças que protagonizaram a emergência plebeia e acompanharam os primeiros anos de governo. Depois dessa onda, o governo se viu obrigado a retroceder, suspendendo a construção desse trecho da estrada. Em suma, poderíamos afirmar que, acima das complexidades, o estilo de liderança e as formas de concentração de poder tendem a colocar o governo de Evo Morales nos canais mais tradicionais do modelo de "participação controlada", alternando-se — conforme os níveis de conflito —, de maneira mais excepcional, com o modelo de "mandar obedecendo".

23. Quando Chávez assumiu o poder, as cifras da pobreza eram o triplo das de 1983. Já foi assinalado que, entre 2001 e 2011, todos os governos latino-americanos conseguiram uma diminuição importante da pobreza graças ao aumento do gasto público social. No caso da Venezuela, as massivas transferências estão relacionadas também ao boom do preço do petróleo

à saúde (Misión Barrio Adentro), a queda da taxa de mortalidade infantil, a construção de moradias populares, a distribuição de terras, entre outros.

Por outro lado, a centralidade da liderança de Hugo Chávez, seu carisma e sua capacidade política tiveram um alto impacto não apenas em nível nacional, mas também continental. Chávez reativou a tradição anti-imperialista e liderou a criação de um "regionalismo desafiante".[24] Um dos riscos da democracia plebeia sempre foi sua articulação com processos de decisão marcados por fortes lideranças personalistas (Ramírez, 2008). Assim, a crescente polarização política marcou uma evolução para formas de democracia plebiscitária e direta e para a consolidação do que se chamou de hiperliderança,[25] que acentua o contato direto entre líder

....

(o preço do barril passou de 7 dólares em 1999, quando Chávez assumiu, para 120 dólares em 2008) (Álvarez, 2013, p. 240).

24. Chávez resgatou a tradição do anti-imperialismo para toda a América Latina. Um exemplo disso foi a contracúpula de Mar del Plata, onde as nações latino-americanas disseram não à Alca, promovida pelos Estados Unidos. Esse anti-imperialismo, revestido de um utópico e às vezes confuso horizonte socialista, nutriu-se em grande parte das tradições latino-americanas que iam de Mariátegui a Martí e Galeano, passando sempre por Simón Rodríguez, Simón Bolívar e Ezequiel Zamora.

25. A expressão "hiperliderança" se refere a uma caracterização crítica criada em 2009 por alguns intelectuais chavistas. O cientista político espanhol Juan Carlos Monedero, então assessor do governo e membro do Centro Miranda, definia-o da seguinte maneira: "Creio que é próprio dos países com escassa base social, um débil sistema de partidos democráticos e amplos percentuais de exclusão. A hiperliderança permite situar uma alternativa frente ao que chamamos de seletividade estratégica do Estado. Sempre a burguesia, os poderes do antigo regime, têm o aparato de Estado, e, nesse sentido, acredito que, mesmo quando se assalta o Estado, não se conquista plenamente o poder. Entendo que a hiperliderança desempenha um papel importante, tem a vantagem de articular o que está desestruturado e de juntar fragmentos, com formas que Gramsci chamava de 'cesarismo progressivo', que ajudam a retomar o rumo da revolução em momentos de vazio político ou de confusão ideológica. Mas essa liderança também vem com problemas. A hiperliderança desativa, em última instância, uma participação popular que pode confiar em excesso nas capacidades heroicas do líder". Não por acaso, há alguns anos certos intelectuais que acompanharam o processo chavista propuseram a necessidade de uma "coletiviza-

e massas sem mediações (tanto por manifestações de rua como pela massiva comunicação televisiva desenvolvida por Chávez em locuções semanais – "Alô, presidente" – e as cadeias nacionais de transmissão).

Entretanto, como sinalizado por vários autores, o elemento mais radical do populismo chavista foi a centralidade adquirida pela democracia participativa, que se converteu no paradigma da transformação política por excelência e, ao mesmo tempo, na chave do dispositivo legitimador. Muito se escreveu sobre o tema. Sem dúvida, são muito esclarecedores os aportes de Margarita López Maya sobre as origens da democracia participativa, que, como assinala, não se trata de uma invenção do chavismo nem das esquerdas marxistas; sua fonte conceitual é a doutrina social da Igreja, que remete aos filósofos católicos franceses (Maritain, Mounier, entre outros) e à Conferência de Medellín (1968) e sua opção pelos pobres.[26]

....

ção da liderança" (Gómez, 2009). Seleção de opiniões realizada por Marta Harnecker, "Selección de las opiniones más destacadas de los intelectuales reunidos en el CIM", *Rebelión*, 2009b.

26. Como sustenta Margarita López Maya (2011), nos anos 1980 e 1990, na Venezuela, país que não passou por rupturas militares como outros países latino-americanos, o debate sobre a democracia participativa aparece associado à crise e à deslegitimação da democracia representativa. Por isso, não é por acaso que, nos marcos da crise do bipartidarismo (Ação Democrática e Copei), diferentes forças políticas tenham buscado introduzir formas de democracia participativa na Carta Magna, com vistas a reviver ou revitalizar a democracia venezuelana. No entanto, os projetos de reformas constitucionais fracassaram, até que, em 1999, com a ascensão de Chávez, finalmente a democracia participativa adquire *status* constitucional.

Por outro lado, López Maya sustenta que as esquerdas marxistas teriam uma influência muito mais marginal e, por isso, menos clara no paradigma da democracia participativa. Ainda que existissem práticas concretas de participação vinculadas à gestão pública local, a esquerda marxista dava por certo que a democracia direta era a verdadeira democracia. Contudo, no início dos anos 1990, esse debate esteve muito influenciado por Nicos Poulantzas, que propôs uma teoria participativa democrática do socialismo, concebendo a democracia participativa como uma combinação de democracia representativa com democracia direta (López Maya, 2011). Finalmente, em 1999, depois da reforma constitucional fracassada de 1989-1992, em um

Sobre os conteúdos que a democracia participativa tomou durante o governo de Hugo Chávez, bem poderiam ser retomadas as contribuições da pesquisadora chilena Marta Harnecker, que foi assessora de Chávez e participou da redação da Lei de Conselhos Comunais, sancionada em 2006. Ao descrevê-los, a autora sustenta que os conselhos comunais são

> uma forma de organização autônoma e um espaço pequeno ideal para participação coletiva a partir das bases da sociedade. Trata-se de uma organização territorial inédita na atualidade da América Latina, por seu reduzido número de participantes: entre 150 e 400 famílias nas zonas urbanas densamente povoadas, mais de vinte famílias nas áreas rurais e ainda menos famílias nas zonas distantes, fundamentalmente nas zonas indígenas. A ideia era favorecer ao máximo a participação cidadã em espaços pequenos para facilitar o protagonismo dos presentes, fazendo-os se sentir confortáveis e desinibidos (Harnecker, 2009, p. 25).[27]

Até 2009, Chávez anunciou o aprofundamento do processo e, um ano depois, em 2010, foi sancionada a Lei Orgânica do Poder Popular e a Lei das Comunas, como normativas que apontavam para a criação de um Estado comunal.[28] As áreas de trabalho dos conselhos comu-

....

contexto de forte deslegitimação política e crescente empobrecimento da população, Chávez assumiria, ecoando tal demanda política e social. Após fazer seu juramento sobre uma "Constituição moribunda", convocou um referendo para abrir o processo constituinte. Sua posse sinalizava também o fim do bipartidarismo e a emergência de uma nova liderança, que foi se expandindo com o passar dos anos.

27. Harnecker tem diferentes escritos sobre o tema, entre eles, *Herramientas para la participación* [Instrumentos para a participação], de 2005, uma espécie de manual da participação popular, escrito com Luis Bonilla e Haiman el Troudi, além de um texto próprio, de 2009. Agradeço a López Maya, Lander e Terán Mantovani pelas sugestões bibliográficas.

28. Esclareço que a unidade mínima é, então, o conselho comunal; a unidade de vários conselhos comunais constitui a comuna, que pode estar ligada por "corredores territoriais", sendo o Parlamento Comunal a máxima instância de autogoverno, composto por dois porta-vozes de cada conselho comunal, pelo banco comunal e pelas organizações socioprodutivas.

nais são a economia popular, o desenvolvimento social integral, a moradia, a infraestrutura e a habitação, a educação e os esportes, a cultura, a comunicação, a informação e a formação (meios alternativos comunitários e outros), a segurança e a defesa (unidade de defesa). Assim, ao calor dos processos políticos e sociais, a democracia participativa foi sendo dotada de novas dimensões: entendida primeiro como "democracia participativa e protagônica", rebatizada depois como "poder popular" e, enfim, mais recentemente, redefinida como "poder comunal". A participação popular foi configurando um horizonte radical, que encontrou diferentes obstáculos e limites econômicos e políticos.[29] Certamente, a lei de conselhos comunais foi um ponto de inflexão, complementado com a criação do Partido Socialista Unido da Venezuela (PSUV), que ilustrou o giro do governo venezuelano para o "socialismo do século XXI".

Talvez ainda estejamos longe de poder realizar um balanço objetivo dos resultados desse experimento democratizador. A imersão na realidade marca, como costuma ocorrer, importantes matizes.[30]

29. Sobre essas limitações, recomendo os textos de Lander (2011; 2013). Em um deles, Lander afirma: "Esse conjunto de políticas, porém, não chega a constituir algo que possa ser denominado, até o momento e com propriedade, como uma opção clara ao neoliberalismo. Tais medidas ocorrem em um contexto de urgências da conjuntura política em permanente movimento. A implementação, com frequência, antecede a formulação teórica. Dadas as condições de confrontação política e a ausência de núcleos empresariais fortes, dispostos a apostar em um modelo de desenvolvimento mais endógeno, está pouco clara a natureza da futura articulação entre o conjunto das políticas impulsionadas pelo Estado e a atividade empresarial privada" (Lander, 2011, p. 22). Por outro lado, é preciso lembrar que, na Venezuela, não apenas não se consolidou uma reforma tributária, nem se modificou a estrutura produtiva, como, ao contrário, foram aprofundadas ou exacerbadas as características rentistas do Estado e da sociedade venezuelana, atada à exportação de petróleo.

30. Há quem desde o começo assinalasse que, longe de ser uma construção alternativa, o paradigma da participação popular era confuso e tendia a impulsionar estruturas paralelas e paraestatais, "que não constituem uma autêntica mais-valia democrática". Na realidade, contribuem para o autoritarismo anárquico e para as formas da democracia plebiscitária (Saint-Upéry, 2008a, p. 138). Contrariamente a isso, sem muita base empírica, outros consideravam que se tratava de um processo de aprofunda-

Nesse sentido, em um balanço recente, Edgardo Lander sustentava que, além do fato de que na Venezuela existe uma experiência popular estendida, e em muitos lugares ainda atuante, quando o processo venezuelano se declarou socialista (2005-2006), começou a se institucionalizar uma organização mais rígida, sob a égide de um Estado disposto a controlar e dirigir os processos de maneira vertical na relação com a sociedade (Lander, 2015).

A morte de Chávez, em 2013, e o início de uma fase de profunda crise política e desabastecimento econômico estremeceram as conquistas realizadas ao longo dos quase quinze anos anteriores, ao mesmo tempo que mostraram o agravamento das tendências autoritárias do regime em um marco de aprofundamento da polarização sociopolítica. O pós-chavismo enfrenta, assim, problemas de toda índole, entre eles, a crise econômica e política: a herança do hiperpresidencialismo; as limitações do modelo rentista, baseado cada vez mais no extrativismo petroleiro e potencializado pelos novos programas de desenvolvimento apresentados em 2012; e, enfim, uma tendência cada vez maior ao fechamento repressivo perante as dissidências políticas.

....

mento da democracia, que tendia a construir um "socialismo de baixo" pela via das comunas, com o qual seria preciso ir até o fundo da institucionalidade paralela, na construção do poder comunal-popular (Mazzeo, 2015). Como sustentam María Eugenia Fréitez e Alexandra Martínez (2015), que realizaram uma interessante pesquisa de campo, ainda que os conselhos comunais tenham obtido *status* jurídico em 2006, com oito anos de trajetória, constituem mais "um desafio em construção do que uma realidade decretada". Em março de 2014, existiam cerca de 35 mil conselhos comunais e cerca de 850 comunas que se apresentam como estruturas de gestão e autogoverno, paralelas às prefeituras. Esses espaços implicam uma ampliação da participação, mas, ao mesmo tempo, sinalizam maior centralização na relação com o Estado. Ao mesmo tempo, conduzem a uma homogeneização das estruturas populares comunitárias e de bairro em uma única figura, do conselho comunal (Fréitez & Martínez, 2015, p. 5). Fica claro que os territórios comunais não são maioria na vida social, mas constituem uma realidade aberta, um espaço de empoderamento real que aspira a se converter na pedra de toque da construção de uma nova institucionalidade radical de autogoverno e descolonização, que permitiria, além disso, consolidar processos produtivos ligados à transformação da matriz extrativista e rentista (Fréitez & Martínez, 2015).

Para concluir, é necessário deter-se um instante nas diferenças entre as experiências do populismo plebeu desenvolvidas na Bolívia e na Venezuela. Enquanto na Bolívia o devir populista desembocou em uma *redução* das estruturas da rebelião, pois a narrativa populista subalternizou a narrativa indigenista, que incluía apelos à plurinacionalidade e a crítica ao extrativismo, na Venezuela a aposta populista e a entrada em uma nova etapa de polarização impulsionaram, ao longo de catorze anos de chavismo, uma radicalização da democracia participativa. Essas diferenças não são casuais: na Bolívia, o protagonismo social precedeu a ascensão de Evo Morales e, mais que isso, a condicionou e a tornou possível. Evo Morales nasceu das entranhas dos movimentos sociais, sem que isso o convertesse em um "governo dos movimentos sociais" — como alguns afirmaram com certa linearidade. Nesse sentido, as críticas mais agudas ao processo boliviano apontam para duas questões maiores: por um lado, como ocorrido no caso equatoriano, destacam-se as promessas não cumpridas do governo, vinculadas às autonomias indígenas e às políticas do Viver Bem (baseadas em uma visão ecocomunitária); e, por outro, apontam também para a dinâmica de concentração de poder na autoridade presidencial, cuja contraface é a subalternização dos atores sociais. Portanto, ocorreu o sequestro da energia social autônoma, que se expressou entre a Guerra da Água (2000) e a Guerra do Gás (2004). Em contraste, o triunfo de Hugo Chávez (militar proveniente das classes médias baixas e de origem mestiça) não foi tanto o corolário de um ciclo de fortalecimento das lutas sociais, mas muito mais resultante da crise e do esgotamento das forças políticas tradicionais. O processo de mobilização e de empoderamento social foi posterior, com Chávez no governo. Contudo, o chavismo deu expressão às demandas que percorriam a sociedade venezuelana havia vinte anos, impulsionando a renovação da democracia [liberal] com a criação de novas formas de democracia participativa. Por outro lado, cabe esclarecer, o contexto boliviano é hoje [2015] o menos polarizado de todos os governos populistas, enquanto o venezuelano, já sob o comando de Nicolás Maduro, em um contexto de crise econômica e preocupante supressão das liberdades políticas, se aproxima de maneira vertiginosa do fim do ciclo.

POPULISMOS DE CLASSES MÉDIAS: ARGENTINA E EQUADOR

Os populismos de alta intensidade do século XXI latino-americano ilustram também a vitalidade de processos de empoderamento de lideranças e elites provenientes das classes médias. Tanto o caso argentino como o equatoriano refletem essa condição: não conduziram a uma mudança na distribuição do poder social para baixo e não apresentam um caráter antielitista ou iconoclasta. São governos que, embora tenham sido montados com base em mobilizações populares, são nutridos por uma desconfiança originária nas mobilizações potencialmente autônomas das massas, as quais buscam tutelar e incorporar de diversas maneiras, seja pela estratégia da descorporativização (Equador) ou pela estratégia do chamado à inclusão.[31] O kirchnerismo emergiu como figura local do progres-

31. Por outro lado, é preciso esclarecer que na Argentina existe a crença de que a construção do nacional-popular como vontade coletiva contra-hegemônica foi e é monopólio exclusivo do populismo peronista. Essa identificação com o nacional-popular, que não existe em outros países, se explica pelo maior protagonismo político vivido por esse partido-movimento em diferentes momentos da história política nos últimos setenta anos. Ainda que antes pudesse ser incluído o yrigoyenismo, em seu caráter também movimentista, na Argentina o nacional-popular costuma ser identificado com o peronismo. Certamente, o Partido Justicialista, como sustentou Juan Carlos Torre, se constituiu como um sistema político em si mesmo. Na origem do peronismo, foram articulados discurso nacionalista e movimento operário com uma liderança fortemente centralizada e personalista, implementada pelo Estado (continuada inclusive desde o exílio). O caso argentino inclui os chamados "três peronismos" (Sidicaro, 2002): o fundacional de Perón (1945-1955), o breve período 1973-1976 e o peronismo neoliberal da década de 1990 — que pode ser lido como neopopulismo ou populismo de baixa intensidade (Menem, 1989-1999). Um quarto peronismo foi inaugurado por Néstor Kirchner em 2003 e continuado por Cristina Kirchner (2007-2015), que abriu as portas para a recriação de um populismo de alta intensidade. Novamente, e com uma já longeva história dentro dos populismos latino-americanos, o peronismo provou ser capaz de conter e controlar em seu seio as mais diversas correntes ideológicas, assim como voltou a dar provas de uma grande produtividade política. Não é estranho, portanto, que devido a uma combinação de lógica política e estratégia adapta-

sismo em 2003, depois da saída da grande crise de 2001-2002. O giro político esteve afinado com a orientação antineoliberal das mobilizações sociais e a mudança de época, em nível nacional e latino-americano. Em consequência, a Argentina da pós-convertibilidade começava a ser associada com a reativação econômica e industrial, ao compasso também do boom das commodities (principalmente, a soja e seus derivados). Contudo, o devir populista do kirchnerismo foi paulatino. Durante o governo de Néstor Kirchner (2003-2007), os movimentos táticos em busca de uma identidade progressista se articularam sobre dois eixos maiores: a reivindicação dos direitos humanos como política de Estado e o discurso latino-americanista. Também houve uma tentativa de construir uma força transversal progressista por fora do peronismo. Esta última tentativa, mais errática e prontamente descartada, outorgava um lugar às organizações *piqueteras* tributárias da matriz populista, que se integraram ao governo sob o nome politicamente correto de "organizações sociais".[32] Finalmente, o conflito que o governo de Cristina Kirchner, recém-empossado, travou com os produtores agrícolas, em 2008, foi o parâmetro para atualizar de maneira plena o legado populista.[33] Nesse marco, o governo conquistou a adesão ativa de

....

tiva, própria da amplitude e da plasticidade de seu marco ideológico, aqueles que foram fervorosamente neoliberais em uma etapa pudessem tornar-se nacional-populares na seguinte.

32. Não obstante, em termos de figuras militantes, essas forças não foram capazes de gerar uma épica alternativa à apresentada pela geração de 2001, nutrida pelo *ethos* autonomista e pela matriz classista. Em nossa perspectiva, isso se relaciona com a rejeição e o estigma perante as organizações *piqueteras* opositoras, para cuja instalação contribuíram os meios hegemônicos, as classes médias e o próprio governo durante a luta intensa levada a cabo no espaço público entre 2003 e 2004. O certo é, porém, que nem a reivindicação das lutas antineoliberais da década de 1990 nem a evocação de um *ethos* setentista — cada vez mais monopolizado pelo governo — chegaram a dotar de legitimidade um ator social que, definitivamente, continuava sendo visto por uma grande parte da sociedade como "classe perigosa", "lumpemproletariado residual" ou simplesmente como uma expressão do clientelismo de esquerda, amparado pelo novo governo.

33. A dinâmica virulenta adquirida pelo conflito econômico fez com que este adotasse claras dimensões políticas: tanto na resposta inflexível do

um grupo amplo de intelectuais e acadêmicos de corte progressista, que saíram em defesa da institucionalidade e realizaram uma leitura das mobilizações agrárias em termos de "conflito destituinte" e "golpismo sem sujeito".[34] Meses depois, o governo recobrou a iniciativa, e o esquema binário foi notoriamente reforçado com o conflito gerado pela Lei de Meios Audiovisuais (2009), que dessa vez enfrentou diretamente o multimidiático Grupo Clarín. Nesse setor, o governo impulsionou as medidas mais progressistas, entre elas a Lei do Matrimônio Igualitário, a nacionalização do sistema da previdência e, sobretudo, a Asignación Universal por Hijo [Bolsa universal por filho], medida sancionada por decreto presidencial, promovida há anos por partidos e organizações sociais progressistas opositoras.

A repentina morte de Néstor Kirchner abriu por completo as comportas ao populismo em sua clássica versão estatista. Esse fenômeno conduziu a duas consequências maiores: por um lado, consolidou o discurso binário como "grande relato" refundador do kirchnerismo, sintetizando a oposição entre um bloco popular e setores com poder concentrado (monopólios, corporações, *gorilas*,[35] antiperonistas). Como em outras épocas da história argentina, os esquemas dicotômicos, que começaram sendo princípios redutores da complexidade em um momento de conflito, terminaram por funcionar como uma estrutura de inteligibilidade da realidade política. Ao mesmo tempo, a dicotomia mobilizou um setor da juventude. Nesse marco, agrupações como La Cámpora,

governo (chamando-os de "piquetes da abundância") quanto na rápida reação de setores da classe média portenha, que saíram às ruas para apoiar os setores agrários, questionando o estilo beligerante do governo e servindo para reatualizar velhos esquemas de caráter binário que atravessam a história argentina e estão fortemente ancorados na tradição populista: civilização ou barbárie, peronismo ou antiperonismo, povo ou antipovo.

34. Para uma interessante análise da Carta Aberta, ver Beatriz Sarlo (2011).

35. Na Argentina, desde a década de 1950, os antiperonistas — civis ou militares — são chamados de *gorilas*. Inicialmente, o termo tinha conotação autoproclamatória, cunhado pelos próprios antiperonistas que promoveram e apoiaram o golpe de 1955. Com o tempo, porém, ganhou carga fortemente negativa. [N.T.]

fundada pelo filho do casal Kirchner, cresceram e se multiplicaram por todo o país, ao compasso de uma dupla militância: tanto dos altos postos do aparato de Estado como das bases, marcadas por um ativismo virtual mais que territorial, via blogs, Twitter e redes sociais.

Longe de mostrar uma polarização social entre setores de cima e de baixo, a luta ilustrava uma espécie de clivagem instalada no próprio coração das classes médias argentinas.[36] Esse cenário se viu agravado com a ruptura da aliança que o kirchnerismo tinha com o sindicalista Hugo Moyano,[37] quando o governo abandonou a via do populismo clássico (a *pata sindical* [braço sindical] como coluna vertebral), para se concentrar em seus aliados provenientes das classes médias. Assim, a base sindical do kirchnerismo ficaria reduzida a um setor da Central de Trabalhadores e Trabalhadoras da Argentina (CTA) vinculado a setores médios (professores e funcionários públicos), aos quais se somariam uma Confederação Geral do Trabalho (CGT) tradicionalmente peronista, já depurada de vozes dissidentes. Por último, fiel ao legado personalista da política latino-americana, o forte encapsulamento do

36. A luta intraclasse vivida entre 2008 e 2010 foi atualizada entre setembro de 2012 e agosto de 2013, quando massivas mobilizações protagonizadas por setores das classes médias voltaram a ocorrer: se a partir do kirchnerismo alguns se arrogavam o monopólio do progressismo e da representação das classes subalternas, em nome de um "modelo de inclusão social", na oposição outros setores médios mobilizados denunciavam a corrupção, criticando o crescente autoritarismo do regime, articulando um incipiente discurso em chave republicana (crítica 1 da análise apresentada anteriormente). Cabe agregar que a mobilização também tinha como objetivo impedir uma reforma constitucional, que habilitaria a presidenta a um terceiro mandato. Uma leitura similar à apresentada aqui, que entende o kirchnerismo como um "peronismo das classes médias", pode ser encontrada em Carlos Altamirano (em entrevista a Fabián Kovacic), "El kirchnerismo es el peronismo de las clases medias", *Brecha*, 9 set. 2016.

37. Isso significou o abandono dos últimos elementos plebeus do sindicalismo presentes no kirchnerismo e um maior protagonismo das organizações sociais (ex-*piqueteras*), inscritas em um marco diferente ao de 2003-2007, pois já em 2011 o espaço kirchnerista aparecia tensionado pela presença dominante da La Cámpora, organização que responde à ex-presidenta.

Poder Executivo foi configurando um modelo extremo de presidencialismo, pouco afeito ao debate democrático. Nesse contexto, que revela o domínio do aparato de Estado por parte dos jovens da La Cámpora e o estabelecimento das alianças sociais, o kirchnerismo terminou por se converter em um populismo de classes médias, que pretende monopolizar a linguagem do progressismo em nome das classes populares, via pela qual também buscava desqualificar outros setores mobilizados das classes médias.[38] Ao fim do governo de Cristina, também se buscou avançar sobre outros espaços (por exemplo, o Poder Judiciário).

Como consequência disso, a Argentina começou a transitar para um cenário de polarização, ainda que diferente de outros populismos do século XXI latino-americano. Em primeiro lugar, porque, além do progressismo, o modelo kirchnerista é profundamente peronista, capaz de combinar audácia política e um legado organizacional tradicional, que revela uma concepção pragmática da mudança social e da construção da hegemonia. Assim, a inflexão populista não é apenas resultado de uma relação histórica ou de um vínculo perdurável entre partido peronista e organizações sociais, mas responde a certa concepção de mudança social: aquela que deposita a perspectiva de transformação no giro da orientação política do governo, mais do que na possibilidade de um reequilíbrio de forças por meio das lutas sociais. Essa primazia do sistema político-partidário tende a se expressar em uma forte vontade de subordinação das massas organizadas à autoridade do líder (como ilustram, de maneira evidente, os sindicatos da outrora poderosa

38. Em minha opinião, outros elementos contribuíram para a erosão da imagem de um kirchnerismo triunfante, em sua versão unificadora: o primeiro foi a tentação hegemonista e o processo vertiginoso de fetichização do Estado, assentados sobre os avassaladores 54% de votos obtidos em 2011 por Cristina Kirchner em sua reeleição, e visíveis na crença governamental de que somente "o peronismo pode articular os interesses populares"; o segundo, a deterioração da situação econômica (inflação, precarização, política tributária regressiva, armadilha cambial, entre outros); o terceiro, o aprofundamento das alianças com as grandes corporações econômicas, partindo do agronegócio, passando pela megamineração, os hidrocarbonetos e os transportes.

CGT e, atualmente, as associações de desempregados oficiais, as organizações camponesas e de direitos humanos), por meio do modelo de "participação social controlada". Tal primazia organizacional ajuda a explicar o fato de que o kirchnerismo nunca teve interesse em impulsionar dinâmicas participativas potencialmente autônomas, como na Venezuela, nem processos de renovação institucional, como na Bolívia e até mesmo no Equador, que conduziram tais países — ao menos sob seus primeiros mandatos — a uma ampliação da fronteira de direitos.[39]

Como ocorreu em outros países da região, a emergência da liderança de Rafael Correa no Equador está vinculada à grande crise econômica e à erupção dos partidos tradicionais, que encontrou sua máxima expressão em uma insurreição popular, sobretudo na cidade de Quito, em abril de 2005, com panelaços, escrachos e outras formas de protesto que derrubaram o governo neoliberal de Lucio Gutiérrez e abriram caminho para uma agitada transição eleitoral.[40] Nesse sentido, no pano de fundo dessa rebelião estava presente o crescente protagonismo indígena, uma linha de acumulação histórica representada desde meados dos anos 1990 pela

39. Certamente, o kirchnerismo é um espaço heterogêneo, que aglutina setores provenientes da esquerda setentista (ex-militantes de organizações guerrilheiras, que já tinham se reconvertido durante a época do menemismo), ramos do Partido Comunista e do Partido Socialista, setores do partido progressista Frente Grande, diversas organizações territoriais (entre elas, várias ex-organizações *piqueteras*) e, nos últimos anos, setores da juventude de classe média, que compõem diferentes organizações políticas ligadas diretamente à presidenta Cristina Kirchner, entre elas, La Cámpora. Contudo, apresenta também numerosos elementos tradicionais: os setores mais empresariais do sindicalismo, os prefeitos da Grande Buenos Aires representantes do peronismo duro (*pejotismo*) e os governadores peronistas de forte matriz autoritária, tudo isso vinculado ao legado organizacional do Partido Peronista; todos atores fundamentais do tabuleiro político argentino. Para uma análise do peronismo em chave kirchnerista, ver também Sarlo (2011) e Juan Carlos Torre, "En el peronismo hay un alma permanente y un corazón contingente", *Página 12*, 23 jan. 2013.

40. A chamada "rebelião dos foragidos" ocorreu em abril de 2005. Assim como os levantes na Argentina de dezembro de 2001, sublevaram-se com o lema *Que se vayan todos* [Fora todos]. A respeito do tema, ver a excelente reconstrução de Franklin Ramírez (2005).

Confederação de Nacionalidades Indígenas do Equador (Conaie), uma das organizações de povos originários mais importantes da América Latina, cuja agenda política marcava o giro ecoterritorial das lutas (plurinacionalidade, defesa dos territórios e a crítica ao extrativismo).[41] Correa, que foi ministro da Economia do governo de transição (2005-2006), apresentou-se como um candidato *outsider*, com um novo partido, Alianza País, com forte discurso antineoliberal e anti-FMI.

Nesse contexto, a Revolução Cidadã suscitou enormes expectativas no início, pois teve a particularidade de articular diferentes matrizes sociopolíticas e narrativas críticas, desde aquelas representadas pelos movimentos indígenas até diferentes setores de esquerda. Nessa linha, a emergência popular encontrou seu corolário na Assembleia Constituinte de Montecristi (2008), onde convergiram diferentes movimentos sociais, indígenas, rurais e urbanos, ao lado de setores intelectuais de esquerda e ecologistas, posicionando-se claramente por um Estado plurinacional[42] e por uma democracia participativa. Assim, a nova constituição propunha várias inovações, entre elas, os direitos da natureza e o Bem Viver como meta do novo programa de desenvolvimento. O presidente da Assembleia Constituinte foi o reconhecido economista e ecologista Alberto Acosta, que, contudo, pouco antes do final do processo, optou por renunciar.

Uma das mudanças mais notáveis introduzidas por Correa foi o papel e o peso do Estado, que, diferentemente dos anos neoliberais, se erigiu como motor e direção da Revolução Cidadã. Como ocorreu na Venezuela, ali também houve uma recuperação do Estado na atividade petroleira, seguida de uma melhora na renda tributária e uma bateria de programas sociais (bolsas) destinados a reduzir a pobreza e aumentar o acesso da população de baixa renda

41. A Conaie realizou uma aliança política com Lucio Gutiérrez, mas abandonou o governo quando este promoveu uma guinada neoliberal.

42. A definição de Estado plurinacional já havia sido incluída na Constituição sancionada em 1998.

carente à saúde e à educação (Ospina, 2013).[43] O êxito desse programa, em um contexto de boom do preço do petróleo, outorgou legitimidade ao governo de Correa, tal como mostram os resultados eleitorais posteriores.[44]

O processo de construção hegemônica da Revolução Cidadã se guiou por uma dupla estratégia. Por um lado, reforçar a autoridade presidencial claramente debilitada depois de um longo período de instabilidade política. Por essa mesma razão, encontrou apoio nos elementos presidencialistas da nova Constituição. O presidencialismo, nesse sentido, foi acompanhado por uma forte dose decisória. Por outro lado, esse processo teve como complemento a estratégia de "descorporativização" da sociedade, que, embora apontasse para neutralizar a política da pressão de diferentes grupos particulares em um contexto de crise e de necessária construção da autoridade presidencial, tanto quanto para fomentar os valores cidadãos ou republicanos, também se constituiu como parâmetro privilegiado para desprestigiar os líderes dos movimentos sociais, descritos "como elites que defendem seus privilégios corporativos" (De la Torre, 2012, p. 26). Em consequência, debilitava qualquer tentativa de mobilização social autônoma. Com essa estratégia, o governo buscava enfraquecer a ação da Conaie — que havia sido a grande protagonista política nos movimentos sociais de resistência contra o ajuste neoliberal —, a qual passaria a ser

43. Ospina assinala que, nos primeiros anos da Revolução Cidadã, o imposto de renda foi aumentado, mas essa tendência se reverteu a partir de 2010-2011, provavelmente pelo aumento do consumo interno (Ospina, 2013, p. 161). Para um balanço sobre a política de bolsas, ver Stefanoni (2012) e Ospina (2013).

44. Segundo Carlos de la Torre, Correa foi o presidente que mais teve êxitos eleitorais no Equador: "Após assumir o poder, em janeiro de 2007, Correa ganhou as eleições pelo SIM no referendo para convocar uma Assembleia Constituinte em abril de 2007. Depois, seus candidatos obtiveram a maioria absoluta na Assembleia Constituinte em setembro de 2007. Aprovou a nova Constituição em setembro de 2008 e, em abril de 2009, foi eleito presidente pela segunda vez em um único turno, e seu movimento obteve maioria no Parlamento, que agora se chama Assembleia" (De la Torre, 2012). Essa tendência se confirmou com o acachapante triunfo de Correa nas eleições presidenciais de 2013, quando obteve 57% dos votos.

considerada um "grupo de pressão", ao mesmo tempo que serviria para enfrentar outros setores relutantes — como os professores vinculados ao maoísmo e outros sindicatos públicos.

Por outro lado, uma das frentes de conflito em relação ao extrativismo foi a resistência à entrada da megamineração. A Assembleia Constituinte propôs, em determinado momento, declarar o Equador "livre de mineração contaminante". Em abril de 2008, o governo decretou a caducidade de milhares de concessões mineiras ilegais e colocou projetos extrativos milionários sob suspeição. Porém, em janeiro de 2009, o Parlamento aprovou a nova Lei de Mineração, aprofundando o modelo extrativista.[45]

Nesse sentido, no início do mandato, um dos traços importantes foi o peso adquirido dentro do governo pela Secretaria Nacional de Planificação e Desenvolvimento (Senplades), que elaborou e difundiu um Plano Nacional de Desenvolvimento seguindo as linhas gerais da Constituição de Montecristi, que envolvia uma concepção integral de desenvolvimento, isto é, não apenas em termos da lógica produtiva e social, mas também entendida como "a conquista do Bem Viver em harmonia com a natureza e a prolongação indefinida das culturas humanas" (Plan Nacional de Desarrollo 2007-2010, p. 55). A elaboração desse plano incluiu mesas de discussão, nas quais participaram diferentes setores da sociedade equatoriana, assim como um processo árduo de sistematizações e consensos a respeito dos componentes. Em seguida, o *Plano do Bem Viver 2009-2013* pro-

45. Outro conflito emblemático foi o fracasso da aprovação da Lei de Águas abordada pelo Parlamento em 2010, que confrontou Correa com um conglomerado amplo de organizações sociais (incluindo aliados do governo, como a Federação Equatoriana de Indígenas Evangélicos). Diante da possibilidade de redistribuição de concessões, em um país onde a concentração das concessões de água é maior que a concentração de terras (1% das unidades produtivas concentra 67% da água), as organizações reivindicavam que a gestão da água estivesse não apenas em mãos públicas (Estado), como também comunitárias (sistemas de irrigação) (Ospina, 2009). Posteriormente, em 2013, o conflito pela suspensão do Projeto Yasuni-ITT e a impugnação da consulta popular impulsionada pelo movimento Yasunidos exemplificam a escalada extrativista do governo e a renúncia em adotar um modelo de transição rumo à saída do extrativismo, tal como se propunha inicialmente.

punha, além do "retorno do Estado", uma mudança no modelo de acumulação, transitando de um exportador primário a um desenvolvimento endógeno, biocentrado, baseado no aproveitamento da biodiversidade, no conhecimento e no turismo. Contudo, o *Plano do Bem Viver* esteve longe de ser cumprido. Ao contrário, as decisões do presidente e o rumo demarcado tipicamente dentro do neoextrativismo desenvolvimentista fizeram letra morta da Constituição e suas promessas, que passaram a ser reivindicadas apenas pelas organizações indígenas e pelos setores ambientalistas. Por último, a centralidade da Senplades daria conta de uma das características do governo de Correa: o apelo a saberes especializados "como um dos eixos de seus rituais de justificação política" (Ramírez, 2015).

Nessa linha, um elemento destacável era o peso cada vez maior do modelo meritocrático, incorporado por jovens e profissionais de meia-idade das classes médias, com títulos de doutorado. Inclusive, foram chamados de "gabinete dos PhD" (Ramírez, 2015). Tal ênfase na educação superior tinha como contrapartida a desconfiança com relação a outras dinâmicas ou formas de legitimação. Assim, sob a bandeira de descorporativização e ênfase meritocrática, o governo apontou para a limitação dos espaços autônomos e sua subordinação à tutela estatal.[46]

Por outro lado, grande parte do debate público enfrentado por Correa com os setores de direita esteve vinculado ao peso do Estado no setor público (que passou de menos de 25% em 2006 para quase 50% em 2011) e ao "descontrole" do gasto público (Ospina, 2013, p. 156-7). Nesse sentido, a polarização apresentava, em um dos extremos, os meios de comunicação, veículos que, como em outros países latino-americanos, tinham agendas abertamente políticas e tendiam a substituir os desprestigiados partidos, sobretudo conjugando a

46. Exemplo disso é o que ocorreu com a Conaie. Tal organização já havia avançado na conquista de certos espaços de autonomia dentro do Estado central (havia uma direção de educação bilíngue manejada pelas organizações, um Conselho de Planificação e um fundo para os povos indígenas). Com o argumento de que era corporativo, tudo isso foi desmontado, e os assessores dos povos originários, que ocupam lugar de menor hierarquia, hoje são escolhidos por concursos de mérito e antecedentes (Ospina, 2013, p. 194-5).

defesa do *status quo* (em termos econômicos) com a das liberdades políticas. Assim, para ganhar a batalha cultural, tal como sucedeu em outros países (Venezuela, Argentina, tendencialmente Bolívia), o governo criou sua própria estrutura de comunicação e enfrentou uma intensa e agressiva campanha publicitária, fazendo uso desmedido da transmissão em cadeia nacional (o ex-presidente Correa contava, além disso, com um programa televisivo semanal, *Enlace ciudadano*). Ou seja, empregava-se o típico repertório de ação em disputas comunicacionais contra os grandes ou médios veículos de imprensa, que hoje faz parte dos manuais da polarização contextualizados nos populismos latino-americanos do século XXI.

Mas o conflito travado por Correa contra os meios de comunicação se traduziu em medidas dificilmente defensáveis, o que o debilitou politicamente e desprestigiou o governo em nível internacional.[47] Correa enfrentou, além disso, uma rebelião policial que derivou em uma confusa tentativa de golpe de Estado em 2011. Imediatamente depois, convocou uma consulta popular com dez perguntas, cinco das quais supunham emendas à recém-aprovada Constituição, várias delas com caráter regressivo. "As duas primeiras pretendem substituir a caducidade da prisão preventiva e restringir as medidas substitutivas de privação de liberdade com o argumento de combater a delinquência [...]. A quarta e a quinta modificam a integração dos máximos órgãos judiciais, dando ao Executivo e ao Parlamento ingerência em sua nomeação".[48] Tais restrições à liberdade alcançavam também o campo da expressão política. Por último, a resposta à conflituosidade socioambiental

47. Em 21 de março de 2011, foi aberto um processo por injúria contra o editor-chefe do jornal *El Universo*, por causa de um editorial no qual chamava Correa de "ditador". Em tempo recorde, quatro meses depois, foi dada a sentença, que condenava o editorialista a três anos de prisão e ao pagamento de uma indenização de quarenta milhões de dólares pelo jornal. Nem a celeridade com a qual a Justiça produziu a sentença nem a desproporção da pena imposta tinham precedentes no país. Embora tenha sido o caso com maior repercussão pública, está longe de ser o único. Em 2011, contavam-se vinte processos contra a imprensa no Equador (*apud* Ospina, 2013).
48. Raúl Zibechi, "Ecuador: el Estado fuerte y la criminalización a los movimientos", *Cetri*, 22 mar. 2011.

foi a criminalização e a judicialização do protesto, que derivou em processos penais contra os porta-vozes de organizações, bem como no banimento de personalidade jurídica e expulsão de ONG.

O que resenhamos até aqui explicita o debilitamento e a perda de autonomia das organizações sociais (sobretudo indígenas, ecologistas, estudantis), ao lado do início de uma etapa de maior disciplinamento da sociedade e restrições das liberdades, encontrando como contrapartida o fortalecimento e a concentração do poder na figura presidencial. Enquanto as referências à Constituição de Montecristi ficavam cada vez mais frágeis, o modelo que se consolidou no Equador era cada vez mais próximo de um regime católico conservador, mais ainda do que das bandeiras da esquerda ecológica e nacional que acompanhou Correa em sua ascensão ao poder. Nesse sentido, com o passar dos anos, o hiperpresidencialismo e o modelo meritocrático ganhariam maior autonomia à medida que se reduziam os espaços de participação independentes das organizações sociais e, em geral, da cidadania, sob o esquema da participação controlada, tutelada pelo Estado.[49]

Em suma, ainda que os populismos argentino e equatoriano apresentem traços diferentes, não deixam de ilustrar uma tipologia comum, à medida que o processo de construção hegemônica mostra uma espécie de expropriação/ressignificação da energia social mobilizada em favor de um setor dirigente das classes médias, com um corte visivelmente meritocrático do correísmo, que não aparece no populismo kirchnerista, sendo este último mais ligado a um aparato cultural-midiático e à disputa discursiva contra os

49. Um balanço crítico da Revolução Cidadã, realizada por diferentes autores em 2015, afirma: "A tutela estatal e a submissão da sociedade civil se realizam por múltiplas vias, como pretender transformar a comunicação em um simples serviço público. Além da discussão sobre a maior ou menor autonomia relativa do Estado no que diz respeito aos grupos de poder nacionais e transnacionais, o que conta no correísmo é colocar em marcha uma máquina burocrática legalizada e eficiente, dócil e atrativa. É preciso normalizar, disciplinar e ordenar a sociedade; para isso serve, por exemplo, o novo Código Penal, com claros traços repressivos, a perseguição ao humor dos caricaturistas e inclusive a proibição de vender cerveja aos domingos" (VV.AA., 2015).

múltiplos meios da oposição. Por outro lado, enquanto o Equador catapultou à liderança um acadêmico e economista *outsider*, Rafael Correa, que deixou a crise dos partidos políticos tradicionais para trás e construiu sua própria força (Alianza País), na Argentina o retorno à "normalidade política" veio de mãos dadas com o tradicional partido peronista, sob Néstor Kirchner, que conseguiu interpelar amplos setores da sociedade com algumas políticas inovadoras e em um contexto de decolagem do crescimento econômico (boom das commodities). Mas, enquanto o kirchnerismo buscou legitimar-se pela via histórica, apelando ao imaginário do peronismo infinito (as fotos de Perón e Eva Perón, assim como do casal presidencial, Néstor e Cristina Kirchner, multiplicaram-se desde 2008-2010), o correísmo aparece como um ponto zero, erigindo-se como uma espécie de demiurgo absoluto e fazedor da história.

Existem outros elementos diferenciadores, relativos à radicalidade da experiência equatoriana e às inovadoras discussões desenvolvidas no país (Bem Viver, direitos da natureza), os quais não tiveram correlatos na experiência argentina, onde a crítica ao extrativismo nunca esteve na agenda política e pública. Na ordem dos "populismos concretos", na Argentina a matriz populista tende a expulsar ou apagar deliberadamente outros conflitos – assim como outras formas de expressão do popular –, que ficam excluídos do binarismo.[50] Ao contrário, no Equador, isso se torna mais

50. Ao longo de doze anos, o kirchnerismo se encaminhou para a consolidação de modelos de mau-desenvolvimento caracterizados por uma matriz extrativista e reprimarizadora, cujos impactos negativos e limitações são cada vez mais evidentes. O caso emblemático é o modelo da soja: em vez de pensar em uma transição e uma saída da monocultura, o governo argentino redobrou a aposta com o Plano Estratégico Agroalimentar 2010-2020, que propõe um aumento de 60% da produção, com efeitos em termos de desmatamento, expansão da fronteira agropecuária e, portanto, de maior criminalização e repressão a populações camponesas e indígenas, o que já conhecemos. A isso somamos o projeto da nova Lei de Sementes, que avança no sentido da mercantilização; além dos efeitos sociossanitários do glifosato que começam a vir à tona e dos novos convênios com a Monsanto, que estão suscitando muitos conflitos em Córdoba. No entanto, nem mesmo a oposição política possui uma proposta de transição para os dilemas apresentados pelos atuais modelos de mau-desenvolvimento.

difícil, devido à importante presença das problemáticas indígenas e socioambientais na agenda política e midiática. Por isso o sentimento de "traição" ou de "promessas descumpridas" percorre o correísmo, relacionado tanto ao modelo de desenvolvimento pós--extrativista como às demandas de participação e extensão do Estado plurinacional. Diferentemente, na Argentina, o kirchnerismo nunca alentou esse tipo de promessa, de maneira que o tema do extrativismo (relativo à presença de movimentos e assembleias contra a megamineração) sempre constituiu um ponto cego para o governo e seus porta-vozes intelectuais.[51] Por último, ainda que resulte quase um lugar-comum, em um caso ou outro, esse processo de empoderamento e liderança das classes médias não é alheio à origem social de seus líderes — o casal Kirchner, profissionais de classe média; Rafael Correa, professor universitário. A centralidade adquirida pelo lugar do líder potencializa a importância desses elementos de caráter biográfico ou individual.

Salvo exceções, o retorno do populismo de alta intensidade se opera em um contexto acadêmico que não aceita com facilidade o uso tradicionalmente pejorativo do conceito. É muito provável que o trabalho teórico de Ernesto Laclau tenha influenciado essa mudança, embora certamente seja ingênuo e pretensioso pensar que isso explica tudo. O caráter bicéfalo do populismo impulsionou um olhar mais complexo do fenômeno, que possui também

51. Quanto às demandas camponesas-indígenas contra o extrativismo, ficam excluídas do discurso (soja, megamineração, *fracking*), ou ainda incluídas na linguagem do nacional-popular (sob uma bateria de programas sociais ou de estratégias de inclusão pela via de reivindicação da agricultura familiar). Sobre as exigências de inovação institucional (democracia participativa e direta), caem na armadilha do dispositivo de poder peronista, muito ligado ao legado organizacional, mas pouco inclinado a realizar qualquer reforma política que implique empoderamento das organizações sociais, por fora do aparato do partido.

uma tradição teórica. Para dizer em outros termos, passamos de variadas formas de apropriação heterônoma do conceito de populismo, dominadas por visões desqualificadoras, para a coexistência (muitas vezes conflituosa) de diferentes modos de apropriação: positivos, negativos, ambivalentes. Isso explica a existência de uma pluralidade de leituras, não apenas em virtude da sobrecarregada história política latino-americana, mas, sim, dos giros conceituais e políticos a que temos assistido.

Em contrapartida, foi recorrente o reducionismo político-midiático para fazer apologias exultantes ou refutações raivosas. Em outras palavras, todo ensaio de complexificação, aprofundamento e agudeza que se deve praticar no campo da pesquisa político-acadêmica se debilita ou morre quando penetra no campo político-midiático, já que apenas são admitidas as respostas unidimensionais, carregadas de valoração — seja negativa ou positiva —, muito dependentes do contexto de polarização vigente. É certo que a tensão aninhada no coração do projeto populista revela uma vez mais o que Arditi denominou de "a estrutura indefinível do populismo". Porém, tal indecisão não pode nos desresponsabilizar do desenvolvimento de uma visão crítico-compreensiva, que exige a necessidade dos percursos nacionais e a compreensão dos processos históricos.

É por isso que proponho a distinção entre populismos plebeus e populismos de classes médias, que estão longe de pretender estabelecer uma diferença entre populismos bons ou maus. Na realidade, enquanto os populismos plebeus apostaram na participação desde baixo, muitas vezes desordenada ou anárquica (sobretudo na Venezuela; com traços mais corporativos na Bolívia), ou buscaram criar uma nova estrutura político-jurídica para dar conta de uma realidade plural (Estado plurinacional), os populismos de classes médias só apontaram para a participação como uma espécie de declamação retórica, substituindo a inovação institucional e a busca de um horizonte de igualdade pelo paradigma mais confuso e estreito da "inclusão social".

Reflexões finais

Os debates explorados neste livro ilustram o cruzamento de rotas entre diversas disciplinas, que incluem a teoria social, a história das ideias e o pensamento político e econômico latino-americano. Nosso objetivo foi, por um lado, realizar uma sociologia das ausências (Boaventura de Sousa Santos), recuperando certos temas e debates que percorreram a história das ciências sociais e humanas na América Latina, caracterizadas (como sinalizamos) por um déficit de acumulação, o que conspira contra a possibilidade de seu real reconhecimento e de sua necessária transmissão, dentro e fora do continente. Assim, na primeira parte do percurso, a reconstrução trouxe à luz alguns dos debates fundamentais da nossa história latino-americana, visibilizando um conjunto de categorias explicativas e de visões teóricas que tendem a ser esquecidas ou simplesmente desvalorizadas nas linguagens das ciências sociais dominantes na região. Assim, vimos a emergência tanto de conceitos críticos como de conceitos-horizonte, que abrem outros caminhos paralelos ou para além do discurso hegemônico. Na atualidade, categorias críticas como "pós-desenvolvimento", "extrativismo", "pós-neoliberalismo" e categorias-horizonte como "Estado plurinacional", "bens comuns", "Bem Viver", entre outras, são conceitos em construção que articulam o novo pensamento latino-americano do século XXI, elaborado de maneira vinculada aos processos de mobilização dos setores subalternos, às suas demandas de mudança social e às suas gramáticas políticas.

Por outro lado, um segundo objetivo foi dar conta da atualidade, sinalizando não apenas a reemergência desses quatro debates, como também a relação existente entre eles: sobre o lugar do indígena, do desenvolvimento, da dependência e do populismo. Em função disso, proponho um desfecho em dois movimentos: o primeiro, com uma breve passagem pelas disciplinas e enfoques que hoje retomam tais temas; e, o segundo, com a tentativa de abordar ao máximo esses debates e suas articulações atuais.

ENFOQUES E LINGUAGENS

Na América Latina, as ciências sociais surgiram em torno de uma tensão constitutiva, marcada pela tendência à profissionalização e ao envolvimento na busca de soluções dos grandes problemas sociais. O fato de haverem se dedicado à análise de processos concretos não quer dizer que não tenham também estimulado um processo de compreensão global. Na verdade, uma parte importante das ciências sociais (pensemos na sociologia política e na economia política, por exemplo) se estruturou em torno das grandes perguntas sobre as características do capitalismo periférico e o modo como este impactava os processos de dominação e a expectativa (ou não) de mudança social. Além disso, a possibilidade de incidir nos problemas das respectivas sociedades é o que propiciou, segundo De Sierra, Garretón, Murmis e Trinidade, "maior incidência relativa dos discursos ideológicos na academia, assim como a tendência a vincular-se à política, aos partidos e aos governos" (De Sierra *et al.*, 2007, p. 21).

Na atualidade, há uma série de perspectivas críticas em sintonia com os enfoques da colonialidade do saber (Quijano, Lander, Castro-Gómez), do colonialismo interno (Silvia Rivera Cusicanqui) e da epistemologia do Sul (Boaventura de Sousa Santos) que defendem a necessidade de outras visões analíticas. Consciente de que toda pretensão de esgotamento é impossível, tratarei a seguir de resumir os enfoques e disciplinas que, na América Latina, retomam grande parte dos debates apresentados neste livro.

Uma das abordagens mais inovadoras é a ecologia política, que encontra diversos autores-referência na região, entre os quais se destaca Enrique Leff. Para ele, a ecologia política coloca em questão os processos de mutação mais recentes da condição existencial do ser humano, não apenas os conflitos de distribuição ecológica, mas também as relações entre a vida das pessoas e o mundo globalizado. Leff sustenta que a contribuição fundamental da ecologia é política, não apenas epistemológica, à medida que aponta, por um lado, para a desnaturalização da natureza, das condições "naturais" de existência, dos desastres "naturais" e, por outro, para a ecologização das relações sociais (Leff, 2006). Para Leff, a ecologia política é um território em disputa, no qual se constroem novas identidades culturais em torno da defesa da natureza, culturalmente ressignificada, por meio das lutas de resistência hoje existentes.[1] Lutas que, como apresentamos, hoje se definem contra as diferentes formas de extrativismo ampliadas pelo continente e em defesa de outras linguagens de valoração do território. Da ecologia política advém também uma nova epistemologia política, cuja vontade de integração e complementariedade de conhecimentos transborda o projeto interdisciplinar, "reconhecendo as estratégias de poder e reconduzindo à ideia de diálogo e encontro de saberes". Por último, a ecologia política propõe uma nova racionalidade ambiental — centrada na defesa da produção e da reprodução da vida —, desafia a imaginação sociológica e indaga os imaginários sociais da sustentabilidade, confrontando os saberes estabelecidos com uma mudança nas crenças e valores, em favor de outros modos de compreensão e habitabilidade do mundo (Leff, 2014, p. 136).

Também é necessário incluir os aportes da história ambiental, a partir do estudo "de temas como a adaptação das sociedades humanas aos ecossistemas, a transformação destes como efeito das tecnologias ou das diferentes concepções da natureza". Segundo Héctor Alimonda (2011, p. 28-30), o campo da história ambiental está se expandindo notavelmente na América Latina, através da Sociedade Latino-Americana e do Caribe de História Ambiental (Solcha). No cruzamento com a ecologia política, Alimonda propõe uma definição da história ambiental que sinaliza uma afinidade com o programa modernidade/colonialidade, ao complementar o "giro decolonial" com um giro "natural-colonial" (ou a colonialidade da natureza). Conceitos como de assincronia e excentricidade — que o autor retoma do colombiano German Palacio — seriam traços derivados da colonialidade (Alimonda, 2011, p. 36).

1. Já foi dito que, nesse campo, o grupo de estudos de ecologia política coordenado por Héctor Alimonda teve papel pioneiro na América Latina, com o qual confluem vários dos representantes mais conhecidos da ecologia do continente, entre eles Enrique Leff, Henri Acselrad, Guillermo Castro Herrera, Roberto Guimarães, Marcos Gandásegui e Arturo Escobar.

Por outro lado, há décadas vários especialistas desenvolveram uma visão inovadora a partir da economia ecológica, estudando os novos conflitos marcados por uma redistribuição desigual dos riscos ambientais, sobretudo o catalão Joan Martínez-Alier, que mantém um diálogo permanente e fluido com intelectuais e perspectivas críticas da América Latina. Precocemente, Martínez-Alier batizou os movimentos pela justiça ambiental, próprios dos países do Sul ou da periferia, de "ecologia popular" ou "ecologia dos pobres". Essa divisão assimétrica do trabalho, que repercute na distribuição dos conflitos ambientais, prejudica sobretudo as populações mais vulneráveis e indefesas. Por último, a crescente conexão entre lutas ecológicas e lutas de setores populares faz com que as lutas anticapitalistas sejam, ainda que não o saibam, lutas ecológicas (Martínez-Alier, 2004).

Em uma linha próxima de pensamento, na qual aparece problematizada a questão do espaço, do território e das relações sociais, inserem-se as contribuições dos geógrafos críticos brasileiros, entre os quais se destacam Milton Santos, Carlos Porto-Gonçalves e Bernardo Mançano. Como afirma este último, "convivemos com diferentes tipos de territórios produtores e produzidos por relações sociais distintas, que são disputados cotidianamente" (Mançano Fernandes, 2009). Essa disputa se realiza em um espaço complexo, no qual se entrecruzam lógicas de ação e racionalidades portadoras de valorações diferentes. A expansão da fronteira extrativa pela mineração metalífera de larga escala, o avanço dos hidrocarbonetos, o agronegócio em suas variadas formas, entre outros, podem ser pensados como exemplos paradigmáticos, nos quais vão sendo geradas não apenas uma "tensão de territorialidades" (Porto-Gonçalves, 2001), como também uma visão da territorialidade que se apresenta como excludente de outras existentes (ou potencialmente existentes). Nesse contexto, é preciso incluir também a "geografia do dissenso", que há décadas vem sendo desenvolvida por Henri Acselrad (2005) para mapear os conflitos ambientais nos quais a sociedade civil questiona o modelo de desenvolvimento, espacialmente configurado pelo Estado.

Em sintonia com tais perspectivas, está a sociologia política crítica, que se propõe a elaborar aqueles conceitos de alcance intermediário e as ferramentas analíticas necessárias para um estudo da dinâmica estabelecida entre a estrutura social e os sujeitos sociais, ou seja, entre as formas de acumulação de capital e as mudanças nas subjetividades sociais, as transformações no papel do Estado, as características e dinâmicas do sistema político, a produção sociodiscursiva a partir dos espaços de poder. Certamente, foi nos anos 1960, com o debate sobre a marginalidade e, posteriormente, com a análise dos movimentos sociais urbanos, que o território foi erigido como lugar privilegiado de disputa, a partir da implementação das políticas sociais compensatórias, de caráter focalizado, desenhadas pelo poder e com vistas ao controle e à contenção da pobreza. Contudo, em épocas mais recentes, o território se converteria também no centro de reivindicações dos movimentos camponeses, indígenas e socioambientais, a partir das novas modalidades de apropriação de capital nos espaços considerados estratégicos. Nessa linha interpretativa, inserem-se diversos aportes críticos, que incluem nomes como Norma Giarracca, Miguel Teubal, Raúl Zibechi, Horacio Machado Aráoz, Mirta Antonelli, Pablo Ospina, Mina Lorena Navarro, Raphael Hoetmer, entre muitos outros enfoques que, como os da autora deste livro,[2] destacam em suas análises a importância do território e da territorialidade nos movimentos urbanos e rurais, pois o território aparece como um espaço de resistência e também, progressivamente, como um lugar de ressignificação e criação de novas relações sociais. Assim, os movimentos sociais latino-americanos devem ser entendidos como movimentos socioterritoriais. Nessa perspectiva, o processo de ambientalização das lutas sociais (Leff, 2004) pode ser lido como um giro ecoterritorial das lutas (Svampa, 2012a). Tampouco podemos desconhecer que esse enfoque analítico sobre os movimentos sociais deve se vincular à perspectiva da autonomia, que remete à demanda de "autodeterminação", o que em chave contemporânea quer dizer centralmente o reconhecimento da diversidade e da

2. Nesse tema, incluo também os aportes de outros pesquisadores da equipe que venho coordenando nos últimos anos, entre os quais se encontram Marian Sola Álvarez, Lorena Bottaro, Florencia Puente e Ariel Slipak.

diferença, mas também a possibilidade de construir um âmbito do comum, devidamente distante do mercado e do Estado.

Por último, os olhares críticos convergem com a perspectiva pós-desenvolvimentista de caráter interdisciplinar, que inclui aportes teóricos e analíticos de ambientalistas como Eduardo Gudynas e de economistas críticos como Alberto Acosta, antropólogos como Arturo Escobar, cientistas políticos como Luis Tapia e Raúl Prada e sociólogos como Edgardo Lander, entre tantos outros que propõem uma linha original, abrindo portas a outras abordagens e linguagens de valoração para se pensar as possíveis transições ao pós-extrativismo. Fazem-no por meio de um marco epistemológico alternativo ao dominante, que indaga e reúne conceitos potentes como Bem Viver e direitos da natureza, junto à sustentabilidade hiperforte, à racionalidade ambiental e à ética ambiental.

Em suma, a ecologia política, a economia ecológica, a geografia crítica ou do dissenso, a sociologia política e a perspectiva pós-desenvolvimentista convergem na aposta de construir um paradigma baseado em uma relação diferente entre sociedade e natureza, entre espaço e relações sociais, entre sujeitos coletivos e democracia. Ao meu juízo, esse campo intermultidisciplinar em construção, que vai se configurando em debate com as perspectivas dominantes (tanto aquelas que pregam o neoliberalismo como o neodesenvolvimentismo progressista), tem uma grande potencialidade, pois busca articular pensamento crítico, sujeitos coletivos e defesa da vida.

Em segundo lugar, ainda que seja difícil reduzi-la a uma determinada corrente ou escola, existe também a perspectiva indianista expandida em diferentes países da região latino-americana, que promove ativamente os debates teóricos e políticos contemporâneos, sobretudo aqueles ligados às diferentes dimensões da descolonização, tanto do ponto de vista político como epistemológico. A perspectiva indianista está associada à reemergência indígena que a América Latina vem testemunhando desde os anos 1970, assumido o fracasso do projeto integracionista sintetizado pelos governos nacional-desenvolvimentistas e, posteriormente, pelo projeto neoliberal atrelado ao multiculturalismo. Tal perspectiva teve e tem diferentes expressões político-sociais, entre as quais se destaca o movimento katarista da Bolívia, por seu trabalho de reelaboração e reinvenção do indígena.

Como pudemos ver ao longo do capítulo dedicado à problematização do indígena, a reivindicação ou reinvenção do indígena está associada também à consolidação do paradigma dos direitos coletivos na agenda internacional. Ou seja, a perspectiva indianista surge da conjunção de duas cenas: uma nacional-regional, que dá conta do avanço das lutas indígenas, em chave ao mesmo tempo política e cultural; e uma cena internacional, a partir da criação da ONU, após o fim da Segunda Guerra Mundial, âmbito no qual a perspectiva da descolonização abre caminho para uma nova agenda de reconhecimento e enunciação dos direitos coletivos e, progressivamente, da autonomia dos povos. A articulação dessas duas cenas e o fracasso dos projetos assimilacionistas abriram um novo cenário na América Latina, visível no trabalho de reinvenção identitária, assim como no empoderamento de organizações e intelectuais indígenas pela utilização de ferramentas jurídicas inovadoras, ligadas a conceitos como autonomia, território e Estado plurinacional.

Por último, quero destacar a emergência de um pensamento ligado aos feminismos do Sul, ou feminismos populares, sobretudo vinculados a um paradigma alternativo da relação sociedade/natureza. É reconhecido que na América Latina — e, em geral, nos países do Sul — as mulheres têm um protagonismo maior nas lutas sociais e nos processos de auto-organização coletiva. Isso é o que se começou a chamar de processo de "feminização das lutas", que alude centralmente ao papel das mulheres, sobretudo daquelas provenientes dos setores populares e médios, assim como de coletivos culturais que participam nas organizações indígenas, movimentos socioterritoriais e diferentes ONG ambientalistas. Da minha perspectiva, devemos comparar essa dinâmica de feminização das lutas com o processo de ambientalização das lutas sociais. Esse devir popular do feminismo, que inicialmente não se reconhece como explicitamente feminista, apresenta propostas de continuidades e rupturas com as correntes feministas anteriores, como o feminismo clássico, mais ligado às classes médias. Em termos de rupturas, os feminismos populares implicam uma ampliação das temáticas de discussão em relação ao feminismo liberal, pois busca debater temas como terra, territórios, corpos e representações. Assim, outro elemento de ruptura é a ênfase na ecodependência.

Nessa última linha, registrou-se um progressivo desenvolvimento e valorização da perspectiva ecofeminista. Ainda que o termo "ecofeminista" tenha nascido nos anos 1970 e sejam numerosas as autoras que se inscrevem nesse campo, foi nos últimos anos que suas ideias tiveram maior difusão. Dois temas contribuíram para a formação da teoria ecofeminista: a necessidade do domínio como fórmula para a afirmação do humano se refletiria no plano das relações interpessoais e também no plano do humano com a natureza. A partir disso, o ecofeminismo fará uma interpretação similar da relação entre o domínio de um gênero sobre o outro e o domínio do ser humano sobre a natureza, como expressão da lógica de dominação, ou da lógica identitária, dando a entender uma mesma ideia básica: a justificação do domínio e da marginalização baseadas na desvalorização do que é considerado diferente — nesse caso a mulher perante o homem e o natural perante o humano. Em segundo lugar, o outro tema é o caráter crítico e libertador da ecologia, que questiona a visão dualista/cartesiana mente/corpo e busca suprimir as relações hierárquicas entre natureza humana e não humana. Assim, o ecofeminismo tratará de aproveitar esse veio emancipatório da ecologia (Ramírez García, 2012).

Por outro lado, como já assinalamos neste livro, o ecofeminismo e a economia feminista destacam o paralelismo entre a exploração da mulher e a da natureza por meio do trabalho reprodutivo, invisibilizado e não reconhecido. O ecofeminismo propõe a eliminação da marginalização feminina mediante o reconhecimento social dos valores atribuídos às mulheres e a necessidade de estender a presença social desses valores, ligados à ética do cuidado, como alicerce de um novo paradigma que altere o estado atual das relações entre ser humano e natureza. Os valores relacionados ao cuidado são considerados a base de uma ética diferente, assentada na responsabilidade, na reciprocidade e na solidariedade. Dessa perspectiva, o ecofeminismo é, como diz Alicia Puleo, uma aposta na "universalização da ética do cuidado aos humanos e à natureza". Isso não significa que as mulheres devam adotar um ponto de vista sacrificial, mas, antes, que os homens devam adotar tal ética.

Parafraseando o filósofo equatoriano Bolívar Echeverría (2002),[3] os feminismos populares e o ecofeminismo são portadores de um *ethos* desafiante, porque, diferentemente do princípio estruturador do capitalismo, que emana do valor mercantil das coisas, postulam um *ethos* pró-comunal e popular-comunitário,[4] que aponta para estruturar a vida a partir de um *telos* qualitativamente definido e que atua pelo valor de uso das coisas a partir da dinâmica de sua consistência prática. Na atualidade, diante do avanço do cercamento e do sequestro do comum, as novas resistências apontam para a criação de espaços de comunidade e formas de sociabilidade, ou seja, campos de experimentação coletiva que reivindicam a produção e a reprodução do comum, para além do Estado e do mercado. Assim, a ideia de um *ethos* pró-comunal serviria tanto para pensar as dimensões comunitárias preexistentes na América Latina como as dimensões políticas atuais das resistências, orientadas ao cuidado dos bens comuns e a uma democracia radical.

Em resumo, são diferentes os enfoques, as linguagens e as disciplinas que hoje, na América Latina, questionam o colonialismo epistemológico e convergem para a crítica ao avanço da mercantilização da vida e dos bens comuns na região. Isso não é casual, pois a crítica ao extrativismo e os reposicionamentos sobre os governos progressistas trazem à luz outros temas e debates clássicos do pensamento latino-americano, como a questão do lugar dos povos originários nos marcos dos modelos de desenvolvimento vigente,

3. Bolívar Echeverría (2002) considerava que, se a cultura é uma dimensão constitutiva do político, o *ethos* histórico moderno nos fala, então, daqueles comportamentos políticos espontâneos que um grupo humano adota para neutralizar, institucionalizar ou resistir diante da contradição inerente ao fato capitalista e ao processo de alienação do político que o caracteriza. Ou seja, o *ethos* nos fala das formas como se organizam a vida política e a sociabilidade de um grupo humano na modernidade. Sobre o tema, ver também Lucia Linsalata (2011).

4. Raquel Gutiérrez Aguilar, "Horizontes comunitarios de lo político y la política", *Horizontes Comunitarios*, 17 jan. 2014.

a constante recriação da situação de dependência e o regresso dos populismos infinitos.

A ARTICULAÇÃO DOS DEBATES

Uma consideração geral, várias vezes repetida neste livro e sustentada por diversos autores, é que a América Latina não responde ao modelo "canônico" usualmente observado nas sociedades ocidentais (Europa e Estados Unidos). Desajuste, assimetrias, heterogeneidade estrutural, sobreposições *abigarradas*, deslocamentos e, sobretudo, a dependência como grande marco-mestre e o populismo como especificidade, todas essas são categorias que refletem precisamente a dificuldade de apreender a estrutura social latino-americana, suas classes sociais, seus processos de mobilização e seus regimes políticos sob uma perspectiva "normalizadora" ou nos moldes preestabelecidos — tal como se pretendia fazer tanto a partir da teoria da modernização quanto do marxismo ortodoxo.

Nessa linha é que deve ser compreendida também parte dos debates abordados neste livro. O primeiro, sobre a problematização do indígena, ao considerarmos que é um lugar-comum do pensamento latino-americano negar ao indígena sua condição de ator político pleno, em função das leituras classistas ou de esquemas modernizadores que assimilavam o étnico e o cultural ao atraso social, econômico e, evidentemente, de classe. Tanto a multiplicação das clivagens e conflitos como a revalorização do étnico nas últimas décadas e o empoderamento político dos setores indígenas debilitaram a força explicativa dos esquemas clássicos de leitura, que ainda assim estão longe de desaparecer. Além disso, fica claro que o caráter incompleto ou semipleno das classes não se refere somente aos setores subalternos (urbanos, rurais, formais, marginais, camponeses, indígenas), mas também às classes dominantes (oligarquias tradicionais e burguesias locais), impossibilitadas de se tornarem verdadeiras classes dirigentes ou burguesias nacionais; sem esquecer, claro, as não tão "progressistas" classes médias.

Na atualidade, são numerosos os debates em torno da descolonização que conduzem a uma nova valorização do indígena, de suas dinâmicas políticas e horizontes emancipatórios. Uma das diretrizes mais mobilizadoras que percorre tais debates é o Bem Viver, *Sumak Kawsay* ou *Suma Qamaña*, vinculado à cosmovisão indígena andina. No momento, o Bem Viver é uma superfície ampla sobre a qual se inscrevem diferentes sentidos emancipatórios. Nisso, o comunitário aparece como marco inspirador e núcleo comum, para além das dificuldades de traduzi-lo em experiências (não devemos idealizar o mundo comunitário indígena, tampouco ignorar as diferentes inclinações do comunitário na América Latina) ou de aplicá-lo em políticas públicas concretas, diante do extrativismo reinante. A ameaça é que seu esvaziamento precoce ocorra nas mãos das retóricas de legitimação governamental – como aconteceu de certa forma na Bolívia – ou na sua "vampirização" por parte de organismos internacionais – como já se deu em outras épocas, com outras nações de grande potencialidade política.

Algo diferente se processa com o enfoque da dependência, uma das categorias-farol do pensamento latino-americano. É certo que, mais que um enfoque de classe, a dependência propõe a articulação entre o internacional e o nacional (centro/periferia), à medida que busca explicar as deficiências estruturais e as desigualdades sociais por meio das formas de acumulação do capitalismo internacional e de seu modo de intervenção nas economias periféricas. Em razão disso, certos autores sublinham os aportes antecipatórios do enfoque da dependência às teorias da globalização, ainda que sinalizem também suas limitações, sobretudo a tendência a uma visão economicista ou a ausência de categorias intermediárias, inaptas para uma análise geopolítica necessariamente mais refinada.

Não obstante, um elemento de reflexão comum entre os dependentistas foi considerar que a dependência é uma categoria dinâmica, que deve ser lida de modo diferente ao calor dos diversos e sucessivos ciclos e mudanças no modo de acumular capital. Nessa linha e no atual momento, a emergência de uma nova configuração dependentista, que neste livro foi lida em relação com a República Popular da China, deve ser analisada em função da *transição hegemônica*, que é interpretada como a entrada em um período de policentrismo e pluralidade (mesmo que conflitiva) dos termos civilizacionais. Uma segunda questão, em termos regionais, aponta para avaliar os alcances do *regionalismo desafiante latino-americano*, cujo rito mais importante, em chave anti-imperialista perante a tradicional hegemonia estadunidense, foi a rejeição à Alca na cúpula de Mar del Plata em 2005, sob o impulso de Hugo Chávez, Luiz Inácio Lula da Silva e Néstor Kirchner. A terceira e última questão remete à *elevação da potência do extrativismo*, que é usualmente observada em escala regional, a saber: a intensificação das exportações de commodities, nos marcos de uma dinâmica vertiginosa que aponta para a consolidação de vínculos econômicos com a República Popular da China. O mais notório disso não é, porém, a vinculação — inevitável e certamente necessária — com a China, mas, sim, o modo como esta opera. Distante das declarações de unidade e integração regional feitas em nome do Mercosul, da Unasul ou da Celac, cada país foi assinando convênios comerciais e financeiros de maneira unilateral com a China, os quais tendem a aprofundar o extrativismo em todas as suas variantes (empréstimos avalizados por commodities, exportação de commodities e infraestrutura vinculada a projetos extrativos).

Assim, com essas reviravoltas da história, a configuração de novos laços de dependência com a China se tornou evidente ao se completarem dez anos do enterro da Alca, que ainda ressoa no imaginário anti-imperialista latino-americano. Efetivamente, 2015 foi um ano-dobradiça: começou com a assinatura de numerosos convênios comerciais entre Argentina e China, depois de uma viagem publicitária da então presidenta do país, Cristina Kirchner, que incluem, entre outras coisas, infraestrutura e represas, assim como numerosos convênios com cláusulas secretas que comprometem o país por décadas; e terminou com os acordos firmados com a Bolívia, pelo vice-presidente Álvaro García Linera, para obter um crédito milionário a fim de financiar onze importantes obras de infraestrutura (megarrodovias), as quais ligarão por três vias distintas a Amazônia, os vales e o Altiplano, além de estradas de ferro e energia elétrica. Com essa medida, a China se transformou no principal credor da Bolívia, desbancando instituições financeiras controladas pelos Estados Unidos e a União Europeia. Apesar do entusiasmo que isso despertou na Bolívia, poucos parecem se perguntar o que ocorrerá com as populações camponesas e indígenas que não estejam de acordo com esses megaprojetos, ou se isso afetará as áreas protegidas e a biodiversidade. Em todo caso, o aprofundamento das relações com a China implicará o fim de qualquer outro modelo de desenvolvimento inspirado no Bem Viver indígena. De maneira paradoxal, aquela cúpula de Mar del Plata em 2005 se converteu no ponto máximo do regionalismo desafiante latino-americano, quando na realidade deveria ter sido o ponto de partida para uma nova construção latino-americanista, em chave verdadeiramente integradora, que incluísse a criação de uma nova plataforma de negociação regional, a fim de abrir as portas para uma relação mais simétrica com os novos e poderosos sócios comerciais.

Por último, o retorno dos populismos infinitos na América Latina volta a instalar a tensão constitutiva que percorre as ciências sociais latino-americanas, entre a afirmação do déficit e do excesso, entre o afã da normalidade e a tentação pela anomalia. Longe daquelas caracterizações que no início da mudança de época aludiram a uma "guinada à esquerda", em 2015 a reflexão sobre os populismos concretos na América Latina nos inseriu em outro cenário político, mais pessimista, que voltou a iluminar a tensão inexorável que nos percorre: assim, na atualidade, os diferentes casos nacionais nos advertem para as conflitivas relações entre modelos de democracia, para as confrontações cada vez mais ásperas entre governos progressistas e movimentos sociais, para as crescentes limitações dos projetos econômicos nos marcos do neoextrativismo reinante e, enfim, para as renovadas tentações hegemonistas dos regimes instalados.

Tudo parecia indicar que o retorno do populismo de alta intensidade e o fim do ciclo progressista estão associados. Assim, do ponto de vista econômico, este estaria ligado à crescente baixa do preço das commodities, que afeta sobretudo o petróleo, os minerais e, em menor medida, a soja. Para além das boas intenções, está provado que o extrativismo atual (que alguns chamam eufemisticamente de "neodesenvolvimentismo") não condiz com um modelo de desenvolvimento industrial ou com um salto da matriz produtiva, mas sim com mais reprimarização e com a consolidação de modelos de mau-desenvolvimento, insustentáveis em diferentes níveis e dimensões. Como sinaliza Martínez-Alier (2015), a queda dos preços dos produtos primários não apenas conduz a mais endividamento, como também a mais extrativismo, a fim de acobertar o déficit comercial, meio pelo qual os governos costumam entrar em uma espiral perversa. Não é por acaso, portanto, que se realizem anúncios de novas explorações em zonas de fronteira e/ou em parques naturais. Nesse sentido, como dissemos, o "efeito reprimarizador" é agravado pela entrada da China, que se converteu no primeiro destino para as exportações do Chile e do Brasil, o segundo destino para Argentina, Peru, Colômbia e Cuba, e o terceiro para México, Uruguai e Venezuela (Svampa & Slipak, 2015).

Por outro lado, o neoextrativismo abriu uma nova fase de criminalização e de violação de direitos humanos que inclui não só governos conservadores e neoliberais, com também os populismos progressistas. Nos últimos anos, foram numerosos os conflitos socioambientais e territoriais que extrapolaram o caráter local e adquiriram visibilidade nacional: exemplos destacados são o conflito do Tipnis (Bolívia), a construção da megarrepresa de Belo Monte (Brasil), a *pueblada* de Famatina e as resistências contra a megamineração (Argentina), a suspensão final da proposta de moratória petrolífera no Yasuní (Equador) e o megaprojeto do canal da Nicarágua. O que fica claro é que a expansão da fronteira de direitos (coletivos, territoriais, ambientais) encontrou um limite na expansão crescente das fronteiras de exploração do capital, em busca de bens, terras e territórios, e lançou por terra as narrativas emancipatórias que antes levantaram fortes expectativas, sobretudo em países como Bolívia e Equador. Em outras palavras, o fim do boom das commodities nos desafia com a consolidação da equação "mais extrativismo/menos democracia", que ilustra os contextos de criminalização das lutas socioambientais e a degradação dos dispositivos institucionais disponíveis (audiências públicas, consulta prévia de populações originárias, consulta pública), cenário compartilhado hoje entre os governos progressistas e os conservadores ou neoliberais. Do ponto de vista estritamente político, assistimos a uma atualização do populismo de alta intensidade, que afirma um modelo de subordinação dos atores sociais (movimentos sociais e organizações indígenas) e aponta para o cancelamento das diferenças, dando relevo à ameaça e ao cerceamento das liberdades políticas. Os exemplos mais recentes são a Bolívia e o Equador, onde as promessas de gerar "outros modelos de desenvolvimento", ou de "Bem Viver", fora de uma matriz extrativista, são já muito distantes. Certamente, o populismo de alta intensidade que hoje se registra, com suas especificidades nacionais em vários países da região, nos confronta novamente com a oscilação entre a abertura democrática (e inclusão dos excluídos) e a tentação hegemonista (fechamento dos canais de livre expressão e vontade dos líderes de se perpetuar no poder). Assim, um dos elementos comuns é a concentração de poder no Executivo e a subordinação dos atores sociais (anteriormente mobilizados), em função da fetichização do Estado na figura do presidente.

Um exemplo pode nos ajudar a estimar a importância assumida pela figura do líder. Há anos, em 2008, estreou um documentário sobre a Bolívia intitulado *Hartos Evos aquí hay* [Aqui existem muitos Evos], que narra o processo de mobilização desde baixo, sob um ponto de vista etnográfico. O título significativo alude à existência de múltiplas lideranças, dando a entender que Evo Morales era apenas mais uma entre elas. Não obstante, em 2015, seria difícil seguir defendendo uma tese como essa. Como sustenta o historiador boliviano Pablo Quisbert (2014), a ideia de que Evo Morales seria mais um camponês entre outros, mas que chegou ao palácio presidencial, evoluiu para a ideia da excepcionalidade da pessoa destinada a ser líder — ideia que estava por trás da tentativa de reforma constitucional para habilitar a reeleição de Evo Morales para um quarto mandato presidencial.

O tema das "re-reeleições" não é novo na conjuntura latino-americana e sempre foi motivo de polarização social. Hugo Chávez transitou por essa via controversa, conseguindo em 2009, poucos anos antes de seu falecimento, aprovar constitucionalmente a cláusula da reeleição indefinida. Em 2013, Cristina Kirchner tateou a possibilidade de re-reeleição, mas percebeu que a sociedade argentina colocava um limite às suas aspirações. Igualmente, frente às resistências sociais, em 2015, o equatoriano Rafael Correa desistiu de modificar a Constituição para habilitar um terceiro mandato presidencial. Os governos citados — para além das diferenças — costumam utilizar os mesmos argumentos: a necessidade de dar continuidade às mudanças mediante a ameaça sempre iminente de retrocesso. Assim, fomentam uma leitura messiânica da história, pois definitivamente consideram que as transformações se devem somente à mudança de orientação do/da líder, mais do que à possibilidade de um reequilíbrio de forças conquistado pelas lutas sociais.

Na atualidade, não são poucos os intelectuais que aparecem vinculados aos processos políticos liderados por governos progressistas do continente e que alimentam novas obstruções e pontos cegos diante do perigo "do retorno da direita" ou da "ameaça imperialista". Mesmo que ninguém possa negar a existência de forças conservadoras ou retrógradas, tanto no interior das nossas sociedades como externas a elas, promotoras do retorno a um contexto econômico e político mais afinado com o Consenso de Washington, tal ameaça permanente que paira sobre o subcontinente não justifica a demonização das lutas sociais e das visões intelectuais questionadoras do Consenso das Commodities ainda vigente, tampouco habilita as leituras conspiratórias e os códigos binários que hoje percorrem grande parte do progressismo extrativista e de seus porta-vozes intelectuais, ao construir as barricadas do novo possibilismo político.

Meu ponto de vista é que faríamos um pequeno favor aos conservadores se, a partir das esquerdas latino-americanas, pensássemos que essas críticas são patrimônio da direita política, pois nem a defesa do pluralismo nem o repúdio à concentração de poder (visível no processo de fetichização das lideranças) têm marca registrada ideológica. Ademais, como sustenta Roberto Gargarella (2014), é quase impossível pensar que a ampliação e a promoção da participação popular e a concentração de poder andem juntas. E a reeleição caminha na clara linha da concentração de poder. Por último, não podemos esquecer que são precisamente os setores mais vulneráveis e as esquerdas as vítimas recorrentes do fechamento de espaços políticos e dos processos de violação de direitos humanos.

Assim, tais debates e reposicionamentos sobre a relação entre neoextrativismo, boom das commodities e o retorno do populismo trouxeram uma nova fratura no interior do pensamento crítico latino-americano. Diferentemente dos anos 1990, quando o continente parecia formatado de maneira unidirecional pelo modelo neoliberal, o novo século vem marcado por um conjunto de tensões e contradições de difícil processamento. A passagem do Consenso de Washington ao Consenso das Commodities e o retorno dos populismos de alta intensidade instalaram novas problemáticas e paradoxos que reconfiguraram o horizonte do pensamento crítico, nos levando a enfrentar esgarçamentos teóricos e políticos, que vão se cristalizando em um feixe de posições ideológicas, aparentemente cada vez mais antagônicas.

Em suma, é preciso reconhecer que, entre 2000 e 2015, muita água correu sob a ponte. Diante disso, vale a pena perguntar se a tensão entre transformação e restauração, própria desta *mudança de época*, não foi desembocando em um *fim de ciclo*, que bem poderia se caracterizar como *revolução passiva*, tal como afirma Modonesi (2012), categoria de análise histórica associada ao transformismo e ao cesarismo democrático, que expressaria a reconstituição das relações sociais em uma nova ordem de dominação hierárquica. Seria um triste e lamentável fim para os nossos governos progressistas, que canalizaram tanta energia coletiva e expectativa, incluindo não só as experiências populistas em seus diferentes matizes, mas também outras, como as do PT brasileiro, que, durante o segundo mandato de Dilma Rousseff, atravessou sua hora mais sombria, marcada pela corrupção, pelo ajuste econômico e pelo esquecimento das promessas de transformação social.

O que fica claro é que o fim de ciclo marca importantes inflexões não apenas no âmbito econômico, mas também no político, pois não é o mesmo falar em *nova esquerda latino-americana* e em *populismos do século XXI*. Na passagem de uma caracterização a outra, algo importante se perdeu, evocando o abandono e o desvio da dimensão emancipatória da política e marcando a evolução para modelos de dominação de corte tradicional, baseados no culto ao líder, na identificação com o Estado e na aspiração a perpetuar-se no poder. Na mesma linha, a equação perversa que hoje se estabelece entre "mais extrativismo/menos democracia" deixa aberta a pergunta sobre os vínculos sempre tensos e contraditórios entre populismos e democracias, além de mostrar o perigoso deslize para o fechamento político, para o questionamento do pluralismo e para a crescente criminalização das dissidências.

O fim de ciclo nos confronta também com o fortalecimento da oferta política conservadora e o possível retorno das direitas ao poder na região — como já ocorreu na Argentina e no Brasil pela via eleitoral — e torna a colocar como desafio a tarefa de reinventar movimentos de esquerda plurais e democráticos, com vocação emancipatória.

Agradecimentos

Este livro contou com leituras parciais de amigos e colegas a cada capítulo. Entre eles, quero agradecer especialmente a Rubén Lo Vuolo, Pablo Stefanoni e Pablo Ospina. Sem dúvida, seus comentários melhoraram este texto, embora não sejam responsáveis pelo resultado final.

Minha gratidão a todas e todos, ouvintes ou alunos regulares, que passaram pela cátedra Debates Latino-Americanos na Faculdade de Humanidades e Ciências Sociais da Universidade Nacional de La Plata entre 2010 e 2015. Este livro é dedicado a eles, especialmente os mais jovens, nos quais espero ter despertado a paixão por pensar com um olhar global, mas permanecer com os pés bem fincados na América Latina. Um agradecimento especial para Florencia Puente, pois ela me acompanhou com cabeça e coração latino-americanos durante todos estes anos de percurso acadêmico. Meu agradecimento a Susana Savoia pela assessoria e pela amizade.

Agradeço a Fernando Fagnani, pelo apoio inestimável, e a toda a equipe de produção da Edhasa.

Por último, minha gratidão a Carlos Janin, pelas leituras e pela companhia. Sei que para ele não foi tarefa fácil, pois, ao longo desta jornada, este livro foi crescendo em desafios e versões além do esperado. Creio, contudo, que, acima dos resultados obtidos, foi uma aposta que valeu a pena.

Referências

ABALERON VÉLEZ, Carlos Alberto. "Del pensar y actuar endógeno ante la madurez de la tragedia de los comunes". *In*: II Jornadas Ageal: Geografías de América Latina, 2011, Madri. *Anais*... Madri: Asociación de Geógrafos Españoles, 2011, p. 103-15.

ABOY CARLÉS, Gerardo. *Las dos fronteras de la democracia argentina: la reformulación de las identidades políticas de Alfonsín a Menem*. Rosario: Homo Sapiens, 2001.

ABOY CARLÉS, Gerardo. "Populismo y democracia en la Argentina contemporánea. Entre el hegemonismo y la refundación", *Estudios Sociales*, v. 28, n. 1, p. 125-49, 2005.

ABOY CARLÉS, Gerardo. "La democratización beligerante del populismo", *Revista de la Asamblea Nacional de Panamá*, n. 12, p. 47-58, 2007.

ABOY CARLÉS, Gerardo. "Las dos caras de Jano: acerca de la relación compleja entre populismo e instituciones políticas", *Pensamento Plural*, n. 7, p. 21-40, jul.-dez. 2010.

ACOSTA, Alberto; MARTÍNEZ, Esperanza & SACHER, William. "Salir del extractivismo: una condición para el *Sumak Kawsay*. Propuesta sobre petróleo, minería y energía en Ecuador". *In*: GRUPO PERMANENTE DE TRABAJO SOBRE ALTERNATIVAS AL DESARROLLO. *Alternativas al capitalismo/colonialismo del siglo XXI*. Quito: Fundación Rosa Luxemburgo, 2013.

ACOSTA, Alberto. *La maldición de la abundancia*. Quito: Abya-Yala, 2009.

ACOSTA, Alberto. "El Buen Vivir en el camino del post-desarrollo: una lectura desde la Constitución de Montecristi", *Policy Paper*, n. 9, 2010a.

ACOSTA, Alberto. "Hacia la Declaración Universal de los Derechos de la Naturaleza. Reflexiones para la acción", *Revista AFESE*, v. 54, 2010b.

ACSELRAD, Henri; MELLO, Cecília Campello do A. & BEZERRA, Gustavo das Neves. *O que é justiça ambiental*. Rio de Janeiro: Garamond, 2009.

ACSELRAD, Henri. "Movimiento de justicia ambiental. Estrategia argumentativa y fuerza simbólica". *In*: RIECHMANN, Jorge (org.). *Ética ecológica: propuestas para la reorientación*. Montevidéu: Nordman, 2004a.

ACSELRAD, Henri (org.). *Conflitos ambientais no Brasil*. Rio de Janeiro: Relume-Dumará/Fundação Heinrich Böll, 2004b.

ACUÑA, Carlos H. "El análisis de la burguesía como actor político", *Realidad Económica*, n. 128, p. 45-77, 1994.

ADAMOVSKY, Ezequiel; ALBERTANI, Claudio; ARDITI, Benjamín *et al. Pensar las autonomías: alternativas de emancipación al capital y el Estado.* México: Bajo Tierra/Sísifo, 2011.

ADAMOVSKY, Ezequiel. "Problemas de la política autónoma: pensando el pasaje de lo social a lo político". *In*: VV. AA. *Pensar las autonomías: alternativas de emancipación al capital y el Estado.* Cidade do México: Bajo Tierra/Sísifo, 2011, p. 215-45.

AGUIRRE ROJAS, Carlos Antonio. "Immanuel Wallerstein y la perspectiva crítica del 'análisis de los sistemas-mundo'", *Textos de Economía*, v. 10, n. 2, p. 11-57, 2007.

ALBERTANI, Claudio; ROVIRA, Guiomar & MODONESI, Massimo (org.). *La autonomía posible: reinvención de la política y emancipación.* Cidade do México: Universidad Autónoma de la Ciudad de Mexico, 2009.

ALBÓ, Xavier. "Pueblos indios en la política", *Cuadernos de Investigación y Promoción del Campesinado*, n. 55, 2002.

ALBÓ, Xavier. "Movimientos y poder indígena en Bolivia, Ecuador y Perú", *Cuadernos de Investigación y Promoción del Campesinado*, n. 71, 2008.

ALIMONDA, Héctor (org.). *Ecología política: naturaleza, sociedad y utopía*. Buenos Aires: Clacso, 2002.

ALIMONDA, Héctor. *Los tormentos de la materia: aportes para una ecología política latinoamericana*. Buenos Aires: Clacso, 2006.

ALIMONDA, Héctor. *La naturaleza colonizada: ecología política y minería en América Latina*. Buenos Aires: Clacso/Ciccus, 2011.

ALMEYRA, Guillermo. "Los vaivenes de los movimientos sociales en México", *OSAL – Revista del Observatorio Social de América Latina*, n. 24, 2008.

ALTAMIRA, César. *Los marxismos del nuevo siglo.* Buenos Aires: Biblos, 2006. [Ed. bras.: *Os marxismos do novo século.* Trad. Leonora Corsini. Rio de Janeiro: Civilização Brasileira, 2009.]

ALTAMIRANO, Carlos & SARLO, Beatriz. *Ensayos argentinos: de Sarmiento a la vanguardia.* Buenos Aires: CEAL, 1983.

ALTVATER, Elmar. "El lugar y el tiempo de lo político bajo las condiciones de la globalización económica", *Zona Abierta*, n. 92-93, p. 7-61, 2000.

ÁLVAREZ JUNCO, José (org.). *Populismo, caudillaje y discurso demagógico.* Madri: Siglo XXI, 1978.

ÁLVAREZ, Víctor. "La transición al socialismo de la Revolución Bolivariana: transiciones logradas y transiciones pendientes". *In*: VV. AA. *Promesas en su laberinto: cambios y continuidades en los gobiernos progresistas de América Latina*. La Paz: CEDLA/IEE/CIM, 2013.

ALVIZURI, Verushka. *La construcción de la aymaridad: una historia de la etnicidad en Bolivia* (1952-2006). Santa Cruz de la Sierra: Editorial El País, 2009.

AMIN, Samir. *Le développment inégal: essais sur les formations sociales dans le capitalismo péripherique.* Paris: Minuit, 1973. [Ed. bras.: *O desenvolvimento desigual:*

ensaio sobre as formações sociais do capitalismo periférico. Trad. Francisco Rego Chaves Fernandes. 1. ed. Rio de Janeiro: Forense-Universitária, 1976.]

AMIN, Samir. *Maldevelopment. Anatomy of a Global Failure*. Londres: Zed Books, 1990.

ANAYA, James. "Los derechos de los pueblos indígenas". *In*: BERRAONDO, Mikel (org.). *Pueblos indígenas y derechos humanos*. Bilbao: Instituto de Derechos Humanos, Universidad de Deusto, 2006, p. 29-62.

ANAYA, James. *Informe definitivo del relator especial de los pueblos indígenas de la ONU, sobre la situación de los pueblos indígenas en Argentina*. Nova York: ONU, 2013.

ANDRADE, Oswald de. *Manifesto antropófago*. São Paulo: Penguin/Companhia das Letras, 2017.

ANSALDI, Waldo. *La búsqueda de América Latina: entre el ansia de encontrarla y el temor de no reconocerla. Teorías e instituciones en la construcción de las ciencias sociales latinoamericanas*. Buenos Aires: Faculdade de Ciências Sociais da Universidade de Buenos Aires, 1991.

ANTKOWIAK, Thomas & GONZA, Isabel Alejandra. "El derecho a la consulta en las Américas: marco legal internacional", *Aportes – Revista de la Fundación para el Debido Proceso Legal*, v. 14, n. 3, set. 2010.

ANTONELLI, Mirta Alejandra. "Megaminería, desterritorialización del Estado y biopolítica", *Astrolabio – Nueva Época*, n. 7, 2011.

ANTONELLI, Mirta Alejandra. "Megaminería transnacional e invención del mundo cantera", *Nueva Sociedad*, n. 252, jul.-ago. 2014.

ANTUNES DE OLIVEIRA, F. "Lost and Found: Bourgeois Dependency Theory and the Forgotten Roots of Neodevelopmentalism", *Latin American Perspectives*, v. 49, n. 1, p. 36-56, 2021.

ARAUJO, Orlando. *Venezuela violenta*. Colección Venezuela y su petróleo. Caracas: Banco Central de Venezuela, 2013.

ARDITI, Benjamín. "El populismo como espectro de la democracia: una respuesta a Canovan", *Revista Mexicana de Ciencias Políticas y Sociales*, v. XLVII, n. 191, p. 86-99, mai-ago. 2004.

ARDITI, Benjamín. "¿Populismo es hegemonía política?", *Revista Constellations*, v. 17, n. 2, p. 488-97, 2010.

ARGUEDAS, Alcides. *Pueblo enfermo*. La Paz: Librería La Juventud, 1999.

ARGUMEDO, Alcira. *Los silencios y las voces en América Latina: notas sobre el pensamiento nacional y popular*. Buenos Aires: Ediciones de Pensamiento Nacional, 2009.

ARICÓ, José. *Mariátegui y los orígenes del marxismo latinoamericano*. Cidade do México: Ediciones Pasado y Presente/Siglo XXI, 1978.

ARICÓ, José. *La cola del diablo: itinerario de Gramsci en América Latina*. Buenos Aires: Siglo XXI, 1988.

ASAMBLEA NACIONAL DE ORGANIZACIONES INDIGENAS, ORIGINARIAS, CAMPESINAS Y COLONIZADORES DE BOLIVIA. "Pacto de Unidad, Propuesta de las Organizaciones Indígenas, Originarias, Campesinas y de Colonizadores hacia la Asamblea

Constituyente". *In*: SVAMPA, Maristella & STEFANONI, Pablo (org.). *Bolivia: memoria, insurgencia y movimientos sociales*. Buenos Aires: El Colectivo/Clacso, 2007 [2006].

ASAMBLEA PERMANENTE DE DERECHOS HUMANOS & FIDH. "Bolivia: informe de verificación de la consulta realizada en el territorio indígena Parque Nacional Isiboro-Sécure". La Paz/Paris: APDHB/FIDH, 2013.

ASSADOURIAN, Carlos Sempat *et al*. *Modos de producción en América Latina*. Buenos Aires: Siglo XXI, 1974.

AUYERO, Javier. *La política de los pobres*. Buenos Aires: Manantial, 2001.

BAGÚ, Sergio. "Índole de la economía colonial y La economía como capitalismo colonial", *Rebelión*, 2007 [1949].

BAMBIRRA, Vânia. *Teoría de la dependencia: una anticrítica*. Cidade do México: Era, 1978.

BAMBIRRA, Vânia. *El capitalismo dependiente latinoamericano*. 15. ed. México: Siglo XXI, 1999 [1974]. [Ed. bras.: *O capitalismo dependente latino-americano*. Trad. Fernando Correa Prado, Marina Machado Gouvea. Florianópolis: Insular, 2015.]

BARBEITO, Alberto & LO VUOLO, Rubén. *La modernización excluyente*. Buenos Aires: Unicef/CIEPP/Losada, 1992.

BARBETTA, Pablo; DOMÍNGUEZ, Diego & SABATINO, Pablo. "La persistencia de una incomodidad: repensando el campesinado en la Argentina", *Século XXI – Revista de Ciências Sociais*, v. 4, n. 1, p. 91-113, 2014.

BÁRCENA IBARRA, Alicia. *Informe anual 2012: los bonos en la mira. Aporte y carga para las mujeres*. Santiago de Chile: Cepal/ONU Mulheres, 2012.

BARONNET, Bruno; MORA BAYO, Mariana & STAHLER-SHOLK, Richard. "Luchas 'muy otras': zapatismo y autonomía en las comunidades indígenas de Chiapas", *Estudios de Cultura Maya*, n. 41, p. 211-14, 2011.

BARRAGÁN, Rossana. "Identidades indias y mestizas: una intervención al debate", *Autodeterminación*, n. 10, p. 17, 1992.

BARROS, Sebastián. "Espectralidad e inestabilidad institucional. Acerca de la ruptura populista", *Estudios Sociales*, v. 30, n. 1, p. 145-62, 2006.

BARTOLOMÉ, Miguel A. "Los laberintos de la identidad: procesos identitarios en las poblaciones indígenas", *Avá: Revista de Antropología*, n. 9, p. 28-48, 2006.

BARTRA VERGÉS, Armando. "Campesindios: aproximaciones a los campesinos en un continente colonizado", *Memoria*, n. 248, nov. 2010.

BARTRA VERGÉS, Armando. "Descifrando la treceava estela", *OSAL – Revista del Observatorio Social de América Latina. A diez años del levantamiento zapatista*, n. 12, fev. 2004.

BARTRA VERGÉS, Armando. "Reabriendo el debate latinoamericano sobre el campesinado como clase social", entrevista feita por Arisbel Leyva Remón, *Textual – Análisis del medio rural latinoamericano*, n. 59, p. 9-32, jan.-jun. 2012.

BASCHET, Jérôme. *Adiós al capitalismo: autonomía, sociedad del buen vivir y multiplicidad de mundos*. Buenos Aires: NED Ediciones, 2014.

BASSOLS, Mario. "La marginalidad urbana: una teoría olvidada", *Polis – Anuario de Sociología*, n. 90, Cidade do México, p. 181-98, 1990.

BECK, Ulrich. *Qué es la globalización*. Buenos Aires: Paidós, 1998. [Ed. bras.: *O que é globalização*. Trad. André Carone. Rio de Janeiro: Paz e Terra, 1999.]

BEIGEL, Fernanda. *El itinerario y la brújula: el vanguardismo estético-político de José Carlos Mariátegui*. Buenos Aires: Biblos, 2003.

BEIGEL, Fernanda. "Vida, muerte y resurrección de las 'Teorías de la dependencia'". *In*: VV. AA. *Crítica y teoría en el pensamiento social latinoamericano*. Buenos Aires: Clacso, 2006, p. 287-326.

BELVEDERE, Carlos. "El inconcluso 'Proyecto marginalidad'", *Apuntes de Investigación*, n. 1, Buenos Aires, 1997.

BENGOA, José. "¿Una segunda etapa de la emergencia indígena en América Latina?", *Cuadernos de Antropología Social*, n. 29, p. 7-22, 2009.

BERGEL, Martín. "En torno al autonomismo argentino". *In*: ALBERTANI, Claudio; ROVIRA, Guiomar & MODONESI, Massimo (org.). *La autonomía posible: reinvención de la política y emancipación*. Cidade do México: Universidad Autónoma de la Ciudad de Mexico, 2009, p. 285-326.

BERNAL SAHAGÚN, Vitor Manuel *et al*. *Pensamiento latinoamericano: Cepal, R. Prebisch y A. Pinto*. Cidade do México: Unam, 1980.

BERTINAT, Pablo & SALERNO, Juan. *Un modelo energético en apuros: alternativas para la sustentabilidad energética en Argentina*. Rosario: Inercia Comunicaciones, 2006.

BERTINAT, Pablo. "Un nuevo modelo energético para la construcción del Buen Vivir". *In*: GRUPO PERMANENTE DE TRABAJO SOBRE ALTERNATIVAS AL DESARROLLO. *Alternativas al capitalismo/colonialismo del siglo XXI*. Quito: Fundación Rosa Luxemburgo, 2013.

BIELSCHOWSKY, Ricardo. "Evolución de las ideas de la Cepal", *Revista de la Cepal*, n. ex., p. 21-46, 1998.

BILDER, Marisa. *Las mujeres como sujetos políticos en las luchas contra la megaminería en Argentina: registros acerca de la deconstrucción de dualismos en torno a la naturaleza y al género* (Dissertação de Mestrado). Barcelona: Universitat Jaume I, 2013.

BIRNBAUM, Pierre. *Le peuple et le gros: histoire d'un mythe*. Paris: Pluriel, 1979.

BLANCO, Hugo. *Nosotros los indios*. Buenos Aires: La Minga/ Herramienta, 2010.

BLANCO, Hugo. "Reivindicando el espíritu y las luchas indígenas", *Tierra Socialista – Revista del Centro de Políticas Públicas para el Socialismo*, jul. 2011.

BLASER, Mario. "La ontología política de un programa de caza sustentable", *Red de Antropologías del Mundo – World Anthropologies Network*, n. 4, p. 81-107, jan. 2009.

BOCCARA, Guillaume. "Le gouvernement des 'Autres': sur le multiculturalisme néolibéral en Amérique Latine", *Actuel Marx*, v. 50, n. 2, p. 191-206, 2011.

BOLINAGA, Luciano Damián. *China y el epicentro del Pacífico Norte*. Buenos Aires: Teseo, 2013.

BOLINAGA, Luciano Damián & SLIPAK, Ariel Martín. "Límites teóricos y fácticos a la categoría de cooperación sur-sur para analizar la vinculación comercial entre China y Argentina (1990-2013)". *In*: FLACSO-ISA Joint International Conference — Global and Regional Powers in a Changing World, 2014, Buenos Aires. *Anais*... Buenos Aires: FLACSO/ISA, 2014.

BOLLIER, David & HELFRICH, Silke. *The Wealth of the Commons: A World Beyond Market & State*. Amherst: Levellers Press, 2012.

BOLLIER, David. "Los bienes comunes: un sector soslayado de la riqueza". *In*: HELFRICH, Silke (org.). *Genes, bytes y emisiones: bienes comunes y ciudadanía*. Cidade do México: Fundación Heinrich Böll, 2008.

BONFIL BATALLA, Guillermo. "El concepto del indio en América: categoría de situación colonial", *Anales de Antropología*, v. 9, 1972.

BONFIL, Ribeiro; BARTOLOMÉ, Miguel Alberto & BONFIL BATALLA, Guillermo. "Primera Declaración de Barbados: Por la liberación del Indígena", *Problemas del Desarrollo*, v. 2, n. 8, p. 169-174, 1971.

BORÓN, Atilio; GAMBINA, Julio & MINSBURG, Naúm (org.). *Tiempos violentos: neoliberalismo, globalización y desigualdad en América Latina*. Buenos Aires: Clacso, 1999.

BORÓN, Atilio. "Pensamiento único y resignación política", *Nueva Sociedad*, n. 163, p. 139-51, 1999.

BORÓN, Atilio. *Imperio, imperialismo*. Buenos Aires: Clacso, 2002. [Ed. bras.: *Império, imperialismo: uma leitura crítica de Michael Hardt e Antonio Negri*. Trad. Lilian Koifman. Clacso, 2002.]

BORÓN, Atilio. "Teoría(s) de la dependencia", *Realidad Económica*, v. 16, n. 238, p. 20-43, 2008.

BORÓN, Atilio. *América Latina en la geopolítica del imperialismo*. Buenos Aires: Ediciones Luxemburg, 2012.

BRAVO AHUJA RUIZ, Víctor & MICHEL DÍAZ, Marco Antonio. "Alianza de clases y dominación. México, 1936-1940". *In*: VILAS, Carlos María (org.). *La democratización fundamental: el populismo en América Latina*. Cidade do México: Consejo Nacional para la Cultura y las Artes, 1995, p. 309-31.

BRESSER-PEREIRA, Luiz Carlos. "Estado y mercado en el nuevo desarrollismo", *Revista NUSO*, n. 210, jul.-ago., 2007. [Ed. bras.: "Estado e mercado no novo desenvolvimentismo", *Revista NUSO*, n. especial em português, out. 2007.]

BRESSER-PEREIRA, Luiz Carlos. *Globalización y competencia: apuntes para una macroeconomía estructuralista del desarrollo*. Buenos Aires: Siglo XXI, 2010. [Ed. bras.: *Globalização e competição: por que alguns países emergentes têm sucesso e outros não*. São Paulo: Campus-Elsevier, 2010.]

BRETÓN, Víctor; CORTES, David & GARCÍA, Fernando. "En busca del Sumak Kaway", *Íconos — Revista de Ciencias Sociales*, n. 48, p. 9-24, jan.-abr. 2014.

BRICEÑO-LEÓN, Roberto & SONNTAG, Heinz R. "La sociología de América Latina entre pueblo, época y desarrollo", *Zona Abierta*, n. 82-83, p. 245-66, 1998.

BRIEVA, Susana; CASTELLANI, Ana; FERNÁNDEZ VILA, Maria Fernanda & LARÍA, Patricia. *El concepto de desarrollo en las ciencias sociales: pasado y presente de una categoría central en el análisis de las sociedades latinoamericanas*. Buenos Aires: FLACSO, 2002.

BRINGEL, B. & DOMINGUES, J. M. *Brasil: cambio de era: crisis, protestas y ciclos políticos*. Madri: Los libros de la Catarata, 2018.

BRIONES, Claudia. "Formaciones nacionales de alteridad y movilidades estructuradas: reflexiones desde un país 'con pocos indios y sin negros'". *In*: CHÁVEZ, M.; HOFFMAN, O.; RODRÍGUEZ, M. T. & ZAMBRANO, M. (org.). *Identidades y movilidades, las sociedades regionales frente a los nuevos contextos políticos y migratórios: una comparación entre México y Colombia. Memoria Segunda Reunión anual del proyecto Conacyt*, n. 2, *Identidades y Movilidades*. Xalapa: CIESAS-IRD-ICANH, 2004, p. 203-28.

BRIONES, Claudia (org.). *Cartografías argentinas: políticas indigenistas y formaciones provinciales de la alteridad*. Buenos Aires: Geaprona, 2008.

BRIONES, Claudia. "Formaciones de alteridad: contextos globales, procesos nacionales y provinciales". *In*: BRIONES, Claudia (org.). *Cartografías argentinas: políticas indigenistas y formaciones provinciales de la alteridad*. Buenos Aires: Geaprona, 2008, p. 9-36.

BRIONES, Claudia. "Políticas indigenistas en Argentina: entre la hegemonía neoliberal de los años noventa y la 'nacional y popular' de la última década", *Antípoda: Revista de Antropología y Arqueología*, n. 21, p. 21-48, 2015.

BUNGE, Carlos Octavio. *Nuestra América: ensayo de psicología social*. Introd. José Ingenieros. Buenos Aires: Talleres Gráficos Argentinos L. J. Rosso, 1917 [1903].

BURBANO DE LARA, Felipe (org.). *El fantasma del populismo: aproximación a un tema (siempre) actual*. Caracas: Nueva Sociedad, 1998.

BURGUETE CAL Y MAYOR, Araceli. "Una década de autonomías de facto en Chiapas (1994-2004): los límites". *In*: DÁVALOS, Pablo (org.). *Pueblos indígenas, Estado y democracia*. Buenos Aires: Clacso, 2005.

BURGUETE CAL Y MAYOR, Araceli. "Autonomía: la emergencia de un nuevo paradigma en las luchas por la descolonización en América Latina". *In*: GONZÁLEZ, Miguel; BURGUETE CAL Y MAYOR, Araceli & ORTIZ, Pablo (org.). *La autonomía a debate: autogobierno indígena y Estado plurinacional en América Latina*. Quito: Ediciones de Flacso, 2010, p. 63-95.

CALDERÓN, Fernando & JELIN, Elizabeth. *Clases y movimientos sociales en América Latina: perspectivas y realidades*. Buenos Aires: CEDES — Centro de Estudios de Estado y Sociedad, 1987.

CAMACHO MONGE, Daniel (org.). *Debates sobre la teoría de la dependencia y la sociología latinoamericana*. 2 v. Costa Rica: Educa, 1979.

CAMPOS, Jaime. "El concepto de marginalidad social en América Latina", *Revista de la Integración: Economía, Política, Sociología*, n. 8, p. 75-95, 1971.

CANUTO, Otaviano. "The Commodity Super Cycle: Is This Time Different?", *The World Bank: Economic Premise*, n. 150, jun. 2014.

CARDOSO, Ciro Flamarion. "Sobre los modos de producción colonial en América". *In*: ASSADOURIAN, Carlos Sempat *et al*. *Modos de producción en América Latina*. Buenos Aires: Siglo XXI, 1974, p. 135-60.

CARDOSO, Fernando Henrique & FALETTO, Enzo. "Post-scriptum a 'Dependencia y desarrollo en América Latina'". *In*: CAMACHO MONGE, Daniel (org.). *Debates sobre la teoría de la dependencia y la sociología latinoamericana*. 2 v. Costa Rica: Educa, 1979 [1976].

CARDOSO, Fernando Henrique & FALETTO, Enzo. *Dependencia y desarrollo en América Latina*. Buenos Aires: Siglo XXI, 2003 [1969]. [Ed. bras.: *Dependência e desenvolvimento na América Latina*. Rio de Janeiro: Civilização Brasileira, 2004.]

CARDOSO, Fernando Henrique & WEFFORT, Francisco. "Introducción". *In*: *América Latina: ensayos de interpretación sociológico-política*. Santiago do Chile: Editorial Universitaria, 1970.

CARDOSO, Fernando Henrique. "Comentario sobre los conceptos de sobrepoblación relativa y marginalidad", *Revista Latinoamericana de Ciencias Sociales*, p. 57-76, jun-dez 1971. [Ed. bras.: "Comentário sobre os conceitos de superpopulação relativa e marginalidade", *Estudos Cebrap*, n. 1, p. 99-130, 1971.]

CARDOSO, Fernando Henrique. "Notas sobre el estado actual de los estudios de la dependencia". *In*: VV. AA. *Problemas del subdesarrollo latinoamericano*. Cidade do México: Nuestro Tiempo, 1975, p. 90-125. [Ed. bras.: "Notas sobre o estado atual dos estudos sobre dependência". *In*: *Notas sobre Estado e dependência*. São Paulo: Cebrap (Cadernos Cebrap 11), 1973, p. 30-72.]

CARDOSO, Fernando Henrique. "Eppur si muove". *In*: *Clases sociales y crisis política en América Latina*. Cidade do México: Unam/Siglo XXI, 1977, p. 401-14.

CARDOSO, Ruth. "Movimentos sociais urbanos". *In*: SORJ, Bernardo *et al*. *Sociedade e política no Brasil pós-64*. São Paulo: Brasiliense, 1983.

CARRASCO, Morita. "El movimiento indígena anterior a la reforma constitucional y su organización en el Programa de Participación de Pueblos Indígenas". *Visiting Resource Professor Papers*. Austin: LLILAS, The University of Texas at Austin, 2002a.

CARRASCO, Morita. "Una perspectiva sobre los pueblos indígenas en Argentina, Informe del CELS". *In*: CELS. *Informe 2022*. Buenos Aires: CELS (Centro de Estudios Legales y Sociales, 2002b, p. 387-420.

CASTEL, Robert. *La metamorfosis de la sociedad salarial*. Buenos Aires: Paidós, 1997. [Ed. bras.: *As metamorfoses da questão social: uma crônica do salário*. Trad. Iraci. D. Poleti. Rio de Janeiro: Vozes, 1998.]

CASTELLS, Manuel. *Movimientos sociales urbanos*. Buenos Aires: Siglo XXI, 1974a.

CASTELLS, Manuel. *La cuestión urbana*. Madri: Siglo XXI, 1974b. [Ed. bras.: *A questão urbana*. Trad. Arlene Caetano. 4. ed. Rio de Janeiro: Paz e Terra, 2009.]

CASTELLS, Manuel. *La era de la información*, v. 1. Madri: Siglo XXI, 1999.

CASTORIADIS, Cornelius. *Un mundo fragmentado*. Buenos Aires: Altamira, 1997. [Ed. bras.: *As encruzilhadas do labirinto: um mundo fragmentado*, v. 3. Trad. Rosa Maria Boaventura. Rio de Janeiro: Paz e Terra, 2006.]

CASTORIADIS, Cornelius. *Une société a la derive: entretiens et Débats 1974-1997*. Paris: Sueil, 2005. [Ed. bras.: *Uma sociedade à deriva: entrevistas e debates 1974-1997*. Trad. Claudia Berliner. São Paulo: Ideias & Letras, 2006.]

CASTRO-GÓMEZ, Santiago & MENDIETA, Eduardo. *Teorías sin disciplina (latinoamericanismo, poscolonialidad y globalización en debate)*. Cidade do México: Miguel Ángel Porrúa Editorial, 1998.

CASTRO-GÓMEZ, Santiago. "Los avatares de la crítica de colonial", entrevista realizada pelo Grupo de Estudios sobre Colonialidad (GESCO), n. 16, p. 213-30, jan.-jun. 2012.

CECEÑA, Ana Esther. "20, 10 y la historia infinita de la utopía de la reconstrucción", *OSAL – Revista del Observatorio Social de América Latina: A Diez Años del Levantamento Zapatista*, n. 12, fev. 2004.

CENTRO DE DOCUMENTACIÓN SOBRE EL ZAPATISMO. "Preguntas frecuentes sobre la llamada ley Cocopa", *Enlace Zapatista*, fev. 2001.

CEPAL. *Los pueblos indígenas de América Latina: avances en el último decenio y retos pendientes para la garantía de sus derechos*. Santiago: CEPAL/ONU, 2014.

CERI, Paolo. "Les transformations du mouvement global". *In*: WIEVIORKA, Michel. *Un autre monde est possible*... Paris: Balland, 2003.

CHANG-RODRÍGUEZ, Eugenio. "José Carlos Mariátegui y la polémica del indigenismo", *América sin Nombre – Revisiones de la Literatura Peruana*, n. 13-14, p. 103-12, 2009.

CHÁVEZ LEÓN, Marxa Nadia. "Autonomías indígenas y Estado plurinacional", *OSAL – Revista del Observatorio Social de América Latina*, n. 24, out. 2008.

CHAVOLLA, Arturo. *La imagen de América en el marxismo*. Buenos Aires: Prometeo, 2005.

CHICAIZA, Gloria. *Mineras chinas en Ecuador: nueva dependencia*. Quito: Agencia Ecologista de Información Tegantai, 2014.

CHOQUE CANQUI, Roberto. "El manifiesto de Tiwanaku (1973) y el inicio de la descolonización", *Revista de la Biblioteca y Archivo Histórico de la Asamblea Legislativa Plurinacional*, v. 4, n. 11, p. 11-15, 2010.

CLAVERO, Bartolomé. "Derechos indígenas y constituciones latinoamericanas". *In*: BERRAONDO, Mikel (org.). *Pueblos indígenas y derechos*. Bilbao: Instituto de Derechos Humanos, Universidad de Deusto, 2006, p. 313-39.

COCCO, Giuseppe & NEGRI, Antonio. *Global: biopoder y luchas en una América Latina globalizada*. Buenos Aires: Paidós, 2006. [Ed. bras.: *Global: biopoder e lutas em uma América Latina globalizada*. Trad. Eliana Aguiar. Rio de Janeiro: Record, 2005.]

CONFERÊNCIA DAS NAÇÕES UNIDAS SOBRE MEIO AMBIENTE E DESENVOLVIMENTO. "Declaração do Rio de Janeiro", *Revista de Estudos Avançados*, v. 6, n. 15, p. 153-9, 1992.

CORAGGIO, José Luis. *Economía social y solidaria: el trabajo antes que el capital*. Quito: Abya-Yala, 2011.

CÓRDOVA, Armando. "Empleo, desempleo y marginalidad". *In:* VV. AA. *Problemas del subdesarrollo latinoamericano*. Cidade do México: Nuestro Tiempo, 1975, p. 53-89.

CORONIL, Fernando. *El Estado mágico: naturaleza, dinero y modernidad en Venezuela*. Caracas: Nueva Sociedad, 2002.

CORREA PRADO, Fernando. "Vânia Bambirra e o marxismo crítico latino-americano", *Rebela: Revista Brasileira de Estudos Latino-Americanos*, v. 1, n. 1, p. 152-60, 2011.

CORREA PRADO, Fernando. "Otras razones del neodesarrollismo (o por qué se desconoció a la teoría marxista de la dependencia)", *Argumentos*, v. 26, n. 72, p. 99-126, 2013.

CORTEZ, David. "Genealogía del *Sumak Kawsay* y el Buen Vivir en Ecuador: un balance". *In:* ENDARA, Gustavo (org.). *Post-crecimiento y Buen Vivir*. Quito: Fundación Friedrich Ebert-ILDIS, 2014.

CRUZ, Gustavo. "La revolución india de Fausto Reinaga: ideología y filosofía política descolonizadora", *Intersticios de la Política y la Cultura – Intervenciones Latinoamericanas*, v. 2, n. 2, 2012.

CUEVA, Agustín. "El uso del concepto de modo de producción en América Latina: algunos problemas teóricos", *Ola Financiera*, v. 3, n. 5, 1974.

CUEVA, Agustín. *El desarrollo del capitalismo en América Latina*. 15. ed. Cidade do México: Siglo XXI, 1977.

CUEVA, Agustín. "Problemas y perspectiva de la teoría de la dependencia". *In:* CAMACHO MONGE, Daniel (org.). *Debates sobre la teoría de la dependencia y la sociología latinoamericana*. 2 v. Costa Rica: Educa, 1979.

CUEVA, Agustín. *El proceso de dominación política en Ecuador*. Quito: Planeta, 1988.

CUEVA, Agustín. *Entre la ira y la esperanza y otros ensayos de crítica latinoamericana: antología*. Bogotá: Siglo del Hombre/Clacso, 2008.

CUEVA, Agustín. "El velasquismo: ensayo de interpretación". *In: Entre la ira y la esperanza y otros ensayos de crítica latinoamericana: antología*. Bogotá: Siglo del Hombre/Clacso, 2008, p. 49-83.

CUNILL GRAU, Pedro. "La geohistoria". *In:* CARMAGNANI, Marcelo; HERNÁNDEZ CHÁVEZ, Alicia & RUGGIERO, Romano (org.). *Para una historia de América*, v. I, *Las estructuras*. Cidade do México: Fondo de Cultura Económica, 1999.

DÁVALOS, Pablo (org.). *Pueblos indígenas, Estado y democracia*. Buenos Aires: Clacso, 2005.

DAVID, Guillermo. *El indio deseado: del dios pampa al santito gay*. Buenos Aires: Las Cuarenta, 2009.

DE ASÚA, Miguel. *El deslumbramiento: Aime Bonpland y Alexander von Humboldt en Sudamerica*. Buenos Aires: Museo Argentino de Ciencias Naturales Bernardino Rivadavia, 2010.

DE IMAZ, José Luis. "¿Adiós a la dependencia?". *In*: CAMACHO MONGE, Daniel (org.). *Debates sobre la teoría de la dependencia y la sociología latinoamericana*. 2 v. Costa Rica: Educa, 1979.

DE ÍPOLA, Emílio. *Ideología y discurso populista*. Cidade do México: Folios, 1982.

DE ÍPOLA, Emílio & PORTANTIERO, Juan Carlos. "Lo nacional popular y los populismos realmente existentes". *In*: VILAS, Carlos María (org.). *La democratización fundamental: el populismo en América Latina*. Cidade do México: Consejo Nacional para la Cultura y las Artes, 1995.

DE LA CADENA, Marisol. *Indígenas mestizos: raza y cultura en Cuzco*. Lima: Instituto de Estudios Peruanos, 2004.

DE LA CADENA, Marisol. "¿Son los mestizos híbridos? Las políticas conceptuales de las identidades andinas". *In*: *Formaciones de indianidad, articulaciones raciales, mestizaje y nación en América Latina*. Popayán: Envión, 2007, p. 83-116.

DE LA CADENA, Marisol. "Introdución". *In*: *Formaciones de indianidad, articulaciones raciales, mestizaje y nación en América Latina*. Popayán: Envión, 2007, p. 7-35.

DE LA TORRE, Carlos. "Región, clase y discurso: análisis crítico de varias obras recientes sobre el proceso social y político ecuatoriano entre 1930 y 1950 (Debates)", *Revista Ecuatoriana de Historia*, n. 4, 1993.

DE LA TORRE, Carlos. "Populismo, ciudadanía y Estado de derecho". *In*: DE LA TORRE, Carlos & PERUZZOTTI, Enrique (org.). *El retorno del pueblo: populismo y nuevas democracias en América Latina*. Quito: FLACSO, 2008, p. 23-53.

DE LA TORRE, Carlos. "Populismo y democracia", entrevista feita por Consuelo Iranzo, *Cuadernos del Cendes*, n. 27, n. 73, p. 171-84, 2010.

DE LA TORRE, Carlos. "El populismo latinoamericano, entre la democratización y el autoritarismo", *Nueva Sociedad*, n. 247, p. 1-16, 2013.

DE LA TORRE, Carlos. "Rafael Correa, un populista del siglo XXI". *In:* MANTILLA, Sebastián & MEJÍA, Santiago (org.). *Rafael Correa, balance de la Revolución Ciudadana*. Quito: CELAEP, 2013.

DE SIERRA, Gerónimo; GARRETÓN, Manuel Antonio; MURMIS, Miguel & TRINDADE, Hélgio. *Las ciencias sociales en América Latina: una mirada comparativa*. Cidade do México: Siglo XXI, 2007.

DEGREGORI, Carlos Iván. "El estudio del otro: cambios en los análisis sobre etnicidad en el Perú". *In:* COTLER, Julio (org.). *Perú 1964-1994: economía, sociedad y política*. Lima: Instituto de Estudios Peruanos, 1995, p. 303-33.

DEL CAMPO, Hugo. *Sindicalismo y peronismo: los orígenes de un vínculo perdurable*. Buenos Aires: Clacso, 1983.

DELFINO, Andrea. "La noción de marginalidad en la teoría social latinoamericana: surgimiento y actualidad", *Universitas Humanística*, n. 74, p. 17-34, 2012.

DELGADO RAMOS, Gian Carlo (org.). *Buena vida, buen vivir: imaginarios alternativos para el bien común de la humanidade*. Cidade do México: Unam, 2014.

DELRIO, Walter; LENTON, Diana; MUSANTE, Marcelo; NAGY, Marino; PAPAZIAN, Alexis & PÉREZ, Pilar. "Del silencio al ruido en la Historia: prácticas genocidas y pueblos originarios en Argentina". *In:* III Seminario Internacional Políticas de la Memoria, Recordando a Walter Benjamín: Justicia, Historia y Verdad — Escrituras de la Memoria, 2010, Buenos Aires. *Anais...* Buenos Aires: Centro Cultural de la Memoria Haroldo Conti, 2010.

DEMÉLAS, Marie-Danielle. "Darwinismo a la criolla: el darwinismo social en Bolivia, 1880-1910", *Historia boliviana*, v. 1, n. 2, p. 55-82, 1981.

DESCOLA, Philippe. "Más allá de la naturaleza y la cultura". *In: Cultura y Naturaleza: aproximaciones a propósito del bicentenario de la independencia de Colombia.* Bogotá: Jardín Botánico de Bogotá José Celestino Mutis, 2011, p. 75-98.

DEVÉS VALDÉS, Eduardo. *El pensamiento latinoamericano en el siglo XX*, t. I, *Del Ariel de Rodó a la Cepal (1900-1950)*. Buenos Aires: Biblos, 2000.

DEVÉS VALDÉS, Eduardo. *El pensamiento latinoamericano en el siglo XX*, t. II, *Desde la Cepal al neoliberalismo (1950-1990)*. Buenos Aires: Biblos, 2003.

DI TELLA, Torcuato. "La formación de una conciencia nacional en América Latina". *In: Desarrollo Económico*, v. 6, n. 22-23, jul.-dez. 1966, p. 417-42.

DI TELLA, Torcuato; GERMANI, Gino & IANNI, Octavio. *Populismo y contradicciones de clase*. Cidade do México: Era, 1973.

DI TELLA, Torcuato. *Política y clase obrera*. Buenos Aires: CEAL, 1983.

DÍAZ POLANCO, Héctor. "Indigenismo, populismo y marxismo", *Nueva Antropología — Revista de Ciencias Sociales*, n. 9, p. 7-32, 1978.

DÍAZ POLANCO, Héctor. *Autonomía regional: la autodeterminación de los pueblos indios*. Cidade do México: Siglo XXI, 1991.

DÍAZ POLANCO, Héctor. *Indigenismo y diversidad cultural*. Cidade do México: Universidad de la Ciudad de México, 2003.

DÍAZ POLANCO, Héctor. *Elogio de la diversidad: globalización, multiculturalismo y etnofagia*. Cidade do México: Siglo XXI, 2006a.

DÍAZ POLANCO, Héctor. *El laberinto de la identidad*. Cidade do México: Unam — Coordinación de Difusión Cultural, Dirección General de Publicaciones y Fomento Editorial, 2006b.

DÍAZ POLANCO, Héctor. "Caracoles: la autonomía regional zapatista", *El Cotidiano*, v. 21, n. 137, p. 44-51, 2006c.

DÍAZ POLANCO, Héctor. "La insoportable levedad de la autonomía. La experiencia mexicana". *In:* GUTIÉRREZ CHONG, Natividad (org.). *Estados y autonomías en democracias contemporáneas (Bolivia, Ecuador, España, México)*. Cidade do México: Plaza y Valdés, 2008, p. 245-73.

DO ALTO, Hervé. "Cuando el nacionalismo se pone el poncho: una mirada retrospectiva de la etnicidad y la clase en el movimiento popular boliviano, 1952-2007". *In:* SVAMPA, Maristella & STEFANONI, Pablo (org.). *Bolivia: memoria, insurgência y movimientos sociales*. Buenos Aires: El Colectivo/Clacso, 2007.

DO ALTO, Hervé & STEFANONI, Pablo. *El MAS, un partido en tiempo heterogéneo*. La Paz: PNUD/Idea Internacional, 2009.

DOMINGOS OURIQUES, Nildo. "Hacía una teoría marxista de la dependencia", v. 2. *In*: MARINI, Ruy Mauro & MILLÁN, Margara (org.). *La teoría social latinoamericana*, 4 v. Cidade do México: El Caballito, 1994, p. 179-99.

DOMINGUES, José Maurício. "Sociología brasileña, latinoamérica y la tercera fase de la modernidad", *Estudios Sociológicos*, v. 23, n. 68, p. 591-610, maio-ago. 2005.

DOMINGUES, José Maurício. *Desarrollo, periferia y semiperiferia en la tercera fase de la modernidad global*. Colección Sur-Sur. Buenos Aires: Clacso, 2012.

DORNBUSCH, Rudiger & EDWARDS, Sebastián (org.). *Macroeconomía del populismo en América Latina*. Cidade do México: Fondo de Cultura Económica, 1992.

DOS SANTOS, Theotônio. *Socialismo o fascismo: el nuevo carácter de la dependencia y el dilema latinoamericano*. Buenos Aires: Periferia, 1972a. [Ed. bras.: *Socialismo ou fascismo: o novo caráter da dependência e o dilema latino-americano*. Trad. Diógenes Moura Breda. Florianópolis: Insular, 2018.]

DOS SANTOS, Theotônio. "La nueva dependencia y la crisis latinoamericana". *In*: *Socialismo o fascismo: el nuevo carácter de la dependencia y el dilema latinoamericano*. Buenos Aires, Periferia, 1972b.

DOS SANTOS, Theotônio. *La teoría de la dependencia: balance y perspectivas*. Cidade do México: Plaza & Janés, 2002. [Ed. bras.: *A teoria da dependência: Balanço e perspectivas*, v. 1. Rio de Janeiro: Civilização Brasileira, 2000.]

DOS SANTOS, Theotônio. "André Gunder Frank", *Red Unesco-UNU*, 2005.

DOS SANTOS, Theotônio. *Imperialismo y dependência*. Prólogo Carlos Eduardo Martins. Biblioteca Ayacucho de Clássicos Políticos da América Latina. Caracas: Banco Central de Venezuela, 2011 [1978].

DUMOND, René & MOTTIN, Marie-France. *El mal desarrollo en América Latina (México, Colombia, Brasil)*. Cidade do México: Panorama, 1982.

DUNKERLEY, James. "Rebelión en las venas". *In*: VV. AA. *Revoluciones del siglo XX: homenaje a los cincuenta años de la Revolución Boliviana. Tenemos pecho de bronce... pero no sabemos nada*. La Paz: PNUD-FES-ILDIS/ASDI/Plural, 2003, p. 348-57.

ECHEVERRÍA, Bolívar. "La clave barroca de la América latina", comunicação no Lateinamerika Institut, Freie Universität Berlin, Berlim, nov. 2002.

EL TROUDI, Haiman; HARNECKER, Marta & BONILLA-MOLINA, Luis. *Herramientas para la participación*. Caracas: Ministerio de la Participación Popular, 2005.

ELIAS, Norbet. *El proceso de civilización*. Cidade do México: Fondo de Cultura Económica, 1989. [Ed. bras.: *O processo civilizador*. 2 v. Trad. Ruy Jungmann. Rio de Janeiro: Zahar, 2011.]

ENCUENTRO MEMORIA, VERDAD Y JUSTICIA. *Informe sobre criminalización de la protesta*. Buenos Aires: AEDD/ APEL/ CADHU/ CEPRODH/ CADEP/ CORREPI/ Liberpueblo 2012.

ENDARA, Gustavo (org.). *Post-crecimiento y buen vivir*. Quito: Fundación Friedrich Ebert-ILDIS, 2014.

ESCOBAR, Arturo. "El post-desarrollo como concepto y práctica social". *In*: MATO, Daniel (org.). *Políticas de economía, ambiente y sociedad en tiempos de globalización*. Caracas: Facultad de Ciencias Económicas y Sociales, Universidad Central de Venezuela, 2005, p. 17-31.

ESCOBAR, Arturo. *Una minga para el posdesarrollo: lugar, medio ambiente y movimentos sociales en las transformaciones globales*. Lima: Universidad Nacional Mayor de San Marcos/Programa Democracia y Transformación Global, 2010.

ESCOBAR, Arturo. "¿Pachamámicos contra modérnicos?", *Tierra Socialista – Revista del Centro de Políticas Públicas para el Socialismo*, jul. 2011a.

ESCOBAR, Arturo. "Epistemologías de la naturaleza y colonialidad de la naturaleza. Variedades de realismo y constructivismo". *In*: *Cultura y naturaleza: aproximaciones a propósito del bicentenario de la independencia de Colombia*. Bogotá: Jardín Botánico de Bogotá José Celestino Mutis, 2011b.

ESCOBAR, Arturo. "Cultura y diferencia: la ontología política del campo de cultura y desarrollo", *Revista de Investigación en Cultura y Desarrollo*, 2012.

ESPASANDÍN LÓPEZ, Jesus & IGLESIAS TURRIÓN, Pablo (org.). *Bolivia en movimiento: acción colectiva y poder político*. Barcelona: El Viejo Topo, 2007.

ESTEVA, Gustavo. "Desarrollo". *In*: SACHS, Wolfgang (org.). *Diccionario del desarrollo: una guía del conocimiento como poder*. Lima: PRATEC, 1996 [1992]. [Ed. bras.: *Dicionário do desenvolvimento: guia para o conhecimento como poder*. Trad. Vera Lucia M. Joscelyne, Susana de Gyalokay, Jaime A. Clasen. Petropólis: Vozes, 2000.]

ESTEVA, Gustavo. "Commons: más allá de los conceptos de bien, derecho humano y propiedad", entrevista realizada por Anne Becker sobre a abordagem da gestão dos bens comuns, Conferencia Internacional sobre Ciudadanía y Comunes, México, dez. 2007.

EXENI RODRÍGUEZ, José Luis. "Autogobierno indígena y alternativas al desarrollo". *In*: *El proceso de las autonomías indígenas en Bolivia: la larga marcha*. La Paz: Fundación Rosa Luxemburgo, 2015, p. 13-73.

FALERO, Alfredo. *El paradigma renaciente de América Latina: una aproximación sociológica a legados y desafíos de la visión centro-periferia*. Buenos Aires: Clacso, 2006.

FALS BORDA, Orlando. "La crisis, el compromiso y la ciencia". *Ciencia propia y colonialismo intelectual*. Cidade do México: Nuestro Tiempo, 1970.

FANON, Frantz. *Los condenados de la tierra*. Cidade do México: Fondo de Cultura Económica, 1963. [Ed. bras.: *Os condenados da terra*. Trad. José Laurênio de Melo. Rio de Janeiro: Civilização Brasileira, 1968.]

FARAH, Ivonne & VASAPOLLO, Luciano (org.). *Vivir Bien: ¿paradigma no capitalista?*. La Paz: Plural, 2011.

FAVRE, Henri. *El indigenismo*. Cidade do México: Fondo de Cultura Económica, 1998.

FÉLIZ, Mariano & LÓPEZ, Emiliano. *Proyecto neodesarrollista en la Argentina: ¿modelo nacional-popular o nueva etapa en el desarrollo capitalista?*. Buenos Aires: El Colectivo, 2012.

FÉLIZ, Mariano. "Neoliberalismos, neodesarrollismos y proyectos contrahegemónicos en Suramérica", *Astrolabio – Nueva Época*, n. 7, 2011.

FÉLIZ, Mariano. "Proyecto sin clase: crítica al neoestructuralismo como fundamento del neodesarrollismo". *In*: *Más allá del individuo: clases sociales, transformaciones económicas y políticas estatales en la Argentina*. Buenos Aires: El Colectivo, 2012, p. 13-44.

FERNANDES, Florestan; POULANTZAS, Nicos; TOURAINE, Alain; CARDOSO, Fernando Henrique *et al*. *Las clases sociales en América: problemas de conceptualización*. Cidade do México: Siglo XXI, 1973.

FERNANDES, Florestan. "Problemas de conceptualización de las clases sociales en América Latina". *In*: FERNANDES, Florestan; POULANTZAS, Nicos; TOURAINE, Alain; CARDOSO, Fernando Henrique *et al*. *Las clases sociales en América: problemas de conceptualización*. Cidade do México: Siglo XXI, 1973.

FERNÁNDEZ FERNÁNDEZ, José. "Indigenismo". *In*: REYES, Román (org.). *Diccionario crítico de ciencias sociales: terminología científico-social*, t. 1-4. Madri/Cidade do México: Plaza y Valdés, 2009.

FERNÁNDEZ RETAMAR, Roberto. *Caliban: apuntes sobre la cultura de nuestra América*. Buenos Aires: La Pléyade, 1973.

FERNÁNDEZ, Estela & VERGARA, Jorge (org.). *Racionalidad, utopía y modernidad: el pensamiento crítico de Franz Hinkelammert. Homenaje en sus 75 años*. La Paz: Ed. Universidad Bolivariana/Universidad Nacional de Cuyo, 2008.

FLORES GALINDO, Alberto. *La agonía de Mariátegui: la polémica con el Komintern*. Lima: Desco – Centro de Estudios y de Promoción del Desarrollo, 1980.

FLORES GALINDO, Alberto. "Movimientos campesinos en el Perú: Balance y esquema", *Cuaderno Rural*, n. 18, ago. 2012.

FORNILLO, Bruno. "Intelectuales y política en la era katarista". *In*: SVAMPA, Maristella; STEFANONI, Pablo & FORNILLO, Bruno. *Debatir Bolivia: contornos de un proyecto de descolonización*. Buenos Aires: Taurus, 2010, p. 61-97.

FORNILLO, Bruno. "¿Commodities, bienes comunes o recursos estratégicos? La importancia de un nombre", *Nueva Sociedad*, n. 252, 2014, p. 101-17.

FORNILLO, Bruno (org.). *Geopolítica del litio: industria, ciencia y energía en Argentina*. Buenos Aires: El Colectivo/Clacso, 2015.

FRANCKE, Pedro & SOTELO, Vicente. "¿Es económicamente viable una economía postextractivista en el Perú?". *In*: ALAYZA, Alejandra & GUDYNAS, Eduardo (org.). *Transiciones: postextractivismo y alternativas al extractivismo en el Perú*. Lima: CEPES, 2011.

FRANCO, Rolando. "La sociología en América Latina. Panorama de 25 años". *In*: CAMACHO MONGE, Daniel (org.). *Debates sobre la teoría de la dependencia y la sociología latinoamericana*. 2 v. Costa Rica: Educa, 1979.

FREIDENBERG, Flavia. *La tentación populista: una vía de acceso al poder en América Latina*. Madri: Síntesis, 2007.

FRÉITEZ, María E. & MARTÍNEZ, Alejandra. "Venezuela. Consejos comunales y comunas. Entre la autonomía y el centralismo". *In*: GRUPO PERMANENTE DE TRABAJO SOBRE ALTERNATIVAS AL DESARROLLO. *¿Cómo transformar? Instituciones y cambio social en América Latina y Europa*. Quito: Abya-Yala/Fundación Rosa Luxemburgo, 2015.

FUENTES, Carlos. *La nueva novela hispanoamericana*. Cidade do México: Editorial Joaquín Mortiz, 1969.

FUNDACIÓN BARILOCHE. "Modelo mundial latinoamericano", *Nueva Sociedad*, n. 22, p. 16-29, jan.-fev. 1976.

FUNES, Patricia. & ANSALDI, Waldo. "Cuestión de piel. Racialismo y legitimidad política en el orden oligárquico latinoamericano". *In*: ANSALDI, Waldo (org.). *Calidoscopio latinoamericano: imágenes históricas para un debate vigente*. Buenos Aires: Ariel, 2004, p. 450-95.

FUNES, Patricia. *Salvar a la nación. Intelectuales, cultura y política en los años veinte latinoamericanos*. Buenos Aires: Prometeo, 2006.

FURTADO, Celso. *Dialéctica del desarrollo*. Cidade do México: Fondo de Cultura Económica, 1965. [Ed. bras.: *Dialética do desenvolvimento*. Rio de Janeiro/São Paulo: Fundo de Cultura, 1964.]

FURTADO, Celso. *Subdesarrollo y estancamiento en América Latina*. Buenos Aires: Eudeba, 1966. [Ed. bras.: *Subdesenvolvimento e estagnação na América Latina*. Rio de Janeiro: Civilização Brasileira, 1966.]

FURTADO, Celso. *El mito del desarrollo económico y el futuro del tercer mundo*. Buenos Aires: Periferia, 1974. [Ed. bras.: *O mito do desenvolvimento econômico*. Rio de Janeiro: Paz e Terra, 1974.]

FURTADO, Celso. "Modernización versus desarrollo", *Crítica & Utopía*, n. 4, 1981.

FURTADO, Celso. *La fantasía organizada*. Buenos Aires/Bogotá: Eudeba/Tercer Mundo, 1985. [Ed. bras.: "A fantasia organizada". *In*: *Obra autobiográfica*. São Paulo: Companhia das Letras, 2014.]

GALLOPÍN, Gilberto C. "El Modelo Mundial Latinoamericano ('Modelo Bariloche'): tres décadas atrás". *In*: VV. AA. *¿Catástrofe o nueva sociedad? Modelo Mundial Latinoamericano*. Buenos Aires/Ottawa: IIED-América Latina/IDRC, 2004.

GAMIO, Manuel. *Forjando patria*. Cidade do México: Miguel Ángel Porrúa Editorial, 1916.

GANDARILLAS, Marco Antonio. *Últimas medidas sobre consulta a pueblos indígenas y áreas protegidas*. La Paz: Centro de Documentación e Información Bolívia (CEDIB), 2015.

GARCÍA LINERA, Álvaro; GUTIÉRREZ, Raquel; PRADA, Raúl & TAPIA, Luis. *Democratizaciones plebeyas*. Coleção Comuna. La Paz: Muela del Diablo Editores, 2002.

GARCÍA LINERA, Álvaro; GUTIÉRREZ, Raquel; PRADA, Raúl; QUISPE, Felipe & TAPIA, Luis. *Tiempos de rebelión*. Coleção Comuna. La Paz: Muela del Diablo Editores, 2001.

GARCÍA LINERA, Álvaro; PRADA, Raúl & TAPIA, Luis. *La transformación pluralista del Estado*. Coleção Comuna. La Paz: Muela del Diablo Editores, 2007.

GARCÍA LINERA, Álvaro. "El zapatismo: indios insurgentes, alianzas y poder", *OSAL – Revista del Observatorio Social de América Latina*, n. 12, set.-dez. 2003.

GARCÍA LINERA, Álvaro (org.). *Sociología de los movimientos sociales, estructuras de movilización, repertorios culturales y acción política*. La Paz: Diakonia/Oxfam, 2004.

GARCÍA LINERA, Álvaro. "Marxismo e indianismo: el desencuentro entre dos razones revolucionarias". *In*: SVAMPA, Maristella & STEFANONI, Pablo (org.). *Bolivia: memoria, insurgencia y movimientos sociales*. Buenos Aires: El Colectivo/Clacso, 2007.

GARCÍA LINERA, Álvaro. "Marxismo y mundo agrario: introducción al Cuaderno Kovalevsky". *In*: *La potencia plebeya: acción colectiva e identidades indígenas, obreras y populares en Bolivia*. Prefácio Pablo Stefanoni. Buenos Aires: Clacso/Prometeo, 2008 [1989], p. 13-49. [Ed. bras.: *A potência plebeia: ação coletiva e identidades indígenas, trabalhadoras e populares na Bolívia*. Trad. Igor Ojeda. São Paulo: Boitempo, 2010.]

GARCÍA LINERA, Álvaro. "Narrativa colonial y narrativa comunal". *La potencia plebeya: acción colectiva e identidades indígenas, obreras y populares en Bolivia*. Prefácio Pablo Stefanoni. Buenos Aires: Clacso/Prometeo, 2008 [2004], p. 193-209. [Ed. bras.: *A potência plebeia: ação coletiva e identidades indígenas, trabalhadoras e populares na Bolívia*. Trad. Igor Ojeda. São Paulo: Boitempo, 2010.]

GARCÍA LINERA, Álvaro. "Autonomías indígenas y Estado multinacional". *In*: *La potencia plebeya: acción colectiva e identidades indígenas, obreras y populares en Bolivia*. Prefácio Pablo Stefanoni. Buenos Aires: Clacso/Prometeo, 2008 [2004], p. 209-68. [Ed. bras.: *A potência plebeia: ação coletiva e identidades indígenas, trabalhadoras e populares na Bolívia*. Trad. Igor Ojeda. São Paulo: Boitempo, 2010.]

GARCÍA LINERA, Álvaro. *Las tensiones creativas de la revolución: la quinta fase del proceso de cambio*. La Paz: Vicepresidencia del Estado Plurinacional de Bolivia, 2011.

GARGARELLA, Roberto. *La sala de máquinas de la Constitución: dos siglos de Constitucionalismo en América Latina (1810-2010)*. Buenos Aires: Katz, 2014.

GASPARELLO, Giovanna & QUINTANA GUERRERO, Jaime (org.). *Otras geografías: experiencias de autonomias indígenas en México*. Tlalpan: Redez, 2010.

GAUDIO, Ricardo & PILONE, Jorge. "Estado y relaciones laborales en el período previo al surgimiento del peronismo, 1935-1943". *In*: TORRE, Juan Carlos (org.). *La formación del sindicalismo peronista*. Buenos Aires: Legasa, 1988.

GERBI, Antonello. *La disputa del nuevo mundo*. Cidade do México: Fondo de Cultura Económica, 1982. [Ed. bras.: *O novo mundo: história de uma polêmica, 1750-1900*. Trad. Bernardo Jofilly. São Paulo: Companhia das Letras, 1996.]

GERMANI, Gino. *Política y sociedad en una época de transición*. Buenos Aires: Paidós, 1965.

GERMANI, Gino. *Sociología de la modernización*. Buenos Aires: Paidós, 1969.

GERMANI, Gino. *El concepto de marginalidad: significado, raíces históricas y cuestiones teóricas, con particular referencia a la marginalidad urbana*. Buenos Aires: Nueva Vision, 1973.

GIARRACCA, Norma & GRUPO DE ESTUDIOS RURALES (GER). "La cuestión campesina", ficha de cátedra, n. 8.

GIARRACCA, Norma & TEUBAL, Miguel (org.). *Actividades extractivas en expansión: ¿reprimarización de la economía argentina?* Buenos Aires: Antropofagia, 2013.

GIDDENS, Anthony. *Consecuencias de la modernidad*. Madri: Alianza Universidad, 1993. [Ed. bras.: *As consequências da modernidade*. Trad. Raul Fiker. São Paulo: Editora Unesp, 1991.]

GIDDENS, Anthony. *Sociología*. Madri: Alianza, 2000. [Ed. bras.: *Sociologia*. Trad. Ronaldo Cataldo Costa. Porto Alegre: Artmed, 2012.]

GILETTA, Matías Fernando. "América Latina: la evolución de las críticas a la ciencia social". *In*: CAMACHO MONGE, Daniel (org.). *Debates sobre la teoría de la dependencia y la sociología latinoamericana*. 2 v. Costa Rica: Educa, 1979.

GILETTA, Matías Fernando. "Sergio Bagú: una introducción a su pensamiento sociohistórico". *In*: X Jornada de Sociología, Facultad de Ciencias Sociales, 2013, Buenos Aires. *Anais*... Buenos Aires: Universidad de Buenos Aires, 2013.

GILLY, Adolfo. *La revolución interrumpida*. Cidade do México: Era, 1977 [1971].

GILLY, Adolfo. *Chiapas la razón ardiente. Ensayo sobre la rebelión del mundo encantado*. Cidade do México: Era, 1997.

GÖBEL, Barbara. "La minería del litio en la Puna de Atacama: interdependencias transregionales y disputas locales", *Iberoamericana*, v. 49, n. 13, p. 135-50, 2013.

GOFFMAN, Erving. *Les cadres de l'experience*. París: Minuit, 1991.

GÓMIZ, Maria Micaela & SALGADO, Juan Manuel. *Convenio 169 de la OIT sobre Pueblos Indígenas: su aplicación al derecho interno argentino*. Neuquén/Copenhague: Observatorio de Derechos Humanos de Pueblos Indígenas (ODHPI)/Grupo Internacional de Trabajo sobre Pueblos Indígenas (IWGIA), 2010.

GONZALES ALVARADO, Osmar. "Indigenismo, nación y política en el Perú (1904-1930)". *In*: ALTAMIRANO, Carlos & MYERS, Jorge (org.). *Historia de los intelectuales en América Latina*, v. II. Buenos Aires: Katz, 2010, p. 433-55.

GONZÁLEZ CASANOVA, Pablo. *La democracia en México*. Cidade do México: Era, 1975 [1965]. [Ed. bras.: *A democracia no México*. Trad. Ana Arruda. Rio de Janeiro: Civilização Brasileira, 1967.]

GONZÁLEZ CASANOVA, Pablo. "América Latina: la evolución de las críticas a las ciencias sociales". *In*: CAMACHO MONGE, Daniel (org.). *Debates sobre la teoría de la dependencia y la sociología latinoamericana*. 2 v. Costa Rica: Educa, 1979, p. 194-210.

GONZÁLEZ CASANOVA, Pablo. "Colonialismo interno (una redefinición)". *In*: BORÓN, Atilio A.; AMADEO, Javier & GONZÁLEZ, Sabrina (org.). *La teoría marxista hoy: problemas y perspectivas*. Buenos Aires: Clacso, 2006, p. 409-34.

GONZÁLEZ PRADA, Manuel. *Horas de lucha*. Lima: Peisa, 1989.

GONZÁLEZ, Alberto Rex & DELRIO, Walter. "Prólogo". *In*: PEPE, Fernando; SUÁREZ, Miguel Añón & HARRISON, Patricio. *Antropología del genocidio, identificación y restitución: "colecciones de restos humanos en el Museo de la Plata"*. La Plata: Campana de Palo, 2010.

GONZÁLEZ, Miguel; BURGUETE CAL Y MAYOR, Araceli & ORTIZ, Pablo (org.). *La autonomía a debate: autogobierno indígena y Estado plurinacional en América Latina*. Quito/Copenhague/Tlalpan/Chiapas: FLACSO/GTZ/IWGIA/CIESAS/UNICH, 2010.

GONZÁLEZ, Miguel. "Autonomías territoriales indígenas y regímenes autonómicos (desde el Estado) en América Latina". *In*: GONZÁLEZ, Miguel; BURGUETE CAL Y MAYOR, Araceli & ORTIZ, Pablo (org.). *La autonomía a debate: autogobierno indígena y Estado plurinacional en América Latina*. Quito/Copenhague/Tlalpan/Chiapas: FLACSO/GTZ/IWGIA/CIESAS/UNICH, 2010, p. 35-63.

GORDILLO, Gastón & HIRSCH, Silvia. *Movilizaciones indígenas e identidades en disputa en la Argentina*. Buenos Aires: ICRJ/La Crujía, 2010.

GOTKOWITZ, Laura. *La revolución antes de la revolución: luchas indígenas por tierra y justicia en Bolivia, 1880-1952*. La Paz: Plural, 2011.

GRACIARENA, Jorge. "Poder y estilos de desarrollo, una perspectiva heterodoxa", *Revista de la Cepal*, n. 1, 1976.

GRAMSCI, Antonio. *Cadernos do cárcere: Maquiavel, notas sobre o Estado e a política*. v. 3. Rio de Janeiro: Civilização Brasileira, 2000 [1949].

GREY POSTERO, Nancy & ZAMOSC, Leon. "La batalla de la cuestión indígena en América Latina". *La lucha por los derechos indígenas en América Latina*. Quito: Abya Yala, 2005, p. 11-53.

GRINBERG, Miguel. *Ecofalacias: el poder transnacional y la expropiación del discurso "verde"*. Buenos Aires: Fundación Ross, 2012.

GROS, Christian. "Nationaliser l'Indien; ethniciser la Nation: l'Amérique Latine face au multiculturalisme". *In*: GROS, Christian & STRIGLER, Marie-Claude. *Etre Indien dans les Amériques*. Aubervilliers: Éditions de l'IHEAL, 2006.

GROSFOGUEL, Ramón. "La descolonización del conocimiento: diálogo crítico entre la visión descolonial de Frantz Fanon y la sociología decolonial de Boaventura de Sousa Santos". *In*: Seminário Formas-Otras, 2011, Barcelona. *Anais*... Barcelona: Cidob, 2011.

GRUNBERG, George. *Indianidad y descolonización en América Latina: documentos de la Segunda Reunión de Barbados*. Cidade do México: Editorial Nueva Imagen, 1979.

GRUPO PERMANENTE DE TRABAJO SOBRE ALTERNATIVAS AL DESARROLLO. *Más allá del desarrollo*. Quito: Fundación Rosa Luxemburgo/Abya Yala, 2012.

GRUPO PERMANENTE DE TRABAJO SOBRE ALTERNATIVAS AL DESARROLLO. *Alternativas al capitalismo/colonialismo del siglo XXI*. Quito: Fundación Rosa Luxemburgo, 2013.

GUDYNAS, Eduardo & ACOSTA, Alberto. "La renovación de la crítica al desarrollo y el Buen Vivir como alternativa", *Utopía y Praxis latinoamericana*, n. 16, n. 53, 2011.

GUDYNAS, Eduardo. "Los múltiples verdes del ambientalismo latinoamericano", *Nueva Sociedad*, n. 122, p. 104-15, 1992.

GUDYNAS, Eduardo. *Ecología, economía y ética del desarrollo sostenible*. Montevidéu: Coscoroba-CLAES, 2004.

GUDYNAS, Eduardo. "Diez tesis urgentes sobre el nuevo extractivismo: contextos y demandas bajo el progresismo sudamericano atual". *In*: SCHULDT, Jürgen; ACOSTA, Alberto; BARANDIARAN, Alberto *et al*. *Extractivismo, política y sociedad*. Quito: CAAP-CLAES, 2009.

GUDYNAS, Eduardo. "La Pachamama, ética ambiental y desarrollo", *Le Monde Diplomatique — Edición Boliviana*, v. 3, n. 7, jul. 2010.

GUDYNAS, Eduardo. "Imágenes, ideas y conceptos sobre la naturaleza en América Latina". *In*: *Cultura y naturaleza: aproximaciones a propósito del bicentenario de la independencia de Colombia*. Bogotá: Jardín Botánico de Bogotá José Celestino Mutis, 2011a, p. 268-92.

GUDYNAS, Eduardo. "Desarrollo y sustentabilidad ambiental: diversidad de posturas, tensiones persistentes". *In*: MATARÁN RUIZ, Alberto & LÓPEZ CASTELLANO, Fernando (org.). *La Tierra no es muda: diálogos entre el desarrollo sostenible y el postdesarrollo*. Granada: Universidade de Granada, 2011b, pp 69-96.

GUDYNAS, Eduardo. "Desarrollo, extractivismo y Buen Vivir: debates sobre el desarrollo y sus alternativas en América Latina. Una breve guía heterodoxa". *In*: GRUPO PERMANENTE DE TRABAJO SOBRE ALTERNATIVAS AL DESARROLLO. *Más allá del desarrollo*. Quito: Fundación Rosa Luxemburgo/Abya Yala, 2012.

GUDYNAS, Eduardo. "Buen vivir: sobre secuestros, domesticaciones, rescates y alternativas". *In*: OVIEDO FREIRE, Atawallpa (org.). *Bifurcación del Buen Vivir y Sumak Kawsay*. Quito: Sumak, 2014a.

GUDYNAS, Eduardo. *Derechos de la naturaleza: ética biocéntrica y políticas ambientales*. Lima: Programa Democracia y Transformación Global/Red Peruana por una Globalización con Equidad/CooperAcción/Centro Latinoamericano de Ecología Social, 2014b.

GUILLÉN, Arturo. "Modelos de desarrollo y estrategias alternativas en América Latina", Centro Celso Furtado, 2005.

GUNDER FRANK, André. *Capitalismo y subdesarrollo en América Latina*. Santiago: Centro de Estudios Miguel Enríquez (CEME), 1965.

GUNDER FRANK, André. "El desarrollo del subdesarrollo", *Pensamiento Crítico*, n. 7, Havana, 1967, p. 159-72.

GUNDER FRANK, André. "Latinoamérica: subdesarrollo capitalista o revolución socialista", *Pensamiento Crítico*, n. 13, Havana, 1968.

GUNDER FRANK, André. "Sociología del desarrollo y subdesarrollo de la sociología". *In*: GUNDER FRANK, André; GONZÁLEZ CASANOVA, Pablo & REAL DE AZÚA, Carlos. *La sociología subdesarrollante*. Montevidéu: Aportes, 1969.

GUNDER FRANK, André. *Lumpenburguesía: lumpendesarrollo. Dependencia, clase y política en Latinoamérica*. Buenos Aires: Periferia, 1973.

GUNDER FRANK, André. "La dependencia de Celso Furtado", *Rebelión*, 22 nov. 2004.

GUTIÉRREZ CHONG, Natividad (org.). *Estados y autonomías en democracias contemporáneas (Bolivia, Ecuador, España, México).* Cidade do México: Plaza y Valdés, 2008.

GUTIÉRREZ GARZA, Estela & GONZÁLEZ GAUDIANO, Edgar. *De las teorías del desarrollo al desarrollo sustentable.* Cidade do México, UANL/Siglo XXI, 2010.

GUTIÉRREZ GARZA, Estela. *Economía, teoría e historia: la Cepal y los estilos de desarrollo*, v. 2. *In*: MARINI, Ruy Mauro & MILLÁN, Margara (org.). *La teoría social latinoamericana*, 4 v. Cidade do México: El Caballito, 1994, p. 115-35.

GUTIÉRREZ, Raquel. "Dignidad como despliegue de soberanía social: autonomía como fundamento de transformación". *In*: GUTIÉRREZ, Raquel & ESCÁRZAGA, Fabiola (org.). *Movimiento indígena en América Latina: resistencia y proyecto alternativo*, v. 2. Cidade do México: Juan Pablos, 2005.

GUTIÉRREZ, Raquel. "Sobre la autorregulación social: imágenes, posibilidades y límites". *In*: VV. AA. *Pensar las autonomías: alternativas de emancipación al capital y el Estado.* Cidade do México: Bajo Tierra/Sísifo, 2011, p. 351-74.

HALE, Charles. "Does Multiculturalism Menace? Governance, Cultural Rights and the Politics of Identity in Guatemala", *Journal of Latin American Studies*, v. 34, n. 3, p. 485-524, 2002.

HARDT, Michael & NEGRI, Antonio. *Imperio.* Buenos Aires: Paidós, 2002. [Ed. bras.: *Império.* 7. ed. Trad. Berilo Vargas. Rio de Janeiro: Record, 2005.]

HARNECKER, Marta. *De los consejos comunales a las comunas: construyendo el socialismo del siglo XXI.* Caracas: 2009a.

HARVEY, David, "El nuevo imperialismo: acumulación por desposesión", *Socialist Register*, 2004.

HERNÁNDEZ, Roberto. "Teorías sobre campesinado en América Latina: una evaluación crítica", *Revista Chilena de Antropología*, n. 12, 1993.

HERRERA, Amílcar; SCOLNICK, Hugo D.; CHICHILNISKY, Gabriela *et al.* *¿Catástrofe o nueva sociedad? Modelo Mundial Latinoamericano.* Buenos Aires/Ottawa: IIED-América Latina/IDRC, 2004.

HINKELAMMERT, Franz & MORA JIMÉNEZ, Henry. *Hacia una economía para la vida: preludio a una reconstrucción de la Economía.* San José de Costa Rica: DEI, 2005.

HIRSCH, Joachim. *Globalización, capital y Estado.* Cidade do México: UAM-X, CSH, Depto. De Relaciones Sociales, 1996.

HIRSCH, Joachim. *Globalización y el futuro del estado nación.* Buenos Aires: Instituto Goethe, 2001.

HOBSBAWM, Eric. *Las revoluciones burguesas.* Barcelona: Guadarrama, 1985.

HOBSBAWM, Eric. *Formaciones económicas precapitalistas.* Cidade do México: Siglo XXI, 2004 [1964]. [Ed. bras.: "Introdução". *In*: MARX, Karl. *Formações económicas pré-capitalistas.* Trad. João Maia. Rio de Janeiro: Paz e Terra, 1985, p. 11-64.]

HOETMER, Raphael; CASTRO, Miguel *et al.* (org.). *Minería y movimientos sociales en el Perú: instrumentos y propuestas para la defensa de la vida, el agua y el territorio.* Lima: Programa de Democracia y Transformación Global, 2013.

HOLLOWAY, John. "Autonomismo positivo y negativo". *In*: ALBERTANI, Claudio; ROVIRA, Guiomar & MODONESI, Massimo (org.). *La autonomía posible: reinvención de la política y emancipación*. Cidade do México: Universidad Autónoma de la Ciudad de Mexico, 2009, p. 123-30.

HOUTART, François. *De los bienes comunes al bien común de la humanidad*. Quito: Fundación Rosa Luxemburgo, 2011.

HYLTON, Forrest. *Ya es otro tiempo el presente: cuatro momentos de insurgencia indígena*. La Paz: Muela del Diablo Editores, 2003.

IANNI, Octavio. "Populismo y capitalismo". *In*: *La formación del Estado Populista en América Latina*. Buenos Aires: Era, 1975, p. 163-7.

IANNI, Octavio. *Teorías de la globalización*. Cidade do México: Siglo XXI, 1996. [Ed. bras.: *Teorias da globalização*. Rio de Janeiro: Civilização Brasileira, 2013.]

IBARRA, Pedro & TEJERINA, Benjamín (org.). *Los movimientos sociales: transformaciones políticas y cambio cultural*. Madri: Trotta, 1998.

IMPEMBA, Marcelo. *¿Los otros invisibles? La cultura mapuche en el expansionismo de San Martín de los Andes*. Buenos Aires: Ferreyra Editor, 2013.

IONESCU, Ghita & GELLNER, Ernest. *Populismo*. Buenos Aires: Amorrortu, 1970.

JAGUARIBE, Helio. *Desarrollo político: sentido y contradicciones*. Buenos Aires: Paidós, 1972. [Ed. bras.: *Desenvolvimento político*. Trad. Anita Kon. São Paulo: Perspectiva, 2007.]

JAMES, Daniel & WOLFSON, Leandro. "17 y 18 de octubre de 1945: el peronismo, la protesta de masas y la clase obrera argentina", *Desarrollo económico*, v. 27, n. 107, p. 445-61, out.-dez. 1987.

JAMES, Daniel. *Resistencia e integración: el peronismo y clase trabajadora argentina*. Buenos Aires: Sudamericana, 1991.

JENKINS, Jorge. "Los miskitos y la autonomía regional", *Boletín de Antropología Americana*, n. 19, p. 119-29, 1989.

KATSIAFICAS, George. "El significado de los autónomos". *In*: ALBERTANI, Claudio; ROVIRA, Guiomar & MODONESI, Massimo (org.). *La autonomía posible: reinvención de la política y emancipación*. Cidade do México: Universidad Autónoma de la Ciudad de Mexico, 2009, p. 151-67.

KATZ, Claudio. *Bajo el imperio del capital*. Buenos Aires: Luxemburg, 2012.

KESSLER, Gabriel. *Controversias sobre la desigualdad*. Buenos Aires: Fondo de Cultura Económica, 2014.

KISSINGER, Henry. *China*. Barcelona: Debate, 2012. [Ed. bras.: *Sobre a China*. Trad. Cássio de Arantes Leite. Rio de Janeiro: Objetiva, 2011.]

KNIGHT, Allan. "Cardenismo, ¿coloso o catramina?". *In*: MACKINNON, Maria Moira & PETRONE, Mario Alberto. "Los complejos de la Cenicienta". *Populismo y neopopulismo en América Latina: el problema de la Cenicienta*. Buenos Aires: Eudeba, 1998, p. 197-220.

KORSBAEK, Leif & SÁMANO-RENTERÍA, Miguel Ángel. "El indigenismo en México: antecedentesy actualidad", *Ra Ximhai*, v. 3, n. 1, p. 195-224, 2007.

KOURÍ, Emilio. "Manuel Gamio y el indigenismo de la revolución mexicana". *In*: ALTAMIRANO, Carlos & MYERS, Jorge (org.). *Historia de los intelectuales en América Latina*, v. II. Buenos Aires: Katz, 2010, p. 433-55.

KOWARICK, Lucio. "Expoliación urbana, luchas sociales y ciudadanía: retazos de nuestra historia reciente", *Estudios Sociológicos*, p. 729-43, 1996.

KUPPE, René. "Autonomía de los pueblos indígenas: la perspectiva desde la Declaración sobre los Derechos de los Pueblos Indígenas". *In*: GONZÁLEZ, Miguel; BURGUETE CAL Y MAYOR, Araceli & ORTIZ, Pablo (org.). *La autonomía a debate: autogobierno indígena y Estado plurinacional en América Latina*. Quito: Ediciones de Flacso, 2010, p. 95-148.

KYMLICKA, Will. *Ciudadanía multicultural*. Barcelona: Paidós, 1996, p. 136-7.

LACLAU, Ernesto & MOUFFE, Chantal. *Hegemonía y estrategia socialista*. Madri: Siglo XXI, 1987.

LACLAU, Ernesto. "Feudalismo y capitalismo en América Latina". *In*: ASSADOURIAN, Carlos Sempat *et al*. *Modos de producción en América Latina*. Buenos Aires: Siglo XXI, 1974.

LACLAU, Ernesto. *Política e ideología en la teoría marxista: capitalismo, fascismo, populismo*. Madri: Siglo XXI, 1978.

LACLAU, Ernesto. *La razón populista*. Buenos Aires: Fondo de Cultura Económica, 2005. [Ed. bras.: *A razão populista*. Trad. Carlos Eugênio Marcondes de Moura. São Paulo: Três Estrelas, 2013.]

LACLAU, Ernesto. "La deriva populista y la centroizquierda latinoamericana", *Nueva Sociedad*, n. 205, set.-out. 2006.

LACLAU, Ernesto. "¿Qué nos dice el nombre". *In*: PANIZZA, Francisco (org.). *El populismo como espejo de la democracia*. Buenos Aires: Fundo de Cultura Económica, 2009, p. 51-71.

LANDER, Edgardo (org.). *La colonialidad del saber: eurocentrismo y ciencias sociales: perspectivas latinoamericanas*. Buenos Aires: Clacso, 1993.

LANDER, Edgardo (org.). *La colonialidad del saber: eurocentrismo y ciencias sociales. Perspectivas latinoamericanas*. Clacso: Buenos Aires, 2000. [*A colonialidade do saber: eurocentrismo e ciências sociais: perspectivas latinoamericanas*. Buenos Aires: Clacso, 2005.]

LANDER, Edgardo. *Izquierda y populismo: alternativas al neoliberalismo en Venezuela*. Mimeo, 2011.

LANDER, Edgardo. "Tensiones/contradicciones en torno al extractivismo en los procesos de cambio: Bolivia, Ecuador y Venezuela". *In*: VV. AA. *Promesas en su laberinto: cambios y continuidades en los gobiernos progresistas de América Latina*. La Paz: CEDLA/IEE/CIM, 2013.

LANDER, Edgardo. *La (re) emergencia de China como potencia global y las presiones extractivistas en Sudamérica*. Quito: Grupo Permanente de Trabajo Sobre Alternativas al Desarrollo, 2014.

LANDER, Edgardo. "Entrevista com Edgardo Lander", 2015.

LANG, Miriam. "México: desde abajo todo, desde arriba nada. La autonomía en Chiapas y la Otra Campaña". *In*: GRUPO PERMANENTE DE TRABAJO SOBRE ALTERNATIVAS AL DESARROLLO. *¿Cómo transformar? Instituciones y cambio social en América Latina y Europa*. Quito: Abya Yala/Fundación Rosa Luxemburgo, 2015, p. 219-76.

LANG, Miriam & MOKRANI, Dunia. *Más allá del desarrollo*. Quito: Fundación Rosa Luxemburgo/Abya Yala, 2012.

LARÍA, Aleardo Fernando. *La religión populista: una crítica al populismo posmarxista*. Buenos Aires: Nuevo Hacer, 2011.

LATOUR, Bruno. "Perspectivism: 'Type' or 'bomb'?", *Anthropology Today*, v. 25, n. 2, p. 1-2, 2009. [Ed. bras.: "Perspectivismo: 'tipo' ou 'bomba'?", *Primeiros Estudos*, n. 1, São Paulo, 2011, p. 173-8.]

LAVALLÉ, Bernard. *Eldorados d'Amérique: mythes, images et réalités*. Paris: Histoire Payot, 2011.

LAVAUD, Jean-Pierre & LESTAGE, Françoise. "Contar a los indígenas (Bolivia, México, Estados Unidos)". *In*: ROBIN AZEVEDO, Valérie & SALAZAR SOLER, Carmen. *El regreso de lo indígena: retos, problemas y perspectivas*. Lima: IFEA/CBC/CRPA, 2009, p. 39-70.

LAVAUD, Jean-Pierre & DAILLANT, Isabelle. *La catégorisation ethnique en Bolivie: labellisation officielle et sentiment d'appartenance*. Paris: L'Harmattan, 2007.

LEFF, Enrique. "Cultura democrática, gestión ambiental y desarrollo sustentable en América Latina", *Ecología Política*, n. 4, p. 47-55, 1992.

LEFF, Enrique. "La ecología política en América Latina. Un campo en construcción". *In*: ALIMONDA, Hector. *Los tormentos de la materia: aportes para una ecología política latinoamericana*. Buenos Aires: Clacso, 2006.

LEFF, Enrique. *La apuesta por la vida: imaginación sociológica e imaginarios sociales de los territorios ambientales del sur*. Cidade do México: Siglo XXI, 2014.

LENTON, Diana & LORENZETTI, Mariana. "Neoindigenismo de necesidad y urgencia: la inclusión de los pueblos indígenas en la agenda del Estado neoasistencialista". *In*: BRIONES, Claudia (org.). *Cartografías argentinas: políticas indigenistas y formaciones provinciales de la alteridad*. Buenos Aires: Geaprona, 2005, p. 293-325.

LENTON, Diana. "Los dilemas de la ciudadanía y los indios argentinos: 1880-1950", *Antropología y Ciencias Sociales*, n. 8, 1999.

LEÓN PESANTEZ, Catalina. *El color de la razón: pensamiento crítico en las Américas*. Quito: Universidad Andina/Corporación Editoria Nacional, 2013.

LEÓN, Magdalena. "Cambiar la economía para cambiar la vida: desafíos de una economía para la vida". *In*: ACOSTA, Alberto & MARTÍNEZ, Esperanza (org.). *El Buen Vivir: una vía para el desarrollo*. Quito: Abya Yala, 2009.

LÉVI-STRAUSS, Claude. "Elogio dell'antropologia", *Aut Aut*, n. 88, pp. 7-41, jul. 1965. [Ed. bras.: "O campo da antropologia". *In*: *Antropologia estrutural dois*. Trad. Beatriz Perrone-Moisés. São Paulo: Cosac & Naify, 2014.]

LINSALATA, Lucia. *De comunarios y vecinos: el ethos comunal en la política boliviana. Una reflexión acerca de las formas comunales de la política en el mundo aymara contemporáneo* (dissertação de mestrado). Cidade do México: Universidad Nacional Autónoma de México, 2011.

LOMNITZ, Larissa de. *Cómo sobreviven los marginados*. Cidade do México: Siglo XXI, 1998a.

LOMNITZ, Larissa de. "Supervivencia en una barriada de la ciudad de México". *In*: *Redes sociales, cultura y poder: ensayos de antropología latino-americana*. México: Flacso, 1998b.

LÓPEZ BÁRCENAS, Francisco. "Las autonomías en México: de las demandas a la constitución". *In*: GUTIÉRREZ, Raquel & ESCÁRZAGA, Fabiola (org.). *Movimiento indígena en América Latina: resistencia y proyecto alternativo*, v. 2. Cidade do México: Juan Pablos, 2006, p. 123-32.

LÓPEZ BÁRCENAS, Francisco. *Autonomías indígenas en América Latina*. La Paz: Textos Rebeldes, 2007.

LÓPEZ BÁRCENAS, Francisco. "Las autonomías indígenas en América Latina". *In*: VV. AA. *Pensar las autonomías: alternativas de emancipación al capital y el Estado*. Cidade do México: Bajo Tierra/Sísifo, 2011, p. 71-107.

LÓPEZ MAYA, Margarita. "La protesta popular en la Venezuela contemporánea. Enfoque conceptual, metodológico y fuentes". *In*: RODRÍGUEZ, José Ángel. *Visiones del oficio: historiadores venezolanos en el siglo XXI*. Caracas: Academia Nacional de la Historia/FHE/UCV, 2000, p. 399-412.

LÓPEZ MAYA, Margarita. "La protesta popular venezolana: mirando al siglo XX desde el siglo XXI". *In*: *Venezuela visión plural: una mirada desde el Cendes*, v. II. Caracas: Bid & Co. Editor/Cendes-UCV, 2005, p. 517-35.

LÓPEZ MAYA, Margarita. *Democracia participativa en Venezuela: orígenes, leyes, percepciones y desafíos*. Temas de Formación Sociopolítica n. 50. Caracas: Centro Gumilla, 2011.

LÓPEZ MAYA, Margarita & PANZARELLI, Dinolis Alexandra. "Populismo, rentismo y socialismo del siglo XXI: el caso venezolano". *In*: CHERESKY, Isidoro (org.). *Qué democracia en América Latina?* Buenos Aires: Clacso/Prometeo, 2012.

LÓPEZ Y RIVAS, Gilberto. "La autonomía de los pueblos indios", apresentação no encontro Autonomía Multicultural en América Latina, Laetinamerika-Institut, Viena, 21 out. 2004.

LÓPEZ Y RIVAS, Gilberto. "México: La autonomía de los pueblos indios en el ámbito nacional". *In*: LEO, Gabriel & LÓPEZ Y RIVAS, Gilberto (org.) *Autonomías indígenas en América Latina: nuevas formas de convivencia política*. Cidade do México: Plaza y Valdés, 2005, p. 47-112.

LÓPEZ Y RIVAS, Gilberto. "Autonomías indígenas, poder y transformaciones sociales". *In*: VV. AA. *Pensar las autonomías: alternativas de emancipación al capital y el Estado*. Cidade do México: Bajo Tierra/Sísifo, 2011, p. 102-21.

LORINI, Irma. *El nacionalismo en Bolivia de la pre y posguerra del Chaco (1910-1945)*. La Paz: Plural, 2006.

LUCERO, José Antonio & SARAH, Maria Elena García. "Reflexiones sobre la autenticidad indígena, los movimientos sociales y el trabajo de campo en el Perú contemporáneo", *Red Voltaire*, 28 dez. 2006. Disponível em: https://www.voltairenet.org/article144504.html>.

LUGONES, Leopoldo. *El payador y Antología de poesía y prosa*. Caracas: Biblioteca Ayacucho, 1980.

MACHADO ARÁOZ, Horacio. *Naturaleza minera: una ecología política del colonialismo moderno* (tese de doutorado). Catamarca: Universidad Nacional de Catamarca, 2012.

MACHADO ARÁOZ, Horacio. *Potosí, el origen: genealogía de la minería contemporanea*. Buenos Aires: Mardulce, 2014. [Ed. bras.: *Mineração, genealogia do desastre*. São Paulo: Elefante, 2020.]

MACKINNON, Maria Moira & PETRONE, Mario Alberto. "Los complejos de la Cenicienta". *In*: *Populismo y neopopulismo en América Latina: el problema de la Cenicienta*. Buenos Aires: Eudeba, 1998.

MAIGUASHCA, Juan & NORTH, Lisa. "Orígenes y significado del velasquismo: una contribución al debate Cueva-Quintero". *Representación Política y Región en el Ecuador*, 1991.

MÁIZ, Ramon. "XI tesis para una teoría política de la autonomía". *In*: GUTIÉRREZ CHONG, Natividad (org.). *Estados y autonomías en democracias contemporáneas (Bolivia, Ecuador, España, México)*. Cidade do México: Plaza y Valdés, 2008, p. 17-44.

MALLORQUÍN, Carlos. "El estructuralismo de Celso Furtado". *In*: *Revista Mensual de Política y Cultura*, n. 117, nov. 1998.

MALLORQUÍN, Carlos. "Lucha, poder y desencanto: los primeros tiempos de Celso Furtado". *In*: MARINI, Ruy Mauro & MILLÁN, Margara (org.). *La teoría social latinoamericana*, 4 v. Cidade do México: El Caballito, 1994, p. 41-73.

MALLOY, James M. "La revolución inconclusa". *In*: VV. AA. *Revoluciones del siglo XX: homenaje a los cincuenta años de la Revolución Boliviana. Tenemos pecho de bronce... pero no sabemos nada*. La Paz: PNUD-FES-ILDIS/ASDI/Plural, 2003, p. 357-64.

MANÇANO FERNANDES, Bernardo. "Movimentos socioterritoriais e movimentos socioespaciais: contribuição teórica para uma leitura geográfica dos movimentos sociais", *Revista Nera*, v. 8, n. 6, 2005.

MANÇANO FERNANDES, Bernardo. "Sobre a tipologia de territórios". *In*: SAQUET, Marcos Aurelio & SPOSITO, Eliseu Savério (org.). *Territórios e territorialidades: teorias, processos e conflitos*. São Paulo: Expressão Popular, 2009, p. 197-215.

MARCELLESI, Florent. "Ecología política: génesis, teoría y praxis de la ideología verde", *Cuadernos Bakeaz*, n. 85, p. 1-13, 2008.

MARIÁTEGUI, José Carlos. *Aniversario y balance*. Lima: Amauta, 1972.

MARIÁTEGUI, José Carlos. *Defensa del marxismo*. Lima: Amauta, 1972. [Ed. bras.: *Defesa do marxismo: polêmica revolucionária e outros escritos*. Trad. Yuri Martins Fontes. São Paulo: Boitempo, 2011.]

MARIÁTEGUI, José Carlos. *Ideología y política*. Lima: Amauta, 1977.

MARIÁTEGUI, José Carlos. "El problema del indio". *In*: *Siete ensayos de interpretación sobre la realidad peruana*. Lima: Amauta, 1988. [Ed. bras.: *Sete ensaios de interpretação da realidade peruana*. Trad. Felipe Lindoso. São Paulo: Expressão Popular, 2008.]

MARIÁTEGUI, José Carlos. *Siete ensayos de interpretación sobre la realidad peruana*. Lima: Amauta, 1988. [Ed. bras.: *Sete ensaios de interpretação da realidade peruana*. Trad. Felipe Lindoso. São Paulo: Expressão Popular, 2008.]

MARIÁTEGUI, José Carlos. *La tarea americana*. Org. e introd. Héctor Alimonda. Buenos Aires: Clacso/Prometeo, 2010.

MARINI, Ruy Mauro & MILLÁN, Margara (org.). *La teoría social latinoamericana*. 4 v. Cidade do México: El Caballito, 1994.

MARINI, Ruy Mauro. *Subdesarrollo y revolución*. 6. ed. Cidade do México: Siglo XXI, 1974 [1969]. [Ed. bras.: *Subdesenvolvimento e revolução*. 4. ed. Trad. Fernando Correa Prado e Marina Machado Gouvea. Florianópolis: Insular, 2013.]

MARINI, Ruy Mauro. "Las razones del neodesarrollismo (respuesta a F. H. Cardoso y J. Serra)", *Revista Mexicana de Sociología*, p. 57-106, 1978. [Ed. bras.: "As razões do neodesenvolvimentismo". *In*: SADER, Emir (org.). *Dialética da dependência. Antologia de Ruy Mauro Marini*. Petrópolis: Vozes, 2000.]

MARINI, Ruy Mauro. *América Latina: dependencia y globalización* (antologia e apresentação Carlos Eduardo Martins). Buenos Aires: Prometeo/Clacso, 2007.

MAROF, Tristán. *La tragedia del altiplano*. La Paz: Editorial Claridad, 1935.

MARROQUÍN, Alejandro Dagoberto. *Balance del indigenismo: informe sobre la política indigenista en América*. Cidade do México: Instituto Indigenista Interamericano, 1977.

MARTÍ, José. *Nuestra América*. Buenos Aires: Nuestra América, 2005.

MARTÍ I PUIG, Salvador. *Sobre la emergencia e impacto de los movimientos indígenas en las arenas políticas de América Latina: algunas claves interpretativas desde lo local y lo global*. Barcelona: CIDOB, 2004.

MARTÍNEZ-ALIER, Joan. *El ecologismo de los pobres: conflictos ambientales y lenguajes de valoración*. Barcelona: Icaria Antrazo/Flacso Ecología, 2004. [Ed. bras.: *O ecologismo dos pobres: conflitos ambientais e linguagens de valoração*. Trad. Mauricio Waldman. São Paulo: Contexto, 2007.]

MARTÍNEZ-ALIER, Joan. "Decrecimiento sostenible", *Ecología Política*, n. 35, p. 51-58, 2008a.

MARTÍNEZ-ALIER, Joan. "Conflictos ecológicos y justicia ambiental", *Papeles*, n. 103, 2008b.

MARTÍNEZ-ALIER, Joan. "La justicia ambiental y el decrecimiento económico: una alianza entre dos movimientos", *Ecología Política*, n 41, p. 45-54, 2011.

MARTÍNEZ-ALIER, Joan. "El triunfo del posextractivismo en 2015", *Sinpermiso*, 28 fev. 2015.

MARTÍNEZ-ALIER, Joan. "Sudamérica: el triunfo del post extractivismo en el 2015", *La Jornada*, 2015.

MARTÍNEZ SARASOLA, Carlos. *Nuestros paisanos los indios: vida, historia y destino de las comunidades indígenas en América Latina*. Buenos Aires: Del Nuevo Extremo, 2011.

MARTINEZ, Françoise. *"Régénérer la race": politique educativa en Bolivie (1898-1920)*. Paris: Editions de l'IHEAL, 2010.

MARTINS, Carlos Eduardo. "Theotônio dos Santos: introducción a la vida y obra de un intelectual planetario". *In*: SEGRERA, Francisco López (org.). *Los retos de la globalización: ensayos en homenaje a Theotonio dos Santos*. Caracas: Unesco-Unidad Regional de Ciencias Sociales, 1998.

MARTUCCELLI, Danilo & SVAMPA, Maristella. "La doble legitimidad del populismo". *In*: *Proposiciones*, v. 22, Santiago de Chile, 1993.

MARTUCCELLI, Danilo & SVAMPA, Maristella. "Notas para una historia de la sociología latinoamericana", *Sociológica*, v. 8, n. 23, p. 75-95, 1993.

MARTUCCELLI, Danilo & SVAMPA, Maristella. *La plaza vacía: las transformaciones del peronismo*. Buenos Aires: Losada, 1997.
MARTUCCELLI, Danilo & SVAMPA, Maristella. *La plaza vacía: las transformaciones del peronismo*. Buenos Aires: Losada, 1997.
MARTUCCELLI, Danilo & SVAMPA, Maristella. "Las asignaturas pendientes del modelo nacional-popular: el caso peruano". *In*: MACKINNON, Maria Moira & PETRONE, Mario Alberto (org.). *Populismo y neopopulismo en América Latina: el problema de la Cenicienta*. Buenos Aires: Eudeba, 1998, p. 257-79.

MARTUCCELLI, Danilo. *Décalages3*. Paris: PUF, 1995.

MARTUCELLI, Danilo. "Etnicidades modernas: identidad y democracia". *In*: GUTIÉRREZ MARTÍNEZ, Daniel & BALSLEV CLAUSEN, Helene (org.) *Revisitar la etnicidad: miradas cruzadas en torno a la diversidad*. Cidade do México: El Colegio de Sonora/ El Colegio Mexiquense/Siglo XXI, 2008, p. 71-83.

MARX, Karl. *Antología*. Org. e intro. Horacio Tarcus. Buenos Aires: Siglo XXI, 2015.

MASSUH, Gabriela (org.). *Renunciar al bien común: extractivismo y (pos)desarrollo en América Latina*. Buenos Aires: Mardulce, 2012.

MATHIAS, Gilberto & SALAMA, Pierre. *El Estado sobredesarrollado: de la metrópolis al Tercer Mundo*. Cidade do México: Era, 1983.

MATSUSHITA, Hiroshi. *Movimiento obrero argentino, 1930-1945*. Buenos Aires: Hyspamérica, 1986.

MAX-NEEF, Manfred; ELIZALDE, Antonio & HOPENHAYN, Martín. *Desarrollo a escala humana: una opción para el futuro*. Santiago de Chile: Cepaur-Fundación Dag Hammarskjold, 1986.

MAYORGA, Fernando. "La revolución boliviana y la participación política". *In*: VV. AA. *Revoluciones del siglo XX: homenaje a los cincuenta años de la Revolución Boliviana. Tenemos pecho de bronce... pero no sabemos nada*. La Paz: PNUD-FES-ILDIS/ASDI/Plural, 2003, p. 237-54.

MAYORGA, Fernando. *Dilemas. Ensayos sobre democracia intercultural y Estado plurinacional*. La Paz: CESU-UMSS-Plural, 2011.

MAYORGA, Fernando. "Bolivia: populismo, nacionalismo e indigenismo". *In*: CHERESKY, Isidoro (org.). *Qué democracia en América Latina?* Buenos Aires: Clacso/Prometeo, 2012. p. 235-51.

MAZZEO, Miguel. *El socialismo enraizado, José Carlos Mariátegui: vigencia de su concepto de "socialismo práctico"*. Lima: FCE, 2013.

MAZZEO, Miguel. *Mariátegui y el socialismo enraizado*. Lima: Fondo de Cultura Económica, 2013.

MCADAM, Doug; MCCARTHY, John D. & ZALD, Mayer N. *Movimientos sociales, perspectivas comparadas: oportunidades políticas, estructuras de movilización y marcos interpretativos culturales*. Madri: Ediciones Istmo, 1999.

MEADOWS, Donella & MEADOWS, Dennis (org.). *Los límites del crecimiento*. Cidade do México: Fondo de Cultura Económica, 1972.

MEALLA, Eloy. "El regreso del desarrollo". *In*: SCANNONE, Juan Carlos & GARCÍA DELGADO, Daniel. *Ética, desarrollo y región*. Buenos Aires: Grupo Farrell/Ciccus, 2006.

MEDINA ECHAVARRÍA, José. *El desarrollo social de América Latina en la posguerra*. Buenos Aires: Solar-Hachette, 1963.

MEDINA, Javier. "Suma Qamaña, Vivir Bien y de vida beata". *In*: OVIEDO FREIRE, Atawallpa (org.). *Bifurcación del Buen Vivir y Sumak Kawsay*. Quito: Sumak, 2014.

MELGAR BAO, Ricardo. "El exiliado boliviano Tristán Marof: tejiendo redes, identidades y claves de la autoctonía política", *Pacarina del Sur*, v. 3, n. 12, jul-set 2012.

MELO, Mario. "Sarayaku, un caso emblemático de defensa territorial", *Kaosenrlared*, 23 jun. 2011.

MELO, Mario. "Los aportes de la sentencia del caso Sarayaku al corpus iuris de los derechos indígenas", *Servindi.org*, jul. 2012.

MELUCCI, Alberto. *Sistema político, partiti e movimenti sociali*. Milão: Feltrinelli, 1990 [1977].

MÉNDEZ GASTELUMENDI, Cecilia. "Incas sí, indios no: apuntes para el estudio del nacionalismo criollo en el Perú", *Documentos de Trabajo*, n. 56, 1996.

MEYER, David & GAMSON, William. "Marcos interpretativos de la oportunidad política". *In*: MCADAM, Doug; MCARTHY, John & ZALD, Mayer (org.). *Movimientos sociales, perspectivas comparadas: oportunidades políticas, estructuras de movilización y marcos interpretativos culturales*. Madrid: Ediciones Istmo, 1999.

MIGNOLO, Walter. "Dheli 2012: la desoccidentalización, los BRICS y la distribución racial del capital y del conocimiento", *Walter Mignolo*, 2012.

MODONESI, Massimo. "Autonomía, antagonismo y subalternidad: notas para una aproximación conceptual". *In*: ALBERTANI, Claudio; ROVIRA, Guiomar & MODONESI, Massimo (org.). *La autonomía posible: reinvención de la política y emancipación*. Cidade do México: Universidad Autónoma de la Ciudad de Mexico, 2009, p. 67-83.

MODONESI, Massimo. *Subalternidad, antagonismo, autonomía: marxismos y subjetivación política*. Buenos Aires: Clacso/Prometeo, 2010.

MODONESI, Massimo. "El concepto de la autonomía en el marxismo contemporáneo". *In*: VV. AA. *Pensar las autonomías: alternativas de emancipación al capital y el Estado*. Cidade do México: Bajo Tierra/Sísifo, 2011, p. 23-52.

MODONESI, Massimo. "Gobiernos progresistas y desmovilización. ¿Revoluciones pasivas en América Latina?", *Anuari del conflicte social – Revistes Científiques de la Universitat de Barcelona*, n. 2, 2012.

MODONESI, Massimo. "Postzapatismo: identidades y culturas políticas juveniles y universitarias en México", *Nueva sociedad*, n. 251, p. 136-52, 2014.

MONTENEGRO, Carlos. *Nacionalismo y coloniaje*. La Paz: Librería Editorial La Juventud, 2005.

MONTOYA ROJAS, Rodrigo. "¿Por qué no hay en Perú un movimiento político indígena como en Ecuador y Bolivia?". *In*: GUTIÉRREZ, Raquel & ESCÁRZAGA, Fabiola (org.). *Movimiento indígena en América Latina: resistencia y proyecto alternativo*, v. 2. Cidade do México: Juan Pablos, 2006, p. 237-341.

MORA Y ARAUJO, Manuel & LLORENTE, Ignacio (org.). *El voto peronista: ensayos de sociología electoral argentina*. Buenos Aires: Sudamericana, 1980.

MORA Y ARAUJO, Manuel. "De Perón a Menem, una historia del peronismo". *In*: VV. AA. *Peronismo y menemismo*. Buenos Aires: El Cielo por Asalto, 1995, p. 47-66.

MORALES MARTÍN, Juan Jesús. "José Medina Echavarría y la sociología del desarrollo", *Íconos – Revista de Ciencias Sociales*, n. 36, p. 133-46, 2010.

MORENO, Camila. "La economía verde: una nueva fuente de acumulación primitiva". *In*: GRUPO PERMANENTE DE TRABAJO SOBRE ALTERNATIVAS AL DESARROLLO. *Alternativas al capitalismo/colonialismo del siglo XXI*. Quito: Fundación Rosa Luxemburgo, 2013.

MORENO, José Luis. "Notas y debates: algunas consideraciones acerca de *Economía e la sociedad colonial*", *Boletín del Instituto de Historia Argentina y Americana*, v. 3, n. 1, p. 109-12, 1996.

MOSCOSO PEREA, Carlos. "Teoría estructural funcionalista o clásica"; "La escuela desarrollista". *In*: *El populismo en América Latina*. Madri: Centro de Estudios Constitucionales, 1990, p. 69-92, p. 103-18.

MUÑOZ RAMÍREZ, Gloria. "Contra viento y marea", *Ojarasca* (suplemento do jornal *La Jornada*), n. 150, p. 5, 2009.

MUÑOZ JARAMILLO, Francisco (org.). *Balance crítico del gobierno de Rafael Correa*. Quito: Universidad Central del Ecuador/Ecograf, 2014.

MURILLO, V. "La historicidad del pueblo y los límites del populismo", *Revista Nueva Sociedad*, n. 274, mar.-abr., 2018.

MURMIS, Miguel & PORTANTIERO, Juan Carlos. *Estudios sobre los orígenes del peronismo*, v. I. Buenos Aires: Siglo XXI, 1971. [Ed. bras.: *Estudos sobre as origens do peronismo*. São Paulo: Brasiliense, 1973.]

MURMIS, Miguel. "Tipos de marginalidad y posición en el proceso productivo", *Revista Latinoamericana de Sociología*, v. 5, n. 2, p. 413-21, jul. 1969.

NAESS, Arne. "Le mouvement d'ecologie superficielle et le mouvement d'ecologie profonde de longue portée.: une presentation". *In*: AFEISSA, Hicham-Stéphane (org.). *Ethique de l'environnement: nature, valeur, respect*. Paris: Vrin, 2007, p. 51-61.

NAHÓN, Cecilia; RODRÍGUEZ ENRÍQUEZ, Corina & SCHORR, Martín. "El pensamiento latinoamericano en el campo del desarrollo del subdesarrollo: trayectoria, rupturas y continuidades". *In*: VV. AA. *Crítica y teoría en el pensamiento social latinoamericano*. Buenos Aires: Clacso, 2006, p. 327-88.

NAREDO, José Manuel. *Raíces económicas del deterioro ecológico y social*. Madri: Siglo XXI, 2006.

NICOLAS, Vincent & QUISBERT, Pablo. *Pachakuti: el retorno de la nación. Estudio comparativo del imaginario de la nación de la Revolución Nacional y del Estado plurinacional*. Sucre: PIEB, 2014.

NORTH, Lisa. "Orientaciones ideológicas de los dirigentes militares peruanos". *In*: MCCLINTOCK, Cynthia & LOWENTHAL, Abraham F. (org.). *El gobierno militar: una experiencia peruana (1968-1980)*. Lima: IEP, 1985.

NOVARO, Marcos. *Pilotos de tormenta: crisis de representación y personalización de la política en Argentina (1989-1993)*. Buenos Aires: Letra Buena, 1994.

NUN, José Luis. "La marginalidad en América Latina", *Revista Latinoamericana de Sociología*, v. 5, n. 2, p. 174-8, jul.1969a.

NUN, José Luis. "Superpoblación relativa, ejército industrial de reserva y masa marginal", *Revista Latinoamericana de Sociología*, v. 5, n. 2, p. 178-236, jul. 1969b.

NUN, José Luis. "Populismo, representación y menemismo". *In*: VV. AA. *Peronismo y menemismo*. Buenos Aires: El Cielo por Asalto, 1995, p. 67-100.

NUN, José Luis. "El futuro del empleo y la tesis de la masa marginal", *Desarrollo Económico*, v. 38, n. 152, p. 985-1.004, jan.-mar. 1999.

NUN, José Luis. "Nueva visita a la teoría de la masa marginal". *In*: *Marginalidad y exclusión social*. Buenos Aires: Fondo de Cultura Económica, 2001, p. 35-141.

O'DONNELL, Guillermo. *Modernización y autoritarismo*. Buenos Aires: Paidós, 1972.

O'DONNELL, Guillermo. *Apuntes para una teoría del Estado*. Buenos Aires: Cedes/Clacso, 1977.

O'DONNELL, Guillermo. "Notas para el estudio de la burguesía local, con especial referencia a sus vinculaciones con el capital transnacional y el aparato estatal", *Estudios Sociales*, n. 12, 1978.

O'DONNELL, Guillermo. "¿Democracia delegativa?", *Cuadernos del* CLAEH, v. 17, n. 61, p. 5-20, 1992.

O'DONNELL, Guillermo. "Revisando la democracia delegativa", *Casa del Tiempo*, n. 31, mai. 2010.

OBSERVATORIO DE CONFLICTOS MINEROS EN AMÉRICA LATINA. "Cuando tiemblan los derechos. Extractivismo y criminalización en América Latina", *OCMAL*, 2011.

OFFE, Claus. *Partidos políticos y nuevos movimientos sociales*. Madri: Sistema, 1996 [1988].

OLIVEN, Rubén George. “Marginalidad urbana en América Latina”, EURE —*Revista Latinoamericana de Estudios Urbano Regionales*, n. 7, n. 19, 2014.

OLTMANS, Willem. *Debates sobre el crecimiento*. Org. José Ramón Pérez Lías. Cidade do México: Fondo de Cultura Económica, 1975.

OSORIO, Jaime. “Actualidad sobre la reflexión del subdesarrollo y la dependencia: una visión crítica”. *In*: MARINI, Ruy Mauro & MILLÁN, Margara (org.). *La teoría social latinoamericana*, 4 v. Cidade do México: El Caballito, 1994, p. 25-48.

OSORIO, Jaime. “Fuentes y tendencias de la teoría de la dependencia”. *In*: MARINI, Ruy Mauro & MILLÁN, Margara (org.). *La teoría social latinoamericana*. 4 v. Cidade do México: El Caballito, 1994, p. 157-79.

OSPINA, Pablo. *Significados de la radicalización: análisis de coyuntura*. Quito: Comité Ecuménico de Proyectos (CEP), 2010.

OSPINA, Pablo. “Estamos haciendo mejor las cosas con el mismo modelo antes que cambiarlo”. *In*: VV. AA. *Promesas en su laberinto: cambios y continuidades en los gobiernos progresistas de América Latina*. La Paz: CEDLA/IEE/CIM, 2013.

OTEIZA, Enrique. “El Modelo Mundial Latinoamericano: scriptum — post scriptum”. *In*: HERRERA, Amílcar; SCOLNICK, Hugo D.; CHICHILNISKY, Gabriela *et al*. *¿Catástrofe o nueva sociedad? Modelo Mundial Latinoamericano — 30 años después*. Buenos Aires/Ottawa: IIED-América Latina/IDRC, 2004, p. 7-12.

OUVIÑA, Hernán. “Especificidad y desafíos de la autonomía urbana desde una perspectiva prefigurativa”. *In*: VV. AA. *Pensar las autonomías: alternativas de emancipación al capital y el Estado*. Cidade do México: Bajo Tierra/Sísifo, 2011, p. 261-88.

OVIEDO FREIRE, Atawallpa. “Ruptura de dos paradigmas”. *In*: *Bifurcación del Buen Vivir y Sumak Kawsay*. Quito: Sumak, 2014.

PACHECO MEDRANO, Karina. *Incas, indios y fiestas: reivindicaciones y representaciones en la configuración de la identidad cuzqueña*. Cusco: Instituto Nacional de Culturas, 2007.

PAJUELO TEVES, Ramón. “El lugar de la utopía: aportes de Aníbal Quijano sobre cultura y poder”. *In*: MATO, Daniel (org.). *Estudios y otras prácticas intelectuales latinoamericanas en cultura y poder*. Buenos Aires: Clacso, 2002, p. 225-33.

PAJUELO TEVES, Ramón. *Reinventando comunidades imaginadas: movimientos indígenas y procesos sociopolíticos en los países centroandinos*. Lima: Instituto Francés de Estudios Andinos (IFEA)/IEP, 2007.

PALERMO, Vicente. “Cultura política, conflicto y democracia”. *In*: COLOMBO, Ariel. H. & PALERMO, Vicente (org.). *Participación política y pluralismo en la Argentina contemporánea*. Buenos Aires: CEAL, 1985, p. 117-37.

PANIZZA, Francisco. “Introducción: el populismo como espejo de la democracia”. *In*: *El populismo como espejo de la democracia*. Buenos Aires: Fundo de Cultura Económica, 2009, p. 9-50.

PARK, Robert. “Human Migration and the Marginal Man”, *American Journal of Sociology*, v. 33, n. 6, p. 881-93, 1928.

PASCUAL RODRÍGUEZ, Marta & HERRERO LÓPEZ, Yayo. "Ecofeminismo, una propuesta para repensar el presente y construir el futuro", *CIP-Ecosocial-Boletín ECOS*, n. 10, jan.-mar.2010.

PEARSE, Andrew. "Campesinado y revolución: el caso de Bolivia". *In*: GUTIÉRREZ, Fernando Calderón (org.). *Memoria de la Conferencia Internacional Revoluciones del siglo XX: homenaje a los cincuenta años de la Revolución Boliviana. Tenemos pechos de bronce... pero no sabemos nada*. La Paz: Plural, 2003, p. 342-7.

PÉCAUT, Daniel. *Entre le peuple et la Nation: les intellectuels et la politique au Brésil*. Paris: Edic. de la Maison des Sciences de l'Homme, 1989. [Ed. bras.: *Os intelectuais e a política no Brasil: entre o povo e a nação*. Trad. Maria Júlia Goldwasser. São Paulo: Ática, 1990.]

PEÑA, Milcíades. *Historia del pueblo argentino: edición definitiva*. Buenos Aires: Emecé, 2012.

PENGUE, Walter. *Fundamentos de economía ecológica*. Buenos Aires: Kaicron, 2009.

PEPE, Fernando Miguel. "Prisioneros de la ciencia" (entrevista para o Colectivo Guías), *Analítica del Sur, Psicoanálisis y Política*, n. 1, jul. 2014.

PEREGALLI, A.; PANEZ, A. & AGUIAR, D. "20 años de IIRSA en América del Sur: ¿quien celebra ahora?", *NODAL*, 1 set. 2020.

PERONA, Nélida. "Desde la marginalidad a la exclusión social: una revisión de los conceptos", *Revista Venezolana de Economía y Ciencias Sociales*, v. 7, n. 2, p. 35-48, 2001.

PERUZZOTTI, Enrique. "Populismo y representación democrática". *In*: DE LA TORRE, Carlos & PERUZZOTTI, Enrique (org.). *El retorno del pueblo: populismo y nuevas democracias en América Latina*. Quito: FLACSO, 2008, p. 55-73.

PESSIN, Alain. *Le mythe du peuple et la société française du XIXe siècle*. Paris: PUF, 1992.

PETRA, Adriana. "Los intelectuales latinoamericanos y el imperialismo cultural. El caso del Proyecto Marginalidad", *Revista Políticas de la Memoria*, n. 8-9, 2008.

PIERRI, Naina. "Historia del concepto de desarrollo sustentable". *In*: FOLADORI, Guillermo & PIERRI, Naina (org.). *¿Sustentabilidad? Desacuerdos sobre el desarrollo sostenible*. Colección América Latina y el Nuevo Orden Mundial. Cidade do México: Miguel Ángel Porrúa Editorial/UAZ/Cámara de Diputados LIX Legislatura, 2005.

PIÑEIRO IÑÍGUEZ, Carlos. *Pensadores latinoamericanos del siglo XX: ideas, utopía y destino*. Buenos Aires: Siglo XXI/Instituto Di Tella, 2006.

PINTO, Aníbal. "Notas sobre los estilos de desarrollo en América Latina", *Revista de la Cepal*, 1º sem. 1976.

PLATAFORMA 2012, "La década kirchnerista y las violaciones de derechos humanos", *Plataforma 2012*, 2013.

PORTANTIERO, Juan Carlos. "Gramsci en clave latinoamericana", *Nueva Sociedad*, n. 115, set.-out 1991.

PORTANTIERO, Juan Carlos. "Peronismo y menemismo: continuidad y ruptura". *In*: VV. AA. *Peronismo y menemismo*. Buenos Aires: El Cielo por Asalto, 1995, p. 101-17.

PORTO-GONÇALVES, Carlos Walter. *Geo-grafías: movimientos sociales, nuevas territorialidades y sustentabilidad*. Cidade do México: Siglo XXI, 2001.

POUPEAU, Franck. "La identidad aymara: herencias y ambivalencias de una construcción política". *In*: LOMNE, Georges (org.). *De la política indígena: Perú y Bolivia*. Lima: IFEA-IEP, 2014, p. 41-68.

PRADA ALCOREZA, Raúl. "Al interior de la Asamblea Constituyente" (entrevista). *In*: SVAMPA, Maristella; STEFANONI, Pablo & FORNILLO, Bruno. *Balance y perspectivas: intelectuales en el primer gobierno de Evo Morales*. La Paz: Le Monde Diplomatique/F. F. Ebert, 2010, p. 37-76.

PRADA ALCOREZA, Raúl. *Descolonización y transición*. Quito: Abya Yala, 2014.

PRATT, Mary Louise. *Ojos imperiales: literatura de viaje y transculturación*. Cidade do México: Fondo de Cultura Económica, 2010 [1992]. [Ed.bras.: *Os olhos do império: relatos de viagem e transculturação*. Trad. Jézio Gutierre. Bauru: EDUSC, 1999.]

PREBISCH, Raúl. *El desarrollo de América Latina y algunos de sus principales problemas*. Cepal, 2012 [1948].

PRECIADO CORONADO, Jaime Antonio. "Paradigma social en debate; aportaciones del enfoque geopolítico crítico: la Celac en la integración autónoma de América Latina". *In*: RUIZ, Martha Nélida (org.). *América Latina en la crisis global: problemas y desafíos*. Cidade do México: Clacso, 2014.

PROGRAMA DE LAS NACIONES UNIDAS PARA EL MEDIO AMBIENTE. *Hacia una economía verde: guía para el desarrollo sostenible y la erradicación de la pobreza. Síntesis para los encargados de la formulación de políticas*. St-Martin-Bellevue: PNUMA, 2011.

PUENTE, Florencia & ARGENTO, Melissa. "Conflictos territoriales y construcción identitaria en los salares del noroeste argentino". *In*: FORNILLO, Bruno (org.). *Geopolítica del litio: industria, ciencia y energía en Argentina*. Buenos Aires: El Colectivo/Clacso, 2015.

PUIGGRÓS, Rodolfo & FRANK, André Gunder. "Los modos de producción en Iberoamérica", *IzquierdaNacional*, n. 3, 1966.

QUIJADA, Mónica. "De mitos nacionales, definiciones cívicas y clasificaciones grupales: los indígenas en la construcción nacional argentina, siglos XIX a XXI". *In*: ANSALDI, Waldo (org.). *Calidoscopio latinoamericano: imágenes históricas para un debate vigente*. Buenos Aires: Ariel, 2004, p. 425-47.

QUIJANO, Aníbal. *La emergencia del grupo cholo y sus implicaciones en la sociedad peruana* (tese de doutorado). Lima: Universidade Nacional Maior de São Marcos, 1964.

QUIJANO, Aníbal. "La constitución del 'mundo' de la marginalidad urbana", EURE — *Revista Latinoamericana de Estudios Urbano Regionales*, n. 2, n. 5, 1972.

QUIJANO, Aníbal. "Redefinición de la dependencia y proceso de marginalización social". *In*: WEFFORT, Francisco & QUIJANO, Aníbal. *Populismo, marginalización y dependencia: ensayos de interpretación sociológica*. San José: Universidad Centroamericana, 1973, p. 180-213.

QUIJANO, Aníbal. "Populismo y fujimorismo". *In:* DE LARA, Felipe Burbano (org.). *El fantasma del populismo: aproximación a un tema (siempre) actual*. Caracas: Nueva Sociedad, 1998, p. 171-206.

QUIJANO, Aníbal. "Colonialidad del poder y clasificación social". *In:* Castro-Gómez, Santiago & Grosfoguel, Ramón (org.). *El giro decolonial: reflexiones para una diversidad epistémica más allá del capitalismo global*. Bogotá: Siglo del Hombre/ Universidad Central, Instituto de Estudios Sociales Contemporáneos/Pontificia Universidad Javeriana, Instituto Pensar, 2007.

QUIJANO, Aníbal. "'Raza', 'etnia' y 'nación' en Mariátegui: cuestiones abiertas". *In: Cuestiones y horizontes: de la dependencia histórico-estructural a la colonialidad-descolonialidad del poder*. Org. e prólogo Danilo Assis Clímaco. Buenos Aires: Clacso, 2014, p. 757-77.

QUIJANO, Aníbal. "'Polo marginal' y 'mano de obra marginada'". *In: Cuestiones y horizontes: antología esencial. De la dependencia histórico-estructural a la colonialidad/descolonialidad del poder*. Org. e prólogo Danilo Assis Clímaco. Buenos Aires: Clacso, 2014.

QUIJANO, Aníbal. "José Carlos Mariátegui. Reencuentro y debate, prólogo a *Siete ensayos de interpretación de la realidad peruana*". *In: Cuestiones y horizontes: de la dependencia histórico-estructural a la colonialidad-descolonialidad del poder*. Org. e prólogo Danilo Assis Clímaco. Buenos Aires: Clacso, 2014, p. 331-429.

QUIJANO, Aníbal. *Cuestiones y horizontes: antología esencial. De la dependencia histórico-estructural a la colonialidad/descolonialidad del poder*. Org. e prólogo Danilo Assis Clímaco. Buenos Aires: Clacso, 2014.

QUINTERO, Rafael. *El mito del populismo en Ecuador: análisis de los fundamentos del Estado ecuatoriano moderno (1895-1934)*. Quito: FLACSO, 1980.

QUINTERO, Rafael. "Nueva crítica al populismo". Quito: Abya-Yala, 2009.

QUINTERO, Rodolfo. *Antropología del petróleo*. Colección Venezuela y su petróleo. Caracas: Banco Central de Venezuela, 2014.

QUISBERT, Pablo & NICOLAS, Vincent. *Pachakuti: el retorno de la nación. Estudio comparativo del imaginario de nación de la Revolución Nacional y del Estado plurinacional*. Sucre: PIEB, 2014.

RAMÍREZ GALLEGOS, Franklin. *La insurrección no fue solo una fiesta*. Quito: Taller del Colectivo, 2005.

RAMÍREZ GALLEGOS, Franklin. "Decisionismos transformacionales, conflicto político y vínculo plebeyo: poder y cambio en la nueva izquierda sudamericana". *In:* VV. AA. *América Latina: 200 años y nuevos horizontes*. Buenos Aires: Secretaría de Cultura de la Nación, 2010, p. 131-57.

RAMÍREZ GALLEGOS, Franklin. "La defección correísta", *Brecha*, n. 1.540, mai. 2015.

RAMÍREZ GARCÍA, Hugo Saúl. *Biotecnología y ecofeminismo: un estudio de contexto, riesgos y alternativas*. Cidade do México: Tirant lo Blanch, 2012.

RAMÍREZ, Guillermo Castillo. "Imaginarios de pueblos indígenas y nación a fines del México revolucionario. Forjando Patria: génesis del ideario del indigenismo del siglo XX", *Margen: Revista de Trabajo Social y Ciencias Sociales*, n. 70, p. 5-10, 2013.

RAMÍREZ, René. "La transición ecuatoriana hacia el Buen Vivir". *In*: LEÓN, Irene (org.). *Sumak Kawsay/Buen Vivir y cambios civilizatorios*. Quito: FEDAEPS, 2010.

RAZETO MIGLIARO, Luis. *Las organizaciones económicas populares, 1973-1990*. Santiago do Chile: Ediciones PET, 2009.

RED PERUANA POR UNA GLOBALIZACIÓN CON EQUIDAD. "El Perú y el modelo extractivo: Agenda para un nuevo gobierno y necesarios escenarios de transición", *RedGE*, 24 mar. 2011.

REINAGA, Fausto. *La revolución india*. La Paz: PIB, 1970.

REINAGA, Fausto. *Tesis india*. La Paz: PIB, 1971.

RÉNIQUE, José Luis. "La utopía andina hoy (un comentario a 'Buscando un Inca")", *Debate Agrario*, n. 2, p. 131-45, 1988.

REPÚBLICA POPULAR DA CHINA. *Documento sobre la política de China en América Latina y el Caribe*. Pequim: Ministério das Relações Exteriores da República Popular da China, 2008.

RESTREPO, Eduardo & ROJAS, Axel. *La inflexión decolonial*. Popayán: Editorial Universidad del Cauca/Instituto Pensar/ Universidad Haveriana, 2010.

RETAMOZO, Martín. "Populismo y teoría política: de una teoría hacia una epistemología del populismo para América Latina", *Revista Venezolana de Economía y Ciencias Sociales*, v. 12, n. 2, 2006.

RETAMOZO, Martín. "Populismo en América Latina: desde la teoría hacia el análisis político. Discurso, sujeto e inclusión en el caso argentino", *Colombia Internacional*, n. 82, p. 221-58, 2014.

RIVAS, Antonio. "El análisis de marcos: una metodología para el estudio de los movimientos sociales". *In*: IBARRA, P. & TEJERINA, B. (org.). *Los movimientos sociales: transformaciones políticas y cambios culturales*. Madrid: Trotta, 1998.

RIVERA CUSICANQUI, Silvia & SOUSA SANTOS, Boaventura de. "Conversa del mundo". *In*: SOUSA SANTOS, Boaventura de. *Revueltas de indignación y otras conversas*. La Paz: ALICE/CES/OXFAM, 2015.

RIVERA CUSICANQUI, Silvia. *Oprimidos pero no vencidos: luchas del campesinado aymara y qhechwa, 1900-1980*. La Paz: Yachaywasi, 2003 [1984].

RIVERA CUSICANQUI, Silvia. *Violencias encubiertas en Bolivia*. La Paz: Piedra Rota, 2010.

RODÓ, J. *Ariel*. Buenos Aires: Losada, 2005.

RODRÍGUEZ GARAVITO, César *et al*. (org.). *La consulta previa a los pueblos indígenas: los estándares del derecho internacional*. Bogotá: Uniandes/Programa de Justicia Global y Derechos Humanos, 2009.

RODRÍGUEZ GARAVITO, César. "El derecho en los campos minados". *In*: *Etnicidad. gov: los recursos naturales, los pueblos indígenas y el derecho a la consulta previa en los campos sociales minados*. Bogotá: Dejusticia, 2012, p. 8-24.

RODRÍGUEZ, Fermín A. *Un desierto para la nación*. Buenos Aires: Eterna Cadencia, 2011.

RODRÍGUEZ, Isabel & PINTO, Leoncio. "Reseña de *El fantasma del populismo: aproximación a un tema (siempre) actual*. Felipe Burbano de Lara (org.)", *Espacio Abierto*, v. 8, n. 3, p. 408-11, 1999.

RODRÍGUEZ, Nemésio J. & VARESE, Stefano. *Experiencias organizativas indígenas en América Latina*. Cidade do México: Dirección General de Educación Indígena de la SEP, 1981a.

RODRÍGUEZ, Nemésio J. & VARESE, Stefano. *El pensamiento indígena contemporáneo en América Latina*. Cidade do México: Dirección General de Educación Indígena de la SEP, 1981b.

RODRÍGUEZ, Sebástian. "Modos de producción en América Latina: anatomía de un debate en el espejo de la academia contemporánea", *Periferias — Revista de Ciencias Sociales*, n. 11, n. 15, 2007.

ROIG, Arturo Andrés. *Teoría y crítica del pensamiento latinoamericano*. Buenos Aires: Una Ventana, 2009 [1981].

ROITMAN ROSENMANN, Marcos. *Pensar América Latina: el Desarrollo de la sociología latinoamericana*. Buenos Aires: Clacso, 2008.

ROJAS PIÉROLA, Ramiro Rafael. *Estado, territorialidad y etnias andinas: lucha y pacto en la construcción de la nación boliviana*. La Paz: Universidad Mayor de San Andrés, 2009.

ROJAS, Ricardo. *Eurindia*, t. V, *Obras completas*. Buenos Aires: Losada, 1924.

ROSANVALLON, Pierre & FITOUSSI, Jean-Paul. *La nueva era de las desigualdades*. Buenos Aires: Manantial, 1997.

ROSTOW, Walt W. *Las etapas del crecimiento económico: un manifiesto no comunista*. Cidade do México: Fondo de Cultura Económica, 1961. [Ed. bras.: *Etapas do desenvolvimento econômico: um manifesto não comunista*. Trad. Octavio Alves Velho. Rio de Janeiro: Zahar, 1961.]

ROUQUIÉ, Alain. *América Latina: introducción al extremo occidente*. Cidade do México: Siglo XXI, 1989.

SACHS, Ignacy. "Ecodesarrollo: concepto, aplicación, beneficios y riesgos", *Agricultura y Sociedad*, n. 18, p. 9-32, 1981.

SACHS, Ignacy. "Entrevista", *Science, Nature, Societé*, v. 2, n. 3, 1994.

SACHS, Wolfgang (org.). *Diccionario del desarrollo: una guía del conocimiento como poder*. Lima: PRATEC, 1996 [1992]. [Ed. bras.: *Dicionário do desenvolvimento: guia para o conhecimento como poder*. Trad. Vera Lucia M. Joscelyne, Susana de Gyalokay, Jaime A. Clasen. Petrópolis: Vozes, 2000.]

SAGUIER, Marcelo & PEINADO, Guillermo. "Minería transnacional y desarrollo en el kirchnerismo". *In*: FLACSO-ISA Joint International Conference — Global and Regional Powers in a Changing World, 2014, Buenos Aires. *Anais*... Buenos Aires: FLACSO/ISA, 2014.

SAINT-UPÉRY, Marc. "¿Hay patria para todos? Ambivalencia de lo público y 'emergencia plebeya' en los nuevos gobiernos progresistas", *Íconos — Revista de Ciencias Sociales*, n. 32, 2008a.

SAINT-UPÉRY, Marc. *El sueño de Bolívar: el desafío de las izquierdas sudamericanas*. Madri: Paidós, 2008b.

SAINTOUL, Catherine. *Racismo, etnocentrismo y literatura: la novela indigenista andina*. Quito: Del Sol, 1988.

SALAMA, Pierre. "China-Brasil: industrialización y 'desindustrialización temprana'", *Portal de revistas Unal*, 2011.

SALAMA, Pierre. "¿Es posible otro desarrollo en los países emergentes?", *Nueva Sociedad*, n. 250, p. 88-101, mar.-abr. 2014.

SALAS, Carlos. "El sector informal: auxilio u obstáculo para el conocimiento de la realidad social en América Latina". *In*: GARZA TOLEDO, Enrique de la (org.). *Teorías sociales y estudios del trabajo: nuevos enfoques*. Barcelona: Anthropos, 2006.

SALAZAR DE LA TORRE, Cecilia *et al*. *Intelectuales aymaras y nuevas mayorías mestizas: una perspectiva post-1952*. La Paz: Ediciones del PIEB, 2012.

SALAZAR-SOLER, Carmen. "¿El despertar indio en el Perú Andino?". *In*: LOMNE, Georges (org.). *De la política indígena: Perú y Bolivia*. Lima: IFEA-IEP, 2014, p. 41-68.

SALAZAR, Katya. "El derecho a la consulta previa, libre e informada de los pueblos indígenas", *Revista Aportes — Revista de la Fundación para el Debido Proceso Legal*, n. 14, n. 3, set. 2010.

SALGADO, Juan Manuel; GOMIZ, María Micaela & HUILIPAN, Verónica. *Informe de situación de los derechos humanos del pueblo mapuche en la Provincia del Neuquén*. Neuquén: Observatorio de Derechos Humanos de Pueblos Indígenas, 2009, p. 19-20.

SALGADO, Juan Manuel; GOMIZ, María Micaela & HUILIPAN, Verónica. *Informe de la situación de los derechos humanos de los pueblos indígenas de la Patagonia*. Buenos Aires: ODHPI, 2013.

SALVIA, Agustín. "Consideraciones sobre la transición a la modernidad, la exclusión social y la marginalidad económica: un campo abierto a la investigación social y al debate político". *In*: SALVIA, Agustín & CHÁVEZ MOLINA, Eduardo (org.). *Sombras de una marginalidad fragmentada*. Buenos Aires: Miño y Dávila, 2007.

SALVIA, Agustín. "Crisis del empleo y nueva marginalidad: el papel de las economías de la pobreza en tiempos de cambio social". *In*: MALLIMACI, Fortunato & SALVIA, Agustín (org.). *Los nuevos rostros de la marginalidad: la supervivencia de los desplazados*. Buenos Aires: Biblos/Instituto Gino Germani, 2005, p. 29-39.

SAN JOSÉ (COSTA RICA). Corte Interamericana de Direitos Humanos. Povo indígena Kichwa de Sarayaku vs. Equador, sentença de 27 jun. 2012 (mérito e reparações).

SÁNCHEZ VÁZQUEZ, Adolfo. *De Marx al marxismo en América Latina*. Coyoacán: Editorial Itaca/Universidad de Puebla, 1999.

SÁNCHEZ, Consuelo. "La autonomía en los senderos que se bifurcan: el proyecto político y la autonomía de hecho". *In*: GUTIÉRREZ CHONG, Natividad (org.). *Estados y autonomías en democracias contemporáneas (Bolivia, Ecuador, España, México)*. Cidade do México: Plaza y Valdés, 2008, p. 273-95.

SÁNCHEZ, Luis Alberto. *Nueva historia de la literatura americana*. Assunção: Guaranía, 1950.

SANJINÉS, Javier. *El espejismo del mestizaje*. La Paz: IFEA, 2005.

SARLO, Beatriz. *La audacia y el cálculo: Kirchner 2003-2010*. Buenos Aires: Sudamericana, 2011.

SCHAVELZON, Salvador. *Plurinacionalidad y vivir bien/buen vivir: dos conceptos leídos desde Bolivia y Ecuador post-constituyentes*. Quito/Buenos Aires: Abya Yala/Clacso, 2015.

SCHULZE, Maria. "El legado histórico de la categoría analítica de marginalidad en América Latina", ISEES — *Revista Inclusión Social y Equidad en la Educación Superior*, n. 13, p. 89-108, 2013.

SCOLNIK, Hugo D. "Una perspectiva histórica personal del Modelo Bariloche". *In*: HERRERA, Amílcar; SCOLNICK, Hugo D.; CHICHILNISKY, Gabriela *et al*. *¿Catástrofe o nueva sociedad? Modelo Mundial Latinoamericano: 30 años después*. Buenos Aires/Ottawa: IIED-América Latina/IDRC, 2004, p. 27-37.

SEGATO, Rita Laura. "Alteridades históricas/identidades políticas: una crítica a las certezas del pluralismo global", *Nueva Sociedad*, n. 234, 1998.

SEGATO, Rita Laura. *La nación y sus otros. Raza, etnicidad y diversidad religiosa en tiempos de políticas de la identidad*. Buenos Aires: Prometeo, 2007.

SERRA, José & CARDOSO, Fernando Henrique. "Las desventuras de la dialéctica de la dependencia", *Revista Mexicana de Sociología*, n. 40, p. 9-55, 1978. [Ed. bras.: "As desventuras da dialética da dependência", *Estudos Cebrap*, n. 23, p. 33-80, 1979.]

SHIVA, Vandana. *Abrazar la vida: mujer, ecología y desarrollo*. Madri: Horas y Horas, 1995 [1988], p. 19-75.

SHIVA, Vandana & MIES, Maria. "La praxis del ecofeminismo: biotecnología, consumo, reproducción", *Icaria*, n. 128, 1998.

SICHRA, Inge (org.) *et al*. *Atlas sociolingüístico de pueblos indígenas en América Latina*. Cochabamba: FUNPROEIB Andes, 2009.

SIDICARO, Ricardo. "Poder político, liberalismo económico y sectores populares, 1989-1995". *In*: BORÓN, Atilio; PORTANTIERO, Juan Carlos; SIDICARO, Ricardo & MORA Y ARAUJO, Manuel. *Peronismo y menemismo: avatares del populismo en la argentina*. Buenos Aires: El cielo por Asalto, 1995.

SIDICARO, Ricardo. "Consideraciones sociológicas sobre las relaciones entre el peronismo y la clase obrera en la Argentinas, 1943-1955". *In*: MACKINNON, María & PETRONE, Mario (org.). *Populismo y neopopulismo en América Latina: el problema de la cenicienta*. Buenos Aires: Eudeba, 1999.

SIGAL, Silvia & VERÓN, Eliseo. *Perón o muerte: los fundamentos discursivos del fenómeno peronista*. Buenos Aires: Legasa, 1986.

SIKKINNK, Kathryn. *El proyecto desarrollista en la Argentina y Brasil: frondizi y Kubitschek*. Buenos Aires: Siglo XXI, 2009.

SILNIK, Gustavo David. "Resenã del libro Racionalidad, utopía y modernidad: el pensamiento crítico de Franz Hinkelammert", *Utopía y Praxis Latinoamericana*, v. 13, n. 42, p. 163-166, 2008.

SLIPAK, Ariel. "América Latina y China: ¿cooperación Sur-Sur o Consenso de Beijing?", *Nueva Sociedad*, n. 250, mar.-abr. 2014a.

SLIPAK, Ariel. "La expansión de China en América Latina: incidencia en los vínculos comerciales argentino-brasileros". *In*: Congreso de Economía Política Internacional, 2014, Buenos Aires. *Anais*... Buenos Aires: Universidad Nacional de Moreno (UNM), 2014b.

SNOW, David. "Analyse de cadres et mouvements sociaux". *In*: CEFAI, D. & TROM, D. (org.). *Les formes de l'action collective*. Paris: Edición de l'EHESS, 2001.

SORUCO SOLOGUREN, Ximena. "Apuntes para el Estado plurinacional". *In*: VV. AA. *Descolonización, Estado plurinacional, economía plural, socialismo comunitario: debate sobre el cambio*. La Paz: Fundación Boliviana para la Democrácia Multipartidaria, 2010.

SOTELO VALENCIA, Adrián. *América Latina, de crisis y paradigmas: la teoría de la dependencia en el siglo XXI*. Cidade do México: Plaza y Valdés, 2005.

SOTELO VALENCIA, Adrián. "El capitalismo contemporáneo en el horizonte de la teoría de la dependencia", *Argumentos*, v. 26, n. 72, p. 77-95, 2013.

SOTELO, Ignacio. *Sociología de América Latina, estructuras y problemas*. Madri: Tecnos, 1972.

SOTELO, Ignacio. "Notas para una reconsideración de la historia del pensamiento latinoamericano". *In*: CAMACHO MONGE, Daniel (org.). *Debates sobre la teoría de la dependencia y la sociología latinoamericana*. 2 v. Costa Rica: Educa, 1979, p. 211-31.

SOUSA SANTOS, Boaventura de. *Reinventar la democracia, reinventar el Estado*. Buenos Aires: Clacso, 2005.

SOUSA SANTOS, Boaventura de. "Las paradojas de nuestro tiempo y la plurinacionalidad". *In*: ACOSTA, Alberto & MARTÍNEZ, Esperanza (org.). *Plurianacional: democracia en la diversidad*. Quito: Abya Yala, 2009.

SOUSA SANTOS, Boaventura de. *Una epistemología del Sur*. Buenos Aires: Clacso/Siglo XXI, 2009.

SOUSA SANTOS, Boaventura de. *Refundación del Estado en América Latina: perspectivas desde una epistemologia del Sur*. Lima: Instituto Internacional de Derecho y Sociedad/Programa Democracia y Transformación Global, 2010.

STABB, Martín. "La Argentina y el continente enfermo: positivismo y racismo en el ensayo argentino, 1898 a 1910". *In*: III Jornadas de Investigación de la Historia y la Literatura Rioplatense y de los Estados Unidos: Situaciones Conflictivas en la Historia y la Literatura Argentina y/o Norteamericana entre 1880 y 1910, 1968, Mendonza. *Anais*... Mendonza: Universidad Nacional de Cuyo, 1968.

STAVENHAGEN, Rodolfo. *Las clases sociales en las sociedades agrarias*. Cidade do México: Siglo XXI, 1969.

STAVENHAGEN, Rodolfo. "Comentarios a Florestan Fernandes". *In*: FERNANDES, Florestan; POULANTZAS, Nicos; TOURAINE, Alain; CARDOSO, Fernando Henrique *et al*. *Las clases sociales en América: problemas de conceptualización*. Cidade do México: Siglo XXI, 1973, p. 277-85.

STAVENHAGEN, Rodolfo. "Siete tesis equivocadas sobre América Latina. *In*: *Sociología y subdesarrollo*. Cidade do México: Nuestro Tiempo, 1981, p. 15-84.

STAVENHAGEN, Rodolfo (org.). *Derecho indígena y derechos humanos en América Latina*. Cidade do México: El Colegio de México/Instituto Interamericano de Derechos Humanos, 1988.

STAVENHAGEN, Rodolfo. "Los conflictos étnicos y sus repercusiones en la sociedad internacional", *Revista Internacional de Ciencias Sociales – Estudio de los Conflitos Internacionales*, v. 127, mar. 1991.

STAVENHAGEN, Rodolfo. *La cuestión étnica*. Cidade do México: El Colegio de México, 2001.

STAVENHAGEN, Rodolfo. "La emergencia de los pueblos indígenas como nuevos actores políticos y sociales en América Latina". *In*: GUTIÉRREZ, Raquel & ESCÁRZAGA, Fabiola (org.). *Movimiento indígena en América Latina: resistencia y proyecto alternativo*, v. 2. Cidade do México: Juan Pablos, 2006, p. 49-62.

STAVENHAGEN, Rodolfo. "Los derechos de los pueblos indígenas: esperanzas, logros y reclamos". *In*: BERRAONDO, Mikel (org.). *Pueblos indígenas y derechos humanos*. Bilbao: Instituto de Derechos Humanos, Universidad de Deusto, 2006, p. 21-8.

STAVENHAGEN, Rodolfo. *Los pueblos originarios, el debate necesario*. Buenos Aires: Clacso/CTA, 2010.

STEFANONI, Pablo. *"Qué hacer con los indios..." y otros traumas irresueltos de la colonialidad*. La Paz: Plural, 2010a.

STEFANONI, Pablo. "¿Pueblo enfermo o raza de bronce? Etnicidad e imaginación nacional en Bolivia (1900-2010)". *In*: SVAMPA, Maristella; STEFANONI, Pablo & FORNILLO, Bruno. *Debatir Bolivia: contornos de un proyecto de descolonización*. Buenos Aires: Taurus, 2010b, p. 97-134.

STEFANONI, Pablo. "¿Adónde nos lleva el pachamamismo?", *Tierra Socialista – Revista del Centro de Políticas Públicas para el Socialismo*, jul. 2011.

STEFANONI, Pablo. "Posneoliberalismo cuesta arriba: los modelos de Venezuela, Bolivia y Ecuador al debate", *Nueva Sociedad*, n. 239, mai.-jun. 2012.

STEFANONI, Pablo. "'El Vivir Bien': ¿una compensación discursiva ante los males del capitalismo?". *In*: DELGADO RAMOS, Gian Carlo (org.). *Buena Vida, Buen Vivir: imaginarios alternativos para el bien común de la humanidad*. Cidade do México: Unam, 2014.

STEFANONI, Pablo. “Bolivie: paradis perdu ou ruses de la modernisation?”, *A l'encontre*, 2015.

STEFANONI, Pablo. *Los inconformistas del centenario: intelectuales, socialismo y nación en una Bolivia en crisis (1925-1939)*. La Paz: Plural, 2015.

SUBIRATS HUMET, Joan. “Algunos apuntes sobre la relación entre los bienes comunes y la economía social y solidaria”, *Otra Economía*, v. 5, n. 9, jul.-dez., p. 195-204, 2011.

SUNKEL, Osvaldo & PAZ, Pedro. *El subdesarrollo latinoamericano y la teoría del desarrollo*. 15. ed. Cidade do México: Siglo XXI, 1970.

SVAMPA, Maristella & SLIPAK, Ariel. “China en América Latina: del Consenso de los Commodities al Consenso de Beijing”, *Revista Ensambles*, 2015.

SVAMPA, Maristella & SLIPAK, Ariel. “Amérique Latine, entre vieilles et nouvelles depéndances: le rôle de la Chine dans la dispute (inter)hegemonique”, *Hérodote: Revue de Géographie et de Géopolitique*, n. 171, p.153-166, 2019.

SVAMPA, Maristella & STEFANONI, Pablo (org.). *Bolivia: Memoria, insurgencia y movimientos sociales*. Buenos Aires: El Colectivo/Clacso, 2007.

SVAMPA, Maristella & STEFANONI, Pablo. “Evo simboliza el quiebre de un imaginario restringido a la subalternidad de los indígenas. Entrevista a Álvaro García Linera”. *In*: MONASTERIOS, Karin; STEFANONI, Pablo & DO ALTO, Hervé (org.). *Reinventando la nación en Bolivia: movimientos sociales, Estado y poscolonialidad*. La Paz: Clacso/Plural, 2007b.

SVAMPA, Maristella & Viale, Enrique. *Maldesarrollo: la Argentina del extractivismo y del despojo*. Buenos Aires: Katz, 2014.

SVAMPA, Maristella. *El dilema argentino: civilización o barbarie*. Buenos Aires: El Cielo por Asalto, 1994.

SVAMPA, Maristella. “La dialéctica entre lo nuevo y lo viejo: sobre los usos y nociones del caudillismo en Argentina durante el siglo XIX”. *In:* GOLDMAN, Noemí & SALVATORE, Ricardo (org.). *El caudillismo en el Río de la Plata*. Buenos Aires: Eudeba, 1998, p. 36.

SVAMPA, Maristella. *La sociedad excluyente: la Argentina bajo el signo del neoliberalismo*. Buenos Aires: Taurus, 2005.

SVAMPA, Maristella. *Cambio de época: movimientos sociales y poder político*. Buenos Aires: Siglo XXI, 2008.

SVAMPA, Maristella. “Colectivos culturales y movimientos sociales en La Paz y El Alto, Bolivia”, documento de trabalho, Buenos Aires/La Paz, 2009.

SVAMPA, Maristella. “Movimientos sociales, matrices socio-políticas y nuevos contextos en América Latina”. *In*: *OneWorld Perspectives*: *Workings Papers 01/2010*. Kassel: Universidad de Kassel, 2010a.

SVAMPA, Maristella. “El ‘laboratorio boliviano’: cambios, tensiones y ambivalencias del gobierno de Evo Morales”. *In*: SVAMPA, Maristella; STEFANONI, Pablo & FORNILLO, Bruno. *Debatir Bolivia: contornos de un proyecto de descolonización*. Buenos Aires: Taurus, 2010.

SVAMPA, Maristella. "Argentina: una década después. Del que se vayan todos a la exacerbación de lo nacional-popular", *Nueva Sociedad*, n. 235, 2011.

SVAMPA, Maristella. "Modelo de desarrollo y cuestión ambiental en América Latina: categorías y escenarios en disputa". *In*: WANDERLEY, Fernanda (org.). *El desarrollo en cuestión: reflexiones desde América Latina*. La Paz: CIDES/OXFAM/Plural, 2011.

SVAMPA, Maristella. "Modelos de desarrollo, cuestión ambiental y giro eco-territorial". *In*: ALIMONDA, Héctor (org.). *La naturaleza colonizada: ecología política y minería en América Latina*. Buenos Aires: Clacso/Ciccus, 2011.

SVAMPA, Maristella. "Extractivismo neodesarrollista y movimientos sociales: ¿un giro ecoterritorial hacia nuevas alternativas?". *In*: GRUPO PERMANENTE DE TRABAJO SOBRE ALTERNATIVAS AL DESARROLLO. *Más allá del desarrollo*. Quito: Fundación Rosa Luxemburgo/Abya Yala, 2012a.

SVAMPA, Maristella. "Pensar el Desarrollo desde América Latina". *In*: MASSUH, Gabriela (org.). *Renunciar al bien común: extractivismo y (pos)desarrollo en América Latina*. Buenos Aires: Mardulce, 2012b.

SVAMPA, Maristella. "'Consenso de los Commodities' y lenguajes de valoración en América Latina", *Nueva Sociedad*, n. 244, 2013.

SVAMPA, Maristella. "Commons Beyond Development: The Strategic Value of the Commons as a Paradigm Shift". *In*: Economics and the Common(s) Conference, 2013, Berlim. Berlim: Heinrich Böll Stiftung/Commons Strategies Group, 2013.

SVAMPA, Maristella. "Consenso de los commodities y lenguajes de valoración en América Latina". *In*: *Nueva Sociedad*, n. 244, mar.-abr. 2013.

SVAMPA, Maristella. "La década kirchnerista: populismo, clases medias y revolución pasiva", *Lasa Forum*, v. 44, n. 4, 2013b.

SVAMPA, Maristella. "El desarrollo en cuestión". *In*: VV. AA.. *Ensayos políticos: debates en torno al poder, la organización y la etapa*. Buenos Aires: El Colectivo, 2015a.

SVAMPA, Maristella. "Feminismos del Sur y ecofeminismo", *Nueva sociedad*, n. 256, 2015b, p. 127-131.

SZTULWARK, Sebastián. *El estructuralismo latinoamericano: fundamentos y transformaciones del pensamiento económico de la periferia*. Buenos Aires: UNGS, 2003.

TAGUIEFF, Pierre-André. "Las ciencias políticas frente al populismo: de un espejismo conceptual a un problema real". *In*: VV. AA. *Populismo posmoderno*. Bernal: Universidad de Quilmes, 1996, p. 29-81.

TAMAGNO, Liliana. "Saberes, ética y política: la restitución de restos humanos en el Museo de La Plata". *In*: *Pueblos indígenas: interculturalidad, colonialidad, política*. Buenos Aires: Biblos, 2009.

TAMAYO, Franz. *Obra escogida*. Venezuela: Bibliotecas Ayacucho, 1979.

TAPIA, Luis. *La condición multisocietal: multiculturalismo, pluralismo, modernidad*. La Paz: Cides-UMSA/Muela del Diablo Editores, 2002.

TAPIA, Luis. *La invención del núcleo común: ciudadanía y gobierno multisocietal*. La Paz: Muela del Diablo Editores, 2006.

TAPIA, Luis. "Estructuras de rebelión". *In:* SVAMPA, Maristella & STEFANONI, Pablo (org.). *Bolivia: memoria, insurgencia y movimientos sociales*. Buenos Aires: El Colectivo/Clacso, 2007.

TAPIA, Luis. "Una reflexión sobre la idea de un Estado plurinacional", *OSAL*, v. 8, n. 22, p. 47-63 2007.

TAPIA, Luis. *La coyuntura de la autonomía relativa del Estado*. La Paz: Clacso/Muela del Diablo Editores, 2009.

TAPIA, Luis. "Consideraciones sobre el Estado plurinacional". *In:* VV. AA. *Descolonización, Estado plurinacional, economía plural, socialismo comunitario: debate sobre el cambio*. La Paz: Fundación Boliviana para la Democrácia Multipartidaria, 2010, p. 135-68.

TAPIA, Luis. *De la forma primordial a América Latina como horizonte epistemológico*. La Paz: CIDES-UMSA, 2013.

TAPIA, Luiz; GARCÍA LINERA, Álvaro & PRADA ALCOREZA, Raúl. *La transformación pluralista del Estado*. La Paz: Muela del Diablo Editores, 2007.

TAYLOR, Charles. *El multiculturalismo y la política del reconocimiento*. Cidade do México: Fondo de Cultura Económica, 1993.

TERÁN, Oscar. *América Latina, positivismo y nación*. Cidade do México: Katun, 1983.

THOMPSON, Edward Palmer. *La formación histórica de la clase obrera*. Barcelona: Laia, 1977. [Ed. bras.: *A formação histórica da classe operária*. Trad. Denise Bottmann. Rio de Janeiro: Paz e Terra, 2012.]

THOMPSON, Edward Palmer. *Tradición, revuelta y conciencia de clase*. Barcelona: Crítica, 1979.

THWAITES REY, Mabel & CASTILLO, José. "Desarrollo, dependencia y Estado en el debate latinoamericano", *Araucaria: Revista Iberoamericana de Filosofía, Política y Humanidades*, n. 19, p. 24-45, 2008.

THWAITES REY, Mabel. *La autonomía como búsqueda, el Estado como contradicción*. Buenos Aires: Prometeo, 2004.

TICONA ALEJO, Esteban. "La revolución boliviana y los pueblos indígenas". *In: vv. aa. Revoluciones del siglo XX: homenaje a los cincuenta años de la Revolución Boliviana. Tenemos pecho de bronce... pero no sabemos nada*. La Paz: PNUD-FES-ILDIS/ASDI/Plural, 2003, p. 283-305.

TORRE, Juan Carlos (org.). *La formación del sindicalismo peronista*. Buenos Aires: Legasa, 1988.

TORRE, Juan Carlos. *La vieja guardia sindical y Perón*. Buenos Aires: Sudamericana, 1991.

TORRE, Juan Carlos. *El proceso político de las reformas económicas en América Latina*. Buenos Aires: Paidós, 1998.

TORRE, Juan Carlos. *Ensayos sobre movimiento obrero y peronismo*. Buenos Aires: Siglo XXI, 2012.

TORTOSA, José Maria. *Maldesarrollo y mal vivir: pobreza y violencia a escala mundial*. Quito: Abya-Yala, 2011.

TOURAINE, Alain. *Actores sociales y sistema político en América Latina*. Santiago do Chile: PREALC, 1987.

TOURAINE, Alain. *La parole et le sang*. Paris: Odile Jacob, 1988.

TRINDADE, Hélgio. "El tema del fascismo en América Latina", *Revista de Estudios Políticos*, n. 30, p. 111-42, nov.-dez. 1982.

TRINDADE, Hélgio (org.). *Las ciencias sociales en América Latina en perspectiva comparada*. Cidade do México: Siglo XXI, 2007.

TURNER, Jorge & ACEVEDO, Guadalupe (org.). *Sergio Bagú: un clásico de la teoría social latinoamericana*. Cidade do México: Plaza y Valdés, 2005.

ULLOA, Astrid. "Concepciones de la naturaleza en la antropología actual". *In*: *Cultura y naturaleza: aproximaciones a propósito del bicentenario de la independencia de Colombia*. Bogotá: Jardín Botánico de Bogotá José Celestino Mutis, 2011, p. 25-49.

UNCETA SATRÚSTEGUI, Koldo. "Desarrollo, subdesarrollo, maldesarrollo y posdesarrollo: una mirada transdisciplinar sobre el debate y sus implicaciones", *Carta Latinoamericana*, n. 7, CLAES, abr. 2009.

UNCETA SATRÚSTEGUI, Koldo. *Desarrollo, postcrecimiento y Buen Vivir: debates e interrogantes*. Quito: Abya-Yala, 2014.

USLAR PIETRI, Arturo. "Sembrar el petróleo", *Revista Artes y Humanidades UNICA*, v. 6, n. 12, p. 231-3, 2005 [1936].

VALENZUELA, Eduardo. "La experiencia nacional-popular", *Proposiciones*, n. 20, p. 12-33, 1991.

VALKO, Marcelo. *Los indios invisibles del Malón de la Paz*. Buenos Aires: Ediciones Madres de Plaza de Mayo, 2007.

VARGAS SOLER, Juan Carlos. "Reseña del libro Hacia una economía para la vida", *Otra Economía*, v. 2, n. 2, p. 172-6, 2008.

VASCONCELOS, José. *La raza cósmica*. Madri: Agencia Mundial de Librería, 1925.

VEGA CENTENO, Imelda. *Aprismo popular, cultura, religión y política*. Lima: CISEPA-PUC, 1991.

VENTURI, Franco. *El populismo ruso*. Madri: Alianza, 1981.

VERGALITO, Esteban. "Devenires de la teoría del populismo: marxismo, postestructuralismo y pragmatismo en Ernesto Laclau". *In*: LÉRTORA MENDOZA, Celina (org.). *Evolución de las ideas filosóficas 1980-2005*. Buenos Aires: FEPAI, 2007, p. 36-46.

VICE-PRESIDÊNCIA DO ESTADO PLURINACIONAL DA BOLÍVIA, *Descolonización, Estado plurinacional, economía plural, socialismo comunitario: debate sobre el cambio*. La Paz: Fundación Boliviana para la Democrácia Multipartidaria, 2010.

VIDAL MOLINA, Paula. "Theotônio dos Santos en el Chile de la unidad popular", *Cuadernos de historia*, n. 39, p. 185-200, 2013.

VIDAL, Gregório & GUILLÉN, Arturo (org.). *Repensar la teoría del desarrollo en un contexto de globalización, homenaje a Celso Furtado*. Buenos Aires: Clacso, 2007.

VIGUERA, Anibal. "'Populismo' y 'neopopulismo' en América Latina", *Revista Mexicana de Sociología*, v. 55, n. 3, p. 49-66, jul.-set. 1993.

VILAS, Carlos María (org.). *La democratización fundamental: el populismo en América Latina*. Cidade do México: Consejo Nacional para la Cultura y las Artes, 1995.

VILAS, Carlos María. "¿Populismos reciclados o neoliberalismo a secas?", *Revista Venezolana de Economía y Ciencias Sociales*, 2003.

VIOLA, Eduardo. "El ambientalismo brasileño: de la denuncia y concientización a la institucionalización y el desarrollo sustentable", *Nueva Sociedad*, n. 122, 1992, p. 138-55.

VIRNO, Paolo. *Gramática de la multitud*. Buenos Aires: Colihue, 2003.

VITULLO, S. Dossiê especial na revista *Crisis*, Buenos Aires, jun. 1973.

VIVEIROS DE CASTRO, Eduardo. *La mirada del jaguar: introducción al perspectivismo amerindio (entrevistas)*. Buenos Aires: Tinta Limón, 2013, p. 9-34.

VOLMER, Andrea. *Ricardo Rojas y su obra literaria*, Universidade de Colônia, 2009.

VV. AA. "Esto dijeron sobre el hiperliderazgo", *Rebelión*, 2009.

WADE, Peter. "Etnicidad, multiculturalismo y políticas sociales en Latinoamérica: Poblaciones afrolatinas (e indígenas)", *Tabula Rasa*, n. 4, Bogotá, jan.-jun. 2006, p. 59-81.

WALICKI, Andrzej. "Rusia". *In*: IONESCU, Ghita & GELLNER, Ernest. *Populismo*. Buenos Aires: Amorrortu, 1970.

WALLERSTEIN, Immanuel. *The Modern World-System*, v. 1, *Capitalist Agriculture and the Origins of the European World-Economy in the Sixteenth Century*. Nova York/ Londres: Academic Press, 1974.

WALLERSTEIN, Immanuel. *The Capitalist World-Economy*. Londres: Cambrigde University Press, 1979.

WALLERSTEIN, Immanuel. "1968: Entrevista con Immanuel Wallerstein", *Sociológica*, n. 13, n. 38, p. 205-13, 1998.

WALLERSTEIN, Immanuel. *Capitalismo histórico y movimientos antisistémicos*. Madri: Akal, 2001.

WALLERSTEIN, Immanuel. "China y Estados Unidos: ¿rivales o colaboradores?", *La Jornada*, 22 jan. 2012.

WALLERSTEIN, Immanuel. "Consecuencias de la decadencia estadounidense", *La Jornada*, 9 nov. 2013.

WEFFORT, Francisco. *O populismo na política brasileira*. Rio de Janeiro: Paz e Terra, 1978.

WEFFORT, Francisco. "Los sindicatos en la política: Brasil (1955-1964)". *In*: VILAS, Carlos María (org.). *La democratización fundamental: el populismo en América Latina*. Cidade do México: Consejo Nacional para la Cultura y las Artes, 1995, p. 396-418.

WILLIAMS, Raymond. *Marxismo y literatura*. Barcelona: Península, 1980. [Ed. bras.: Marxismo e literatura. Trad. Waltensir Dutra. Rio de Janeiro: Zahar, 1979.]

YAMPARA, Simón. "¿Desarrollo/ Progreso o Suma Qamaña en los Ayllus Andinos?". *In*: VV. AA. *Memorias del foro: ¿Adonde vamos? Progeso em las diferentes culturas*. La Paz: GTZ/Goethe-Institut La Paz, 2004.

YRIGOYEN FAJARDO, Raquel. "Rondas campesinas y desafíos del pluralismo legal en el Perú", *Revista Cardozo El. Bull*, n. 17, 2003.

ZANATTA, Loris. *El populismo*. Buenos Aires: Katz, 2015.

ZAVALETA MERCADO, René. "Formas de operar del Estado de América Latina". *In*: *Ensayos, testimonios y re-visiones*. Buenos Aires: Miño y Dávila, 2006, p. 33-55.

ZAVALETA MERCADO, René. *Lo nacional-popular en Bolivia*. La Paz: Plural, 2008 [1986].

ZEA, Leopoldo. *El pensamiento latinoamericano*. Cidade do México: Formaca, 1965.

ZERMEÑO, Sergio. "El regreso del líder: crisis, neoliberalismo y desorden", *Revista Mexicana de Sociología*, v. 51, n. 4, p. 115-50, 1989.

ZIBECHI, Raúl. *Brasil potencia: entre la integración regional y el nuevo imperialismo*. Cidade do México: Bajo Tierra, 2012.

ZIBECHI, Raúl. "China y Rusia: Las locomotoras del nuevo orden mundial", *América Latina en Movimiento*, 28 nov. 2014.

MARISTELLA SVAMPA nasceu na província de Río Negro, na Patagônia argentina, em 1961. Pesquisadora anfíbia, socióloga, ativista e escritora, estudou filosofia na Universidad Nacional de Córdoba, com passagens pela Université Paris 1 Panthéon-Sorbonne e pela École des Hautes Études en Sciences Sociales, na França, onde obteve o doutorado em sociologia. É pesquisadora do Consejo Nacional de Investigaciones Científicas y Técnicas (Conicet) da Argentina, com base no Centro de Documentación e Investigación de la Cultura de Izquierdas (CeDinCi). Ao longo da carreira, recebeu vários prêmios e reconhecimentos, como a Bolsa Guggenheim, em 2007; o Prêmio Kónex, em 2016; o Prêmio Nacional de Ensaio Sociológico, em 2018, atribuído pela Secretaria de Cultura da Argentina, pelo livro *Debates latino-americanos: indianismos, desenvolvimento, dependência e populismo*; e o Prêmio Georg Forster, em 2023, concedido pela Fundação Humboldt, da Alemanha. Em 2022, assumiu a Cátedra Simón Bolívar da University of Cambridge, na Inglaterra. Suas pesquisas abordam a crise da sociologia, os movimentos sociais e a ação coletiva, assim como problemáticas relacionadas ao pensamento crítico e à teoria social latino-americana. Tem mais de vinte obras publicadas, entre ensaios, pesquisas e romances. Seus últimos livros são *El colapso ecológico ya llegó: una brújula para salir del (mal) desarrollo* (2020), em coautoria com Enrique Viale, e *La transición energética en Argentina* (2022), que co-organizou com Pablo Bertinat. É uma das articuladoras do Pacto Ecossocial e Intercultural do Sul.

Título original:
Debates latinoamericanos: indianismo, desarrollo, dependencia y populismo.
Edhasa, 2016

Primeira edição, outubro de 2023
São Paulo, Brasil

Dados Internacionais de Catalogação na Publicação (CIP)
Angélica Ilacqua CRB-8/7057

Svampa, Maristella
Debates latino-americanos: indianismo, desenvolvimento, dependência e populismo / Maristella Svampa; tradução de Joana Salém Vasconcelos — São Paulo: Elefante, 2023.
632 p.

ISBN 978-65-6008-011-9

1. Ciências sociais 2. América Latina 3. Indianismo 4. Sociologia I. Título II. Vasconcelos, Joana Salém

23-5194 CDD 300

Índices para catálogo sistemático:
1. Ciências sociais

elefante

editoraelefante.com.br
contato@editoraelefante.com.br
fb.com/editoraelefante
@editoraelefante

Aline Tieme [comercial]
Teresa Cristina Silva [redes]
Samanta Marinho [financeiro]
Sidney Schunck [design]

FONTES More Pro & National
PAPÉIS Cartão 250 g/m² & Ivory cold 58 g/m²
IMPRESSÃO BMF Gráfica